Vom Traum zum Traumgarten

Die schönsten Projekte der Gärtner von Eden

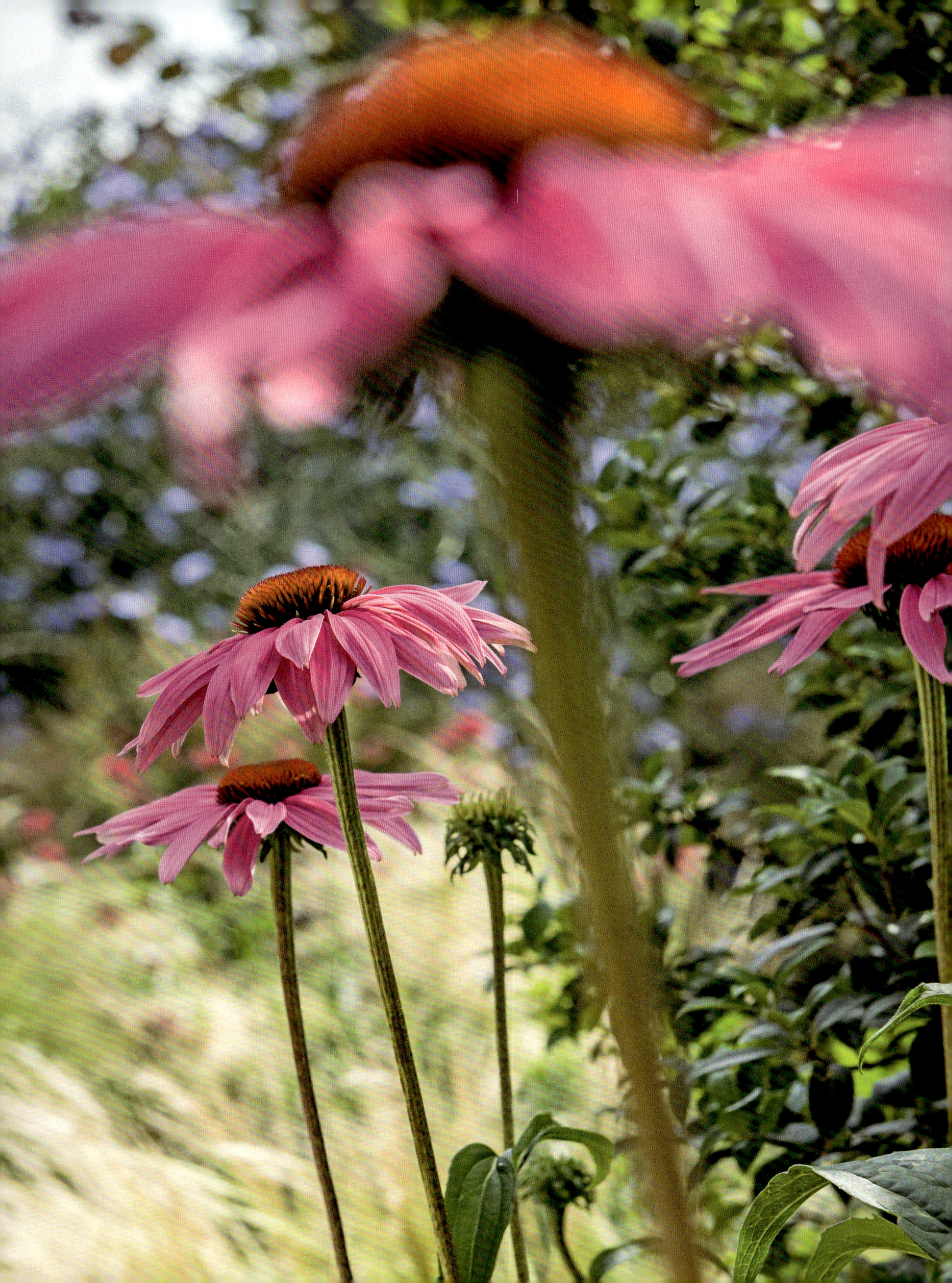

Vom Traum zum Traumgarten

Die schönsten Projekte der Gärtner von Eden

DAS GROSSE
VORHER-NACHHER-
GARTENBUCH

Herausgegeben von
Gärtner von Eden

Mit Texten von
Christiane Stoltenhoff

PRESTEL
München · London · New York

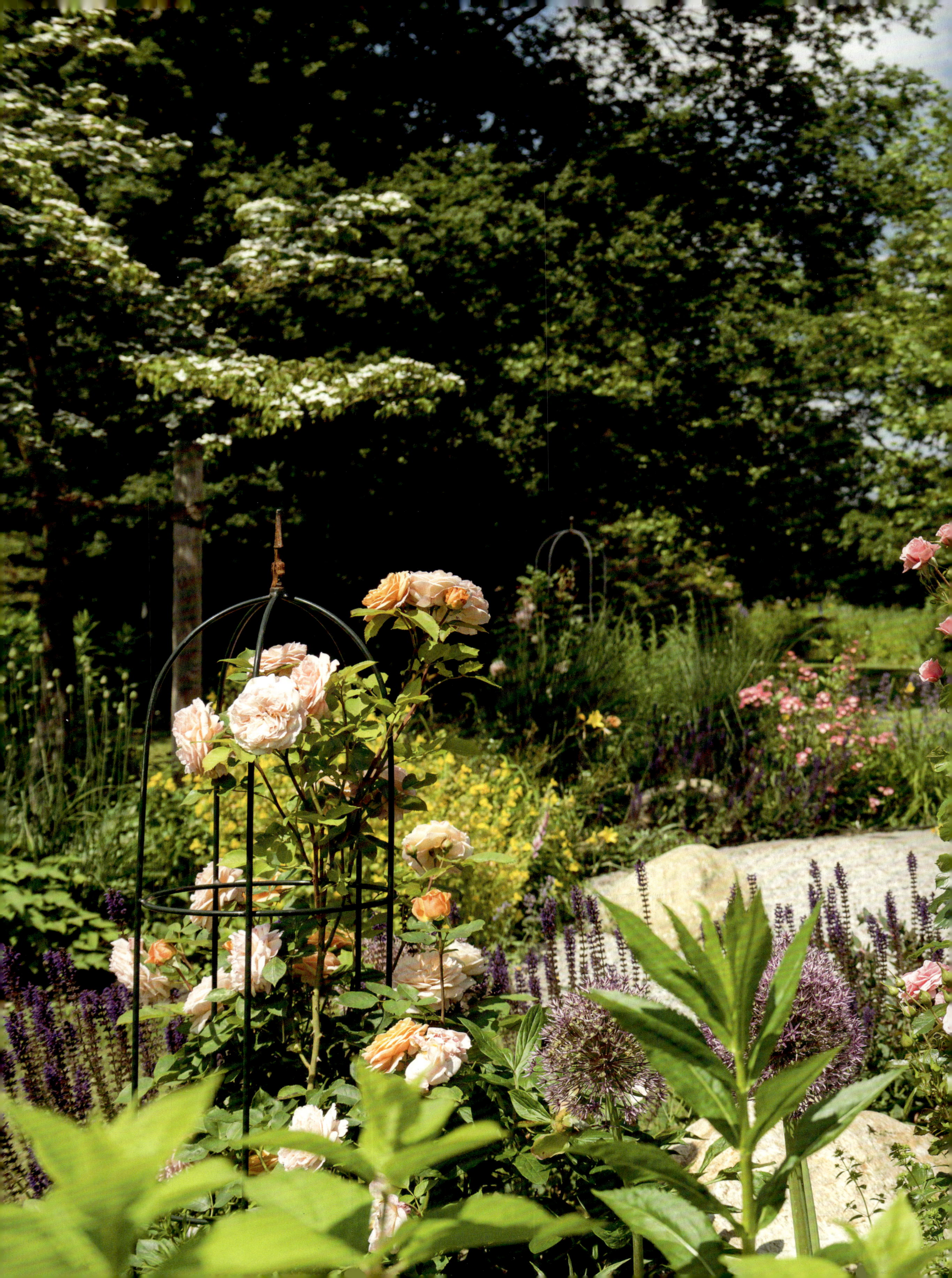

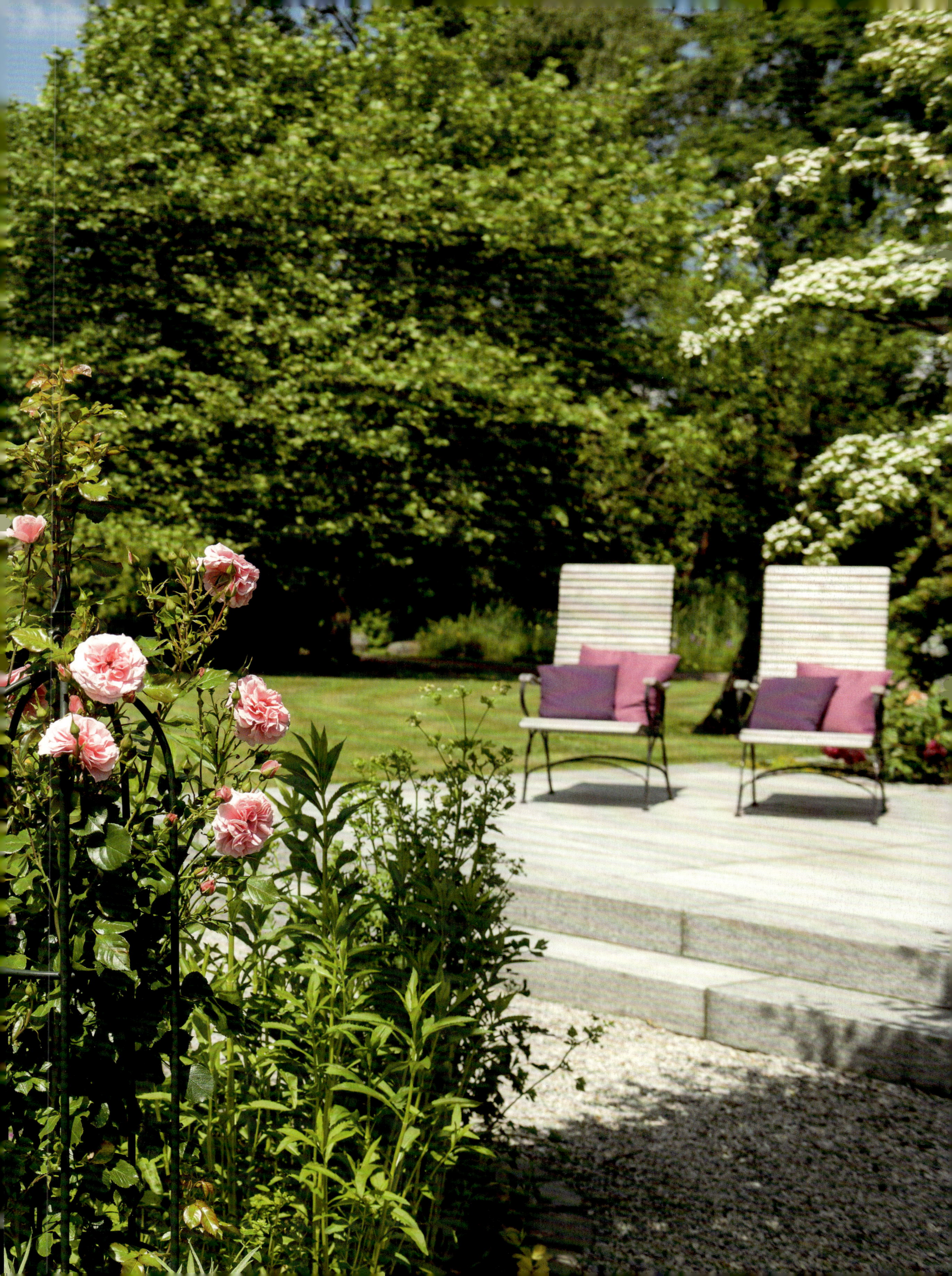

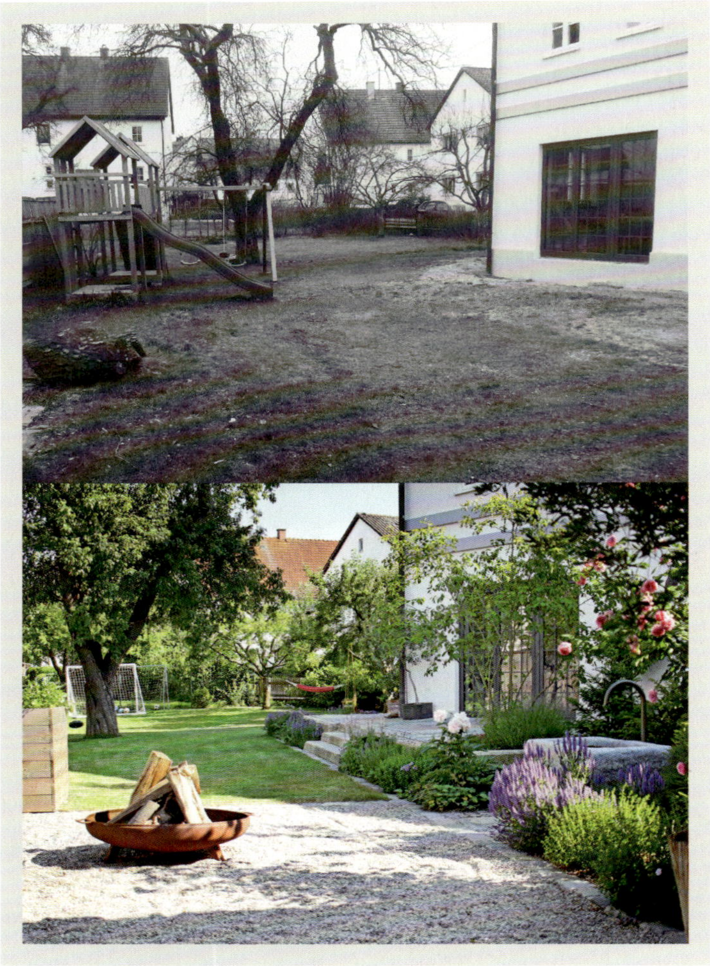

Inhalt

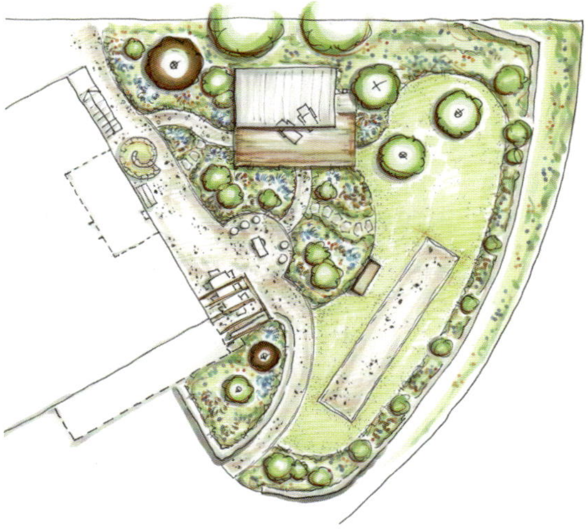

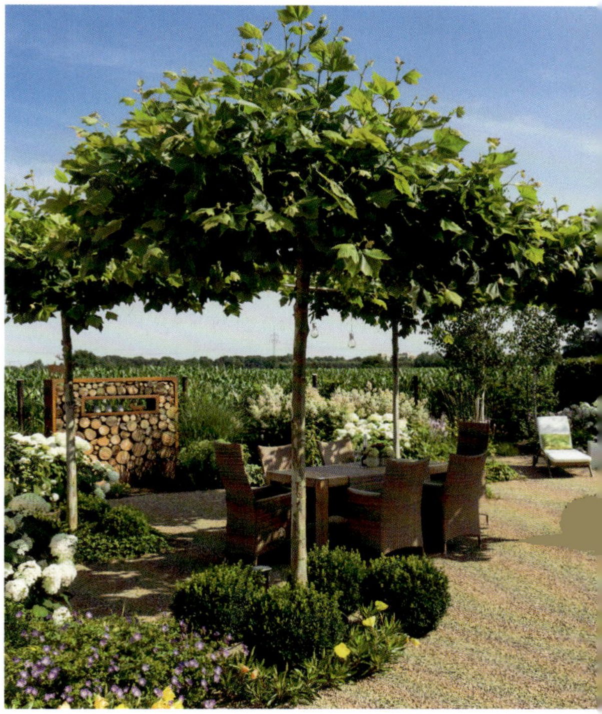

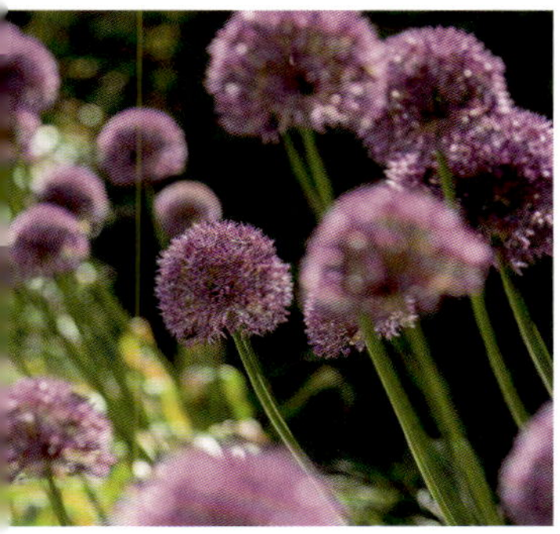

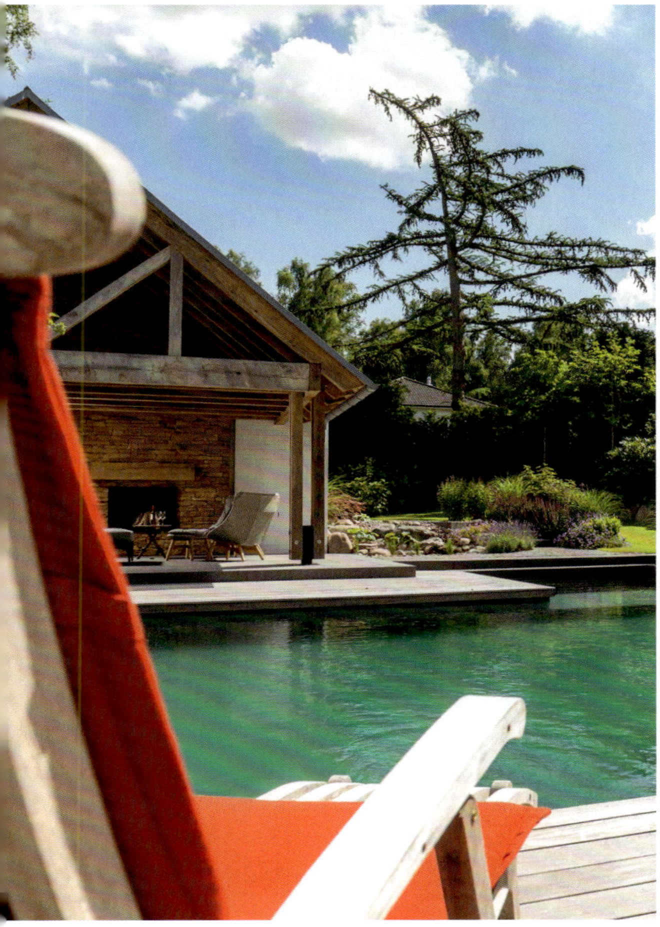

Vorwort

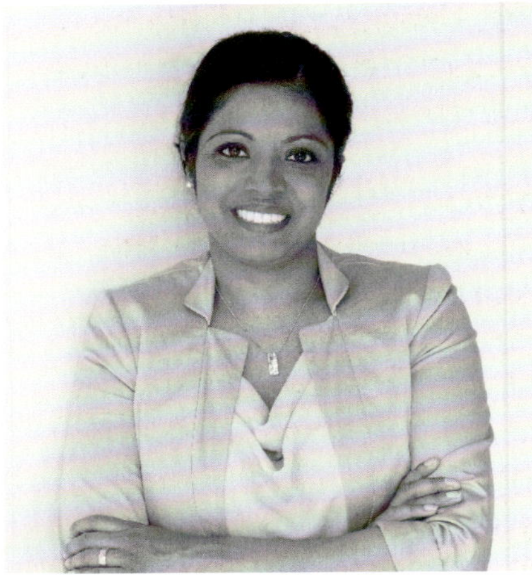

Anura Heinsch
Vorstand Gärtner von Eden

Gärten sind etwas Wunderbares.

Es gibt Millionen glücklicher Gartenbesitzer, die ihr eigenes Fleckchen Grün lieben, es hegen und pflegen und am liebsten jede freie Minute dort verbringen. So sollte es sein, denn Gärten tun Menschen gut, das ist erwiesen: Sie erden, entschleunigen, geben Kraft und Gelassenheit. Es gibt allerdings eine wichtige Voraussetzung dafür, dass Gärten diese Funktion des absoluten Wohlfühlortes auch übernehmen können: Sie müssen zu ihren Besitzern passen. Und das zu erreichen, ist gar nicht so einfach, wie es sich vielleicht anhört. Der passende Garten entsteht nämlich nicht einfach dadurch, dass man seine Lieblingspflanzen auf seinem Grundstück versammelt und ihnen beim Wachsen zuschaut.

Der individuell passende Garten braucht so viel mehr als das – auch vieles, dessen sich Gartenbesitzer oft lange selbst nicht bewusst sind. Natürlich gibt es solche, die sich einfach daran freuen, auf ihrem Grund und Boden das Leben unter freiem Himmel zu genießen und ansonsten der Natur ihren Lauf lassen. Aber manche Gartenbesitzer wollen einfach nicht so recht warm werden mit dem Areal, das sich da vor ihren Terrassentüren erstreckt. Trotz diverser Versuche, sich ihrem Garten anzunähern, fremdeln sie regelrecht und betreten ihren Garten irgendwann kaum noch, weil sich dort dieses Garten-Wohlgefühl partout nicht einstellen will. Einige haken den Garten dann für sich ab. Anderen aber lässt das keine Ruhe, sie wollen sich ihren Garten erobern, ihn verstehen und sich zu eigen machen, merken aber, dass sie das allein nicht schaffen. Und von eben diesen Gartenbesitzern handelt dieses Buch – und von denjenigen, die sie dabei unterstützt haben, das Grundstück rund um ihr Haus zu ihrem eigenen, ganz persönlichen und individuellen Wohlfühlgarten zu machen: professionelle Garten- und Landschaftsbauer.

Vierzig Projekte sind hier versammelt, die in einer Gegenüberstellung von Vorher- und Nachher-Bildern zeigen, was professionelle Planung und Umsetzung aus Gärten machen kann:

Traumgärten von klein bis groß, von verspielt bis design-orientiert, von ländlich bis urban.

Eben immer ganz individuell zugeschnitten auf die ureigenen Wünsche und Bedürfnisse ihrer jeweiligen Besitzer.

Die Projekte dieses Bandes wurden allesamt von Mitgliedsbetrieben der Gärtner von Eden realisiert. Zu dieser Genossenschaft von Gartengestaltern gehören gut fünfzig der besten Garten- und Landschaftsbaubetriebe in Deutschland und der Schweiz. Sie alle haben sich spezialisiert auf die individuelle Planung, Anlage und Pflege einzigartiger privater Gärten, und sie alle haben sich hohen Qualitätsstandards verpflichtet, wenn es um die Pflanzenverwendung, die planerische Kreativität und die Qualität der handwerklichen Umsetzung geht. Das sieht man den hier gezeigten Projekten auf jeder Seite an.

Wer mit einem Gärtner von Eden spricht, merkt schnell: Einen Garten zu planen und anzulegen, bedeutet viel mehr, als nur Pflanzen in die Erde zu bringen. Lange vor dem ersten Spatenstich geht es zunächst einmal darum, die Wünsche und Bedürfnisse der Menschen kennenzulernen, die den Garten später nutzen möchten – und zwar aller. Kindliche Bedürfnisse sollten hier genauso befriedigt werden wie die Vorstellungen der Erwachsenen. Ein guter Gartengestalter muss die Gartenbesitzer zunächst einmal kennenlernen, ihren Wohn- und Lebensstil, ihre bevorzugten Farben und Materialien, aber ganz praktisch auch das Zeitkontingent, das sie bereit sind, in die Pflege ihres Gartens zu investieren. Deshalb sollten solche Kennenlerngespräche auch unbedingt bei den Gartenbesitzern zu Hause stattfinden. Denn nur hier kann sich der Gartengestalter ein Bild davon machen, wie die Gartenbesitzer leben.

Natürlich muss er auch das Grundstück kennenlernen, das es zu gestalten gilt: Größe, Ausrichtung, Topografie, Lichteinfall, Mikroklima: All das sind Faktoren, die später bei der Entwicklung einer Planung zu berücksichtigen sind. Und dann ist da noch das Haus, zu dem der Garten gehört: Seine Größe und Architektur, aber auch das bauliche Umfeld müssen in die Überlegungen einbezogen werden. Denn das Ziel einer professionellen Gartengestaltung ist, ein harmonisches Ganzes aus Haus und Garten entstehen zu lassen, das sich in seine Umgebung gut einfügt.

So wie später jeder Garten, den die Gärtner von Eden bauen, ein Unikat ist, verläuft auch kein Erstgespräch wie das andere. Manche Gartenbesitzer sprühen nur so vor Ideen, haben über Jahre Zeitschriftenartikel und Bilder aus dem Internet gesammelt von Gartensituationen, die ihnen gefallen. Andere stehen der Flut an Möglichkeiten eher hilflos gegenüber. Ihre Rolle sehen die Gärtner von Eden in dieser frühen Phase im Zuhören und Filtern, im Beraten und Inspirieren. Sie machen zuweilen auf widersprüchliche Wünsche aufmerksam, auf ein Zuviel und darauf, dass der Garten allen Familienmitgliedern nicht nur heute, sondern auch noch in zehn, zwanzig oder gar dreißig Jahren gerecht werden soll.

Deshalb skizziert das Buch auch den Entstehungsprozess der Gärten: Was war bereits vorhanden, welche Vorstellungen hatten die Gartenbesitzer, welche Lösungen der Gartengestalter, was waren die Herausforderungen? So wird es leichter, jeden Garten zu verstehen und nicht nur eine Zusammenstellung wundervoller Gartenbilder zu betrachten, sondern zu erfassen, wie und warum der Garten so wurde, wie er sich heute präsentiert.

Natürlich lässt sich das Buch auch einfach als opulenter Bildband durchblättern, vielleicht auf der Suche nach Inspiration, vielleicht einfach aus der Freude an schönen Gärten heraus. Außerdem soll das Buch dazu dienen, Hemmschwellen abzubauen, sich auf professionelle Gartengestaltung einzulassen. Denn diese ist in den Augen vieler immer noch ein überflüssiger Luxus, schließlich ist das Gärtnern für sie ein schönes Hobby. Doch wie die Anzüge des professionellen Schneiders in aller Regel besser sitzen als die selbstgenähten und die Torten des Konditors die der Hobbybäckerin an Raffinesse und Vielfalt übertreffen, so leistet auch der professionelle Gartengestalter weit mehr, als es die meisten Hobbygärtner können: Bodenverbesserung, Geländemodellierung, Pflanzplanung, Bewässerung, Hochbauarbeiten, Lichtplanung, Pflastern, Mauern, Holzarbeiten, Sichtschutz, Sonnenschutz, Sauna- und Poolbau – das und mehr sind Aufgaben, die bei der Gestaltung eines Gartens anstehen können. Sie sollten unbedingt von Profihand ausgeführt werden, damit die Gartenbesitzer möglichst lange Freude an ihrem grünen Paradies haben. Profunde Pflanzenkenntnis, die für jeden Standort und für jede ästhetische Vorstellung die passenden Kombinationen findet, ist dabei ebenso gefragt wie sicheres Stilempfinden, umfassende Materialkenntnis, technisches Verständnis und Sinn für Proportionen.

Doch nur mit der Fähigkeit, den Menschen möglichst nahezukommen, kann daraus das werden, was sich so viele wünschen: ein wundervoller Garten, der genau zu ihnen passt.

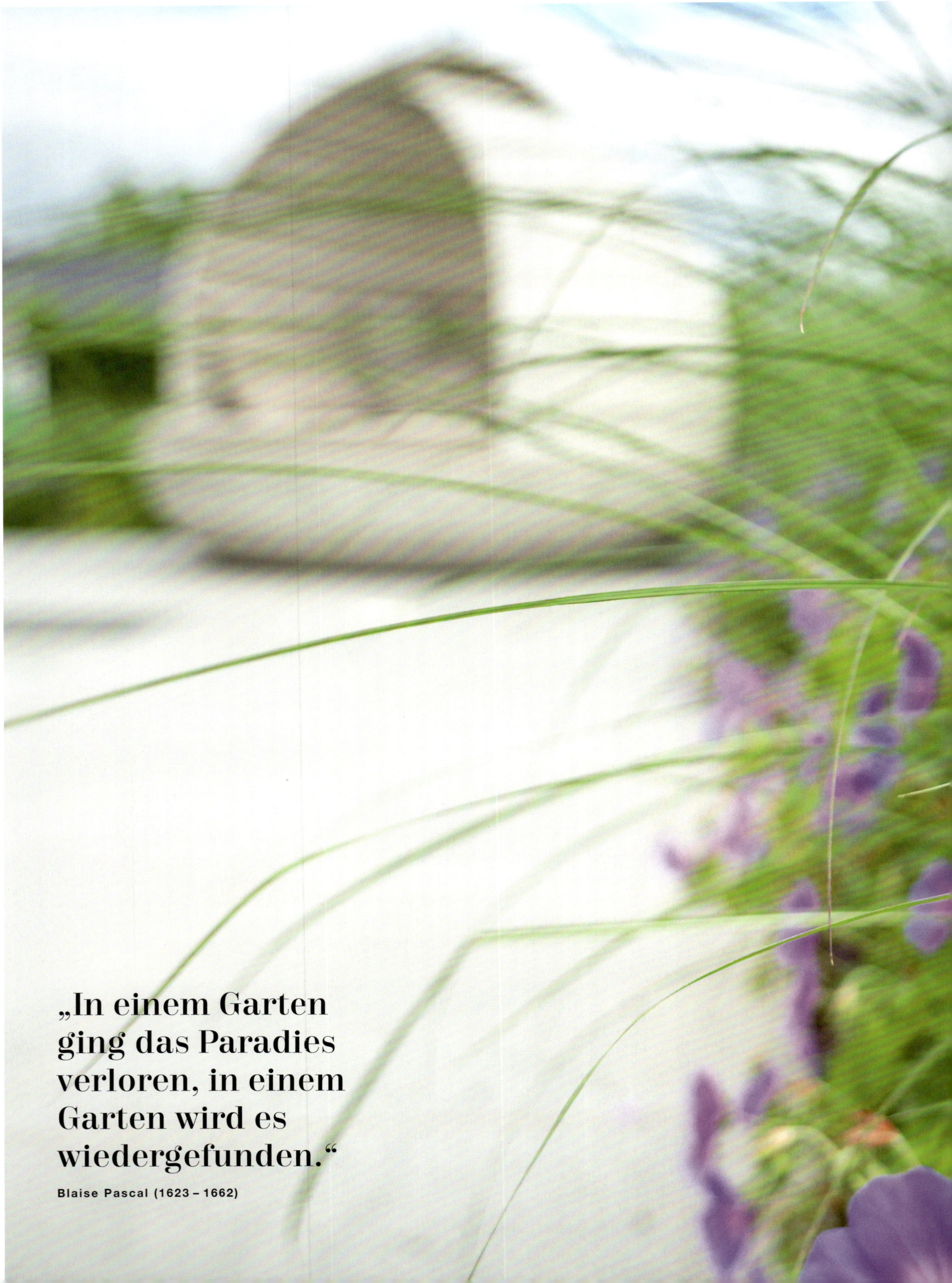

„In einem Garten ging das Paradies verloren, in einem Garten wird es wiedergefunden."

Blaise Pascal (1623 – 1662)

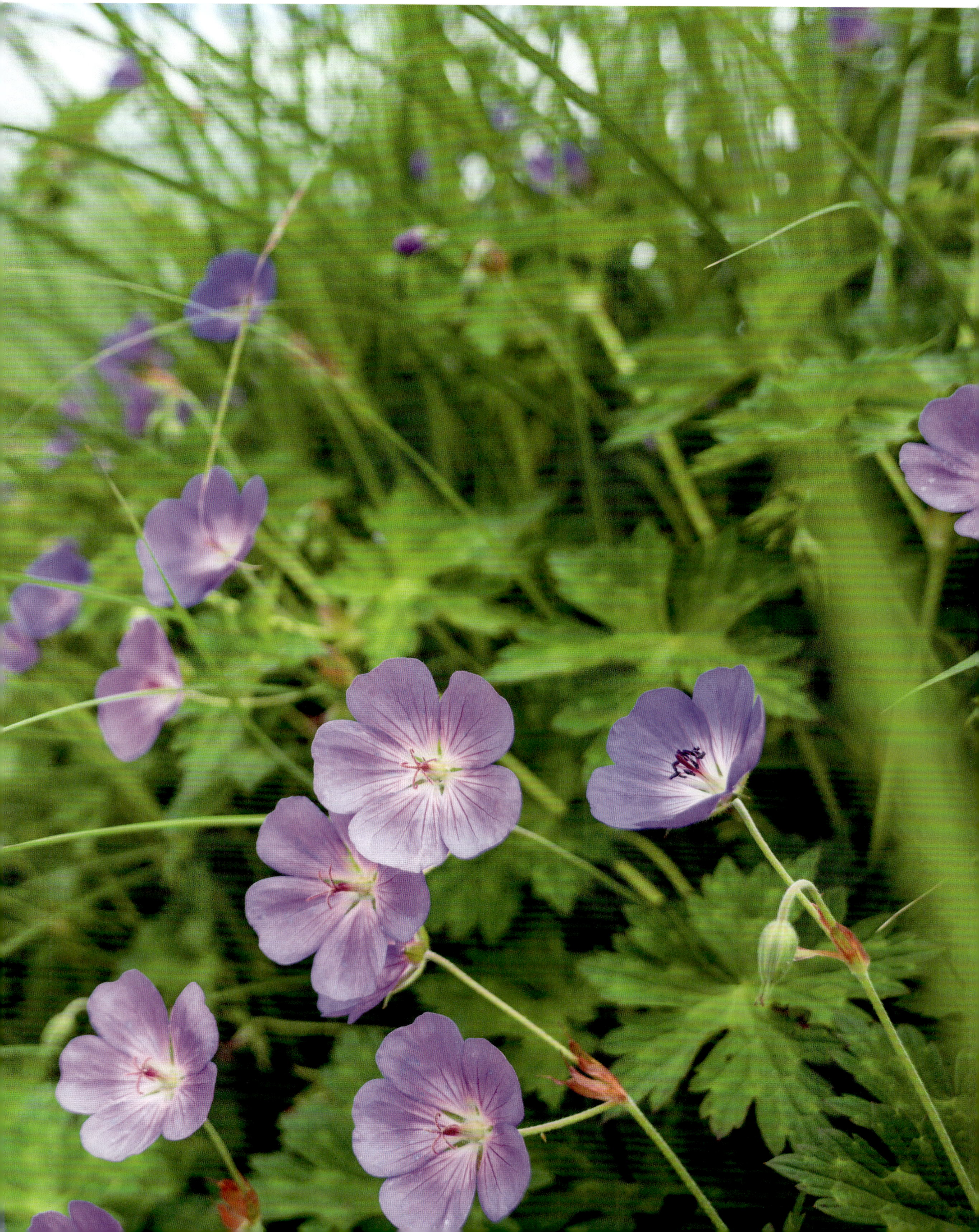

GARTENGESTALTER
Planung und Ausführung:
Arndt – Gärtner von Eden, Rohrbach

IDEE
Familiengarten für ein historisches Bauernhaus

GRÖSSE
200 qm

Internationale Landidylle

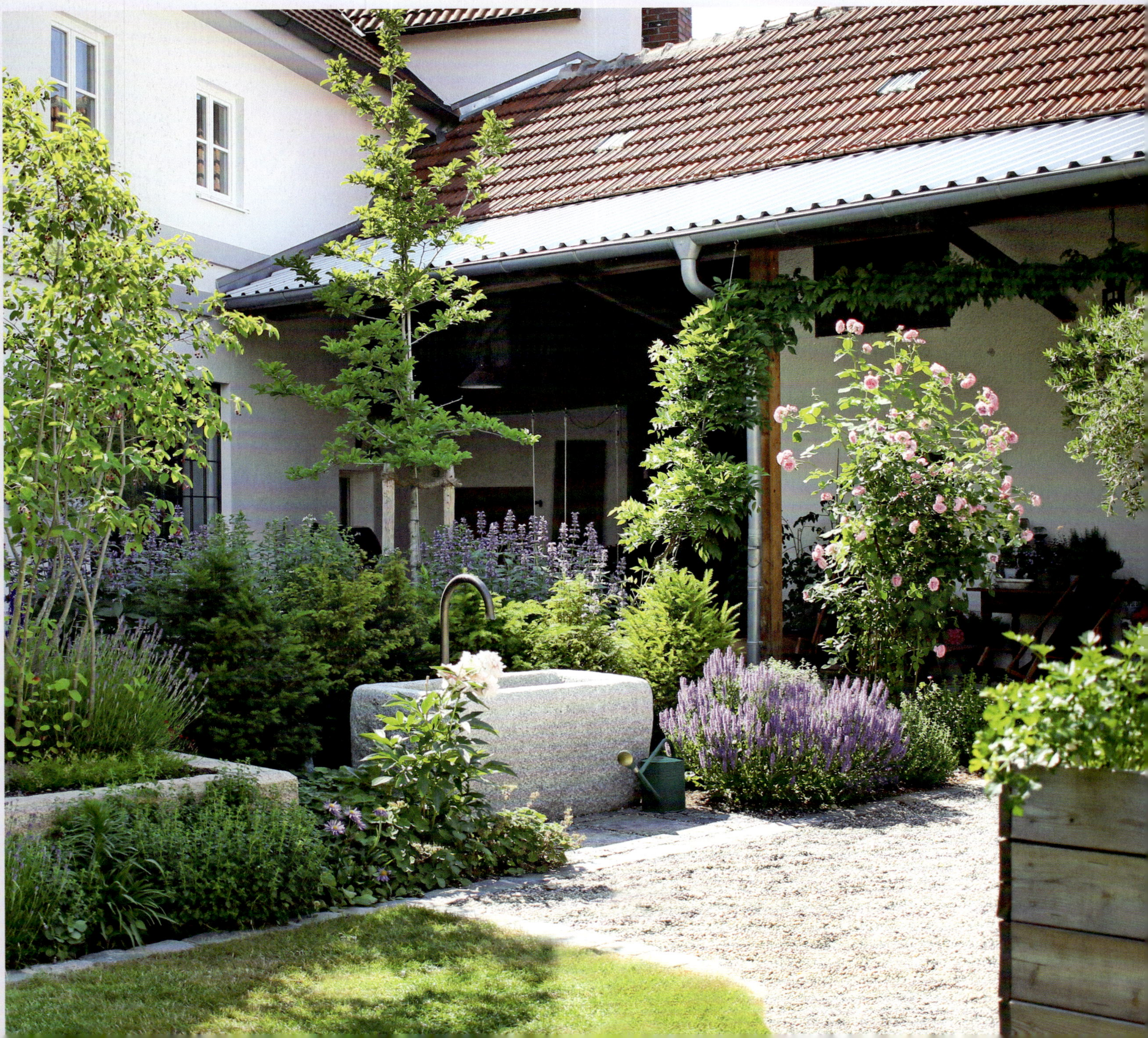

Ein historisches Hofgebäude in Bayern wurde liebevoll und mit sehr viel Sinn für Details renoviert. Die neuen Eigner wünschten sich eine passende grüne Begleitung. Die besondere Herausforderung: Ein Garten war in der alten Hofanlage gar nicht vorgesehen.

Vorher

Die Fläche zwischen Wohnhaus und Wirtschaftsgebäuden diente, als der Hof noch bewirtschaftet wurde, zum Rangieren und Abstellen von Landmaschinen. Ein Garten war hier nicht vorgesehen.

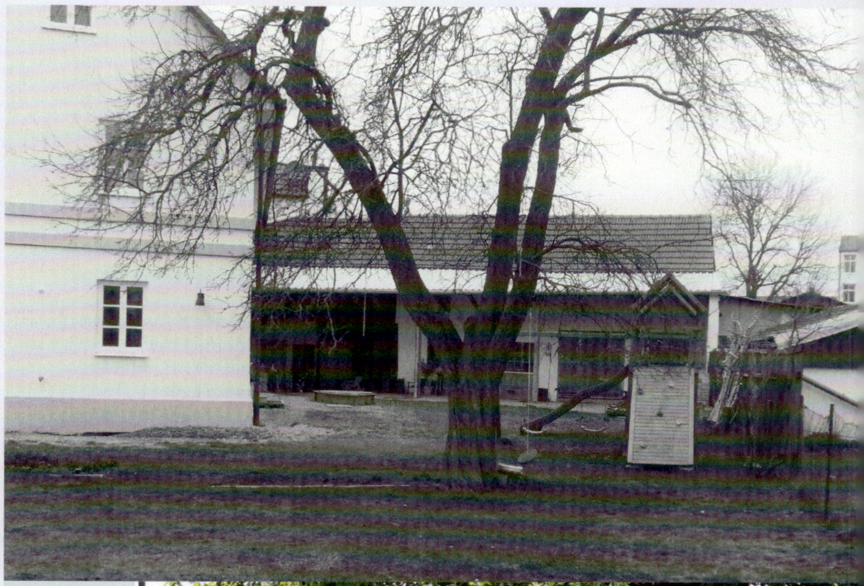

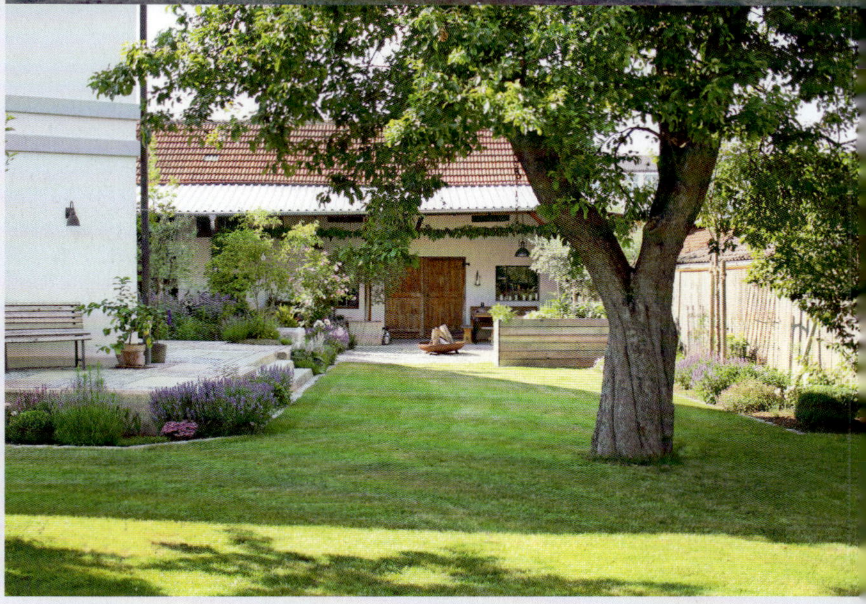

Nachher

Der große Baum war schon zu Hofzeiten vorhanden und trägt heute maßgeblich dazu zum stimmigen Zusammenspiel des historischen Wohnhauses mit dem neu angelegten Garten bei.

> „In diesem Garten wird gelebt – ob auf dem Rasen der Fußball rollt oder sich die Familie um den großen rustikalen Tisch versammelt."

Stefan Arndt, Gartengestalter

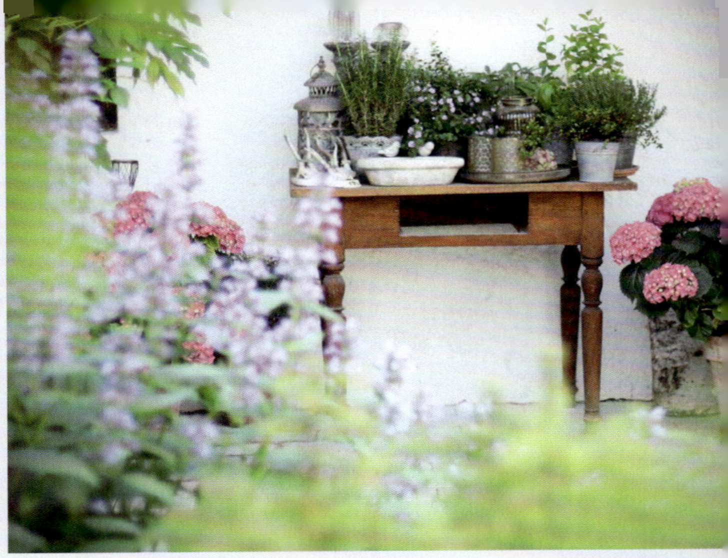

___Wer diesen Garten betritt, möchte ihn nicht mehr verlassen. So harmonisch fügt sich die grüne Idylle zwischen Wohnhaus und ehemaligen Stallungen ein. In diesem Garten wird gelebt. Ob auf dem Rasen der Fußball rollt, die Familie den großen rustikalen Holztisch bevölkert oder jemand ein Schwätzchen auf der Gartenbank hält. Den Besitzern ist es wichtig, dass ihre drei Kinder im Garten ebenso auf ihre Kosten kommen wie sie selbst. Sie haben gern und häufig Gäste.

Die Gartenplanung

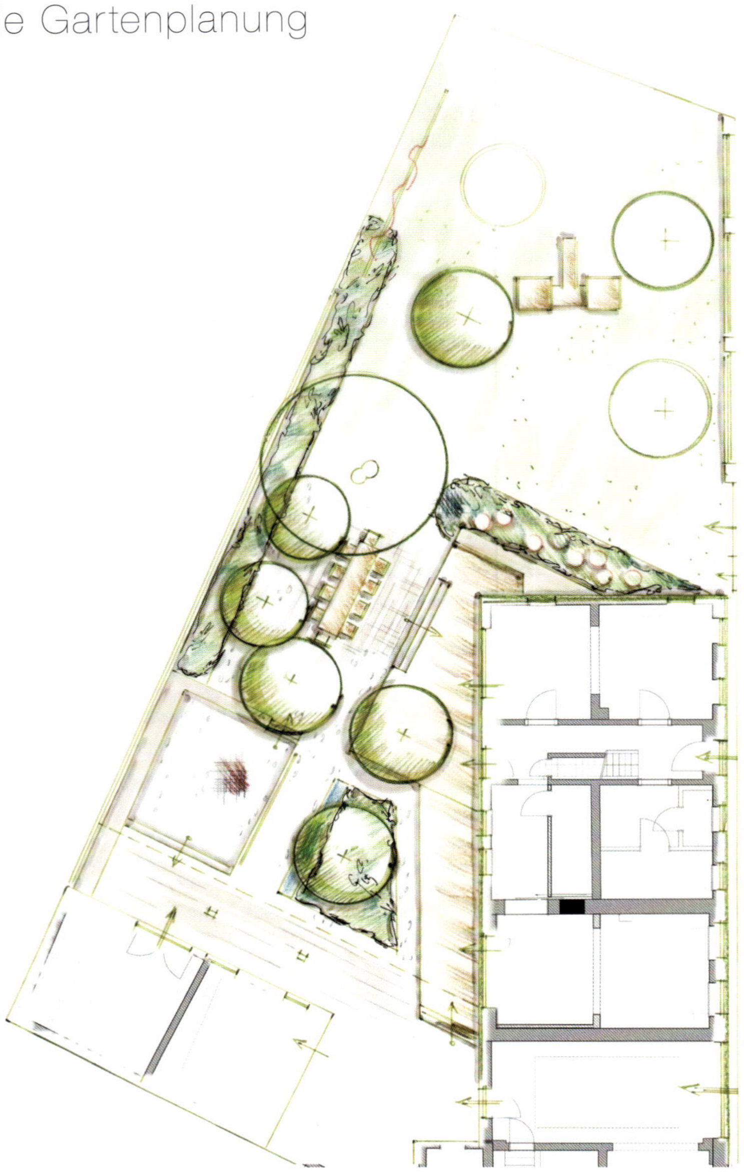

Als sie das alte Bauernhaus mitten im Ort kauften, hatte es keinen Garten, sondern lediglich eine Hoffläche mit ein bisschen Gras. Nachdem das Haus stilsicher, mit historischen Baustoffen und dem Blick für Details wieder zum Leben erweckt worden war, sollte es einen Garten erhalten, der so authentisch wirkt wie das Haus selbst.

↓ **Podest und Treppe** Aus historischen Granitplatten und dazu passendem Pflaster entstanden Podest und Treppe. Diese Materialien mit ihren jahrhundertealten Gebrauchsspuren und den nicht genormten Formaten passen wunderbar zur alten Bausubstanz des Wohnhauses.

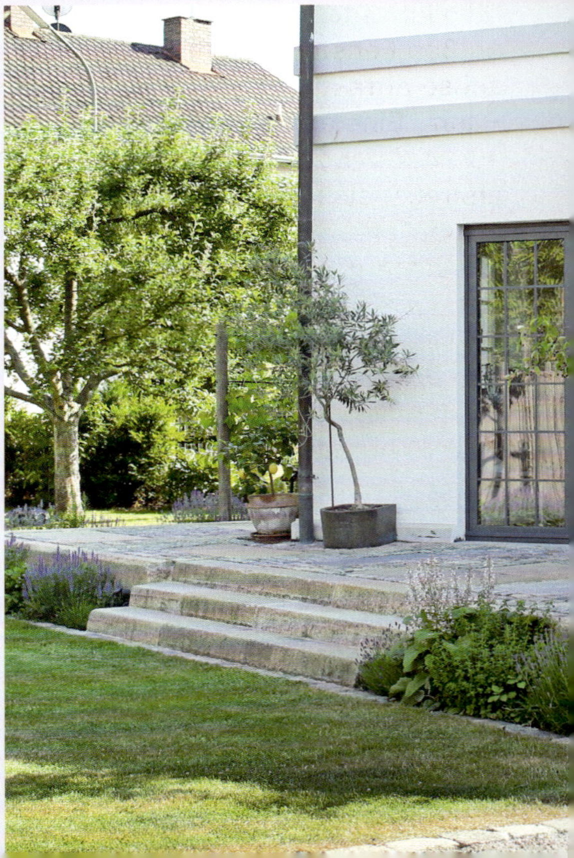

Im Überblick – Garten 1

MATERIALIEN (Auswahl)
- Historischer Granit
- Rollkies

PFLANZEN (Auswahl)
- Kupfer-Felsenbirne *Amelanchier lamarckii*
- Magnolie *Magnolia kobus*
- Limonen-Ysop *Agastache mexicana 'Sangria'*
- Hche Katzenminze *Nepeta manchuriensis 'Manchu Blue'*
- Steinquendel *Calamintha nepeta 'Triumphator'*
- Große Sterndolde *Astrantia major*
- Chinesischer Blauregen *Wisteria sinensis*

→ **Hauptsitzplatz** Unter einem Unterstand, der noch aus der aktiven Zeit des Bauernhofs stammt, steht heute ein großer Tisch mit vielen Sitzgelegenheiten.

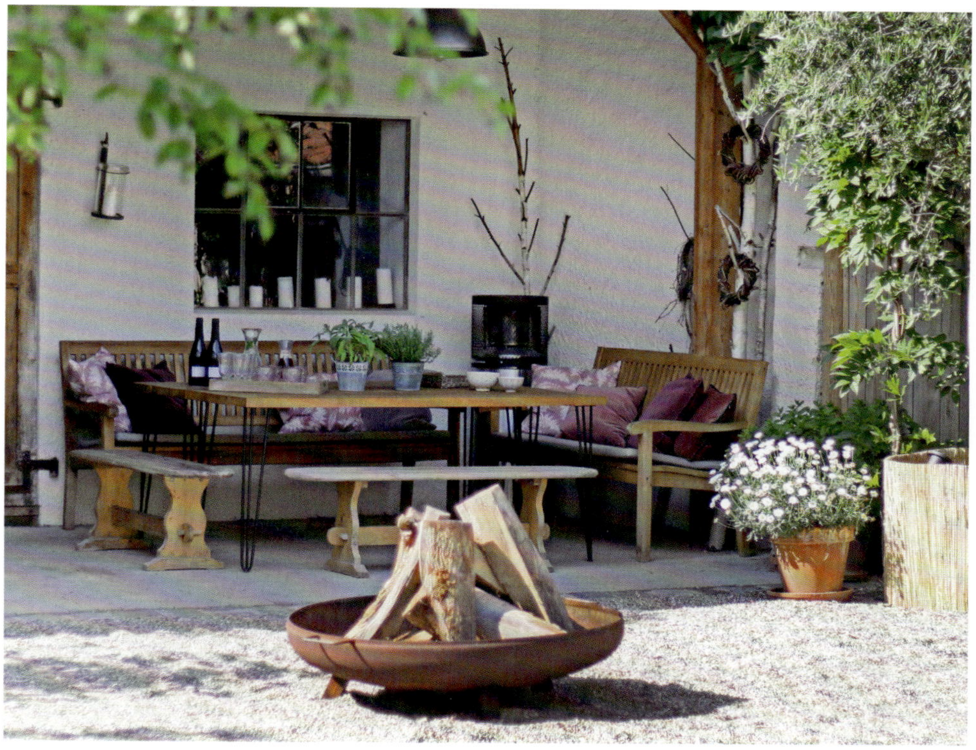

Individuell und passgenau

Schnell stellte sich heraus, dass bei der besonderen räumlichen Situation viele Grundregeln der Gartengestaltung nicht angewandt werden konnten.
So planen Gartenarchitekten in den meisten Fällen – und gerade für eine größere Familie mit vielen Gästen – eine Terrasse, die sich großzügig vor den bodentiefen Fenstern direkt am Haus entfaltet. Das schafft kurze Wege, ist praktisch und verbindet Innen und Außen miteinander. In diesem Haus befinden sich die bodentiefen Esszimmerfenster vor der schmalsten Stelle des Grundstücks. Eine rechteckig in den Garten hineinragende Terrasse hätte also die Gartenanlage in zwei unzusammenhängende Bereiche zerteilt. Zudem gab es wenig Möglichkeiten, den Ausblick aus den großen Fenstertüren mit einer Sichtachse attraktiv zu gestalten – zu wenig Raum. Eine andere Lösung musste her: Auf der ganzen Breite des Hauses erstreckt sich heute ein Podest, das allmählich breiter wird, so wie es der Zuschnitt des Grundstücks zulässt. Hier ist zwar kein Platz für Tisch und Stühle, dennoch nutzen die Bewohner das Podest gern als Sitzplatz. Vom Esszimmer aus gelangen sie mit ein paar Schritten zur breiten Treppe, die vom Podest in den Garten führt und auf deren Stufen man herrlich informell mit einer Tasse Kaffee oder einem Glas Wein sitzen kann.

Materialien mit Seele

Extras

← **Wassertrog** Der am Rand des Platzes zwischen Beeten eingebettete Wassertrog ist zwar neu, zitiert aber alte Vorbilder und unterstreicht das Bauerngartenflair.

↓ **Hochbeet** Das selbst gebaute Hochbeet beherbergt den kleinen Nutzgarten der Familie.

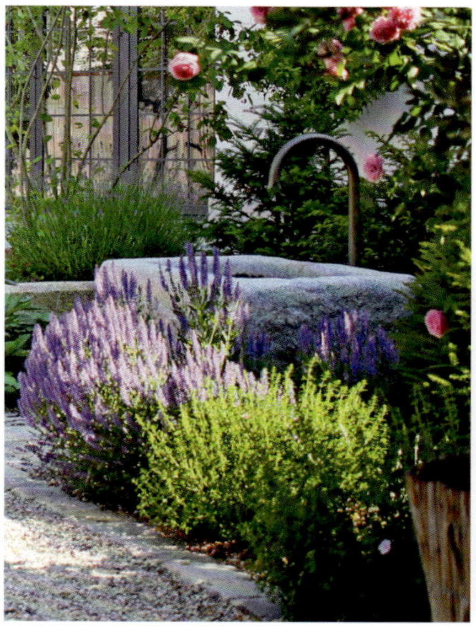

Material

→ **Kies** An die Vergangenheit erinnert auch der Kiesbelag für den Platz, der dem Unterstand vorgelagert ist. Er hat zwei Vorteile: Er verhindert eine großflächige Versiegelung und schafft einen schönen, sanften Übergang zwischen den einzelnen Räumen.

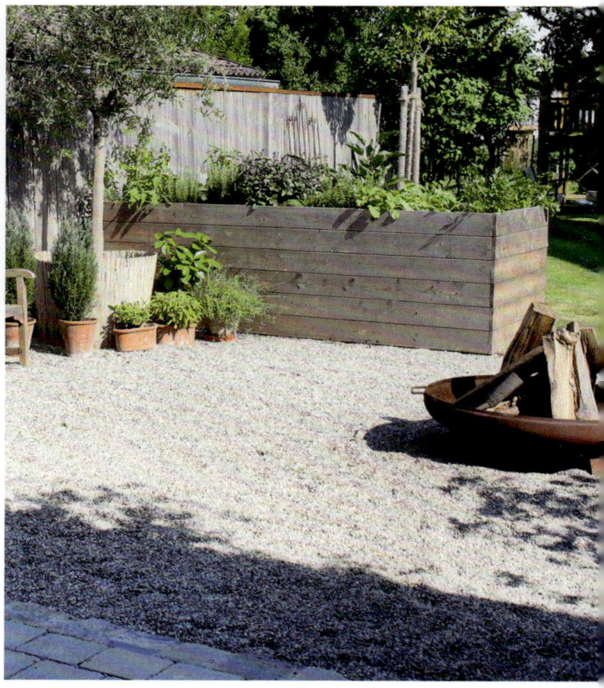

→ **Blühende Beete** Die Pflanzen des Gartens harmonieren ganz selbstverständlich, auch wenn die einen mediterranen Ursprungs sind und die anderen aus dem Umfeld des typischen Bauer ngartens stammen. Das Granitpodest am Haus rahmt ein Beet in Lila-, Rosa- und Weißtönen, ein Paradies für Nektarsammler aller Art.

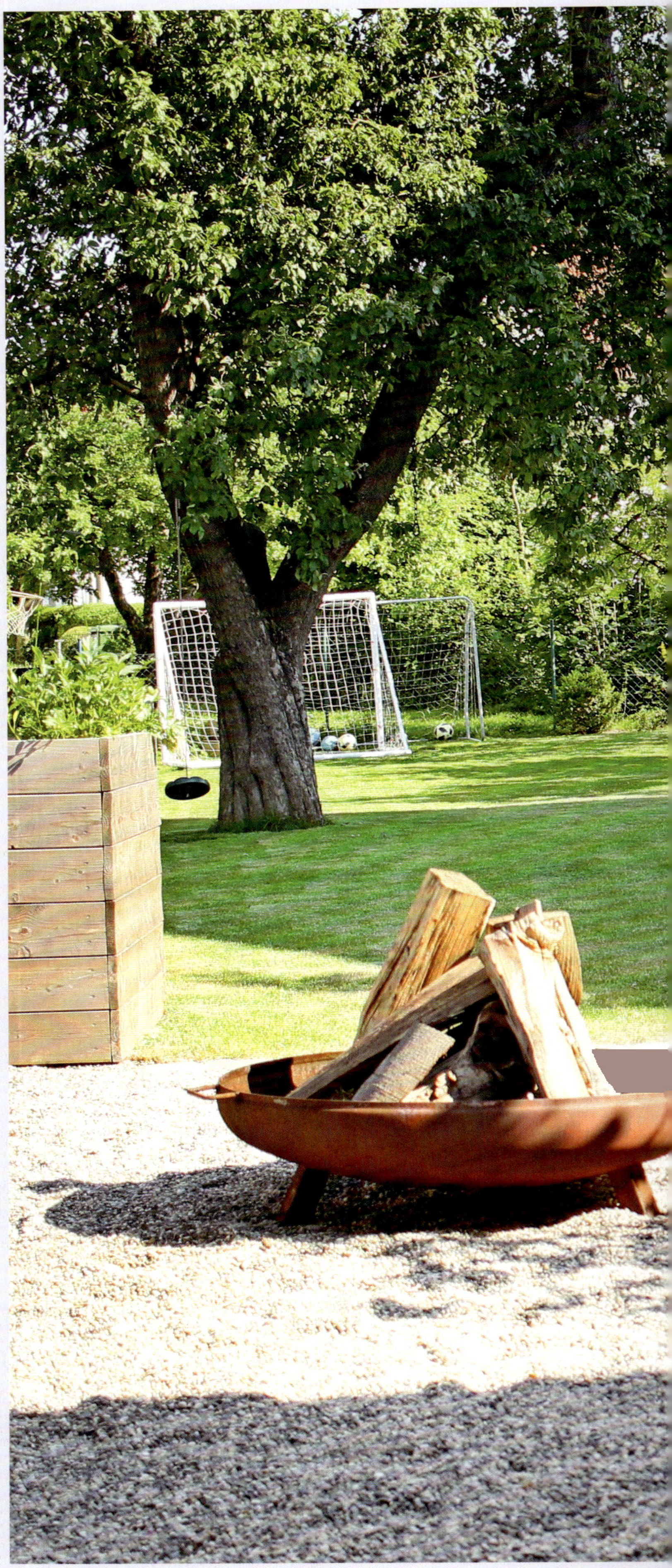

Aus dem Leben geplaudert

Der ganze Garten strahlt heute ländliche Gemütlichkeit aus, wozu auch ein alter Apfelbaum beiträgt, der tatsächlich schon auf der alten Hoffläche gestanden hatte und den Rasen angenehm beschattet. Trotz aller Landidylle erzählt der Garten aber auch Geschichten aus dem Leben seiner Besitzer, die viel gereist sind. Besondere Blumenkübel und die eine oder andere englische Rose in den Beeten berichten von einem längeren Aufenthalt in England. Olivenbaum, Oleander und Zitronenbäumchen sowie der am Unterstand rankende Blauregen künden von der Liebe der Gartenbesitzer zur Toskana. Auch der auf einem Spalier im Beet wachsende Wein und der Kiesplatz vor dem Unterstand lassen sich mediterran interpretieren. Diese Anklänge an andere Länder und Gartentraditionen vertragen sich wunderbar mit den Grundkomponenten des ländlichen Gartens und ergeben zusammen ein ganz und gar stimmiges Bild.

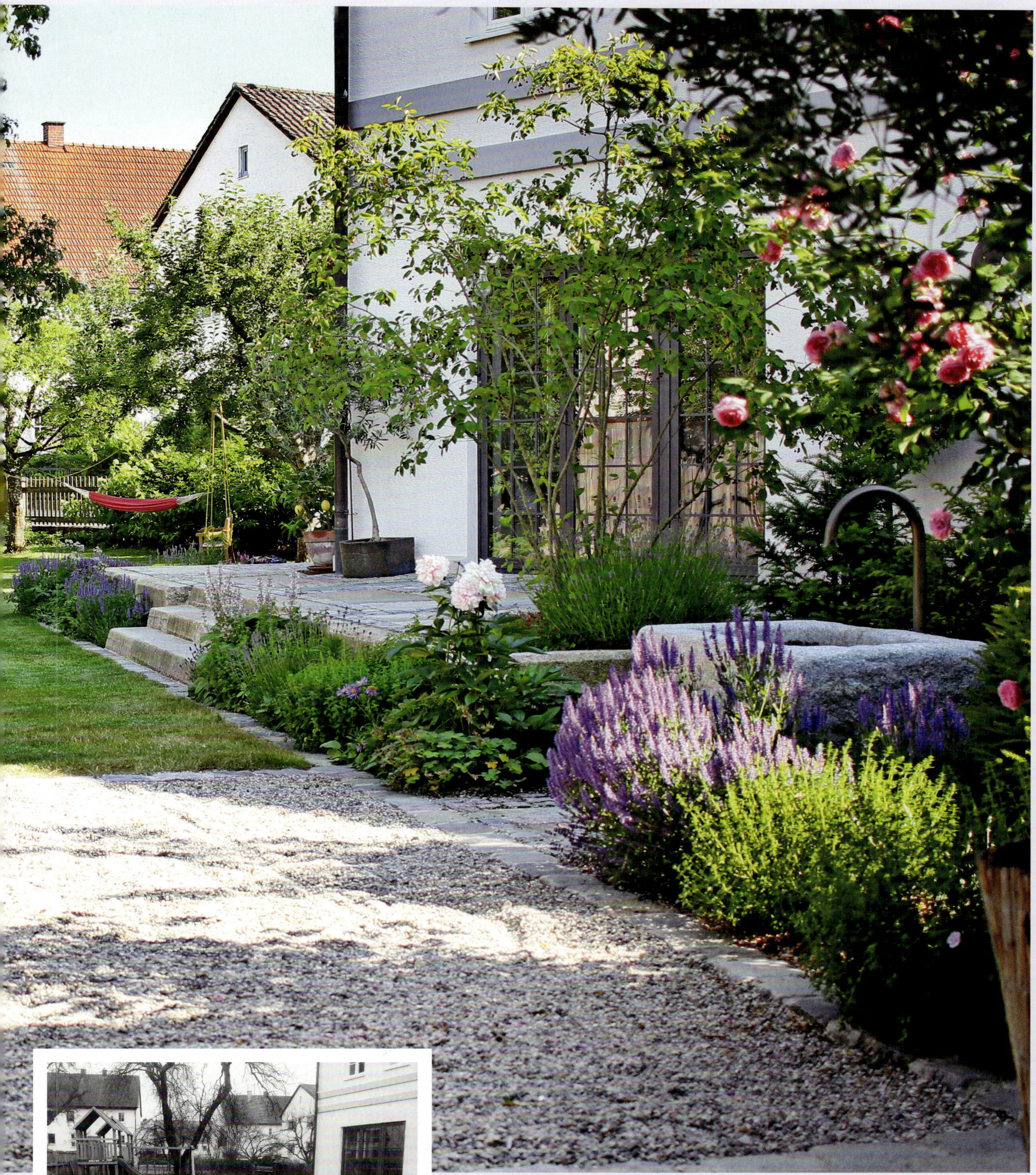

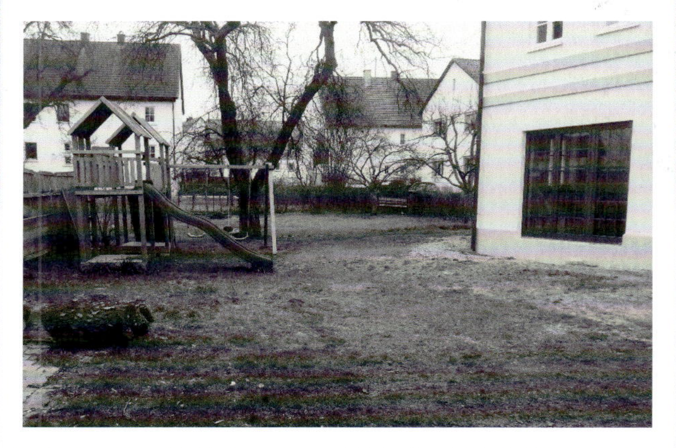

Vorher

Vor der Neuanlage des Gartens gab es das Terrassenpodest nicht. Dadurch fehlte dem Haus die optische Anbindung an das Grundstück.

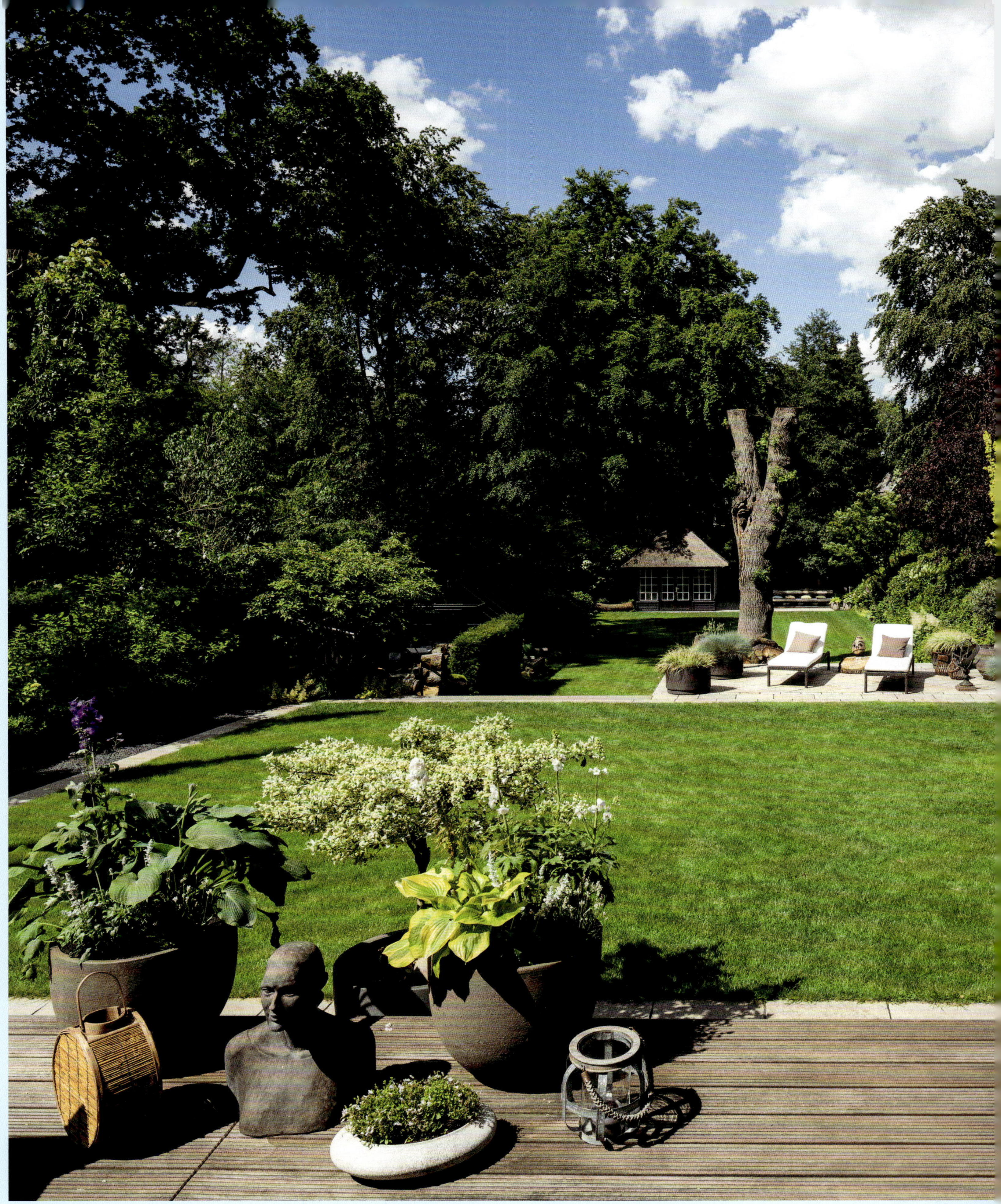

Schlichte Schönheit prägt diesen Garten, der sich perfekt dem Wohnhaus anpasst. Bei der Umgestaltung wurde behutsam, aber konsequent das Potenzial des Grundstücks gehoben. Jahrzehntelang hatte die Anlage in einer Art Dornröschenschlaf gelegen.

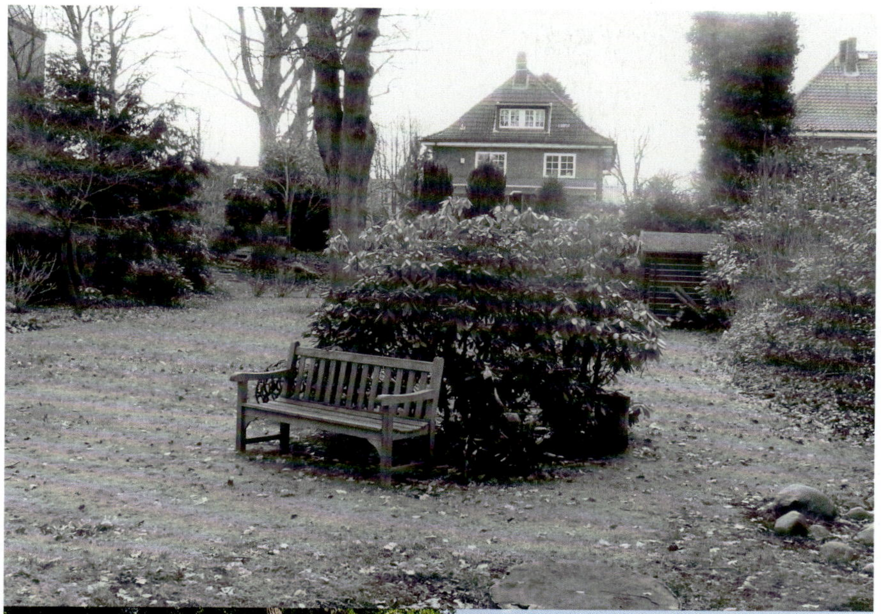

Vorher

Das Grundstück grenzt an die Alster. Durch einen Sprung im Gelände zerfällt es in zwei Teile. Vor der Umgestaltung gab es keine optische Verbindung zwischen beiden Gartenteilen und zum Flussufer hin auch keine erkennbare Gartengestaltung.

Nachher

Heute präsentiert sich der Garten als Einheit. Das Gelände wurde gegliedert, sodass trotz der Weite und Offenheit klar getrennte Gartenbereiche entstanden sind, die für vielfältige Nutzungsmöglichkeiten und optische Abwechslung sorgen.

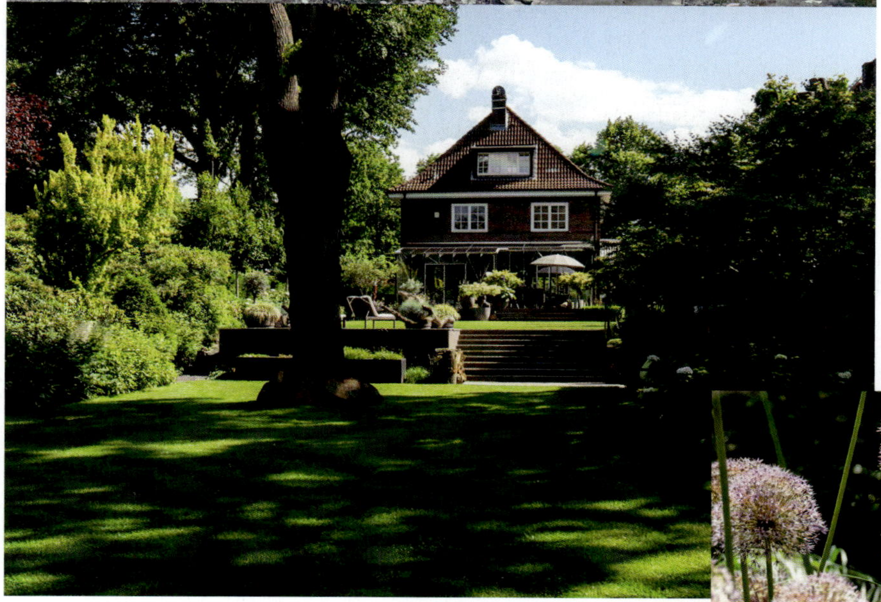

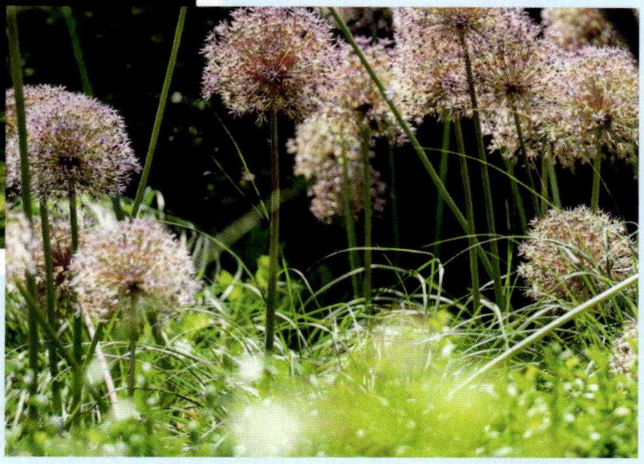

Kaffeemühle am Wasser

Im Überblick – Garten 2

GARTENGESTALTER
Entwurf: Gempp Gartendesign, Hamburg
Pflanz- und Ausführungsplanung, Ausführung: Bahl – Gärtner von Eden, Kiebitzreihe

IDEE
Der Garten als Bindeglied zwischen Architektur und Natur

GRÖSSE
ca. 1.700 qm

BESONDERHEIT
Garten am Wasser auf zwei Ebenen

Geradlinige Üppigkeit

___Zeitlos schlicht sind die fast würfelförmigen Backsteinhäuser aus den zwanziger und dreißiger Jahren des 20. Jahrhunderts, die es in Hamburg häufig gibt. Ihrem quadratischen Grundriss verdanken sie den Spitznamen „Kaffeemühle".
Oft sind diese Häuser in große Gärten eingebettet: Hier sind es 400 Quadratmeter Vorgarten und 1.700 Quadratmeter Wohngarten. Beide Bereiche waren nie professionell angelegt worden. Das sollte sich nun ändern. Ein passender grüner Rahmen war gewünscht, der den Charme des Grundstücks noch besser zur Geltung bringen sollte. Denn charmant war die Anlage ohnehin schon.
Die schlichte Form der „Kaffeemühlen"-Architektur findet ihre Entsprechung in der Linienführung des Gartens. Die beiden Rasenflächen auf dem oberen und unteren Plateau sind rechtwinklig. Ein umlaufendes Band aus hellem Kalkstein unterstreicht oben die Geometrie. Die um diese obere Rasenfläche führenden Wege mit einem Belag aus dunklem Splitt bleiben dezent im Hintergrund. Die Bepflanzung wirkt in weiten Teilen als sei sie schon immer dagewesen. Genau das ist gewollt, denn das Grundstück ist eingebettet in prächtigen alten Baumbestand, und den Gartenbesitzern war es wichtig, möglichst viele der bereits eingewachsenen Pflanzen zu erhalten. Die Gestalter fanden auf dem weitläufigen Grundstück tatsächlich einige Schätze, die allerdings zumeist einen neuen Standort brauchten.
So standen zum Beispiel rund dreißig größtenteils mehrere Meter hohe Rhododendren überall verteilt. Heute sind sie in Wällen gepflanzt ein imposanter Sichtschutz für den Sitzplatz am Flussufer.

Vorher

Der Garten hinter dem Haus reicht als breiter Streifen bis ans Ufer des Alsterkanals. Auf halbem Weg zwischen Haus und Flüsschen gibt es einen Sprung im Gelände, der bislang von einer schmalen Treppe überbrückt wurde. Diese flankierten rechts und links je eine große Konifere, begleitet von ein wenig Wildwuchs. Vom Haus aus konnten die Bewohner den hinteren Grundstücksteil und das Flussufer daher gar nicht sehen.

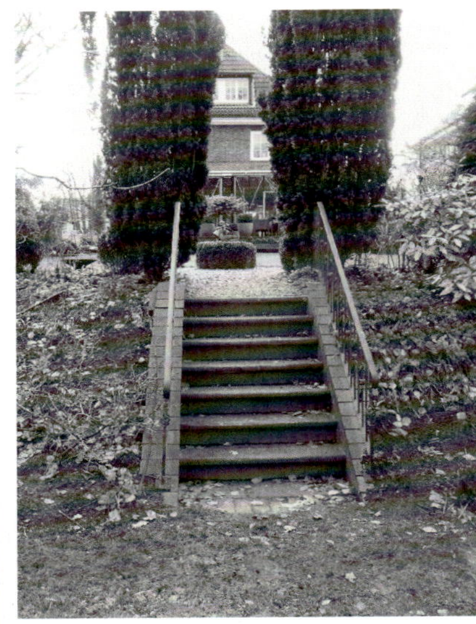

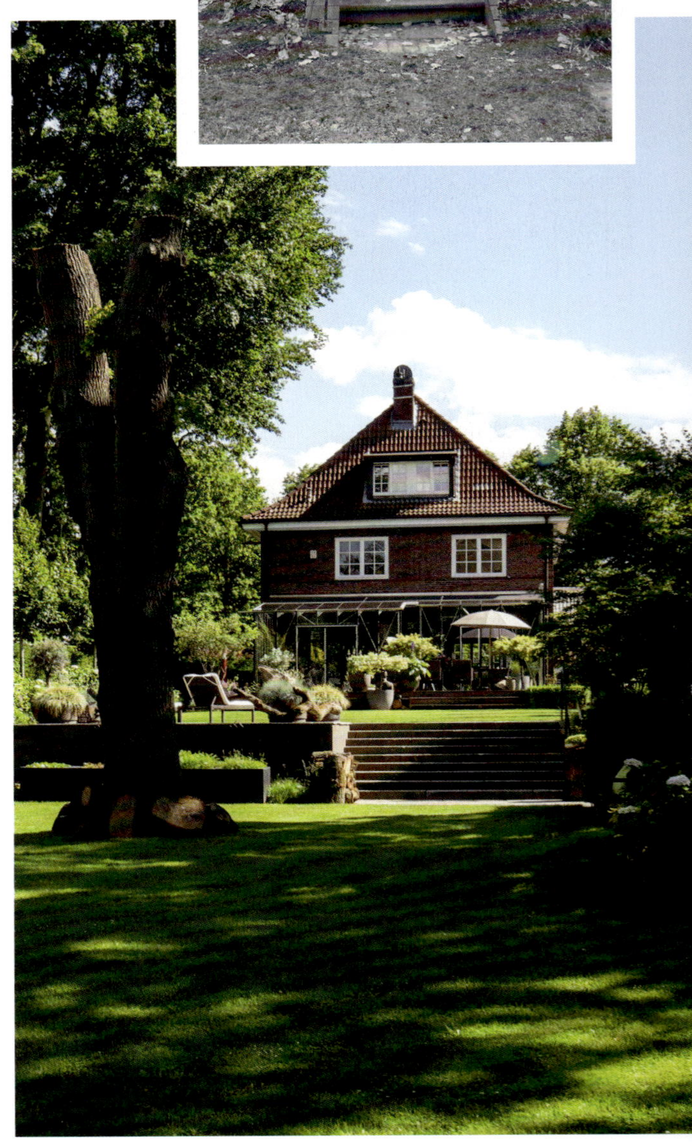

Nachher

Die Gartengestalter legten die Geländekante konsequent frei. Aus dem schmalen Abgang wurde eine großzügige Freitreppe: Und wo früher Böschung war, entstand eine Stützmauer. Die Freitreppe nimmt mit ihrer Breite die Abmessungen einer Hälfte des großen, modernen Wintergartens auf und eröffnet eine Sichtachse, die vom Haus bis zu einem neu errichteten Pavillon am Flussufer reicht. Nun ist – sowohl vom Wohnhaus aus, als auch von dem in jüngerer Zeit angebauten ausladenden Holzdeck – der Garten in voller Länge zu genießen. Der Blick reicht bis zum Wasser.

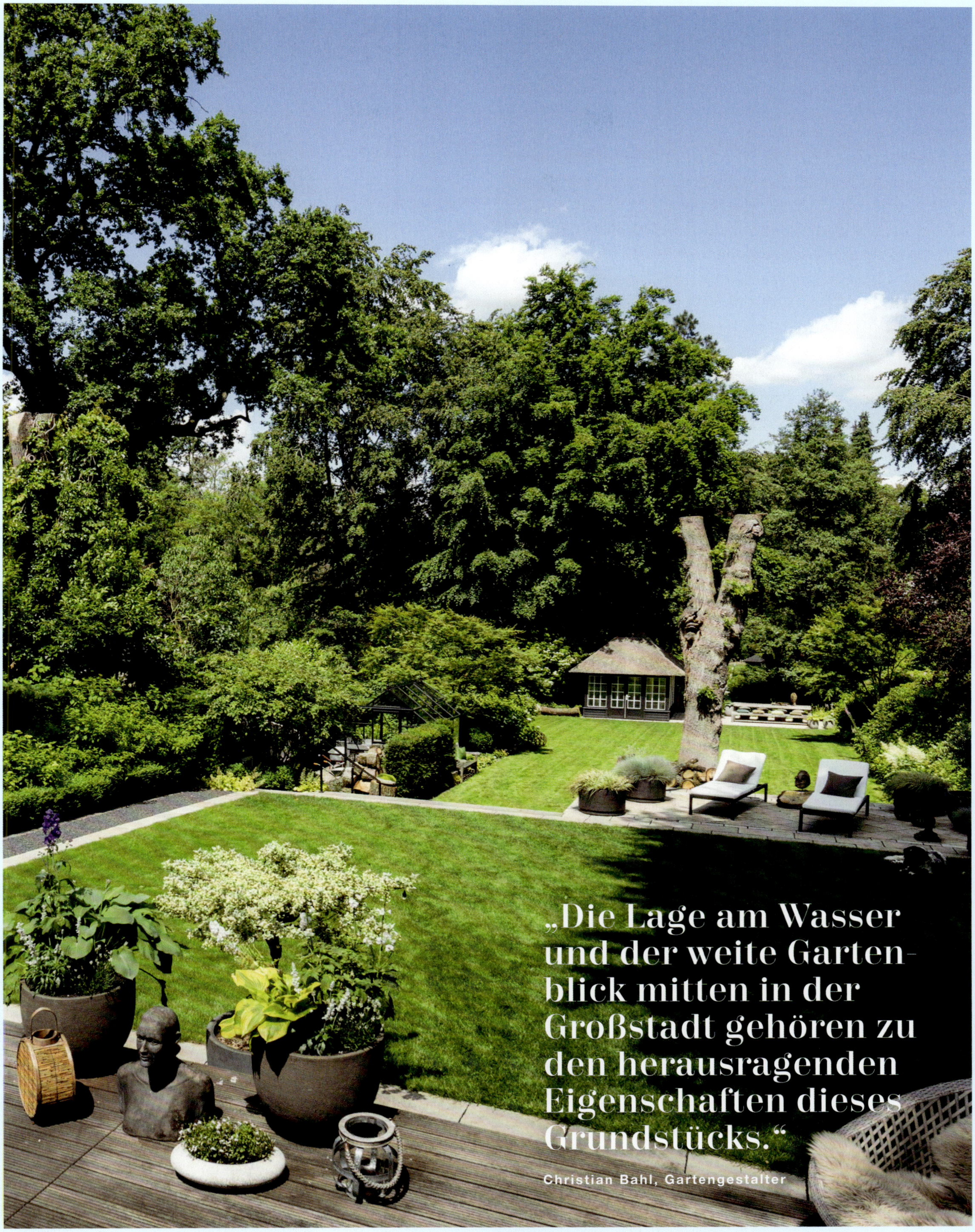

„Die Lage am Wasser und der weite Gartenblick mitten in der Großstadt gehören zu den herausragenden Eigenschaften dieses Grundstücks.“

Christian Bahl, Gartengestalter

Im Überblick – Garten 2

MATERIALIEN (Auswahl)
- Kalkstein (Flächen)
- Basaltsplitt (Wege)

PFLANZEN (Auswahl)
- Chinesischer Blumen-Hartriegel *Cornus kousa 'China Girl'*
- Kupfer-Felsenbirne *Amelanchier lamarckii*
- Säulen-Hainbuche *Carpinus betulus 'Fastigiata'*
- Buchsbaum *Buxus sempervirens*
- Eibe *Taxus baccata*
- Gräser: Japan-Segge *Carex morrowii 'Variegata'*, Niedriges Lampenputzergras *Pennisetum alopecuroides 'Hameln'*
- Storchschnabel in Sorten: *Geranium 'Rozanne'*, *Geranium X cantabrigiense 'Biokovo'*
- Schaumblüte *Tiarella cordifolia*
- Bronzeglöckchen *Heuchera micrantha 'Palace Purple'*

Schöner sitzen

Wintergarten und Terrasse am Haus blieben unverändert, letztere wurde lediglich um ein Wasserspiel erweitert. Vor der Umgestaltung bot der Garten keine weiteren Aufenthaltsmöglichkeiten. Heute können die Gartenbesitzer zwischen mehreren attraktiven Sitzplätzen mit unterschiedlichem Charakter wählen. Neu entstanden ist eine großzügige Terrasse am Ende des ersten Gartenplateaus. Hier können die Gartennutzer mit Blick auf Haus und Rasen entspannt in der Sonne liegen. Ein üppiger seitlicher Pflanzstreifen mit Gehölzen sorgt dafür, dass der Platz vom benachbarten Mehrfamilienhaus aus nicht einsehbar ist. Zwei weitere Sitzplätze entstanden am Flussufer.
In den breiten Beetstreifen, welche die Rasenflächen rahmen, gedeihen viele Stauden. Rund um die Terrasse am Haus prägen Buchshecken und Hortensien das Bild, unter den hohen Bäumen fühlen sie sich sehr wohl. Für einen grünen Sichtschutz sorgen hier säulenförmige Hainbuchen.

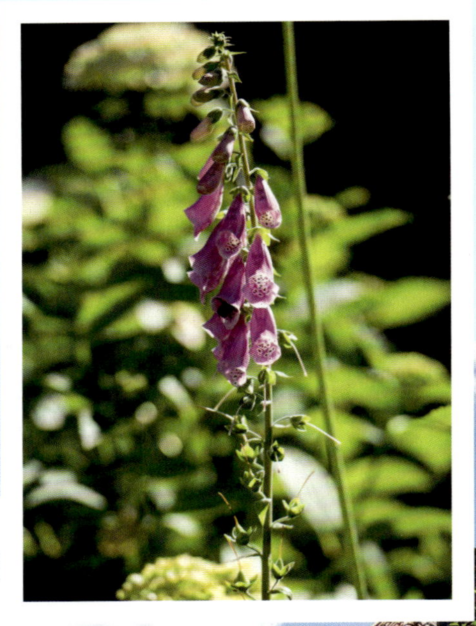

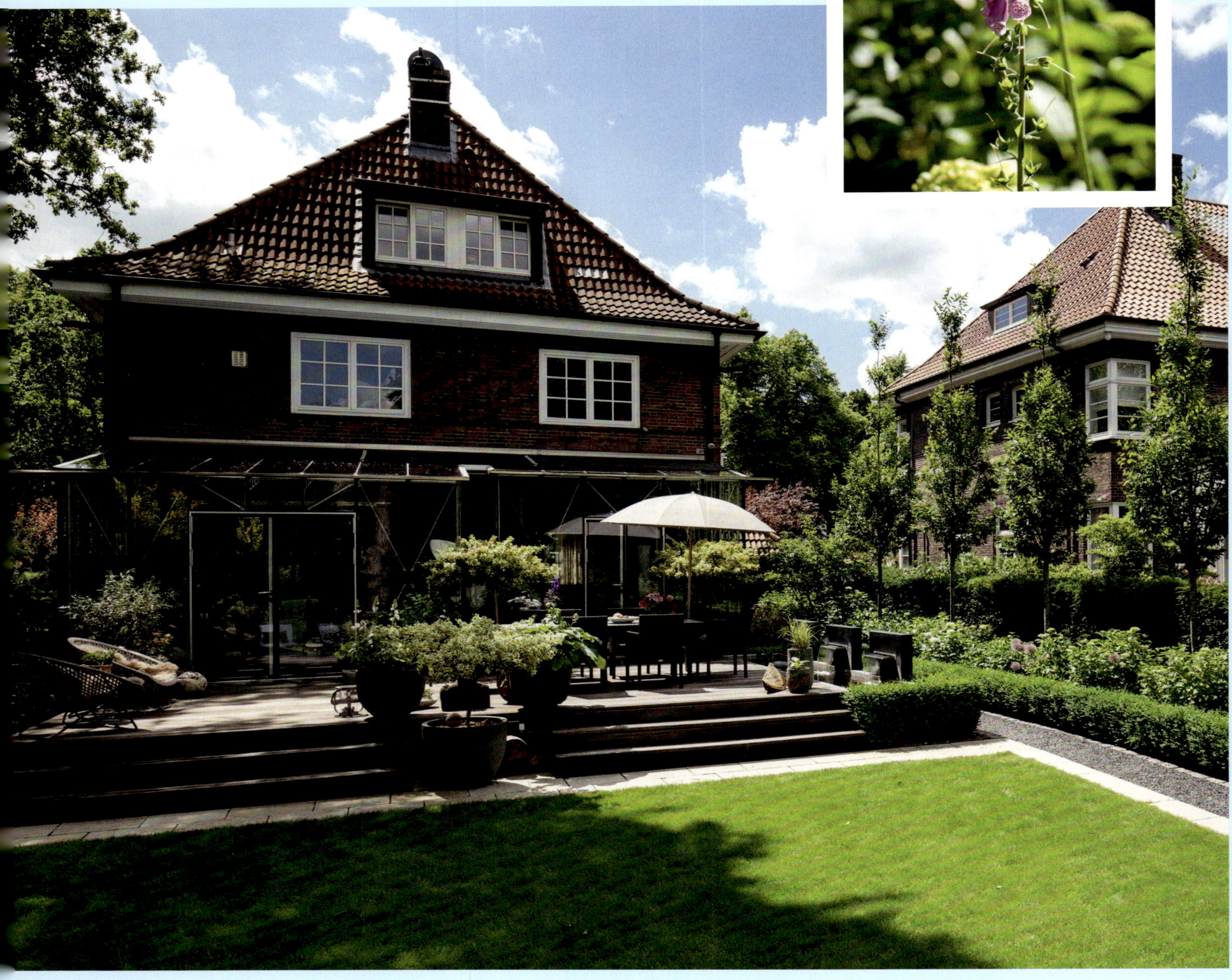

↓ **Der Reetdachpavillon** Der am Flussufer neu errichtete Reetdach-Pavillon passt stilistisch perfekt in die Flussauenidylle mit altem Baumbestand. Vogelgesang und vorbeiziehende Ruderboote ergötzen Ohren und Augen. Den Pavillon statteten die Gartenbesitzer so aus, dass sie sich auch bei schlechtem Wetter hier zurückziehen können. Und sobald die Sonne scheint, lassen sich die Flügeltüren sowohl zum Haus als auch zum Wasser hin öffnen.

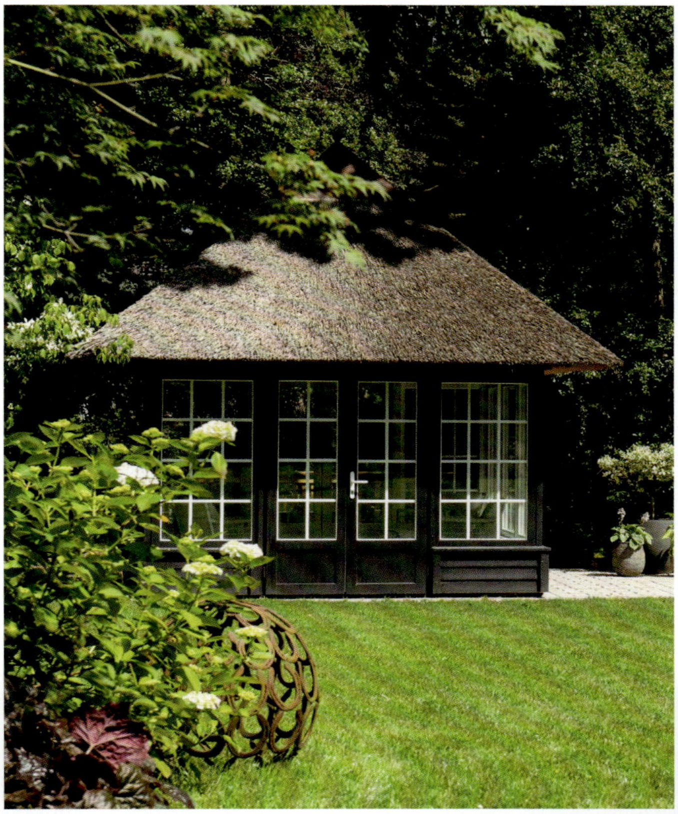

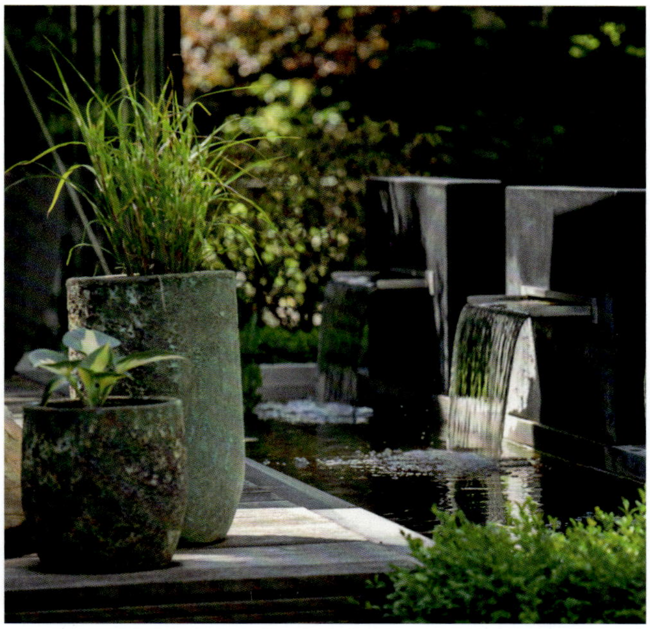

↓ **Treffpunkt am Wasser** Die Terrasse neben dem Pavillon hat sich zu einem beliebten Familientreffpunkt entwickelt. An einem Tisch, dessen zentnerschwere Platte die Gartengestalter aus einem alten Eichenstamm sägten, kann die Familie in großer Runde zusammenkommen und den Blick aufs Wasser und in die Natur genießen.

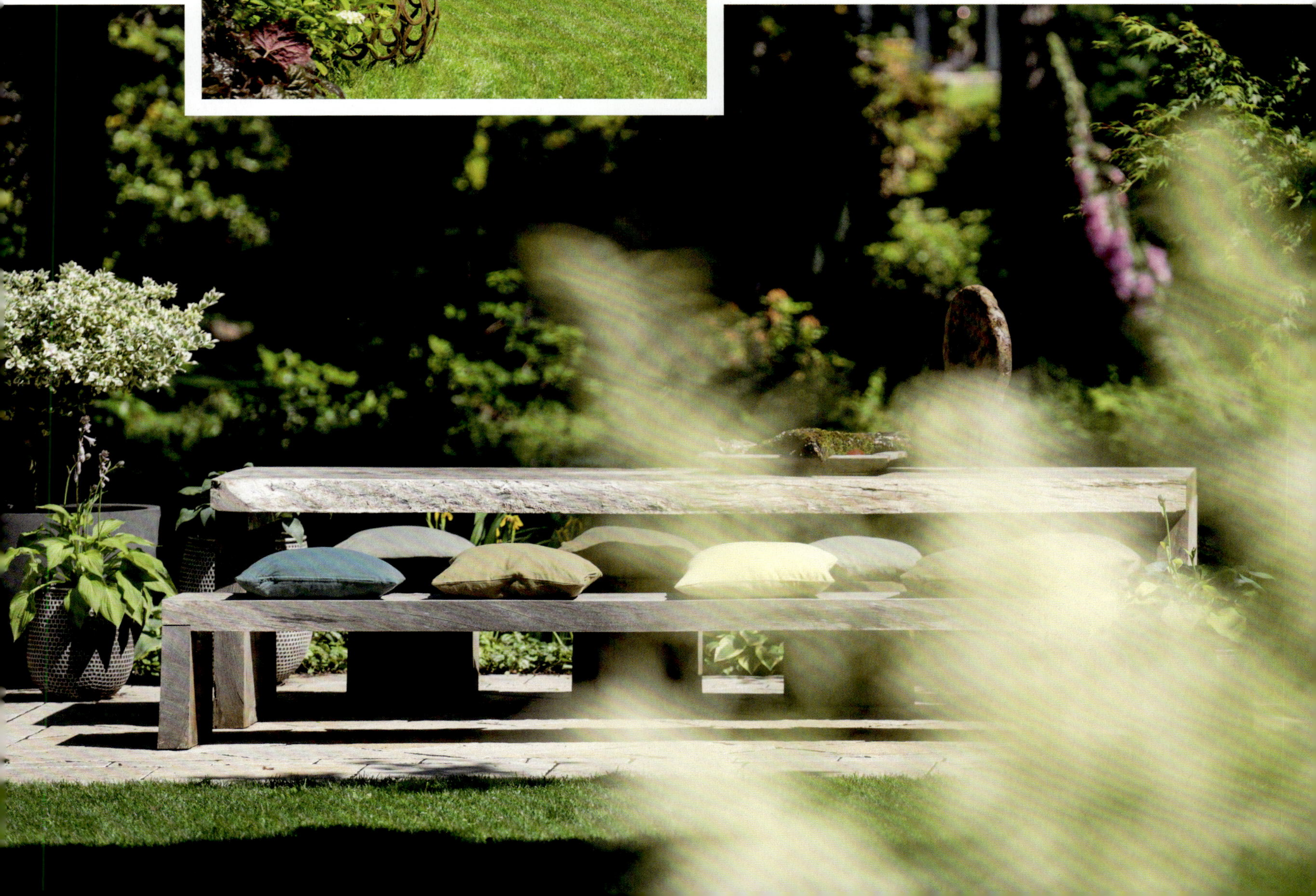

Eine Pflanzenenthusiastin wollte ihrem riesigen Landschaftsgarten endlich Blütenvielfalt gönnen und ihn intimer wirken lassen.

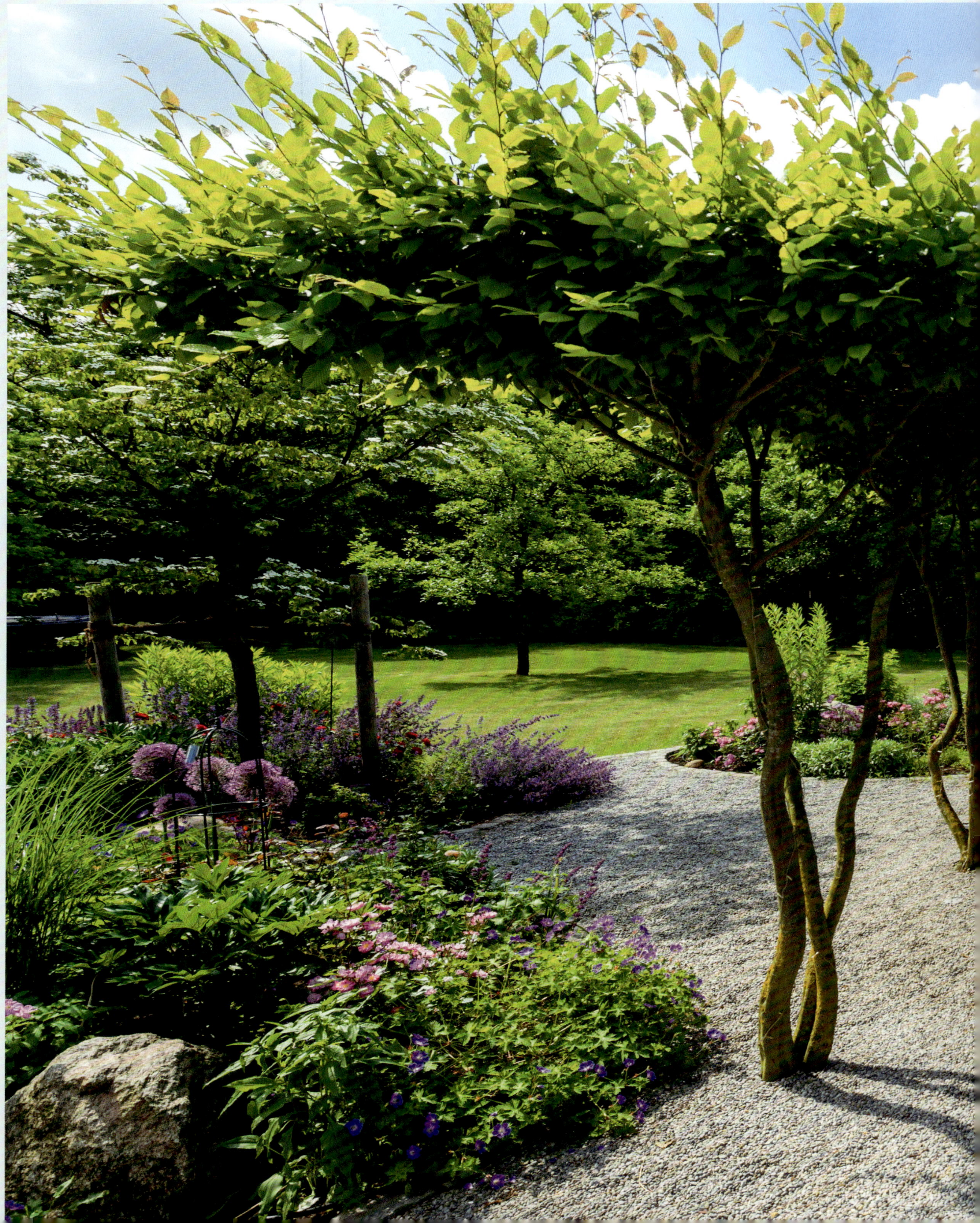

Bunte Blütenfülle

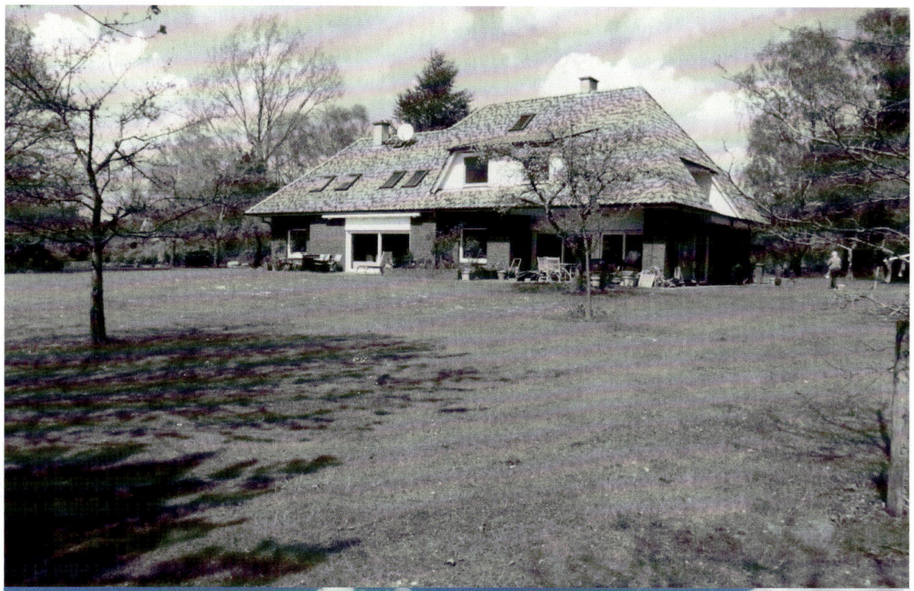

Vorher

Das Haus wirkte auf dem sehr großen Grundstück verloren. Außer einer Terrasse gab es unmittelbar am Haus keine den Garten gestaltenden Elemente.

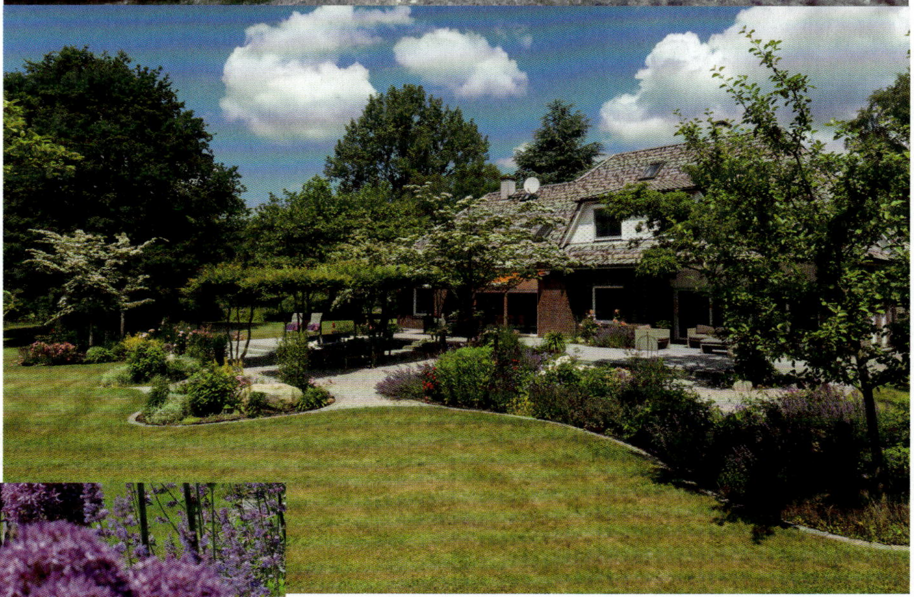

Nachher

Das Haus erhielt eine üppig blühende, vielfältig bepflanzte und großzügig dimensionierte Einfassung aus Beeten, Wegen, Sitzplätzen. Jetzt hat man gleich mehrere Verweiloptionen, fühlt sich behütet und kann gleichzeitig die Weite des Grundstücks genießen.

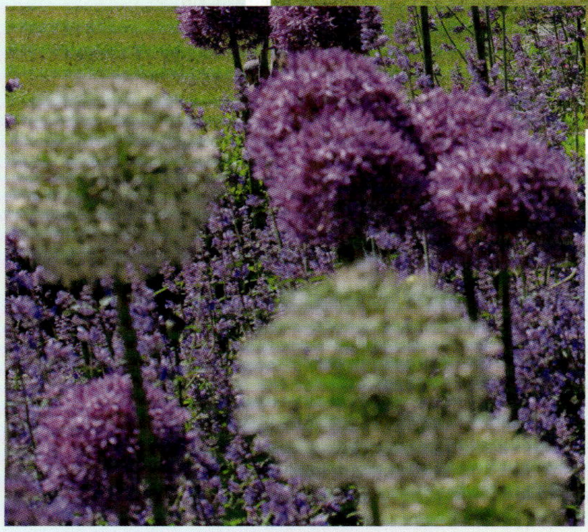

Im Überblick – Garten 3

GARTENGESTALTER	IDEE	GRÖSSE
Planung und Ausführung: Beran Gärten GmbH & Co. KG, Neu Wulmstorf	Ein Paradies für Blütenliebhaber	625 qm (umgestalteter Teil)

___Der gemeinsame Gang in die Rosenschule war für die Gartenbesitzerin einer der Höhepunkte in der Umbauphase ihres Gartens. Sie nahm ihre Mutter mit, und gemeinsam mit der Gartengestalterin suchten die beiden Frauen die Rosen aus. Normalerweise wählt die Gestalterin die Pflanzen allein aus. Doch die Auftraggeberin hatte in intensiven Vorgesprächen immer wieder betont, wie wichtig ihr Vielfalt und vor allem eine Fülle von Rosen seien, sodass es sinnvoll schien, die neuen Pflanzen gemeinsam in Augenschein zu nehmen.

„Ein wunderbar wilder Mix von unterschiedlichen Farben, ganz wie die Gartenbesitzerin es sich gewünscht hatte."

Claudia Schaaf, Gartengestalterin

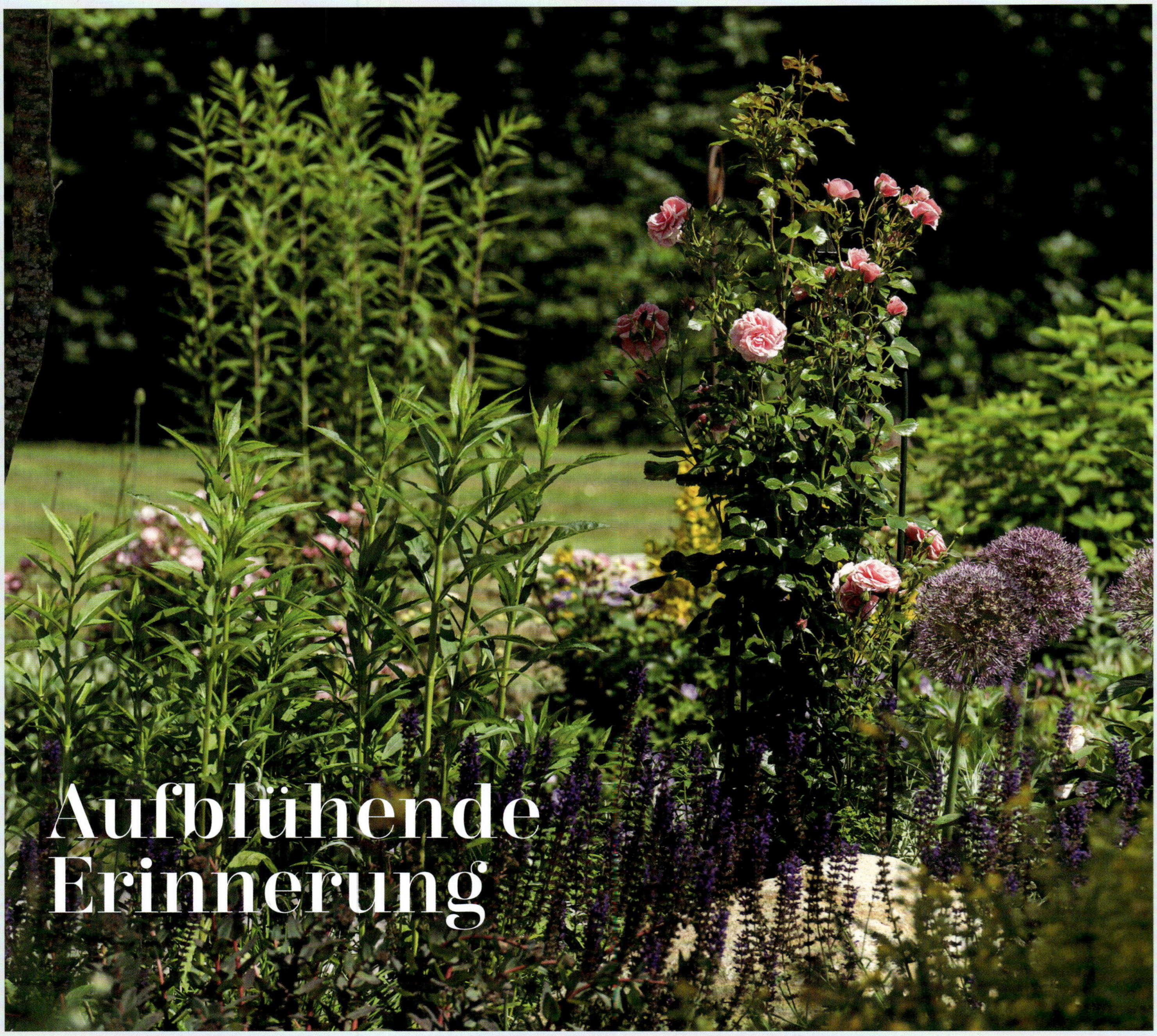

Aufblühende Erinnerung

Die Rosen sind heute zusammen mit einer Fülle anderer Blühpflanzen stilbildende Elemente des Gartens – eine lebendige, jedes Jahr neu aufblühende Erinnerung an die einstige Besitzerin. Denn die starb nur ein Jahr nach der Fertigstellung. Ihre letzte Ruhe hat sie indes inmitten des von ihr so leidenschaftlich mitgestalteten Pflanzenparadieses gefunden. Ihre Asche ruht zu Füßen einer Linde, die ihre Familie nach ihrem Tod in den Garten pflanzte.

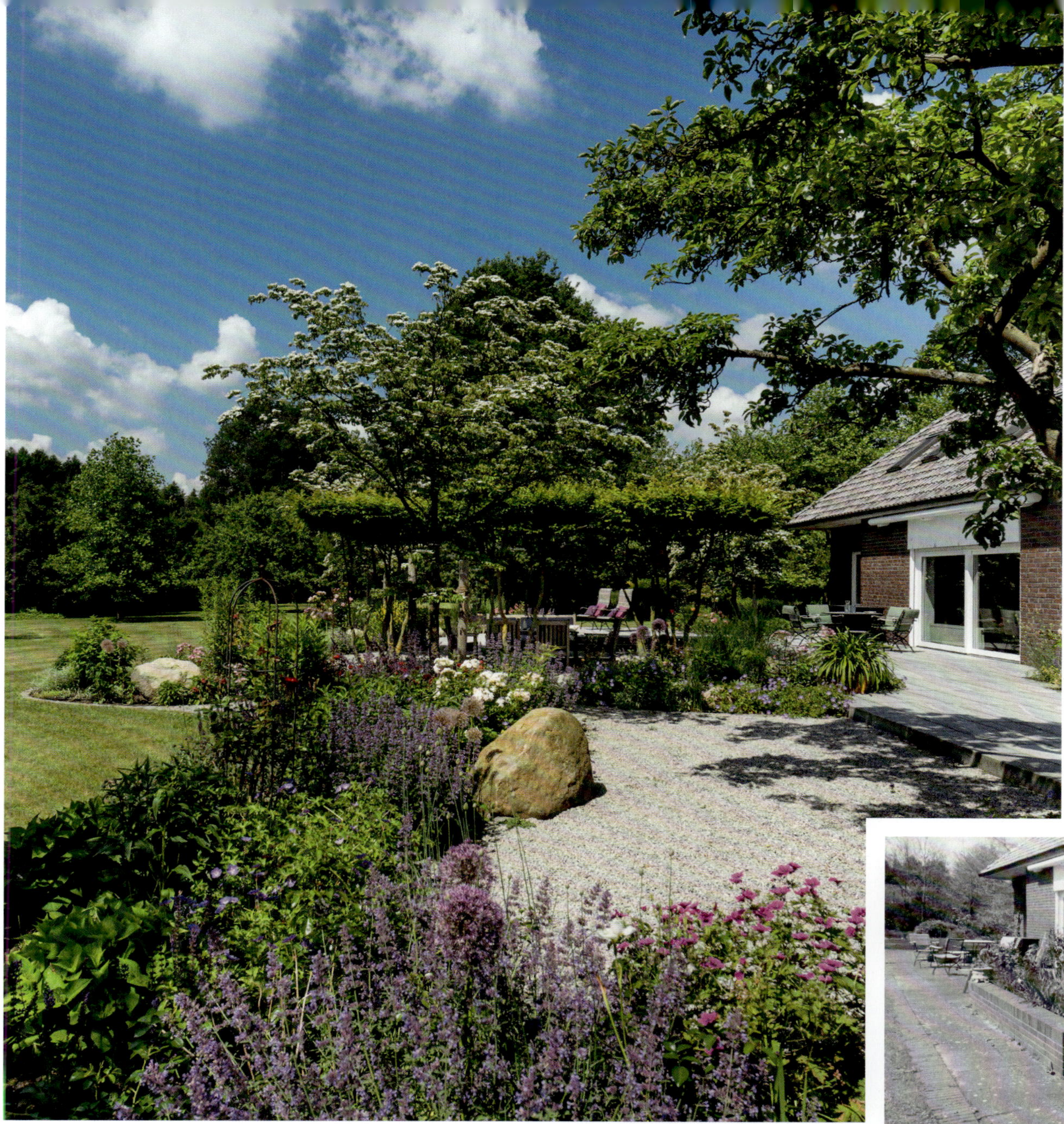

Nachher

Nicht nur die Terrasse erstreckt sich selbstbewusst zum Garten hin, auch der Garten kommt ihr entgegen, okkupiert sie zum Teil: Mitten in die Terrassenfläche legte die Gartengestalterin Beete, sodass die von der Besitzerin so geliebte Natur näher ans Haus und an die Sitzplätze rücken konnte.

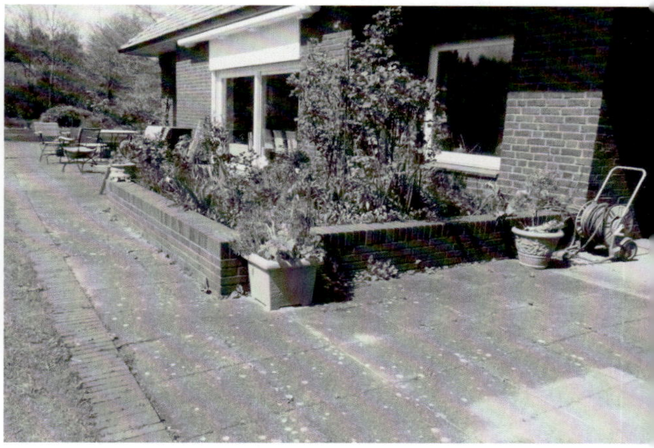

Vorher

Direkt am Haus gab es eine Terrasse ohne gestalterische Anbindung an den Garten. Sie endete an der Rasenkante. Von ihr aus schweifte der Blick über Wiesen und Felder, und der eigentliche Garten lag ohne Blickbezug zur Terrasse neben dem Haus.

Mit diesem Garten verbindet die Familie eine lange Geschichte. Das mehrere tausend Quadratmeter umfassende Areal war vor langer Zeit schon einmal durch eine Gartenarchitektin als weitläufiger Landschaftsgarten gestaltet worden. Dabei lag der Schwerpunkt auf der Fernwirkung. Eine große Wiese mit Randgehölzen umgab das Haus, und in einiger Entfernung lag ein Teich.
Lange Jahre hatte die Besitzerin mit ihrer Familie schon in diesem Haus gelebt und versucht, ihre große Leidenschaft für Gärten und Pflanzen auf diesen Garten zu übertragen. Sie schuf Gartenbilder, die sie aus ihrer Kindheit in Süddeutschland kannte, war mit dem Ergebnis aber nie glücklich gewesen. Schließlich hatte sie sich an eine professionelle Gartengestalterin gewandt, um ihren Traum vom Pflanzenparadies rund um ihr Haus wahr werden zu lassen.

„Den Traum der Gartenbesitzerin vom Pflanzenparadies rund um ihr Haus haben wir gemeinsam wahr werden lassen.“

Claudia Schaaf, Gartengestalterin

Nur eine Kleinigkeit

Es ging nie darum, das gesamte Grundstück umzugestalten. Lediglich der Nahbereich rund ums Haus sollte ein neues – oder überhaupt erstmals ein Gesicht bekommen. Bislang hatte das Haus vollkommen verloren inmitten der Weite des Grundstücks gestanden. Die Terrasse, eigentlich nur ein breiter, plattierter Streifen, betonte die Insellage des Hauses, trennte es scharf vom Garten. Sie war zu groß, bot weder Schatten noch Sichtschutz, war zugig – alles in allem kein Ort zum Verweilen oder Wohlfühlen. Heute lädt die Terrasse dazu ein, den Garten zu erleben. Wie früher erstreckt sie sich über

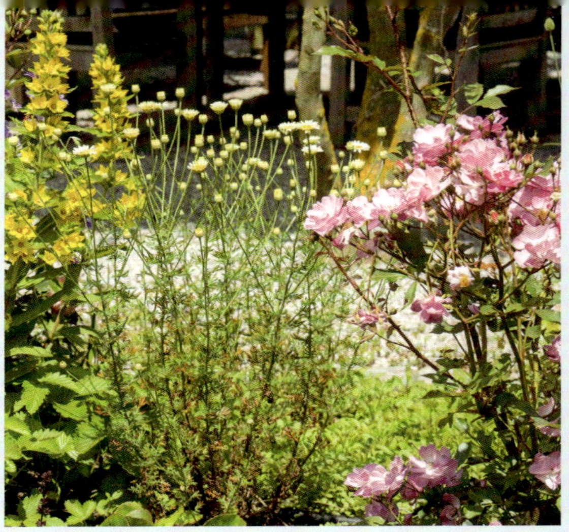

↑ **Vielfältig** Neben den vielen Rosensorten bevölkern auch zahlreiche Blühstauden – bewusst in teils kräftigen Farben gehalten – die großzügigen Beete.

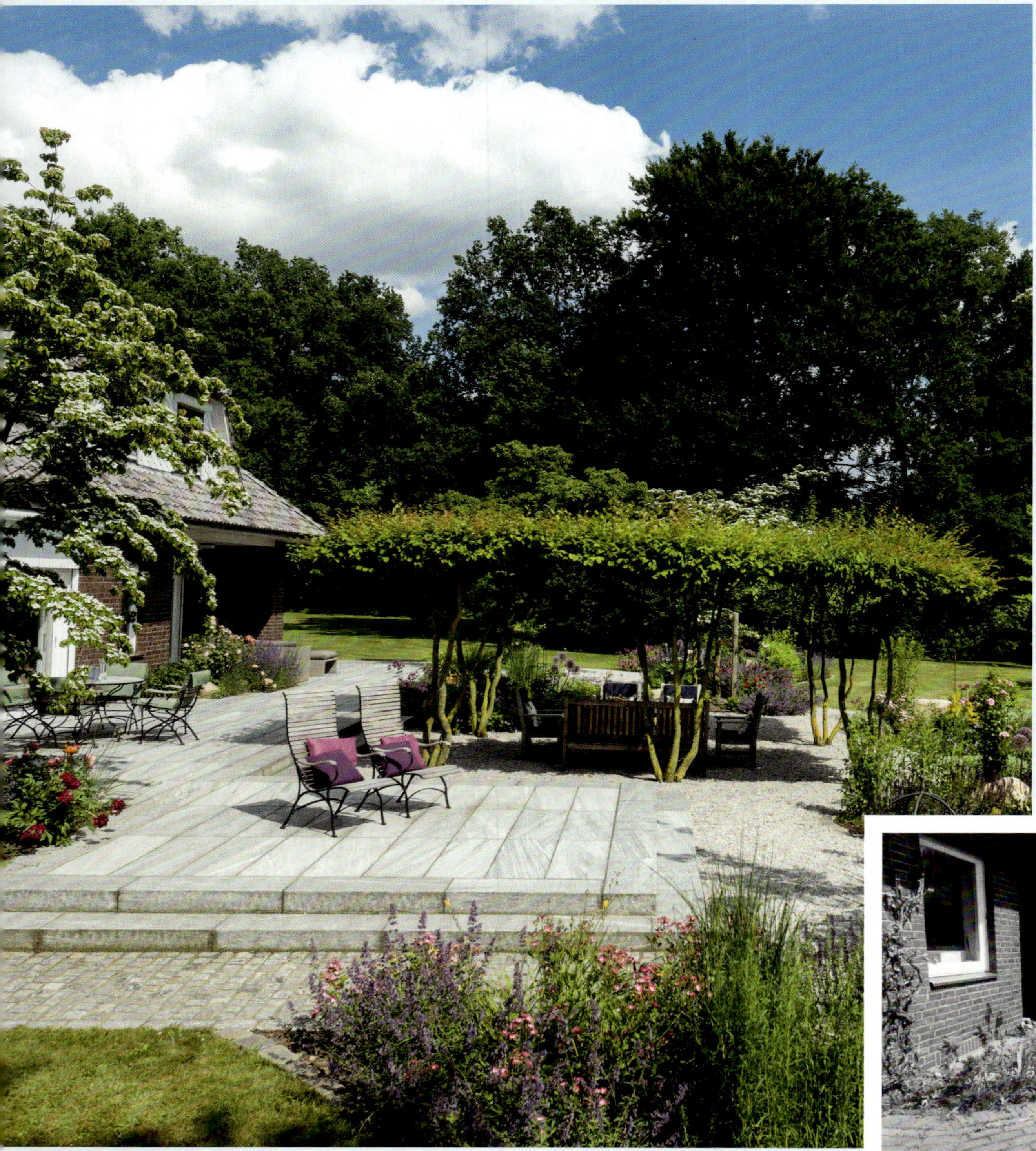

← **Lieblingsplätze** Die hausnahe Terrasse wirkt heute – anders als vor der Umgestaltung – sehr einladend. Gleich mehrere Sitzgelegenheiten für unterschiedliche Gruppen und Gelegenheiten haben hier ihren Platz.

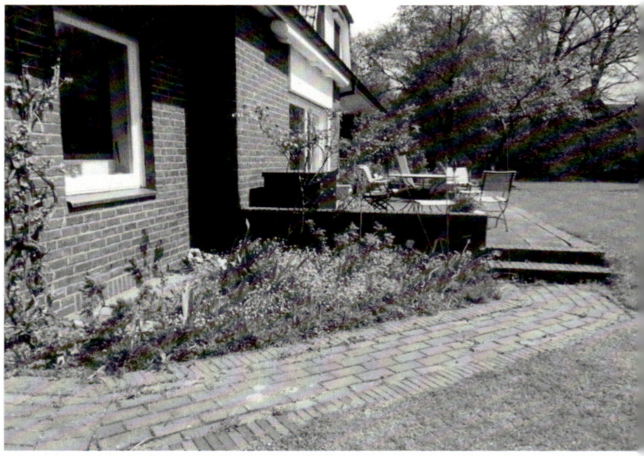

↓ **Beschirmt** Der eigentliche *place to be* dieses Gartens befindet sich in der Mitte des Kiesplatzes. Hier vereinen sechs mehrstämmige Hainbuchen ihre schirmförmigen Kronen zu einem grünen Dach. Es ist lebendiger Schattenspender und vermittelt gleichermaßen Geborgenheit. Drei hochstämmige Blütenhartriegel, welche die Gartengestalterin auf dem Grundstück entdeckte und näher ans Haus holte, leisten den Hainbuchen Gesellschaft. Gemeinsam mit einem knorrigen Apfelbaum am Übergang von Terrasse und Kiesplatz sorgen sie dafür, dass das Haus nicht mehr vollkommen frei im Garten steht. Nun ist es eingebettet in Grün, seine Fassade wirkt nicht mehr so bestimmend.

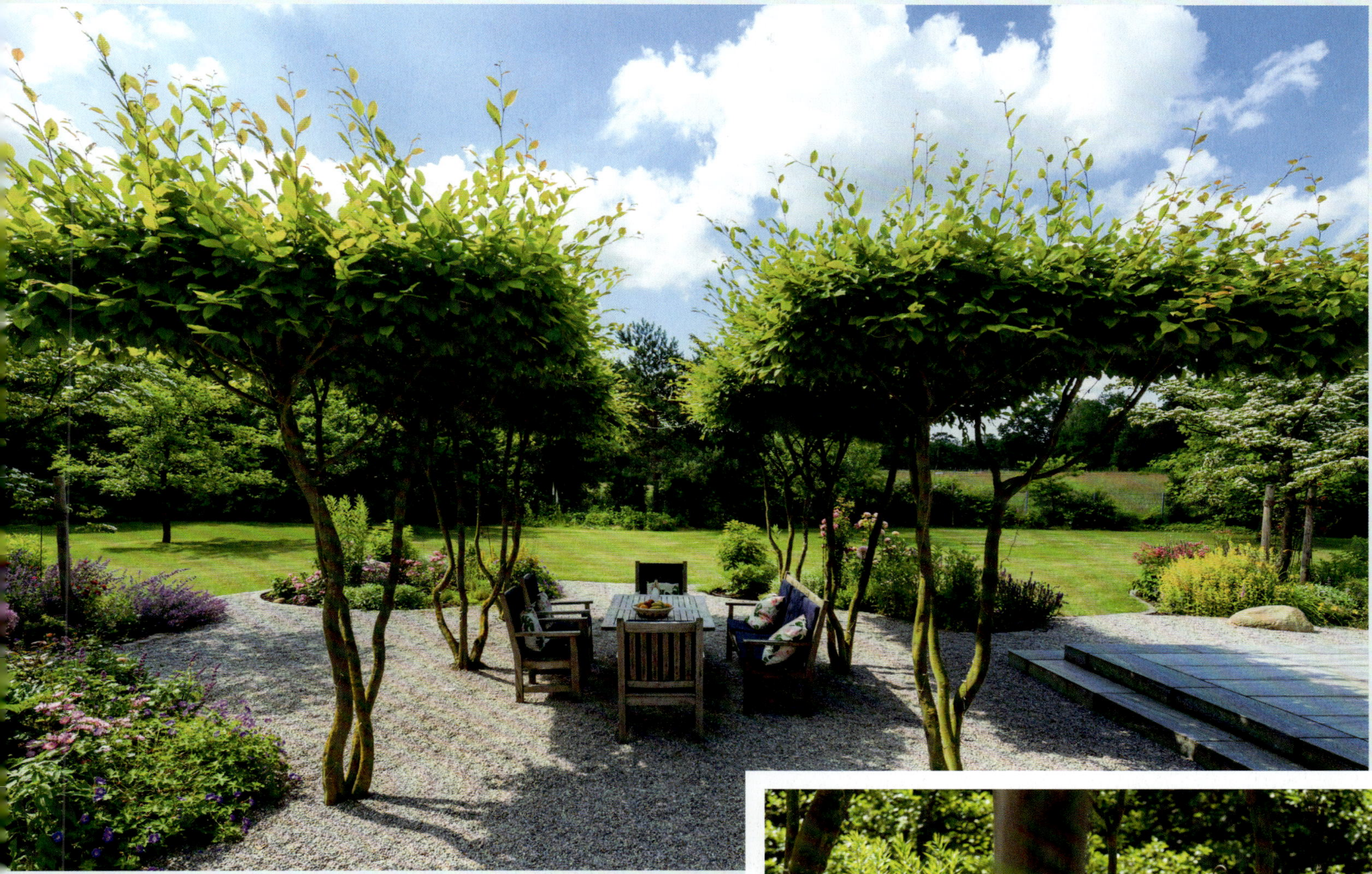

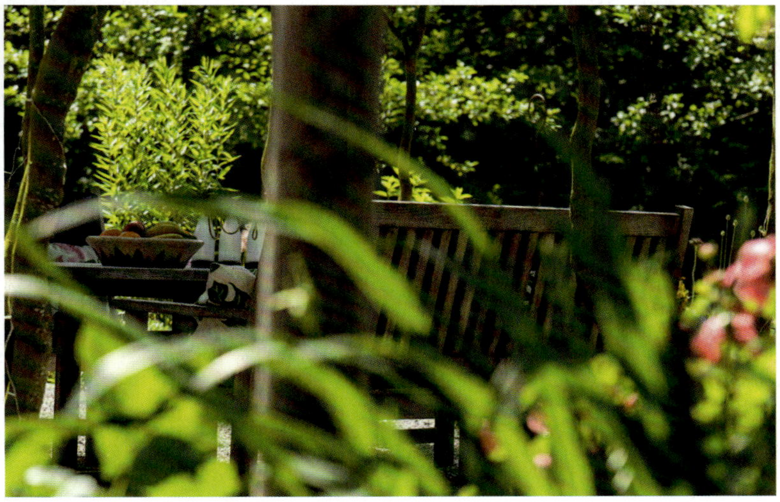

die gesamte Breite des Hauses und hat damit beachtliche Dimensionen. Doch wie anders wirkt sie nun, markiert sie jetzt doch nicht mehr die Grenze zwischen Haus und Garten, sondern zelebriert einen sanften Übergang zwischen Gebäude und Pflanzen. An einer Seite ragt sie wie ein Laufsteg in die Tiefe des Gartens, nähert sich so dem riesigen Areal und lässt sich von ihm umschmeicheln. Hier haben die Besitzer nun eine Rundumsicht – auch in den seitlich vom Haus gelegenen, schon früher gestalteten Garten. Diese Freiheit bedeutet aber nie Verlorenheit wie auf der alten Terrasse, denn ganz gleich, an welchem Punkt der Terrasse sich der Betrachter heute befindet: Überall bereichern sanft geschwungene Beete mit überbordender Pflanzenfülle die Sicht. Die Beete betten den Sitzplatz in die Natur ein und schaffen sanfte Übergänge in die Weite der Anlage.

„Alter und neuer Garten fügen sich zu einem ganz und gar stimmigen Ganzen."

Claudia Schaaf, Gartengestalterin

Neu dimensioniert

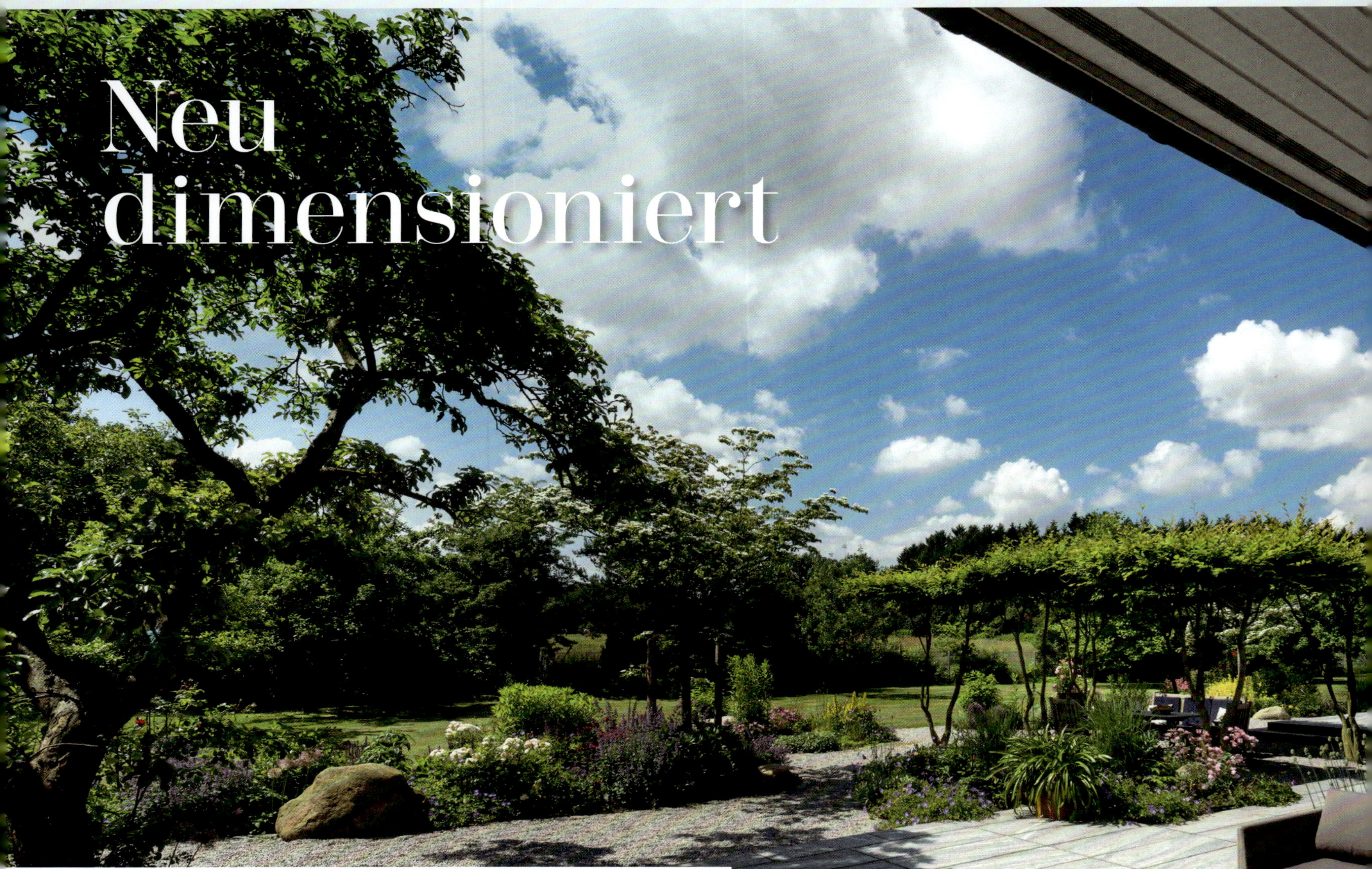

Die Gartenplanung

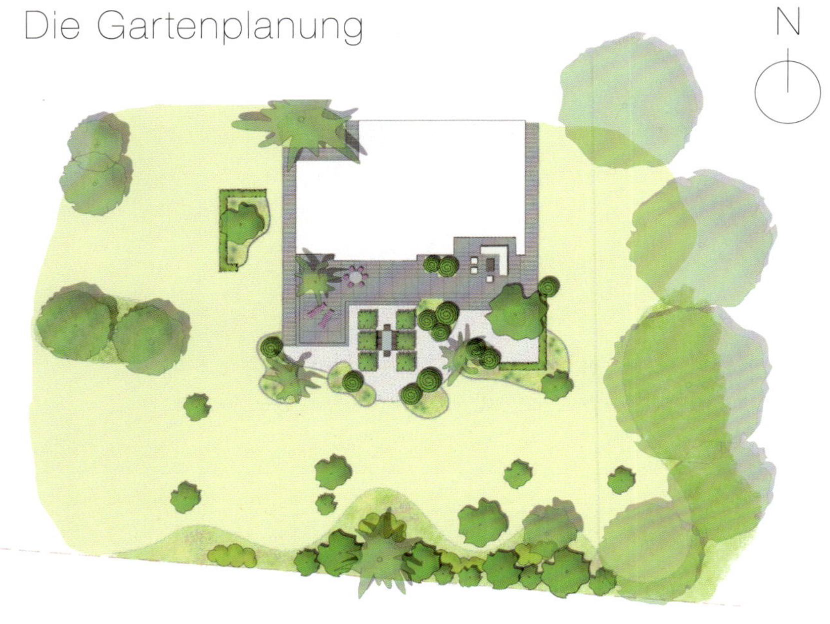

Im Überblick – Garten 3

BESONDERHEIT
Der Garten soll die Themen Romantik und Fröhlichkeit widerspiegeln.

MATERIALIEN (Auswahl)
- Gneis
- Kies

PFLANZEN (Auswahl)
- Blütenhartriegel *Cornus kousa*
- Chinaschilf *Miscanthus sinensis 'Flamingo'* und *Miscanthus sinensis 'Kleine Fontäne'*
- Rosen: *Rosa 'Ashram', Rosa 'Dornröschenschloss Sababurg', Rosa 'Fellowship', Rosa 'Ghislaine de Feligonde', Rosa 'Gloria Dei/ Peace', Rosa 'Goldmarie 82', Rosa 'Lavender Dream', Rosa 'Jasmina'*

„Der lebendige graue Farbton der Gneisplatten harmoniert gut mit dem der Kiesfläche, die sich an die Terrasse anschließt."

Claudia Schaaf, Gartengestalterin

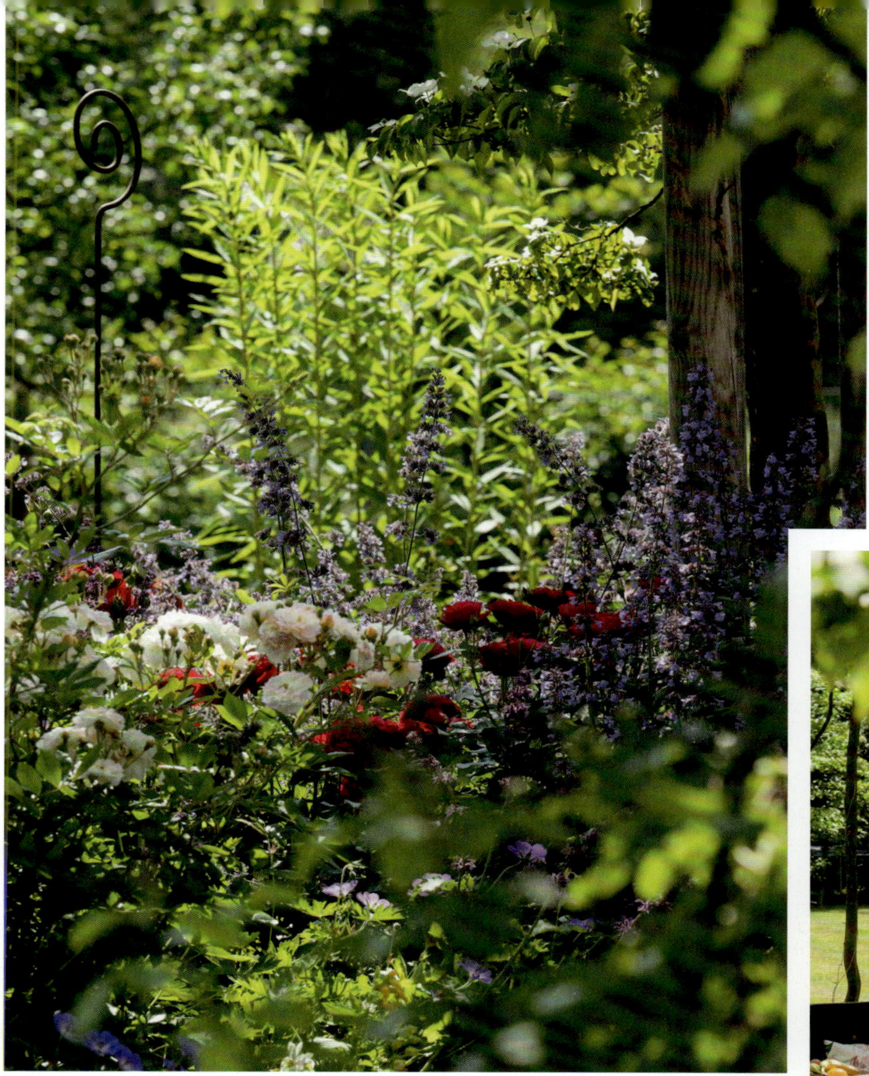

↓ **Gartengeschichte** Jenseits des Kiesplatzes, auf der großen Wiese, fällt der Blick auf mehrere alte Obstbäume. Sie tragen zwar keine Früchte mehr, passen aber wunderbar zu dem am Haus entstandenen Garten und verweisen auf seine Vergangenheit. So ist genau das ländlich wild-romantische Gartenbild entstanden, das die Gartenbesitzerin jahrelang in sich trug.

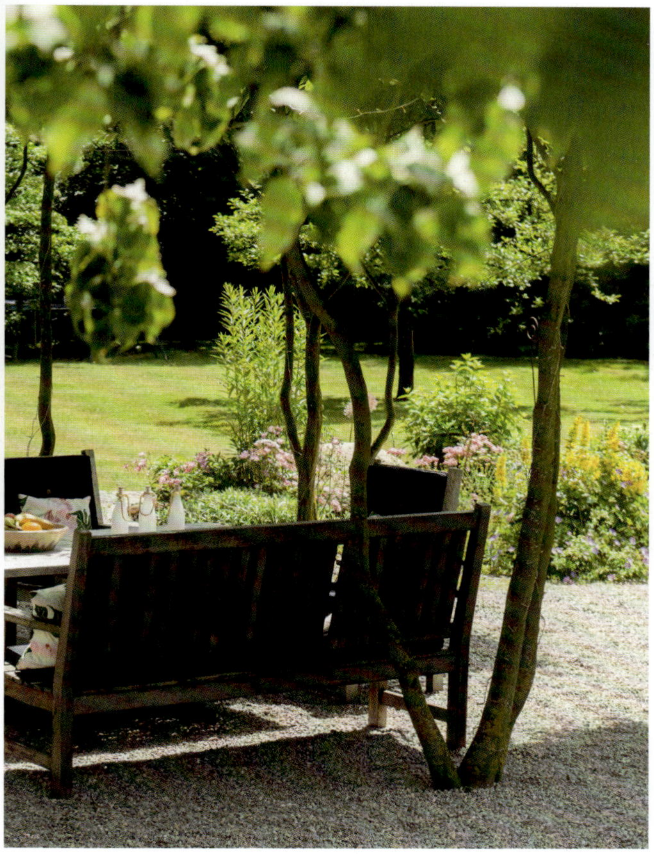

↑ **Achtung, wild!** Beete, wohin das Auge blickt. Hier blüht eine überbordende Fülle an Pflanzen – und das vom frühen Frühjahr bis in den späten Herbst hinein: Hortensien, Stauden – und natürlich Rosen in allen Variationen. Farblich durfte und sollte es wild sein, die ganze Pracht der Natur sollte sich hier wiederfinden. Das erfreut nicht nur die Gartenbesitzer, sondern auch die Insekten, die hier reichlich Nektar finden.

Proportionen spielen bei der Gartengestaltung eine herausragende Rolle, entscheiden darüber, ob ein stimmiges Gesamtbild entsteht. Hier stand die Gestalterin vor der Herausforderung, am Haus einen Aufenthaltsbereich zu schaffen, der einerseits zur Größe des Hauses passt und den Menschen erlaubt, sich hier wohlzufühlen, und der andererseits in einem harmonischen Verhältnis zur beachtlichen Grundstücksgröße steht. Entstanden ist ein vergleichsweise großer Aufenthaltsbereich vor dem Haus, der allerdings – und das ist entscheidend – nicht einfach wie eine Terrasse wirkt. Die klassische Terrasse gibt es wie erwähnt durchaus, aber ihr folgt beim Übergang in den Garten eine ausgedehnte Kiesfläche, die durchaus Terrassenqualitäten hat, aber eher wie ein Dorfanger oder Innenhof wirkt. So gelang das Kunststück, leichtfüßig zwischen der Modernität des Hauses und der gewünschten naturnahen Gestaltung des Gartens zu vermitteln. Für den klassischen Terrassenteil wählte die Gartengestalterin einen Bodenbelag aus großen rechteckigen Gneisplatten. Kreuzfugen betonen deren architektonischen Charakter. Die Gartenbesitzerin hatte sich den Kiesbelag auch wegen seines Knirschens beim Begehen gewünscht. Bunt bepflanzte Beete durchsetzen und rahmen den Kiesplatz ein und schaffen einen Übergang zwischen Terrasse und Grundstück.

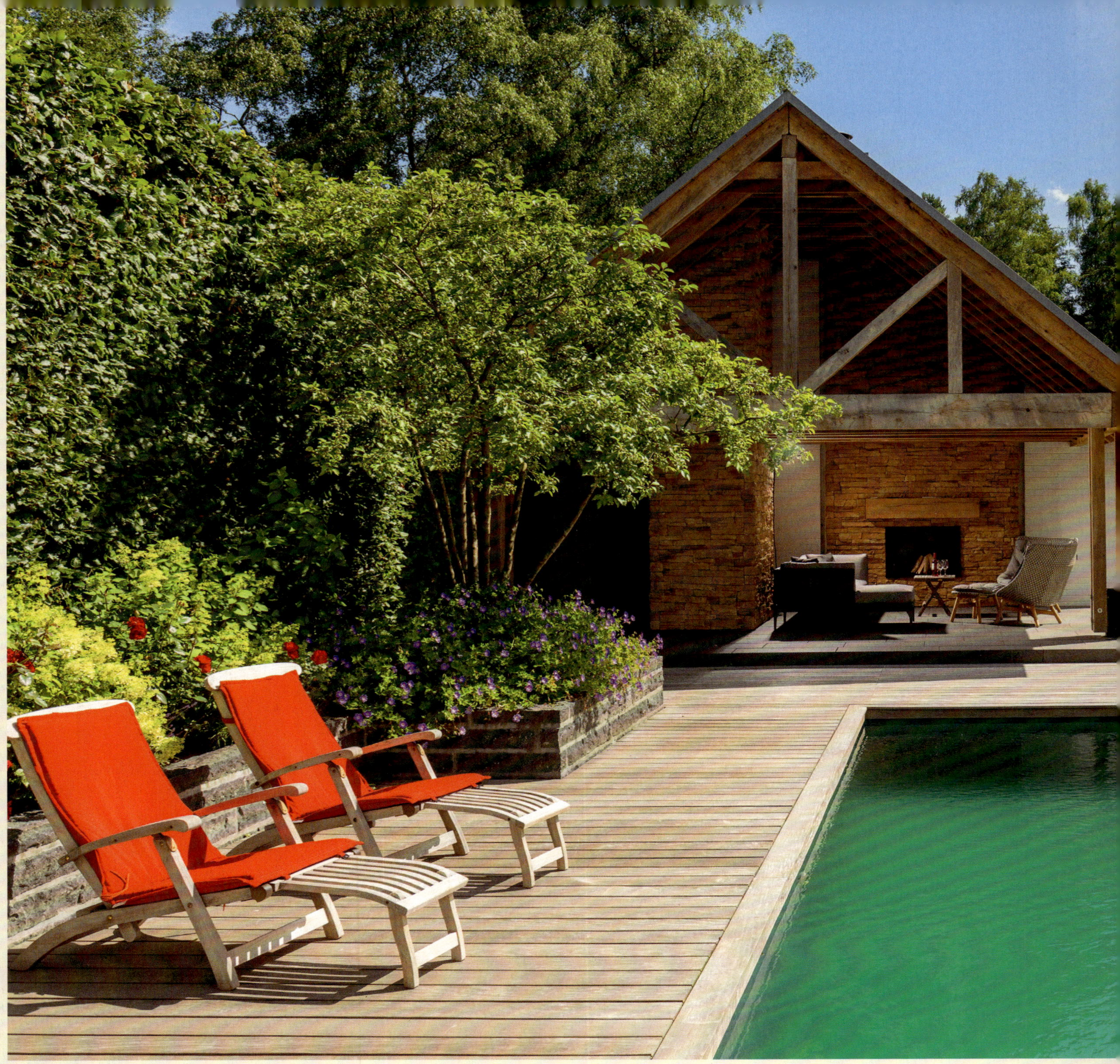

Streben nach Perfektion

Im Überblick – Garten 4

GARTENGESTALTER
Planung und Ausführung:
Beran Gärten GmbH & Co. KG, Neu Wulmstorf

IDEE
Schaffung eines abgeschlossenen Gartenkosmos als perfekter Rückzugsort

GRÖSSE
ca. 1.230 qm

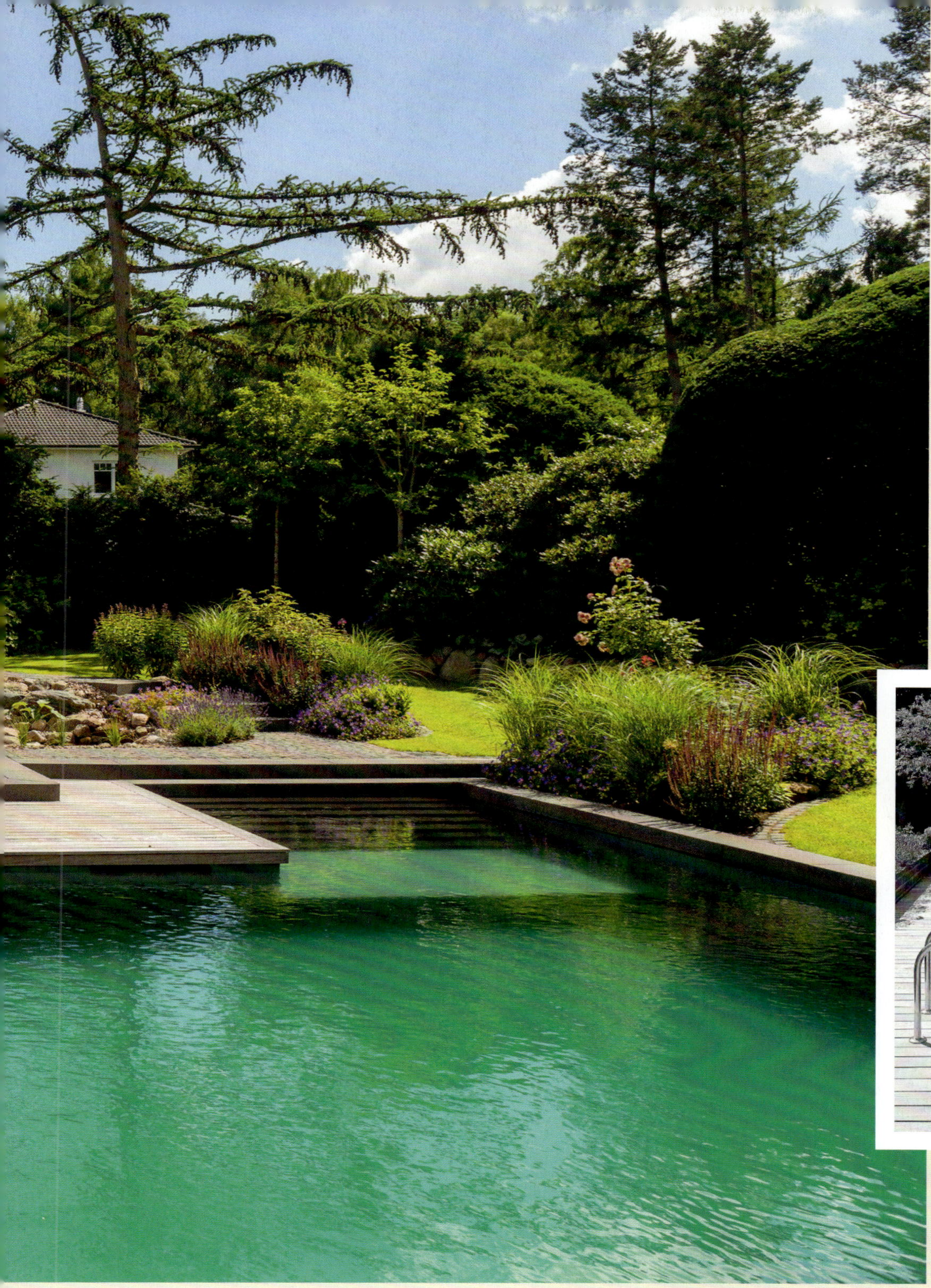

Nachher

Einer der Anlässe für die Umgestaltung des Gartens war die Errichtung des Gebäudes, das den Freisitz und eine Garage beherbergt. Dadurch ergaben sich vollkommen neue Blickbeziehungen. Die dem Freisitz vorgelagerte Terrasse ragt so über den Pool, dass sie zu schweben scheint und bindet ihn gleichzeitig an den restlichen Garten an.

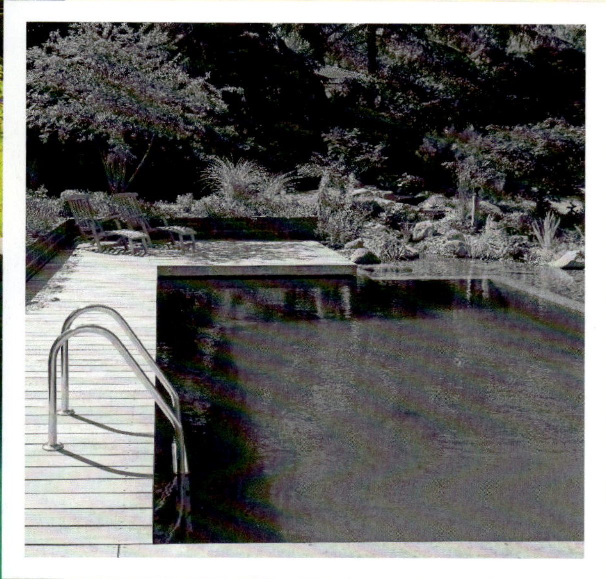

Vorher

Den alten Schwimmteich fasste ein eher schmaler umlaufender Holzsteg ein, lediglich im hinteren Bereich war Platz für Liegestühle.

Wieso gestaltet jemand einen vollkommen stimmigen Garten um – nicht einmal zehn Jahre nachdem er angelegt wurde? Nicht etwa aus Unzufriedenheit, sondern aus Liebe zu ihm.

___Alles war gut. Die Familie liebte ihren Garten, den Schwimmteich, die Ruhe, die wunderschöne Bepflanzung, die das ganze Jahr über immer wieder Überraschungen bereithielt. Dennoch – oder gerade deswegen – erhielt die Gartengestalterin, die vor einigen Jahren den Garten geplant und angelegt hatte, den Auftrag, ihn umzugestalten. Die Besitzer schätzen ihren Garten so sehr als Lebensmittelpunkt und Kraftquelle, als Rückzugsort und Platz für die Begegnung mit der Natur, dass sie ihn noch weiter optimieren wollten. Ein Freisitz sollte entstehen, eine Art überdachtes Kaminzimmer, um noch mehr Zeit im Garten verbringen zu können, ihn noch gemütlicher zu machen und ihn noch intensiver erleben zu können. In denselben Baukörper wie das Kaminzimmer sollte außerdem eine Garage integriert werden.

Der Gartengestalterin war gleich klar, dass es nicht damit getan war, dem neuen Gestaltungselement irgendeinen Platz im Garten zuzuweisen. Schließlich war hier alles aufeinander abgestimmt, Blickbeziehungen entwickelt, Proportionen austariert worden, um ein harmonisches Gesamtbild zu erzielen. Da hätte sich ein zusätzliches Gebäude wie ein Fremdkörper ausgenommen, der den Garten aus dem sorgsam kreierten Gleichgewicht gebracht hätte. Folglich musste er – zumindest in Teilen – neu gedacht werden.

> „Im Zusammenspiel mit der umgebenden Bepflanzung präsentiert sich der Garten als Ort vollkommener Ruhe und Entspannung."
>
> **Claudia Schaaf, Gartengestalterin**

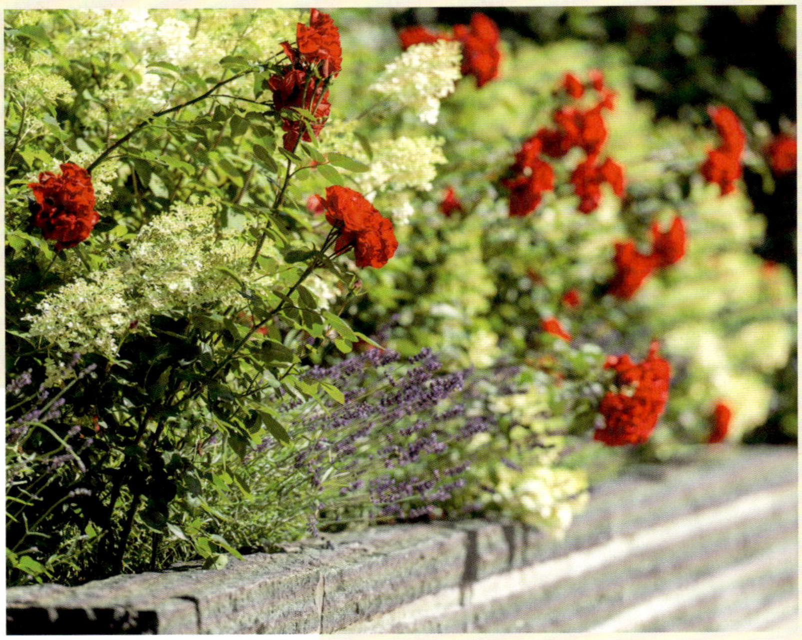

Die Gartenplanung

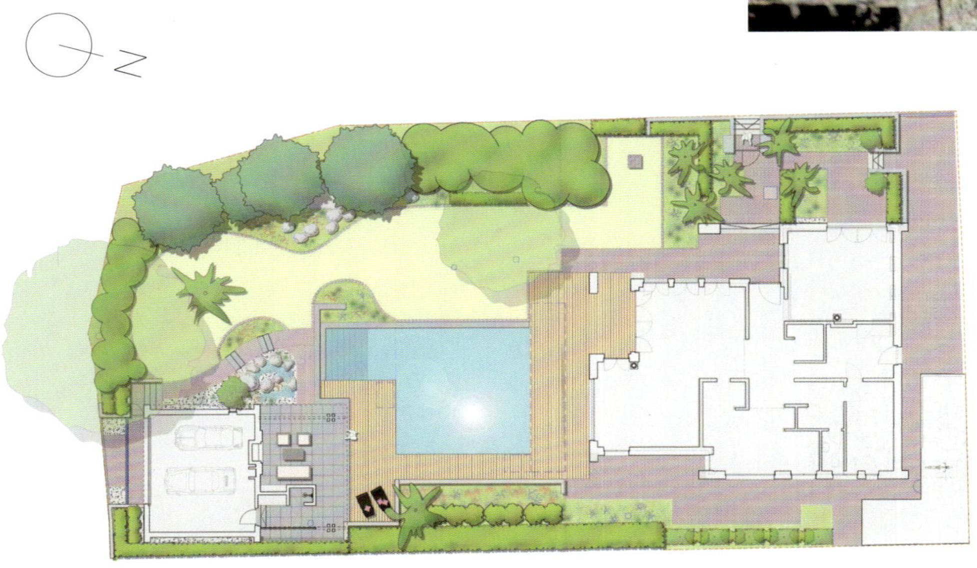

↓ Im Zentrum Der Biopool bildet – wie zuvor der Schwimmteich – den Mittelpunkt des Familiengartens und ist auch im Haus dank der großen Fenster Richtung Garten optisch immer präsent.

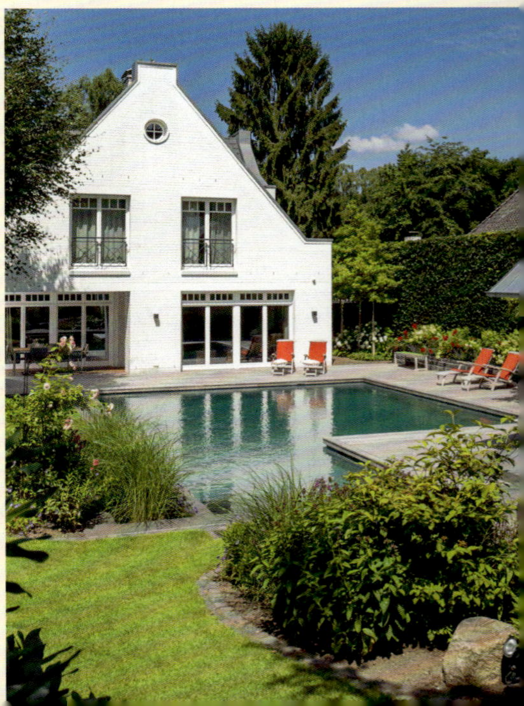

Im Überblick – Garten 4

BESONDERHEIT
Weiterentwicklung eines ohnehin schon sehr ansprechenden Gartens

MATERIALIEN (Auswahl)
- Historisches Basaltpflaster
- Belgischer Klinker
- Basalt
- Ipe-Holz

PFLANZEN (Auswahl)
- Rotbuche *Fagus sylvatica*
- Rispenhortensie *Hydrangea paniculata 'Little Lime'*
- Strauchrose *'Roter Korsar'*
- Beetrose *'Gruß an Bayern'*
- Storchenschnabel *Geranium 'Rozanne'*
- Sommerflieder *Buddleja 'Buzz Hot Raspberry'*
- Flammenblume *Phlox paniculata 'Adessa Cherry Red' und Phlox paniculata 'Adessa Purple Star'*
- Kornblumen-Aster *Stokesia laevis 'Blue Frills'*

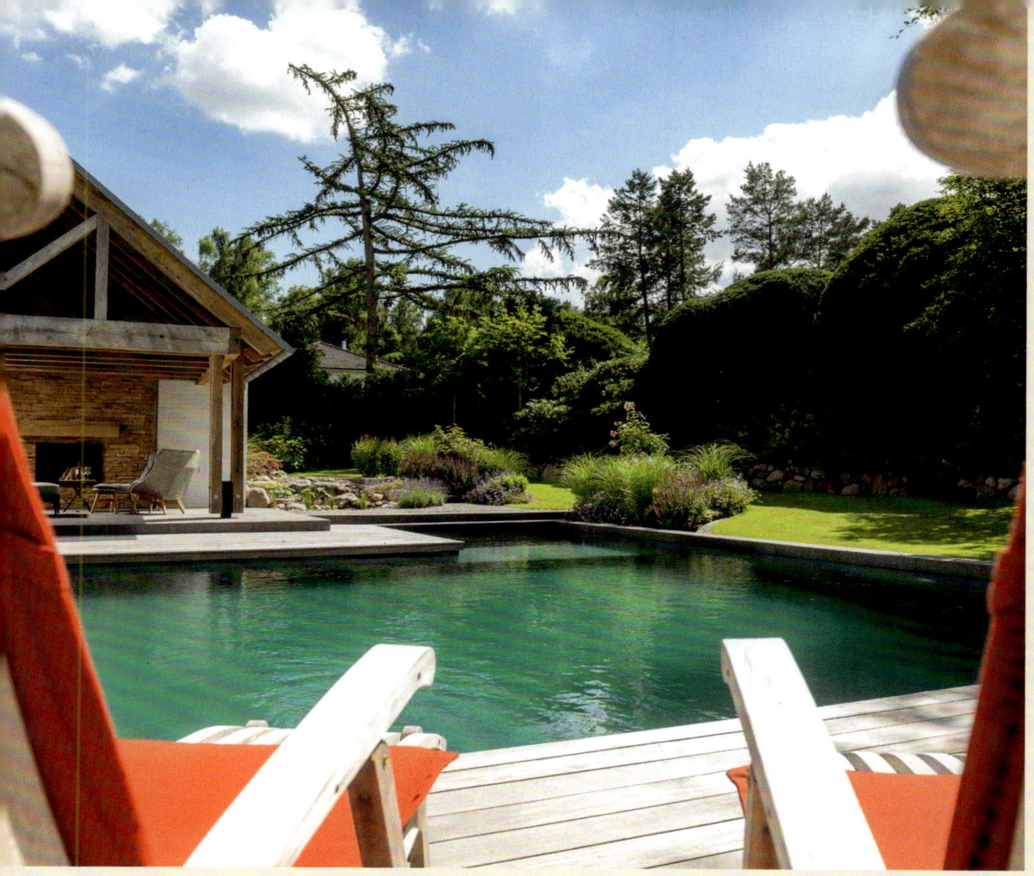

↑ **Ein Platz für den Freisitz** Mit Blick auf den Plan des Gartens, der ja in seiner Grundstruktur erhalten bleiben sollte, kam eigentlich nur ein Standort für das kombinierte Freisitz-Garagen-Gebäude in Frage: gegenüber dem Wohnhaus, am Wasser. So konnte der Freisitz auch gleich mit einer eigenen Terrasse am Pool ausgestattet werden. Diese scheint über dem Wasser zu schweben.

Der „Freisitz" genannte Neubau ist eigentlich viel mehr als das, was dieses Wörtchen suggeriert. Er ist ein eigenständiges Gebäude mit zwei naturstein-verkleideten Wänden mit rustikalem Charme und einer offenen Dachkonstruktion. Das Gebäude öffnet sich zum Garten hin. Im Inneren steht ein gemauerter Kamin. Wer hier in den gemütlichen Lounge-Möbeln Platz nimmt, hat nicht nur ein prasselndes Feuer und die Atmosphäre eines englischen Landhauses im Rücken, sondern genießt auch einen grandiosen Blick in den Garten.

Aus Teich wird Pool

Da wegen des neuen Freisitzes ohnehin Hand angelegt werden musste, ließen die Besitzer auch gleich andere Wunschprojekte in Angriff nehmen: Sie wollten den von allen Familienmitgliedern geliebten Schwimmteich in einen Biopool umwandeln lassen – beides Anlagen, in denen das Badewasser auf natürliche Weise aufbereitet wird. Im Schwimmteich übernehmen Wasserpflanzen in einer Regenerationszone diese Aufgabe, im Biopool eine auf Mikroorganismen beruhende Filteranlage.

Dieser Systemwechsel hatte gravierende bauliche Konsequenzen: Die Regenerationszone neben dem Teich wurde überflüssig, dafür musste Platz für die neue Filtertechnik geschaffen werden. Außerdem sollten der Schwimmbereich sowie die Aufenthalts- und Ruheflächen rund ums Badegewässer vergrößert werden. In letzter Konsequenz wurde hier nicht einfach eine bestehende Anlage auf den technisch neuesten Stand gebracht, sondern eine komplett neue gebaut. Optisch lehnt sich der Biopool mit seinen klaren Uferlinien und rechten Winkeln allerdings an den alten Schwimmteich an. Auch die umlaufenden Holzdecks ähneln den alten, sind aber großzügiger ausgefallen.

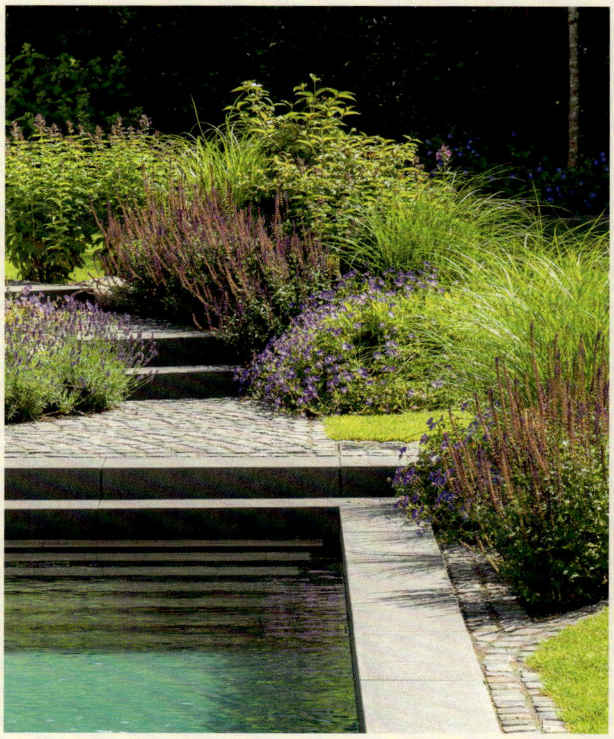

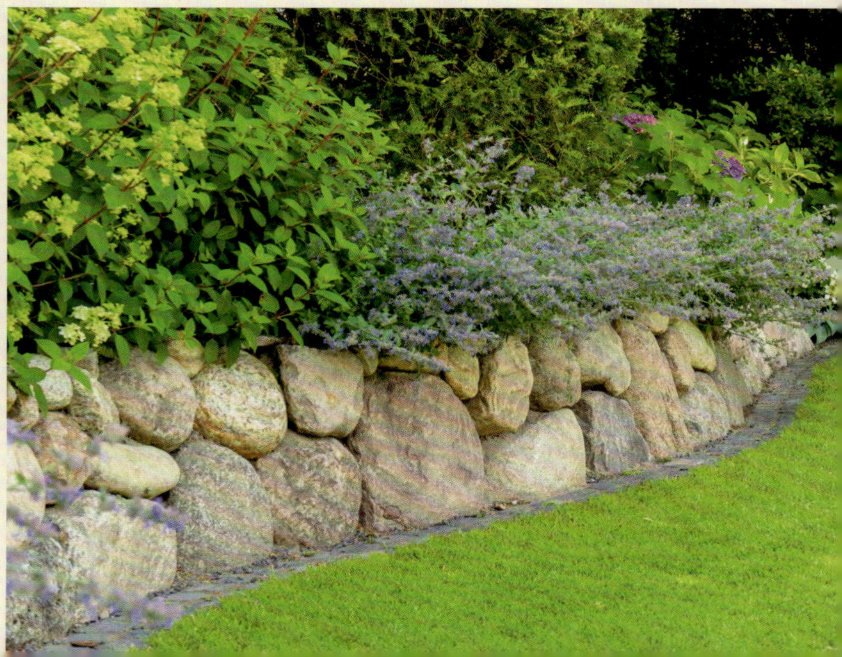

Ganz auf sich konzentriert

Die Besitzer sind beruflich viel unterwegs. Dieser Umstand ist eine der Ursachen für die Liebe zu ihrem Garten. Er ist Ruhepol und ein wichtiges Stück Heimat. Deshalb ist absolute Privatheit im Garten besonders wichtig. Entsprechend intensiv setzte sich die Gartengestalterin mit dem Thema Sichtschutz auseinander. Er spielte schon im alten Garten eine große Rolle. Die Rahmenbepflanzung hatte sie so konzipiert, dass der Garten uneinsehbar ist.
Bei der Umgestaltung sollte der Schutz der Privatsphäre noch weiter berücksichtigt werden. Es ging nun nicht mehr nur darum, den Garten gegen Blicke von außen abzuschirmen – diese Aufgabe erfüllte die Bepflanzung weiterhin bestens. Ausdrücklicher Wunsch war, den Garten zu einem eigenen Kosmos weiterzuentwickeln, in den nichts mehr von außen eindringen kann, was die Ruhe und den Genuss der Besitzer stört. Gemeinsam mit den Auftraggebern identifizierte die Gestalterin deshalb mögliche Störfaktoren wie Straßenlaternen oder das Flackern von Fernsehern aus benachbarten Gebäuden. Gezielt eingesetzte Gehölze sorgen nun dafür, dass nichts mehr die kontemplative Ruhe im Garten stört.

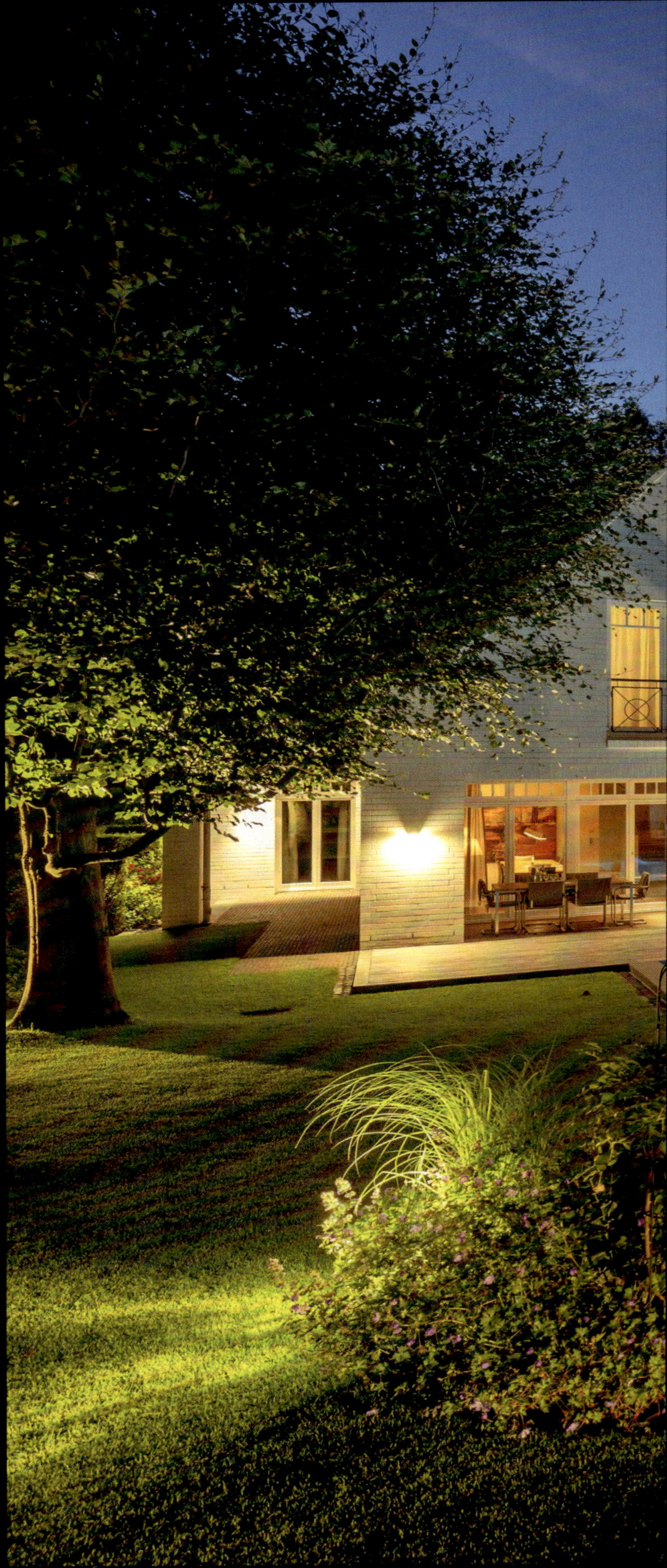

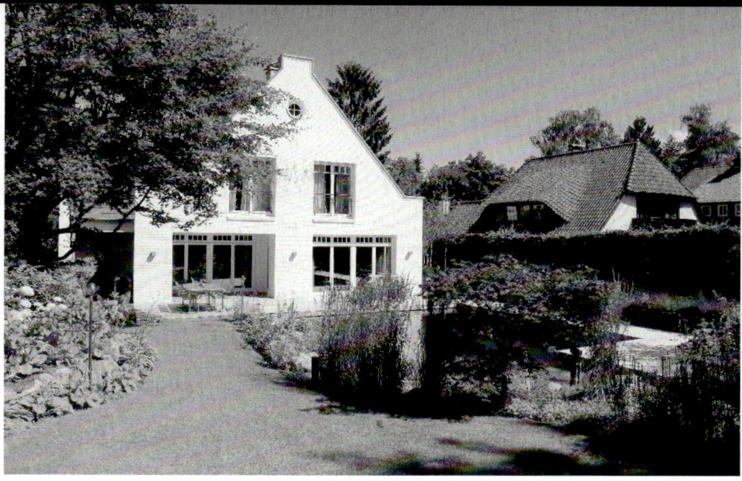

Vorher

Auch vor der erneuten Umgestaltung bot der Garten schon ein harmonisches Bild und eine fein abgestimmte Bepflanzung.

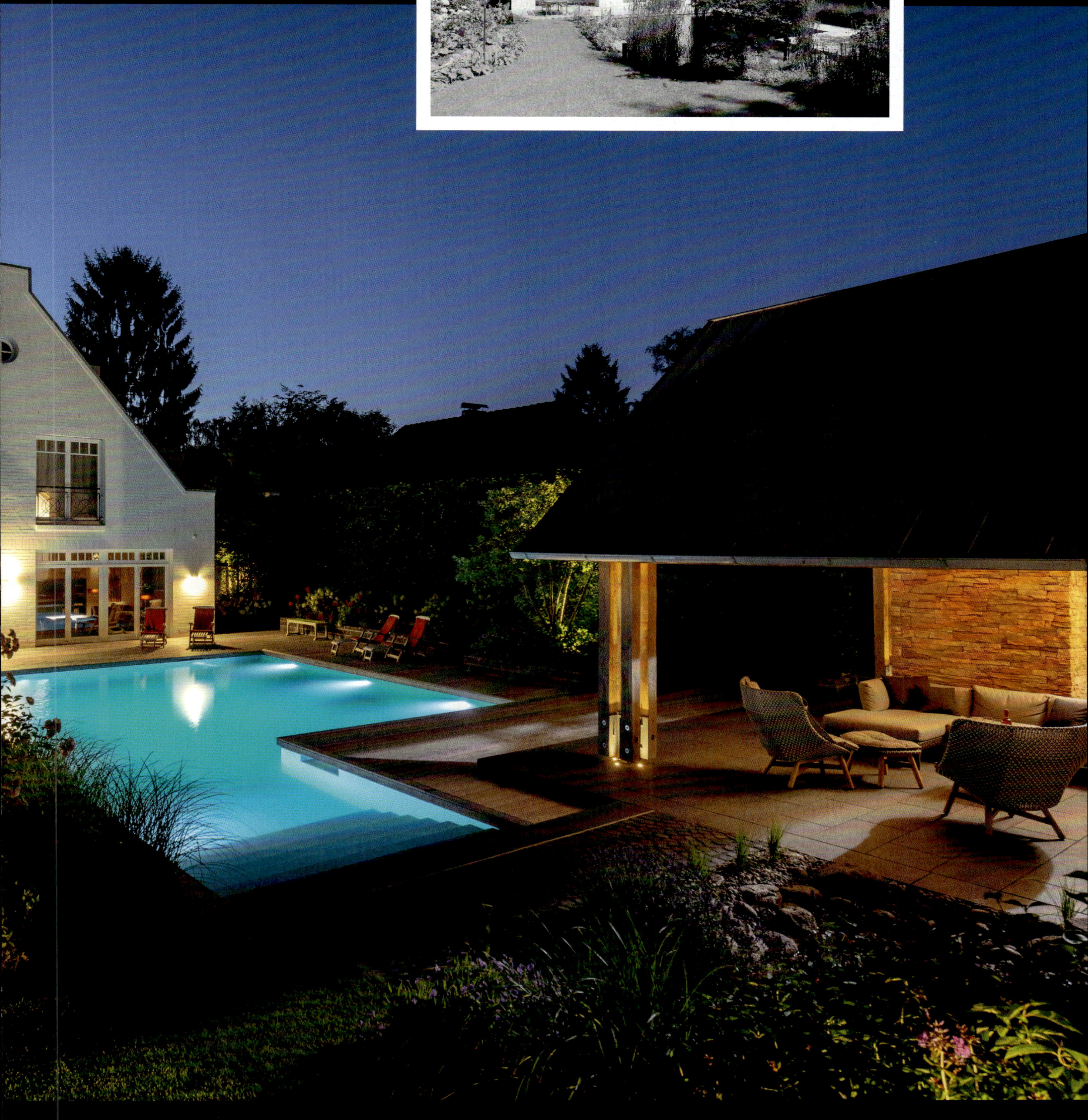

Charakterstärkung Insgesamt ist der Garten ein wenig urbaner geworden – schon allein durch den Wegfall der Regenerationszone des Schwimmteichs mit ihren Wasserpflanzen, aber auch durch die vergrößerte Wasserfläche und das Kaminzimmer. Der schon früher charakteristische Pflanzenreichtum mit Besonderheiten der Rindenstruktur von Gehölzen, ausgewählten Blattfarben und üppiger Herbstfärbung ist geblieben, an der ein oder anderen Stelle sogar noch größer geworden, weil der Sichtschutz durch zusätzliche Pflanzungen verdichtet wurde. Auch der niedrige Wall aus Findlingen, der eines der großen Beete einfasst, trägt deutlich zur Schärfung des ganz eigenen Charakters dieses Gartens bei.

GARTENGESTALTER
Planung: Jensen Gartenarchitekten, Hamburg
Ausführung: Borgmann – Gärtner von Eden, Rellingen

IDEE
Schlichte Eleganz
in Form und Farbe

GRÖSSE
ca. 920 qm (beide
Gartenteile zusammen)

Zukunft und Vergangenheit

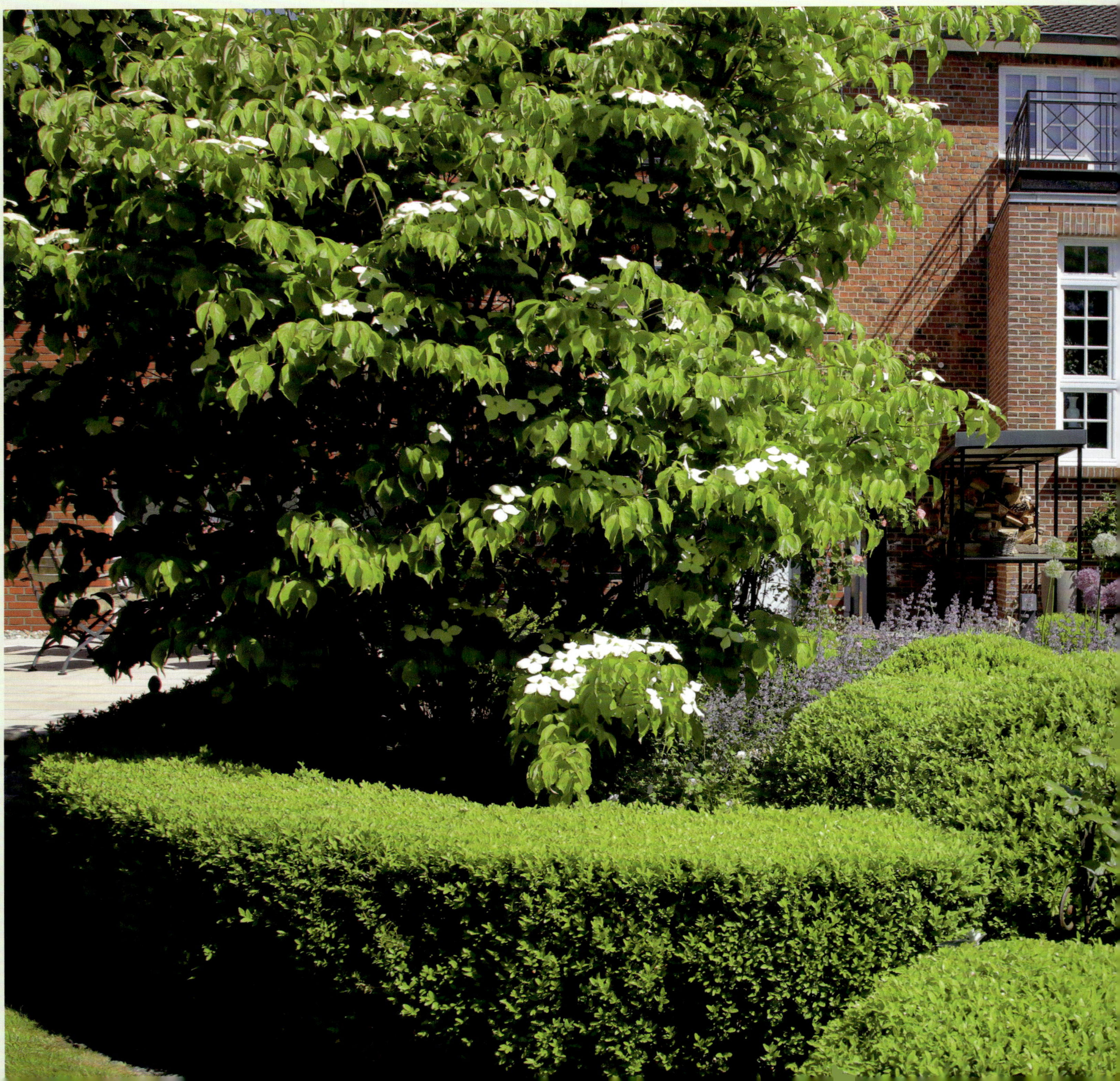

Dieser Garten ist eine Hälfte eines Doppelhausgartens und wuchs Jahre ungezügelt vor sich hin, bis ein neuer Besitzer ihn komplett umgestalten ließ – allerdings ohne die Vergangenheit zu leugnen, denn sie könnte für die Zukunft wesentlich sein.

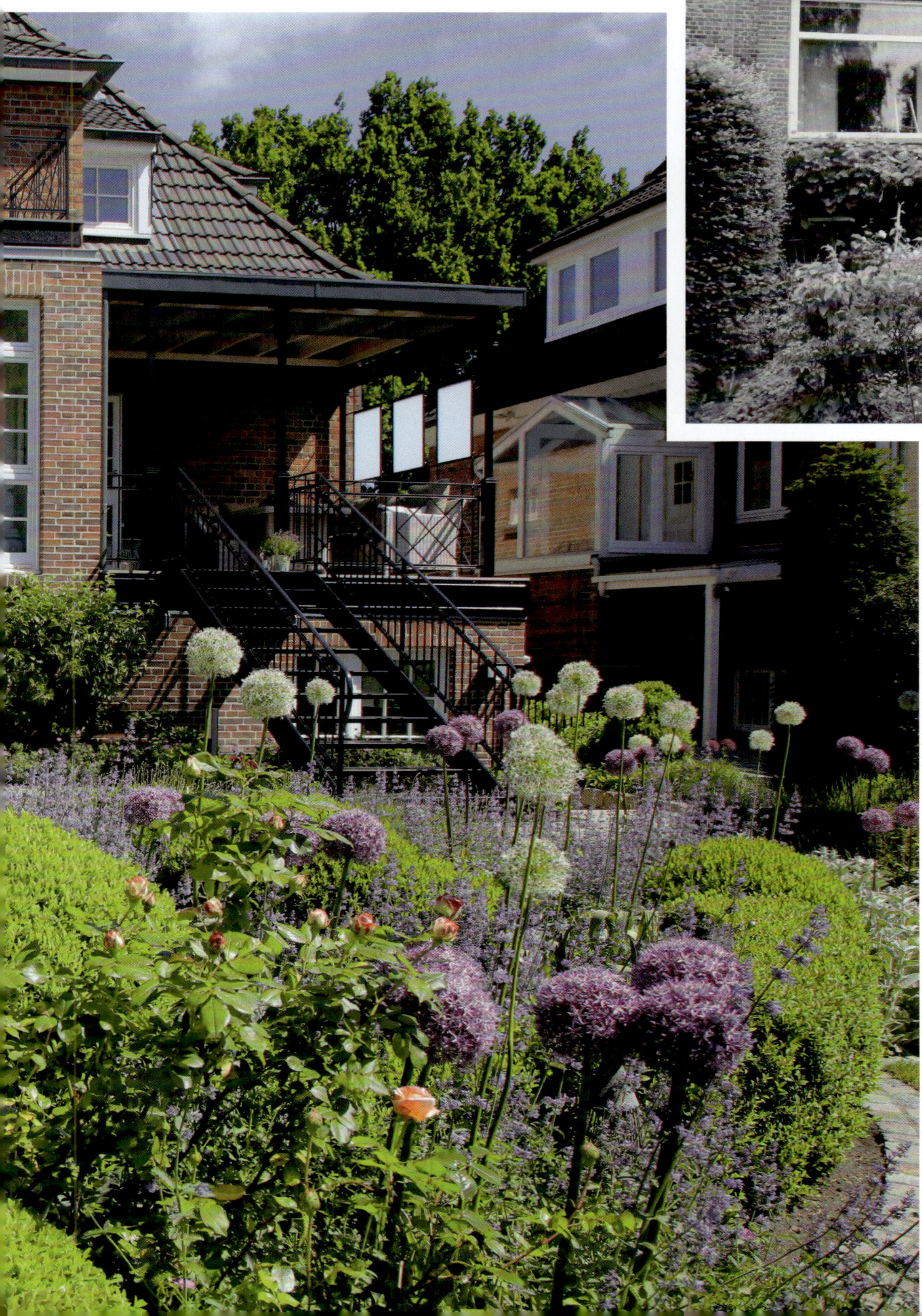

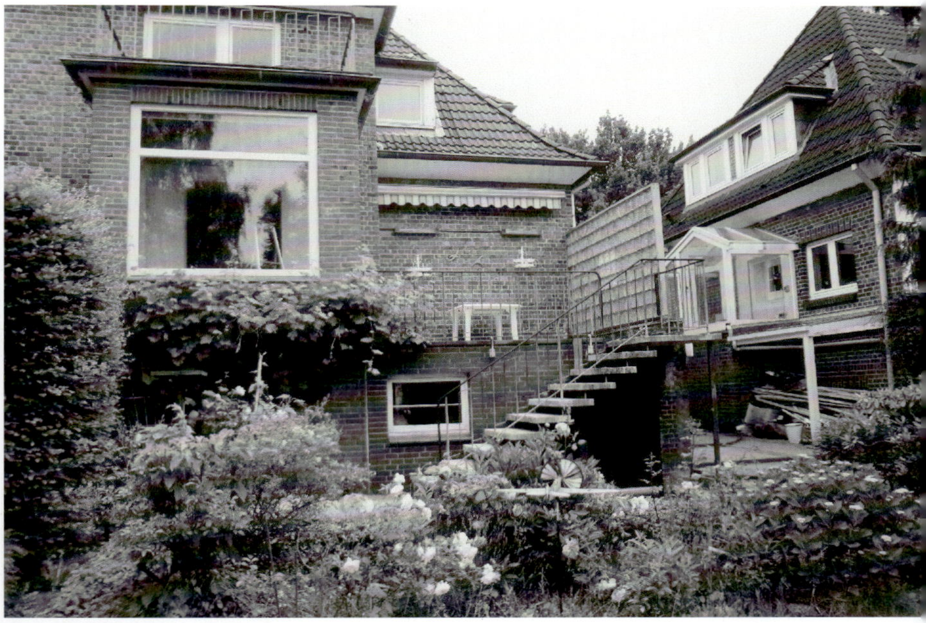

Vorher

Dem neu erworbenen Gartenteil sah man an, dass hier lange nicht mehr Hand angelegt worden war; es war wohl einige Jahrzehnte her. Eine Hecke aus wahllos zusammengestellten Pflanzen trennte die Gartenteile, der Rasen war eher eine Wiese, Nadelgehölze und Kirschlorbeer wucherten formlos vor sich hin. Erhaltenswert war einzig ein mächtiger Rhododendron, der im hinteren Teil des Gartens einen neunen Standort bekam.

___ Die Geschichte dieses Gartens beginnt im dazugehörigen Haus, einem Backsteindoppelhaus aus den dreißiger Jahren des 20. Jahrhunderts. Beide Haushälften gehörten lange zwei unterschiedlichen Eigentümern. Folglich gab es auch zwei Gärten. Als die Besitzer der einen Haushälfte auch den anderen Teil erwarben, verbanden sie beide Teile zu einem Wohnhaus mit Büro, allerdings so, dass dieser Zusammenschluss wieder zurückgenommen werden könnte.
Der hinzugekommene Grundstücksteil sollte umgestaltet werden – ebenfalls unter der Prämisse, die Zusammenlegung ohne großen Aufwand rückgängig machen zu können.

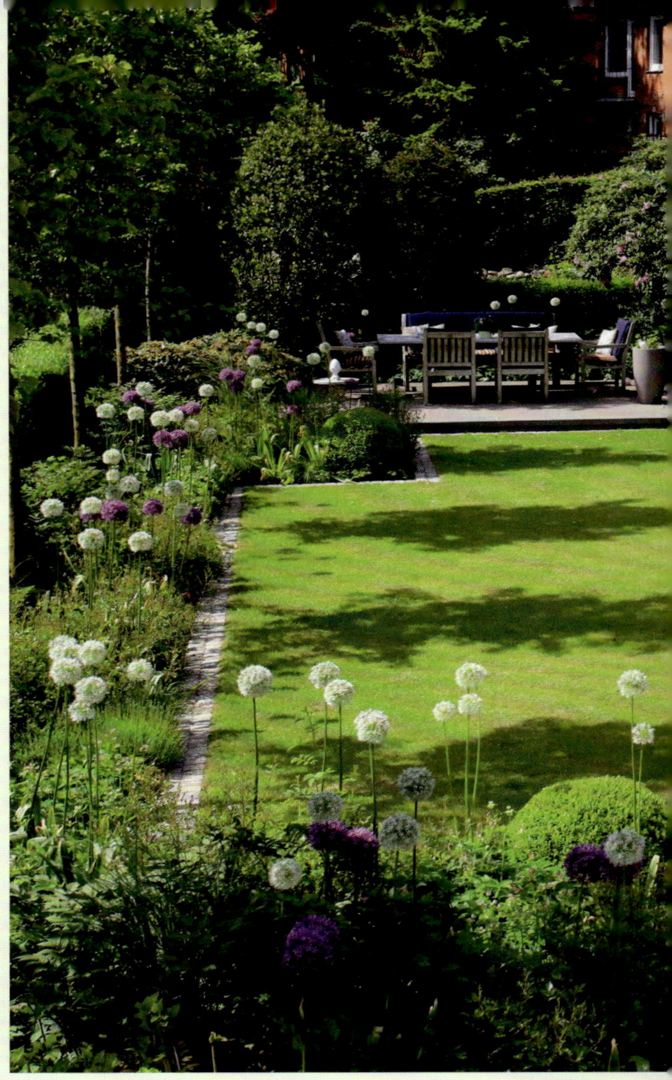

Bepflanzung verbindet und trennt

Wie sein einige Jahre älterer Bruder bekam der neue Gartenteil eine zentrale Rasenfläche, allerdings deutlich kleiner als die ursprüngliche und gerahmt von üppig bepflanzten Beeten. Diese laufen klassisch rechts und links entlang der Grünfläche und fassen auch den im hinteren Gartenteil neu entstandenen Sitzplatz ein.

Die Gartenplanung

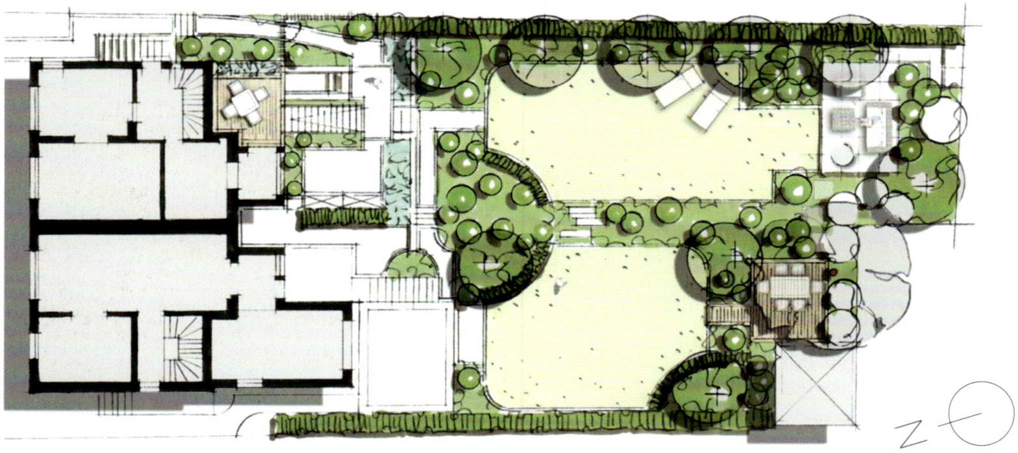

↓ **Konzept für Harmonie** Wo sich früher planlos Wiese und Pflanzen befanden, erscheint das Grundstück nun sinnvoll gegliedert. In unmittelbarer Hausnähe entstand ein heimeliger kleiner Sitzplatz. Ein großzügig halbrund auskragendes Beet nimmt die bereits im alten Gartenteil angelegte kreisförmige Beetlinie auf. Es klammert an dieser Stelle beide Gartenflächen zusammen, bevor sich das Beet in eine Längslinie auf der ehemaligen Grundstücksgrenze auflöst.

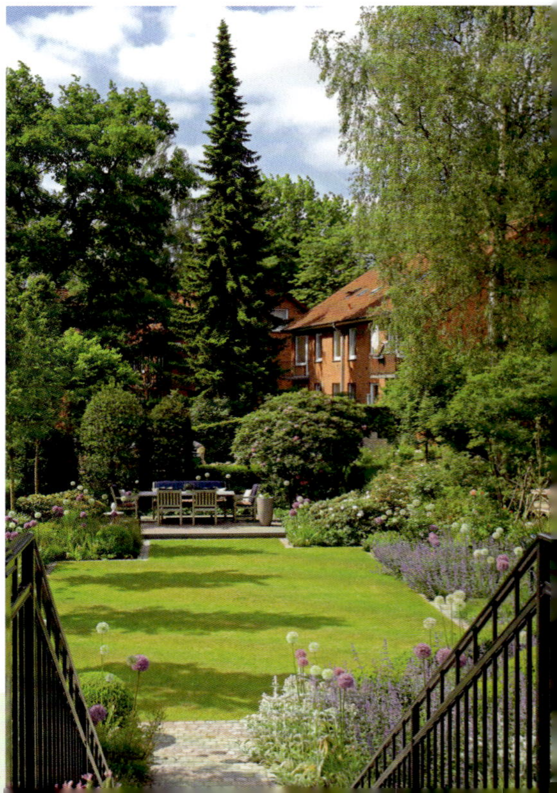

Im Überblick – Garten 5

BESONDERHEIT
Eine Hälfte eines Doppelhausgartens, die derzeit mit der anderen Hälfte eine Einheit bildet, aber in Zukunft auch wieder eigenständig nutzbar sein soll.

PFLANZEN (Auswahl)
- Stadtbirne *Pyrus calleryana 'Chanticleer'*
- Buchsformgehölze *Buxus sempervirens*
- Katzenminze *Nepeta 'Walkers Low'*
- Gräser: *Miscanthus sinensis 'Gracillimus', Hakonechloa macra, Pennisetum 'Hameln'*
- Zierlauch: *Allium atropurpureum, Allium 'Silver Spring', Allium 'Globemaster'*
- Hortensien *Hydrangea serrata 'Preziosa', Hydrangea macrophylla 'Zorro'*

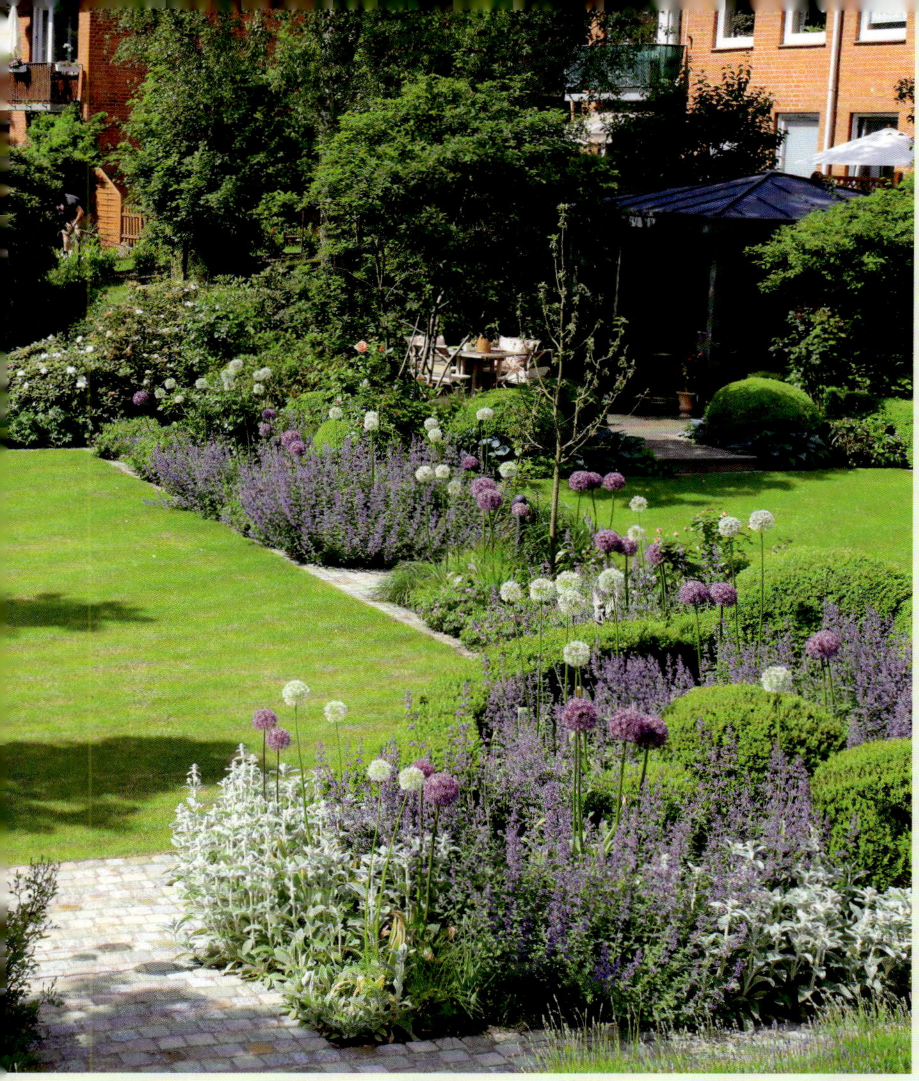

←

Gepflanzter Rahmen Ungefähr auf halber Strecke zwischen Haus und hinterer Terrasse gibt es im Mittelbeet eine Unterbrechung. Ein gepflasterter schmaler Durchgang ermöglicht den Wechsel zwischen beiden Gartenteilen, ansonsten ist die Bepflanzung zwar so niedrig, dass man beide Flächen gut übersehen kann, sie aber dennoch als getrennte Einheiten wahrnimmt. Sollten beide Grundstücke irgendwann einmal unterschiedlichen Eigentümern gehören, lässt sich dieser Übergang leicht mit einem größeren Gehölz schließen.

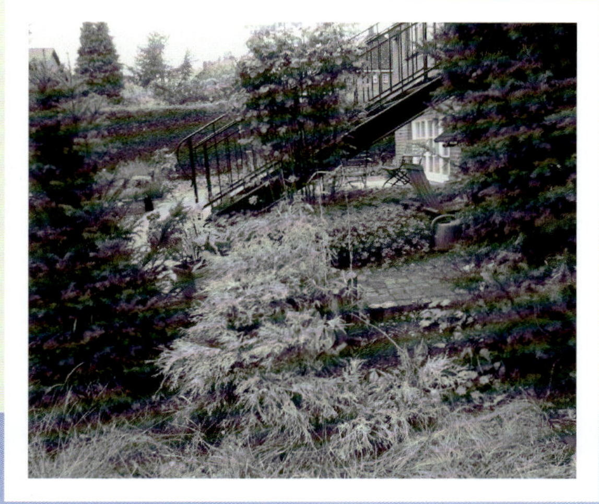

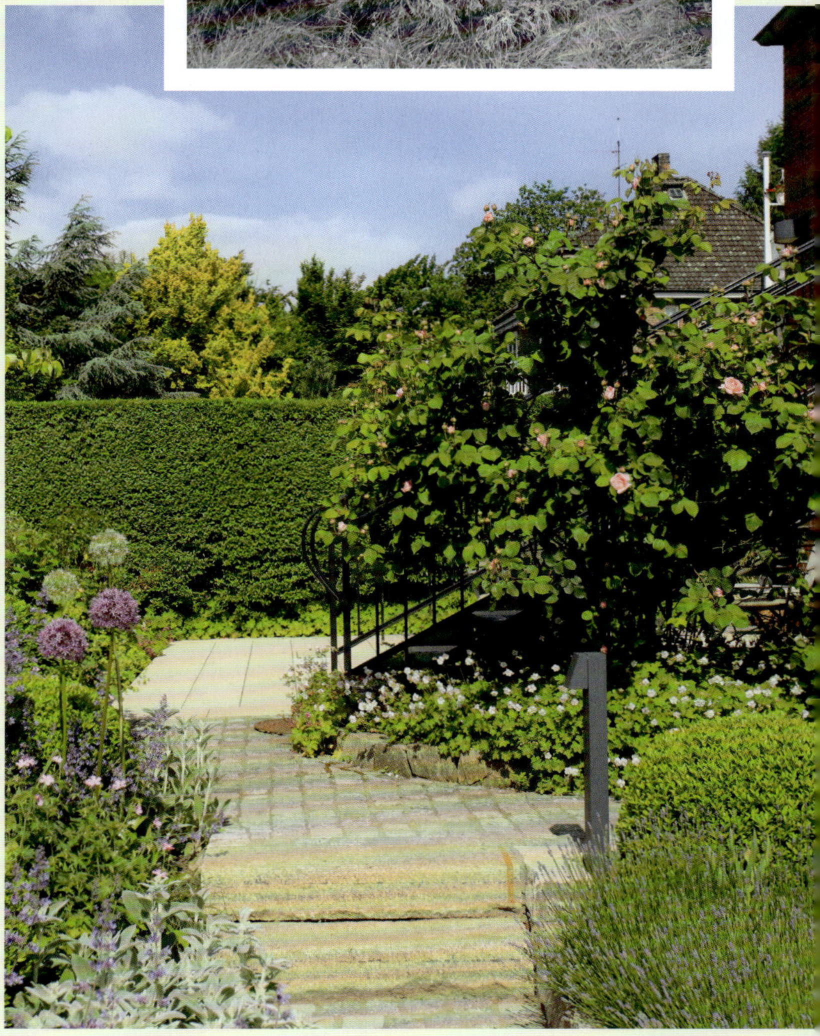

Konzept weiterentwickelt

Den vom Haus aus gesehen rechten Gartenteil hatten die Besitzer bereits vor Jahren professionell neu anlegen lassen. An sein Konzept mit hochwertigen Materialien und Formgehölzen knüpfte die Umgestaltung des zweiten Gartenteils an, allerdings mit eigenständigen Elementen.
Die Herausforderung für die Gartengestalter bestand darin, das „Getrennt-und-doch-zusammen"-Konzept, das die Besitzer vorgegeben hatten, in einen harmonischen Plan zu übersetzen.
Auf der ehemaligen Grenze zwischen den beiden Gartenhälften entstand ein langgezogenes Beet. Dieses streckt das Grundstück optisch und führt das Auge zu der im hinteren Garten neu entstandenen Terrasse, die Platz für einen großen Esstisch bietet. An der Grenze zum Nachbargrundstück übernehmen Stadtbirnen die Funktion einer „schwebenden" Hecke, welche die überdachte Loggia des Hauses gegen neugierige Blicke abschirmt.

Mit einer kompletten Neugestaltung machte dieser Garten einen Zeitsprung von rund dreißig Jahren. Wo vorher typische Achtziger-Jahre-Ästhetik vorherrschte, entfaltet sich nun stilsicher zeitgemäße Eleganz.

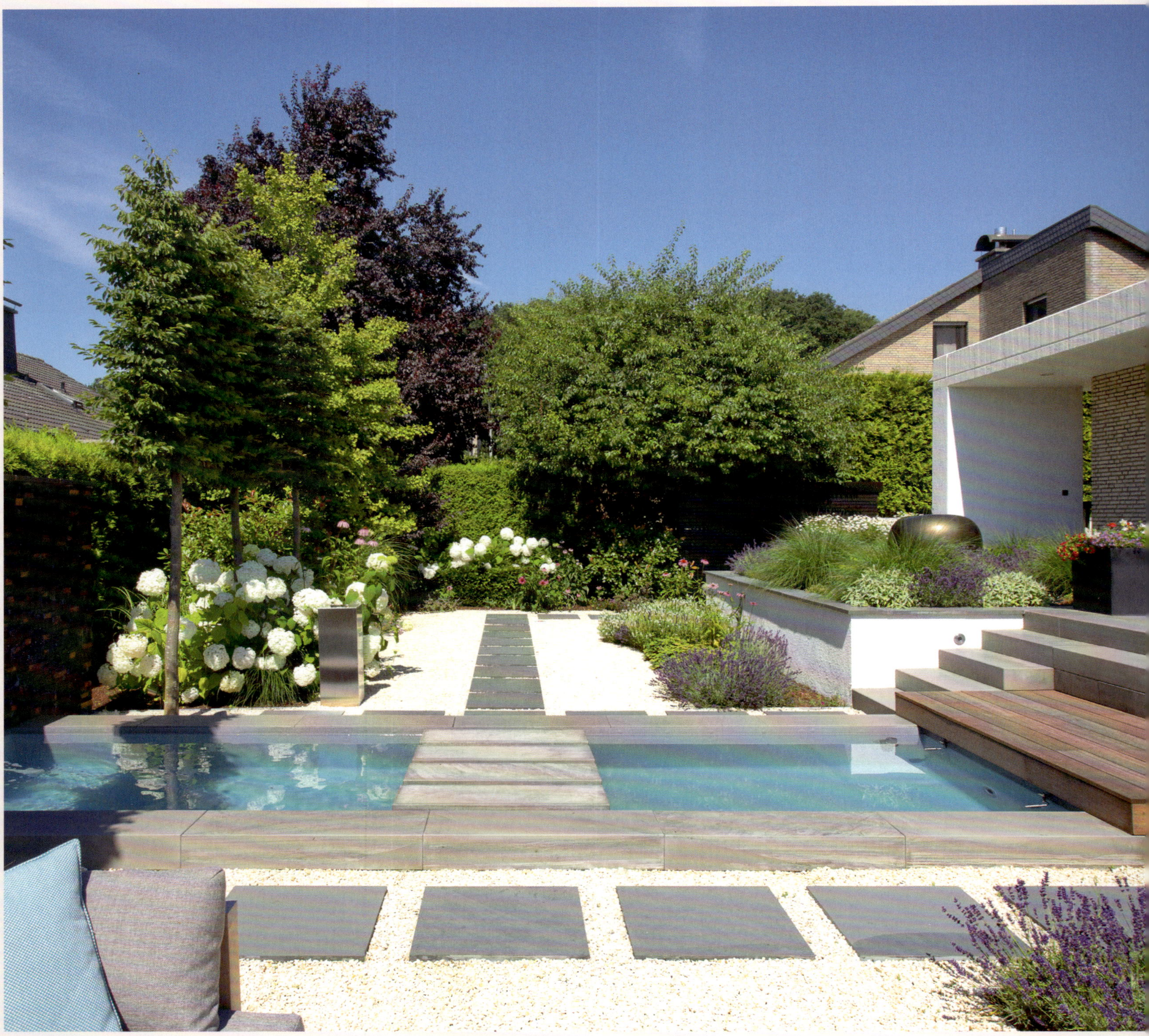

Im Überblick – Garten 6

GARTENGESTALTER
Planung und Ausführung: Daldrup – Gärtner von Eden, Havixbeck

GRÖSSE
200 qm

BESONDERHEIT
Blickfang im Beet an der Terrasse ist eine Apfel-Skulptur mit fast einem Meter Durchmesser.

MATERIALIEN (Auswahl)
- Schiefer (als Platten und Riemchen)
- Bangkirai-Holz
- Kalksteinsplitt
- Edelstahl
- Sandsteinstufen

PFLANZEN (Auswahl)
- Hainbuche *Carpinus betulus*
- Bisset-Bambus *Phyllostachys bissetii*
- Duftschneeball *Viburnum carlesii 'Aurora'*
- Hortensie *Hydrangea arborescens 'Annabelle'*
- Purpursonnenhut *Echinacea purpurea 'Magnus'*
- Lampenputzergras *Pennisetum alopecuroides 'Hameln'*
- Hohes Pfeifengras *Molinia arundinacea 'Windspiel'*
- Japan-Goldbandgras *Hakonechloa macra 'Aureola'*
- Storchschnabel *Geranium cinereum 'Ballerina', Geranium macrorrhizum 'Ingwersen'*

Wohnliche Einheit

___Alles begann damit, dass das Ehepaar sein in den achtziger Jahren errichtetes Haus umfangreich renovieren und modernisieren ließ. Helle Farben, hochwertige Materialien, offene Räume prägen nun die Wohnräume. Als dann der Blick vom frisch modernisierten Wohnzimmer auf die Terrasse und den Garten fiel, stellte sich ein Störgefühl ein, Innen- und Außenbereich wollten so gar nicht mehr miteinander harmonieren.
Schnell wurde ihnen klar: Die Modernisierung musste weitergehen, wollten sie sich dauerhaft im eigenen Heim wohlfühlen. Also ging es nun an die Umgestaltung des Gartens.

Aus Dunkel mach Hell

Die Terrasse ist als Übergangszone zwischen drinnen und draußen hier besonders ausgeprägt, da sie durch vorgezogene Mauerscheiben in die Architektur des Hauses eingebunden ist. Doch gerade diese Fassade blieb bei der Modernisierung unverändert, sodass die Herausforderung nicht einfach nur darin bestand, die neue Luftigkeit der Wohnraumgestaltung sichtbar zu machen, vielmehr musste sie auch harmonisch mit der Architektur des Hauses verknüpft werden.
Vorher-Nachher-Fotos zeigen, an welchen Punkten der Gartengestalter angesetzt hat: Zum einen erweiterte er den gesamten Komplex aus Beeten und Terrasse in den Garten hinein. Außerdem hat er offenbar den vorher recht beengt unter einem Vorsprung der Fassade gelegenen Sitzplatz aus der Fassade herausgezogen. Der Effekt: deutlich mehr Platz für Beete und einen Esstisch und Helligkeit am Sitzplatz. Dazu beigetragen hat auch, dass das die Terrasse überspannende Betondach sowie begrenzende Mauerpfeiler weiß gestrichen beziehungsweise weiß verputzt wurden. Große rechteckige Schieferplatten als Bodenbelag runden das Bild eleganter Modernität ab.

Vorher

Die Terrasse war relativ klein und bildete zum Garten hin eine Barriere.

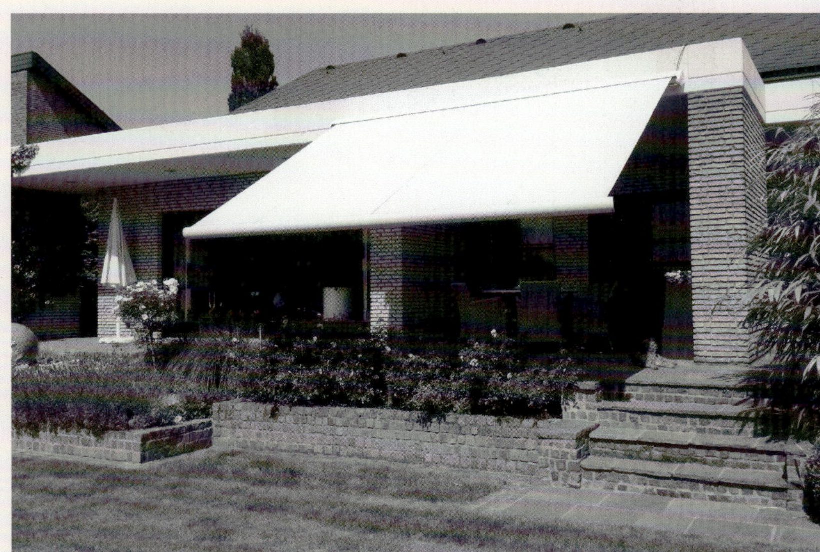

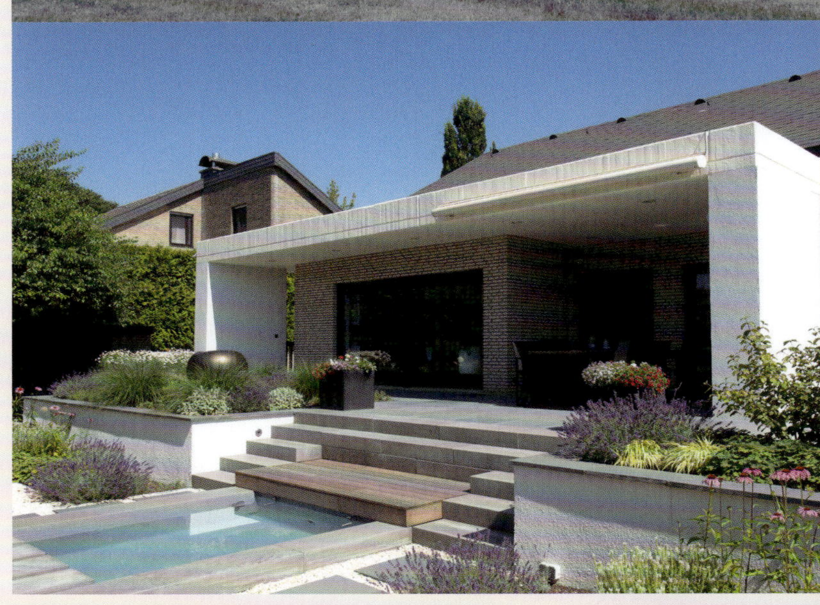

Nachher

Jetzt öffnet sich die Terrasse dank der ins Zentrum gerückten Freitreppe großzügig zum Garten hin. Die Treppe verbindet nicht nur die Terrasse und das Wasserbecken optisch, sondern sie bringt dank ihres Materialmixes Spannung in den Garten.

Pflanzen auf allen Ebenen

Die Vorher-Fotos des Gartens vermitteln den Eindruck einer gewissen Enge. Zudem braucht es nur einen einzigen Blick, um den Garten komplett zu erfassen. Obwohl die Fläche nicht größer geworden und mit dem Wasserbecken sogar ein recht raumgreifendes Element hinzugekommen ist, wirkt die Anlage heute großzügiger. Gründe dafür gibt es reichlich. Der augenfälligste: Es gibt keinen Rasen mehr. Von dem trennten sich die Gartenbesitzer leichten Herzens und gewannen dadurch sehr viel Fläche für eine vielfältig gegliederte Gestaltung. Die zuvor an den Rand des Rasens verbannten und zur bloßen Kulisse degradierten Pflanzflächen rückten in die Mitte und damit ins Zentrum der Aufmerksamkeit. Sie sind heute Blickfänger, Raumbildner, Farbtupfer, Duftlieferanten, Sichtschützer und vieles mehr.

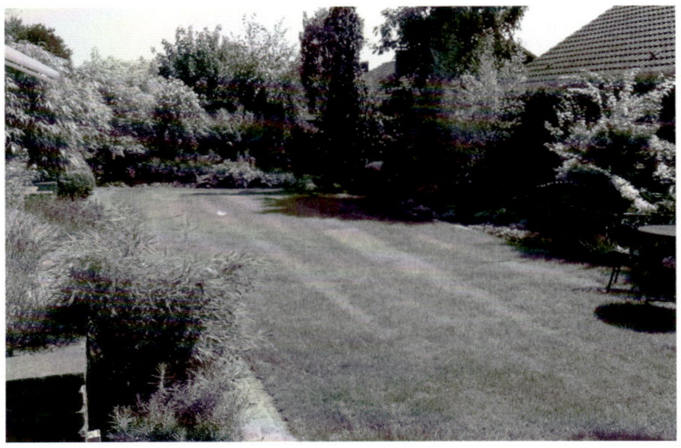

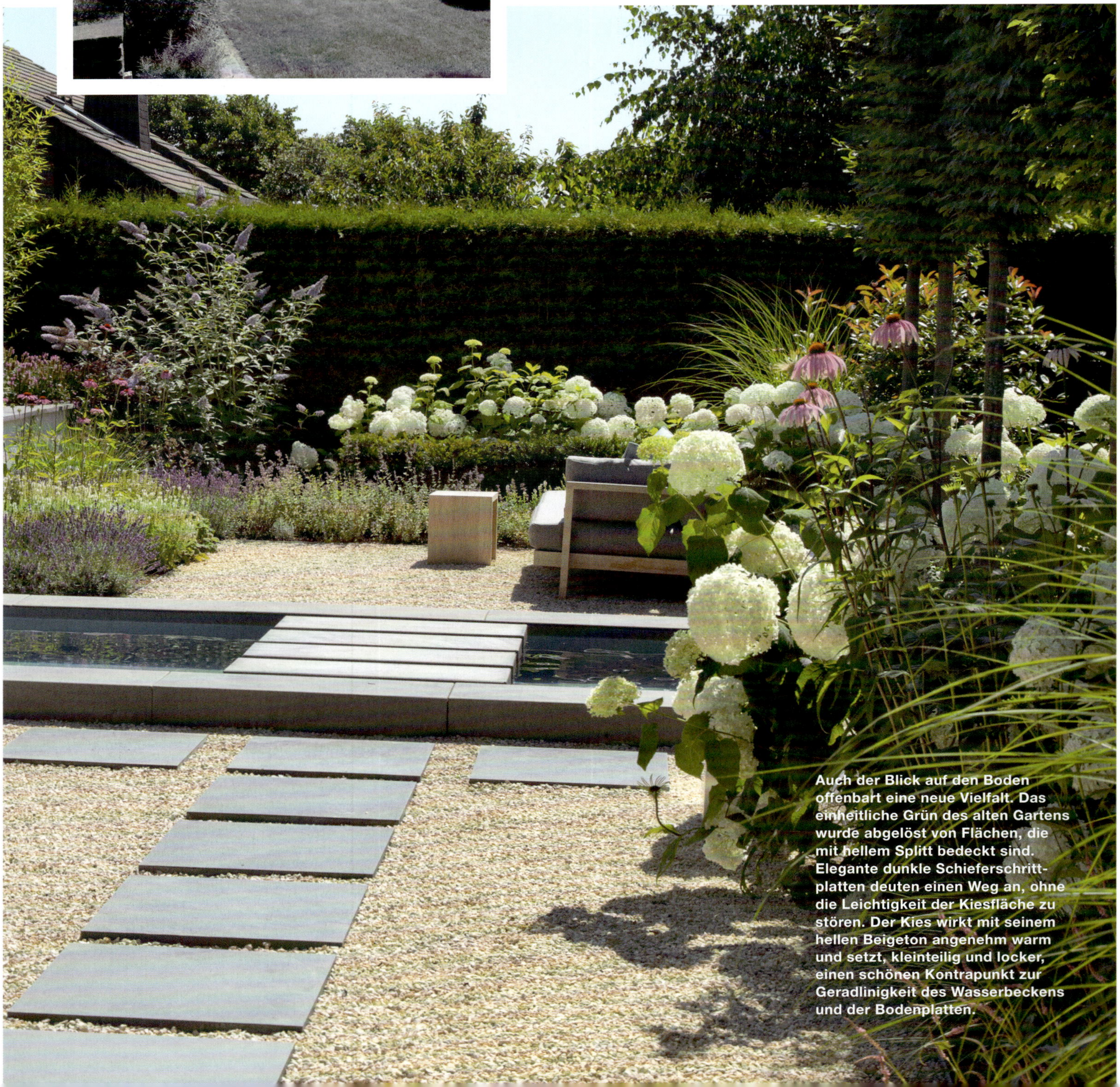

Auch der Blick auf den Boden offenbart eine neue Vielfalt. Das einheitliche Grün des alten Gartens wurde abgelöst von Flächen, die mit hellem Splitt bedeckt sind. Elegante dunkle Schieferschrittplatten deuten einen Weg an, ohne die Leichtigkeit der Kiesfläche zu stören. Der Kies wirkt mit seinem hellen Beigeton angenehm warm und setzt, kleinteilig und locker, einen schönen Kontrapunkt zur Geradlinigkeit des Wasserbeckens und der Bodenplatten.

→ **Blütenpracht** Hortensien und Lavendel blühen um die Wette mit Storchschnabel, Sommerflieder, Salbei und Sonnenhut. Farblich ist das Pflanzkonzept wie der komplette Garten ganz auf stilvolles Understatement ausgelegt: Weiß-, Violett- und Grüntöne dominieren.

↓ **Das Gartensofa** Neben dem Wasserbecken auf dem Kiesplatz zieht das filigrane Gartensofa Blicke auf sich und lockt Gartengenießer an. Wer hier Platz nimmt, kann die Pflanzenfülle aus anderer Perspektive betrachten, ist von ihr umgeben und in sie eingehüllt.

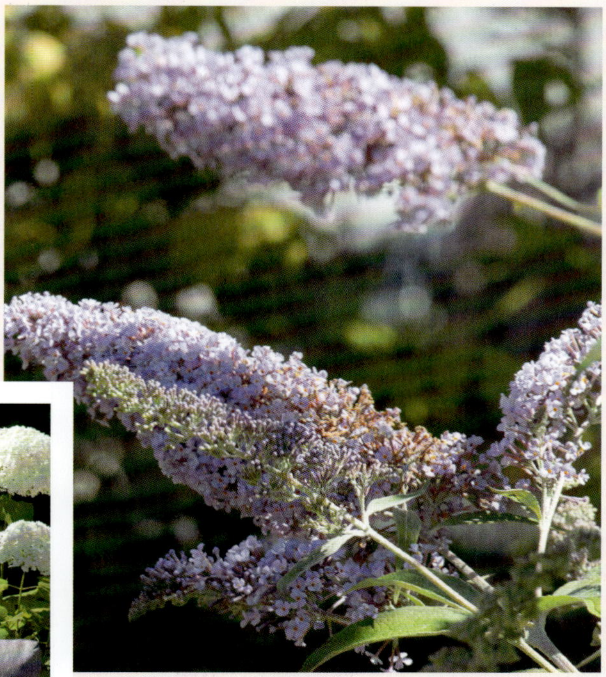

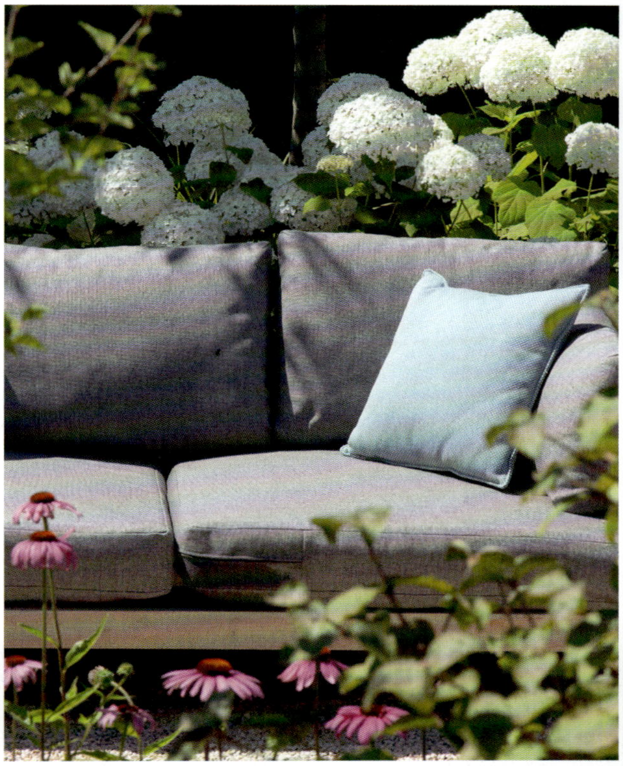

↓ **Mitten in der Natur** Früher an den Rand gedrängt und vor allem grün, sind die Pflanzen in großer Vielfalt heute die Stars des Gartens. Für einen sattgrünen, ruhigen Hintergrund, vor dem all diese Blütenpracht noch besser zur Geltung kommt, sorgt die dicht gewachsene Thujahecke aus alter Zeit. Sie gewährt ebenso Sichtschutz wie eine neue Reihe von Spalier-Hainbuchen, die vor dem Anblick der allzu präsenten Dachfläche des Nachbarhauses schützen.

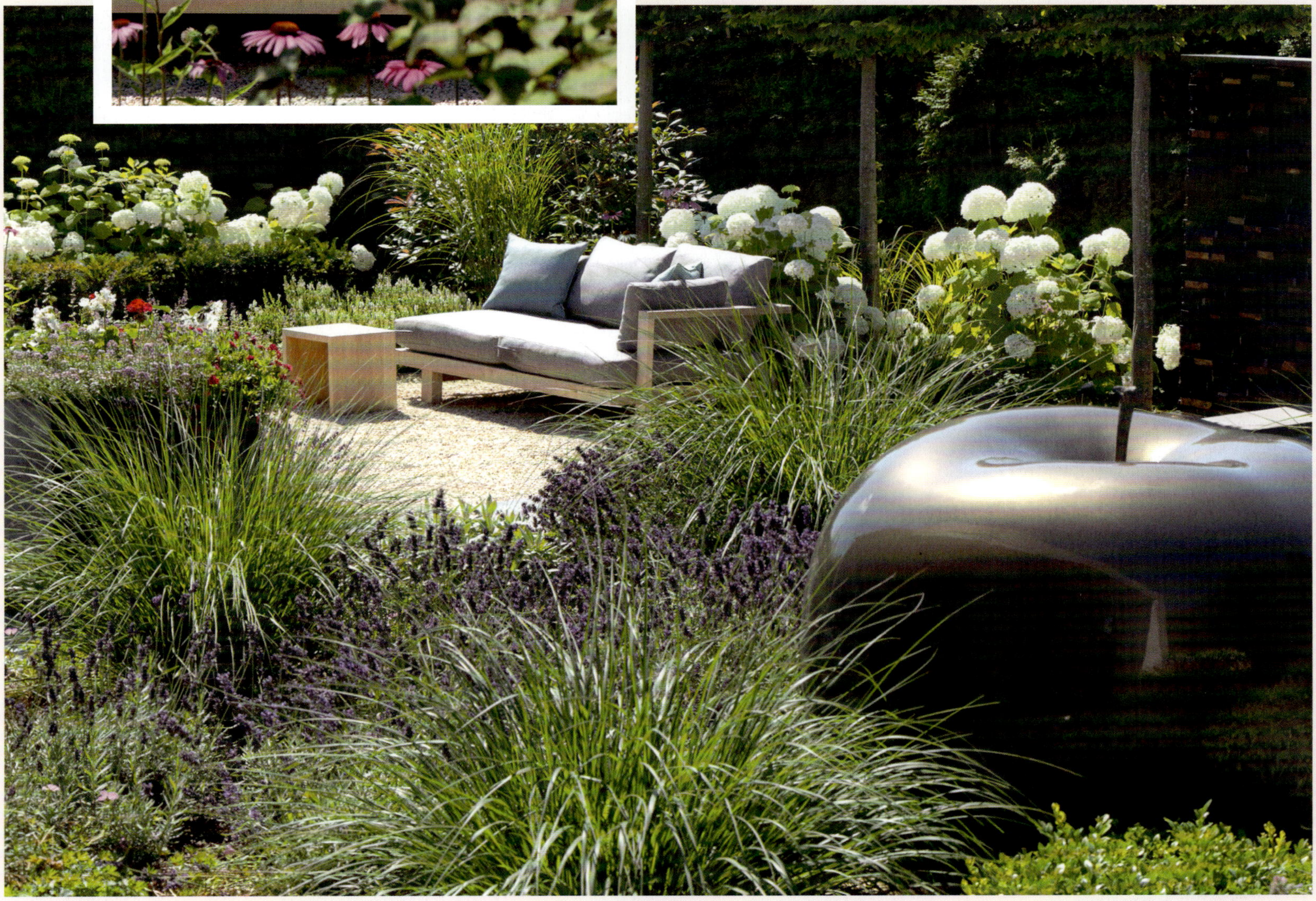

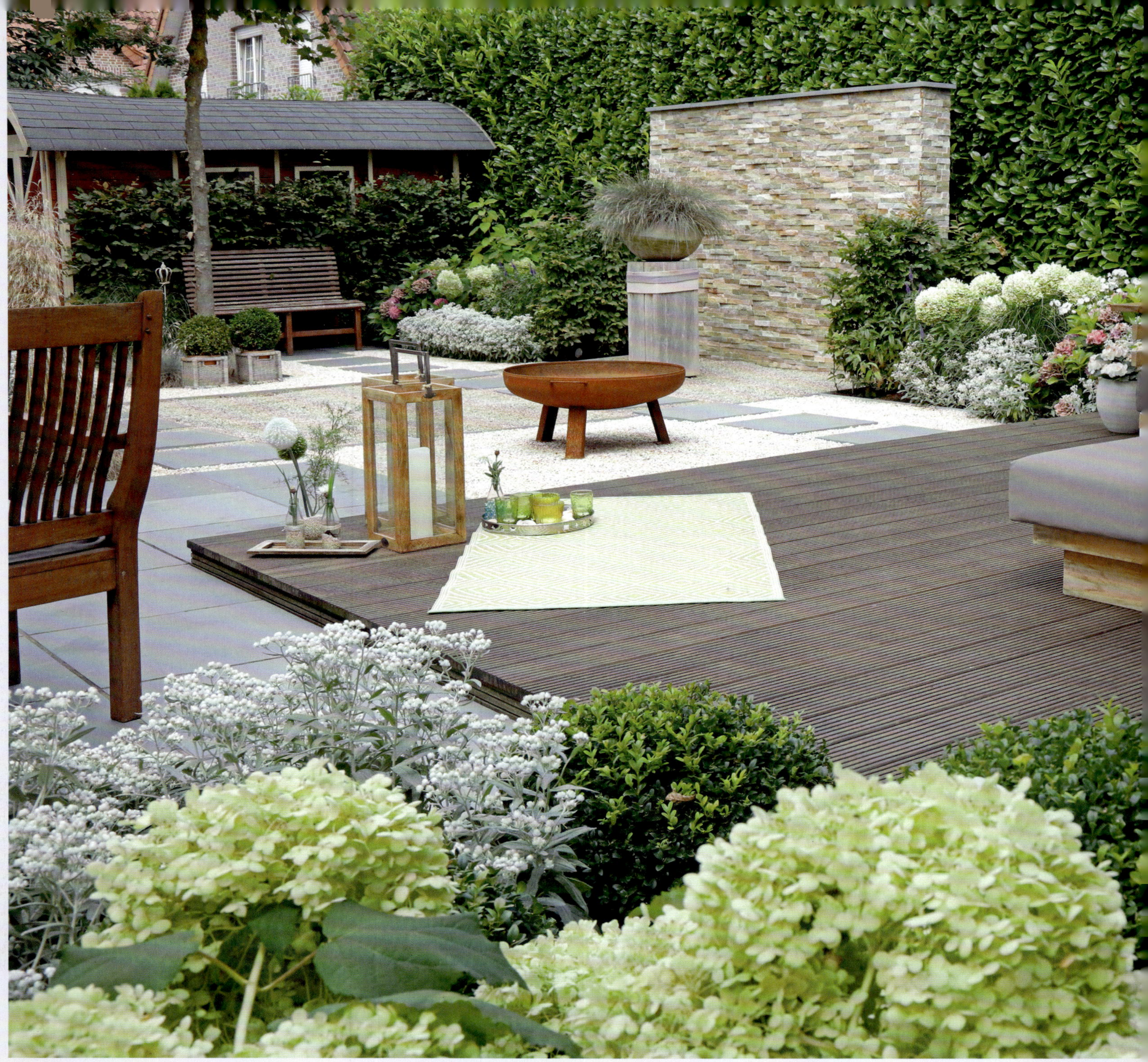

Alles andere als normal

Im Überblick – Garten 7

GARTENGESTALTER
Planung und Ausführung: Daldrup – Gärtner von Eden, Havixbeck

GRÖSSE
150 qm

MATERIALIEN (Auswahl)
- Schiefer (Bodenplatten, Mauerverkleidung)
- Bangkirai-Holz
- Dolomit-Brechsand
- Kalksteinsplitt

PFLANZEN (Auswahl)
- Hainbuche *Carpinus betulus*
- Dachplatane *Platanus x acerifolia*
- Buchsbaum *Buxus sempervirens*
- Hortensien *Hydrangea arborescens 'Annabelle', Hydrangea macrophylla 'Bela'*
- Perlkörbchen *Anaphalis triplinervis 'Sommerschnee'*
- Rasen-Schmiele *Deschampsia cespitosa 'Goldschleier'*
- Lampenputzergras *Pennisetum alopecuroides 'Hameln'*

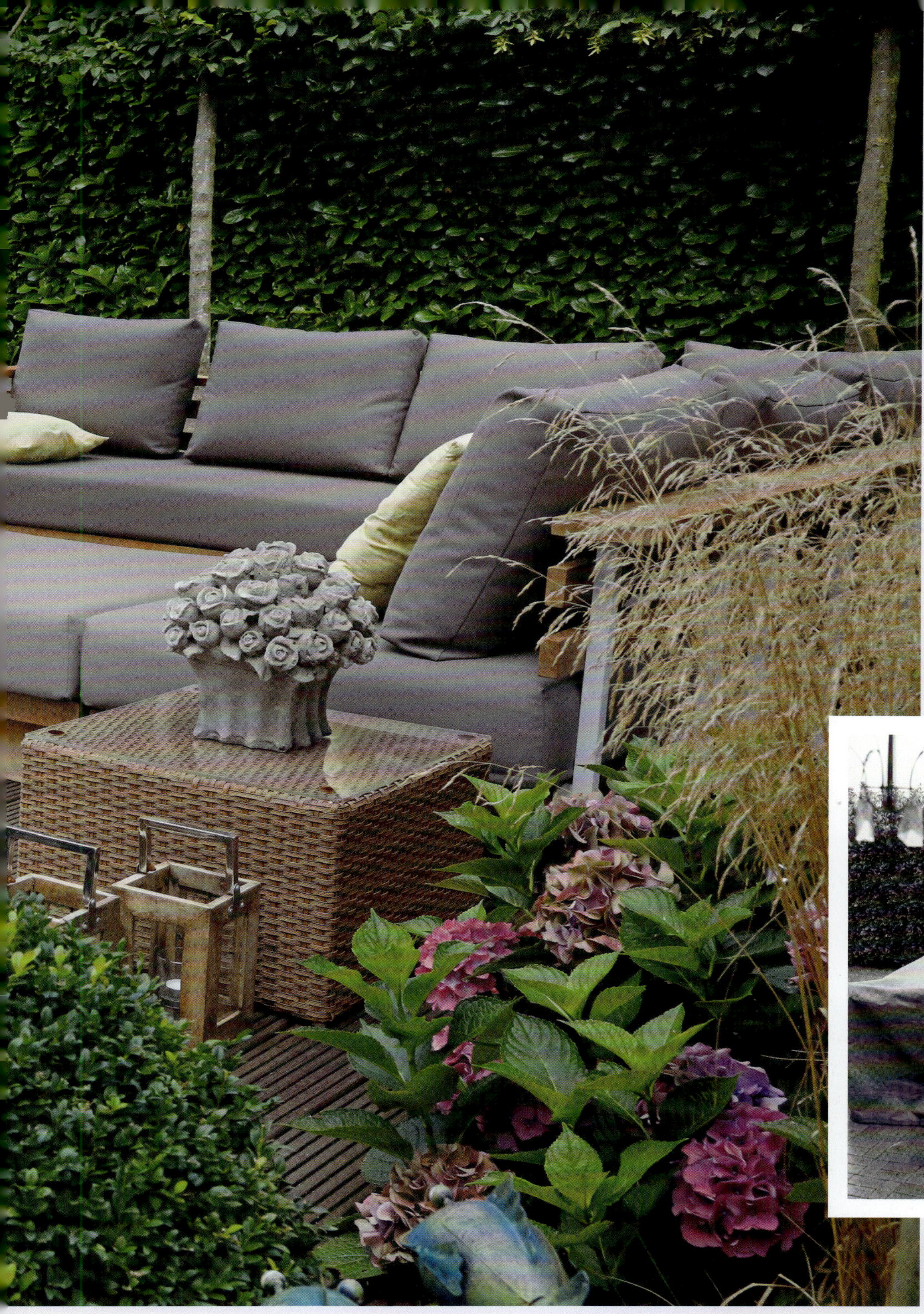

Nachher

Mit einer großen Terrasse als zentralem Element bekam der kleine Garten Großzügigkeit. Die großformatigen Bodenplatten verstärken diesen Eindruck und verbinden die verschiedenen Gartenbereiche miteinander.

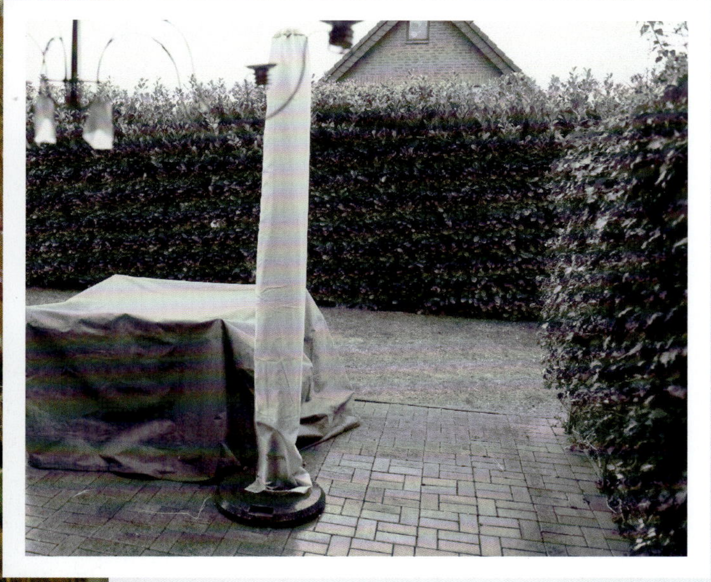

Vorher

Vor der Umgestaltung gab es nichts, was den Garten individuell wirken ließ und ihm eine persönliche Note verliehen hätte.

Wie geht ein Gartengestalter vor, wenn die Auftraggeber keine Vorgaben machen? Er entwirft den Garten, den er sich selbst auf dem Grundstück bauen würde.

___ Mehr Normalität ist kaum vorstellbar, als sie die Ausgangssituation dieser Gartenumgestaltung zu bieten hatte: ein ganz gewöhnliches Einfamilienhaus in einer ganz normalen Wohngegend, 150 Quadratmeter Garten mit Terrasse am Haus, Rasen und Kirschlorbeerhecke. Beim Blick in ihren Garten empfanden die Besitzer irgendwann, dass allzu viel Normalität in Langeweile ausartet, weshalb sie den Wunsch nach einer radikalen Neugestaltung äußerten. Konkrete Wünsche? Vorstellungen? Keine! Der Planer bekam freie Hand und entwarf einen stilvollen Entspannungsgarten.

Kleine Gärten ernst nehmen

Vor der Umgestaltung präsentierte sich der Garten als Addition unterschiedlicher Elemente, die weder in Größe noch Stil aufeinander abgestimmt waren. Die Kirschlorbeerhecke war viel zu hoch in Relation zu Haus und Grundstücksfläche. Das Gartenhaus im Schwedenlook wirkte durch seine Größe und Farbgebung sehr dominant und hatte keine stilistische Entsprechung im Garten. Es gab einen Rasen sowie eine einzige Pflanzfläche und eine Terrasse, die eher klein und eng ans Haus gefügt war.
Der Plan für die Neugestaltung beherzigte zwei wichtige Grundregeln für die Gestaltung kleiner Gärten. Regel eins: Eine Rasenfläche hat in einem Garten wie diesem keinen ästhetischen Mehrwert, sondern nimmt nur Platz weg, der für andere Gestaltungselemente benötigt wird. Regel zwei: Kleine Gärten brauchen große Terrassen, denn darüber lässt sich optische Großzügigkeit in den Garten bringen.

Vorher

Das Gartenhaus dominierte den kleinen Garten. Aufgrund seiner Größe und seines Stils, der sich sonst nirgends im Garten wiederfand, wirkte es wie ein Fremdkörper.

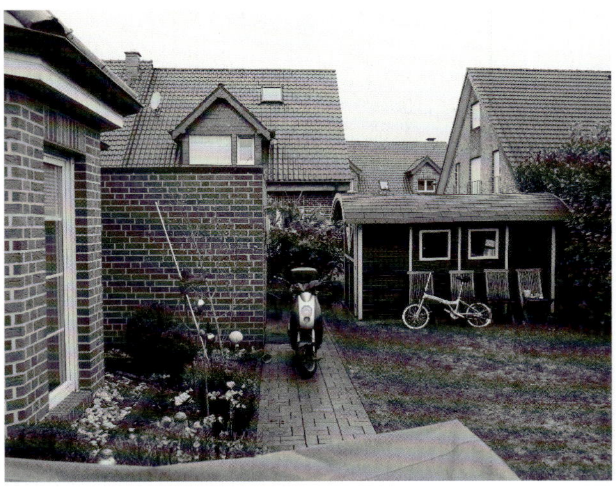

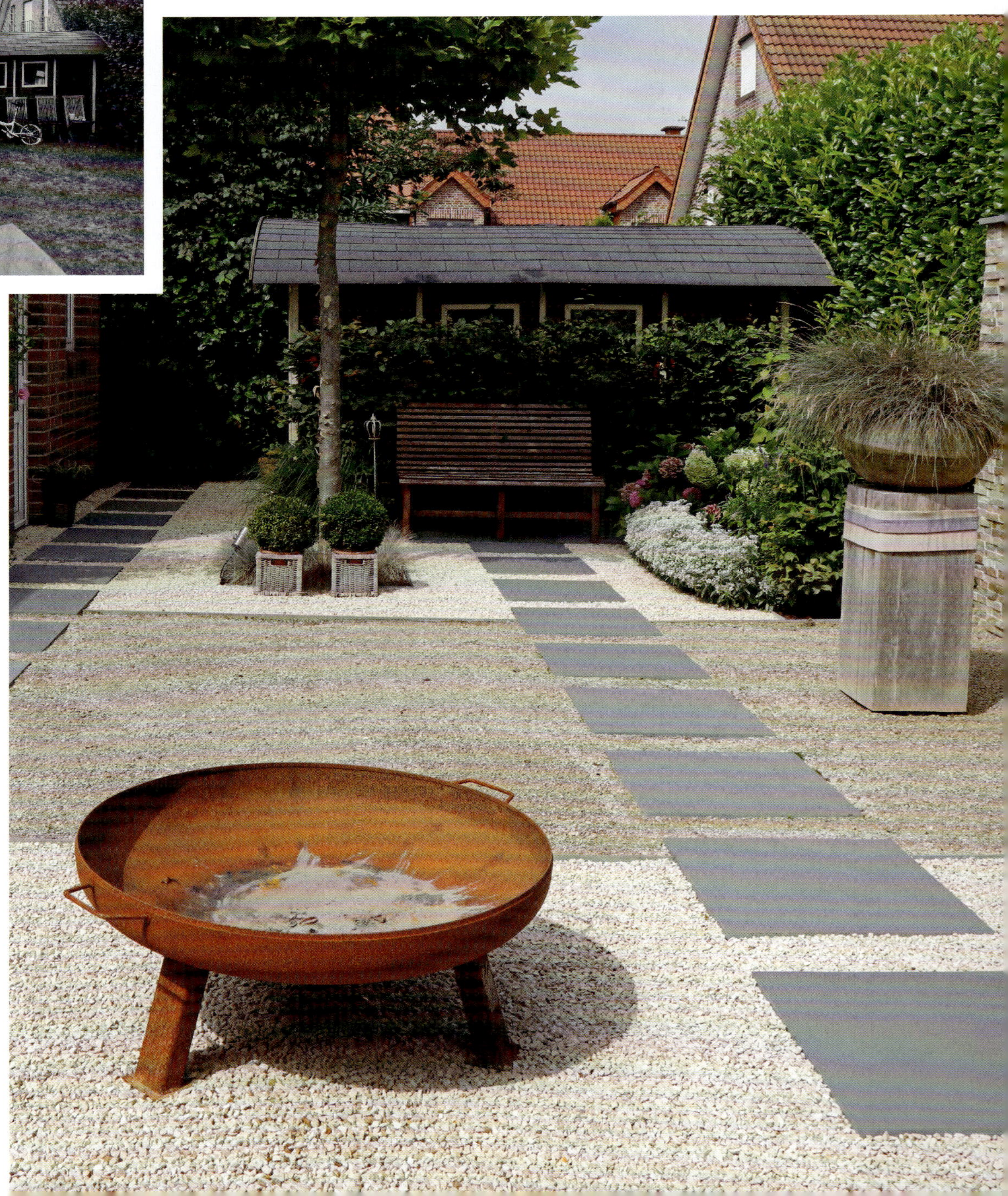

→

Aufgelöste Flächen Hier ist es gelungen, Abwechslung und Ruhe bestens dosiert einzusetzen. Variationsstark ist zum Beispiel der Umgang mit den größeren Flächen: Der gekieste Bereich ist mit Kies in zwei unterschiedlichen Farbnuancen belegt. Sie passen bestens zusammen, bieten dem Auge dennoch Abwechslung. Auch die Kirschlorbeerhecke erhielt eine Auflockerung: In der Sichtachse vom Esszimmerfenster aus wurde ihr eine Mauerscheibe mit Riemchen aus Schiefer vorgesetzt. Diese steinerne Vertikale unterbricht das allzu regelmäßige Dunkelgrün der Hecke.

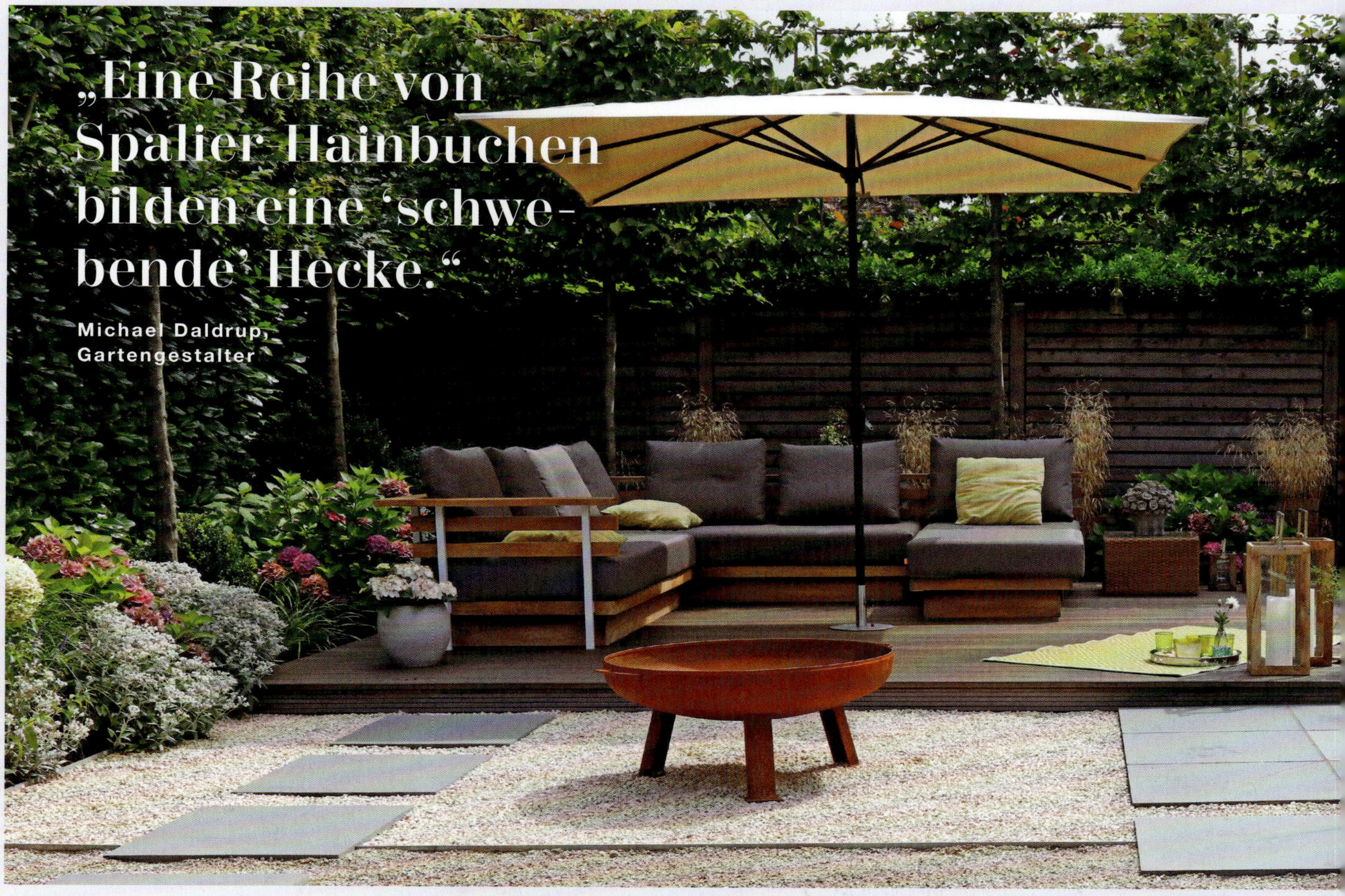

→ **Bitte nicht gucken** Einen Gutteil ihrer Gemütlichkeit bezieht die Holzterrasse aus der Tatsache, dass sie bestens vor neugierigen Blicken geschützt ist. Die immer noch übermannshohe Kirschlorbeerhecke säumt das Grundstück und sorgt dafür, dass es aus den oberen Etagen der Nachbarhäuser nicht einsehbar ist. An der Schmalseite übernehmen Sichtschutzelemente aus Holz in Kombination mit Spalier-Bäumen diese Aufgabe.

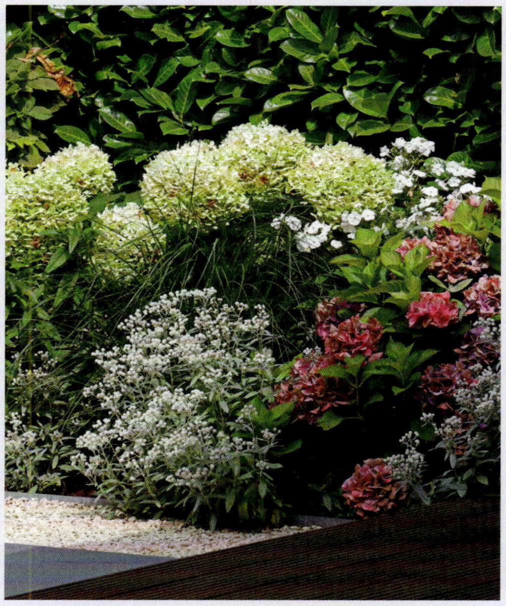

↑ **Ruhiger Hintergrund** Vor den gesund-dunkelgrünen, dichten Blättern der Kirschlorbeerhecke kommen die zahlreichen Blühpflanzen besonders gut zur Geltung. Bei der Wahl der Blütenfarben übte der Gartengestalter sich in Reduktion, um trotz Üppigkeit Ruhe ins Beet zu bringen.

Zentraler Sitzplatz

Herzstück des umgestalteten Gartens ist das großzügige Holzdeck, das an der Seite des Grundstücks entstand. Trotz seiner Größe und exponierten Lage ist es bestens in den Garten eingebunden. Dafür sorgt eine variantenreiche Bepflanzung, die den gemütlichen Sitzplatz geradezu einhüllt. Gelungener Kniff, um das ohnehin großzügig dimensionierte Holzdeck noch etwas ausladender wirken zu lassen: Es wurde nicht unmittelbar in den Winkel des Grundstücks eingepasst, sondern wird an zwei Seiten von Pflanzstreifen gerahmt, die es ein wenig auf Abstand zur Grundstücksgrenze halten. Aus der Ferne schlägt das Auge diesen Pflanzstreifen der Terrassenfläche zu.
Überhaupt ist die üppig grüne Kulisse rund ums Holzdeck das Geheimnis des Erfolgs. In dem Garten blüht nun allenthalben etwas.

Das gilt auch für den zweiten, neu geschaffenen Sitzplatz am anderen Ende des Gartens. Hier fand eine Bank ihren Platz vor einer halbhohen Buchenhecke. Sie beschirmt die Sitzgelegenheit von hinten, hat aber vor allem die Aufgabe, dem Gartenhaus etwas von seiner Wuchtigkeit zu nehmen.
Die hausnahe Terrasse wurde leicht verbreitert, sodass sie sich nun mehr zum Garten hin orientiert.

> „Kleine Gärten brauchen Ruhe, aber auch Überraschungen, damit sie nicht langweilen."
>
> **Michael Daldrup, Gartengestalter**

Hier wurde ein bereits professionell angelegter Garten noch einmal intensiv überarbeitet, um aus einem soliden, aber austauschbaren Garten ein individuelles Refugium zu machen.

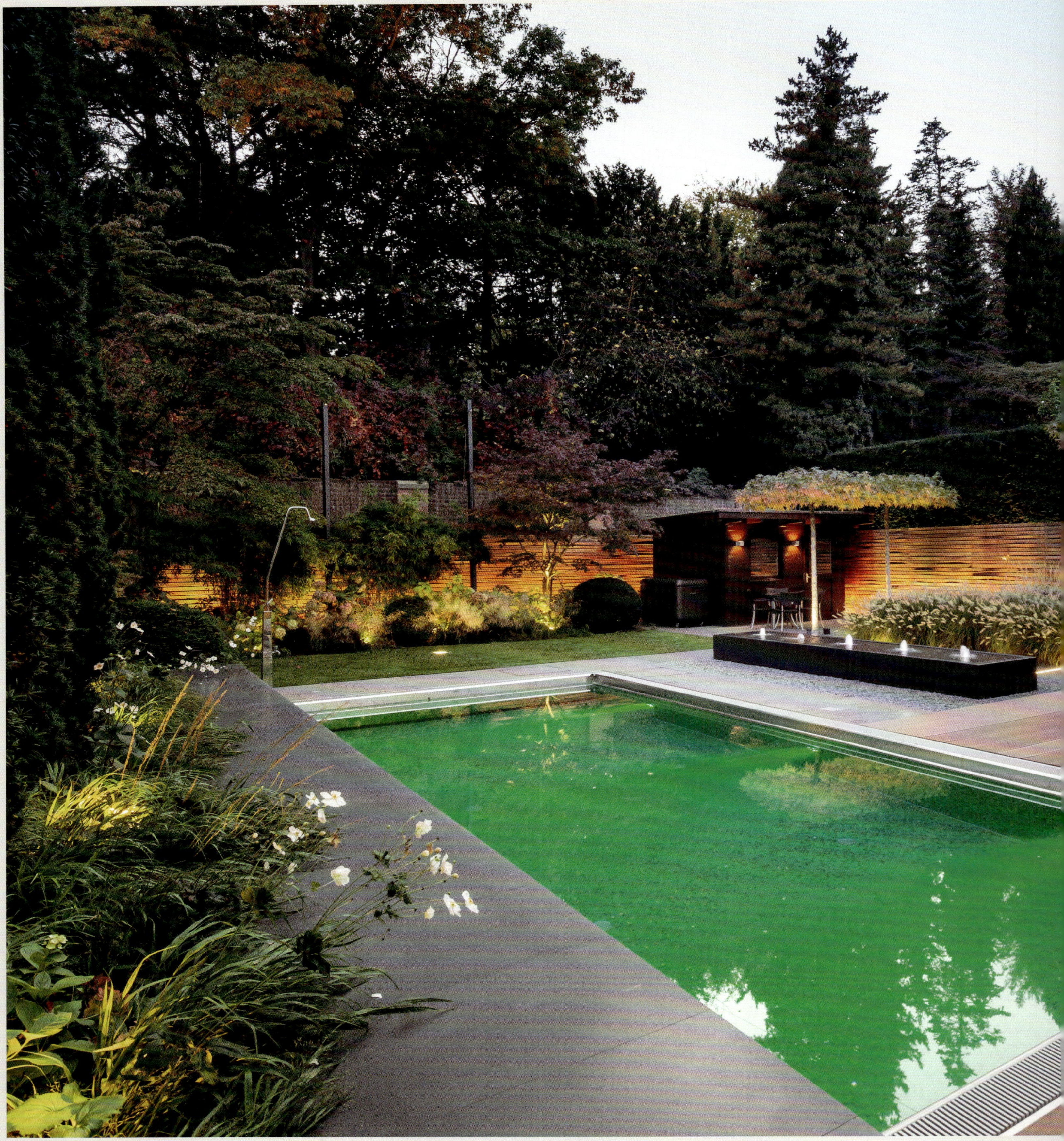

Im Überblick – Garten 8

GARTENGESTALTER
Planung und Ausführung: Gartenplan Esken und Hindrichs, Leichlingen

IDEE
Spannendes, hochwertiges und behütetes Refugium in der Innenstadt

BESONDERHEIT
Extrem anspruchsvolle Logistik, da der einzige Zugang des Gartens durch eine nur knapp 80 Zentimeter breite Tür und über eine steile Treppe führt. Baumaschinen, Material und Pflanzen mussten mit einem 60-Tonnen-Mobilkran über das Haus gehoben werden.

GRÖSSE
325 qm

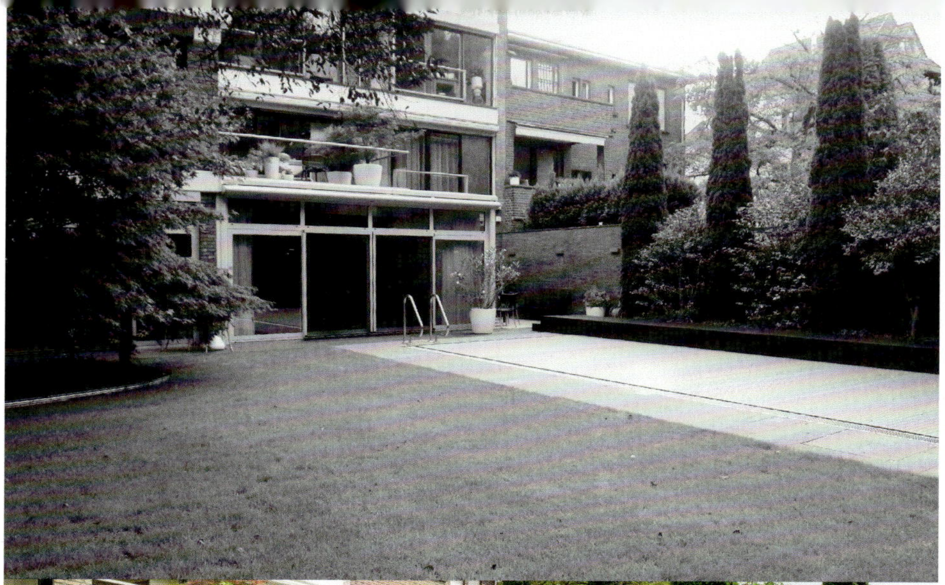

Vorher

In dem Garten herrschte gediegene Langeweile. Pool, Rasen und die kleine Terrasse bildeten eine Ebene. Aus den oberen Stockwerken des Hauses war der Garten komplett einsehbar, sodass sich seine Besitzer hier nie ungestört fühlen konnten.

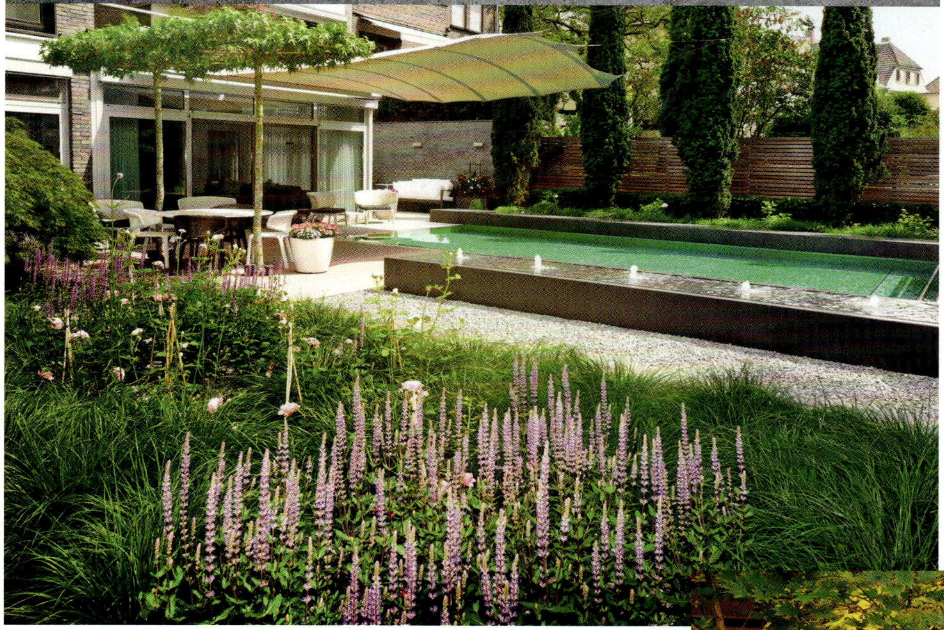

Nachher

Der neue, vorgezogene Terrassenteil wurde regelrecht eingebettet in lebendiges Grün. Hier verdeckt ein Fächerahorn mit seinen filigranen Blättern und seiner niedrigen, aber ausladenden Krone die Treppe, über die der Garten zu erreichen ist. Und schweift der Blick weiter, so kann er sich verlieren in der üppig mit Lampenputzergras bestückten Fläche neben dem Wassertisch, in der Rosen und Lavendel vorsichtig einige Farbakzente setzen.

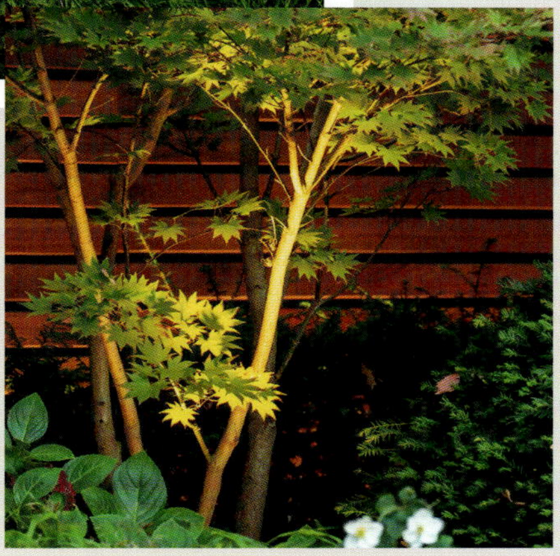

Feinschliff für einen Garten

__Wer die Vorher-Bilder dieses Gartens nur mit einem flüchtigen Blick streift, wird wahrscheinlich kaum Handlungsbedarf erkennen: Der Pool wirkt einladend, die Bepflanzung üppig, der Rasen gepflegt. Investiert man etwas mehr Zeit in seine Betrachtung, kommt einem allerdings bald ein Wort in den Sinn: langweilig. So ging es auch den Besitzern dieser 325 Quadratmeter mitten in der Stadt, die sie schon einmal mit Unterstützung einer Gartenarchitektin hatten anlegen lassen. Doch spätestens als sie die eigene Wohnung, zu deren Füßen der Garten liegt, aufwendig und ganz nach ihren Wünschen hatten umbauen lassen, wuchs das Bewusstsein dafür, dass ihr Garten so nicht ihren Vorstellungen entsprach.

Mehr Struktur

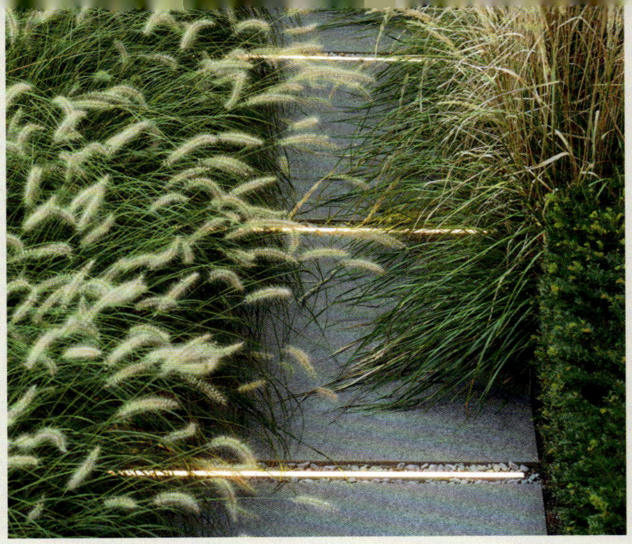

↑ **Raffiniert** Die Fugen zwischen den großformatigen Bodenplatten, die zwischen Wassertisch und Gräserinsel den Weg zum Gartenhaus bilden, wurden bewusst breit angelegt und bieten Platz für ein LED-Band als außergewöhnliche Wegbeleuchtung.

Vor der Umgestaltung bestand der Garten aus einer Terrasse am Haus, dem Pool, Rasen und umlaufenden Beeten – so weit, so klassisch. Da sich die Wohnebene allerdings im ersten Stock befindet, fiel der Blick aus den Wohnräumen stets von oben auf den Garten, und dabei offenbarte sich, wie wenig Spannung er hatte. Außerdem ergab sich durch die Lage des Pools am linken Grundstücksrand ein deutliches optisches Ungleichgewicht. Deshalb stand schnell fest: Der Garten braucht weitere Elemente, die ihn spannungsreicher und attraktiver machen sollten. Der Pool bekam in einem Wassertisch einen optischen Gegenpart. Außerdem wurde die bis dahin sehr schmale Terrasse deutlich vergrößert und dabei auch um den Pool herumgeführt, sodass sie mit

Die Gartenplanung

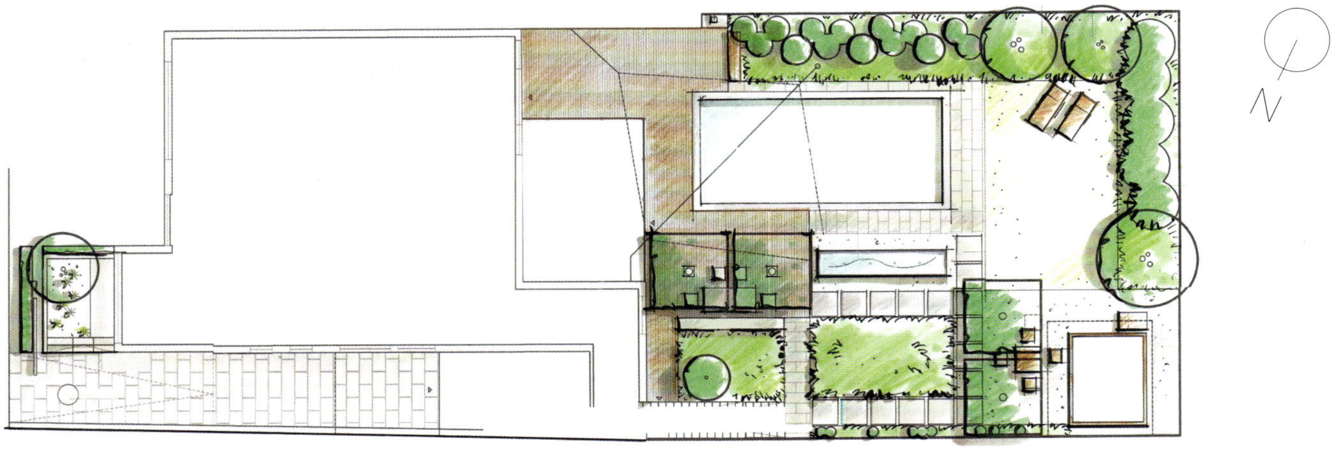

Im Überblick – Garten 8

MATERIALIEN (Auswahl)
- Bangkirai
- Basaltplatten
- WPC-Holz

PFLANZEN (Auswahl)
- Fächerahorn *Acer palmatum*
- Schlitzahorn *Acer palmatum 'Dissectum Viridis'*
- Amerikanischer Amberbaum *Liquidambar styraciflua 'Worplesdon'*
- Goldahorn *Acer shirasawanum 'Jordan'*
- Japan-Berggras *Hakonechloa macra 'Nikolas'*
- Patagonisches Eisenkraut *Verbena bonariensis*
- Rosen *Rosa 'Heritage', Rosa 'Leonardo da Vinci'*
- Blütensalbei *Salvia nemorosa 'Caradonna'*

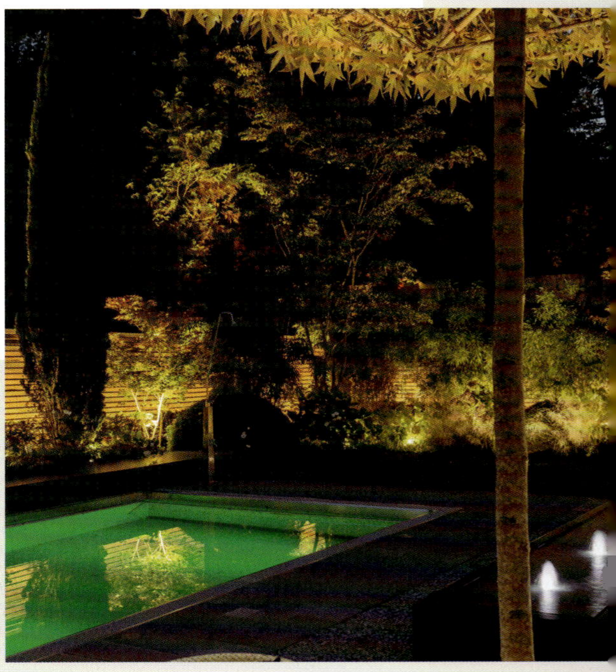

→ **Gestalten mit Licht** In der Dämmerung zeigt sich: Eins der wesentlichen Gestaltungselemente dieses Gartens ist Licht. Zu der aufwendigen Lichtplanung gehören im Boden angebrachte Spots und Lichtleisten. Sie inszenieren die üppig wachsende Pflanzenvielfalt. Der Pool wird dank unter der Wasseroberfläche platzierter Lichtquellen zur Lichtskulptur, und aus dem Wassertisch scheinen kleine Lichtfontänen zu sprudeln. Die gesamte Gartenbeleuchtung lässt sich via Smartphone stufenlos steuern und in Farbe und Intensität der jeweiligen Stimmung anpassen.

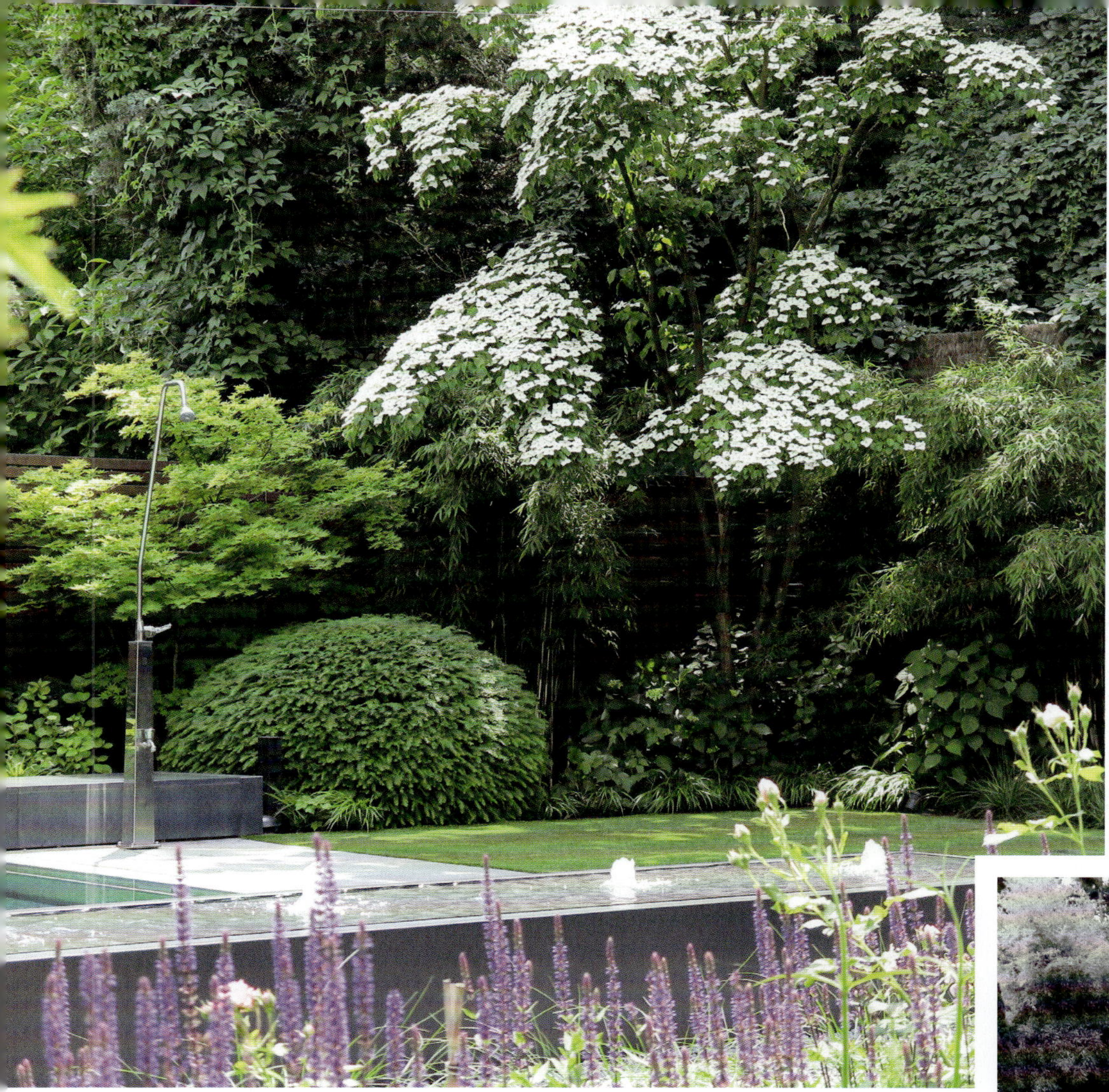

←

Im Pflanzenparadies Vor der Umgestaltung prägten meterhohe Bambuspflanzen den Garten. Diese hatten allerdings kräftig Ausläufer gebildet und gefährdeten mittlerweile sogar die Bausubstanz des Pools. Außerdem waren sie drauf und dran, andere schöne Pflanzen aus dem Garten zu verdrängen. Deshalb spielen sie im neuen Pflanzkonzept keine Rolle mehr. Einige Pflanzenschätze wie ein imposanter Blüten-Hartriegel fanden sich im Garten. Auch zwei wunderbare Ahorne aus dem alten Garten gehören zu den Blickfängen des umgestalteten Gartens. Mehrere große, säulenförmige Eiben wurden ebenfalls von ihrem allzu aufdringlichen Begleitgrün befreit und stehen nun frei, sodass ihre Form gut zur Geltung kommt. Auch auf der Stirnseite des Gartens wurde die Bepflanzung deutlich ausgedünnt und um hochwertige Hingucker wie einen mehrstämmigen Ahorn und große Eibenkugeln ergänzt. Hortensien und Gräser bringen genau das richtige Maß an Wildheit in den Garten.

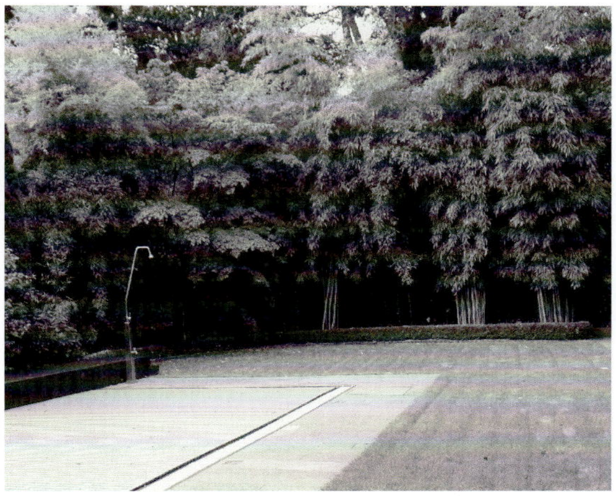

„Eine Gartenbeleuchtung kann sichtbar machen, was tagsüber verborgen ist."

Heiko Lüttge, Gartengestalter

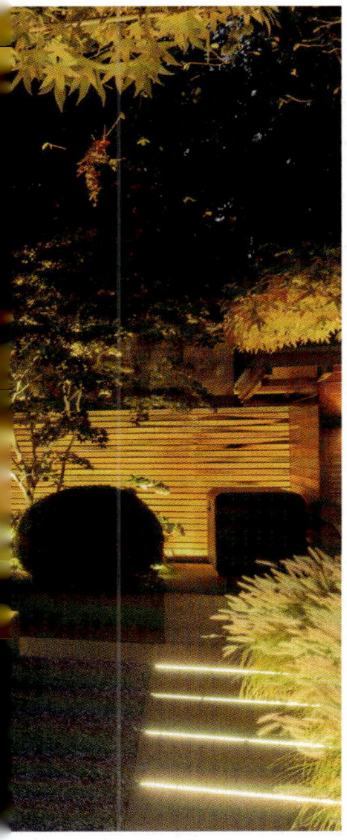

ihm eine Einheit bildet und sich hier nicht mehr bloß ein Nebeneinander rechteckiger Flächen präsentiert. Zwei Amberbäume mit schirmförmigen Kronen fanden auf der erweiterten Terrassenfläche ihren Platz, spenden hier Schatten, sorgen dafür, dass der Garten auch in die Höhe wirkt und bilden gemeinsam mit dem Wassertisch und einer großen Pflanzfläche mit Gräsern das dringend notwenige Gegengewicht zum Pool.

Extras

→ **Gegenpol** Der Wassertisch greift das Wasserthema des Pools und auch seine Rechtwinkligkeit auf, bringt aber durch sein mattes Schwarz und seine Höhe neue Aspekte in den Garten.

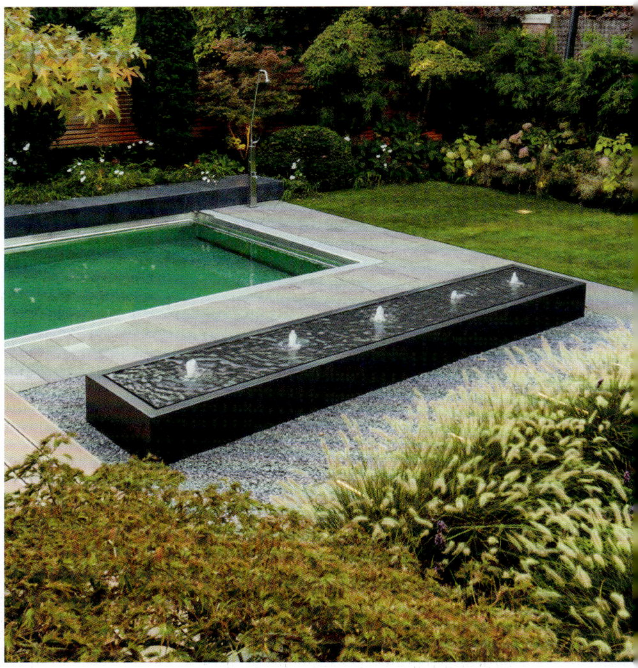

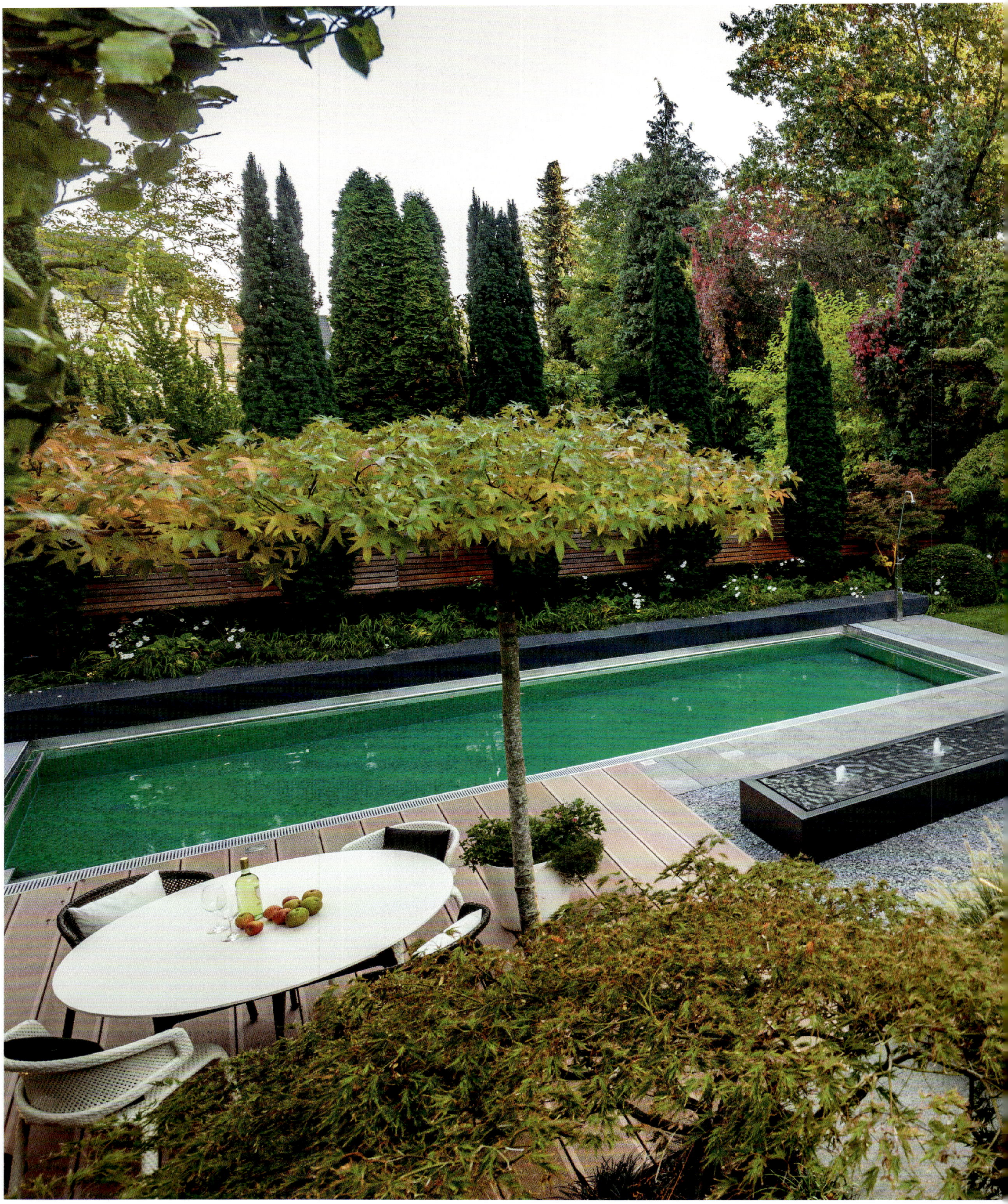

Hochgenuss

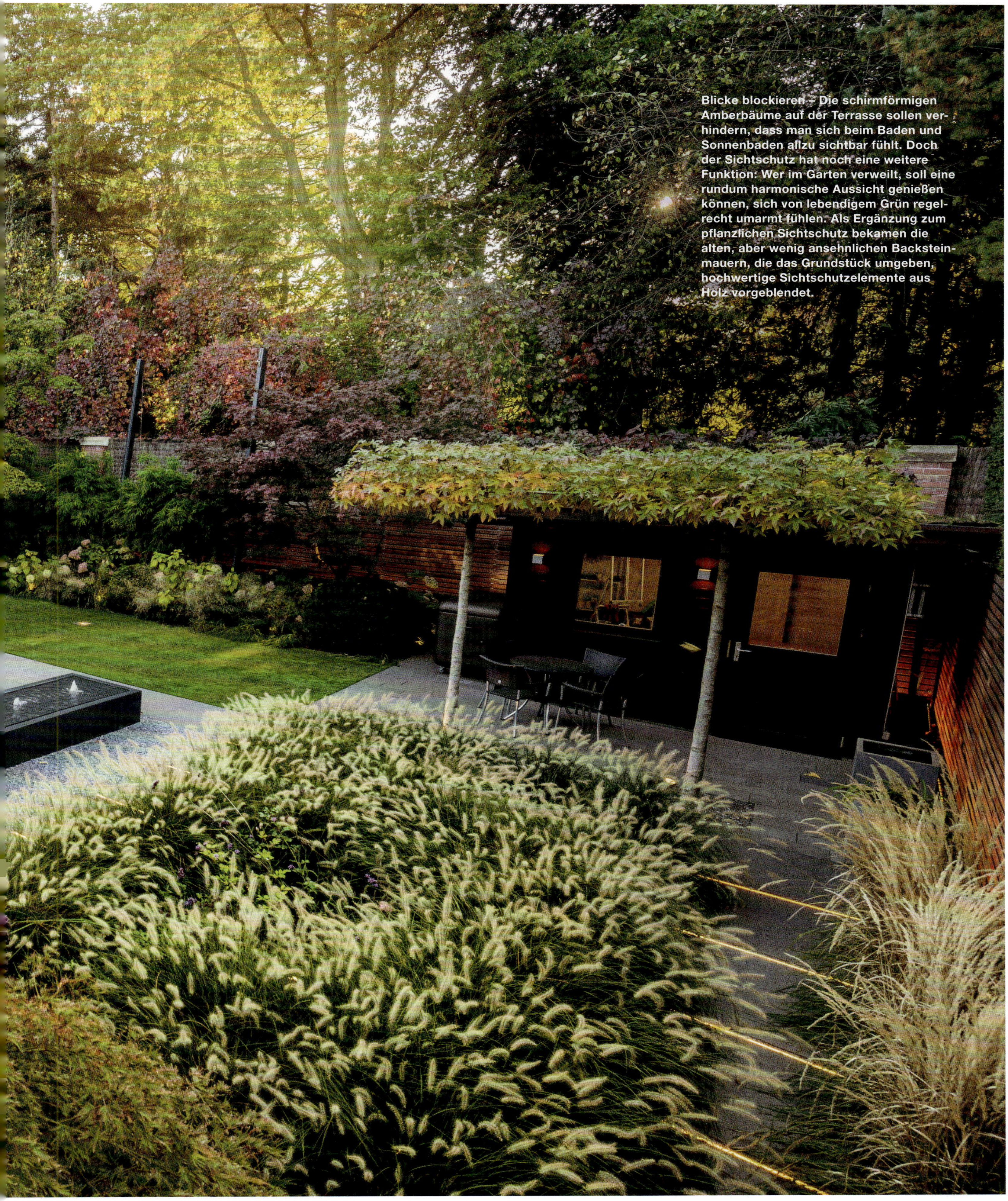

Blicke blockieren – Die schirmförmigen Amberbäume auf der Terrasse sollen verhindern, dass man sich beim Baden und Sonnenbaden allzu sichtbar fühlt. Doch der Sichtschutz hat noch eine weitere Funktion: Wer im Garten verweilt, soll eine rundum harmonische Aussicht genießen können, sich von lebendigem Grün regelrecht umarmt fühlen. Als Ergänzung zum pflanzlichen Sichtschutz bekamen die alten, aber wenig ansehnlichen Backsteinmauern, die das Grundstück umgeben, hochwertige Sichtschutzelemente aus Holz vorgeblendet.

für alle Sinne

Vorher

In dem alten Garten fand sich nichts Erhaltenswertes. Die Terrasse war zu klein, ein Sichtschutz zum Nachbarn nicht vorhanden.

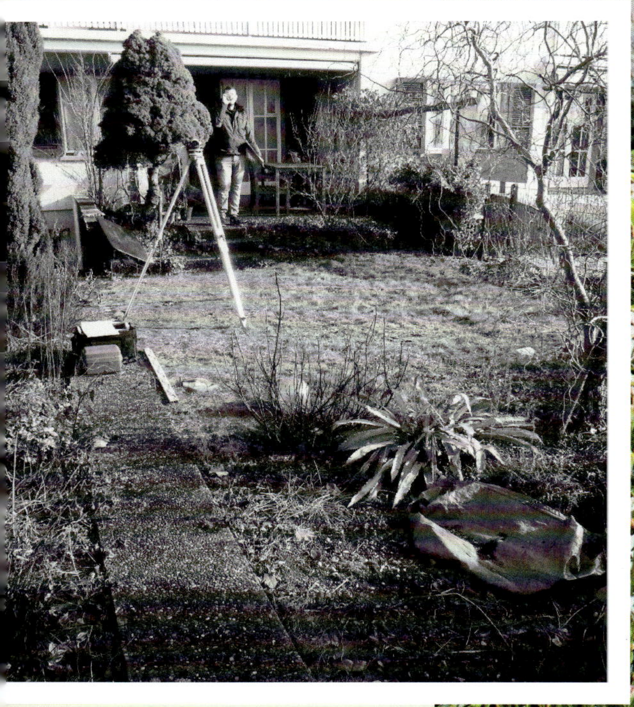

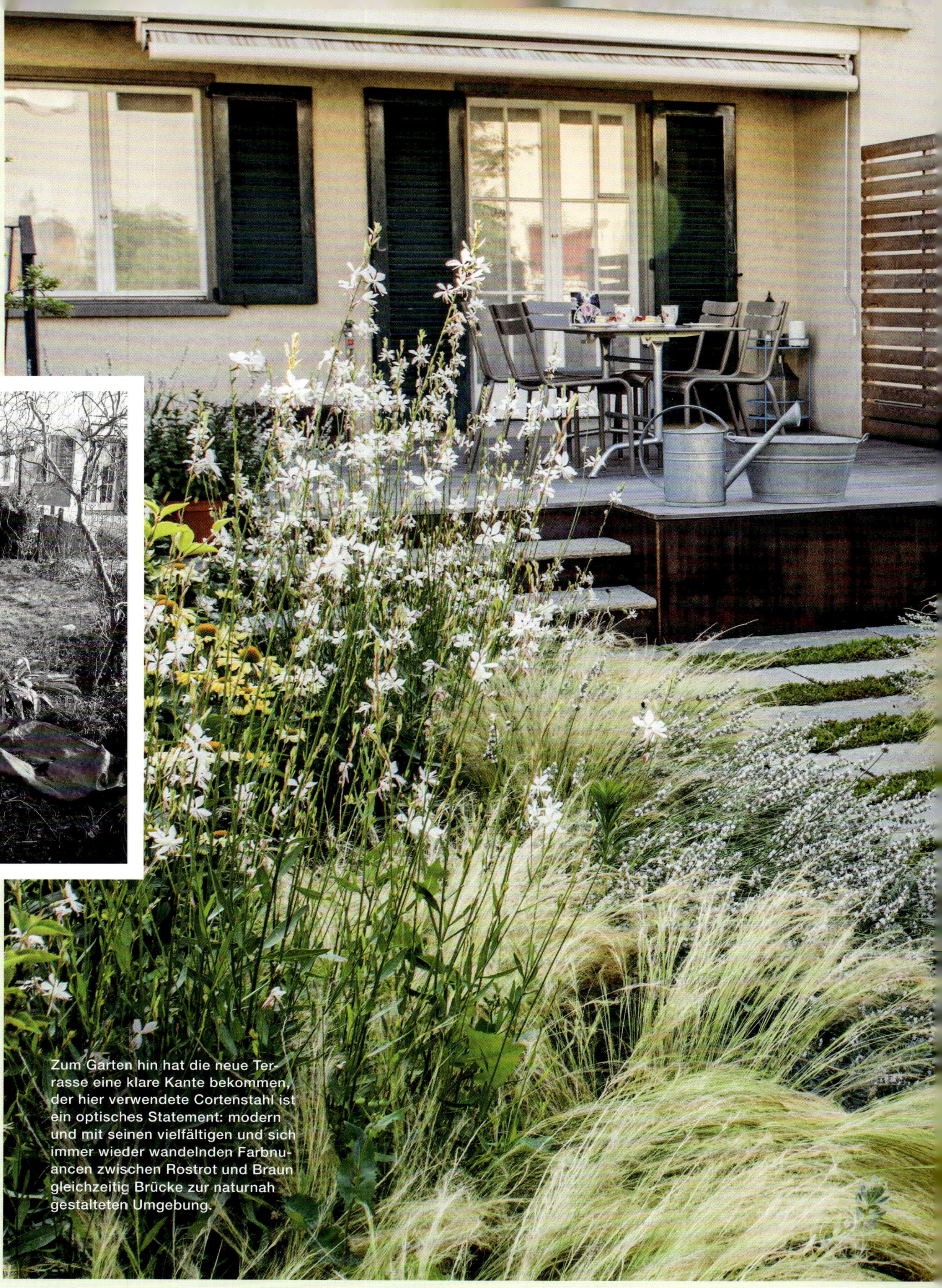

Zum Garten hin hat die neue Terrasse eine klare Kante bekommen, der hier verwendete Cortenstahl ist ein optisches Statement: modern und mit seinen vielfältigen und sich immer wieder wandelnden Farbnuancen zwischen Rostrot und Braun gleichzeitig Brücke zur naturnah gestalteten Umgebung.

Weg mit dem

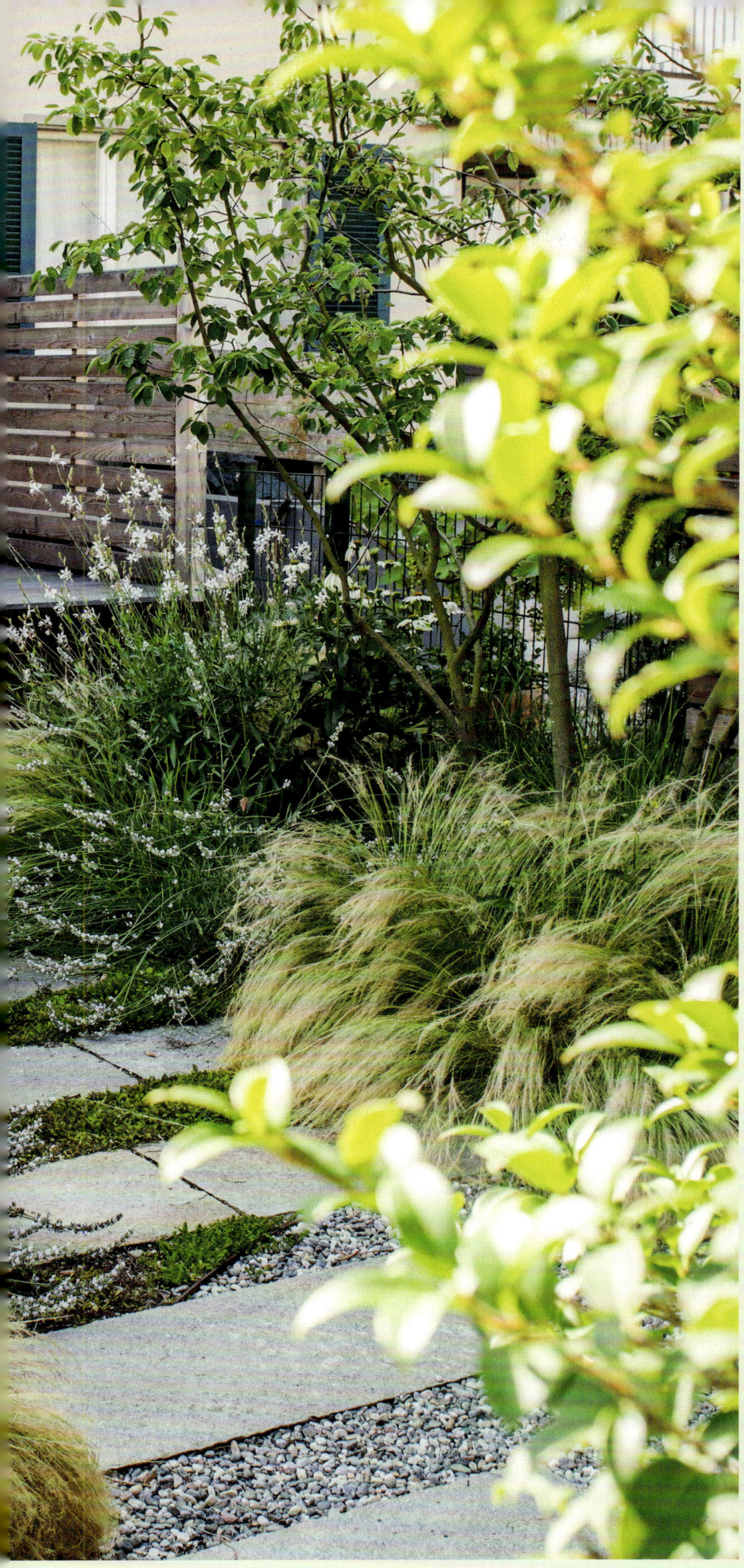

Hier ist auf wenigen Quadratmetern großes Gartenglück entstanden – für Mensch und Tier gleichermaßen.

Nachher

Heute bilden Terrasse und Garten eine modern anmutende und doch naturnahe Einheit. Die Terrasse wurde deutlich vergrößert, sodass man hier nun auch Gäste empfangen kann.

___Vor ihrem Umzug ließen die Neubesitzer das Reihenhaus umfangreich renovieren, und von Anfang an stand fest, dass auch der Garten ein neues Gesicht bekommen sollte. Ein Blick auf die Vorher-Fotos offenbart, warum. Auf den rund achtzig Quadratmetern Grund war offenbar schon sehr lange nicht mehr Hand angelegt worden, eine professionelle Gartenanlage hatte es wohl nie gegeben. Neben einer verkrauteten Rasenfläche bestimmten Materialien und Pflanzen mit der Ästhetik vergangener Jahrzehnte das wenig attraktive Bild.

Waschbeton

Im Überblick – Garten 9

GARTENGESTALTER	IDEE	GRÖSSE
Planung und Ausführung: Forster Gartenbau AG, Titterten	Bienenweide mit ästhetischem Anspruch	80 qm

Gäste empfangen

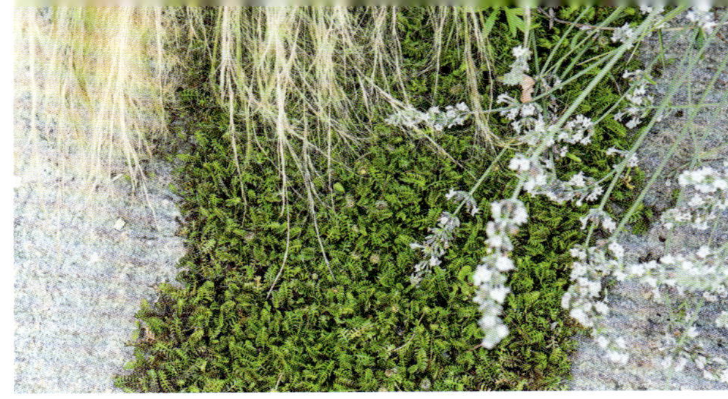

Ein großes Manko des alten Gartens war seine winzige Terrasse. Deren Fläche reichte kaum, um einen Tisch und Stühle für vier Personen unterzubringen. Die Eigentümer wünschten sich einen Freisitz mit Platz für doppelt so viele Menschen. Außerdem wirkte der Bodenbelag aus Waschbetonplatten alles andere als zeitgemäß. Der neue Freisitz ist deutlich tiefer, die Treppe, deren drei Stufen den Höhenunterschied zwischen ihm und dem Gartenniveau ausgleichen, wurde verbreitert und in die Grundfläche der Terrasse integriert. Treppe und Terrasse wirken nun als kompakte bauliche Einheit.

> „Hier ist auf wenig Fläche großes Gartenglück entstanden."
>
> **Hans-Peter Forster, Gartengestalter**

Platz für zwei

Trotz seiner geringen Größe bietet der Garten jetzt dank guter Planung Raum für einen zweiten Sitzplatz. Während die Terrasse am Haus der Ort für Gäste, große Runden und ein gemütliches Essen ist, lädt der Bistrotisch mit den zwei Stühlen am hinteren Gartenende zum gemütlichen *tête-à-tête*. Der Bodenbelag aus Kies unterstreicht den informellen Charakter des Sitzplatzes und fügt ihn nahtlos in die ihn umgebende üppige Bepflanzung ein. Auch seine organisch-runde Form unterstreicht die Naturnähe. Hier können Gartenliebhaber im wahrsten Sinn des Wortes mitten in der Natur sitzen und den Insekten, die den Garten zur Blütezeit in rauen Scharen anfliegen, beim Nektarsammeln zuschauen.
Praktisch und gleichermaßen gestalterisch durchdacht ist die Einfassung des Kiesplatzes mit einer dezenten Kante aus rostendem Stahl. Sie sorgt einerseits dafür, dass die Kiesel an Ort und Stelle bleiben, und sie schafft andererseits den optischen Brückenschlag zur Hauptterrasse mit ihren Cortenstahl-Seiten.

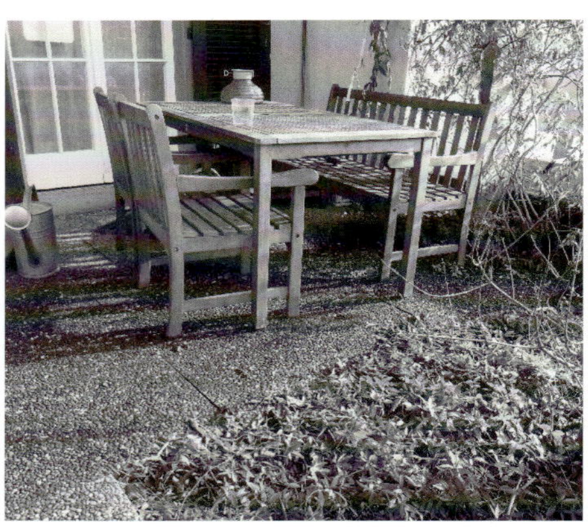

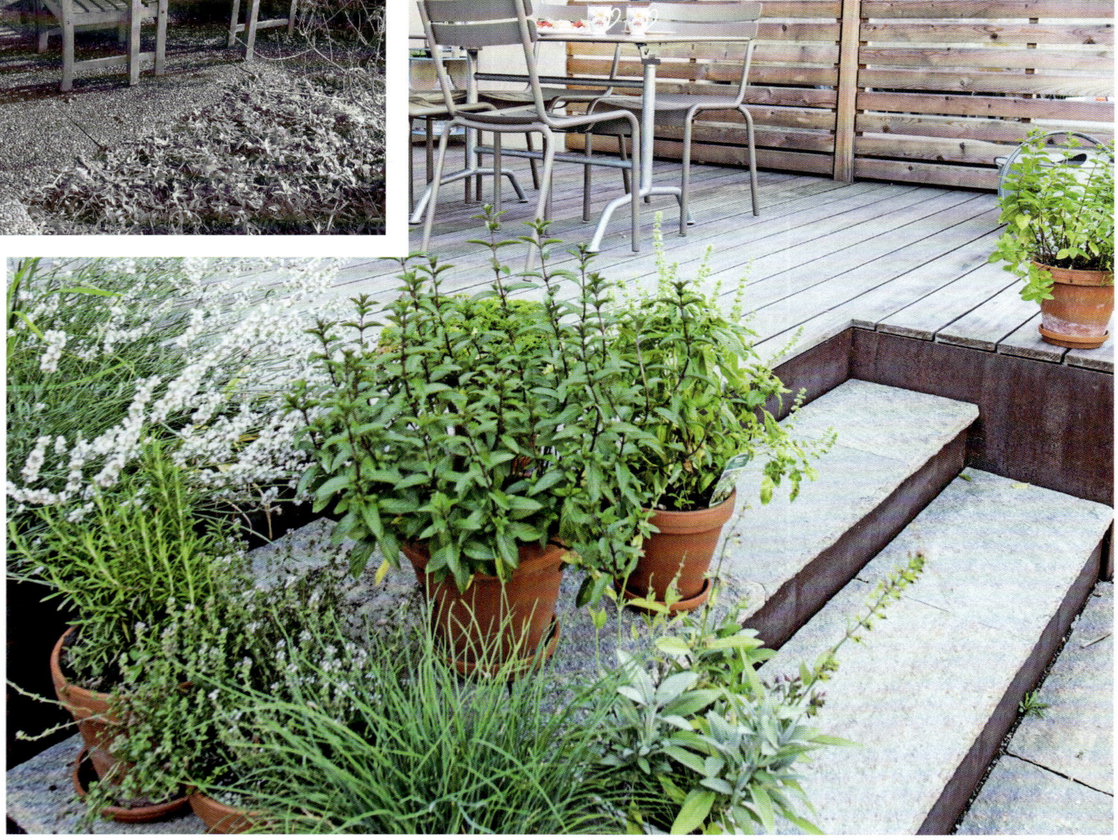

Material

Natürlicher Sichtschutz Bei so wenigen Quadratmetern Gartenfläche besteht die Herausforderung in Sachen Sichtschutz immer darin, ihn so zu gestalten, dass sich die Gartennutzer nicht erdrückt oder eingesperrt fühlen. Hier setzte der Gestalter auf eigens angefertigte Holzelemente. Deren Querlattung wirkt elegant, zieht den Garten optisch in die Länge.

Wandlungsfähig Der hier verwendete Cortenstahl ist ein optisches Statement: modern und mit seinen vielfältigen und sich immer wieder wandelnden Farbnuancen zwischen Rostrot und Braun gleichzeitig Brücke zur naturnah gestalteten Umgebung.

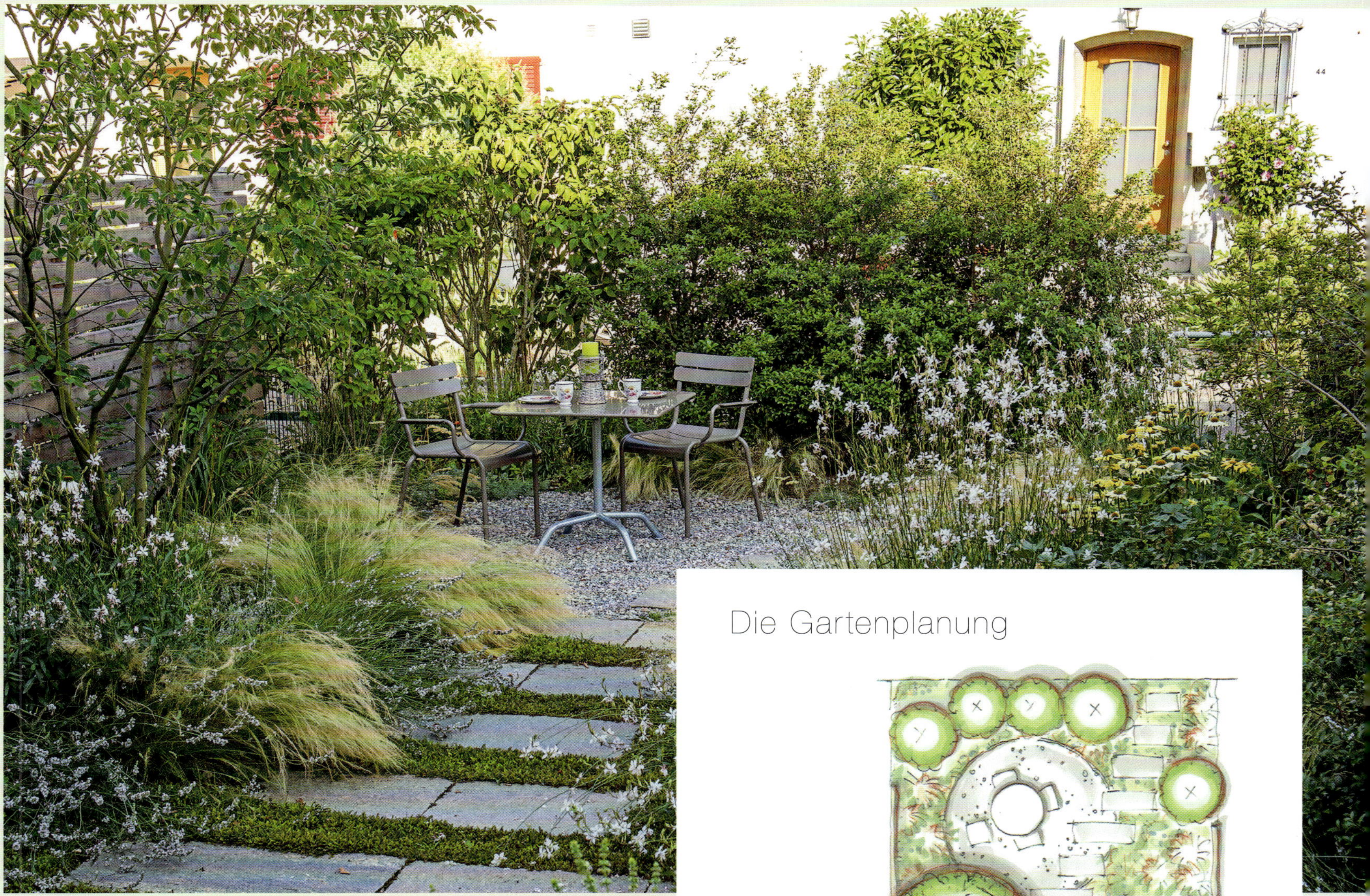

Die Gartenplanung

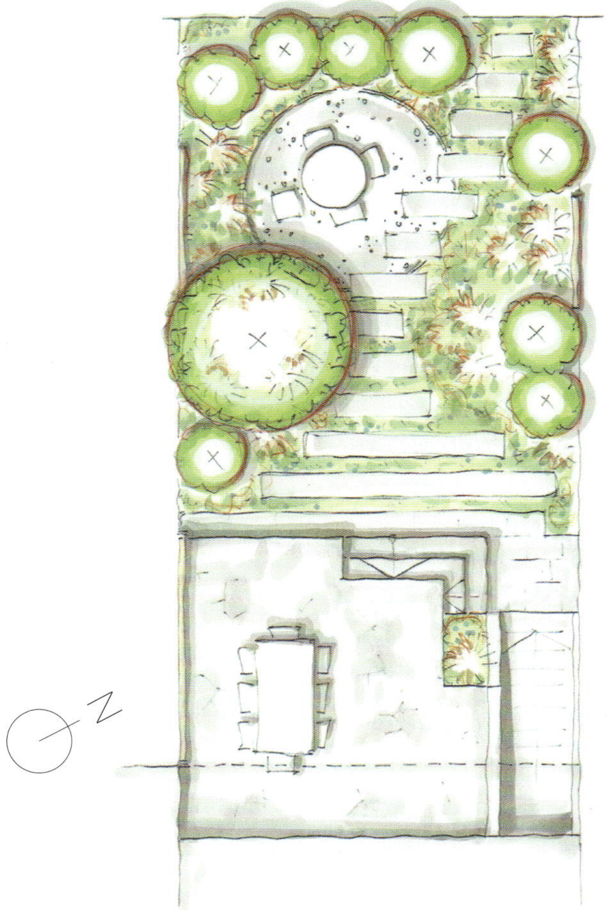

Mehr Pflanze geht kaum

Mit der Umgestaltung verschwand der unansehnliche Rasen. Das Gleiche gilt für den schnurgeraden Weg aus Waschbetonplatten. Statt mit der klassischen Trennung zwischen Rasen, Beeten und befestigten Flächen zu arbeiten, machte der Gestalter die gesamte Gartenfläche zum Beet. Er bestückte es mit einer überbordenden Vielfalt an Pflanzen, hielt dabei aber umsichtig Maß, damit die Pflanzenfülle den kleinen Garten nicht erdrückt. Dazu trägt auch bei, dass sich die Blütenfarben auf einige wenige Töne beschränken, sodass das Auge trotz aller Abwechslung nicht überfordert wird. Wie die Besitzer es sich gewünscht hatten, verwandelte der Gestalter ihren Garten in ein artenreiches Biotop und einen Anziehungspunkt für Insekten aller Art. Selbst die Schrittplatten, die beide Sitzplätze als locker gestalteter Weg miteinander verbinden, wirken wie ein Teil des Beets.
Johannisbeeren und je eine am Holzzaun hochrankende Klettergurke und Minikiwi bilden den Naschgarten des Hauses.

Im Überblick – Garten 9

MATERIALIEN
- Kebony-Holz
- Maggia-Granit
- Kies
- Cortenstahl

PFLANZEN (Auswahl)
- Kupferfelsenbirne *Amelanchier lamarckii*
- Duftblüte *Osmanthus burkwoodii*
- Ripsenhortensie *Hydrangea paniculata 'Kyushu'*
- Weißer Flieder *Syringa vulgaris 'Madame Lemoine'*
- Klettergurke *Akebia quinata*
- Minikiwi *Actinidia arguta 'Issai'*
- Purpursonnenhut *Echinacea purpurea 'Alba'*
- Kugeldistel *Echinops ritro*

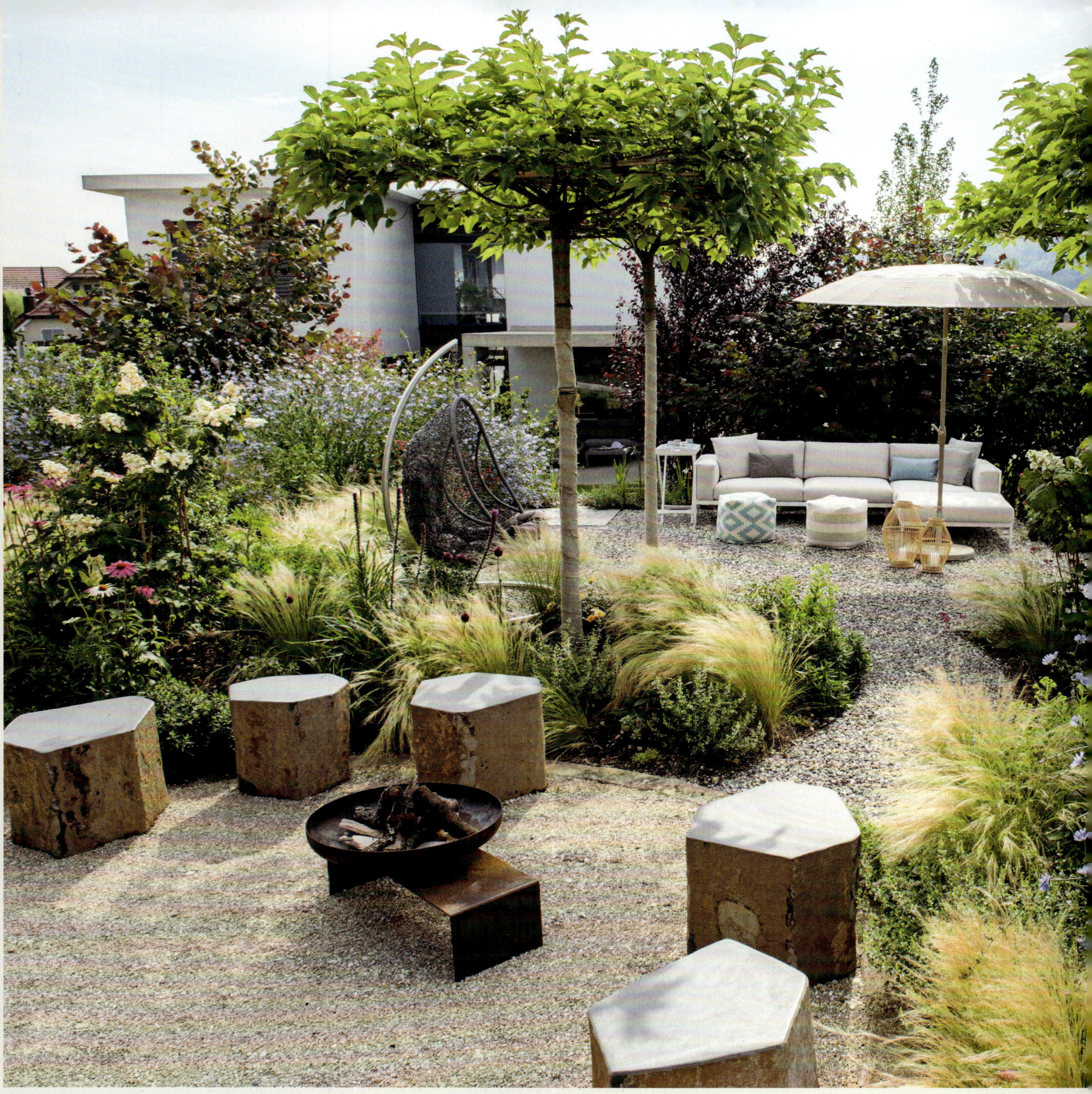

Stilvoll erwachsen geworden

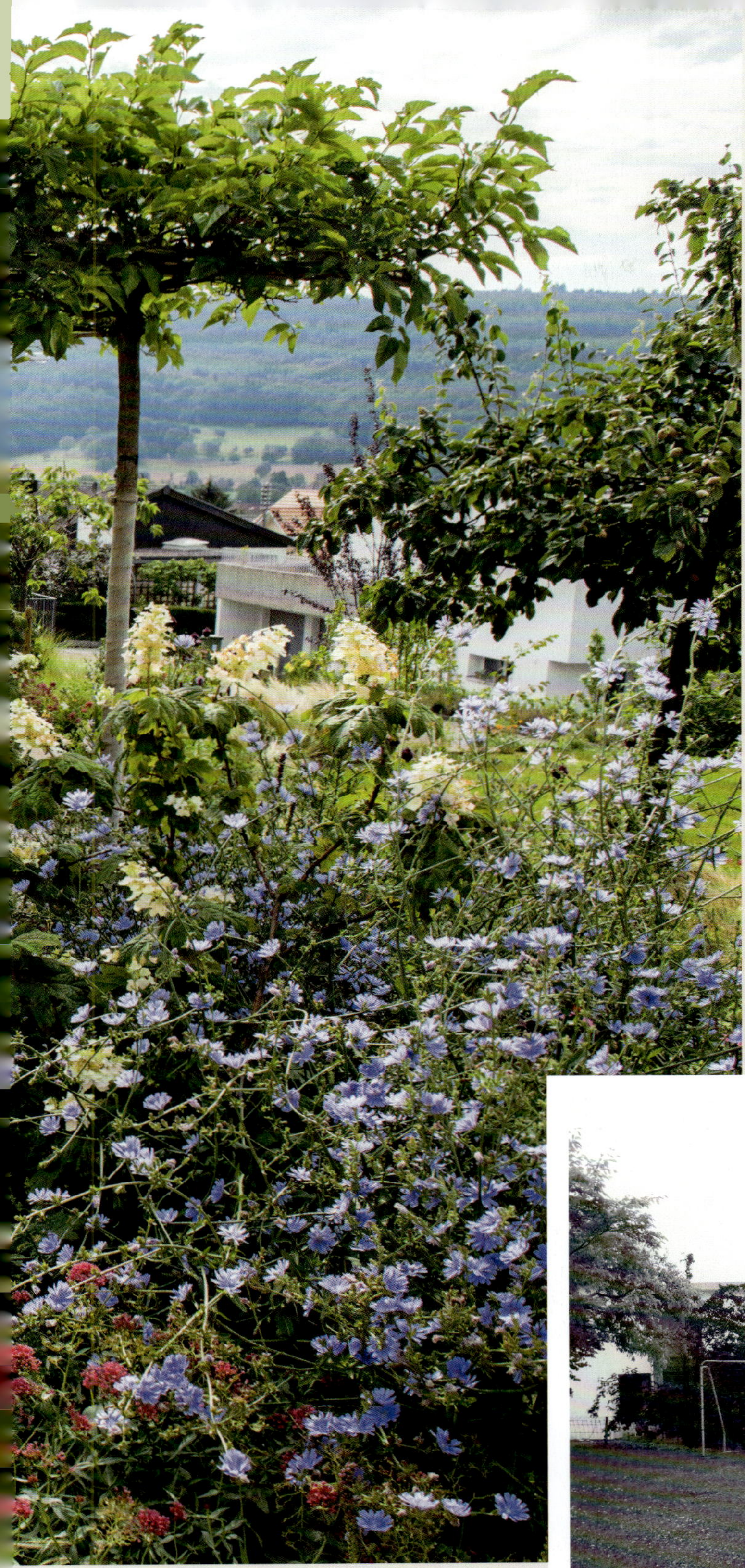

Es gibt Gärten, deren Anblick macht einfach glücklich. Alles scheint genau im rechten Maß vorhanden und am passenden Platz zu sein. Wie viel gestalterisches Können einer solchen vollkommen natürlich wirkenden Idylle innewohnt, enthüllt ein Blick auf die Bilder, die den Garten vor seiner Umgestaltung zeigen.

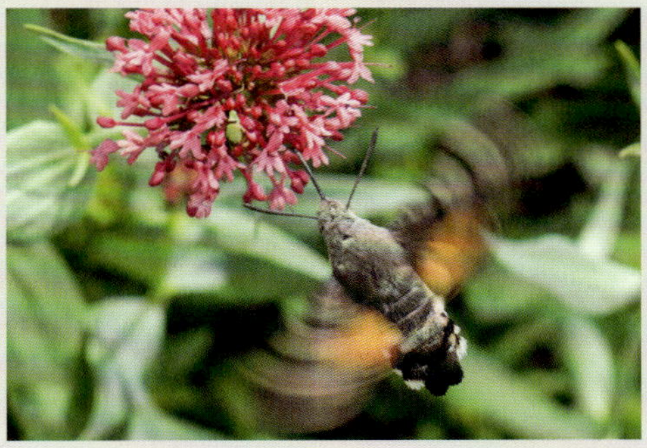

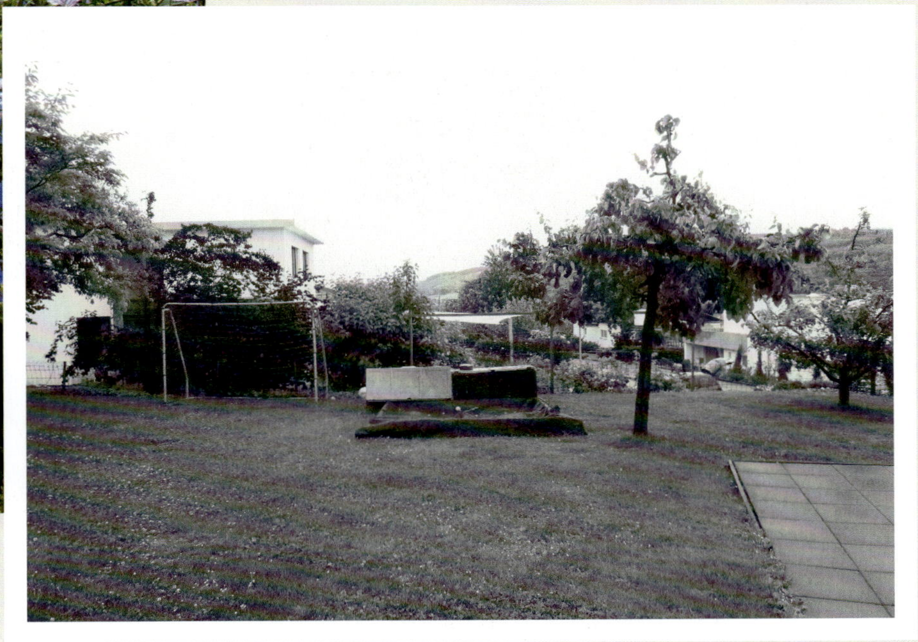

Nachher

Der umgestaltete Garten punktet mit ganz viel Aufenthaltsqualität. Entstanden sind gleich mehrere neue Sitzplätze mit jeweils ganz eigenem Charakter, alle von vielfältigem Grün umgeben und harmonisch in den Garten eingebettet.

Vorher

Die große Rasenfläche diente lange dem Nachwuchs der Gartenbesitzer als Spielfläche. Die Ausrichtung auf die Bedürfnisse der Kinder hatte dazu geführt, dass der Garten keine attraktiven Verweilmöglichkeiten für die Eltern mehr bereithielt.

Im Überblick – Garten 10

GARTENGESTALTER
Planung und Ausführung: Forster Gartenbau AG, Titterten

IDEE
Ein Platz für Groß und Klein inmitten einer natürlichen Pflanzenwelt

GRÖSSE
ca. 400 qm

___Alltäglicher könnte die Aufgabenstellung an einen Gartengestalter kaum sein: „Unsere Kinder brauchen den Sandkasten, den Kletterturm und die Fußballtore nicht mehr. Jetzt möchten wir einen Garten, der mehr den Bedürfnissen von uns Erwachsenen entspricht." So ungefähr lässt sich das Briefing zusammenfassen, das der Gartengestalter für die Umgestaltung dieses etwa 400 Quadratmeter großen Gartens bekam. Und genauso alltäglich wie das Briefing präsentierte sich auch der Familiengarten, den der Gestalter sich wenig später anschaute: eine große Rasenfläche, viele Spielgeräte, ein paar Beete, der ein oder andere Obstbaum – alles sehr gepflegt, aber unpersönlich.

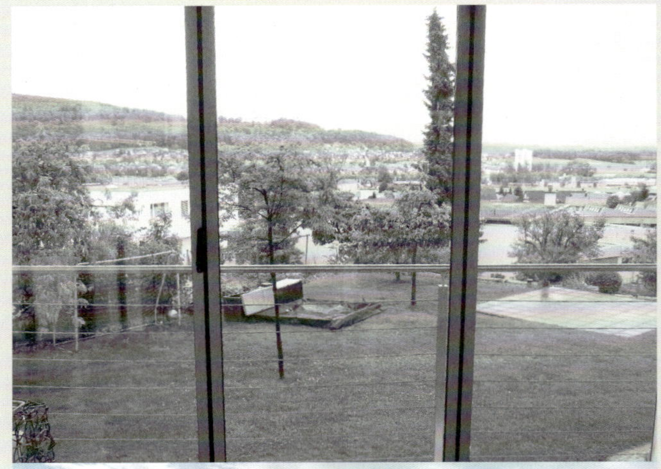

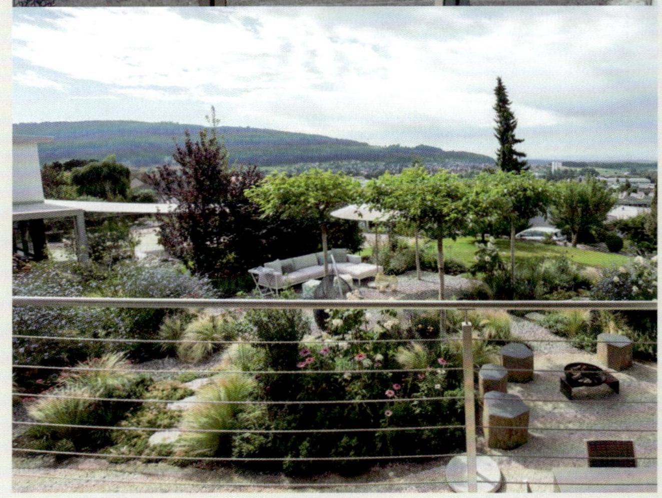

↑ **Ein Blick, zwei Welten** Das Gegenteil von Ordnung muss nicht Unordnung sein, wie ein Rundumblick auf diesen Garten beweist. Der Garten zeigt nach der Umarbeitung ein gänzlich anderes Erscheinungsbild. Vorher war alles ordentlich, übersichtlich, mit einem Blick erfassbar. Und danach? Keinesfalls unordentlich, sondern vielschichtig, abwechslungsreich, überraschend. Merke: Übersichtlichkeit und Ordentlichkeit sind für einen Garten nicht die attraktivsten Eigenschaften.

Weniger Rasen

Kinder lieben Wiesen, auf denen sie herumtollen, kicken, picknicken können. Deshalb steht eine ausladende Rasenfläche kindgerechten Gärten bestens zu Gesicht. Allerdings ist Rasen nicht unbedingt eine Wunderwaffe, wenn es darum geht, einen Garten abwechslungsreich zu gestalten. Deshalb ist es ein kluger Schachzug, nach der Alles-im-Sinne-der-Kinder-Phase im Garten die Größe der Rasenfläche zu hinterfragen. Hier reduzierte der Gartengestalter den grünen Teppich um fast zwei Drittel. So gewann er enorme gestalterische Freiheit. Und Platz zum Spielen und sogar für das Trampolin bietet der Rasen weiterhin.

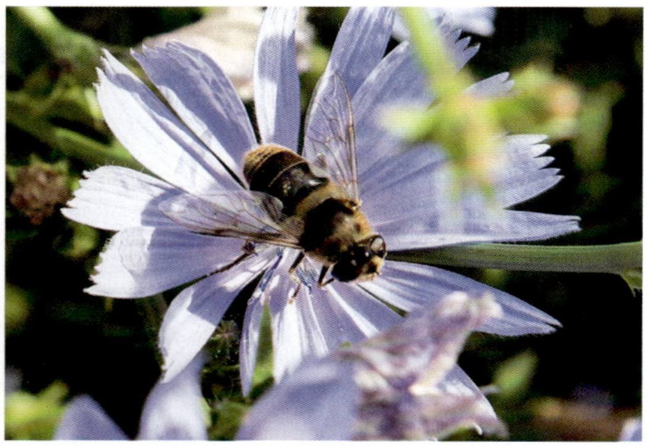

„Wo sich schmale Beete ganz schüchtern am Rand um den Rasen gruppierten, ist heute Raum für üppige Pflanzflächen, einen großzügig dimensionierten Ruheplatz sowie eine Feuerstelle mit Sitzgelegenheiten."

Hans-Peter Forster, Gartengestalter

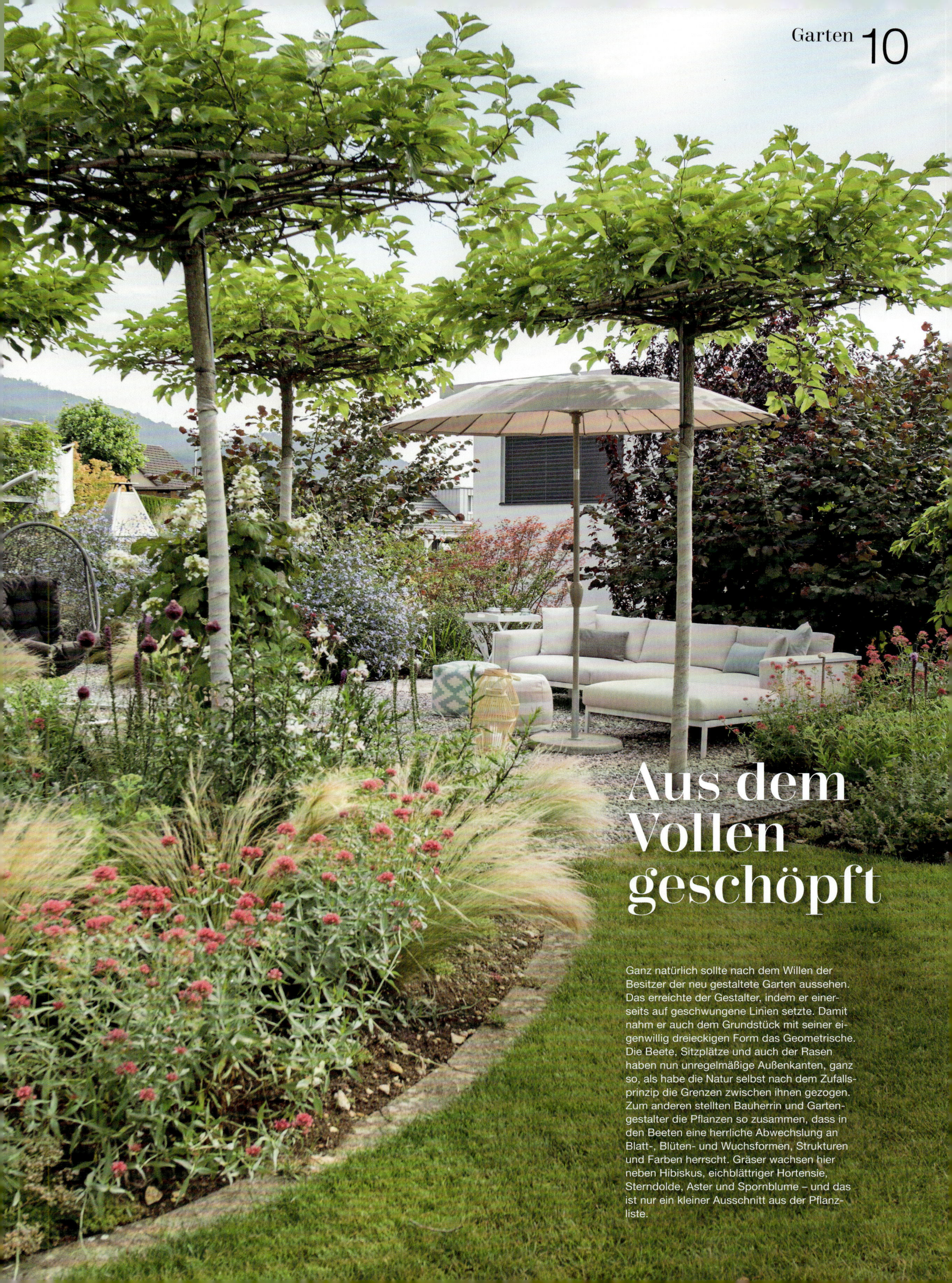

Aus dem Vollen geschöpft

Ganz natürlich sollte nach dem Willen der Besitzer der neu gestaltete Garten aussehen. Das erreichte der Gestalter, indem er einerseits auf geschwungene Linien setzte. Damit nahm er auch dem Grundstück mit seiner eigenwillig dreieckigen Form das Geometrische. Die Beete, Sitzplätze und auch der Rasen haben nun unregelmäßige Außenkanten, ganz so, als habe die Natur selbst nach dem Zufallsprinzip die Grenzen zwischen ihnen gezogen. Zum anderen stellten Bauherrin und Gartengestalter die Pflanzen so zusammen, dass in den Beeten eine herrliche Abwechslung an Blatt-, Blüten- und Wuchsformen, Strukturen und Farben herrscht. Gräser wachsen hier neben Hibiskus, eichblättriger Hortensie, Sterndolde, Aster und Spornblume – und das ist nur ein kleiner Ausschnitt aus der Pflanzliste.

Maß gehalten

Das Grundstück liegt am Hang, ist aber auf zwei Seiten von einer etwas tiefer verlaufenden Straße eingefasst. Um die Straße weitgehend auszublenden, aber den schönen Talblick zu erhalten, verstärkte der Gestalter die Bepflanzung an der straßenseitigen Böschung mit Gehölzen, die nicht allzu hoch in den Himmel wachsen. So bleibt die Aussicht dauerhaft erhalten. Zum Nachbargrundstück hin ist die zentrale Lounge-Ecke mit einer Wand aus Grün abgeschirmt. Sie ist blickdicht, aber so filigran und lebendig, dass sie nicht erschlägt.

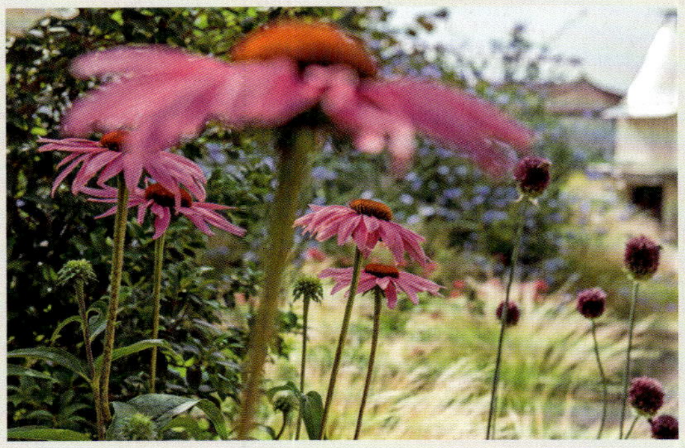

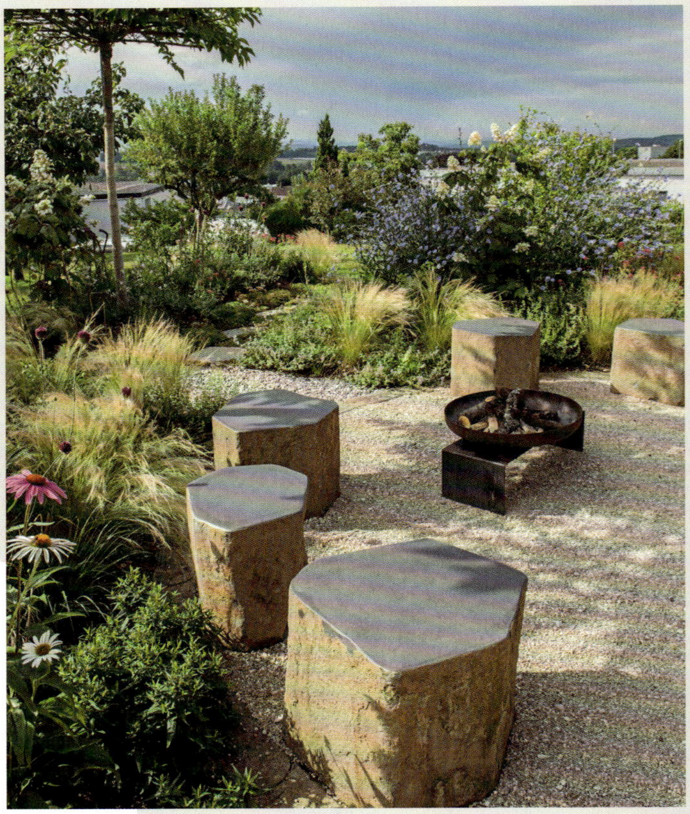

Die Gartenplanung

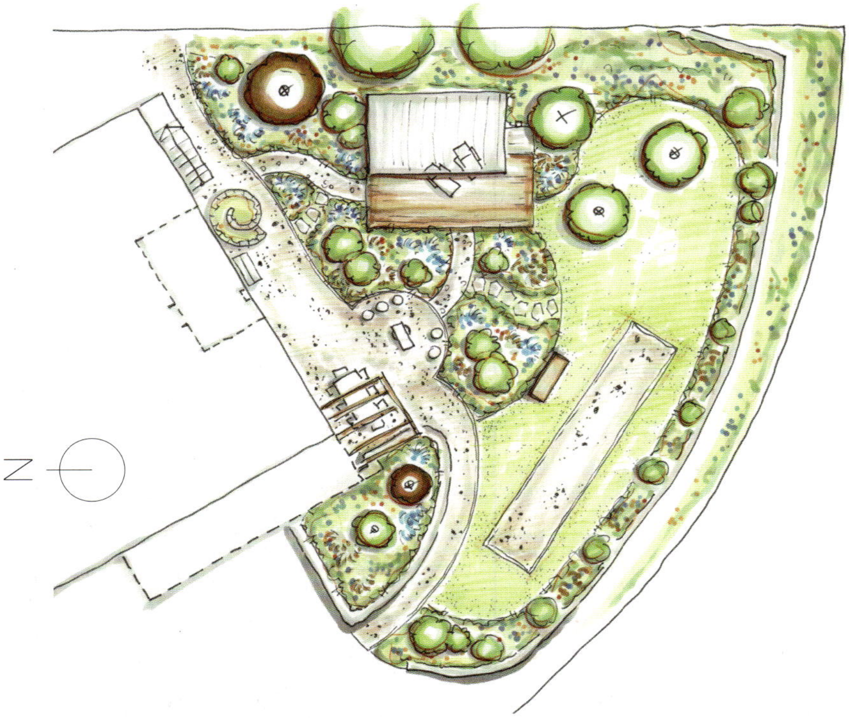

Material

↑ **Naturnah hochwertig** Bei der Materialwahl griffen Gartengestalter und Bauherren auf Charakterstarkes zurück, um haptische wie optische Akzente zu setzen. Der Basalt der Sitzquader auf dem Grillplatz wirkt urwüchsig-erdverbunden, der feine Kies des Platzes leicht und filigran. Trotz dieser Gegensätze harmonieren beide perfekt miteinander. Für die Beeteinfassungen kamen dünne Bleche aus Cortenstahl zum Einsatz – ein Material, das mit seiner Edelrostoberfläche sowohl modern als auch natürlich anmutet und damit gut zum Charakter des Gartens passt.

Im Überblick – Garten 10

MATERIALIEN (Auswahl)
- Basalt
- Muschelkalk
- Kies

PFLANZEN (Auswahl)
- Weißer Maulbeerbaum *Morus alba*
- Rosen-Eibisch *Hibiscus syriacus 'Oiseau Bleu'*
- Eichblättrige Hortensie *Hydrangea quercifolia*
- Japanischer Etagen-Schneeball *Viburnum plicatum 'Mariesii'*
- Bodendeckerrose *Rosa 'Sedana'*
- Astlose Graslilie *Anthericum liliago*
- Kissenaster *Aster 'Augenweide'*
- Steinquendel *Calamintha nepeta ssp. Nepeta*
- Spornblume *Centranthus ruber 'Coccineus'*
- Roter Sonnenhut *Echinacea purpurea 'Igelkopf'*
- Schmalblättrige Katzenminze *Nepeta faassenii*
- Weißer Mauerpfeffer *Sedum album 'Coral Carpet'*
- Federborstengras *Pennisetum alopecuroides 'Hameln'*
- Federgras *Stipa tenuissima*

Extras

→ **Frei schwebend** Der Hängesessel ist eine weitere attraktive Sitzgelegenheit in diesem Garten und lässt sich so platzieren, dass man im Grünen zu schweben scheint.

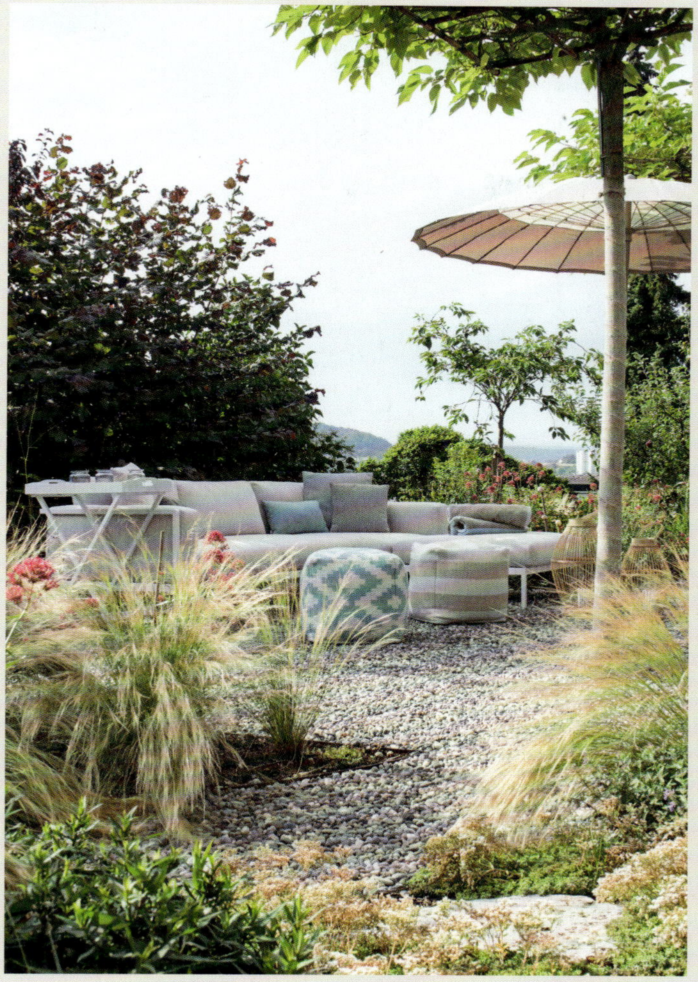

Bei aller Naturnähe wirkt der Garten dennoch ganz modern. Das liegt vor allem an der Gestaltung der neu angelegten Sitzplätze. Direkt am Haus blieb alles beim Alten mit klassischem Essplatz und Pergola. Inmitten üppiger Beete entstand quasi im Zentrum des Gartens ein großzügiger, gekiester Platz. Die Gartenbesitzer platzierten ihr modernes Lounge-Sofa hier, Sitzpoufs dazu – und fertig ist der Boho-Style. Hier sitzen die Gartenliebhaber im wahrsten Sinne des Wortes mitten im Grünen, denn nicht nur im Rücken der Sitzecke erhebt sich eine pflanzliche Wand. Maulbeerbäume schützen mit ihren schirmförmigen Kronen die Erholungssuchenden vor allzu viel Sonne und unterstreichen zugleich das südländische Flair des Platzes. Doch damit nicht genug. Auch für einen dritten Verweilort war noch reichlich Platz. Dem alten hausnahen Terrassenstreifen vorgelagert und quasi auf halbem Weg zur Lounge-Ecke entstand ein halbrunder Grillplatz. Hier steht nun die Feuerschale, umringt von Sitzquadern aus Basalt.

„Ein Platz für jede Gelegenheit."

Hans-Peter Forster, Gartengestalter

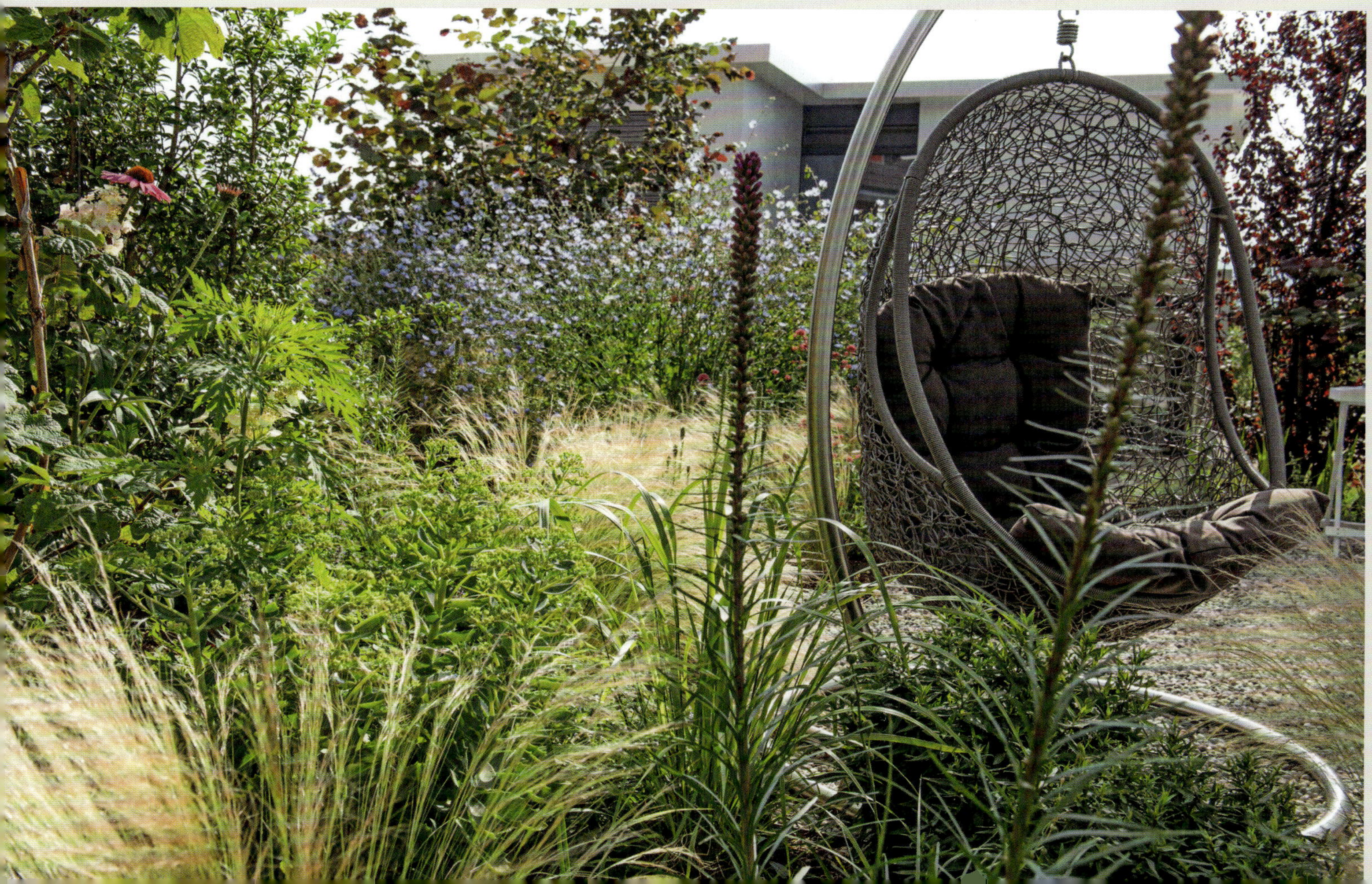

Im Überblick – Garten 11

GARTENGESTALTER
Planung und Ausführung:
Goroncy – Gärtner von Eden, Drensteinfurt

IDEE
Die Großzügigkeit der Wohnräume stilistisch passend nach außen tragen

GRÖSSE
ca. 500 qm

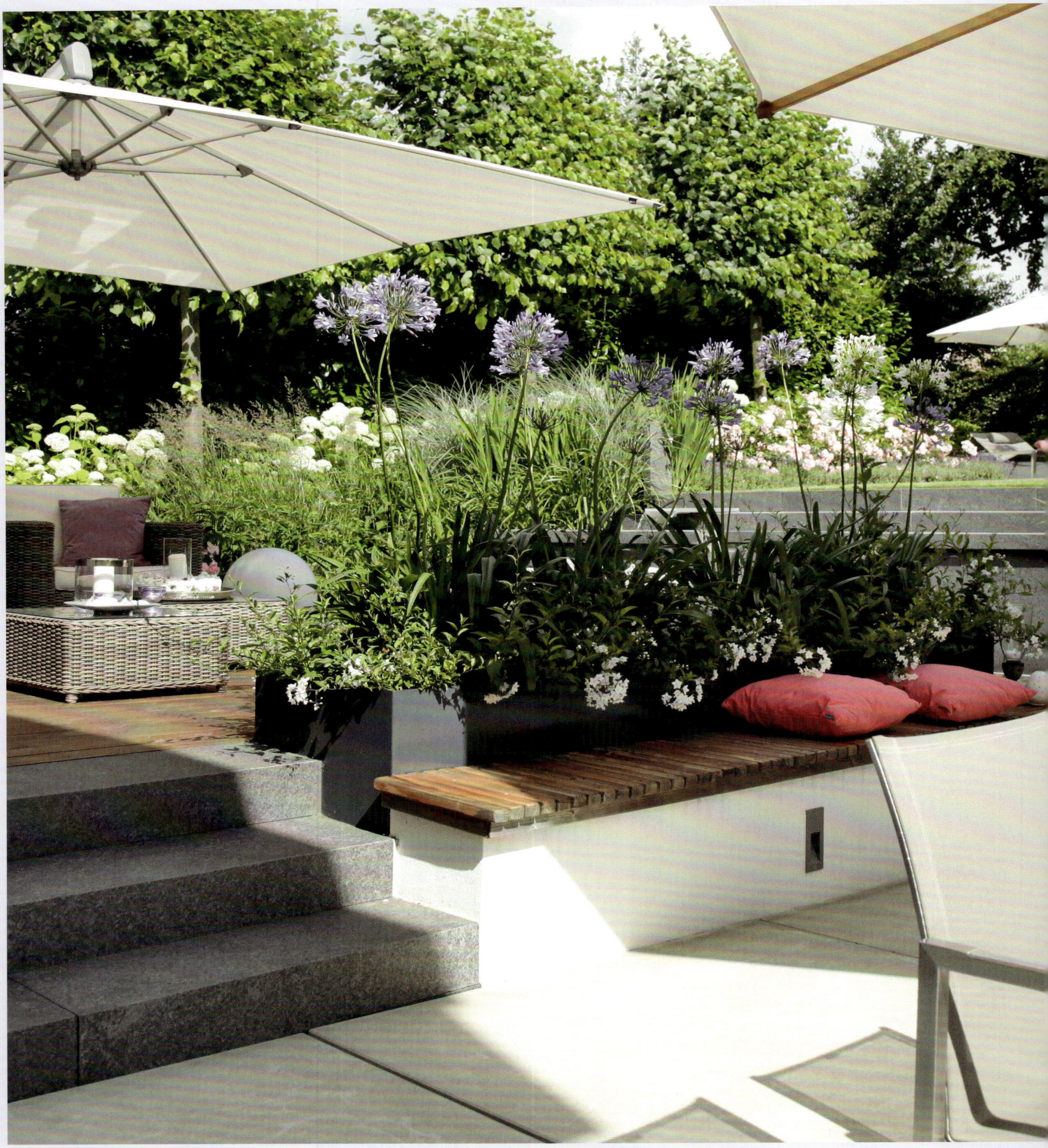

Das Architektenhaus aus Sichtbeton mit Glasdach ist sehr markant. Es hatte aber über Jahrzehnte den „falschen" Garten. Erst mit einem Besitzerwechsel bekam es einen grünen Rahmen, der zu ihm passt.

Als wär's schon immer so gewesen

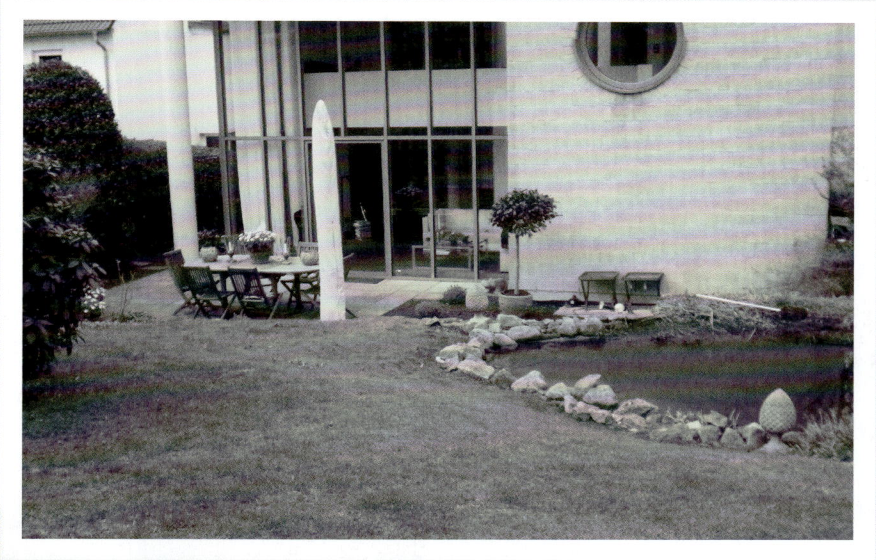

Vorher

Vor den fassadenhohen Fenstern erstreckte sich ein Garten voll rustikaler Elemente, die weder stilistisch noch in ihren Dimensionen zur Architektur des Hauses passten.

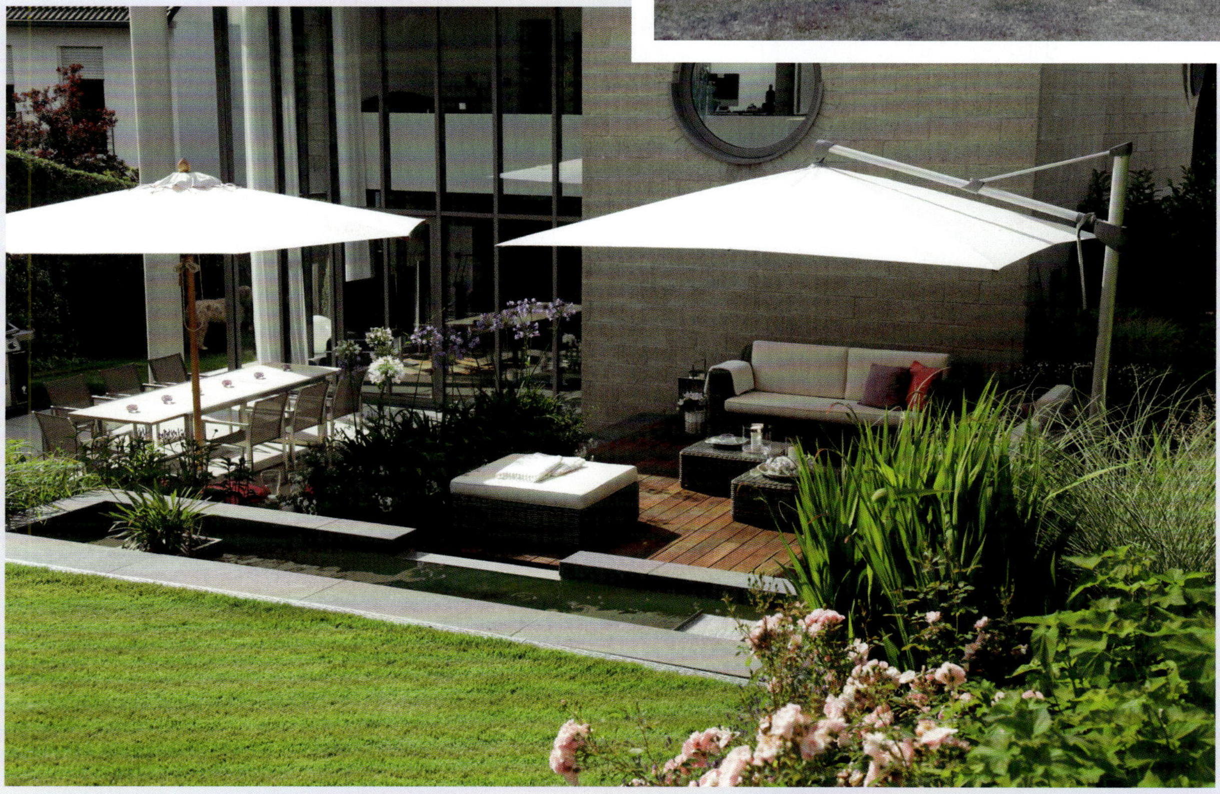

Nachher

Der Gartengestalter bekam von den Hausbesitzern vollkommen freie Hand. Er entwarf einen Garten, der nicht nur der Architektur endlich den passenden grünen Rahmen gibt, sondern auch noch perfekt den eigenen Geschmack und Lebensstil der Hausbewohner widerspiegelt.

Terrasse mit spannenden Details

„Obwohl das Material eher nüchtern ist, wirkt der Sitzplatz warm und gemütlich.“

Fritz Goroncy, Gartengestalter

___ Betrachtet jemand alte Bilder dieses Gartens, um Rückschlüsse auf das dazugehörige Haus zu ziehen, kann er nur scheitern. Rustikales Kleinpflaster, ein kleiner Teich, eine Art Trockenmauer aus Bruchstein, alte Bahnschwellen als Baumaterial: Das alles verströmt den Stil der sechziger oder siebziger Jahre. Das Haus dazu wäre vermutlich ein hell verklinkerter Bungalow mit braunen Holzfensterrahmen und schmiedeeisernem Zaun. Und jetzt der Blick auf das Haus, zu dem der Garten tatsächlich gehörte: zweigeschossig, Sichtbeton, riesige Fensterflächen, ein Spitzdach aus Glas. Offenkundig passten Haus- und Gartenarchitektur nicht zusammen, und so galt auch einer der ersten Anrufe der neuen Hauseigentümer nach ihrem Einzug einem Gartengestalter.

Ausblicke schaffen

Die eine Hälfte der rückwärtigen Hausfassade ist komplett verglast. Umso wichtiger war es, dafür zu sorgen, dass sich beim Blick in den Garten ein attraktives Bild präsentiert, schließlich ist die Anlage durch die großen Fenster auch im Haus immer präsent.
Um das zu erreichen, vergrößerte der Gartengestalter die Fläche deutlich: Sie reicht nun über die gesamte Breite des Hauses und hat auch eine größere Tiefe. Trotz des deutlichen Zuwachses an Quadratmetern fühlt sich der Gartengenießer hier nie verloren – im Gegenteil; und dafür gibt es gleich mehrere Gründe: Die große Terrassenfläche ist räumlich und funktional zweigeteilt.

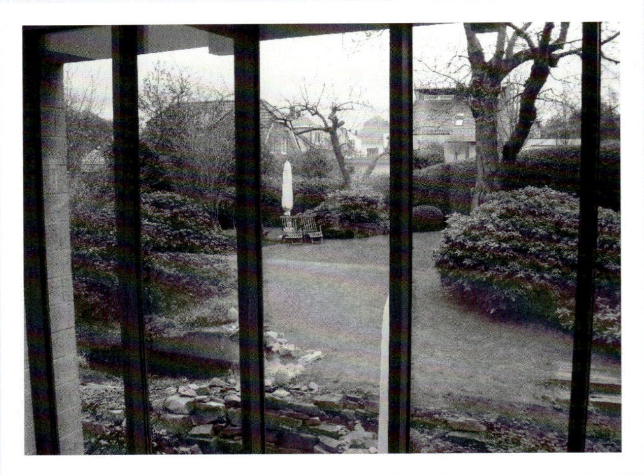

↓ **Gliederung** Den zweiten Terrassenteil legte der Gartengestalter um drei Stufen höher als den Essbereich. Zwischen dieser kleinen Treppe und den Stufen, die in den Garten führen, liegt außerdem eine L-förmige Bank mit Holzsitzfläche. Sie rahmt die niedrigere Essterrasse und schließt sie optisch ab. Der höher gelegene Terrassenbereich hat einen Holzboden und ist als Lounge-Zone konzipiert.

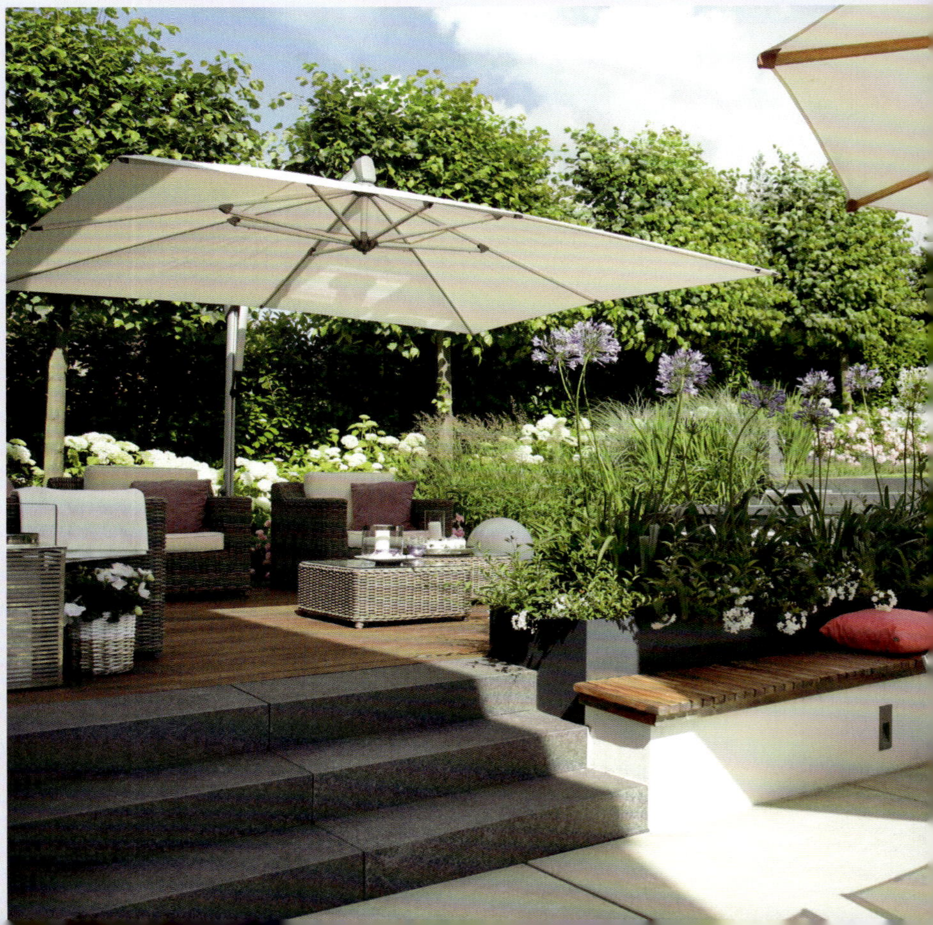

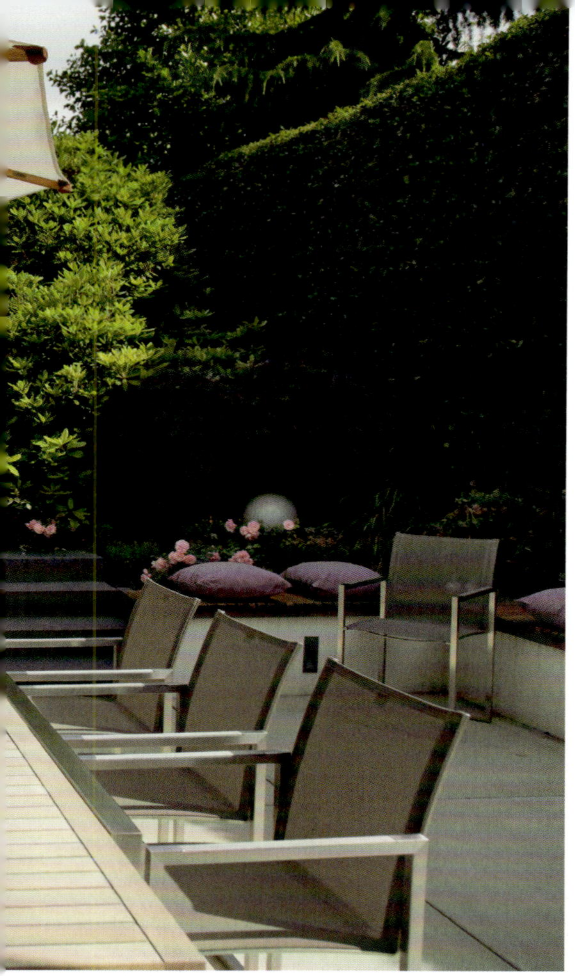

↑ **Großzügig** Vor den großen Fensterflächen des Hauses liegt der großzügige Essbereich. Hier schaffen maßgefertigte Bodenplatten mit einer Kantenlänge von gigantischen anderthalb Metern eine enorme Weite. Zudem sind sie selbst aus Sichtbeton, eine ästhetische Anbindung ans Haus.
Eine großzügige Treppe führt in den höher gelegenen Garten. Ebenso schönes wie entscheidendes Detail: Die Stufen führen nicht im rechten Winkel von der Terrasse weg in die ungewisse Weite des Gartens, sondern knicken leicht nach links ab, sodass sie die Terrasse noch ein wenig begleiten und gleichsam rahmen.

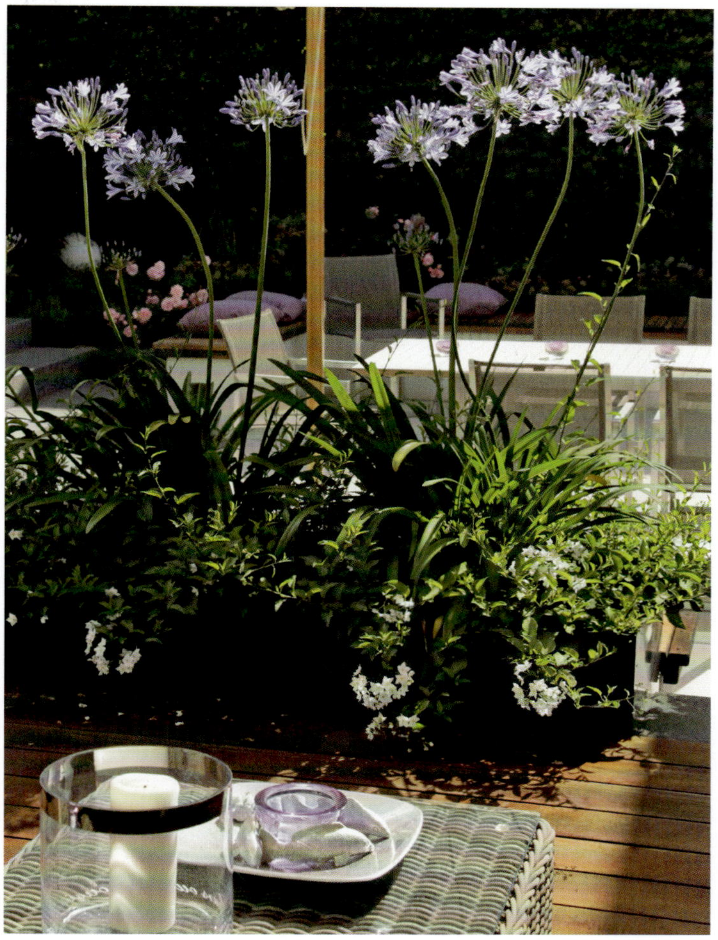

↑ **Raumteiler** Ebenfalls maßgefertigte Pflanzkübel aus Metall zwischen den beiden Terrassenteilen sorgen zusätzlich für Gliederung und bringen mit ihrer saisonal wechselnden, immer üppigen Bepflanzung stilsicher lebendiges Grün und Blütenpracht auf die Terrasse.

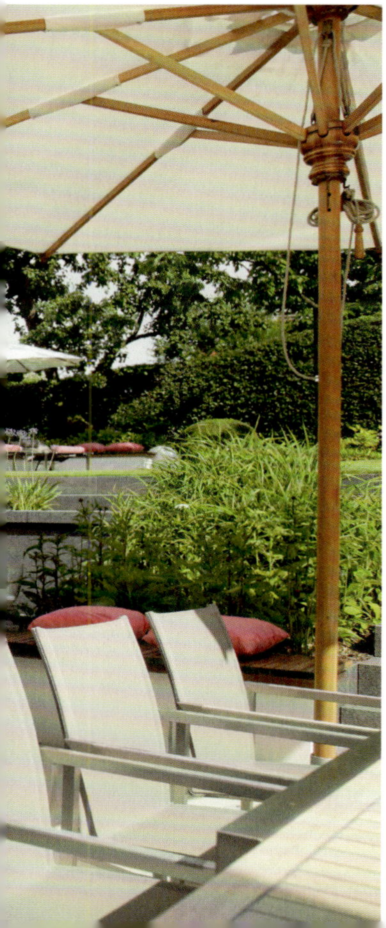

Extras

↓ **Der Clou** Ein in das Gelände integriertes Wasserspiel gleicht den Höhenunterschied zum anschließenden Garten aus. Es ist stufenförmig angelegt und besteht wie die vom Essbereich in den Garten führende Treppe aus schwarzem Granit. Treppe und Wasserspiel vereinen sich damit elegant.

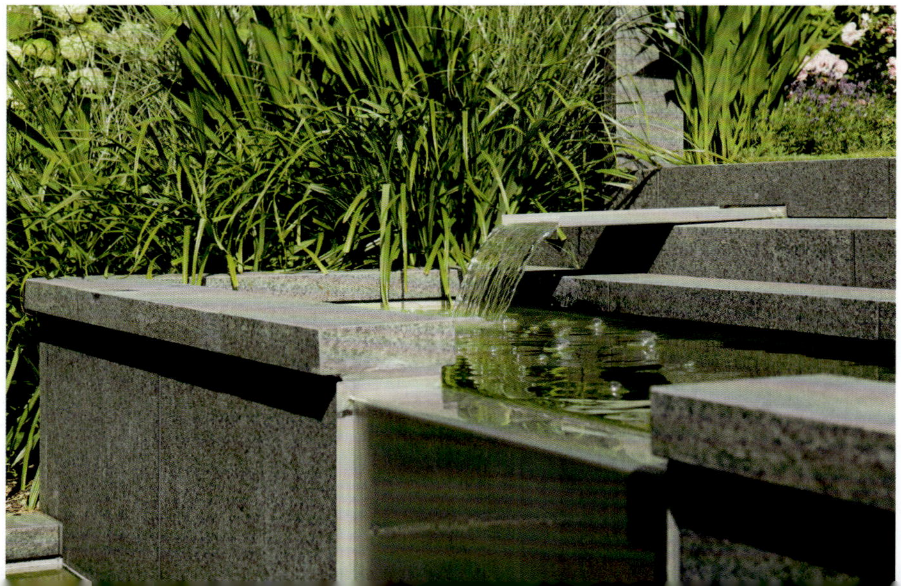

Rasenplateau

Braucht jemand, der solch eine Terrasse hat, überhaupt noch einen Garten? Dieser Ort heißt seine Besucher so warm willkommen, dass man ihn eigentlich gar nicht mehr verlassen will. Und dennoch lohnt es sich, über die leicht abknickende Treppe den Höhenunterschied zum Garten zu überwinden und sich das ganze Grundstück zu erobern.

Im Überblick – Garten 11

MATERIALIEN (Auswahl)
- Beton
- Schwarzer Granit
- Thermobuche

PFLANZEN (Auswahl)
- Lavendel *Lavandula angustifolia 'Hidcote Blue'*
- Purpursonnenhut *Echinacea purpurea 'Magnus'*
- Süßkirsche *Prunus avium 'Schneiders Späte Knorpel'*
- Hortensien, u.a. *Hydrangea macrophylla 'Endless Summer'*
- Bodendeckerrose *Rosa 'Schöne Dortmunderin'*

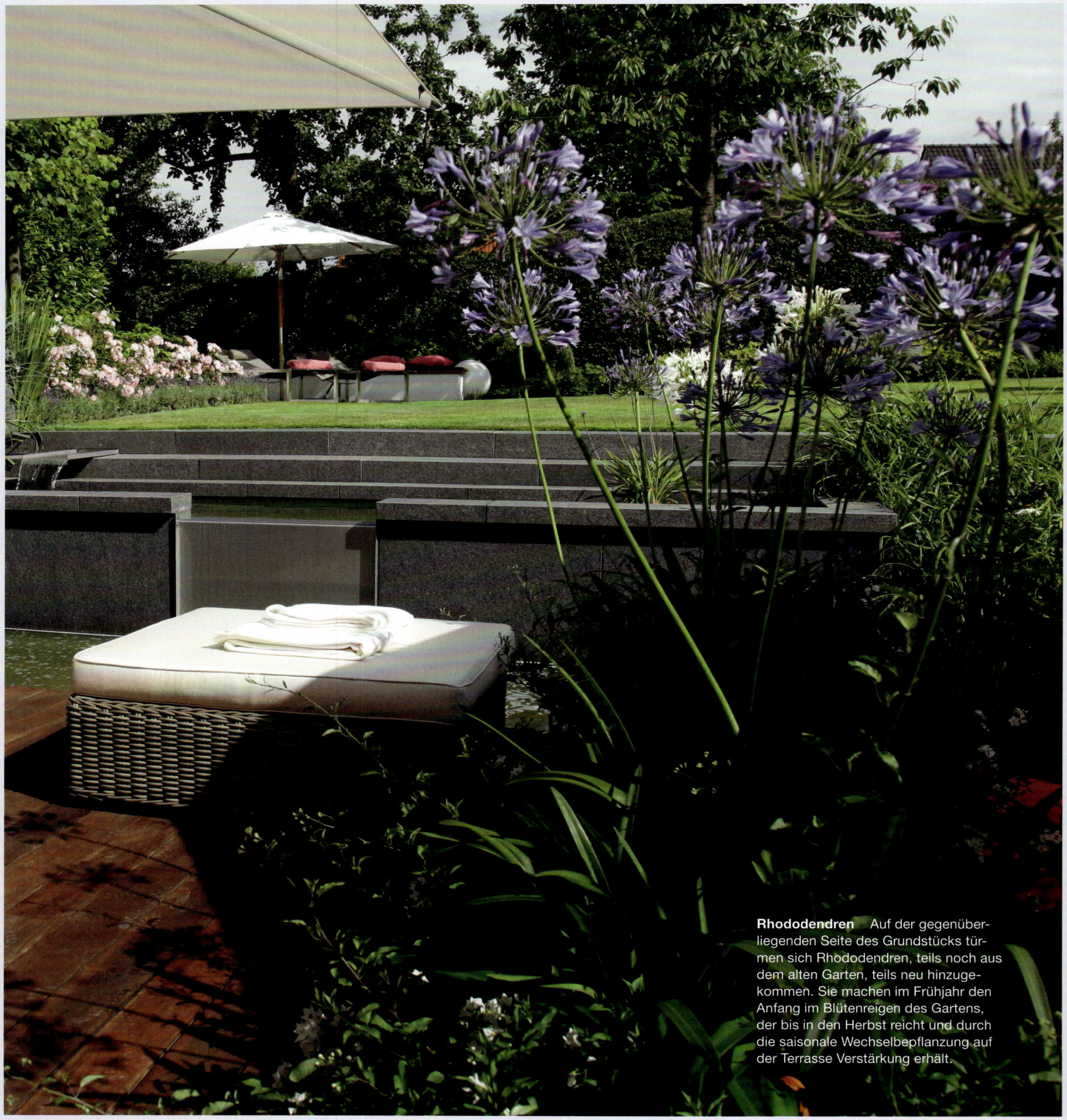

Rhododendren Auf der gegenüberliegenden Seite des Grundstücks türmen sich Rhododendren, teils noch aus dem alten Garten, teils neu hinzugekommen. Sie machen im Frühjahr den Anfang im Blütenreigen des Gartens, der bis in den Herbst reicht und durch die saisonale Wechselbepflanzung auf der Terrasse Verstärkung erhält.

↓ **Blütenreigen** Vom hinteren Sitzplatz bis zur Lounge-Terrasse zieht sich ein breites Pflanzenband aus Hortensien, Rosen und Lavendel, über ihm formen Spalier-Linden eine „schwebende“ Hecke als Sichtschutz und sind zusätzlich grüne Raumbildner. Auf der gegenüberliegenden Seite des Grundstücks türmen sich Rhododendren, teils noch aus dem alten Garten. Sie machen im Frühjahr den Anfang im Blütenreigen, der bis in den Herbst reicht.

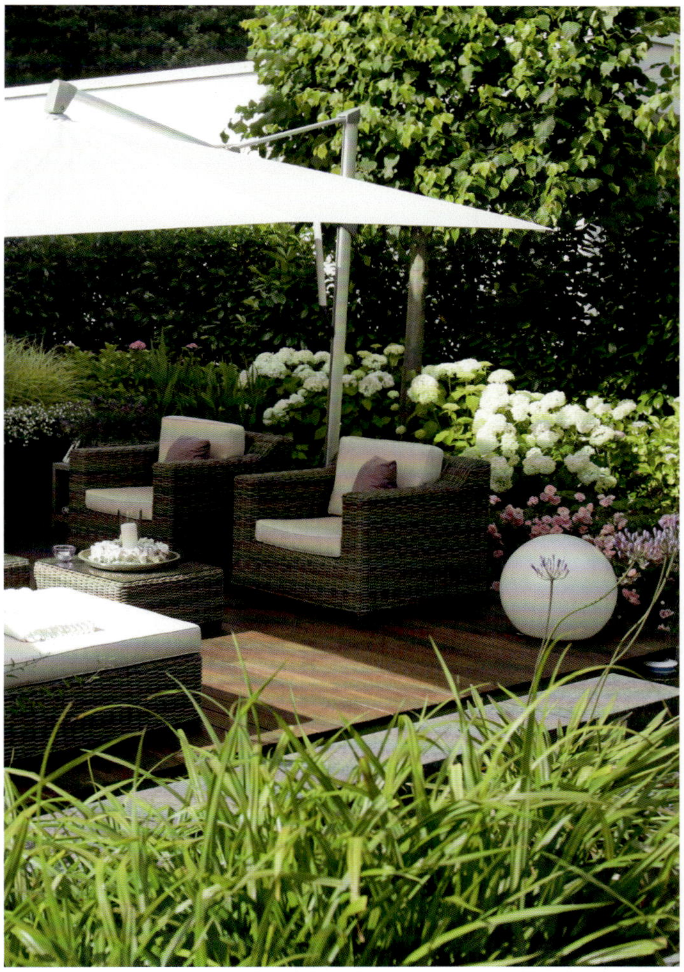

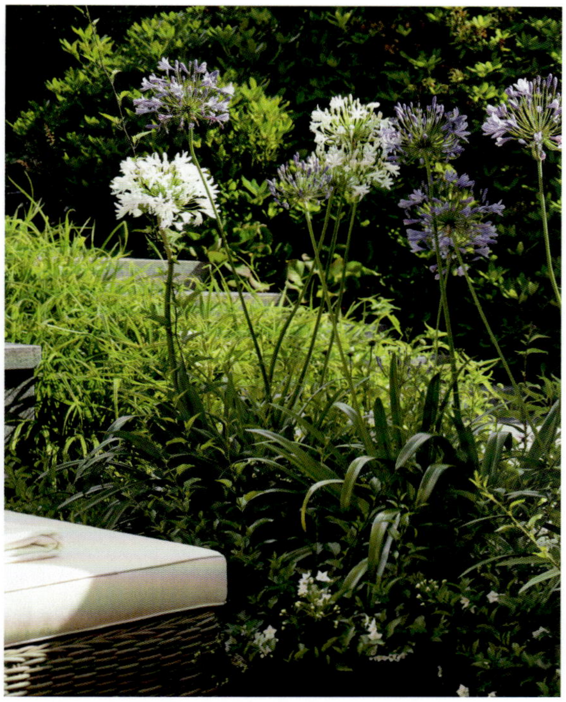

„Im Schatten des Apfelbaums lässt es sich herrlich sitzen.“

Fritz Goroncy, Gartengestalter

Pflanzenfülle Ein Gutteil zur wunderbaren Wirkung des Gartens trägt die üppige Bepflanzung bei. Schon der alte Garten war grün, allerdings wirkte er mit seinen vielen, mittlerweile viel zu großen Gehölzen schwermütig und erdrückend. Geblieben ist die Ilexhecke, die das Grundstück vollständig umschließt. Sie bildet die perfekte Leinwand, vor deren Dunkelgrün andere Pflanzen besonders gut zur Geltung kommen.

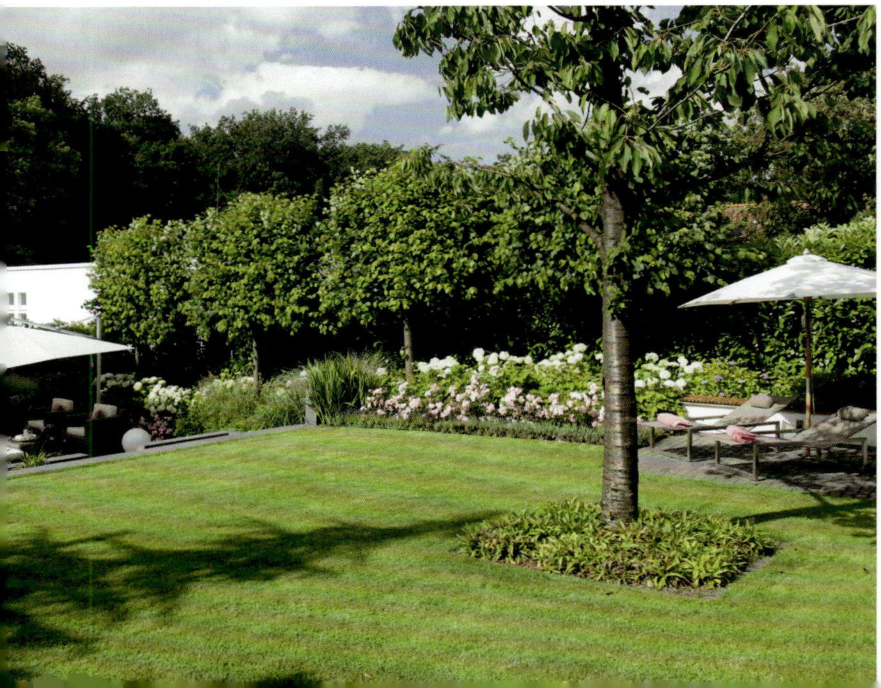

Auf dem Rasen, der sich als fast ebenes Plateau an den Terrassenbereich anschließt, zieht einen die große Süßkirsche wie von selbst an. Von der Lounge-Terrasse aus hat man einen guten Blick auf sie. Der Apfelbaum am hinteren Grundstücksrand stammt noch aus dem alten Garten. Heute beschattet er den dort liegenden Sitzplatz und verleiht ihm gleichzeitig eine knorrig-romantische Note. Apropos Sitzplatz: Schon allein für diesen lohnt es sich, den Garten zu erkunden. Der Platz bietet einen wunderbaren und so gänzlich anderen Blick auf das Haus und seine Terrasse. Dieser Perspektivwechsel tut gut, kann der Gartennutzer doch mit Überblick – immerhin sitzt er hier hinten im Garten höher als direkt am Haus – die Gesamtkomposition der Anlage genießen und in aller Ruhe auf sich wirken lassen.

Ein Pool sollte das moderne Herzstück des Gartens bilden. Damit das Vorhaben stilsicher gelingen konnte, musste eine Menge Sechziger-Jahre-Ballast beseitigt werden.

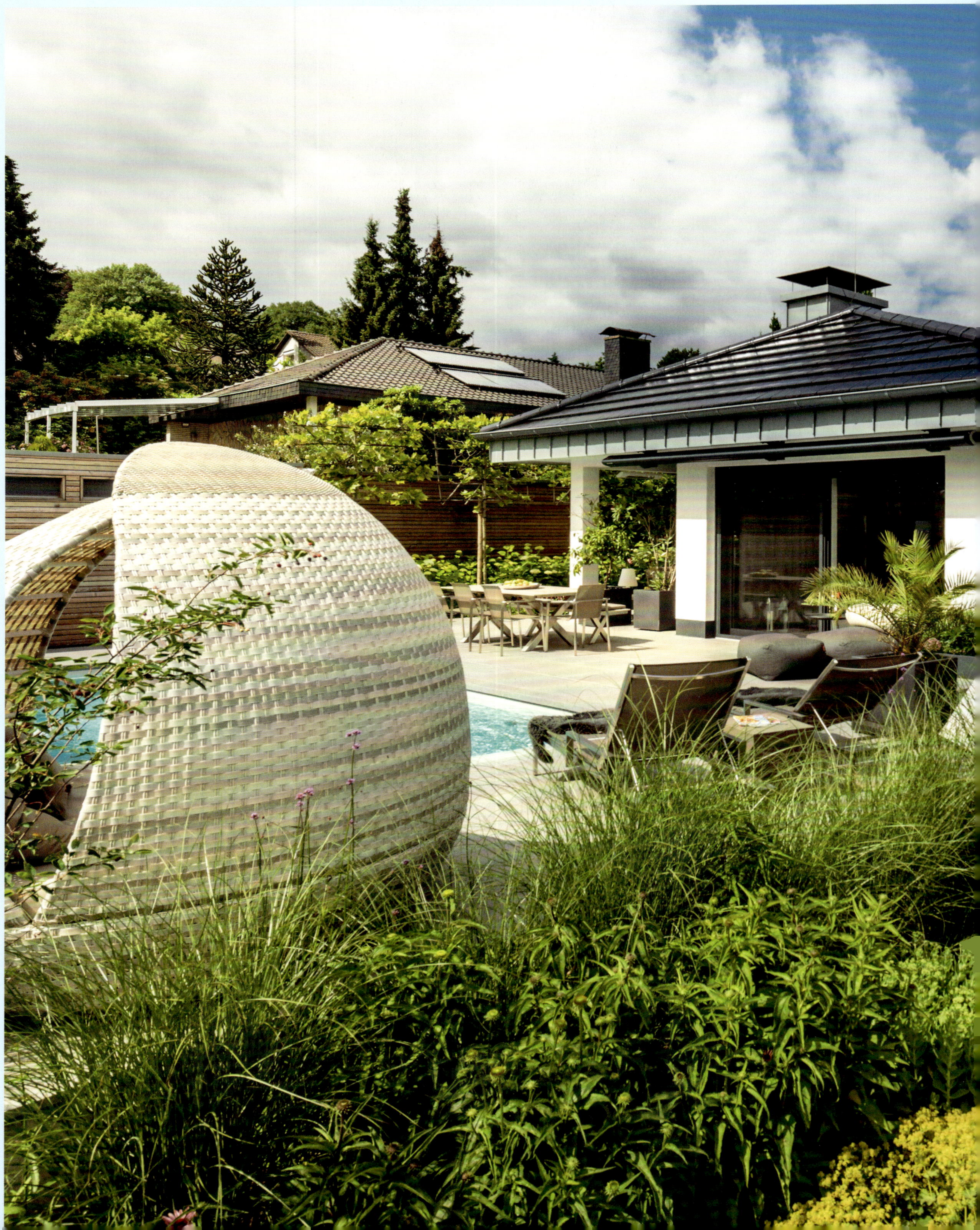

Vorher

Vor dem Umbau präsentierten sich Haus und Garten als Zeugnis ihrer Entstehungszeit in den sechziger Jahren. Neben der großen Terrasse und längst aus der Form geratenen Gehölzen gab es lediglich eine vermooste Rasenfläche. Die Bodenbeläge waren mit der Zeit unansehnlich geworden.

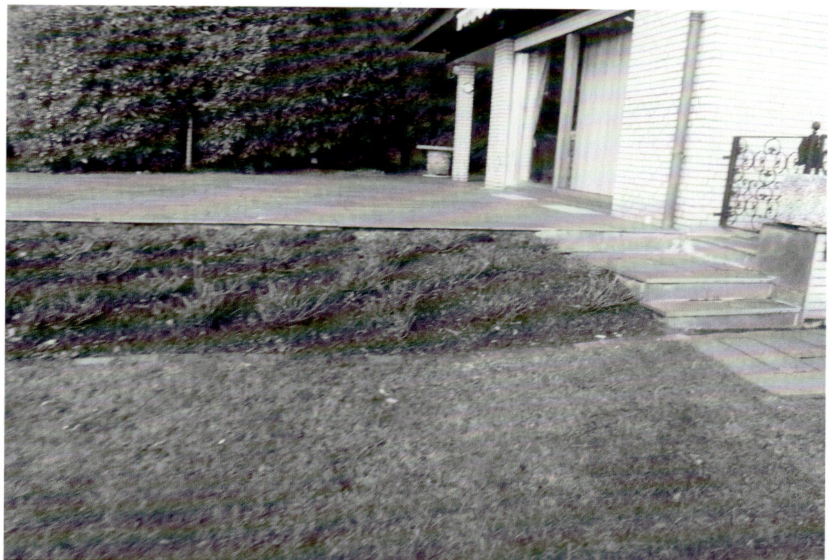

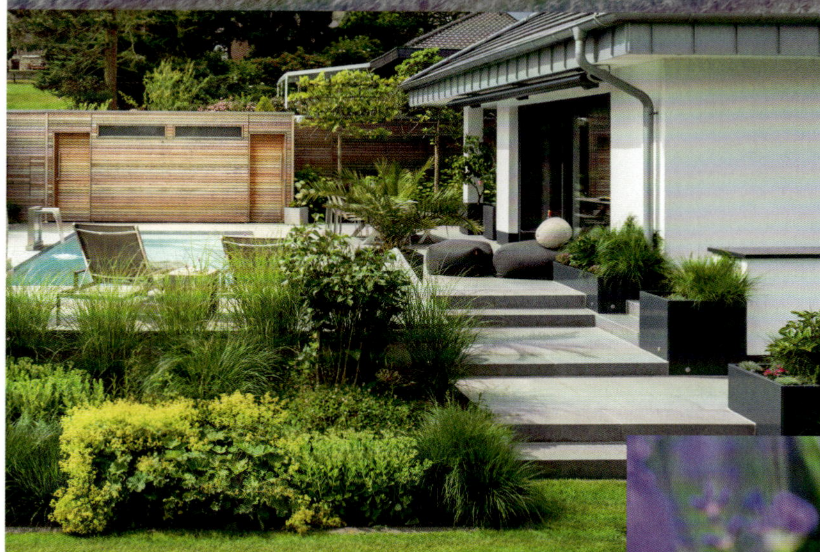

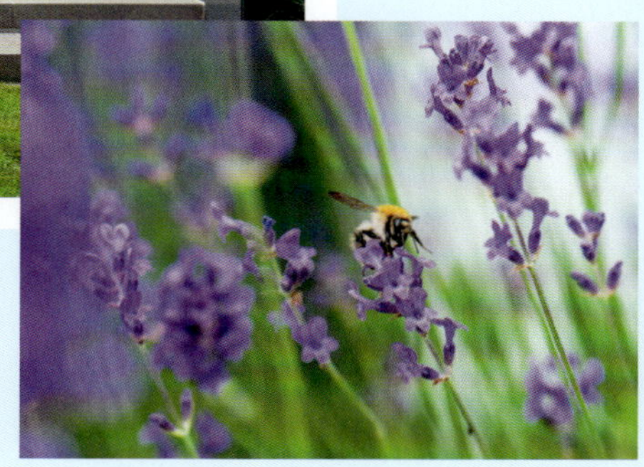

Einfach ein schöner Badegarten

Im Überblick – Garten 12

GARTENGESTALTER
Planung und Ausführung: Goroncy – Gärtner von Eden, Drensteinfurt

GRÖSSE
ca. 500 qm

MATERIALIEN (Auswahl)
- Granit
- Lärchenholz
- Farbig beschichtetes Metall

PFLANZEN (Auswahl)
- Bodendeckerrose *Rosa 'Pink Fairy'*
- Lampenputzergras *Pennisetum 'Hameln'*
- Storchschnabel *Geranium wallichianum 'Rozanne'*
- Chinaschilf *Miscanthus sinensis 'Gracillimus'*
- Teppich-Knöterich *Bistorta affine 'Darjeeling Red'*

Pool mit Landschaft

___Da der Pool auf der Wunschliste ganz oben stand, platzierte der Gartengestalter ihn bewusst an der exponiertesten Stelle des Gartens: auf der Terrasse. Diese lag schon immer leicht erhöht, war auch schon immer recht groß, aber vor der Umgestaltung zeigte sie sich als plattiertes Podest ohne Charme. Diese erhöhte Fläche verwandelte der Gestalter nun in eine schicke Poolterrasse mit enorm viel Aufenthaltsqualität. Den Pool richtete er parallel zum Haus aus. Glücklicherweise grenzt der Garten an eine große Weide, sodass an der hinteren Grundstücksgrenze kein Sichtschutz erforderlich ist.

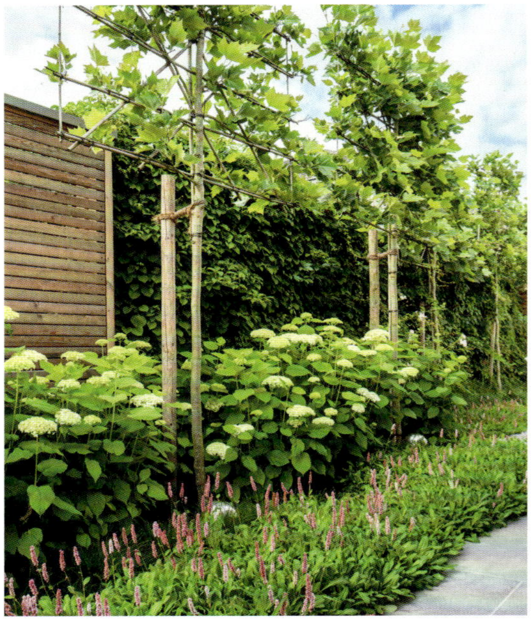

↓ **Begehbarer Sichtschutz** Rechts vom Pool beherbergt ein kleines, neu gebautes Haus Pooltechnik und allerlei Gartenschnickschnack, ist aber gleichzeitig Teil des Sichtschutzes zur Nachbarbebauung. Dieser Sichtschutz – eine Querlattung aus Lärchenholz – zieht sich in gleicher Optik an der Grundstücksgrenze entlang und wird in die Vertikale durch eine Reihe von Spalier-Platanen verlängert.

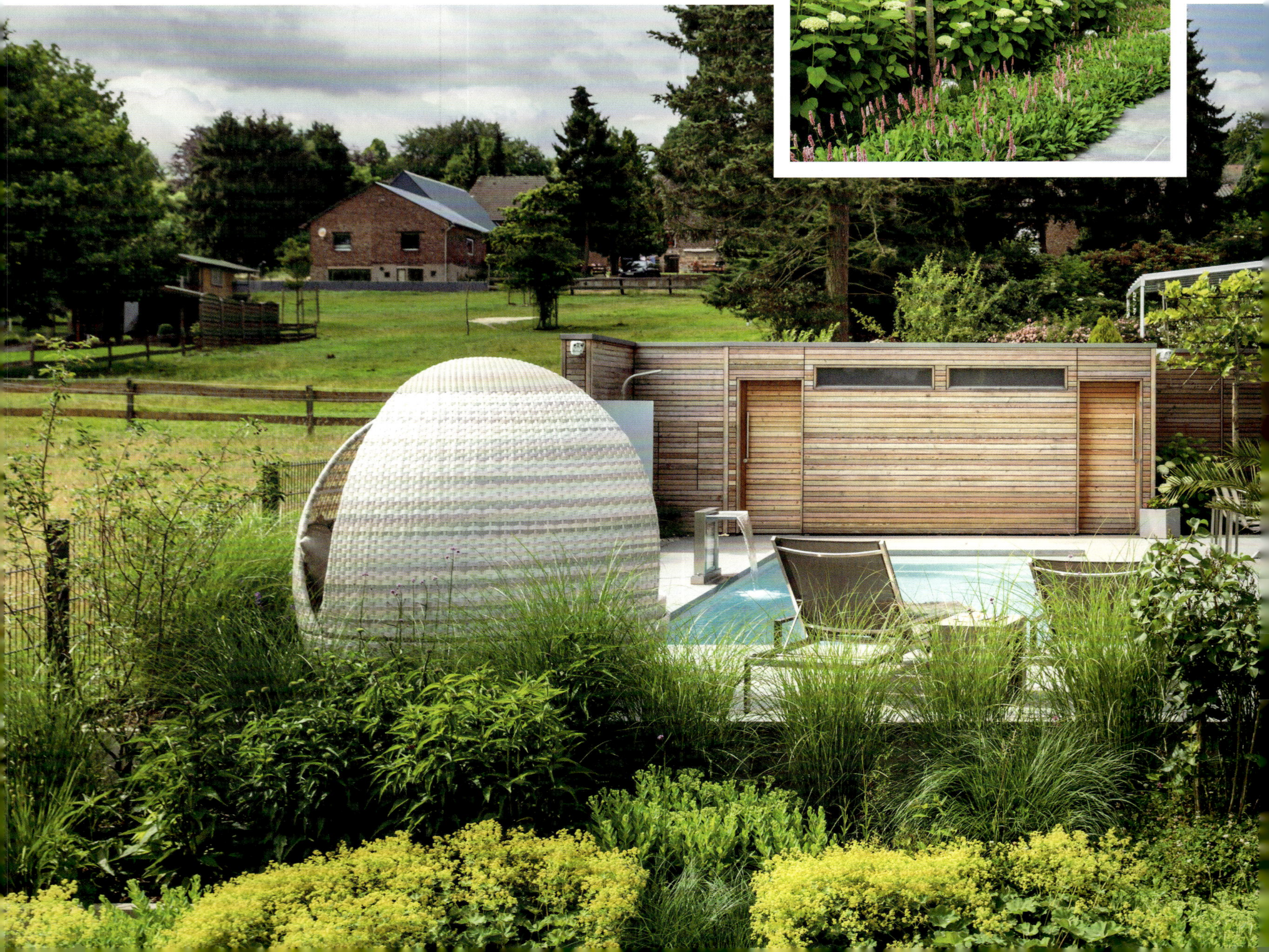

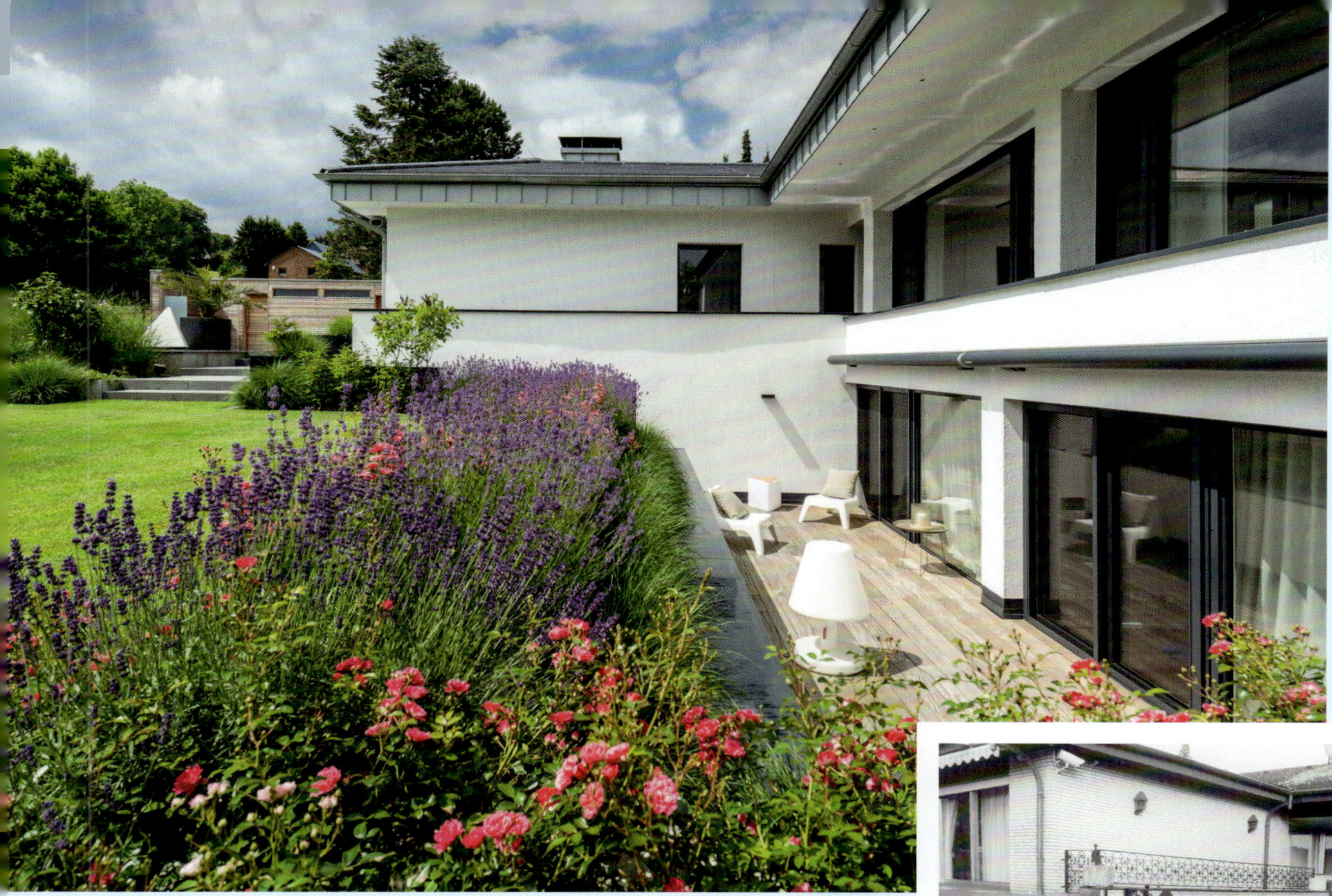

← **Blütenkrone** Den Übergang der Rasenfläche Richtung Senkgarten vor den Fenstern des Souterrains markiert ein breiter Pflanzstreifen mit einer im Sommer üppig blühenden Kombination aus Lavendel und Rosen.

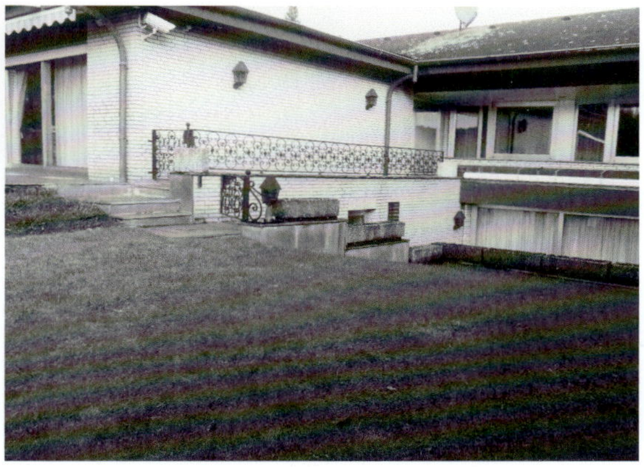

↑ **Ganz unten** Das Haus hat einen Souterrainbereich, dessen Fenster früher direkt auf eine unansehnliche Böschung zeigten. Bei der Umgestaltung wurde das Terrain vor diesen Fenstern großzügig abgetragen, sodass hier ein breiter, ebener Geländestreifen entstand, der heute einen eigenständigen, wunderbar intimen Außenbereich für die unteren Zimmer bildet. Mit Holzplanken belegt, zeigt sich nun eine großzügige Terrasse im Stil eines Senkgartens. Den Höhenunterschied zum Garten fing der Gestalter in zwei Stufen ab.

Erst dadurch wurde es möglich, die volle Breite des Gartens für den Pool zu nutzen, ohne das Gefühl zu erzeugen, das Becken sei in den Garten gezwungen worden. Stattdessen präsentiert sich hier die entspannte Weite der Weidefläche jenseits des Gartenzauns, als wäre sie ein Teil der Gartenanlege. Charmantes Detail: Selbst der Wasserauslauf, der an der Seite des Pools, die zur Weide zeigt, platziert wurde, spielt mit diesem Ausblick: Sein Mittelfeld ist transparent, sodass die Gartennutzer die Weide durch ihn hindurch sehen können.
So bietet sich heute den Hausbesitzern beim Blick durch die Terrassentüren ein großzügiges Ensemble aus Terrassenflächen, sattblauem Pool und idyllischer Landschaft.
Dank seiner Lage und der ihn großzügig umgebenden Lounge-Fläche ist der Pool nun lebendiger Mittelpunkt des Gartens. Er bildet einen in sich geschlossenen Gartenraum, auch deshalb, weil er einige Stufen höher liegt als die angrenzende Rasenfläche.

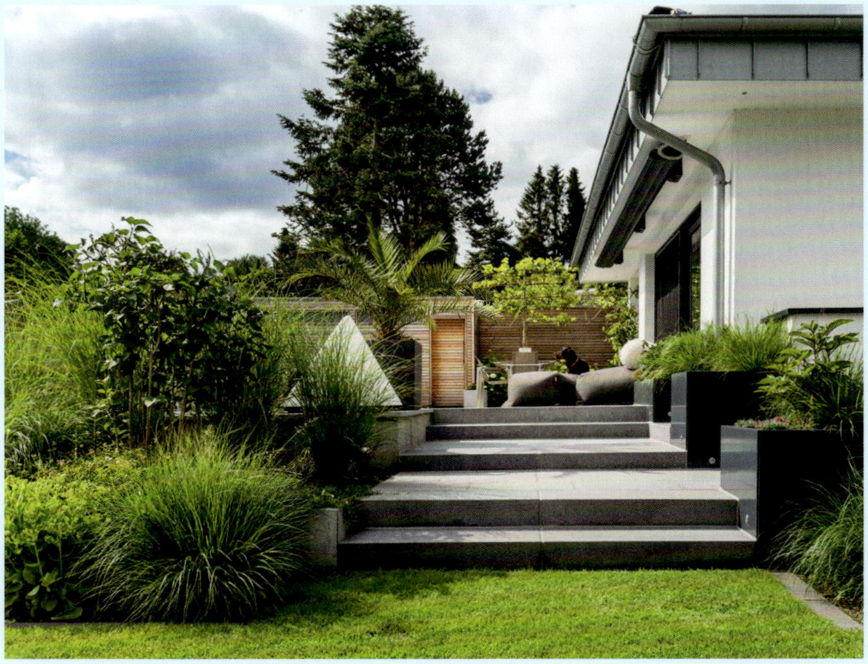

→ **Zur Terrasse schreiten** Für die Höhendifferenz zwischen Rasen und Poolterrasse entwarf der Gartengestalter eine großzügige Treppe. Sie ist weit mehr als nur funktionales Element zur Überwindung eines Höhenunterschieds, denn sie verfügt, obwohl nur fünf Stufen hoch, über zwei ausladende Podeste. Diese verleihen ihr enorme Großzügigkeit. Im gleichen Rhythmus begleiten sie maßgefertigte Pflanzgefäße aus Metall, die der Gartengestalter im Farbton der Fensterrahmen beschichten ließ und damit unaufdringlich einen intensiven Bezug zum Haus herstellte.

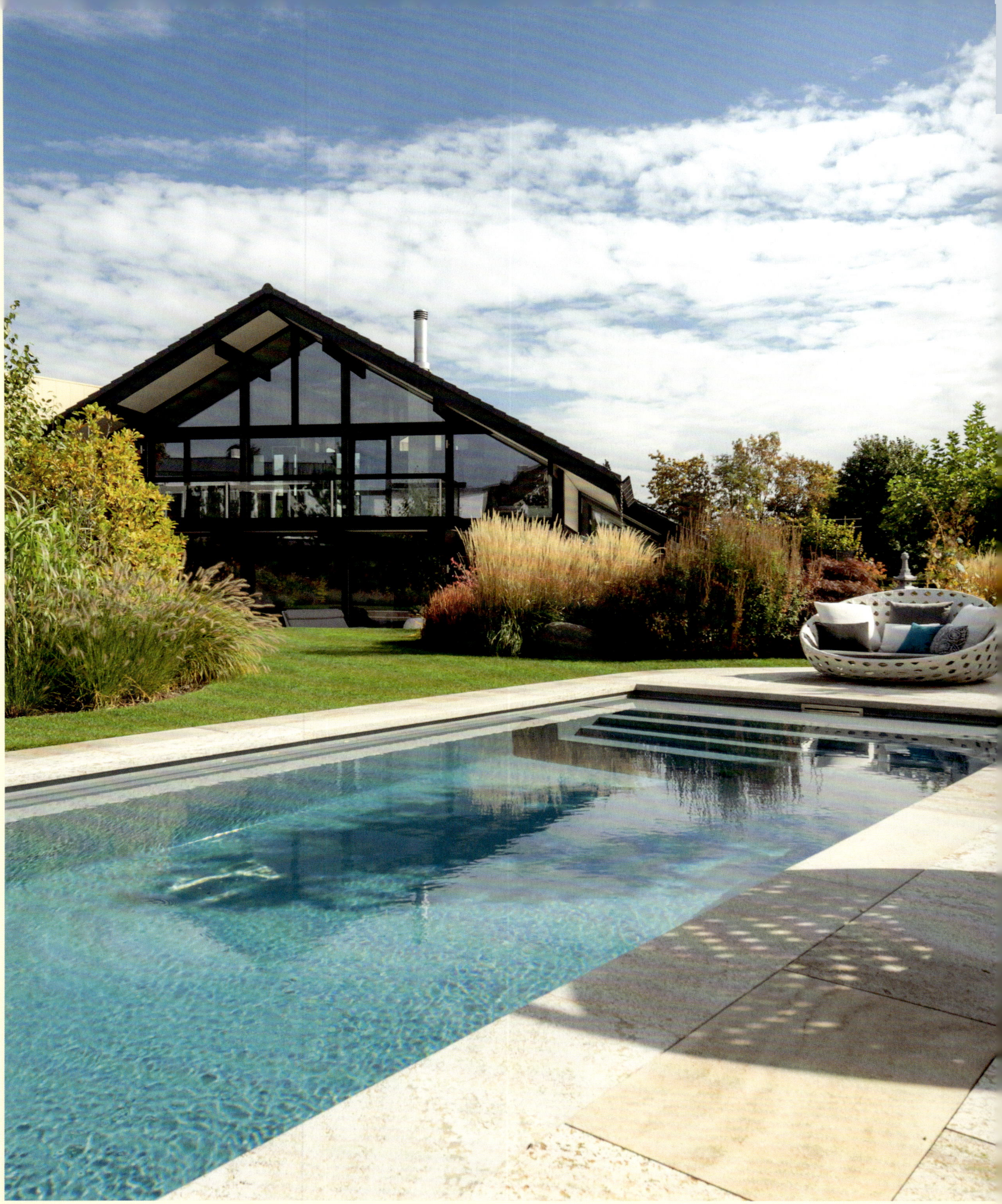

Ein sehr markantes, neu gebautes Haus mit fast komplett transparenter Fassade sollte auf einem 3000 Quadratmeter großen Grundstück einen harmonischen Rahmen erhalten.

Design trifft Natur

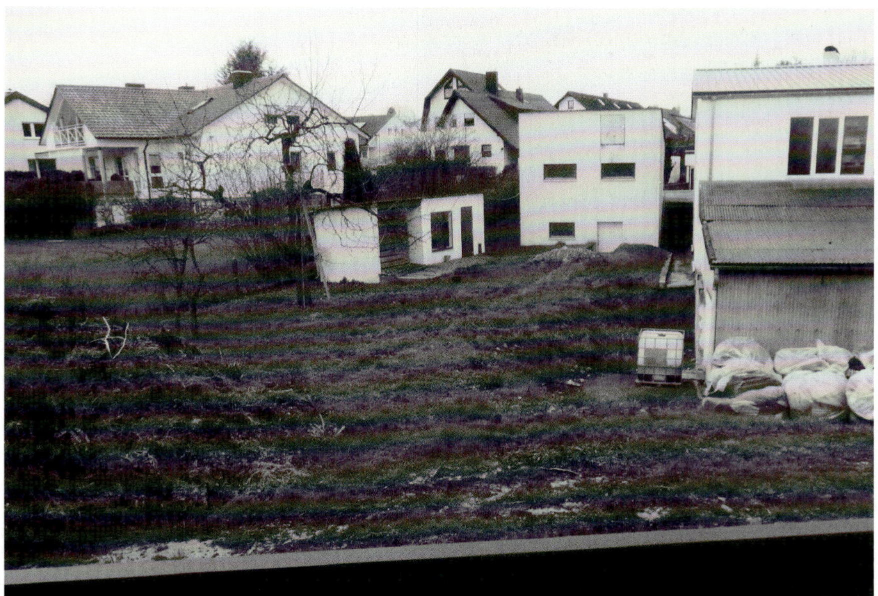

Vorher

Das Haus ist vollendet, doch das Grundstück befindet sich noch im Rohzustand. Die größten Herausforderungen sind der felsige Untergrund und mehrere unschöne Gebäude auf dem Gelände.

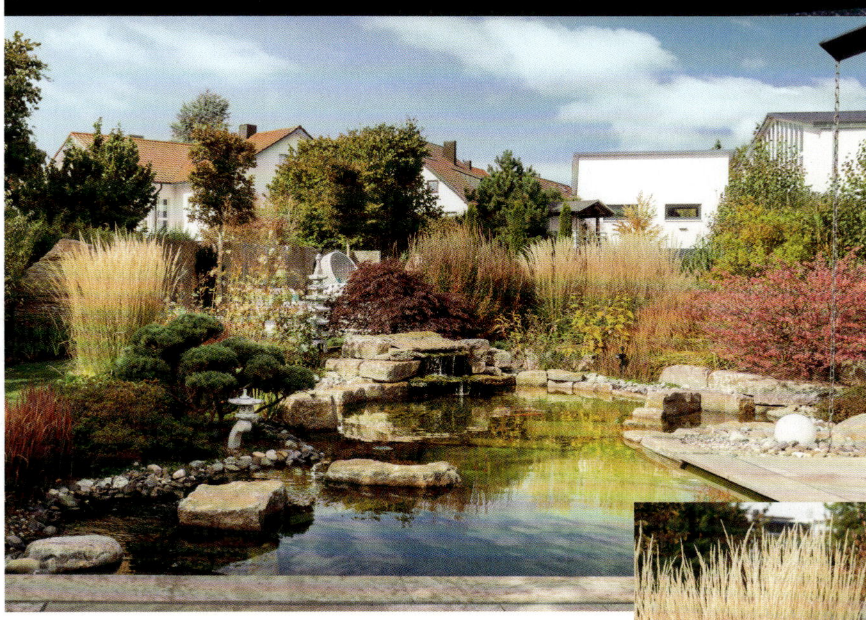

Nachher

Der Garten präsentiert sich als geschlossener Kosmos, der die Umgebung elegant hinter üppigem Grün verschwinden lässt. Die Bepflanzung verleiht Tiefe, sodass man sich nie eingemauert fühlt. Der Fels im Untergrund wurde teils mit schwerem Gerät bearbeitet, teils in die Gestaltung integriert.

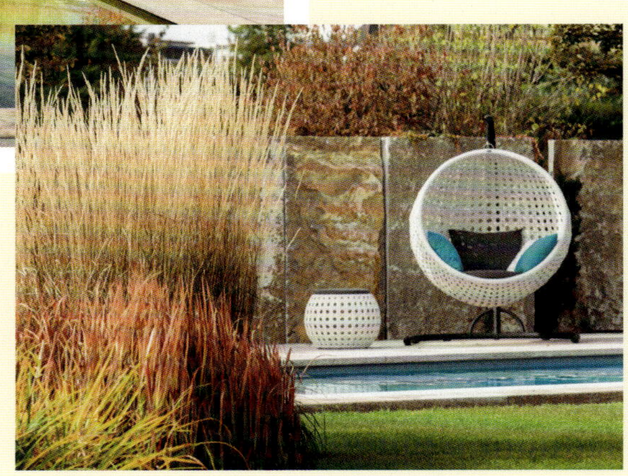

Im Überblick – Garten 13

GARTENGESTALTER
Planung und Ausführung: Gröning Gartengestaltung, Göppingen

IDEE
Architektur trifft Natur

GRÖSSE
ca. 3.000 qm (inkl. Vorgarten)

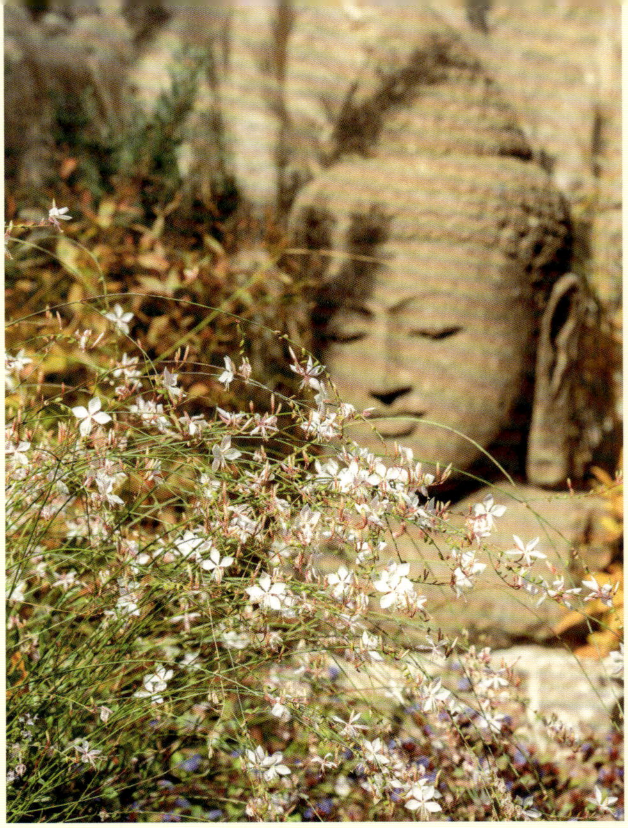

___Die Vorgeschichte dieses Gartens ist schnell erzählt: Das Haus ist ein Neubau, das stattliche Grundstück war vorher eine Wiese. Schon mit Fertigstellung des Hauses hatten die Besitzer das Gespräch mit einem Gartengestalter aufgenommen. Der entwickelte einen Plan für den zukünftigen Familiengarten. Bis zum Baubeginn sollten allerdings noch zwei Jahre vergehen, in denen die Familie auf dem nicht gestalteten Grundstück lebte. Dann aber ging auf einmal alles sehr schnell: Statt in geplanten drei Bauabschnitten wurde das gesamte Konzept in nur sechs Monaten realisiert.

Einheit in Vielfalt

Das Konzept des Gartens folgt der Idee, dass mit dem Abstand zum Haus auch die Naturnähe zunimmt. So sind die Formen rund um das moderne Haus architektonisch-geradlinig, weiter hinten im Garten laufen sie in organischen Schwüngen aus.

Im Überblick – Garten 13

BESONDERHEIT
Das Grundstück hat einen felsigen Untergrund. Für den Bau von Teich und Pool kam schweres Gerät zum Einsatz. Die Stufen vor der Terrasse sind dem Umstand geschuldet, dass hier die Felsbarriere beginnt, die nur mit riesigem Aufwand hätte beseitigt werden können. Stattdessen wurde das Gelände durch Erdaufschüttungen sanft modelliert.

MATERIALIEN (Auswahl)
- Muschelkalkplatten mit sandgestrahlter Oberfläche
- Krustenplatten, spaltgrau
- Felsen

PFLANZEN (Auswahl)
- Hanfpalme *Trachycarpus fortunei*
- Weidenblättrige Birne *Pyrus salicifolia*
- Purpur-Magnolie *Magnolia liliiflora 'Nigra'*
- Pagodenhartriegel *Cornus controversa*
- Agave *Agave vernae*
- Palmlilie *Yucca filamentosa*
- Walzen-Wolfsmilch *Euphorbia myrsinites*
- Staudenmittagsblume *Delosperma 'Lavender'*
- Chinaschilf
- Großbonsais
- Fetthenne *Sedum spurium 'Fuldaglut'*
- Weißer Felsenstorchschnabel *Geranium macrorrhizum 'Spessart'*
- Fackellilie *Kniphofia 'Lemon Popsicle'*

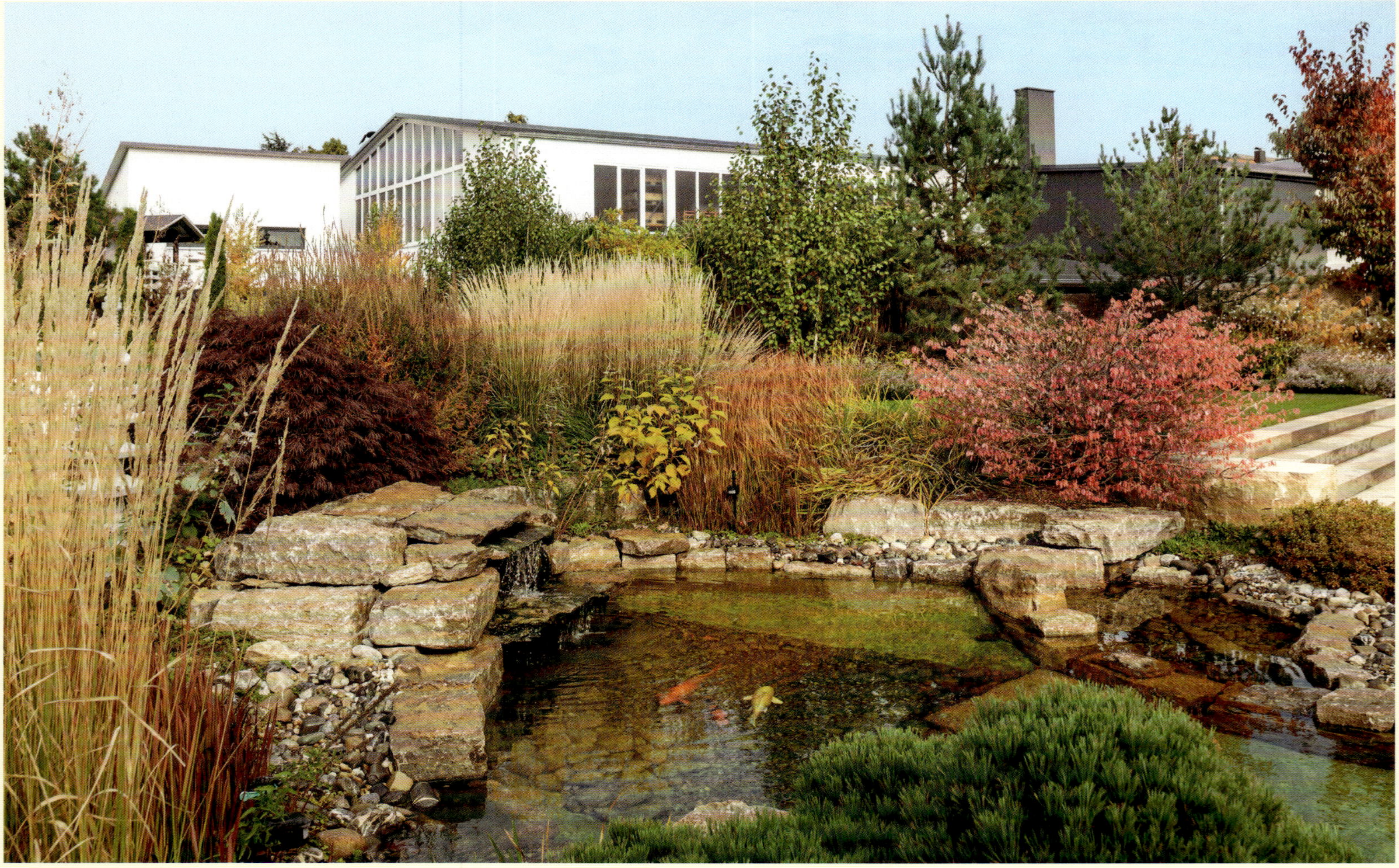

Reise in die Natur

↓ Der asiatisch inspirierte Bereich um den Koi-Teich, der moderne Badegarten mit seiner mediterran anmutenden Bepflanzung und der fast archaisch wirkende Platz für die Feuerschale gehen harmonisch ineinander über. Garant dafür ist eine ausgeklügelte Bepflanzung. Sie trennt die einzelnen Gartenbereiche optisch voneinander, sodass das Auge immer nur einen Bereich erfasst. Zugleich sind die Pflanzbereiche zwischen den einzelnen Gartenzimmern aber so angelegt, dass sie immer zu beiden von ihnen getrennten Gartenbereichen passen. Die Klammer zwischen allen Pflanzungen ist die großzügige Verwendung von Gräsern.

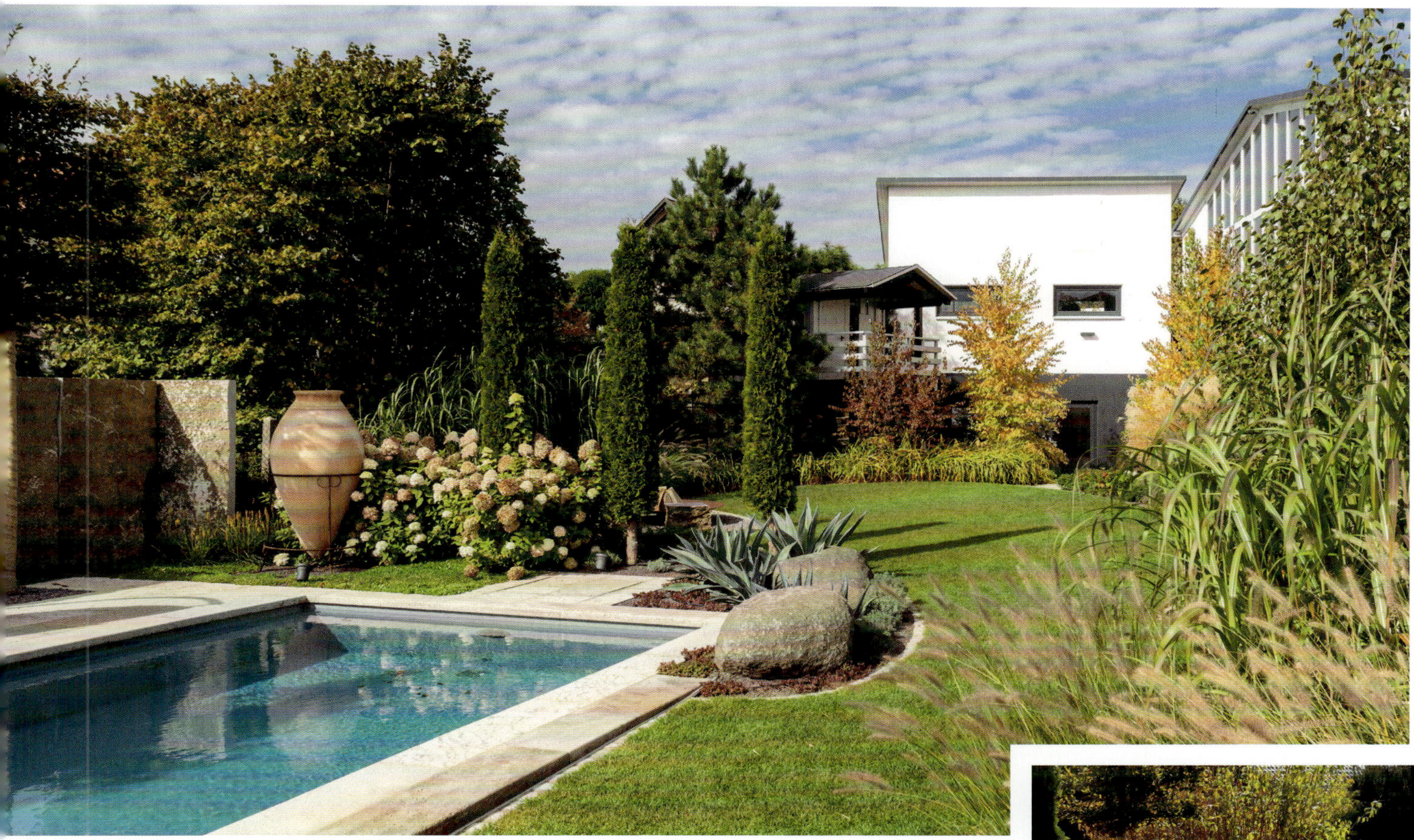

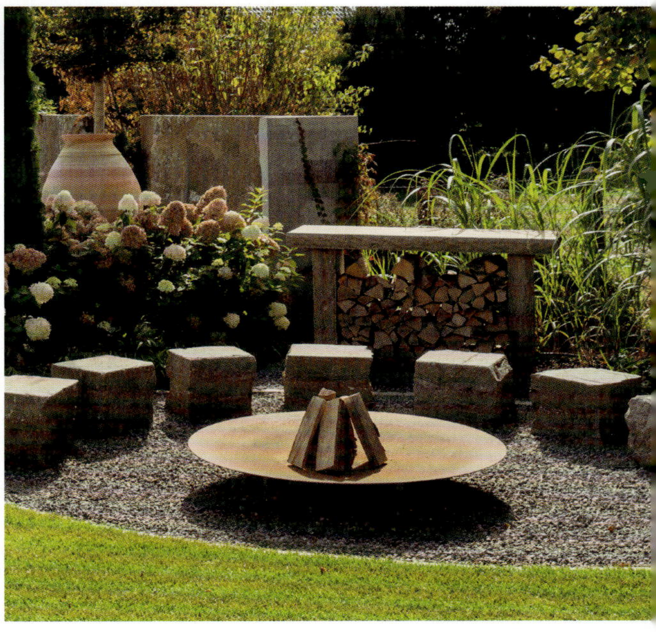

Hier ist die Bepflanzung zurückhaltend, dort üppig bunt, die Oberflächen in Hausnähe sind glatt, im hinteren Gartenteil ursprünglich-rau. Und selbst die Aktivitäten, zu denen der Garten einlädt, werden mit zunehmender Distanz zum Haus rustikaler. Das beginnt beim gemeinschaftlichen Essen und Fische-Beobachten über das Schwimmen im Pool bis hin zum Gärtnern im Gemüsebeet und zum Feuermachen.

Platz für viele Stile

Es ist immer eine Herausforderung bei der Gartengestaltung, aus all den Wünschen und Möglichkeiten eine Auswahl zu treffen und daraus ein harmonisches Gesamtbild zu formen. Dieser Garten liefert allerdings den Beweis dafür, dass ein Stil nicht durchgängig dominieren muss, um dieses Ziel zu erreichen. Das ist natürlich leichter, je größer das Grundstück ist. Und bei 3.000 zu gestaltenden Quadratmetern gibt es viel Raum für Stilwechsel, doch auch diese müssen gekonnt umgesetzt werden, sonst entsteht auch auf einem großen Grundstück zu viel Unruhe.

„Für ruhige Übergänge sorgt der Rasen.“

Klaus Gröning, Gartengestalter

Vom Nichtsehen und Nicht-gesehen-werden

Trotz der Größe des Grundstücks gehörte auch Sichtschutz zu den Planungsaufgaben des Gestalters. Dabei ging es zum einen natürlich darum, die Gartenbesitzer vor neugierigen Blicken von außen zu schützen. Zum anderen sollten durch den Sichtschutz aber auch unschöne Dinge in der Umgebung des Gartens unsichtbar werden.
Auch der Charakter der eingesetzten Sichtschutzelemente wandelt sich von architektonisch zu naturnah, je weiter sie vom Haus entfernt stehen. Während an der großzügigen Terrasse am Haus noch eine Natursteinmauer gegen Einblicke vom Nachbargrundstück schützt und Schirmplatanen den Schutz gegen Blicke von oben übernehmen, reihen sich am Pool und dem dahinter liegenden Feuerplatz senkrecht stehende sogenannte Krustenplatten. Damit die tonnenschweren Platten nicht zu massiv wirken, wurden sie teils gestaffelt aufgestellt und mit Gehölzen hinterpflanzt. Überhaupt spielen Pflanzen, genauer gesagt große Bäume, eine wichtige Rolle beim Sichtschutz für diesen Garten. So wurden mehrere hohe Kiefern und Birken so platziert, dass ein angrenzendes Firmengebäude auf dem Nachbargrundstück von der Terrasse des Hauses aus nicht mehr zu sehen ist.

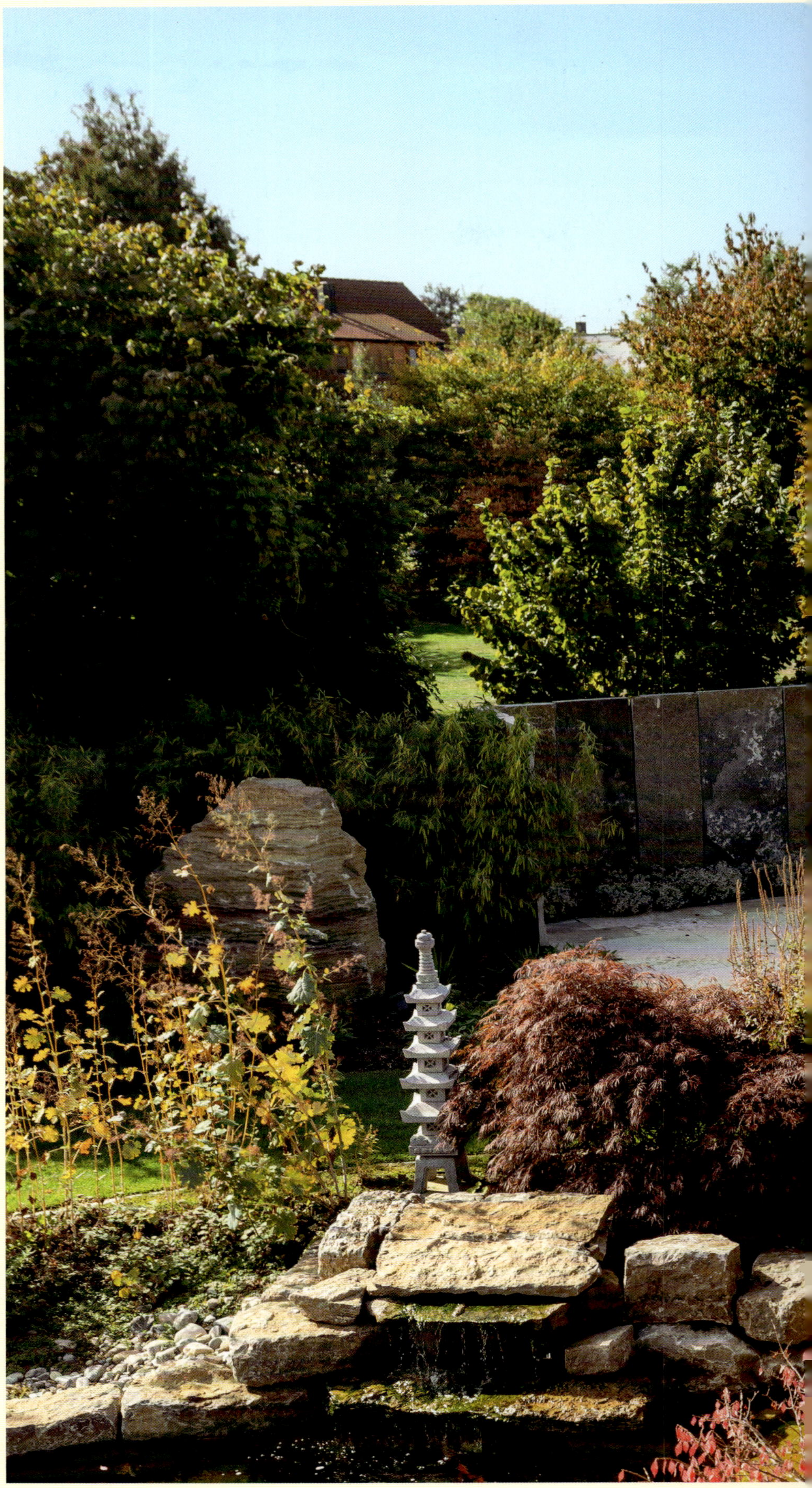

Material

→ **Krustenplatten** sind die Endstücke großer Steinquader, die im Steinbruch entstehen, wenn der grob aus dem Berg gehauene Stein zu einem geometrischen Block zurechtgesägt wird. Entsprechend unregelmäßig sind die Oberflächen dieser Platten, was jede zu einem von Mutter Natur geformten Einzelstück macht. Hier verleihen sie dem Pool verlässlichen Sichtschutz und beleben gleichzeitig das Ambiente.

„Pflanzen, genauer gesagt große Bäume, spielen eine wichtige Rolle beim Sichtschutz für den Garten.“

Klaus Gröning, Gartengestalter

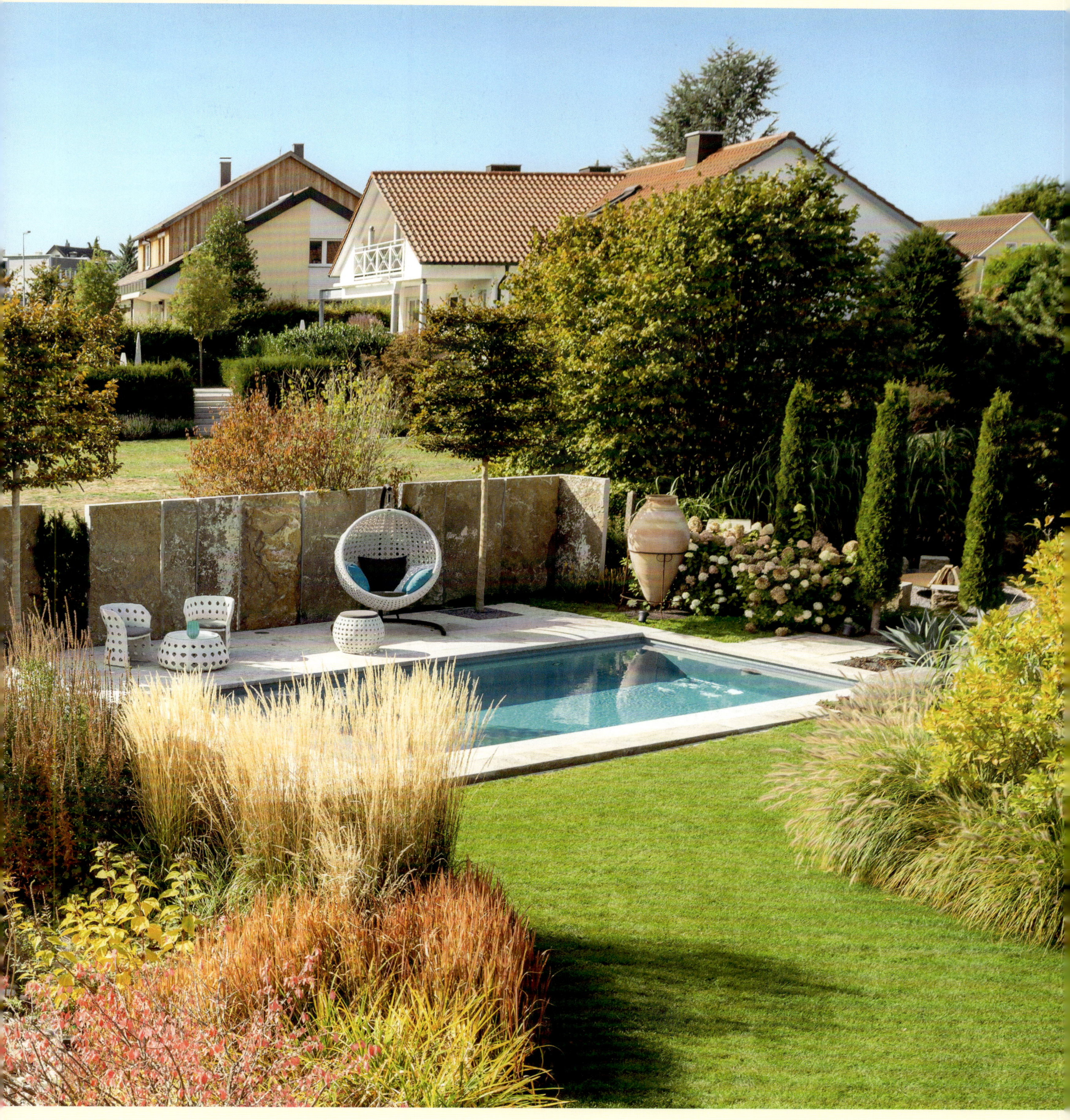

GARTENGESTALTER
Planung und Ausführung: Grothe – Gärtner von Eden, Schwetzingen

IDEE
Ein Stück Toskana in der Pfalz

GRÖSSE
1.000 qm

Wo geht's hier nach Florenz?

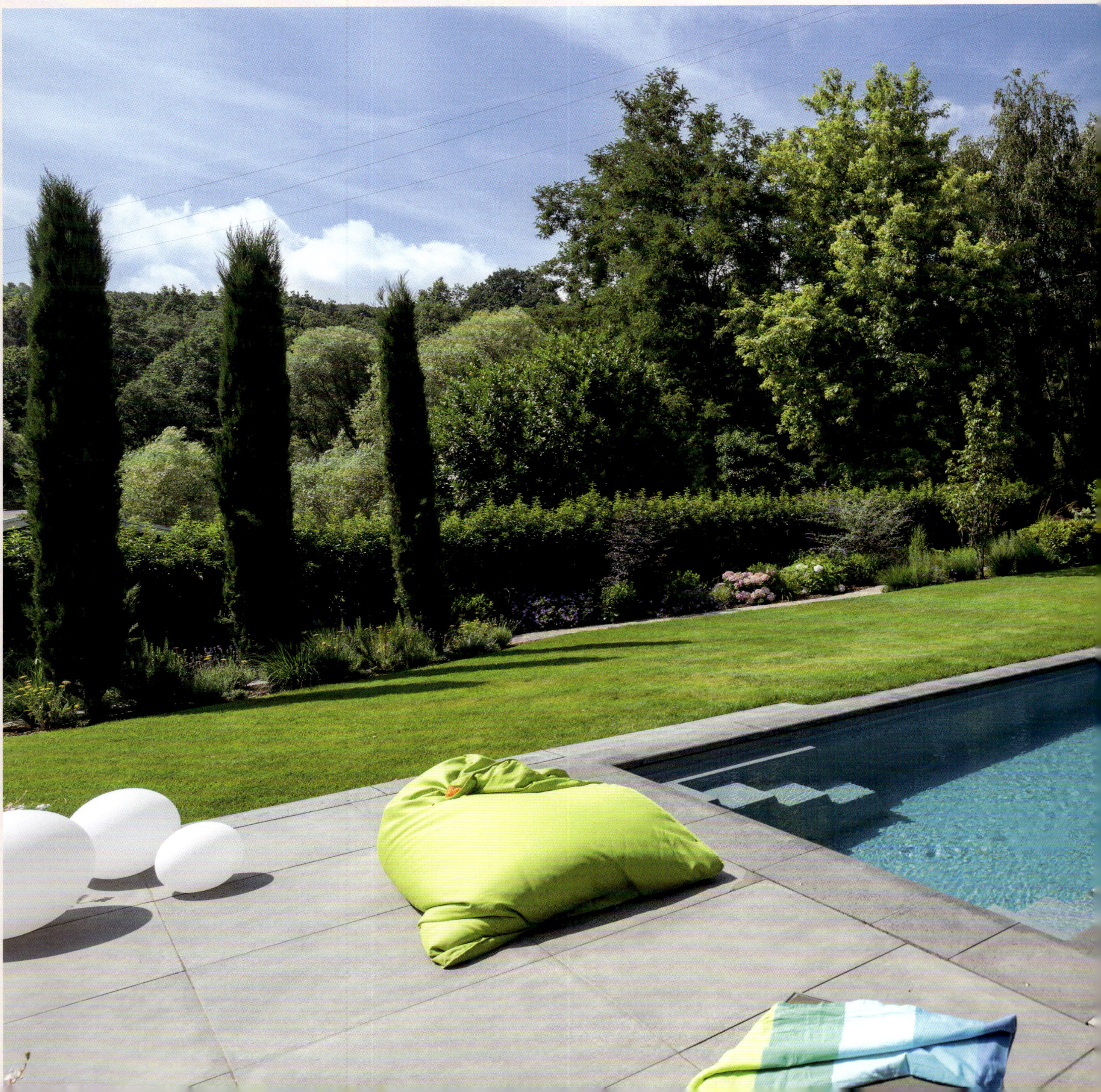

Auf einem langgestreckten Grundstück am Waldrand entstand aus einem in die Jahre gekommenen Garten ein Badetraum im Grünen mit deutlichen Anklängen an die Toskana.

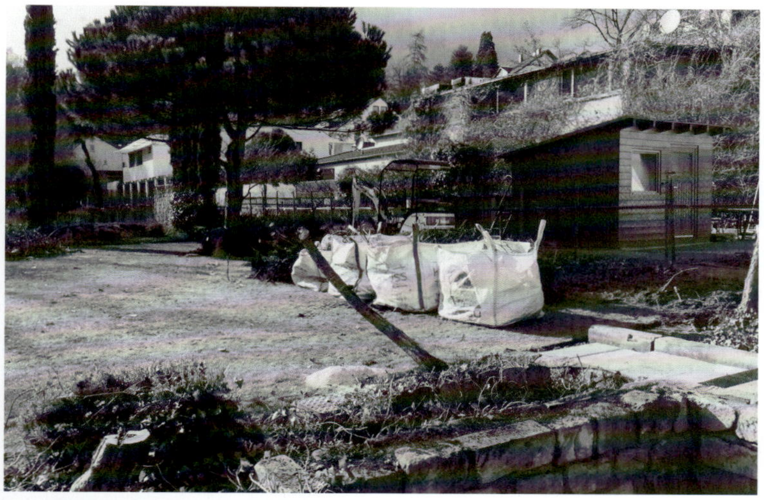

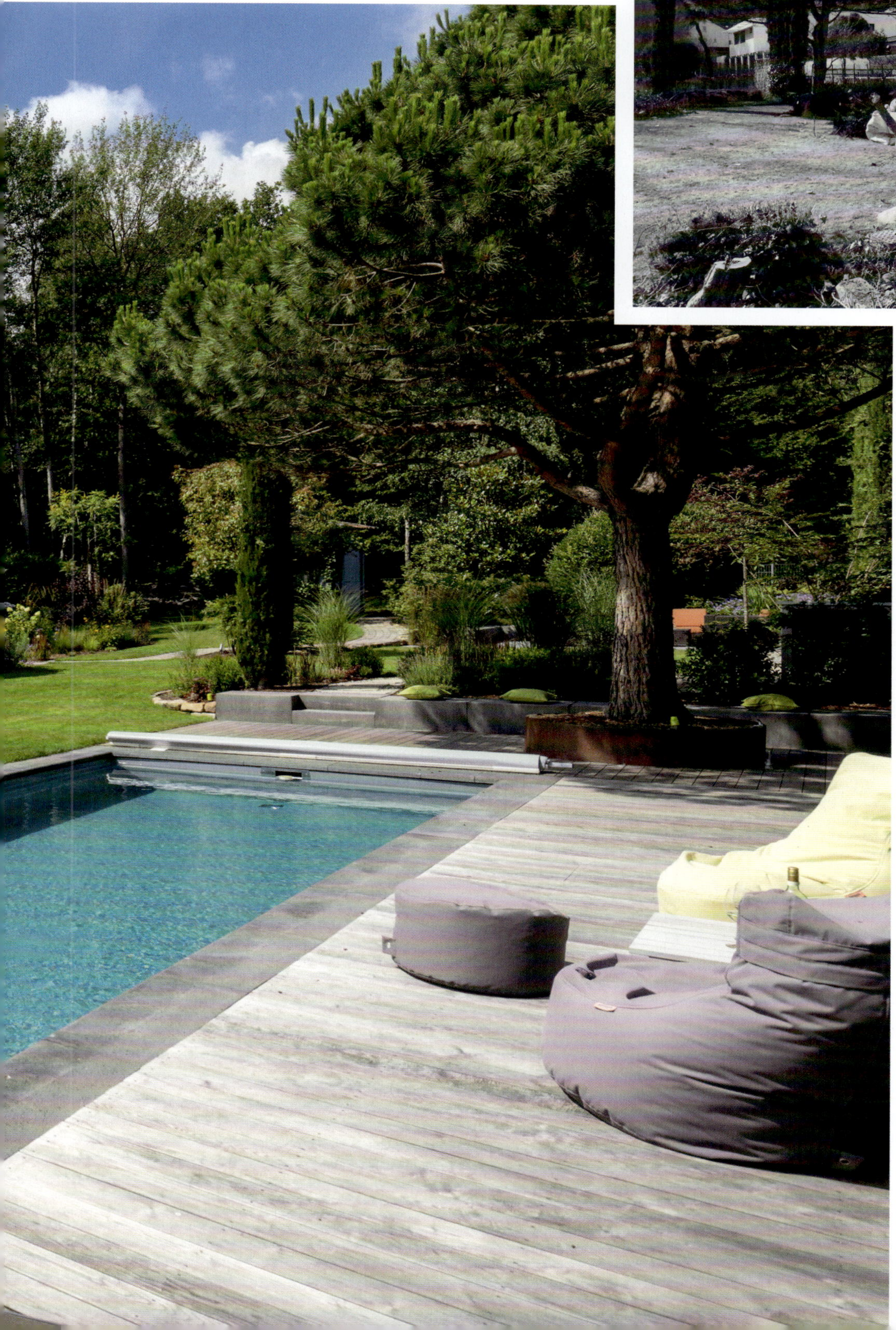

Vorher

Alter, aber ungepflegter Baumbestand prägte den Garten. Der Gestalter sichtete ihn sorgfältig und fand einige Pflanzenschätze, die er ebenso wie Materialien aus dem alten Garten als stilbildende Elemente in die Planung für die Umgestaltung des Gartens einbezog.

Nachher

Wie im Urlaub fühlt man sich heute in dem Garten. Vom Pool aus fällt der Blick auf die Hügel der Umgebung, Farben und Pflanzen erzählen vom sonnigen Süden.

Ein Plätzchen für jede Gelegenheit

___Eine alte Pinie am Wasser, eine Reihe schlanker Säulenzypressen, ein Blick über sanft geschwungene Hügel. Man braucht keine Fantasie, um sich in diesem Garten im sonnigen Italien zu wähnen – und genau so soll es sein. Schon die Architektur des Hauses hat italienische Anklänge, und auch der Ursprungsgarten machte an der einen oder anderen Stelle Anleihen in der Toskana. Allerdings hatte der Garten schon einmal deutlich bessere Zeiten gesehen, und als das Haus dann den Besitzer wechselte, war klar, dass im Garten Hand angelegt werden sollte. Das Thema Toskana für die Umgestaltung war vorgegeben, sollte aber deutlicher herausgearbeitet und die Anlage mit neuem Leben gefüllt werden.

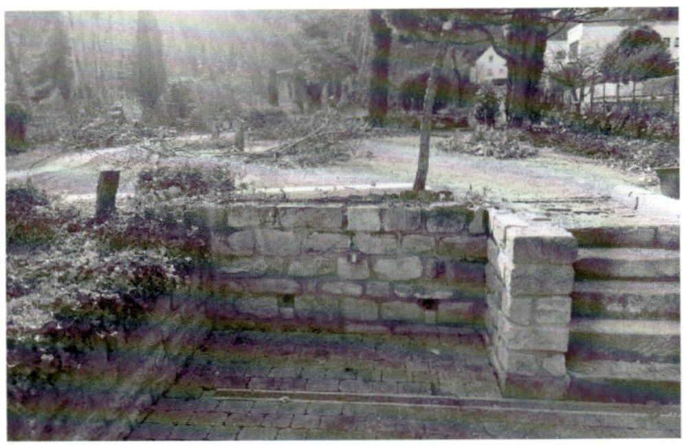

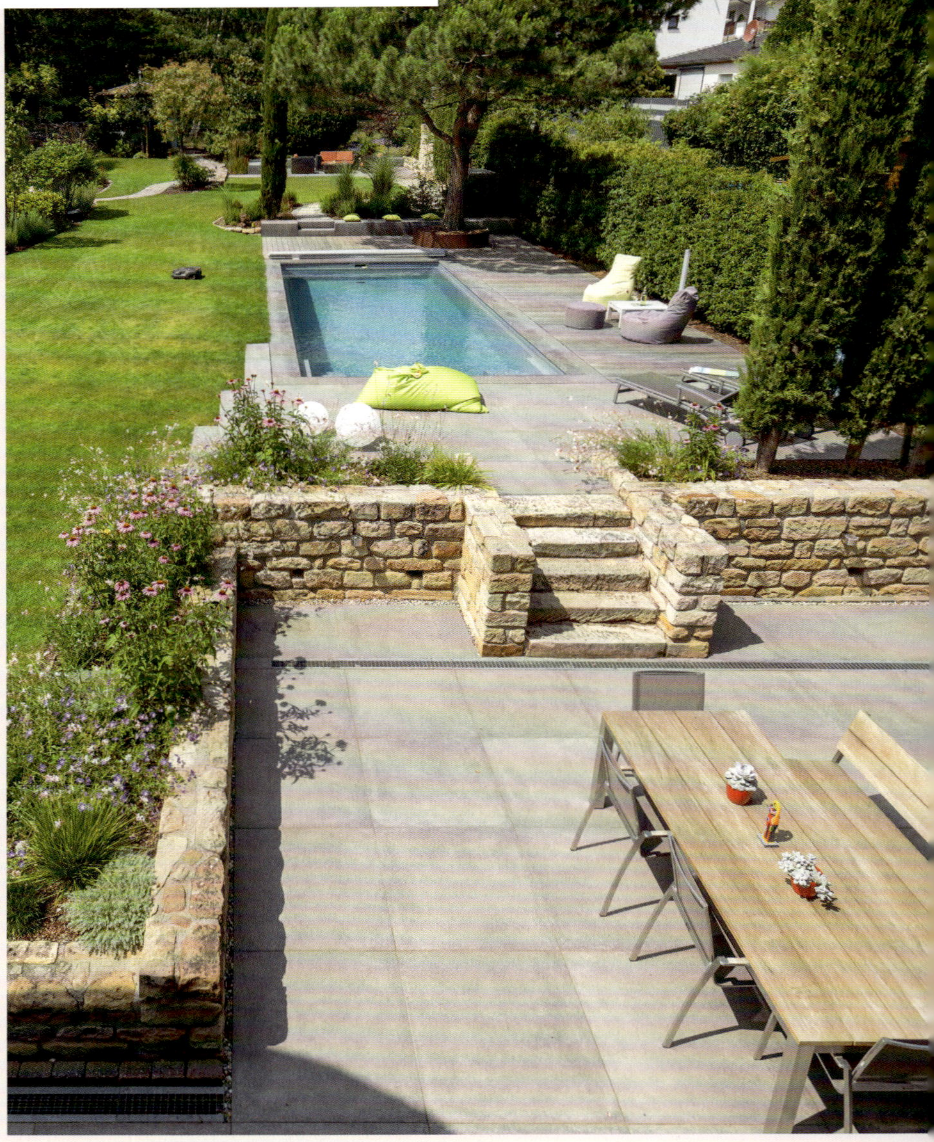

Entspanntes Abtauchen

Es gab bereits einen Schwimmteich im hinteren Teil des Gartens, allerdings war dieser nicht mehr als solcher zu erkennen: Die natürliche Wasserreinigung funktionierte nicht mehr, und so stand in dem Teich nur noch schwarzes Brackwasser. Eine Badegelegenheit wollten die neuen Besitzer des Gartens indes unbedingt haben, und so entstand ein Biopool. Den rückte der Gartengestalter bewusst deutlich näher ans Haus heran. Das geschah zum einen aus ganz praktischen Erwägungen: Jetzt sind es kurze Wege, wenn es einen zum Schwimmen zieht, und es muss nicht mehr der gesamte langgezogene Garten durchquert werden, um ins kühle Nass zu springen. Zum anderen unterstreicht die neue Platzierung die Rolle des Pools als zentrales Wellness-Element. Er ist jetzt Blickfang, avancierte zur stilbildenden Gestaltungskomponente des neuen Gartens und weckt damit die Urlaubsgefühle, die jeden überkommen, der auch nur einen Fuß in diesen Garten setzt.

↑ **Aufenthaltsqualität** Das ist ein ziemlich nüchtern klingendes Wort für eine sehr emotionale Sache. Dieser Garten jedenfalls bekam mit der Umgestaltung eine extra große Portion Aufenthaltsqualität. Überall auf dem Grundstück wurden Orte geschaffen, an denen der Gartenfreund gern verweilt, jeder Platz mit einem eigenen Charakter und für unterschiedliche Gelegenheiten. Da ist direkt am Haus die große Terrasse mit ihrem ausladenden Esstisch. Eingefasst wird sie von charakterstarken Natursteinmauern aus regionalem gelbem Sandstein. Sie stammen noch aus dem alten Garten und sollten erhalten bleiben. Da die Terrasse etwas tiefer liegt als das angrenzende Gelände, wirkt sie fast wie ein Senkgarten und dadurch herrlich heimelig.

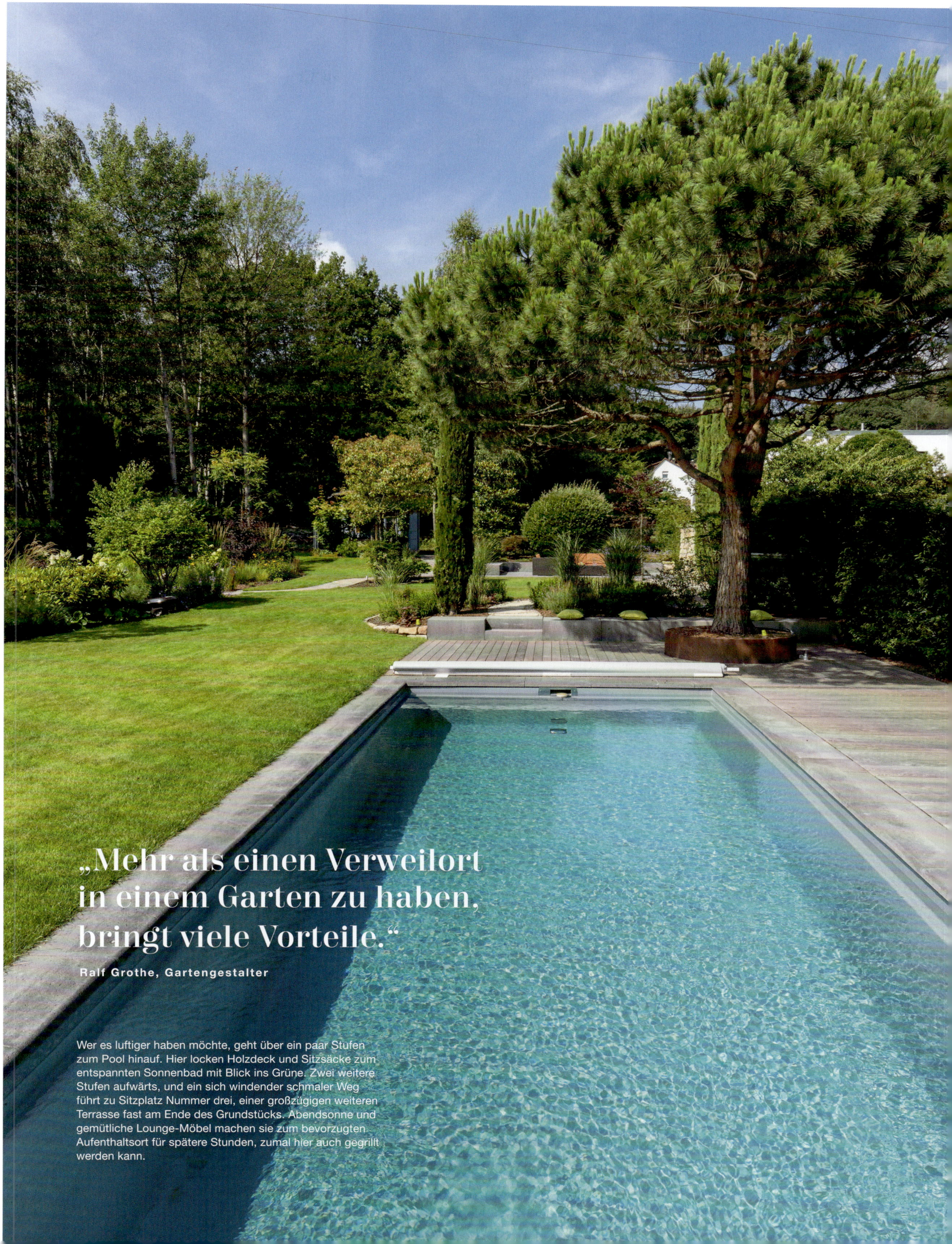

„Mehr als einen Verweilort in einem Garten zu haben, bringt viele Vorteile."

Ralf Grothe, Gartengestalter

Wer es luftiger haben möchte, geht über ein paar Stufen zum Pool hinauf. Hier locken Holzdeck und Sitzsäcke zum entspannten Sonnenbad mit Blick ins Grüne. Zwei weitere Stufen aufwärts, und ein sich windender schmaler Weg führt zu Sitzplatz Nummer drei, einer großzügigen weiteren Terrasse fast am Ende des Grundstücks. Abendsonne und gemütliche Lounge-Möbel machen sie zum bevorzugten Aufenthaltsort für spätere Stunden, zumal hier auch gegrillt werden kann.

Von geraden und geschwungenen Linien

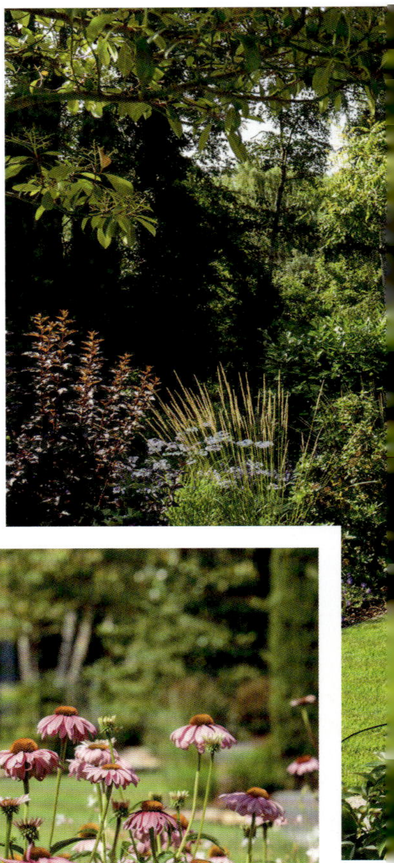

Dieser Garten empfängt seine Nutzer zwar mit einem deutlich vernehmbaren „Buongiorno", doch ist er nicht einfach der Nachbau eines italienischen Gartens, sondern durchaus eigenständig. Er kombiniert gekonnt die Elemente aus dem Süden mit regionaltypischen und modernen Komponenten zu einem in sich stimmigen Gesamtbild. Wegen des langgezogenen Grundrisses war es wichtig, die Längsachse des Gartens optisch nicht noch weiter zu betonen. Deshalb gibt es zwar einen Weg, der den Garten in ganzer Länge erschließt, doch er führt dezent seitlich entlang und in leichten Bögen bis zum Pavillon an der hinteren Grundstücksgrenze. Der Pavillon schmückte auch schon den alten Garten.

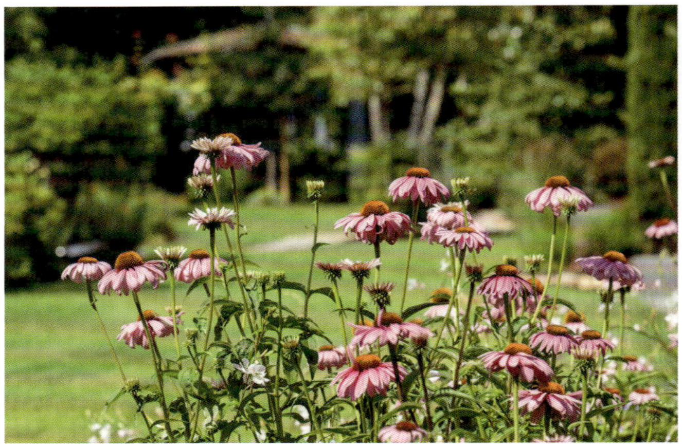

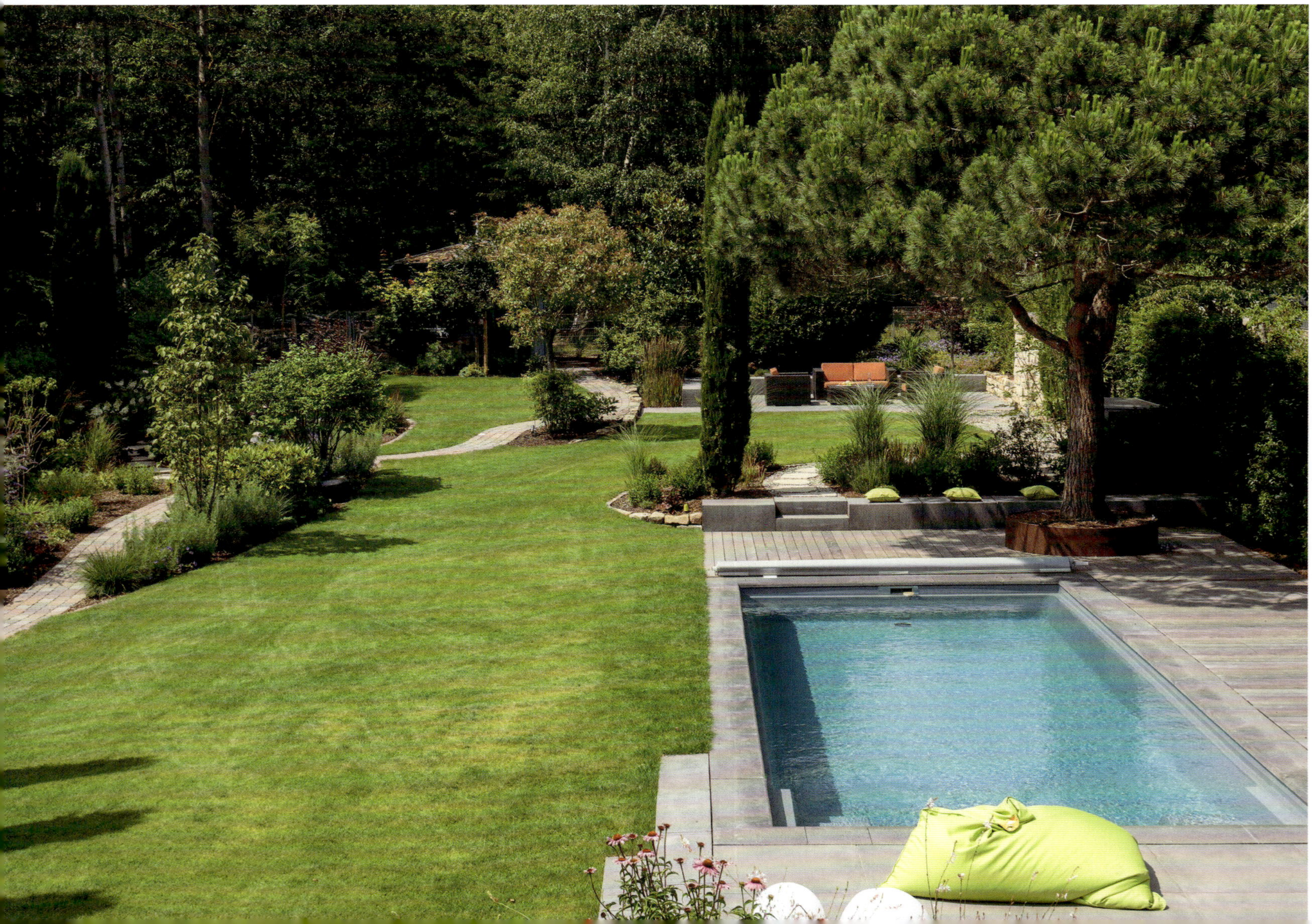

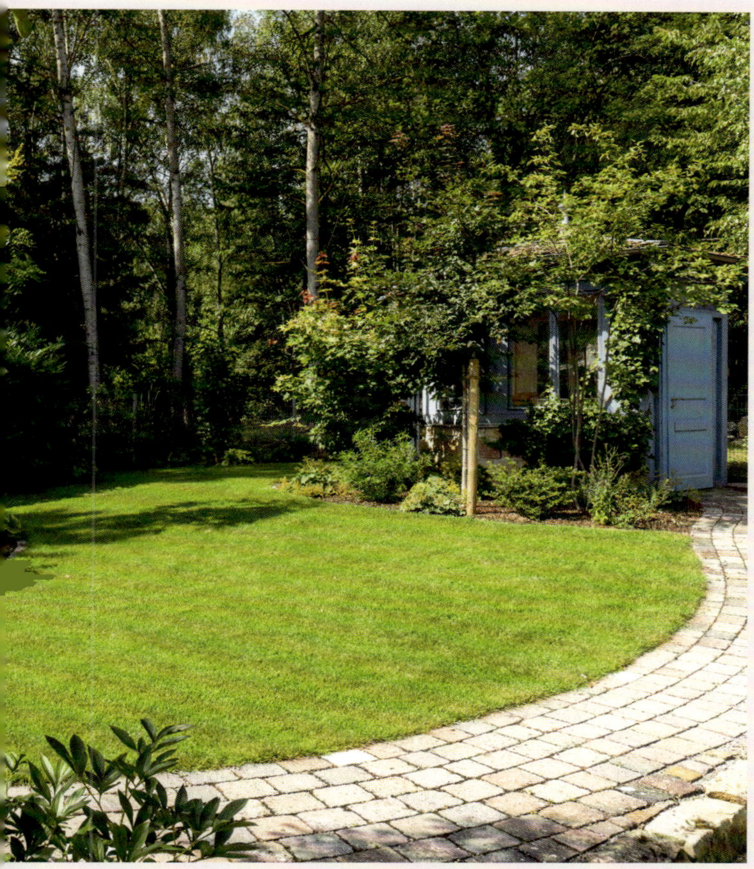

←

Übernommen Der Weg, der sich am Rand durch den gesamten Garten zieht, wurde mit dem ehemaligen Terrassenpflaster belegt, das die Gartenbauer zuvor reinigten. Das kleinformatige Material passt perfekt in diesen naturnah gestalteten Gartenteil.

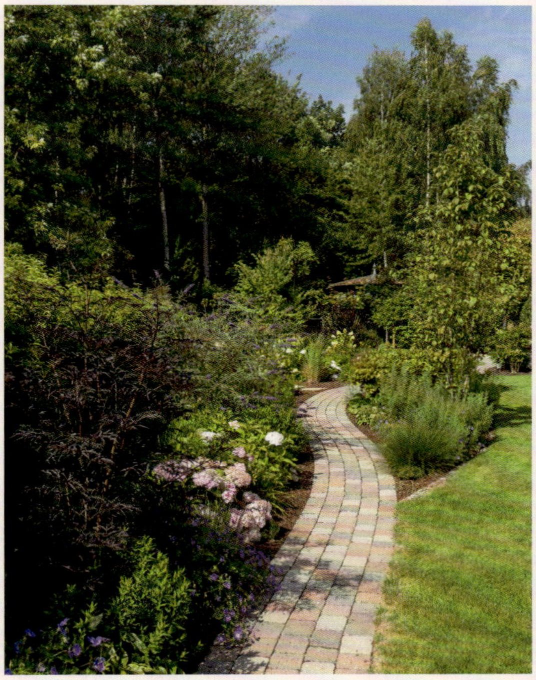

←

Die drei Hauptbereiche Hausterrasse, Pool und Grillterrasse liegen hintereinander auf dem Grundstück, wirken aber keinesfalls wie aufgereiht. Wer auf der Terrasse am Haus steht, sieht dank der unterschiedlichen Niveaus die beiden anderen Sitzplätze nicht. Großzügig bepflanzte Beete sorgen zusätzlich für Abtrennung, sodass hier drei autarke Gartenzimmer entstanden sind. Je weiter man sich vom Haus entfernt, desto weicher wird die Linienführung der Beete. Damit leitet die Gestaltung fast unmerklich in die umgebende Landschaft und den angrenzenden Wald über.

Die Gartenplanung

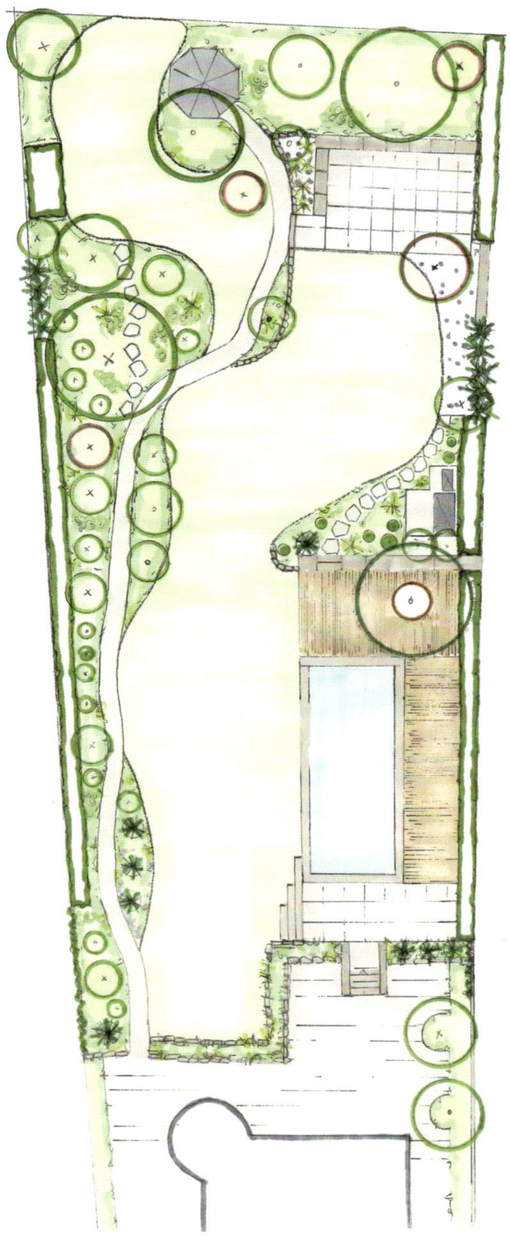

Im Überblick – Garten 14

BESONDERHEIT
Prägende Gestaltungselemente aus dem Bestand, wie Großbäume und Sandsteinmauern, galt es, in die neue Raumaufteilung harmonisch zu integrieren.

MATERIALIEN (Auswahl)
- Sandstein
- Keramikfliesen
- Thermisch behandelte Esche

PFLANZEN (Auswahl)
- Judasbaum *Cercis canadensis 'Forest Pansy'*
- Dunkelrote Blasenspiere *Physocarpus opulifolius 'Diabolo'*
- Schwarzer Holunder *Sambucus nigra 'Black Lace'*
- Lebkuchenbaum *Cercidiphyllum japonicum*
- Zypresse *Cupressus*
- Pinie *Pinus pinea*
- Portugiesische Lorbeerkirsche *Prunus lusitanica 'Angustifolia'*

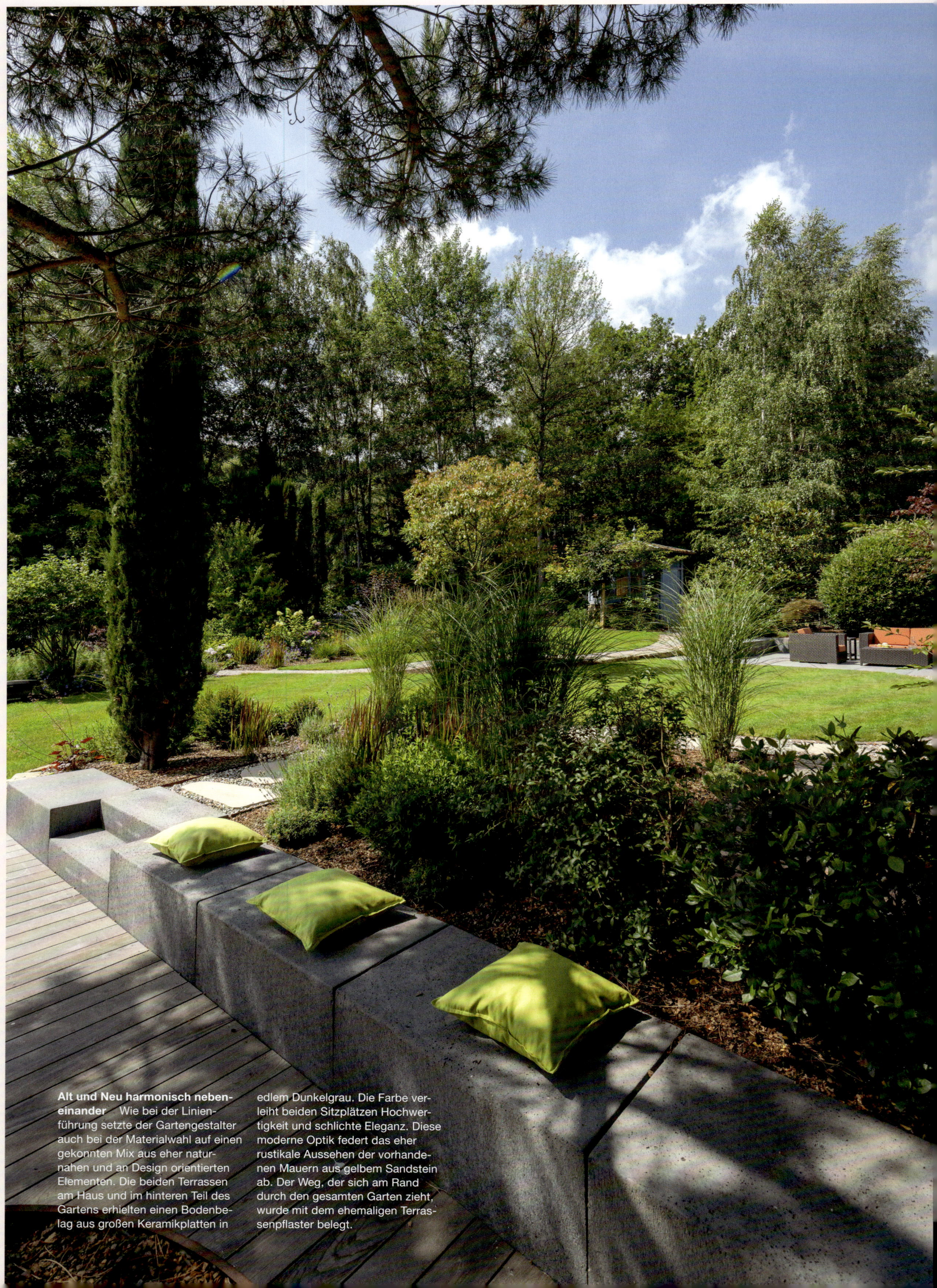

Alt und Neu harmonisch nebeneinander Wie bei der Linienführung setzte der Gartengestalter auch bei der Materialwahl auf einen gekonnten Mix aus eher naturnahen und an Design orientierten Elementen. Die beiden Terrassen am Haus und im hinteren Teil des Gartens erhielten einen Bodenbelag aus großen Keramikplatten in edlem Dunkelgrau. Die Farbe verleiht beiden Sitzplätzen Hochwertigkeit und schlichte Eleganz. Diese moderne Optik federt das eher rustikale Aussehen der vorhandenen Mauern aus gelbem Sandstein ab. Der Weg, der sich am Rand durch den gesamten Garten zieht, wurde mit dem ehemaligen Terrassenpflaster belegt.

Pflanzen als Hauptdarsteller

Auch vor der Umgestaltung gab es in dem Garten viele Pflanzen, vor allem viele große Gehölze. Sie waren aber vor Jahrzehnten ohne Plan gepflanzt und nicht in Form gehalten worden. Einige ließen sich – etwa die große alte Pinie, die heute die Poolterrasse beschattet – wunderbar in den neuen Garten integrieren. Andere mussten weichen. Umlaufend bekam der Garten einen grünen Rahmen aus Eibe. Über das ganze Gelände verteilen sich wie zufällig Pflanzinseln in organischen Formen, in denen kleinere Gehölze, Gräser und vielfältige Stauden wachsen. Sie tragen maßgeblich zur leichtfüßig wirkenden Gliederung des Grundstücks bei. Mal verdecken Sie den Blick auf das Dahinterliegende und machen neugierig darauf, den Garten weiter zu erkunden, mal rahmen und betonen sie einen Durchgang.

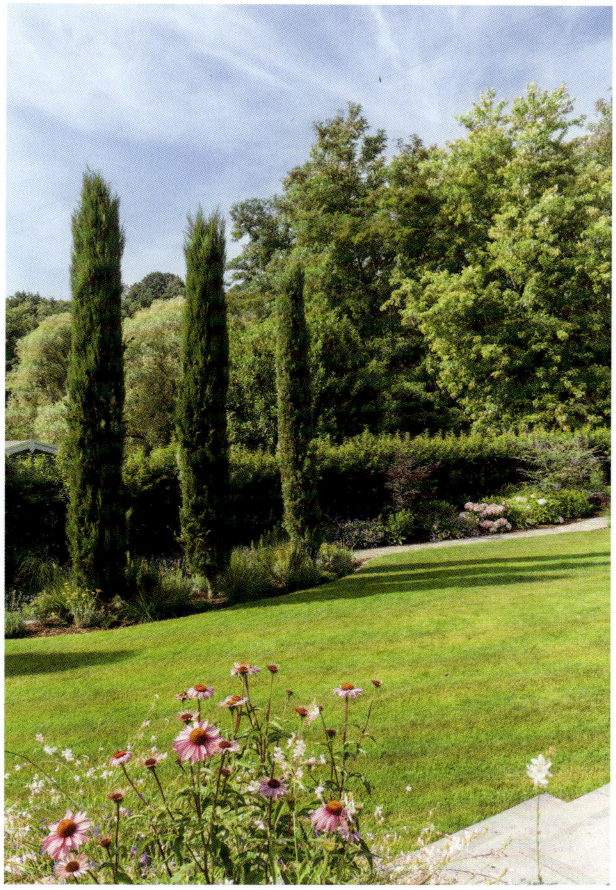

↑ **Verstärkung** Die bereits vorhandenen Zypressen, die maßgeblich zum mediterranen Charakter des Gartens beitragen, wurden um weitere Exemplare ergänzt, um ihre stilbildende Wirkung deutlicher herauszuarbeiten.

„Den Beeten und ihrer vielfältigen Bepflanzung kommt in diesem Garten eine Hauptrolle zu."

Ralf Grothe, Gartengestalter

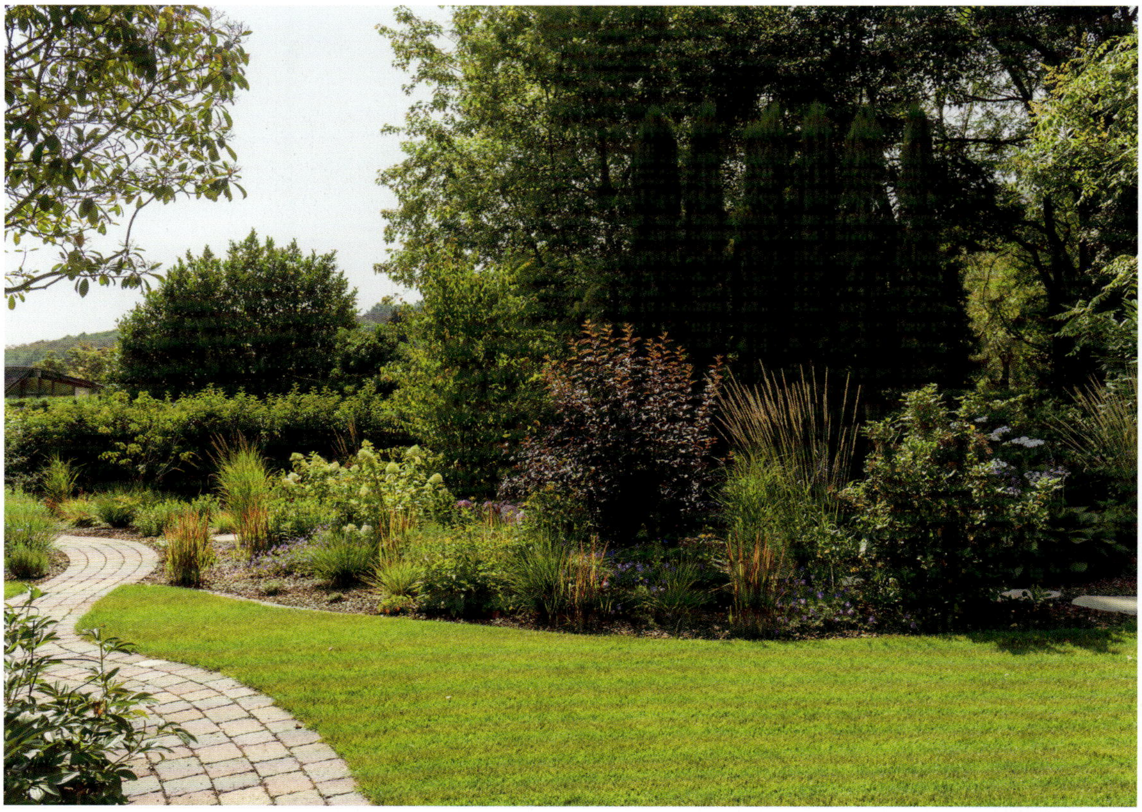

→ **Natürliche Formensprache** Bei all der Vielfalt an Beeten bleibt noch genügend Platz für eine ausgedehnte Rasenfläche, die trotz ihrer Größe kein bisschen eintönig oder langweilig wirkt. Dieses Kunststück gelingt, weil die Beete ihre organische Linienführung auf den Rasen übertragen und so dafür sorgen, dass hier keine störende Rechtwinkligkeit entsteht.

Eine große Wiese, kaum Gestaltung: So präsentierte sich das große Grundstück vor der Umgestaltung. Heute erinnert die Anlage an einen weitläufigen Hotelgarten, und die einzelnen Bereiche sind harmonisch miteinander verbunden.

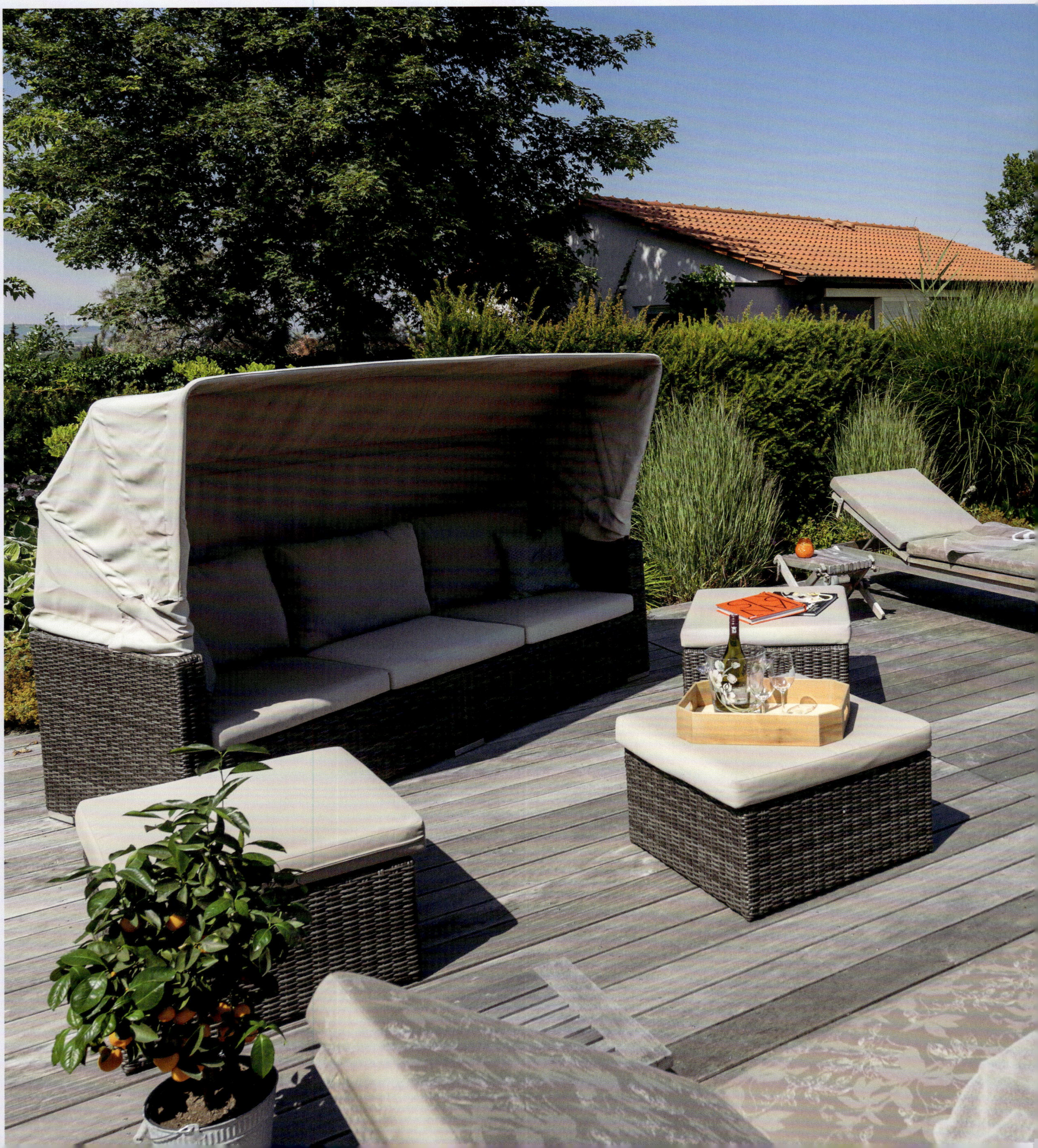

Ferien vor der Haustür

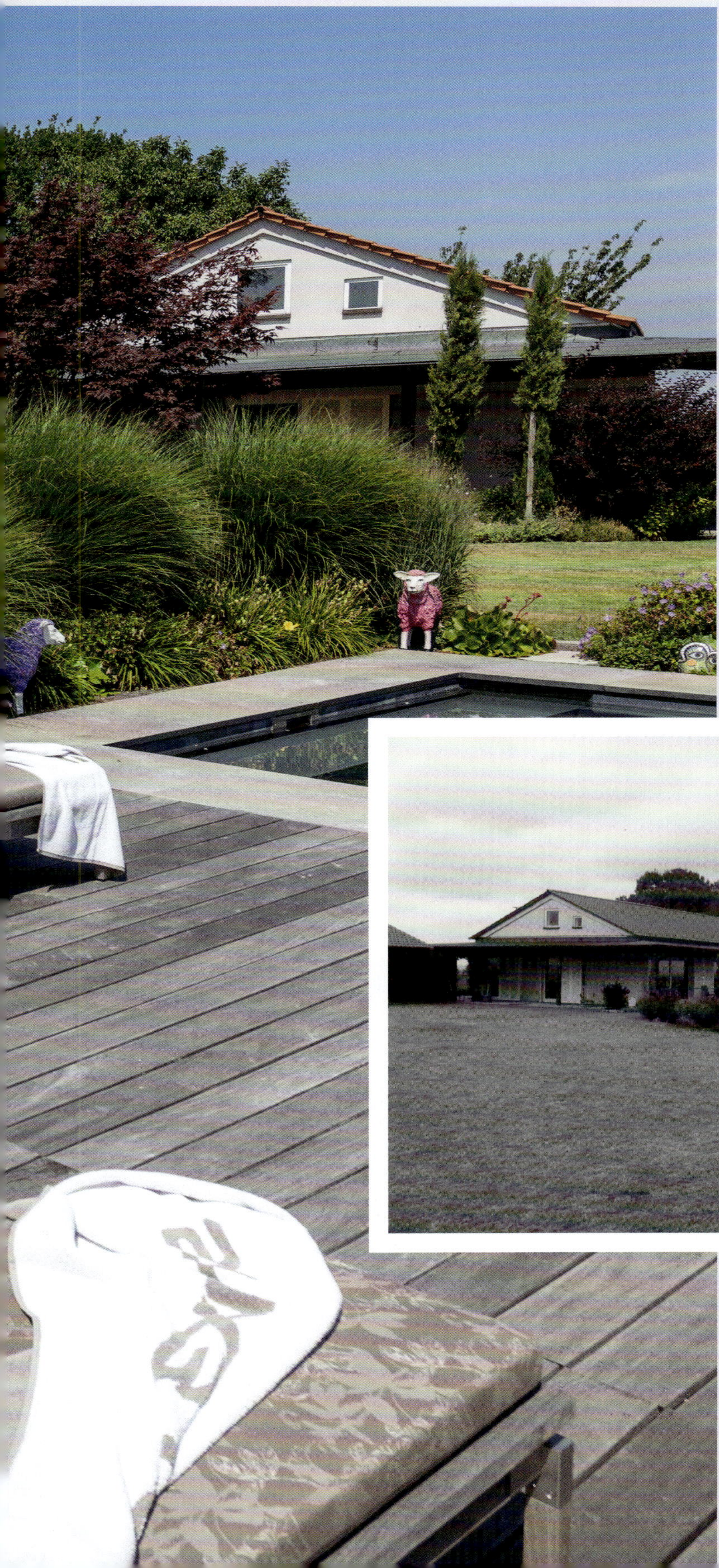

Nachher

Der Gartengestalter gliederte die große Fläche in verschiedene Gartenräume, jeder in sich geschlossen. Doch alle stehen in Beziehung zueinander. So wurden die vorhandenen, aber verstreuten Elemente zu Teilen eines Gesamtkonzepts.

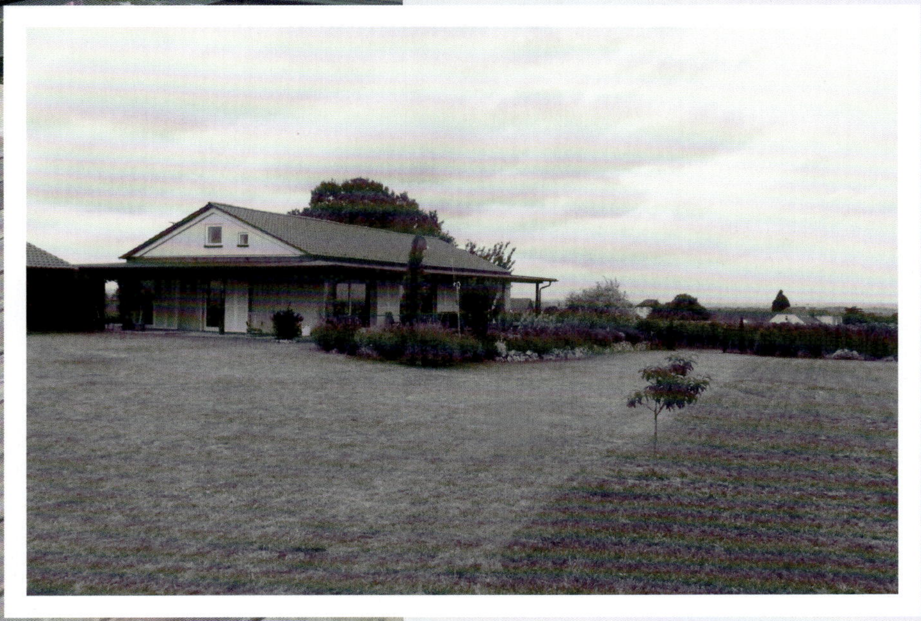

Vorher

Das große Grundstück bestand im Wesentlichen aus Rasenfläche, nur ein paar Obstbäume waren als Ausgleich für den Bau des Saunahauses gepflanzt worden. Ein schön angelegtes Beet gab es am Wohnhaus, aber es war das einzige. Die Rebflächen reichen bis an die Grundstücksgrenze, ein einfacher Gitterzaun bildete die Abgrenzung.

Im Überblick – Garten 15

GARTENGESTALTER
Grothe – Gärtner von Eden, Schwetzingen

IDEE
Dauerurlaub vor der Haustür

GRÖSSE
ca. 2.000 qm

___Das Grundstück – immerhin satte 2.000 Quadratmeter in der Idylle der Pfälzer Weinberge – hat enormes Potenzial. Ein kleines Ferienhaus neben dem eigenen Wohnhaus vermieten die Besitzer regelmäßig an Touristen. Als die Eigner sich ihrem Wohnhaus gegenüber ein kombiniertes Sauna- und Gartenhaus bauen ließen, war schnell klar: Das Grundstück braucht dringend mehr Gestaltung, denn nun standen drei Gebäude mehr oder weniger beziehungslos auf dem Grund und Boden und wirkten fast wie Fremdkörper inmitten der idyllischen Landschaft.

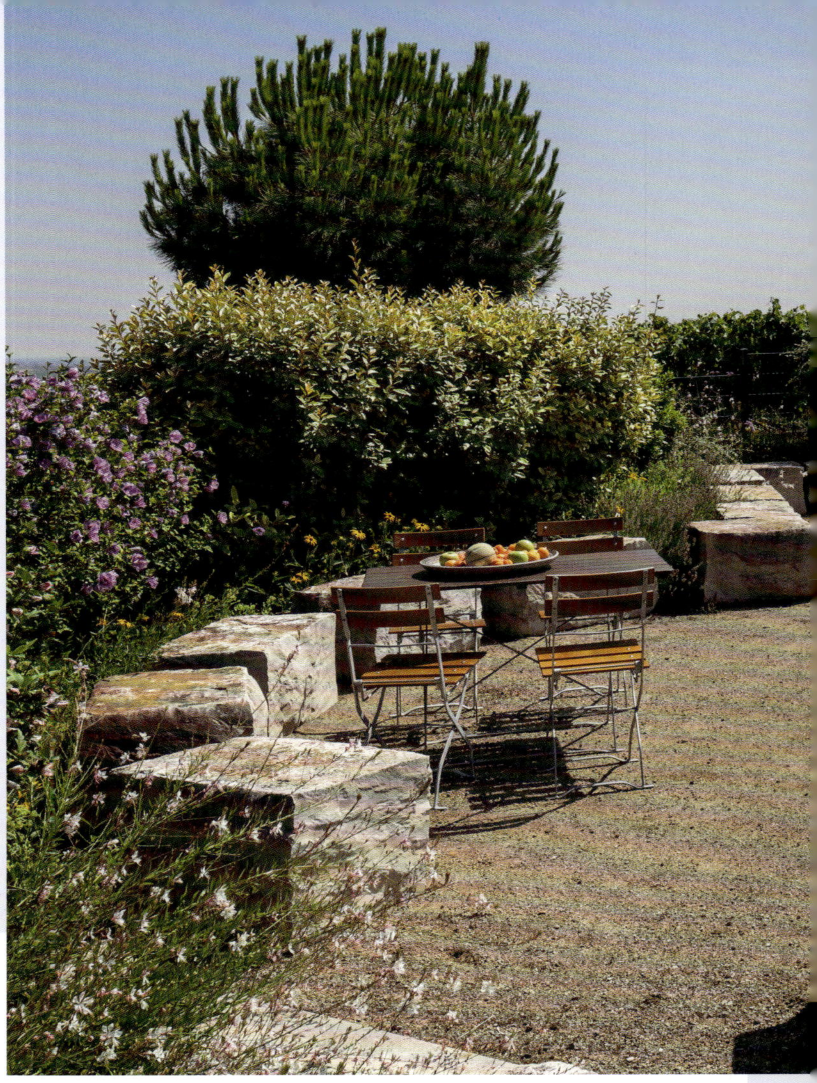

Die Gartenplanung

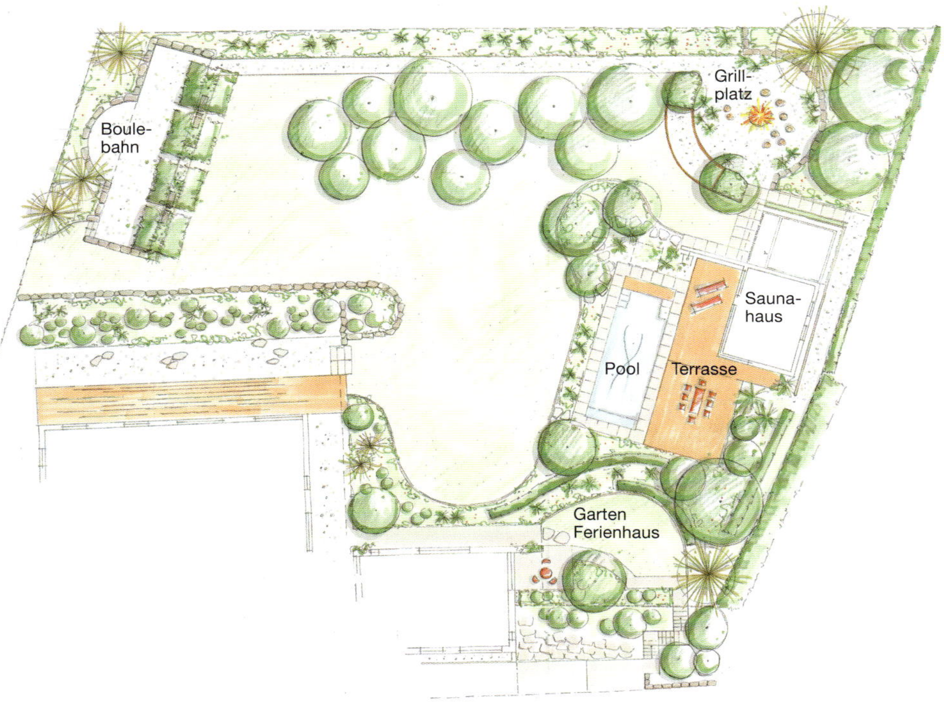

Garten im Garten

Die ländliche Lage inmitten von Weinbergen garantiert den Gartenbesitzern Privatsphäre. Allerdings vermieten sie ja noch das kleine Ferienhaus auf ihrem Grundstück, zu dem auch ein eigener Gartenteil gehört. Bisher ging dieser Ferienhaus-Garten in den Wohngarten der Familie über, sodass weder die Gäste noch die Gastgeber im Garten unter sich sein konnten. Das änderte sich mit der Umgestaltung. Die Feriengäste bekamen ihren eigenen, abgegrenzten Bereich.

← So grenzt nun ein S-förmiges Beet die Gärten der beiden Wohnhäuser voneinander ab und bildet gleichzeitig die grüne Verbindungslinie zwischen ihnen. Das Ferienhaus hat jetzt eine eigene halbrunde Rasenfläche, eingefasst von einem breiten, abwechslungsreich bepflanzten Beet. Dessen Rückseite bildet eine der grünen Einfassungen des Pools. Somit sorgt das Beet für Sichtschutz in diesen beiden sensiblen Gartenteilen.

Im Überblick – Garten 15

MATERIALIEN (Auswahl)
- Ipe-Holz
- Muschelkalk
- Jura

PFLANZEN (Auswahl)
- Roter Fächerahorn *Acer palmatum 'Atropurpureum'*
- Zierkirsche *Prunus 'Accolade'*
- Zierapfel *Malus 'Evereste'*
- Großblumige Magnolie *Magnolia 'Merril'*
- Kupfer-Felsenbirne *Amelanchier lamarckii*
- Korkflügelstrauch *Euonymus alatus*
- Feinhalm-Chinaschilf *Miscanthus sinensis 'Gracillimus'*
- Lampenputzergras *Pennisetum 'Hameln'*
- Weicher Frauenmantel *Alchemilla mollis*
- Storchschnabel *Geranium 'Rozanne'*
- Prachtkerze *Gaura lindheimeri 'Whirling Butterflies'*
- Leuchtender Sonnenhut *Rudbeckia fulgida 'Goldsturm'*

↓ **Wellnessgarten** Ein erster Schritt auf dem Weg, den Garten in einen Wohlfühlort zu verwandeln, war der Bau des Saunahauses. Diesen Weg wollten die Gartenbesitzer nun weiterverfolgen. Ganz oben auf ihrer Wunschliste stand eine eigene Badegelegenheit. Diese passte nicht nur thematisch, sondern auch räumlich bestens zum Saunahaus. Und so entstand vor dem geradlinigen Gebäude ein Schwimmbecken. Eine großzügige Terrasse aus Ipe-Holz verbindet die Wellness-Spots miteinander, sodass sich die Erholungssuchenden nach dem Baden und dem Saunagang dort wunderbar entspannen können. Eine üppige Bepflanzung auf allen Seiten sorgt für ein Höchstmaß an Privatheit, wobei der Blick in die Landschaft offen bleibt.

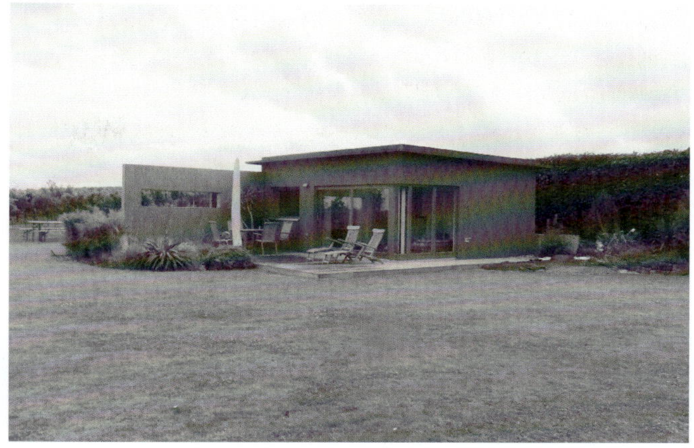

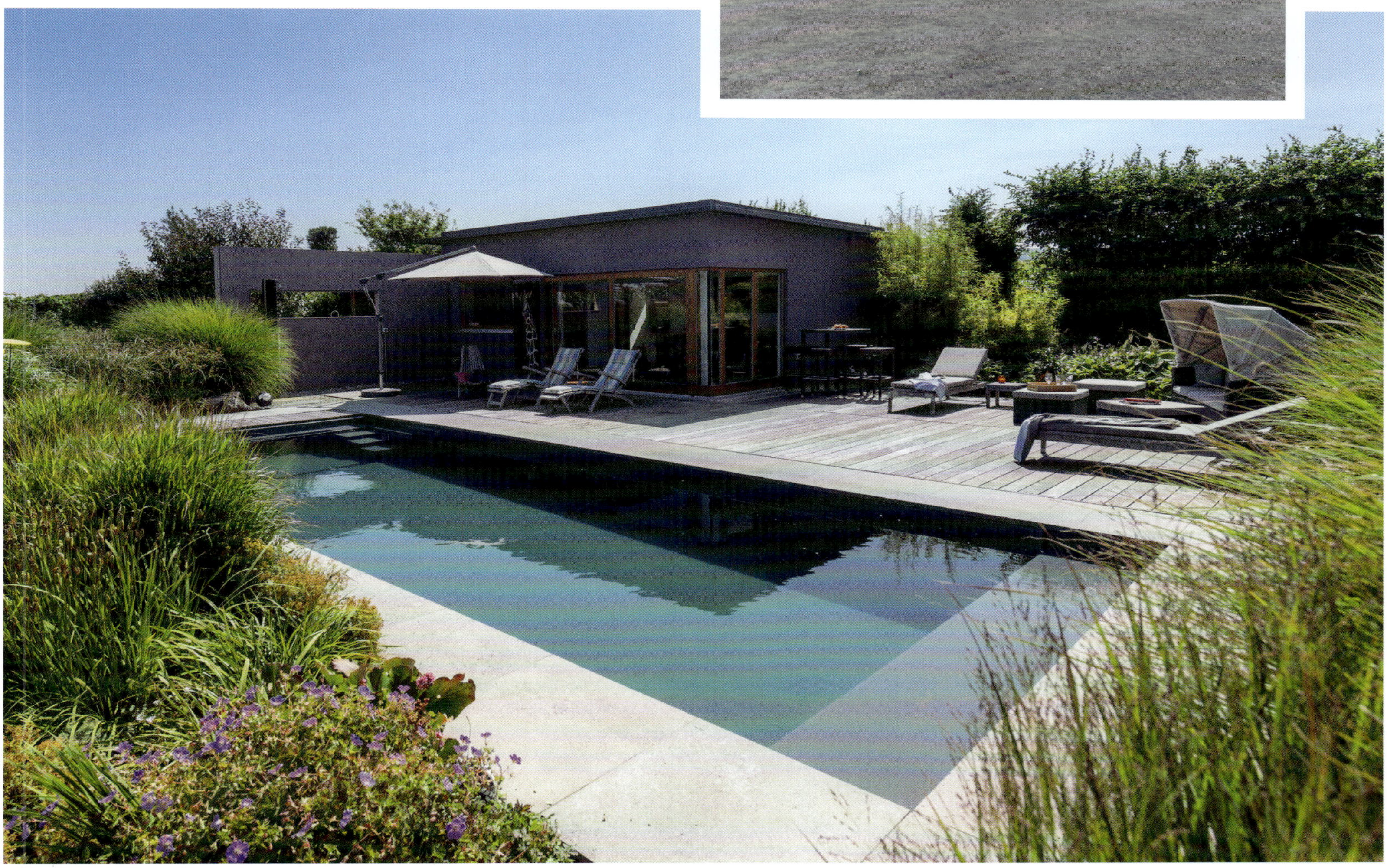

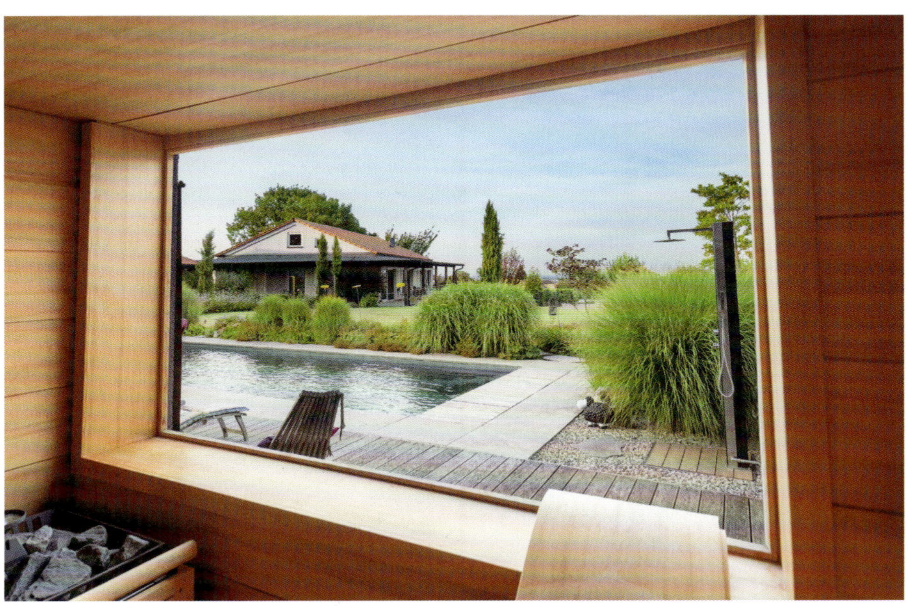

↑ **Aussichtsreich** Aus dem großen Fenster schauen die Saunierenden jetzt nicht mehr nur auf einen Rasen, sondern auf abwechslungsreich bepflanzte Beete.

„Dank üppiger Bepflanzung ist man beim Entspannen ganz und gar von der Natur umgeben.“

Ralf Grothe, Gartengestalter

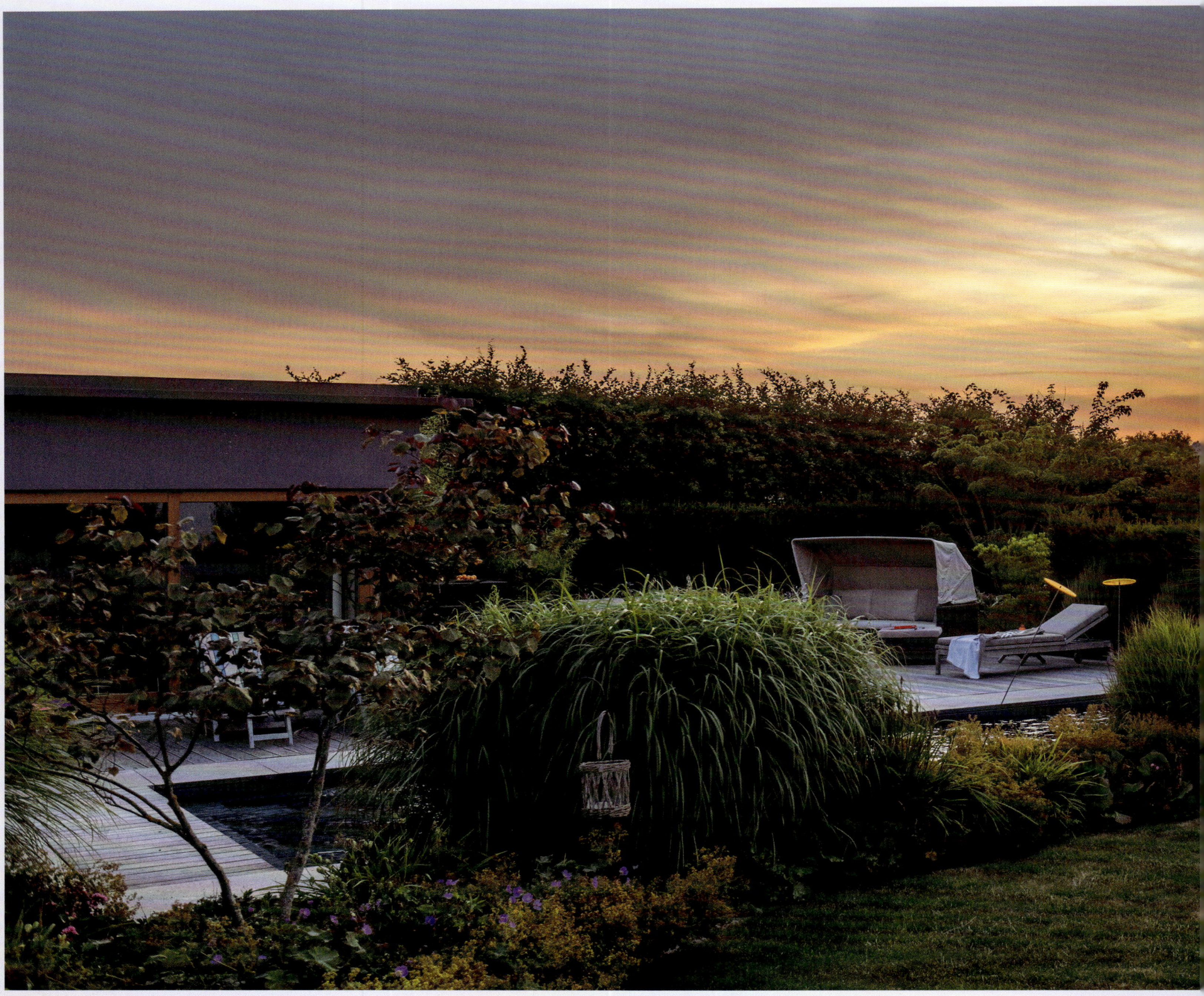

Wie im Süden

Ein Hauch Toskana umwehte Haus und Garten schon vor der Umgestaltung – allein durch die Lage im Weinberg, aber auch, weil sich die Besitzer für einen warmen Malventon als Fassadenfarbe für die Gebäude entschieden hatten. Die Architektur tat dann ein Übriges. Diese gestalterische Steilvorlage nahm der Gartengestalter gern auf und wählte Pflanzen und Material passend zum mediterranen Flair. Säulenzypressen und Lavendel prägen das Bild jetzt ebenso wie der warme Braunton des naturnahen Bodenbelags und die hellen Sitzblöcke aus grob behauenem Jura-Gestein.

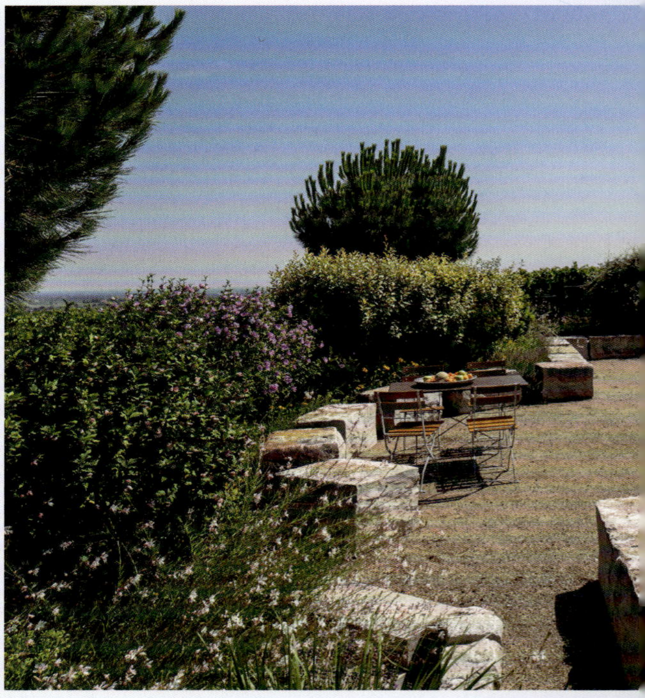

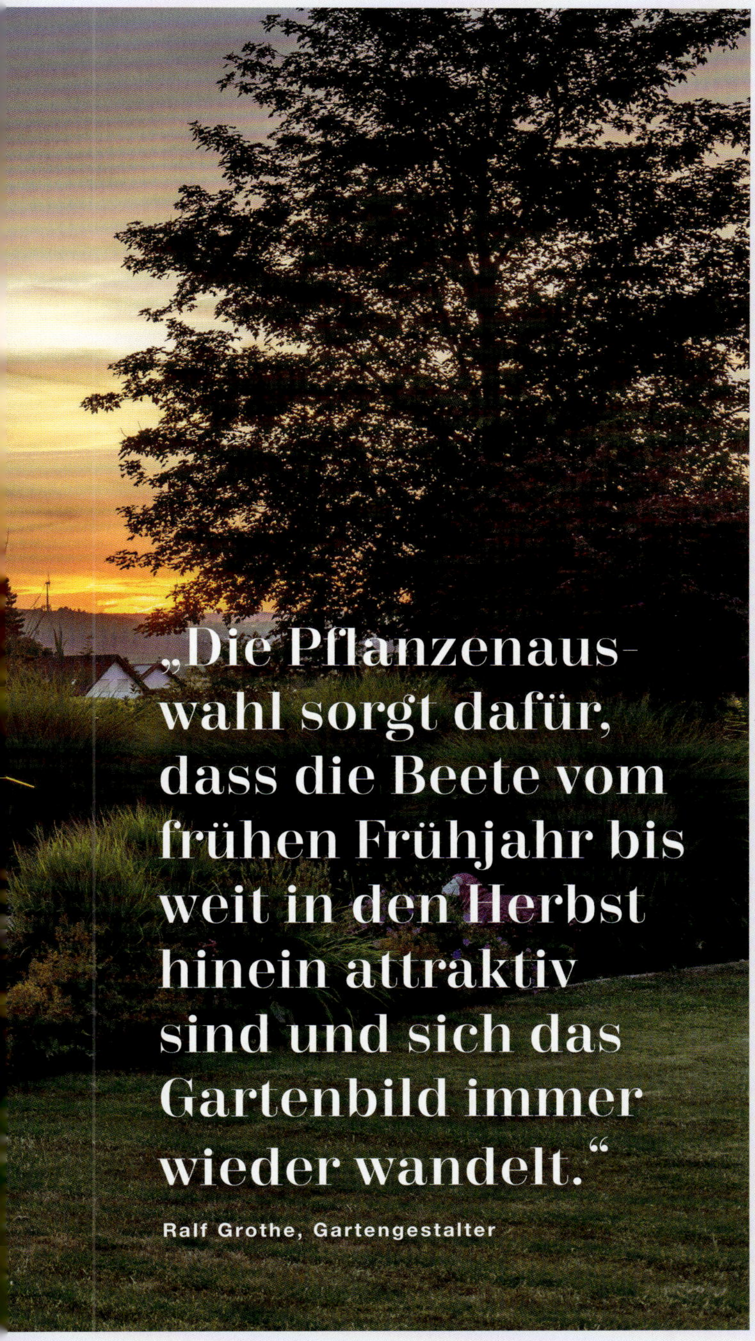

„Die Pflanzenauswahl sorgt dafür, dass die Beete vom frühen Frühjahr bis weit in den Herbst hinein attraktiv sind und sich das Gartenbild immer wieder wandelt."

Ralf Grothe, Gartengestalter

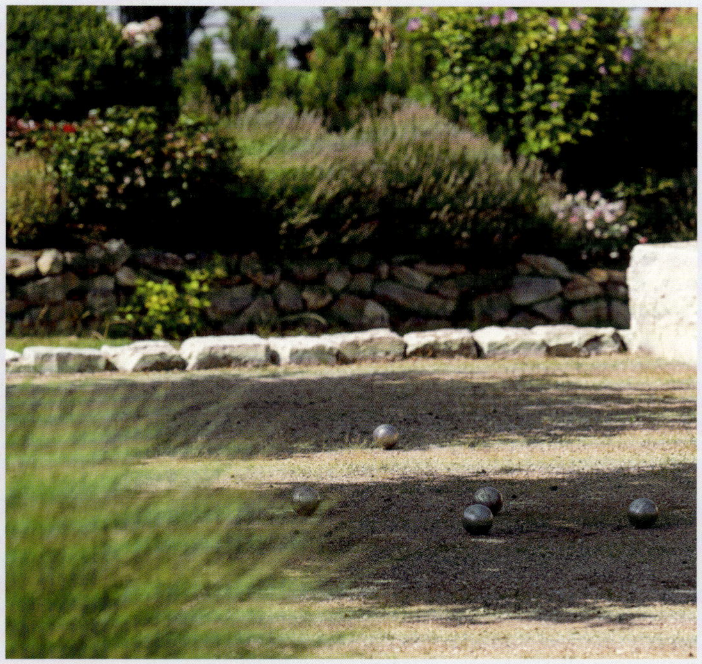

↑ **Ein Garten zum Aktivwerden** Die Besitzer wollten ihren Garten endlich aktiv nutzen – und zwar durchaus sportlich. Das neue Schwimmbecken ist die augenfälligste Umsetzung dieses Wunsches, und mit einem großzügigen Boule-Platz gleich gegenüber kam eine weitere Möglichkeit hinzu, sich mit Spaß fit zu halten. Der Boule-Platz bietet auch eine Gelegenheit zum gemütlichen Verweilen mitten im Grünen mit Blick in die Weinberge.

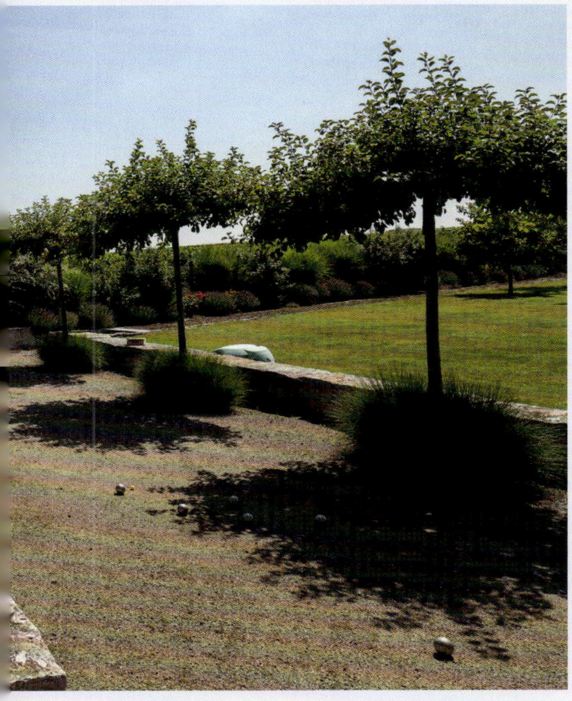

← **Logenplätze** Nicht zuletzt dank einer Reihe kleinkroniger Zierapfelbäume an der Grenze zwischen Boule-Platz und Rasen ist ein durch und durch heimeliger Ort entstanden. Die Bäume spenden Schatten und verleihen dem Platz räumliche Wirkung. Die umlaufend platzierten Sitzquader tragen ebenfalls zur Raumwirkung bei und schaffen gleichzeitig Logenplätze für Zuschauer.

→ **Treffpunkt** Einladend präsentiert sich der etwas versteckt hinter dem Saunahaus liegende Grillplatz. Auch hier prägen Sitzquader und der warme Braunton des durchlässigen Bodenbelags das Bild.

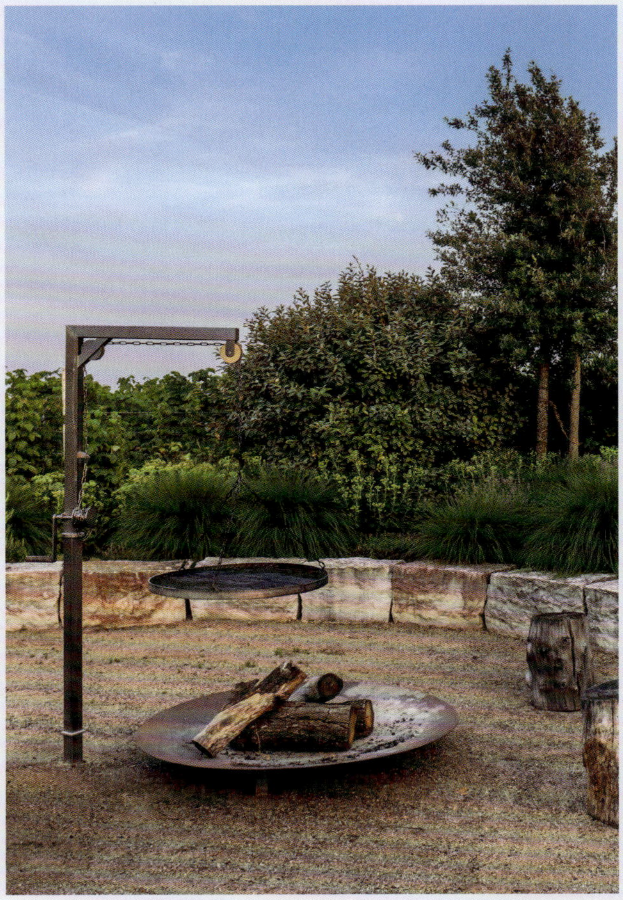

GARTENGESTALTER
Planung und Ausführung:
Grütters – Gärtner von Eden, Sonsbeck

IDEE
Wohnlicher Familiengarten
vor dem Haus

GRÖSSE
ca. 400 qm

Wohnen im Vorgarten

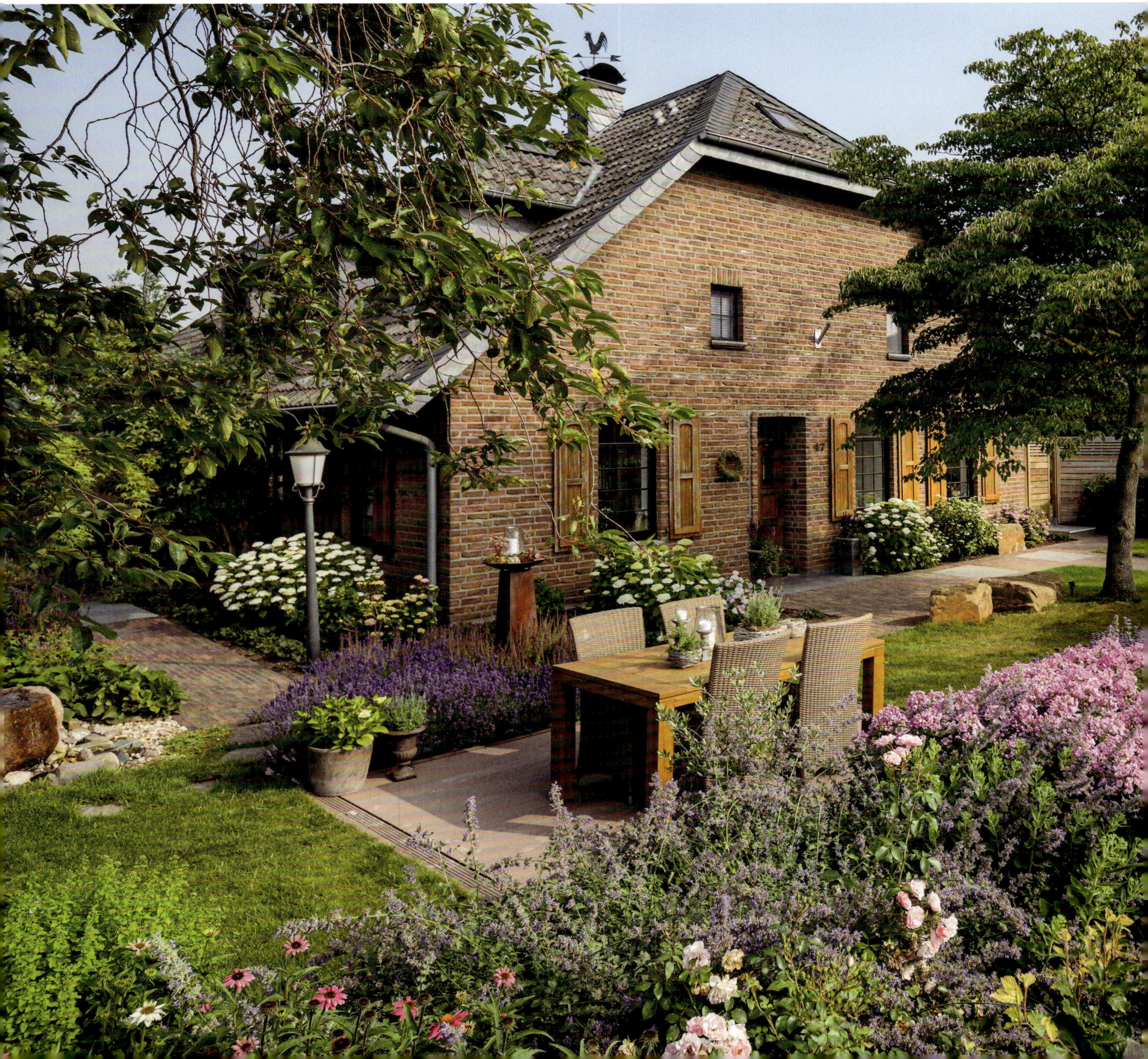

Mehrgenerationenhäuser verlangen nach eigenen Gartenkonzepten. Hier gehört der Gartenteil vor dem Haus zum Wohnbereich der jungen Generation und sollte vom klassischen Vorgarten in einen gemütlich-modernen Wohn- und Spielgarten umgewandelt werden.

Vorher

Der vor dem Haus gelegene Gartenteil beherbergte bereits Elemente eines Wohngartens: die Terrasse und Spielelemente. Ein harmonisches Gesamtbild gab es jedoch nicht. Die übergroßen Gehölze nahmen zudem viel Licht.

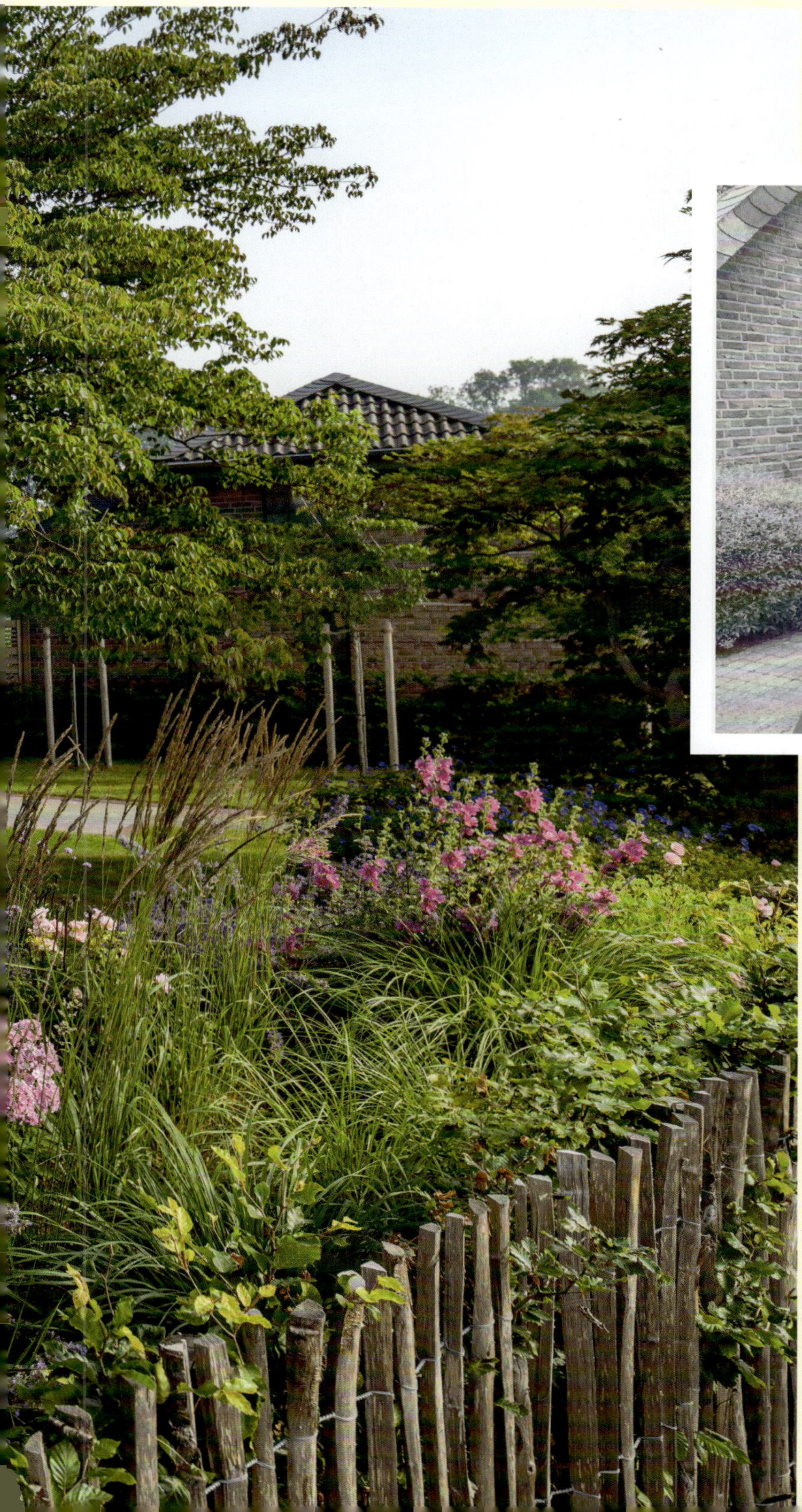

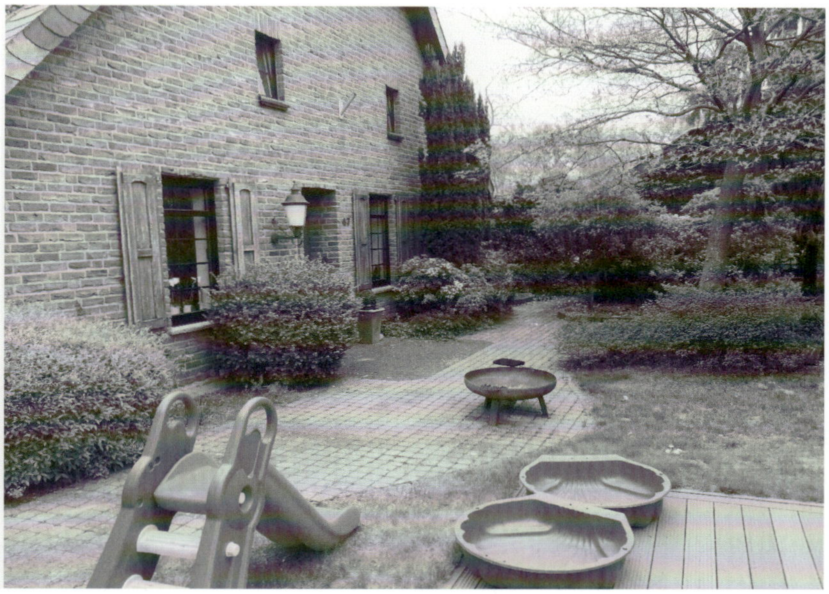

Nachher

Heute präsentiert sich das Grundstück vor dem Haus als einladender Wohngarten. Die breiten Beete Richtung Straße kaschieren den Höhenunterschied auf dem Grundstück, sind Sichtschutz und zugleich bunte Einfassung für den Sitzplatz.

Einladendes Entrée

Vorher

Das Haus war hinter vielen dichten Gehölzen verborgen, der Weg zur Haustür war kaum zu sehen.

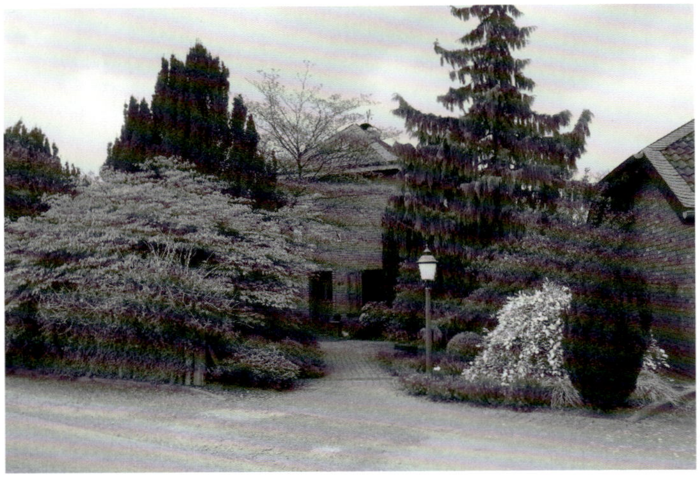

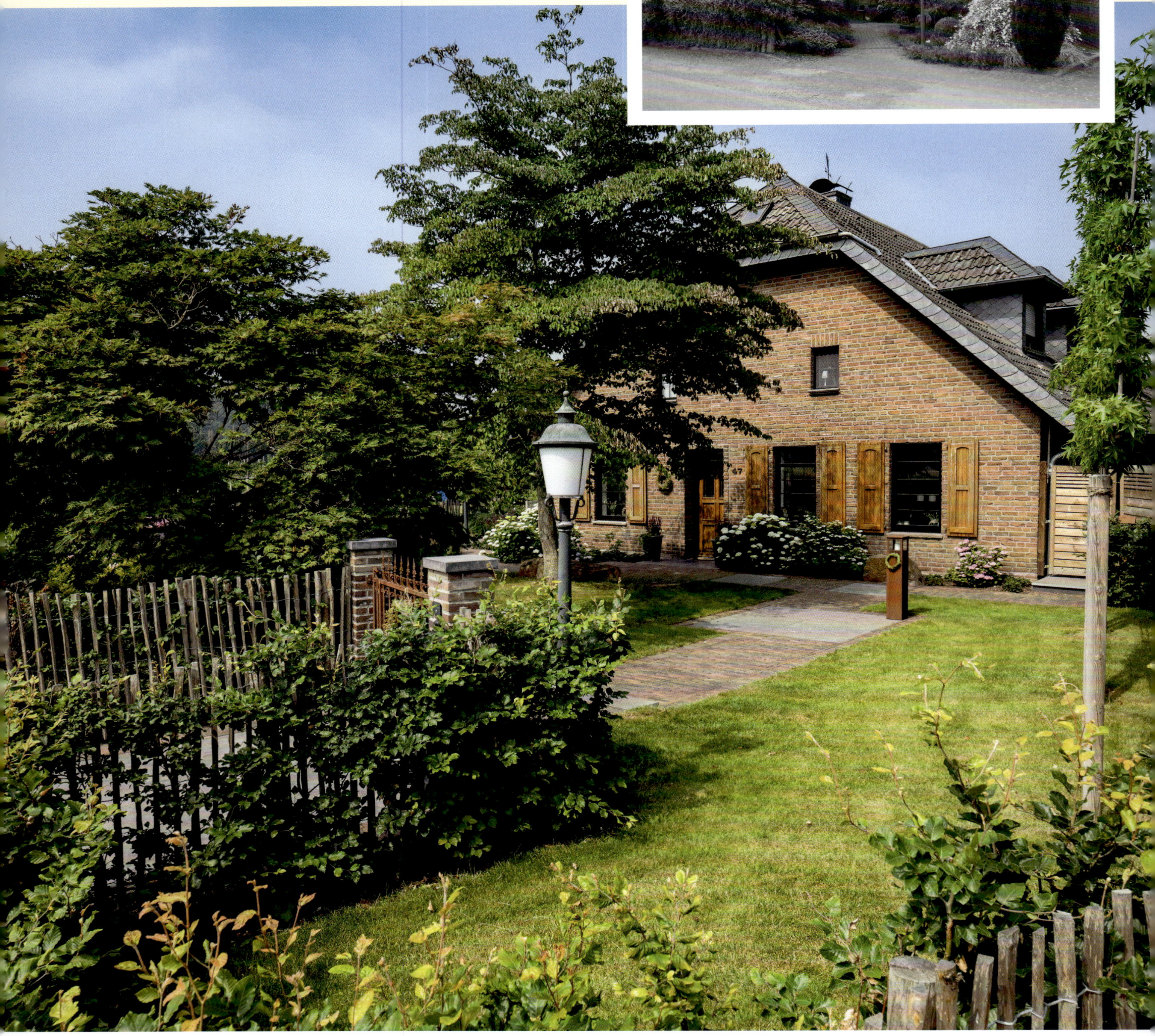

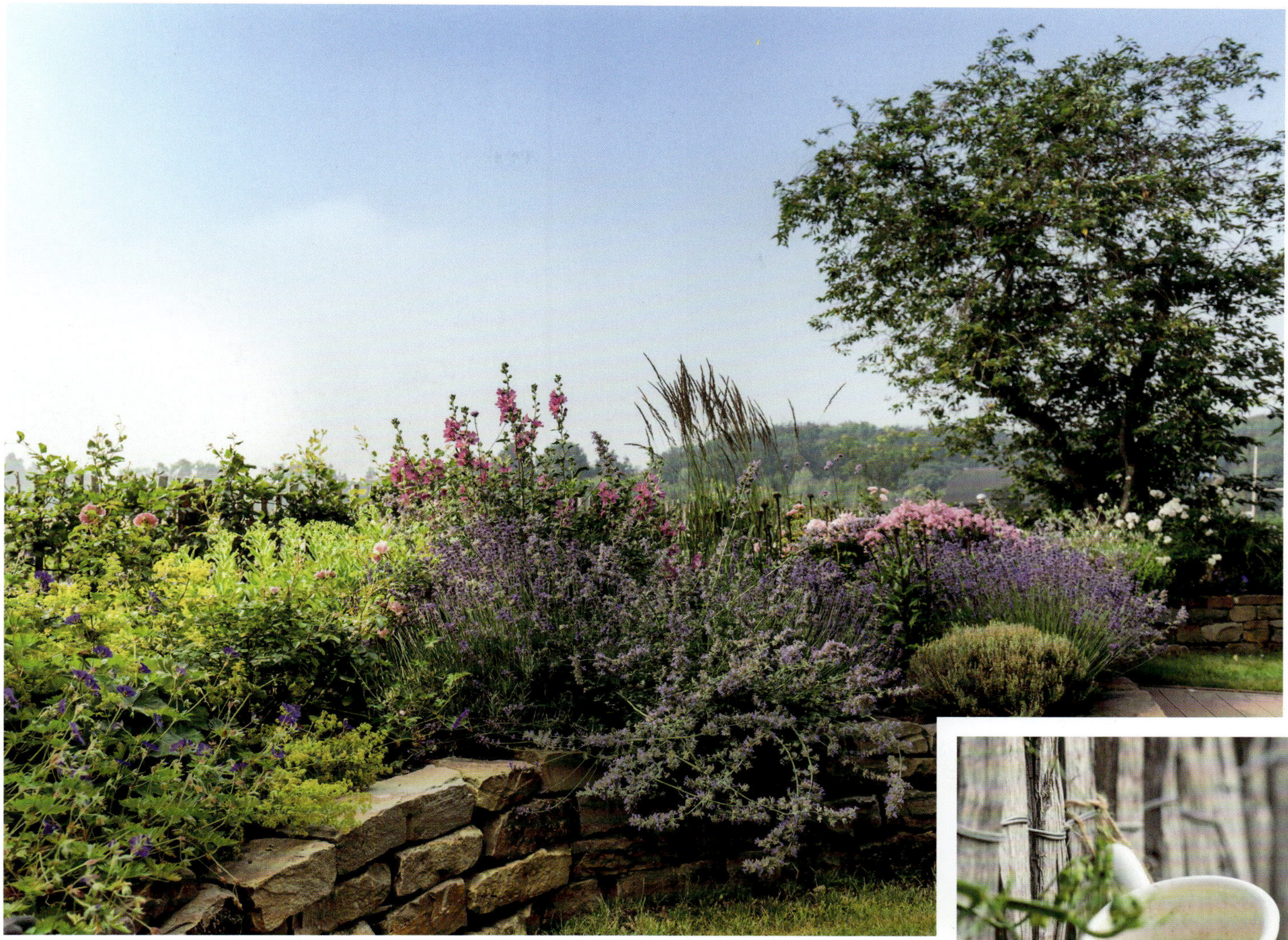

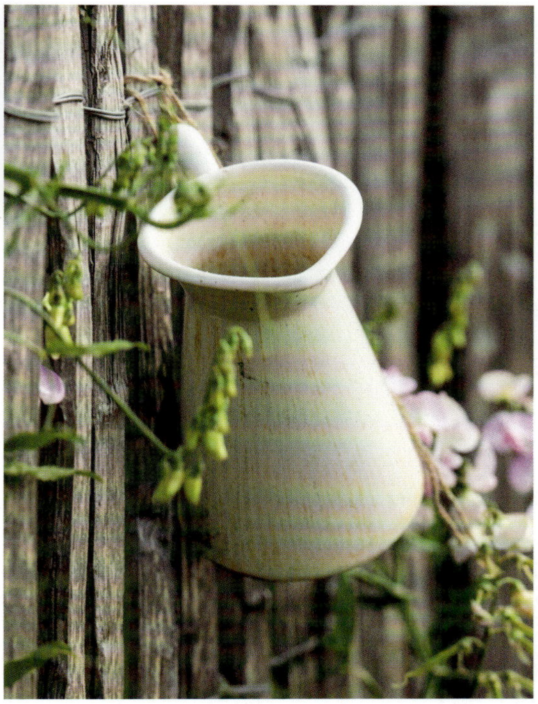

← **Einladend** Zwar grenzt heute ein Zaun inklusive Gartentor den Garten gegen die Straße ab, doch fühlen sich Besucher dank der großzügigen hellen Gestaltung herzlich willkommen.

↑ **Abgefangen** Auf dem Grundstück gibt es einen leichten Höhenunterschied: An der Straße ist das Bodenniveau höher als am Haus. Dieser Unterschied war früher durch eine bepflanzte Böschung ausgeglichen worden. Bei der Umgestaltung wurde das Gelände nun terrassiert, und zur Straße hin entstanden großzügige Hochbeete, die mit Trockenmauern aus Grauwacke abgefangen wurden.

___Das Haus wurde nicht als Mehrgenerationenhaus gebaut, ließ sich aber wunderbar zu einem solchen ändern. Während die Großeltern im hinteren Bereich leben, fanden Kinder und Enkel ihr Zuhause im zur Straße gelegenen Teil. Das Grundstück ist so groß, dass jede Partei einen weitläufigen Garten bekam. Allerdings bedurfte es einer Umgestaltung, weil der Gartenteil, der zum Wohnbereich der jüngeren Generation gehört, vor der Teilung der Vorgarten des Hauses gewesen war. Abgesehen von der ehemals anderen Nutzung verriet der Garten auch deutlich sein Alter: Die zahlreichen Gehölze waren über die Jahrzehnte sehr groß geworden.
Die Gartenbesitzer wünschten sich einen hellen, freundlichen Wohngarten, der zu dem für die Gegend typischen, etwas rustikalen Klinkerhaus und der sehr ländlichen Umgebung passen sollte, aber durchaus moderne Anklänge haben durfte. Eine Sicherung des Geländes zu der unmittelbar davor verlaufenden, zwar wenig befahrenen, aber dennoch gefährlichen Straße war Pflicht.

Schätze gehoben

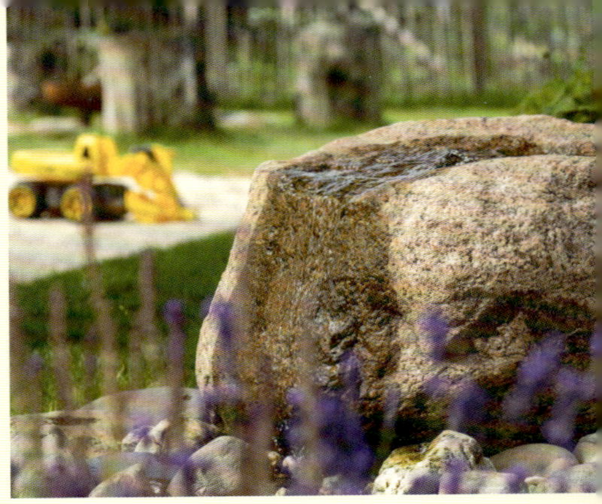

Mit 400 Quadratmetern ist dieser ehemalige Vorgarten üppig bemessen. Entsprechend großzügig wurde während seiner Entstehung anscheinend mit der Bepflanzung vorgegangen. Der mit der Veränderung beauftragte Gartengestalter unterzog die vorhandenen Pflanzen einer sorgfältigen Sichtung mit dem Ziel, soviel wie möglich vom Bestand in das neue Gartenkonzept zu integrieren. So bildet heute ein großer, alter Kirschbaum den Mittelpunkt des neuen Gartens. Dadurch, dass er ringsum freigelegt wurde, rückte er in die Rolle eines dekorativen Solitärs auf. Im Bestand fanden sich weitere Pflanzenschätze, die in den umgestalteten Garten harmonisch eingegliedert wurden: ein großer Hartriegel zum Beispiel und ein Ahorn.

Extras

↑ **Naturnah** Neben großen, abgeflachten Findlingen, die zum Sitzen und Klettern einladen, gibt es in dem Garten noch einen weiteren Findling, der als Quellstein fungiert.

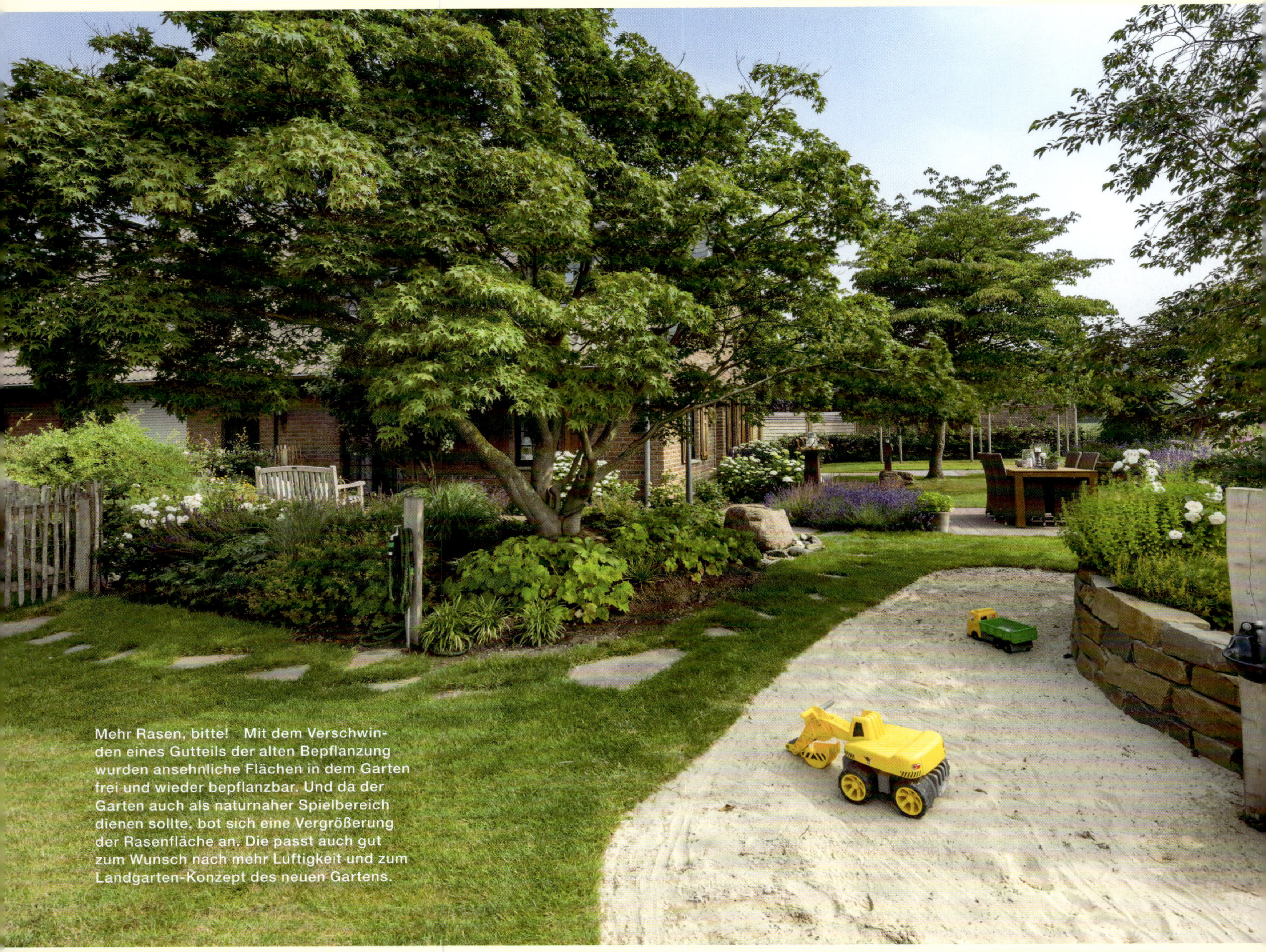

Mehr Rasen, bitte! Mit dem Verschwinden eines Gutteils der alten Bepflanzung wurden ansehnliche Flächen in dem Garten frei und wieder bepflanzbar. Und da der Garten auch als naturnaher Spielbereich dienen sollte, bot sich eine Vergrößerung der Rasenfläche an. Die passt auch gut zum Wunsch nach mehr Luftigkeit und zum Landgarten-Konzept des neuen Gartens.

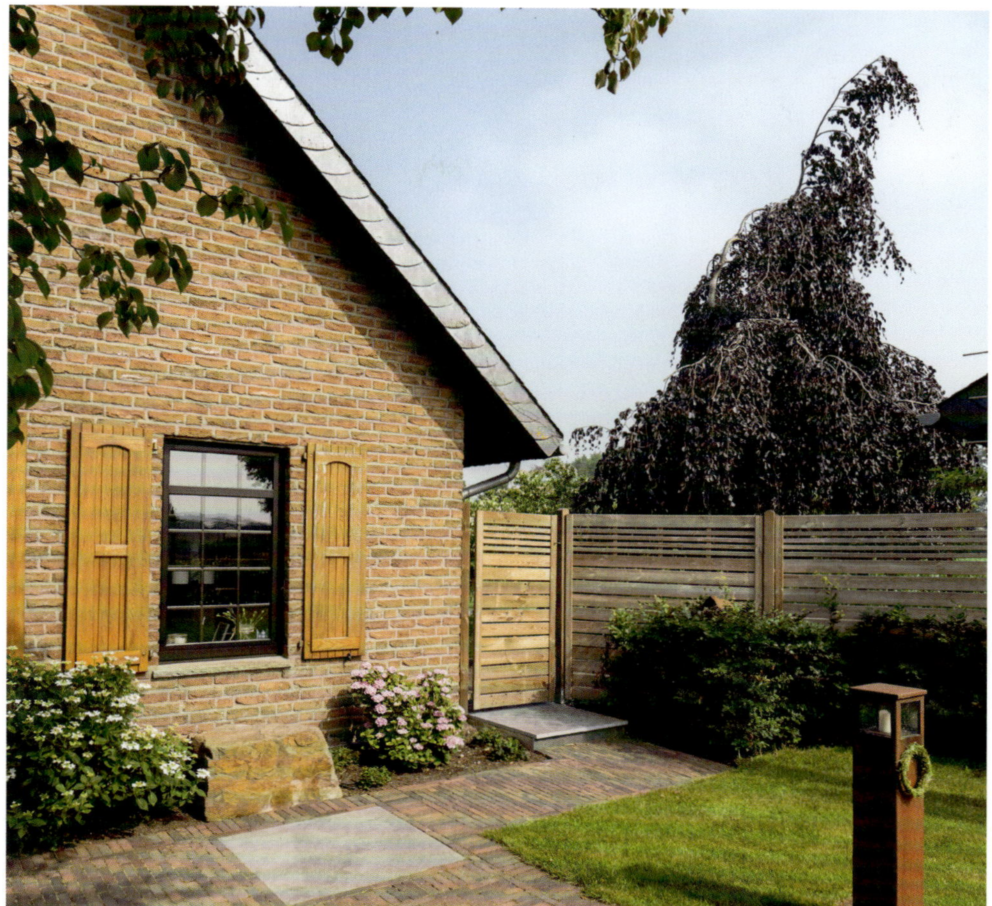

↓ **Kinder herzlich willkommen!** Der Garten sollte zum kinderfreundlichen Erlebnisraum werden. Ein Streifen entlang einer der Trockenmauern wurde als bodenebener Sandspielbereich angelegt, der in die ebenfalls als Spielfläche dienende Wiese übergeht. Eine einfache, an einen Holzpfahl montierte Viehtränke liefert das zum Matschen nötige Wasser. All diese Elemente passen optisch bestens in die ländliche Gartenidylle, und wenn der Nachwuchs dem Matsch- und Buddelalter entwachsen ist, lassen sie sich mit wenig Aufwand aus dem Garten entfernen.

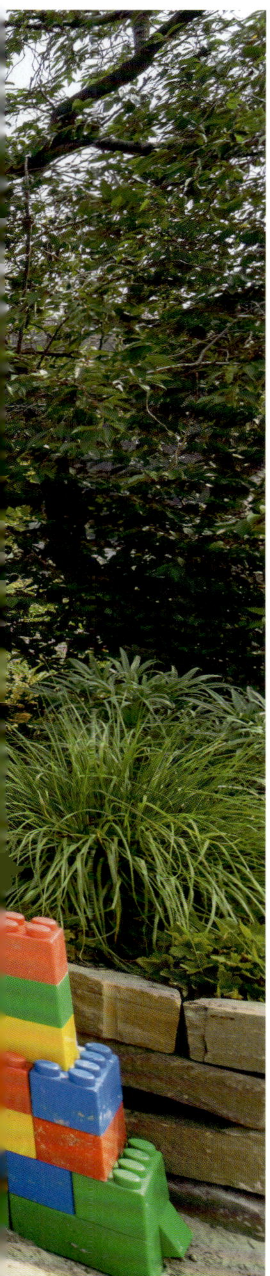

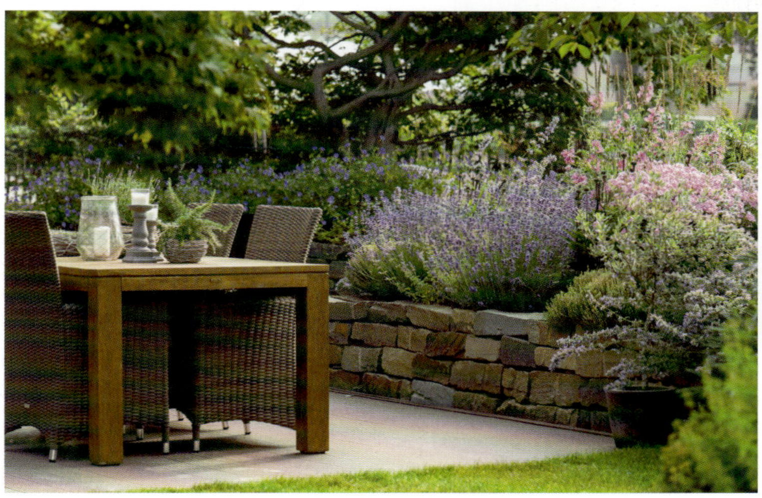

Wohnlich und funktional

„Die Kinder sollten in dem Garten naturnahe Spielmöglichkeiten bekommen."

Erik Peters, Gartengestalter

Vor der Umgestaltung diente der Gartenteil ausschließlich als Entrée des Hauses, heute ist er in erster Linie Wohngarten. Durch seine Lage muss er aber auch weiterhin die repräsentative Funktion eines Vorgartens übernehmen. Dies gelingt bestens dank einer fast unmerklichen Teilung des Gartens. Dessen Zugang befindet sich vom Haus aus gesehen links. Von hier führt nun ein breiter, geklinkerter Weg, in den Blausteinplatten integriert sind, zur Haustür. Der Blaustein symbolisiert den öffentlichen, repräsentativen Teil des Gartens. Rechts von der Haustür setzt sich der Weg zum eigentlichen Wohngarten fort, jetzt ausschließlich geklinkert. Hier liegt die Terrasse bodeneben in der Rasenfläche. Das Hochbeet zur Straße hin und eine großzügige Pflanzfläche gen Hausfassade betten sie in ein Blütenmeer und machen sie zu einem in sich geschlossenen Gartenraum.

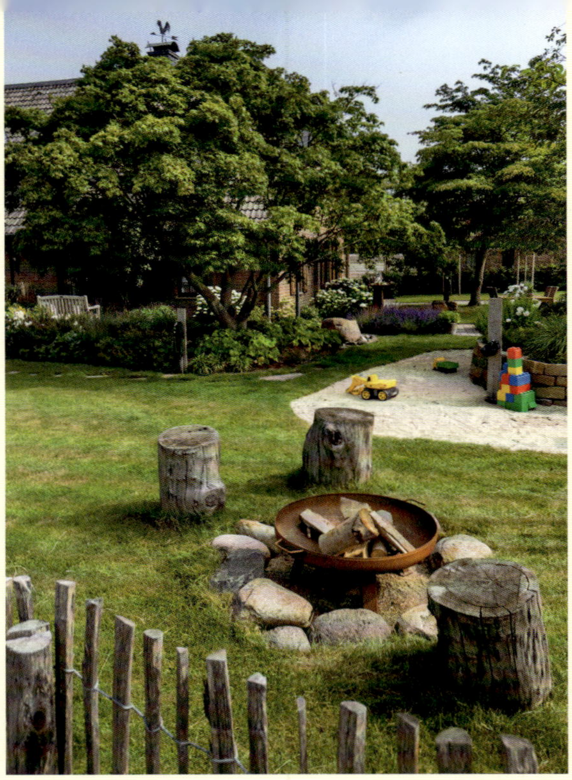

Sehen und nicht gesehen werden

Das Haus und damit auch der Garten liegen direkt an der Straße. Hier fahren zwar kaum Autos, bei gutem Wetter ist die Strecke jedoch bei Radausflüglern sehr beliebt, sodass trotz der an sich ruhigen Lage ein Sichtschutz für den Garten wünschenswert war. Dieser ist ganz der Luftigkeit der Anlage verpflichtet: Ein Staketenzaun und eine Rotbuchenhecke grenzen den Garten zur Straße hin ab, die Stauden in den sich anschließenden Hochbeeten sorgen für einen blütenreichen Schutz der Privatsphäre der Gartenbesitzer. Der alte Kirschbaum spendet dem Sandspielbereich zu seinen Füßen nicht nur angenehmen Schatten, sondern sorgt außerdem dafür, dass der Spielplatz für fremde Augen abgeschirmt ist. Gleichzeitig wurde der Sichtschutz so konzipiert, dass er den Blick in die Landschaft mit ihren weiten Feldern und Wiesen frei lässt.

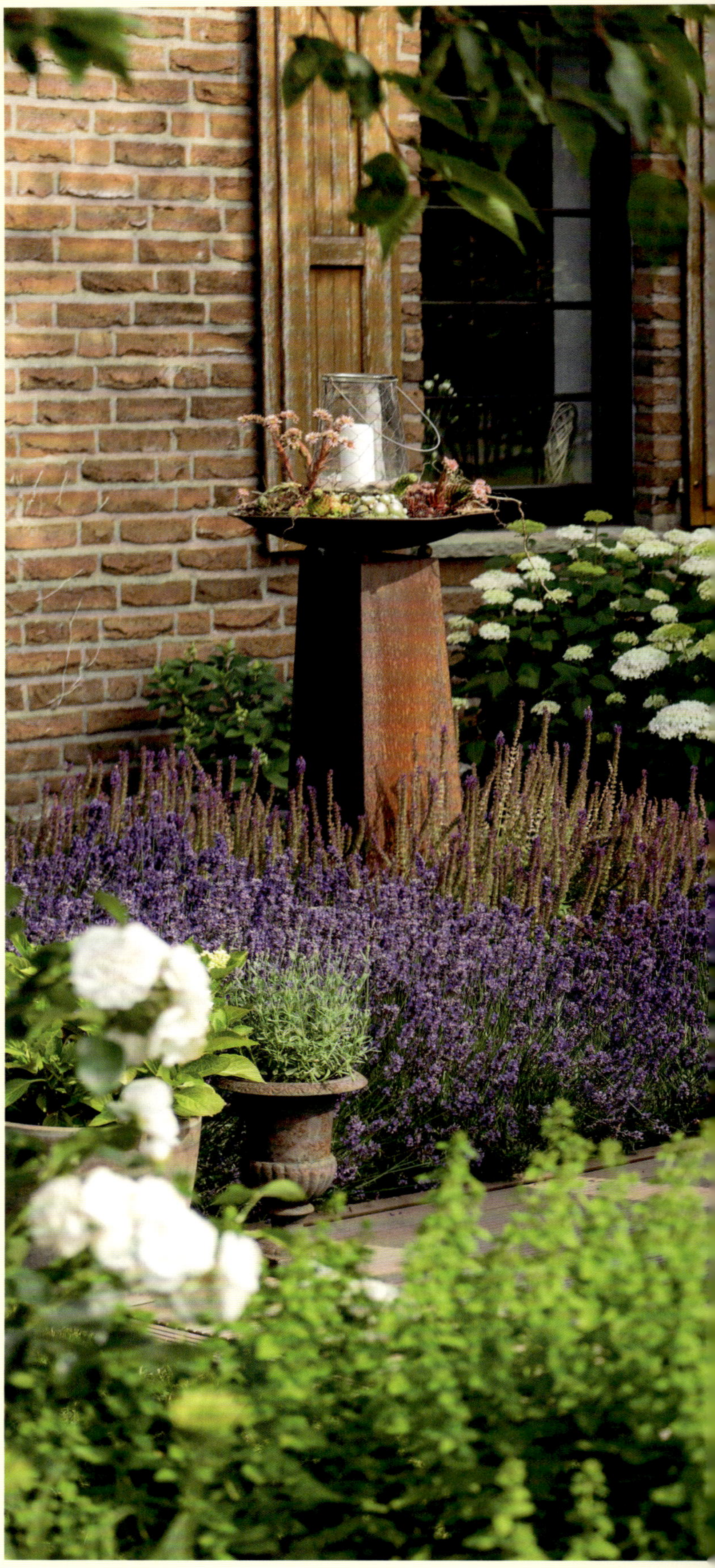

↑ **Landgartenidylle** Die Bepflanzung hat den Charakter dieses Gartens vollkommen verändert. Wo früher die Gehölze Waldatmosphäre verbreiteten, herrscht heute blütenbunte Landhausidylle. Die großen Beetflächen bevölkert eine Vielzahl blühfreudiger Stauden in kräftigen Farben von Pink bis Lila. Hortensien in unterschiedlichen Varianten unterstreichen das Bild vom Landhausgarten.

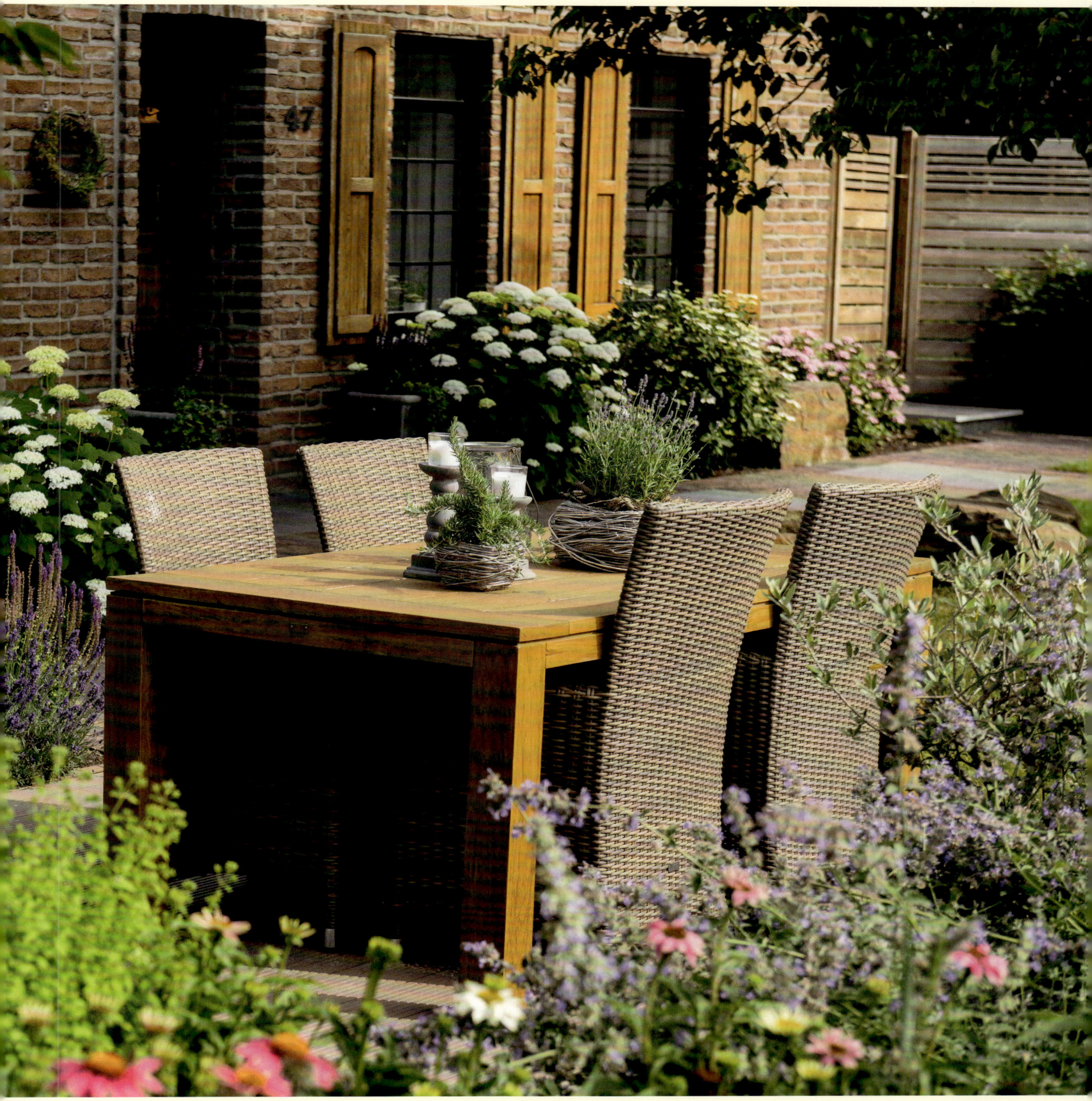

Im Überblick – Garten 16

MATERIALIEN
- Grauwacke
- Blaustein
- Holländischer Klinker

PFLANZEN (Auswahl)
- Amberbaum *Liquidamber styraciflua*
- Flammenblume *Phlox paniculata 'Pinky Hill'*
- Pfingstrosen *Paeonia 'Bowl of Beauty', 'Nymphe', 'Alba Plena'*
- Rosen *Rosa 'Rose de Resht', 'Aspirin', 'Bonica 86'*
- Hortensien *Hydrangea macrophylla, Hydrangea paniculata 'Limelight' und 'Pinky Winky', Hydrangea arborescens 'Annabelle'*
- Ziersalbei *Salvia nemorosa 'Ostfriesland'*
- Lavendel *Lavandula angustifolia 'Hidcote Blue'*
- Katzenminze *Nepeta x faassenii 'Walkers Low'*
- Storchschnabel *Geranium wallichianum 'Rozanne'*
- Sonnenhut *Echinacea purpurea 'Pow Wow Wild Berry', 'After Midnight', 'Pow Wow White', Echinacea tennesseensis 'Rocky Top'*

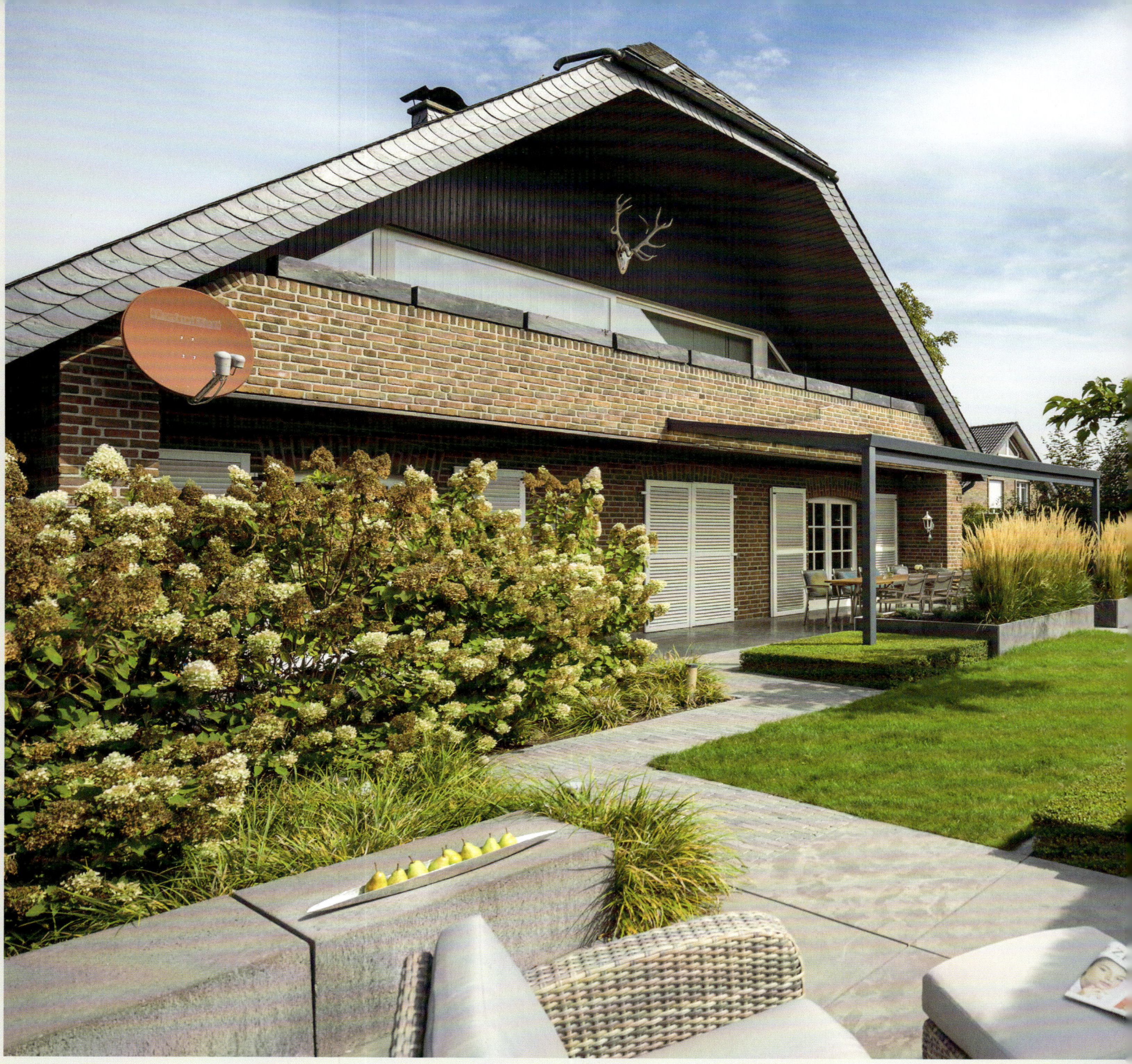

Endlich der eigene Garten

Im Überblick – Garten 17

GARTENGESTALTER
Planung und Ausführung:
Grütters – Gärtner von Eden, Sonsbeck

IDEE
Moderne Geradlinigkeit, gemütlich interpretiert

GRÖSSE
ca. 250 qm

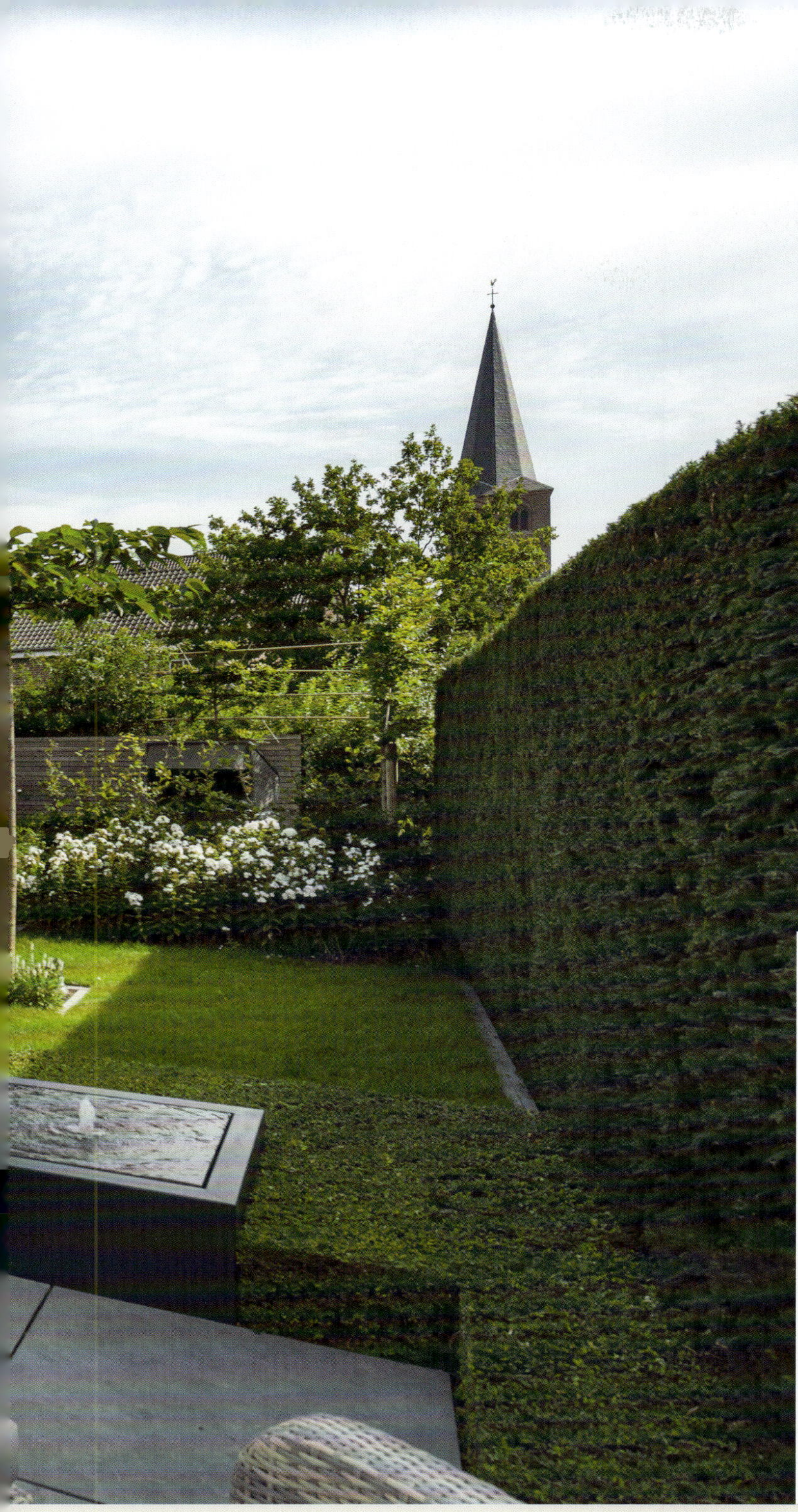

Nachher

Das wie die Hecke kubische Wasserspiel am Rand des Sitzplatzes fasst eine geometrisch geschnittene, flächige Pflanzung aus Heckenkirsche ein. So reduziert und geradlinig die Bepflanzung direkt am Sitzplatz ist, so opulent wirkt die, auf die der Blick von hier aus fällt: Zum Haus hin erhebt sich ein Wall aus weiß blühenden Rispenhortensien.

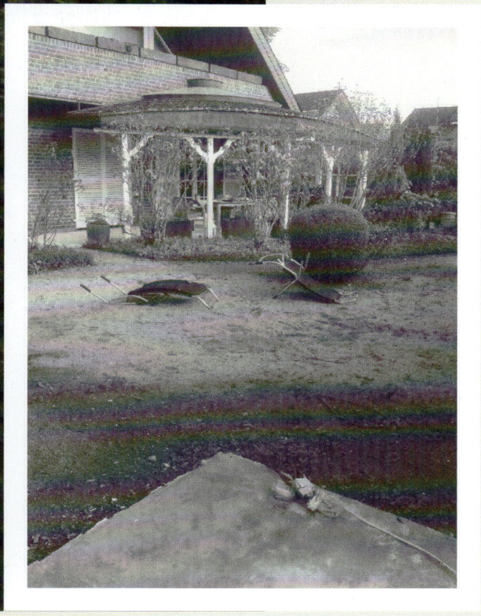

Vorher

Auf dem Bild ist von dem ursprünglichen Garten schon nichts mehr zu sehen. Die Gartenbesitzer hatten bereits vieles beseitigt, bevor die Gartengestalter kamen. Gut zu erkennen ist noch das halbrunde Vordach über der Terrasse, das mit seinen geschwungenen Stützen so gar nicht mit der schlichten Klinkerfassade harmonierte.

Ein moderner Garten zum Achtziger-Jahre-Klinkerhaus Hier zeigt sich, wie gut das passt.

___Vollkommen selbstverständlich: Wer ein Haus kauft, setzt alles daran, es so zu gestalten, dass es dem eigenen Geschmack und Anspruch entspricht. Beim Garten hingegen versuchen viele Menschen, sich mit dem Bestehenden zu arrangieren oder ändern halbherzig nur wenig. Dass sich dann kein wirklich gutes Gefühl einstellen will, blenden viele Hausbesitzer gern aus, oder sie realisieren es nie und nutzen den Garten kaum. Wie schade! Rund vier Jahre lebten die Besitzer dieses Gartens schon in ihrer Immobilie und bauten diese kontinuierlich um, bis endlich auch der Garten an der Reihe war. Mit seinem Betonsteinpflaster, dem Teich und seinem Achtziger-Jahre-Charme war die Grünanlage zu unmodern und »schwer«. In einem ersten Befreiungsschlag hatte der Hausherr große Teile der alten Bepflanzung entfernt, ebenso den Teich und das Pflaster. Ein Gartengestalter sollte nun die Wunschvorstellung der Besitzer realisieren: Pflegeleicht sollte der Garten sein, moderner, ruhiger und reduzierter. Außerdem gab es den Wunsch, für den vorhandenen Strandkorb eine Heimat zu finden.

Drei in eins

Der Garten ist mit rund 250 Quadratmetern Fläche nicht üppig dimensioniert. Dennoch sah das neue Konzept mühelos drei ebenso großzügige wie unterschiedliche Sitzplätze auf dieser Fläche vor. Jeder der drei Plätze hat eine charakteristische Atmosphäre und ist auf unterschiedliche Gelegenheiten ausgerichtet. Das macht den Garten nicht nur optisch enorm abwechslungsreich, sondern auch vielfältig nutzbar.

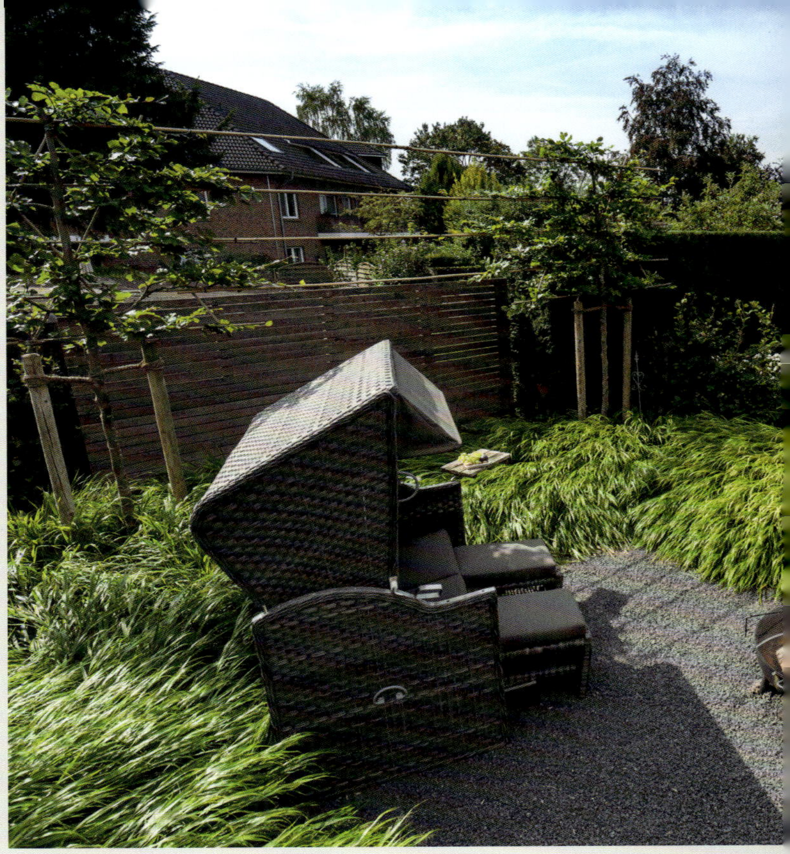

Einheit in Vielfalt

Auch kleine Gärten brauchen Gliederung, um attraktiv und abwechslungsreich zu wirken. Die Herausforderung besteht allerdings darin, sie nicht zu zergliedern, keine Unruhe oder gar ein stilistisches Durcheinander zu verursachen. Hier ist es gelungen, trotz bescheidener Fläche und überschaubarem Grundriss vollkommen eigenständige Gartenräume zu schaffen und sie zu einem harmonischen Ganzen zu verbinden. Ihren Zusammenhalt gewährleistet der Bodenbelag aus Blaustein. Er ist Garant für die moderne Anmutung des Gartens und Brückenbauer zu dem mit seiner Klinkerfassade eher rustikal wirkenden Wohnhaus. Der Anthrazitton des Steins setzt in Verbindung mit dem ausladenden Format der Bodenplatten eindeutig zeitgenössische Akzente. Für die Wege kam der gleiche Stein, allerdings in einem Riemchenformat zum Einsatz. Der Effekt ist verblüffend: Wege und Terrassenflächen unterscheiden sich deutlich voneinander, verschmelzen aber aus der Ferne zu einheitlichen und damit großzügigen Flächen. Das Format der Riemchen greift den Rhythmus des Klinkers an der Fassade auf und schafft mühelos den Brückenschlag zwischen den stilistisch so unterschiedlichen Materialien.

Material

↓ **Harmonisch** Auch in der dritten Dimension ist der Blaustein präsent, denn aus dem Material entstanden auch die Hochbeete, welche die Terrasse am Haus nebst Weg vom Rasen trennen. So musste für dieses sehr präsente Gestaltungselement kein weiteres Material gefunden werden. Die Hochbeete „wachsen" vielmehr ganz selbstverständlich aus der Fläche, was für größtmögliche Ruhe sorgt.

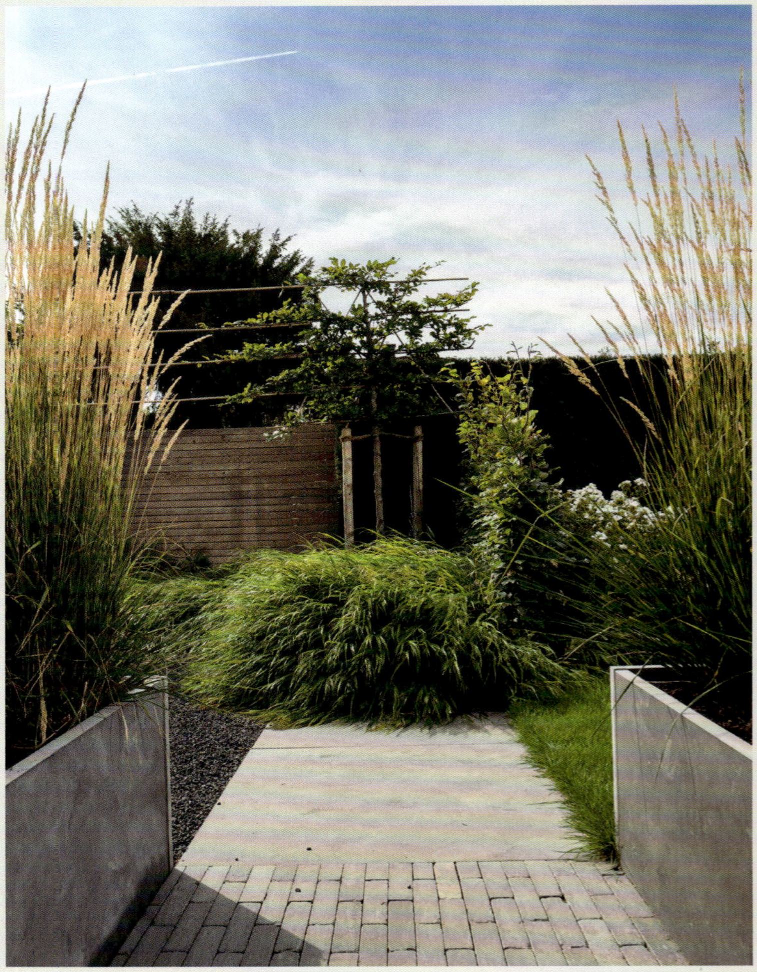

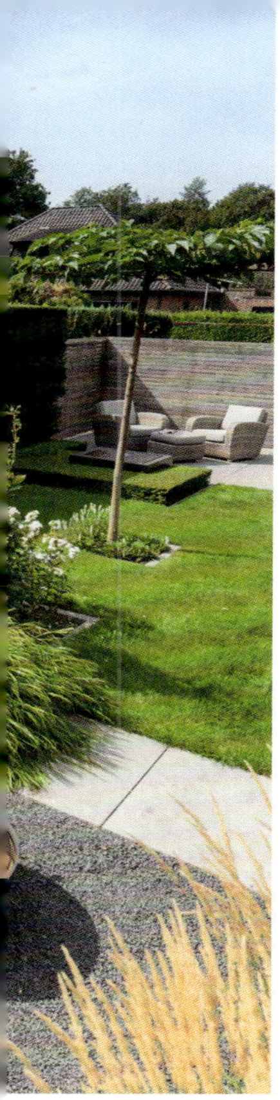

← **Beschirmt** In die Höhe wirken Spalier-Hainbuchen als Sichtschutz und ein schirmförmiger Maulbeerbaum. Er verleiht der Rasenfläche den Charakter eines kleinen Platzes.

Der Platz am Haus

Direkt am Haus empfängt die Terrasse den Gartenliebhaber mit ihrem großen Esstisch. Dieser findet hier mühelos Platz. Den Schutz vor Wind und Wetter übernimmt heute eine luftige Konstruktion mit dünnen Stützen und transparentem Dach. Eingefriedet wird die Terrasse von zwei Hochbeeten, deren Bepflanzung mit Gräsern einen blickdichten, aber luftig-leichten Sichtschutz gewährleistet. Der Weg aus Blausteinriemchen liegt zwischen Terrassenfläche und Hochbeeten, um dann zwischen den beiden Hochbeeten in den Garten abzubiegen. So ergibt sich vom Sitzplatz aus eine optische Verbindung mit dem dahinterliegenden Gartenzimmer, die Terrasse bleibt sichtgeschützt, ist aber nicht hermetisch abgeschlossen.

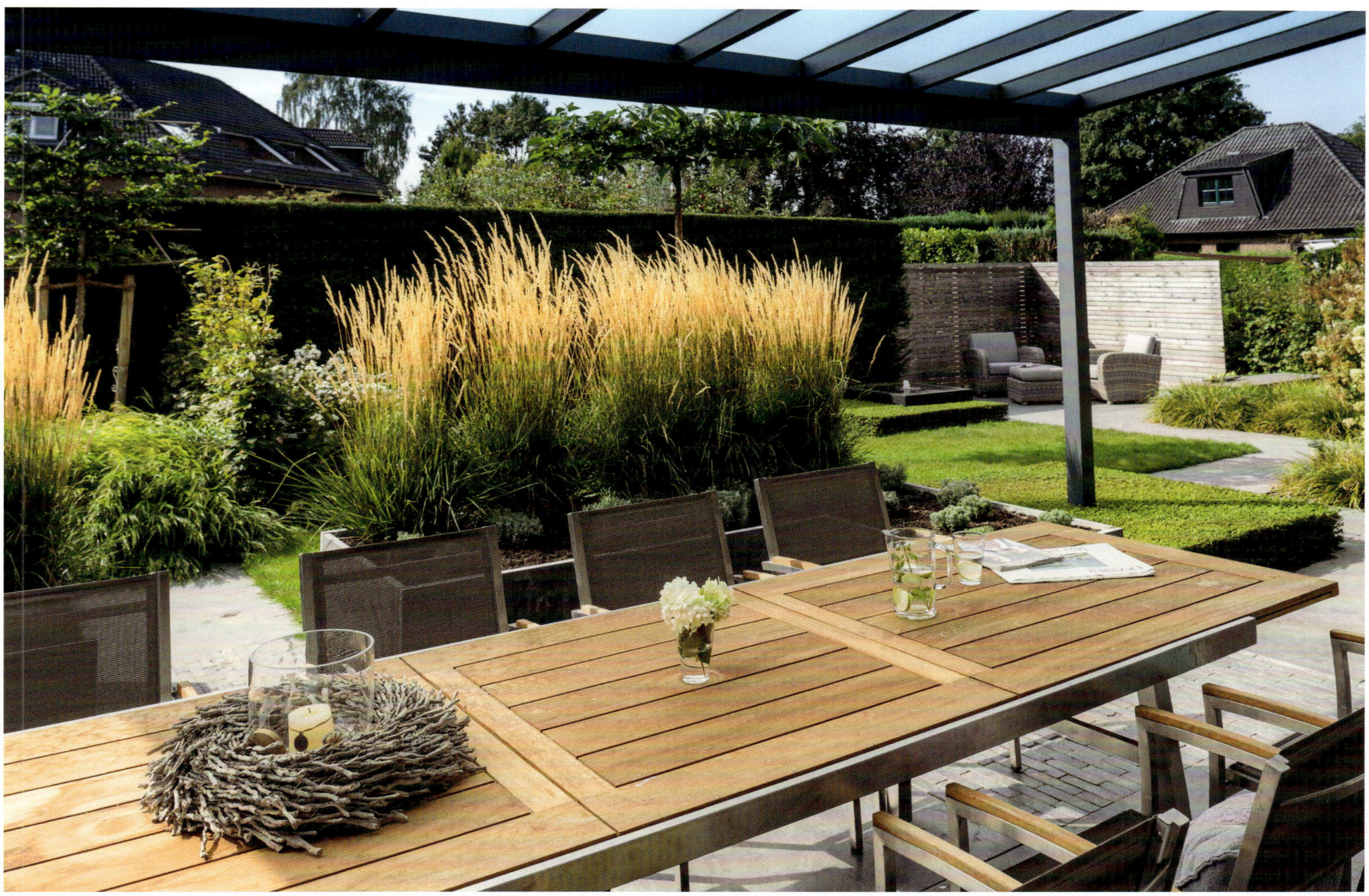

„Heute haben die Gartenbesitzer die Wahl: großzügige Terrasse am Haus, Freisitz am Wasserspiel oder Strandkorb mit Feuerschale."

Thomas Grütters, Gartengestalter

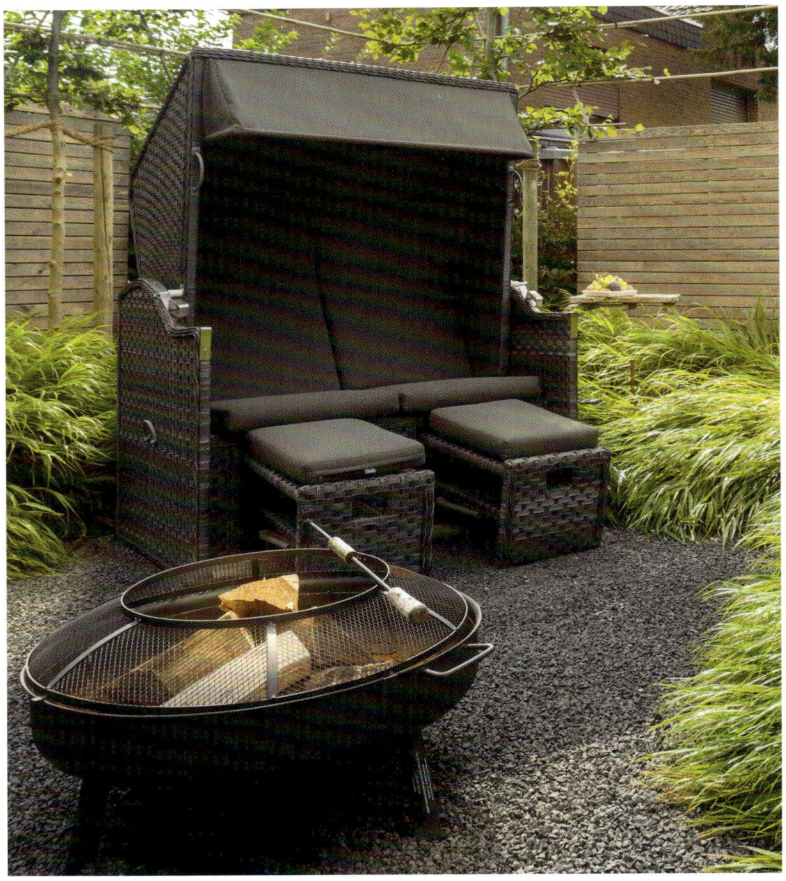

Der Platz für den Strandkorb

Gleich hinter der Terrasse am Haus, aber von dieser durch die Hochbeete räumlich und mit einem anderen Bodenbelag auch visuell vollkommen getrennt, liegt der zweite Sitzplatz des Gartens. Er entstand gewissermaßen als Präsentationsfläche für den bereits vorhandenen Strandkorb. Mit seinem anthrazitfarbenen Geflecht ist der Korb die moderne Interpretation des klassischen Rattanstrandkorbs von Ost- und Nordsee.
Und auch dieser Gartenteil übersetzt das Strandthema für den Garten, statt es zu imitieren. So gibt es hier – wie am Strand – einen lockeren, kleinteiligen Bodenbelag, allerdings aus Basaltsplitt und wie alle Bodenbeläge des Gartens anthrazitfarben. Zum Rasen hin grenzt ein Riegel aus Hainbuchen den Sitzplatz ab.

↑ **Interpretiert** Flächig gepflanztes Japanwaldgras bildet die saftig grüne Gartenvariante einer Dünenlandschaft, die sich im Wind geschmeidig bewegt.

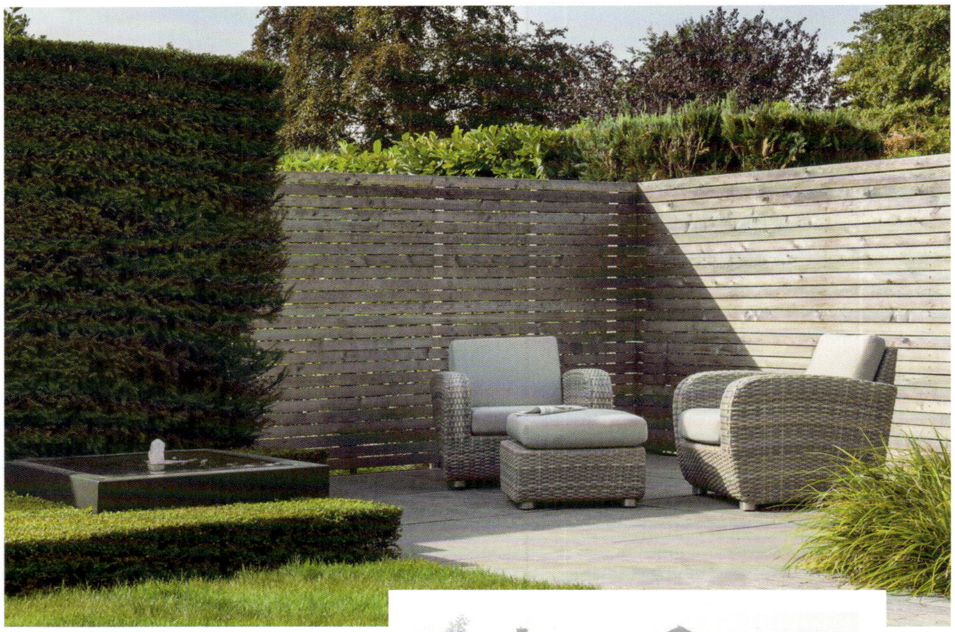

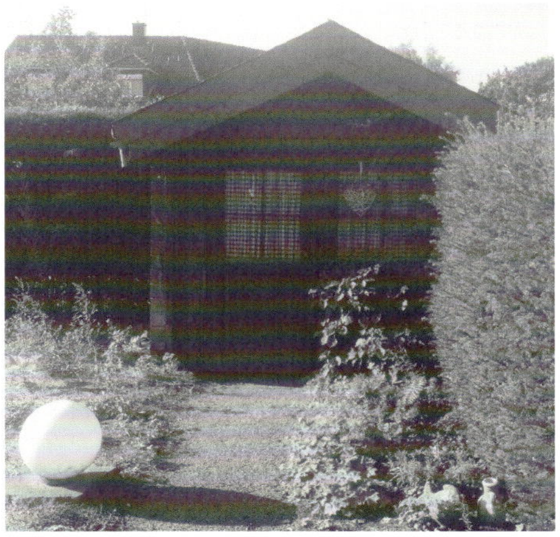

↑ **Platz geschaffen** Im hinteren Winkel des Gartens stand ein Standard-Gartenhäuschen, halb verdeckt von einer allzu ausladend wachsenden Hecke. Beide gibt es heute nicht mehr. An ihre Stelle trat ein ebenso einladender wie klar strukturierter Sitzplatz. Der Sichtschutz garantiert Privatsphäre, ist aber bewusst dezent gehalten. Das Wasserspiel gibt dem Platz Halt und ist optischer Bezugspunkt.

Der Platz am Wasser

Als dritter Aufenthaltsraum entstand ein Freisitz, wie die Terrasse mit großformatigen Blausteinplatten belegt und über einen Weg mit ihr verbunden. Er schmiegt sich in den Winkel des Grundstücks. Hier übernehmen schlicht-elegante Zaunelemente aus Holz den Sichtschutz und bilden gleichzeitig den ruhigen Hintergrund für diesen Sitzplatz. Ihre warmen Brauntöne sind außerdem ein willkommener Kontrast zu dem Grau des Bodenbelags und prägen den Charakter dieses Ortes. Der ist im Übrigen, wie der ganze Garten, architektonischer Geradlinigkeit verpflichtet, die sich auch in der Bepflanzung niederschlägt. Der hölzerne Sichtschutz geht über in die noch aus dem Bestand stammende, dichte und akkurat kubisch geschnittene Eibenhecke.

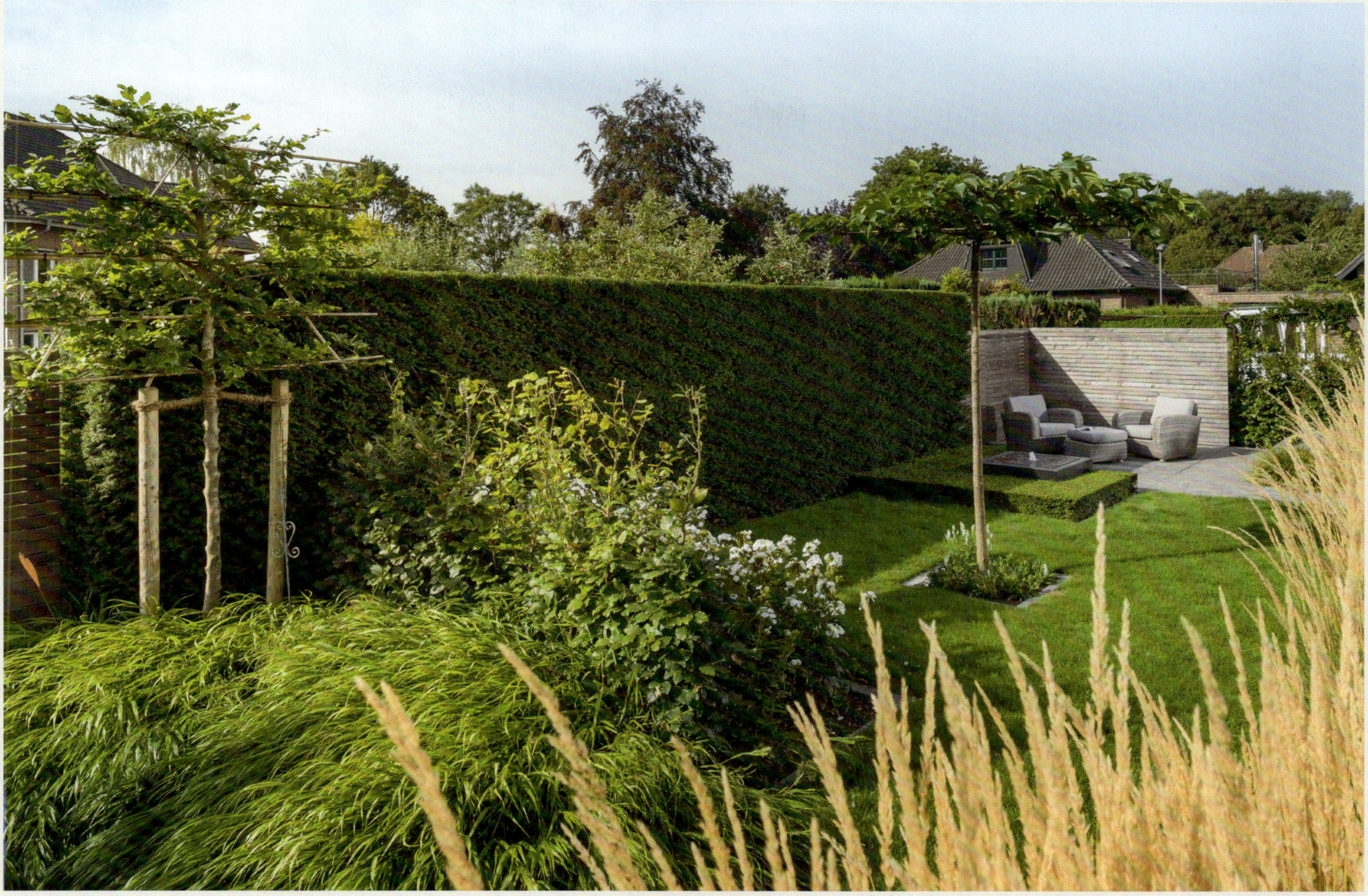

Abwechslungsreich reduziert

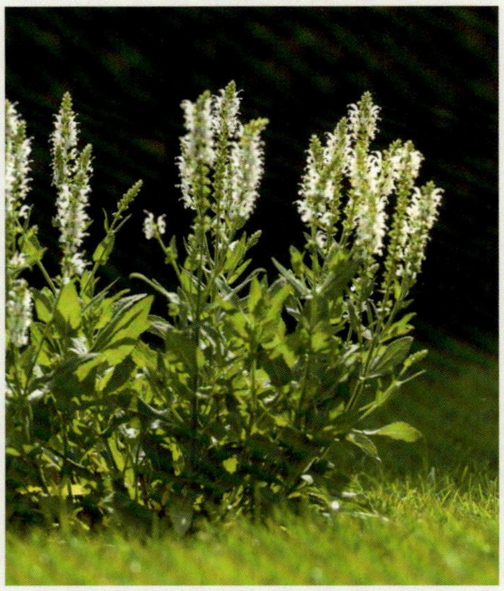

↑ **Konsequent** So klar wie die Gestaltung präsentiert sich auch das Pflanzkonzept mit seinen ausschließlich weiß blühenden Stauden.

Dieser Garten ist wunderbar grün und im Sommer voller Blüten, gleichzeitig wird das Pflanzkonzept vollkommen dem Wunsch der Besitzer nach Modernität, Geradlinigkeit und Reduktion gerecht. Gräser und formal geschnittene Gehölze passen zu dieser Idee ebenso wie die Verwendung ausschließlich weiß blühender Pflanzen. Die Eibenhecke sorgt für ganzjährigen Sichtschutz und einen gleichbleibend ruhigen, grünen Rahmen. Die Pflanzen sind stets in großen Gruppen angeordnet. Das bringt Ruhe ins Gartenbild, macht die einzelnen Pflanzbereiche charakterstark und den Garten insgesamt großzügig.

Im Überblick – Garten 17

MATERIALIEN
- Blaustein
- Basaltsplitt
- Pulverbeschichtetes Aluminium

PFLANZEN (Auswahl)
- Garten-Reitgras *Calamagrostis 'Karl Foerster'*
- Japanwaldgras *Hakonechloa macra*
- Rispenhortensie *Hydrangea paniculata 'Limelight'*
- Heckenkirsche *Lonicera 'Maigrün'*
- Maulbeerbaum *Morus alba*
- Hainbuche *Carpinus betulus*
- Weiß blühende Flammenblume *Phlox amplifolia 'David'*

Im Überblick – Garten 18

GARTENGESTALTER	IDEE	GRÖSSE
Planung und Ausführung: Grütters – Gärtner von Eden, Sonsbeck	Wellnessgarten zwischen Naturnähe und Moderne	ca. 200 qm

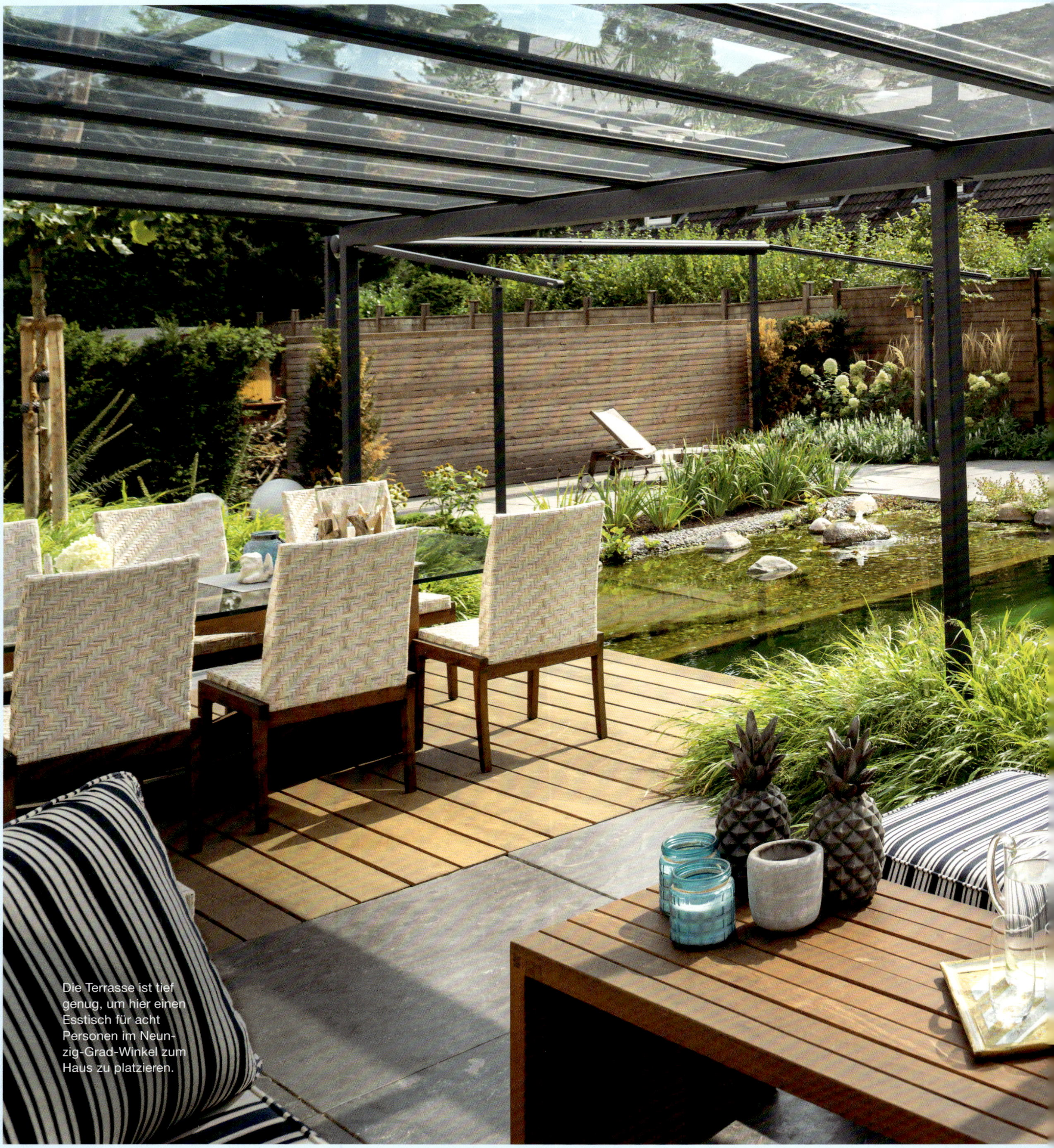

Die Terrasse ist tief genug, um hier einen Esstisch für acht Personen im Neunzig-Grad-Winkel zum Haus zu platzieren.

Auf kleinstem Raum viele Gestaltungselemente stilsicher unterbringen, ohne zu überfrachten: Dieser Garten zeigt, wie das funktioniert.

Konzentrierter Gartengenuss

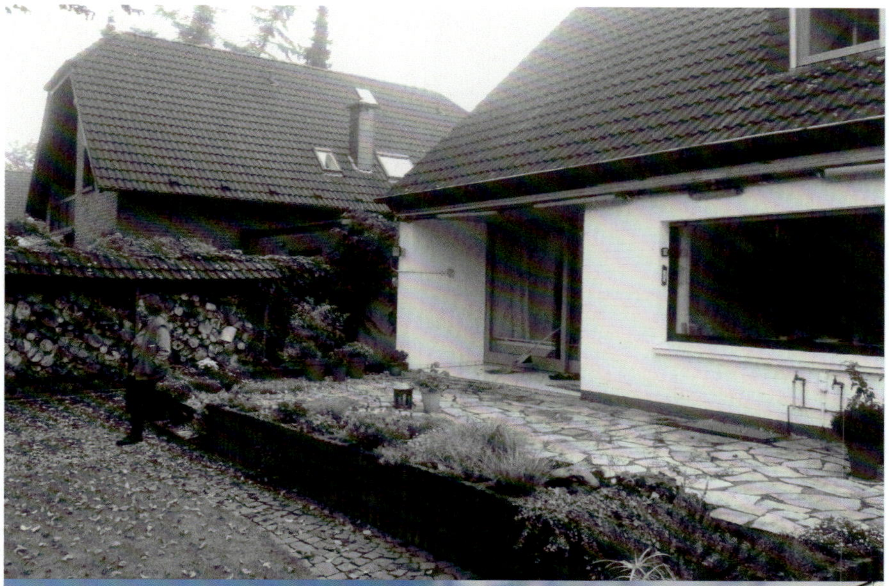

Vorher

Haus und Garten waren gemeinsam in die Jahre gekommen. Der Garten folgte dem konventionellen Muster: Terrasse, Rasen, umlaufende Beete. Ebenso konventionell wie die Aufteilung waren Formensprache und Materialien.

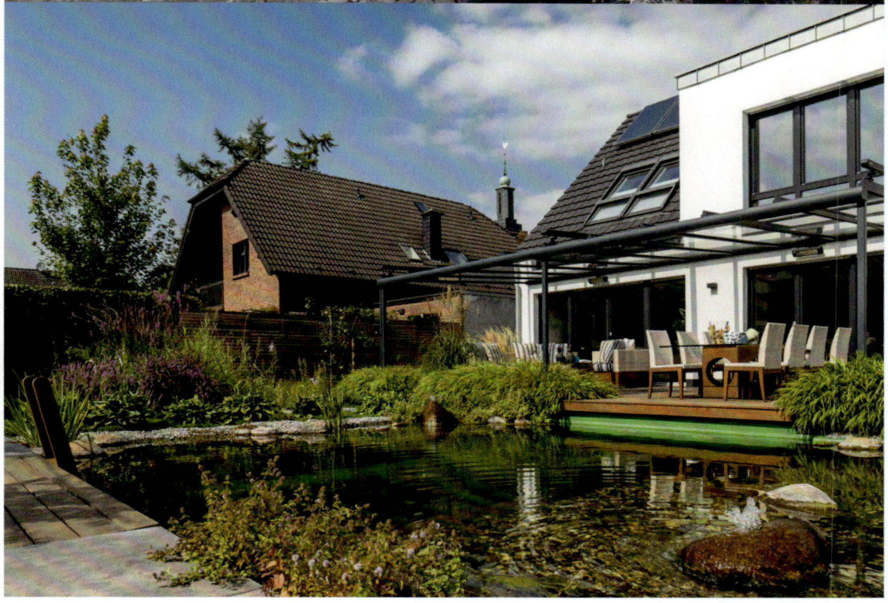

Nachher

Passend zum vollkommen modernisierten Haus und dem Wunsch der Besitzer nach Naturnähe präsentiert sich der Garten heute als stilsichere Mischung aus Geradlinigkeit und Üppigkeit.

___Dies ist eine klassische Gartengeschichte: Eine Familie kauft ein Haus, modernisiert es und möchte im nächsten Schritt den in die Jahre gekommenen Garten ihrem Geschmack entsprechend umgestalten. Dann kommt die Wunschliste der Besitzer ins Spiel, die sehr lang ist – vor allem in Relation zu der Fläche von rund 200 Quadratmetern. Wo vorher ein Rasen, ein paar Beete und eine Terrasse, Holzlager und Garage waren, sollen ein Schwimmteich, eine Terrasse mit Überdachung, eine Sauna, großzügige Beete und eine enorme Pflanzenfülle untergebracht werden – eine große Herausforderung für den Gestalter.

Privates Wellness-paradies

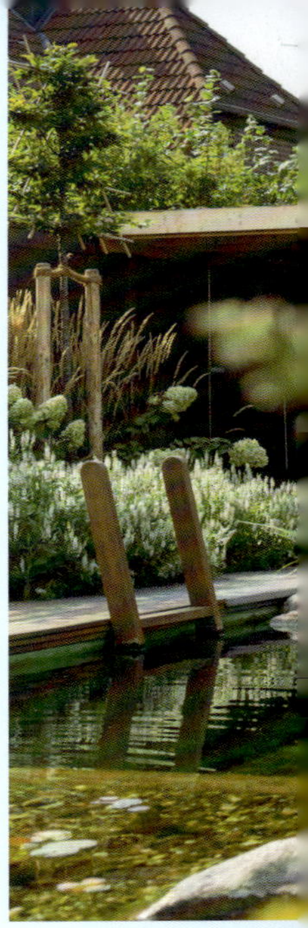

Das Wohnhaus stammt aus den sechziger Jahren, war allerdings im Vorfeld des Gartenumbaus vollkommen modernisiert worden, und das nicht nur im Inneren. Auch seine äußere Erscheinung hatte sich maßgeblich verändert, sodass es nun fast wie ein moderner Neubau aussieht. Umso unpassender wirkte der alte Garten dazu: polygonale Natursteinplatten als Terrassenbelag, ein kleines gepflastertes Rondell auf der von schmalen Beeten gesäumten Rasenfläche, einige große, aber aus der Form geratene Gehölze. Es stand außer Frage, dass die Anlage stilistisch dem modernen Erscheinungsbild des Hauses anzunähern war. Gleichzeitig wünschten sich die Gartenbesitzer aber einen naturnah wirkenden Garten mit einem Schwimmteich. Es galt, beide Stilrichtungen harmonisch zu vereinen.

Platz geschaffen

Das Grundstück ließ sich natürlich nicht vergrößern, also musste anderweitig Platz geschaffen werden, um alle Wünsche der Gartenbesitzer, vor allem den zentralen Schwimmteich, realisieren zu können. Erster Schritt: Weg mit dem Rasen! Da weder Kind noch Hund in dem neu gestalteten Garten Auslauf brauchten und eine klassische Rasenfläche auch nicht zu einer naturnahen Optik beigetragen hätte, war der Rasen verzichtbar. Eher ungewöhnlich, aber sehr hilfreich war, dass die Gartenbesitzer bereit waren, ihre Garage für den Traum vom Schwimmteich zu opfern. Deren Grundfläche konnte also dem Garten zugeschlagen werden, was den Gestaltungsspielraum deutlich vergrößerte.

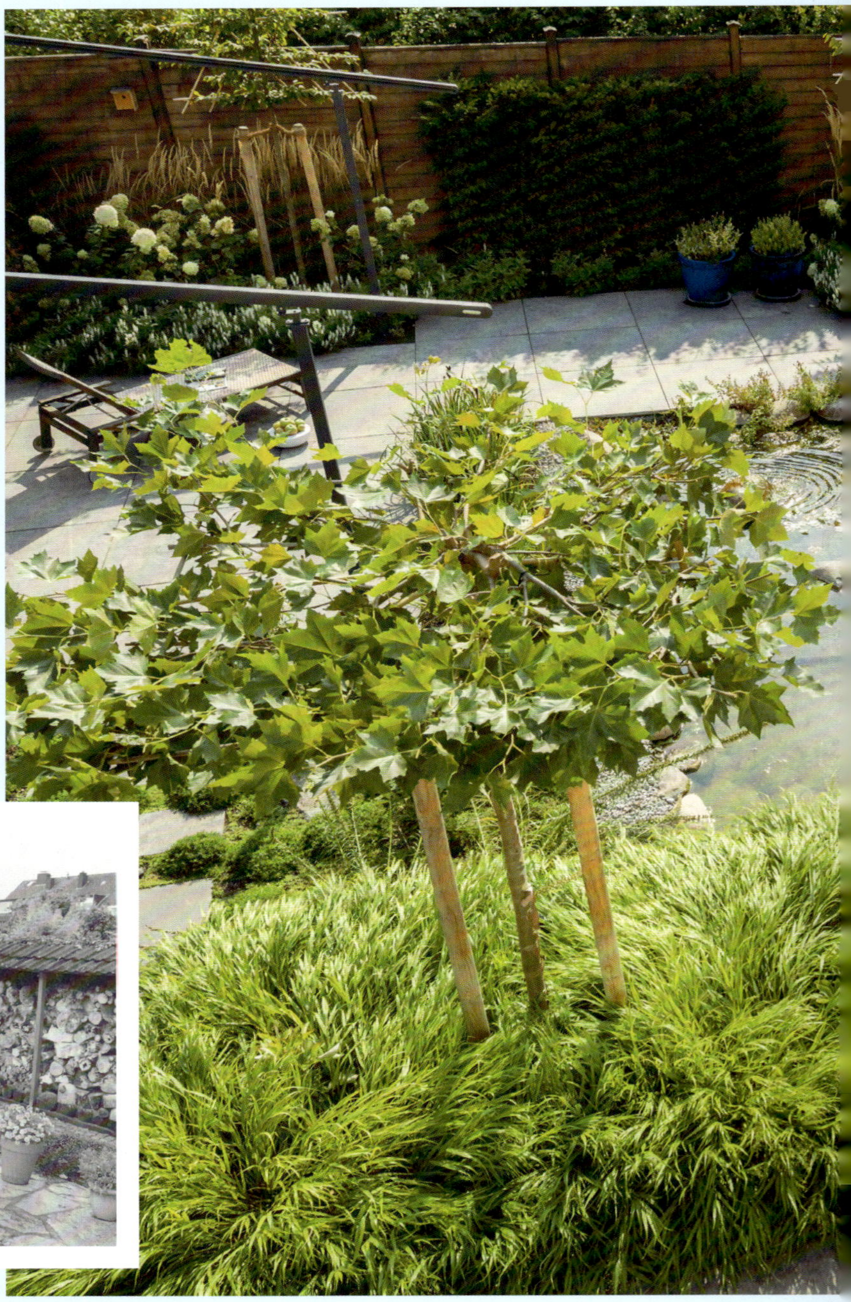

Nachher

Die gleiche Perspektive, und doch erkennt man den Garten nicht wieder: In der Ecke, in der heute das Saunahaus steht, gab es vor der Umgestaltung dichten Bewuchs, davor eine kleine Rasenfläche und eine Terrasse mit rustikalem Plattenbelag.

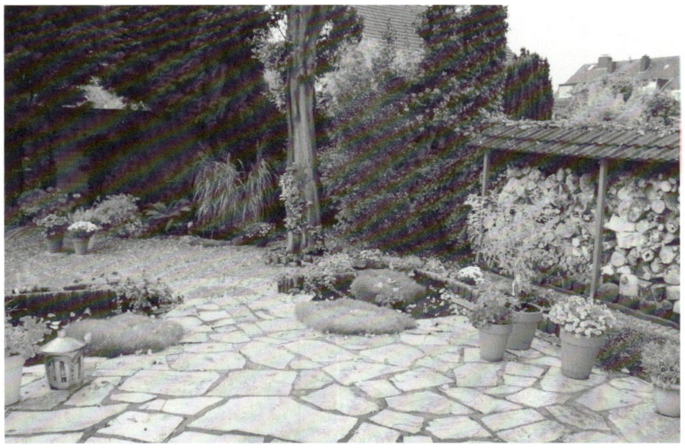

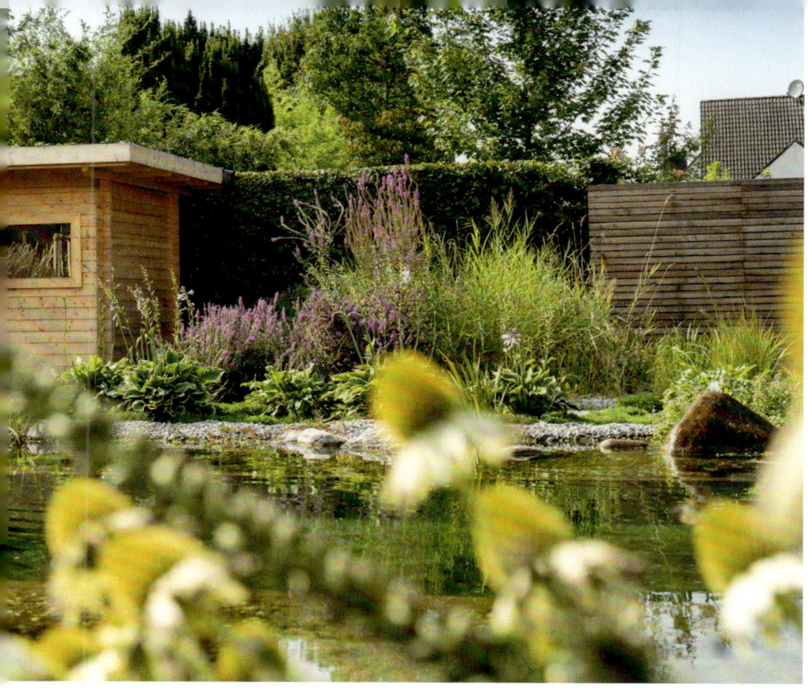

↓ **Schwitzen mit Aussicht** Der eigentliche Clou der Gartensauna offenbart sich erst, wenn man sich in sie hineinbegibt. Dank eines großen Fensters kann man beim Saunagang den Garten in seiner ganzen Pracht genießen.

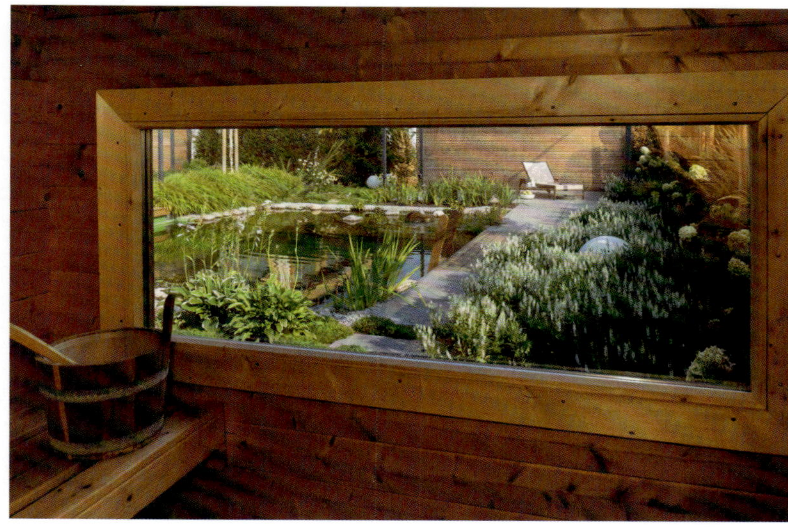

↓ **Geschützt** An der hinteren Grundstücksgrenze gepflanzte Spalier-Hainbuchen sorgen im Zusammenspiel mit dem umlaufenden Zaun aus Lärchenholz für ein von fremden Blicken vollkommen unbeeinträchtigtes Wellnessvergnügen.

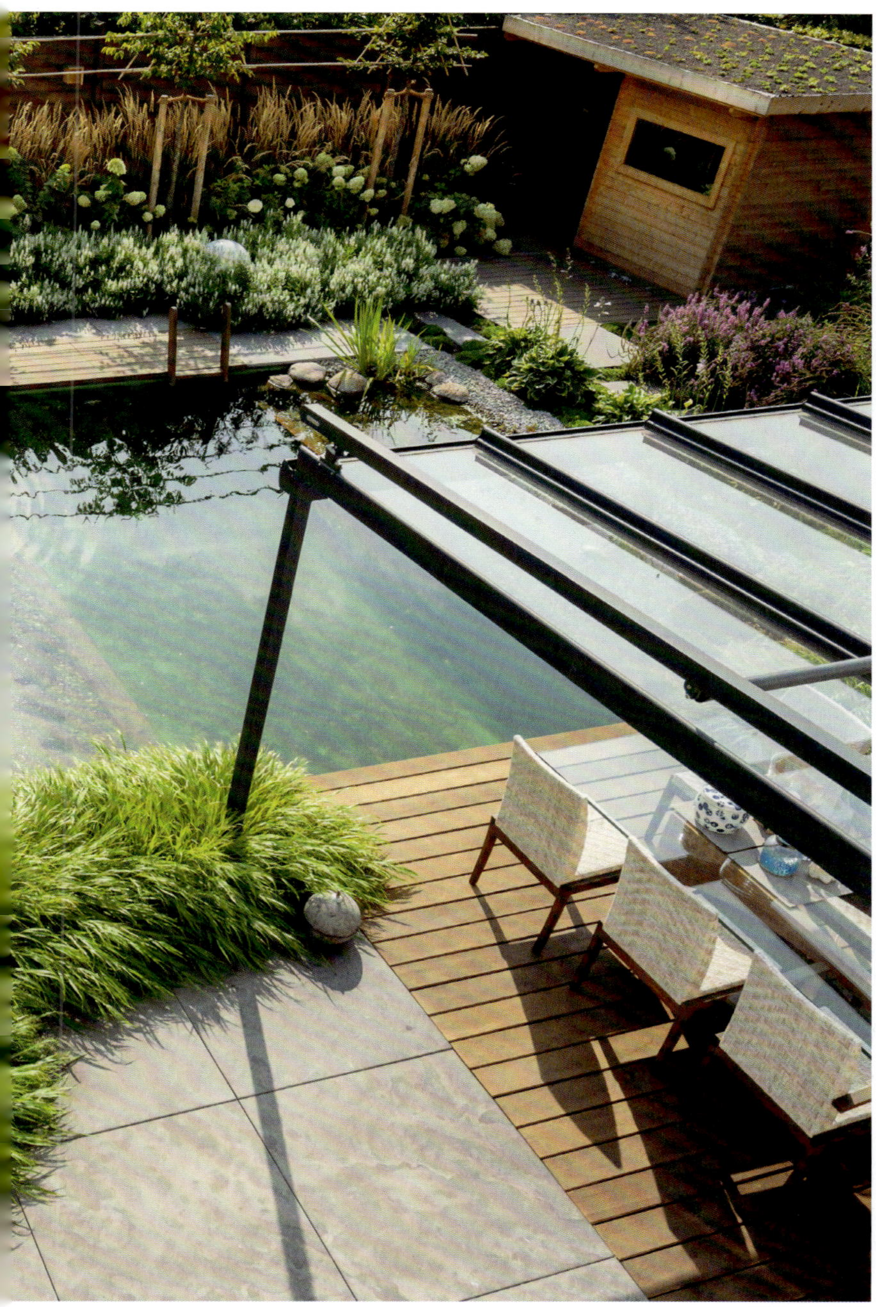

Der Schwimmteich ist optischer und gestalterischer Mittelpunkt des Gartens. Dank natürlicher Wasseraufbereitung können die Gartenbesitzer hier in chemiefreiem Wasser schwimmen – passend zum Wunsch nach Naturnähe. Mit seiner bepflanzten Regenerationszone trägt ein Schwimmteich immer zur Natürlichkeit eines Gartens bei. Die rechteckige Form des Teichs mildert diese Naturnähe etwas ab und nimmt Bezug auf die Architektur des Hauses. Gleichfalls als Symbiose zwischen Naturnähe und moderner Gestaltung präsentiert sich die kleine Gartensauna. Ihre schlicht kubische Form schlägt die Brücke zum Haus. Abkühlen können sich die Saunagänger im Schwimmteich, der Einstieg liegt nur ein paar Schritte vom Saunahaus entfernt. Und zum Entspannen geht es dann auf die zweite Terrasse, die am entgegengesetzten Ende des Grundstücks entstanden ist.

„Mit seinem begrünten Flachdach gliedert sich das Saunahaus bestens in die Umgebung ein."

Erik Peters, Gartengestalter

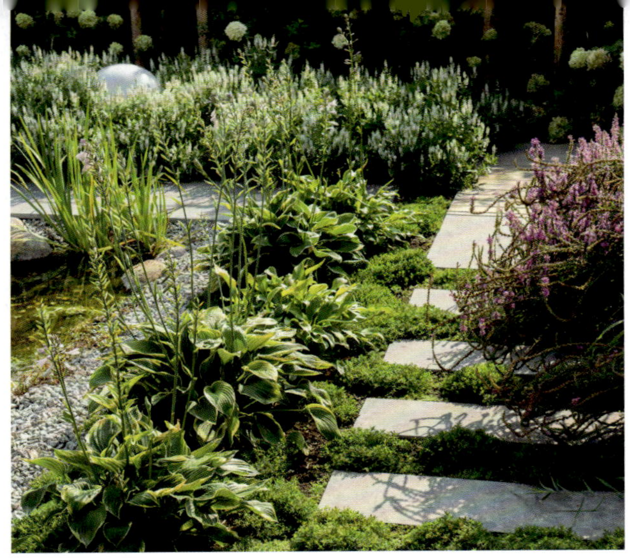

Die Mischung macht es

„Funkien laden mit ihren aparten Blättern zum genauen Hinschauen ein."

Erik Peters, Gartengestalter

Auch die Materialwahl unterstreicht die Verbindung aus Modernität und Naturnähe. Holz und Naturstein ergänzen sich und kontrastieren gleichermaßen. Die Bodenplatten im Großformat von einem mal einem Meter sind aus Blaustein. Mit den Jahren werden sie Gebrauchsspuren bekommen und so etwas von ihrer Nüchternheit verlieren. Damit sind sie wie Holz und Pflanzen auch einem natürlichen Veränderungsprozess unterworfen. Ipe-Holz ist als Bodenbelag eine schöne Ergänzung zu diesem Stein. Am Haus bildet es eine Terrasse in der Terrasse.
Die eigentlichen Hauptdarsteller dieses Gartens sind aber neben dem Schwimmteich die Pflanzen. An jedem der drei Sitzplätze kann man den Blick über üppige Pflanzungen schweifen lassen. Dabei gelingt das Kunststück, gleichzeitig eine gewisse Ordnung in der Opulenz zu wahren, um den Garten nicht zu überfrachten und auch seine moderne Seite zu betonen.

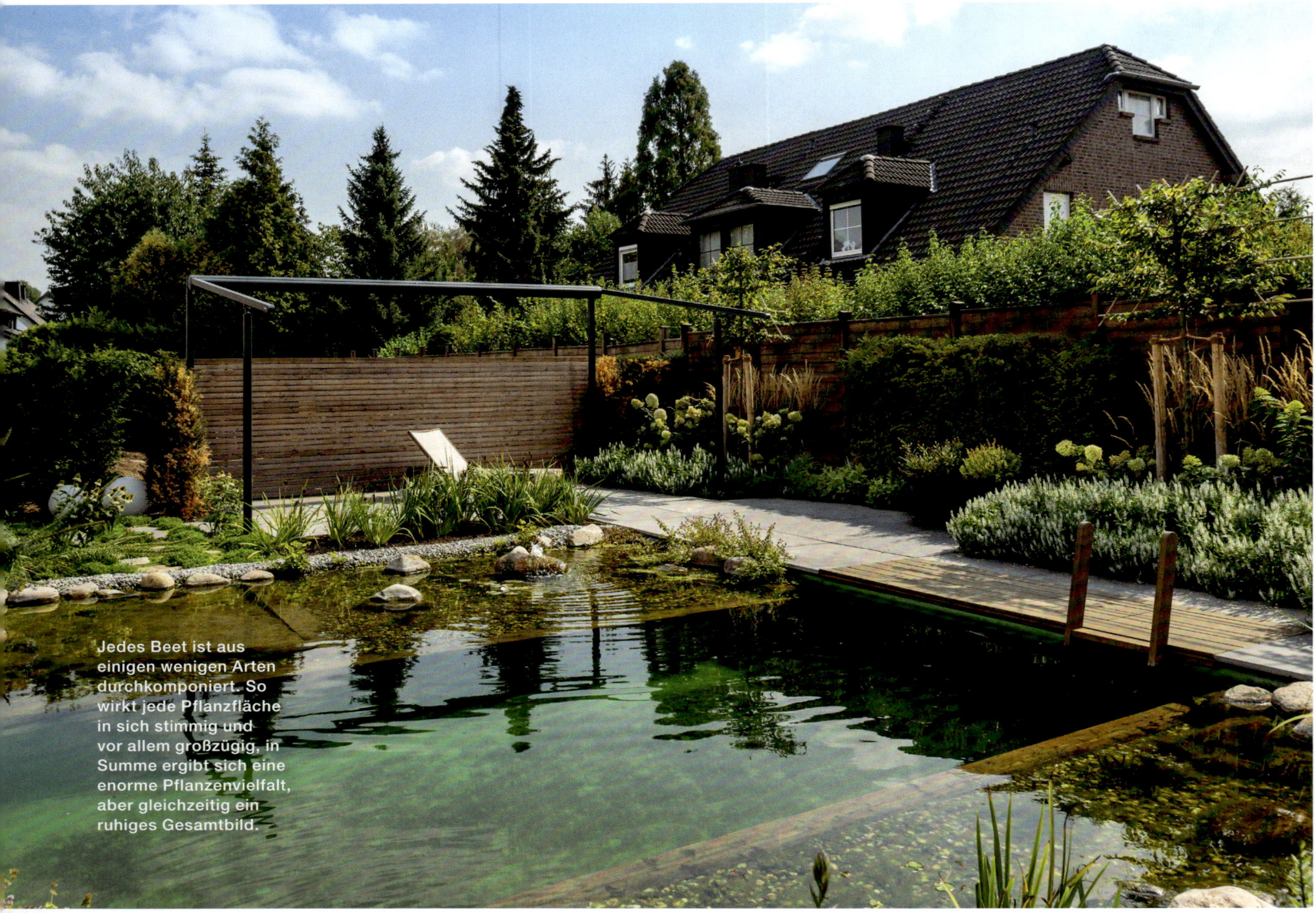

Jedes Beet ist aus einigen wenigen Arten durchkomponiert. So wirkt jede Pflanzfläche in sich stimmig und vor allem großzügig, in Summe ergibt sich eine enorme Pflanzenvielfalt, aber gleichzeitig ein ruhiges Gesamtbild.

Tag-und-Nacht-Erlebnisraum

Dieser Garten hat eine Tag- und eine Nacht-Seite – eine nicht minder attraktiv als die andere. Große Unterwasserscheinwerfer im Schwimmteich verwandeln diesen bei Nacht in einen See aus Licht, dessen Wirkung sich mit jedem Kräuseln des Wassers verändert. Indirektes Licht rund um die Spalier-Hainbuchen vor dem Sichtschutzzaun lassen die Bäume als bizarre Skulpturen erscheinen und verleihen dem Garten zusätzlich Tiefe. Auch das kleine Saunahaus wird als nächtlicher Hingucker mit Licht in Szene gesetzt. An der Hauswand angebrachte Strahler sorgen für gute Sicht auf die Terrasse und tauchen sie in ein stimmungsvolles Lichtbad.

Im Überblick – Garten 18

MATERIALIEN
- Blaustein
- Ipe-Holz
- Lärchenholz

PFLANZEN (Auswahl)
- Garten-Reitgras *Calamagrostis 'Karl Foerster'*
- Japanwaldgras *Hakonechloa macra*
- Lampenputzergras *Pennisetum 'Hameln'*
- Rispenhortensie *Hydrangea paniculata 'Limelight'*
- Weißblühender Sonnenhut *Echinacea purpurea 'Alba'*
- Blüten-Salbei *Salvia nemorosa 'Adrian'*
- Hainbuche *Carpinus betulus*
- Spalier-Apfel *Malus 'Elstar'*
- Heidenelke *Dianthus deltoides 'Albus'*

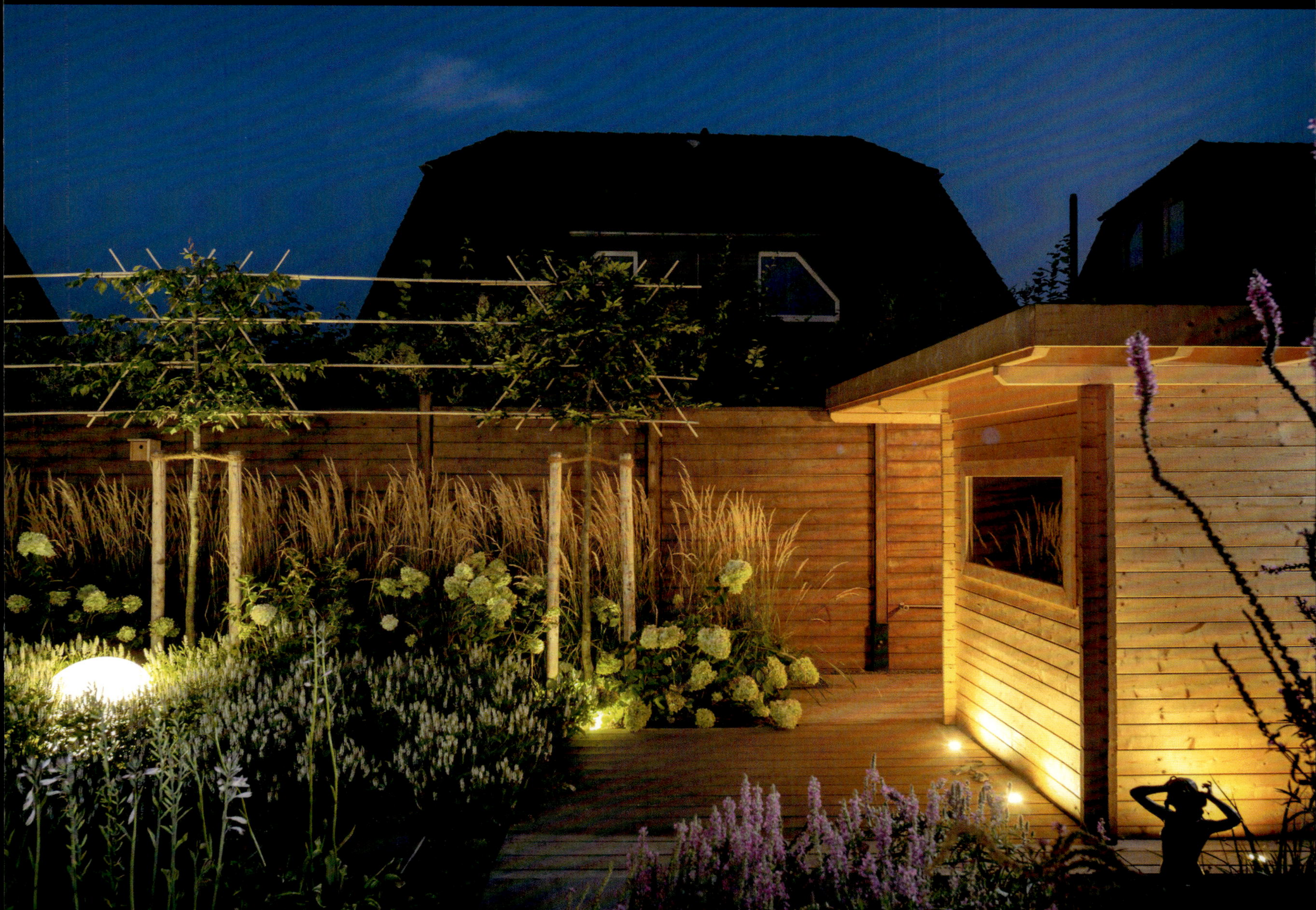

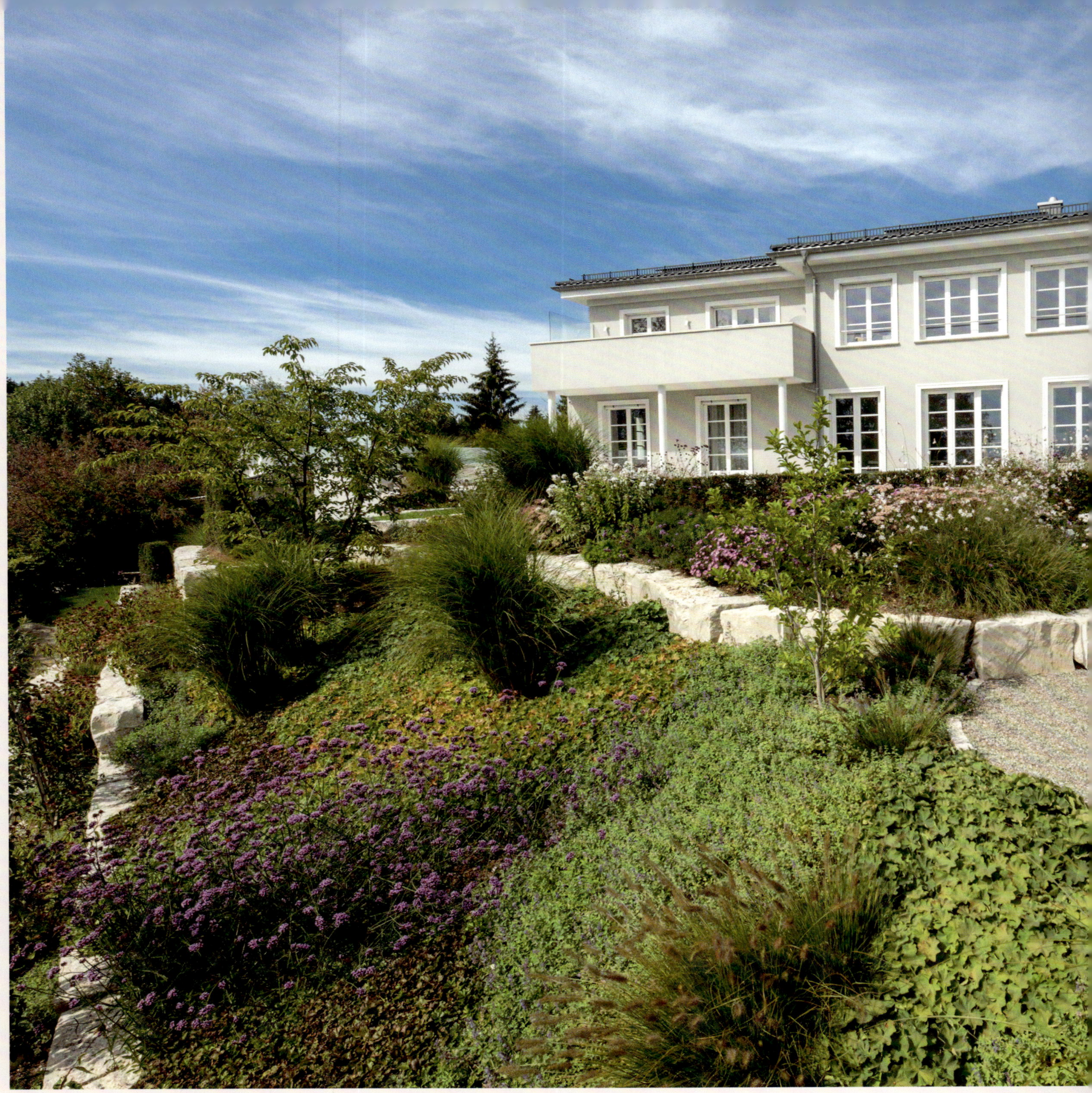

Drei Gärten am Hang

Im Überblick – Garten 19

GARTENGESTALTER
Planung und Ausführung:
Herrhammer – Gärtner von Eden, Heimenkirch

IDEE
Terrassengarten mit mehreren Gartenzimmern

GRÖSSE
ca. 1.500 qm

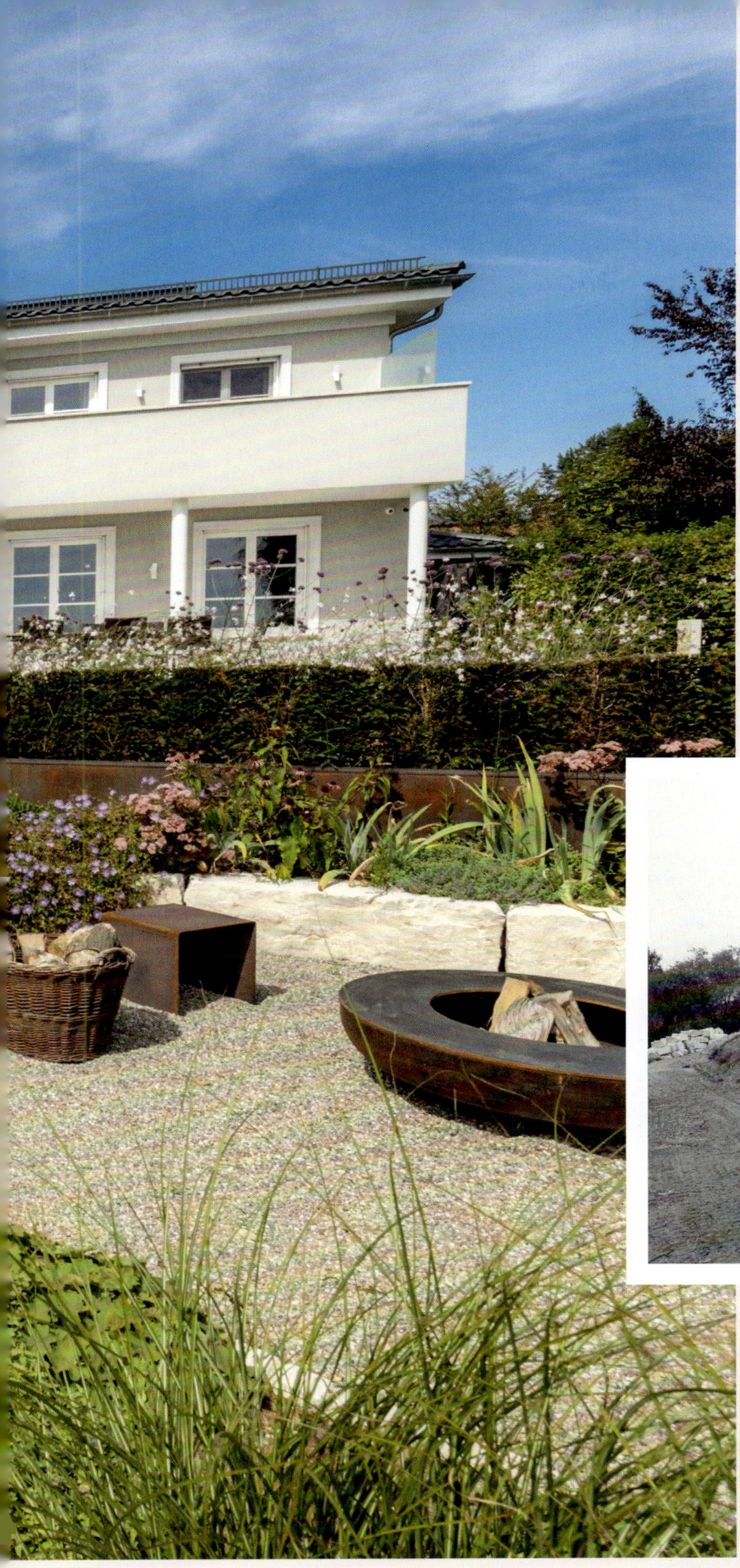

Das Haus ist ein Neubau auf einem zuvor schon einmal bebauten Grundstück, der Garten vollkommen neu, denn zuvor gab es hier nur einen Hang.

Vorher

Obwohl schon einmal bebaut, hatte es auf dem Grundstück nie einen wirklichen Garten gegeben. Dementsprechend gab es auch nichts, woran der Gartengestalter nach der Neubebauung hätte anknüpfen können. Er musste dem steilen Hanggrundstück zunächst eine Struktur geben, die es ermöglichte, es überhaupt als Garten zu nutzen.

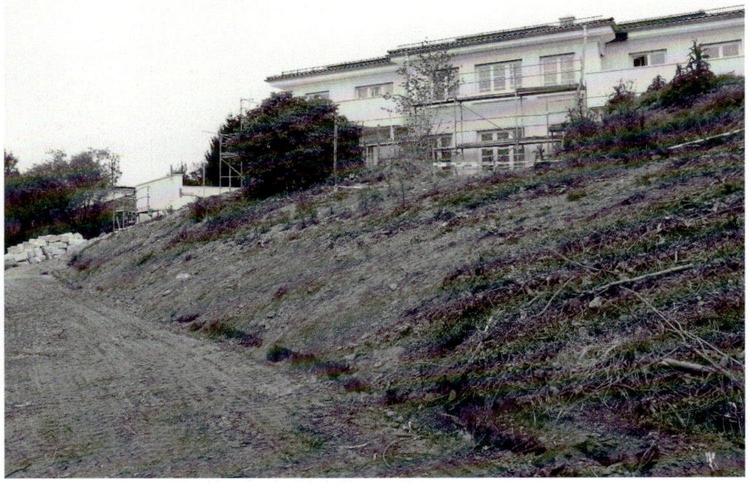

Nachher

Der Hang wurde terrassiert, sodass es nun mehrere nutzbare Ebenen gibt. Jede erhielt ein eigenes Gesicht, Materialien und Pflanzen wurden passend zum modern-südländischen Charakter des Hauses und zur eher ländlichen Umgebung gewählt.

___Die Familie hatte die Weichen eigentlich richtig gestellt, um ein perfektes Zusammenspiel ihres neuen Hauses und des dazugehörigen Gartens zu erreichen: Schon bevor es mit dem Hausbau losging, hatte sie den Gartengestalter ins Boot geholt. Einer guten Verzahnung von Innen- und Außenräumen hätte also nichts im Wege stehen können.
Der Plan: Der Bungalow aus den sechziger Jahren, der auf dem weitläufigen Hanggrundstück stand, sollte abgerissen und an seine Stelle ein großes, modernes, zweigeschossiges Haus mit Blick bis in die Schweizer Alpen gebaut werden. Einen Garten im eigentlichen Sinne hatte der alte Bungalow nie gehabt, unmittelbar am Haus war der Hang steil abgefallen und flächendeckend mit Cotoneaster bepflanzt gewesen. Das sollte sich nun ändern: Der Hang sollte weit abgetragen werden, um eine große, ebene Fläche zu schaffen und auf ihr einen abwechslungsreichen Garten anzulegen. Ein Bodengutachten machte das Vorhaben zunichte. Der Hang hätte durch die Abtragung Stabilität verloren. Es musste also ein alternativer Plan entwickelt werden.

Aus eins ...

Bei einem Hanggrundstück, noch dazu einem sehr steil abfallenden, besteht die Herausforderung darin, sinnvoll nutzbare Flächen zu schaffen. Da es in diesem Fall nicht möglich war, eine zusammenhängende Gartenebene zu entwickeln, terrassierte der Gartengestalter den Hang so, dass drei kleinere Ebenen entstanden. Dieser Plan B ist alles andere als eine Notlösung, bot er doch die Chance, drei eigenständige Gartenbereiche zu kreieren. Die Topografie des Grundstücks wirkt dabei als natürlicher Strukturgeber, der Garten erhielt damit einen ganz besonderen Charakter.
Direkt am Haus entstand der Hauptgarten mit einer großen Terrasse und einer Rasenfläche. Von hier aus genießen die Gartenbesitzer den unverstellten Blick in die Weite. So ist dieser Sitzplatz auch ganz auf den Blick in die Ferne ausgerichtet. Ein breiter Pflanzstreifen mit einer niedrigen Eibenhecke und einer abwechslungsreichen Staudenauswahl begrenzt den Rasen und taucht den Garten das ganze Jahr über in immer neue Bilder, wird aber nie so hoch, dass die Aussicht versperrt wird.
Die Terrasse ist, entsprechend den Baukörpern des Hauses, in drei Bereiche gegliedert. Links und rechts springt die Fassade zurück, verfügt aber jeweils über einen großzügigen Balkon, der sich auf schlanke Säulen stützt. Die beiden diesen Hausflügeln zugeordneten Terrassenteile liegen zwei Stufen höher als der mittlere und sind mit großformatigen Kanfanar-Platten belegt. Der helle Kalkstein passt hervorragend zu der gleichfalls hellen Hausfassade und unterstreicht das Flair einer Ferienanlage im sonnigen Süden, das die Architektur verströmt.

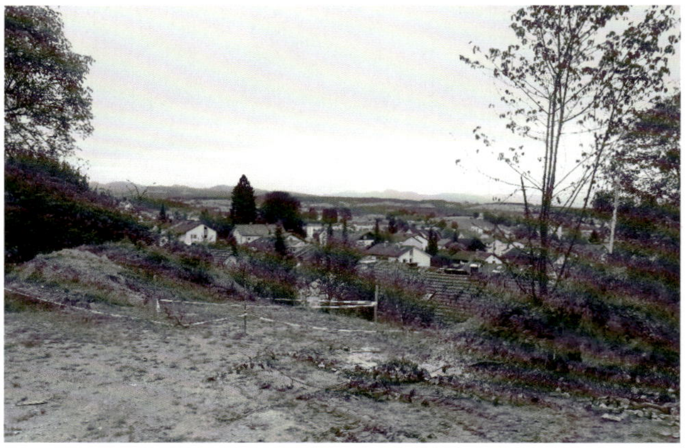

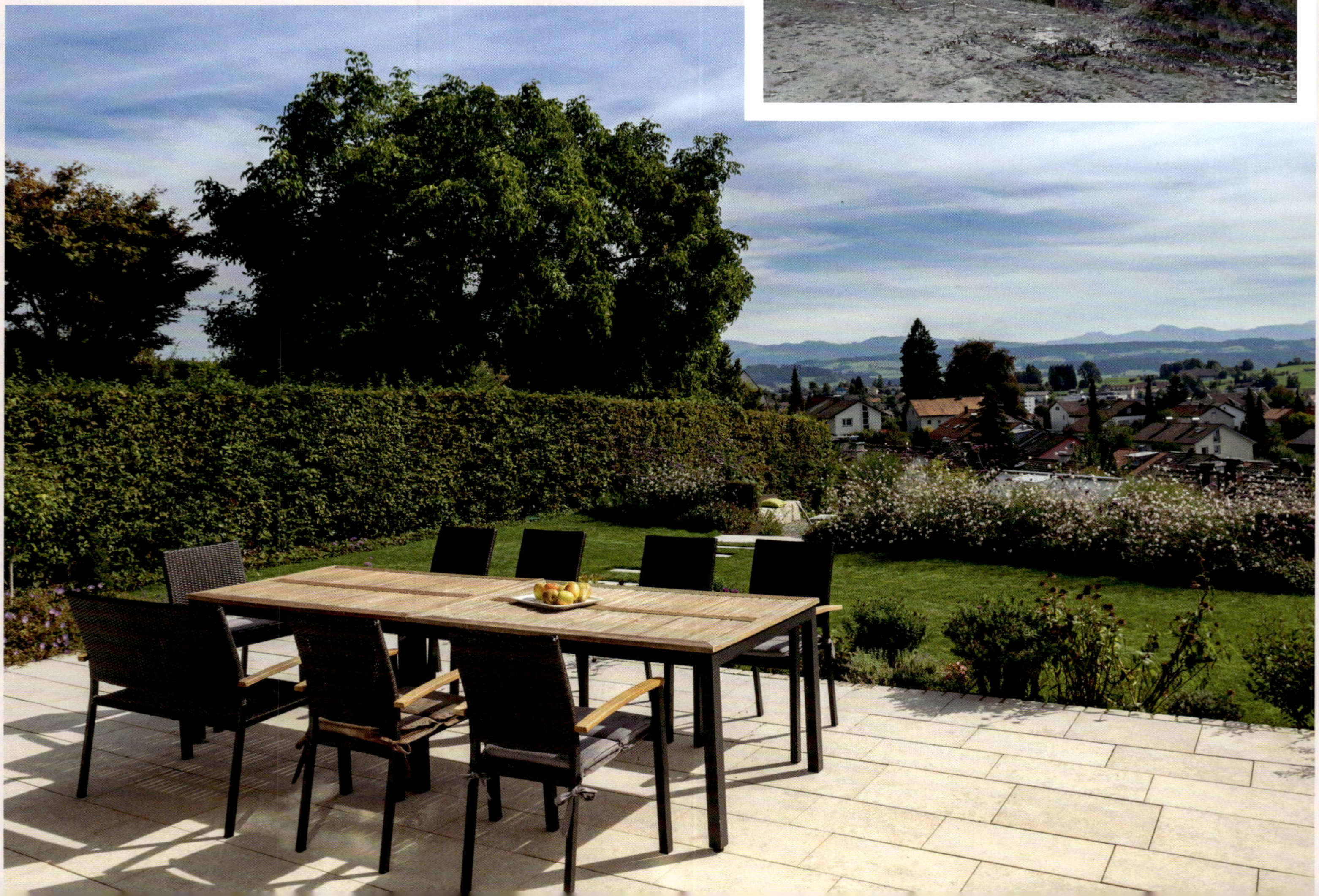

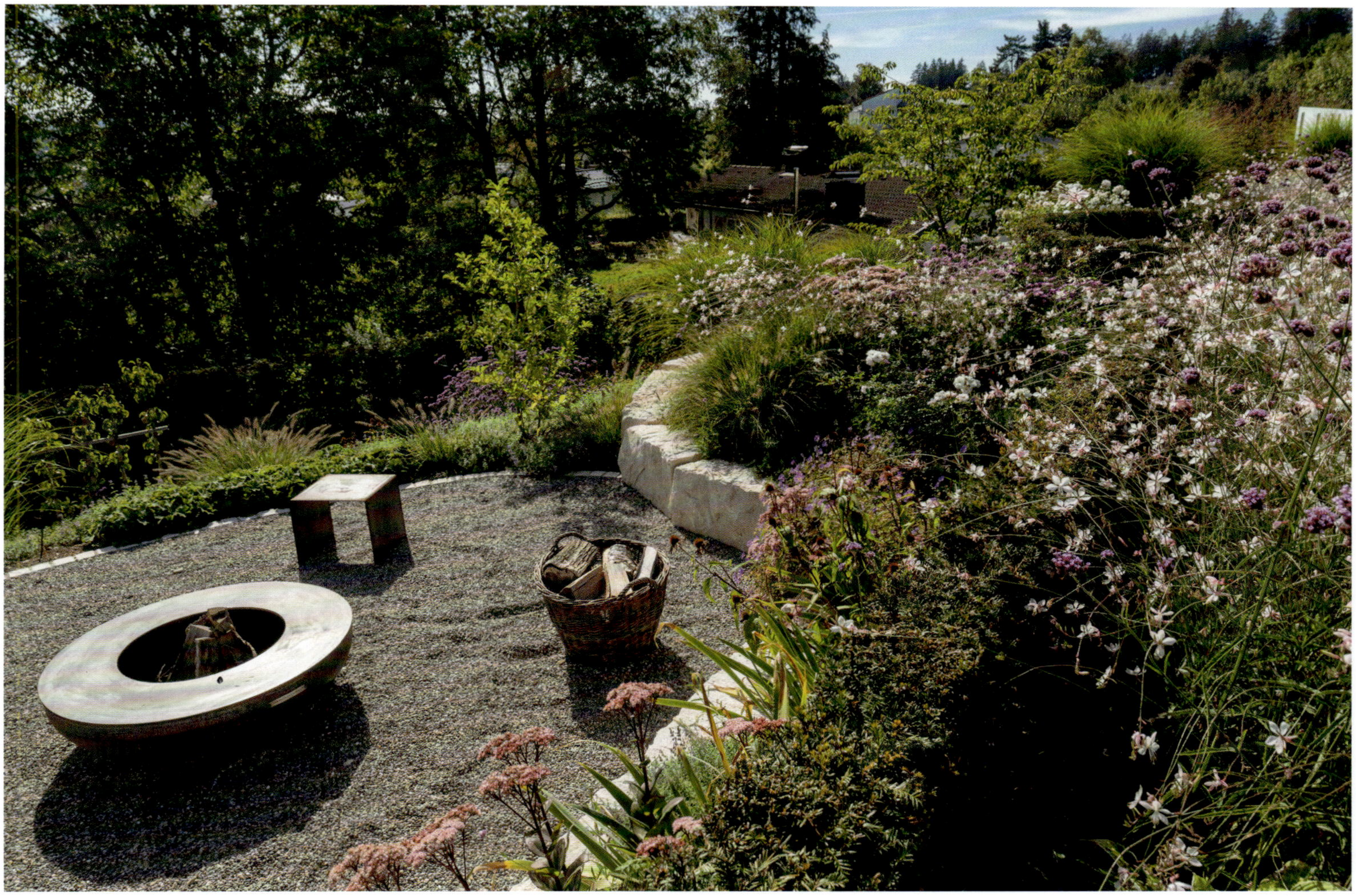

… mach drei

↓ **Verbindung** Den lässigen Übergang zur zweiten, etwas tiefer am Hang gelegenen Ebene schafft ein Weg aus Schrittplatten, der über den Rasen führt und in eine kurze Treppe übergeht.

Der mittlere Terrassenteil ist mit einfachem Riesel belegt, ein Material, das ebenfalls Assoziationen mit dem Süden wachruft, den Kanfanar insofern gut ergänzt, gleichzeitig aber dem massiven Stein eine gewisse Weichheit entgegensetzt. Die unterschiedlichen Materialien und Höhen gliedern die große Terrassenfläche, was dazu führt, dass sich der Gartengenießer hier trotz aller Weitläufigkeit nicht verloren fühlt.

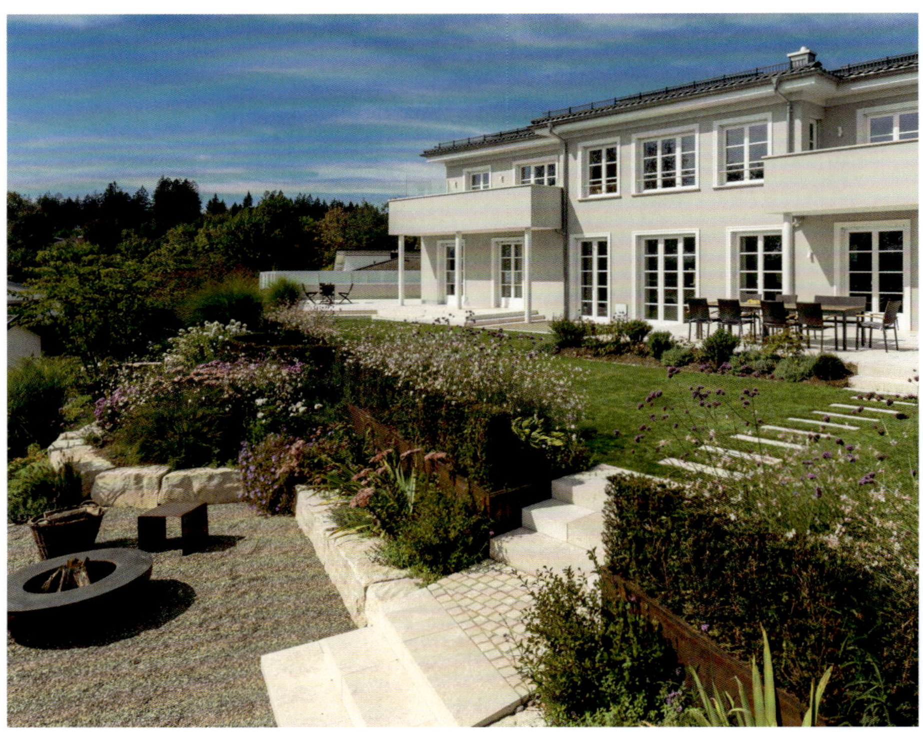

→
Gliederung Niedrige Mauern aus Kanfanar durchziehen die Beete und verleihen ihnen dekorativ Struktur.

Herrlich informell

Auf der zweiten Gartenebene ist ein weiterer Sitzplatz entstanden. Zwischen ihm und dem Wohngarten am Haus liegt ein schmaler Böschungsstreifen, über und über mit üppig blühenden, bodendeckenden Stauden bepflanzt. Das Haus ist von hier aus zwar noch zu sehen, doch durch andere Materialien und Pflanzen ist auf dieser zweiten Gartenterrasse ein heimeliger, in sich geschlossener Gartenkosmos entstanden – deutlich informeller als der Wohngarten am Haus. Die gesamte Fläche ist mit Riesel belegt, was den naturnahen Charakter des Platzes unterstreicht. Hier hat der Allgäuer Grillring Platz gefunden. Die Schrittplatten, die im Wohngarten über den Rasen führen, münden in eine breite Treppe. Sie öffnet den Wohngarten zu der zweiten Terrasse und verbindet beide Gartenteile räumlich miteinander.
Aus dem Naturstein Kanfanar entstand eine niedrige Mauer, die das Staudenbeet nach unten abschließt und auch als Sitzgelegenheit genutzt werden kann.

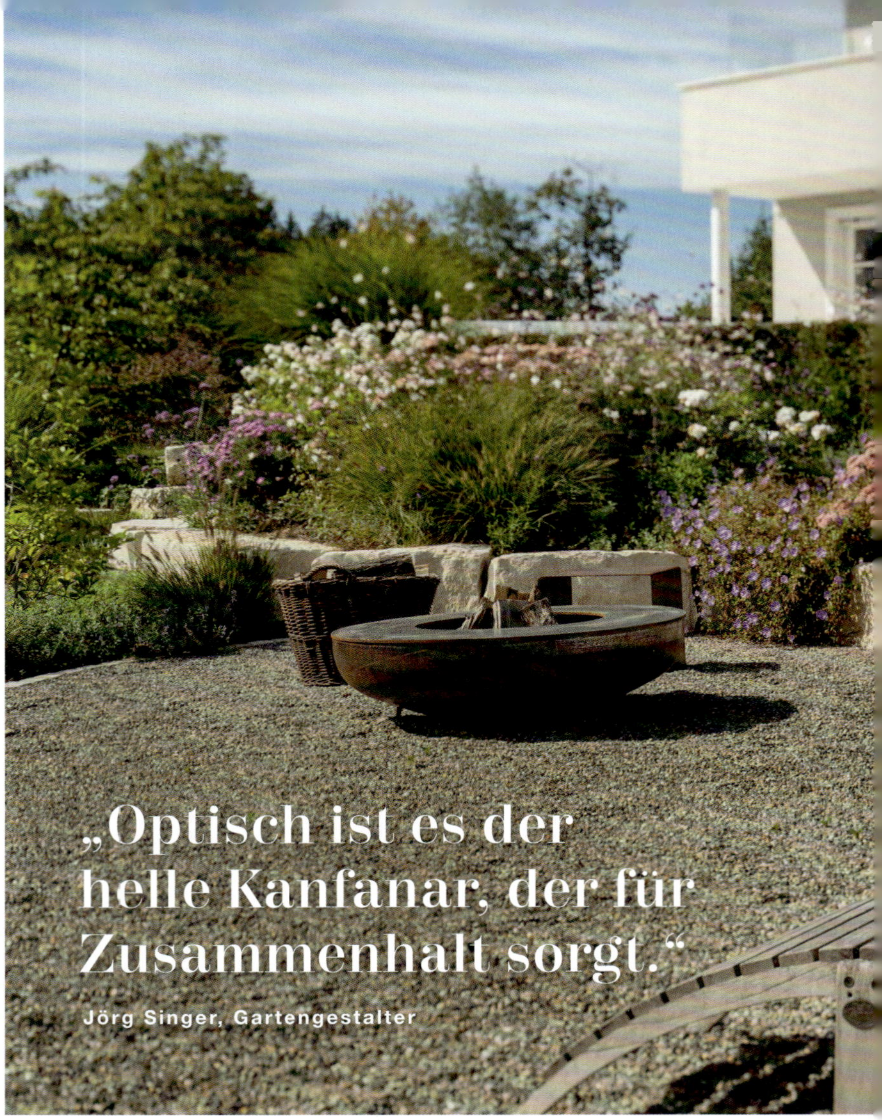

„Optisch ist es der helle Kanfanar, der für Zusammenhalt sorgt."

Jörg Singer, Gartengestalter

Über eine seitlich angelegte Metalltreppe ist diese Ebene mit Gartenteil Nummer drei, dem Nutzgarten, verbunden. Hier stehen ein Gewächshaus und Spalier-Obstbäume, und eine Blumenwiese unterstreicht den naturnahen Charakter dieses dritten Gartenzimmers.

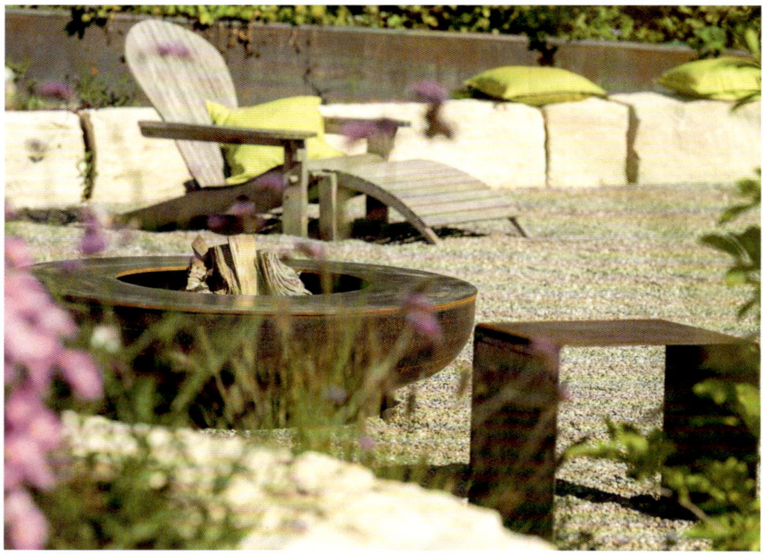

Extras

↑ **Vielfältig nutzbar** Der Allgäuer Grillring kann gleichzeitig als Feuerstelle und als Grill genutzt werden. Holzkorb und Hocker aus Cortenstahl sind seine stilistisch bestens passenden Begleiter.

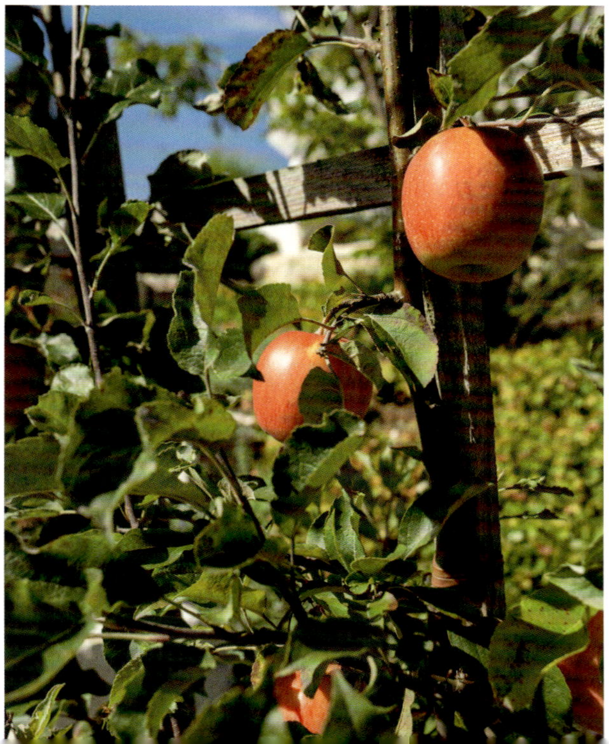

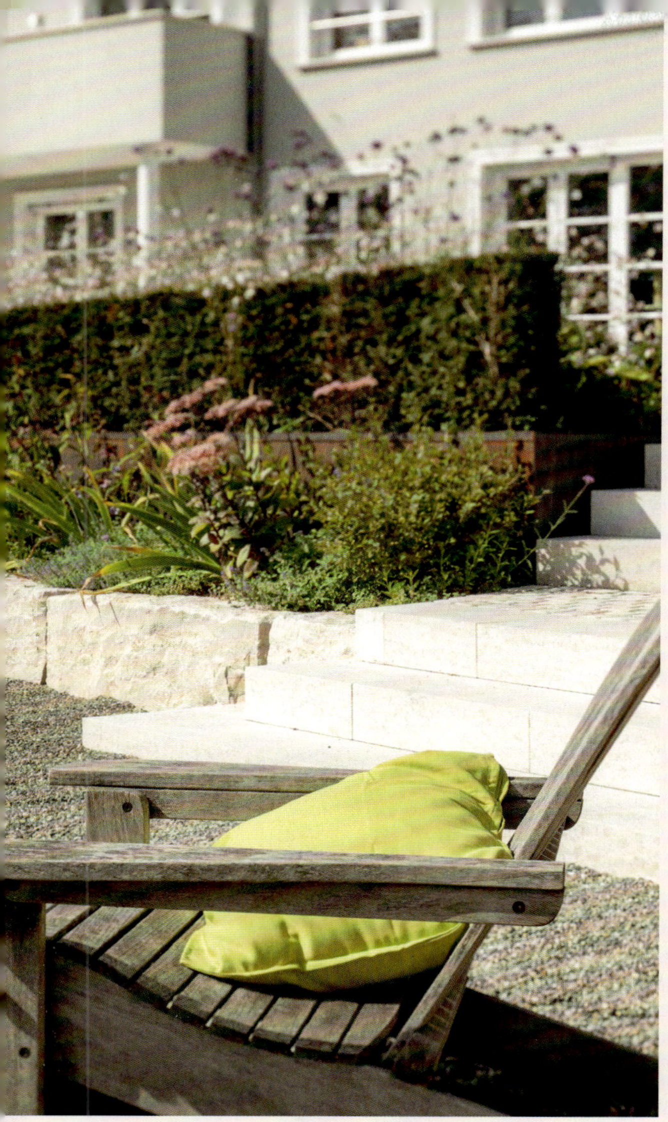

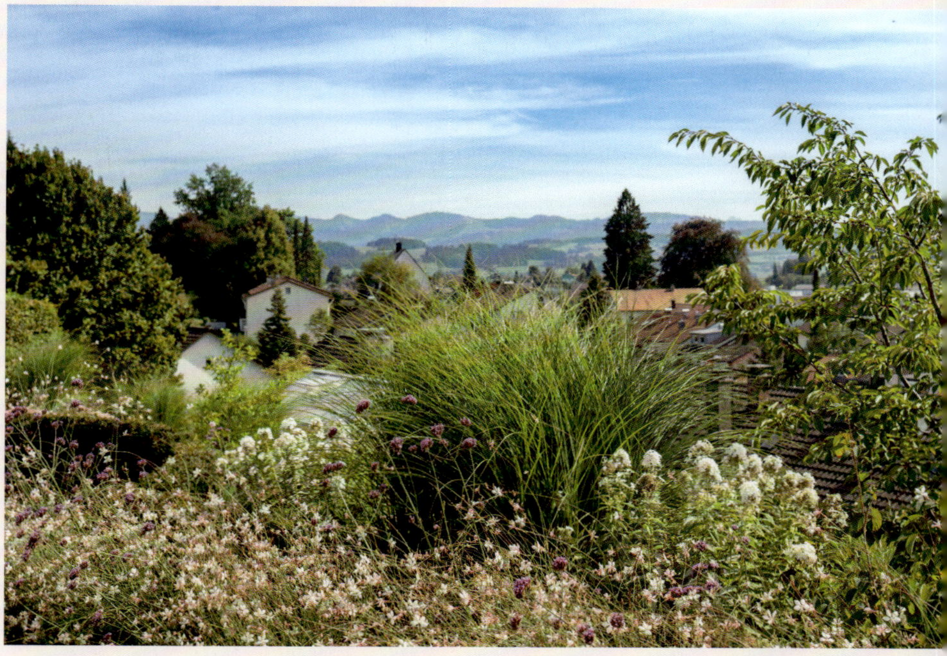

↑ **Gestalteter Hang** Vor der Umgestaltung fiel der Hang direkt am Haus steil ab und war, wie erwähnt, mit immergrünen Bodendeckern bepflanzt. Zum Konzept des neu entstandenen Gartens gehört nicht nur, dem Hang nutzbare und attraktiv gestaltete Flächen abzuringen, sondern auch, die nach der Terrassierung immer noch reichlich vorhandenen Böschungen als Gartenflächen sichtbar zu machen. Deshalb erfreuen nun überall üppige Pflanzungen reich blühender Bodendecker das Auge.

→
Pflanzkomposition Die Eibenhecke, die den oberen Rasen zum Hang hin begrenzt, bildet auf dieser Ebene den Hintergrund der Staudenpflanzung. Die Stauden kommen vor dem dunklen Grün besonders gut zur Geltung.

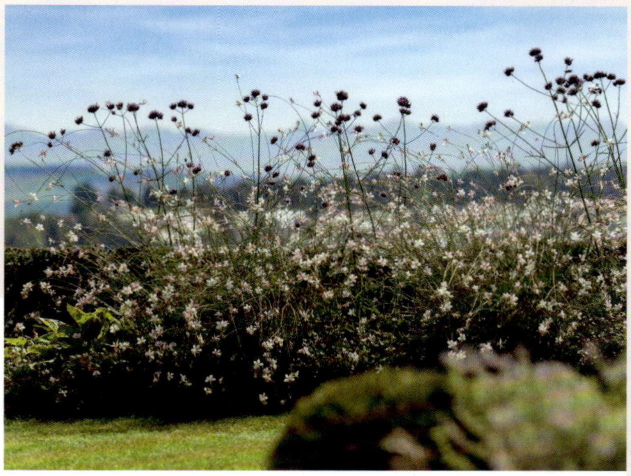

Die Gartenplanung

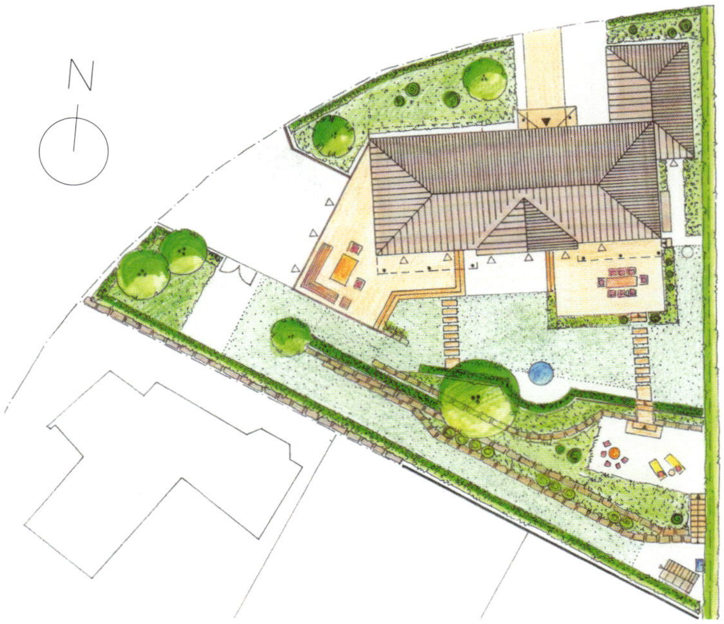

Im Überblick – Garten 19

BESONDERHEIT
Ein mehr als drei Meter hoher und dreieinhalb Meter breiter Rhododendron aus dem alten Garten bekam während der Umgestaltung einen neuen Platz.

MATERIALIEN (Auswahl)
- Kanfanar-Kalkstein
- Riesel
- Metall

PFLANZEN (Auswahl)
- Eibe *Taxus baccata*
- Zierkirsche *Prunus 'Accolade'*
- Zimtahorn *Acer griseum*
- Samthortensie *Hydrangea sargentiana*
- Hainbuche *Carpinus betulus*
- Schneeball-Hortensie *Hydrangea arborescens 'Annabelle'*
- Weidenblättrige Birne *Pyrus salicifolia*

„Lohnt sich die professionelle Gartenplanung für einen kleine Garten überhaupt?", ist eine oft gestellte Frage. Und die Antwort kann nur lauten: „Unbedingt!" Wer noch zweifelt, sollte sich diesen Garten einmal näher anschauen.

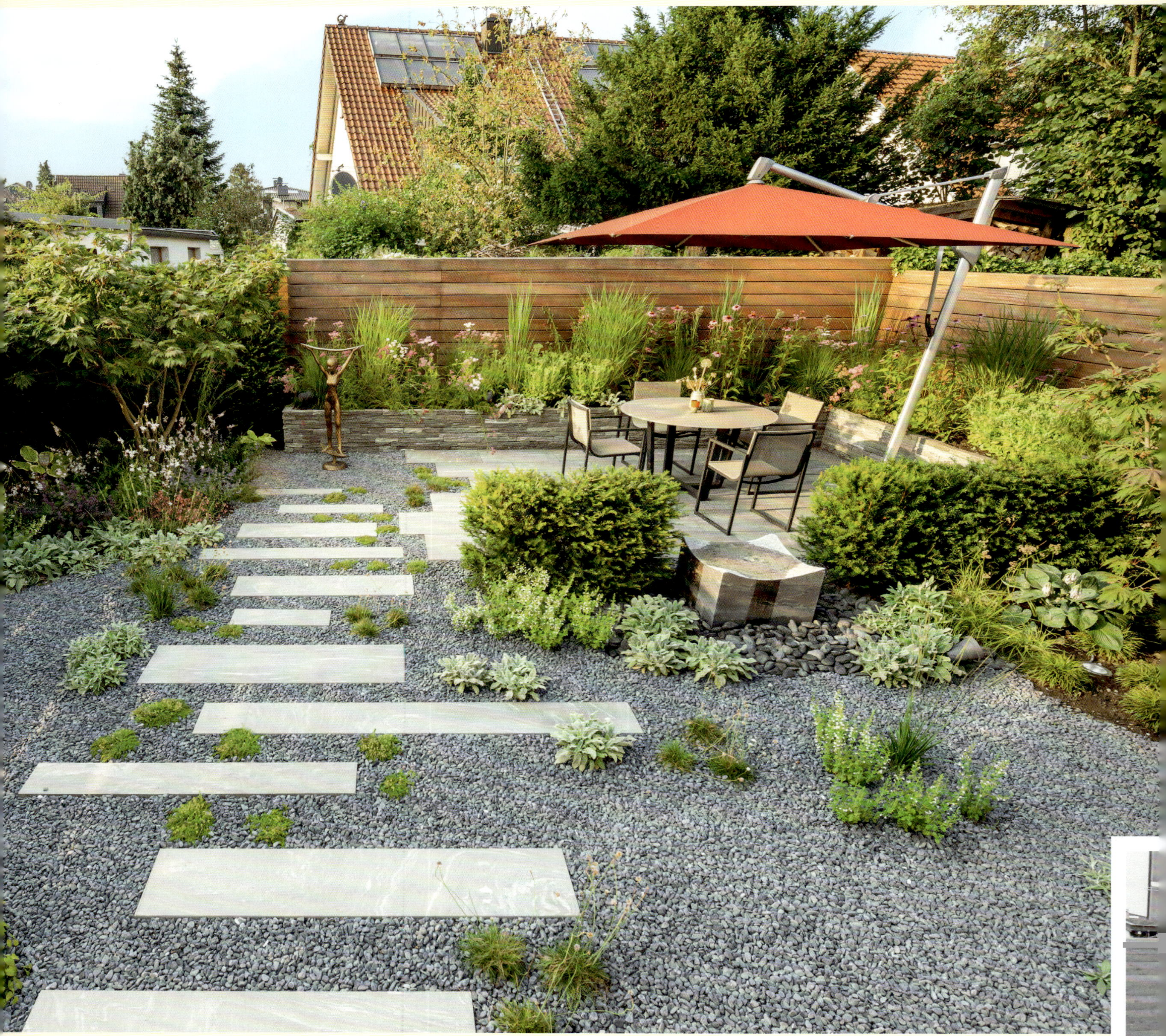

Im Überblick – Garten 20

GARTENGESTALTER
Planung und Ausführung: Kappe – Gärtner von Eden, Bergisch Gladbach

GRÖSSE
ca. 100 qm

BESONDERHEIT
Unter dem Kies Wildtulpen, Krokusse, Schneeglanz

MATERIALIEN (Auswahl)
- Walser Quarzit als Platten und Splitt
- Cortenstahl

PFLANZEN (Auswahl)
- Eibe *Taxus baccata*
- Zierhirse *Panicum 'Rotstrahlbusch'*
- Lampenputzergras *Pennisetum 'Hameln'*
- Zwergmarbel *Luzula pilosa 'Igel'*
- Schneemarbel *Luzula nivea*
- Schafgarbe *Achillea in Sorten*
- Prachtkerze *Gaura lindheimeri*
- Wolliger Ziest *Stachys byzantina*
- Perlkörbchen *Anaphalis triplinervis*
- Funkien *Hosta in Sorten*
- Storchschnabel *Geranium in Sorten*
- Elfenblume *Epimedium x perralchicum 'Frohnleiten'*
- Ziersalbei *Salvia verticillata 'Purple Rain'*
- Sonnenhut *Echinacea purpurea 'Magnus'*
- Pfeifengras *Molinia caerulea 'Moorhexe'*

Großes Gartenkino auf kleinstem Raum

___Was gehört alles zu einem Garten? Pflanzen, Beete, Terrasse, Zaun, vielleicht Rasen. All das hatte der Garten eines Ehepaars, als der Gestalter dort zum ersten Mal hinkam. Doch ein einziger Blick auf das Vorher-Foto des Gartens genügt, um festzustellen, dass das bloße Vorhandensein all dieser Elemente beileibe keinen schönen Garten ausmacht. Vielmehr sind die essenziellen Zutaten zum Gartenglück kreative Ideen, stimmige Proportionen, Materialverständnis, Stilempfinden und natürlich Pflanzenwissen. Mit all dem ließ der Gartengestalter auf nicht einmal 100 Quadratmetern ein in sich vollkommen stimmiges, anregendes und zugleich beruhigendes Gartenparadies entstehen.

Weniger schafft Platz für mehr

Eine große Terrasse ist etwas Herrliches, allerdings sollte ihre Größe sowohl zu den Dimensionen des Gartens als auch zu den Nutzungsgewohnheiten ihrer Besitzer passen. Beides war in diesem Garten nicht der Fall. Fast die Hälfte des Gartens verschwand unter den Terrassenbohlen – viel zu viel bei nicht einmal 100 Quadratmetern Grundfläche und zwei Gartennutzern. Außerdem lag die Terrasse wegen der Nordausrichtung des Grundstücks fast den ganzen Tag im Schatten. Das gefiel den Gartenbesitzern zwar grundsätzlich, doch wünschten sie sich zusätzlich einen Sitzplatz in der Sonne. So schrumpfte die hausnahe Terrasse bei der Umgestaltung auf ein passendes Maß und bekam ein sonniges Pendant am hinteren Ende des Grundstücks. Optisch zusammengehalten werden die beiden Verweilorte durch die Verwendung des gleichen Bodenbelags, Platten im eher ungewöhnlichen Format von 80 mal 50 Zentimetern, einer möglichst optimalen Annäherung an den Goldenen Schnitt.

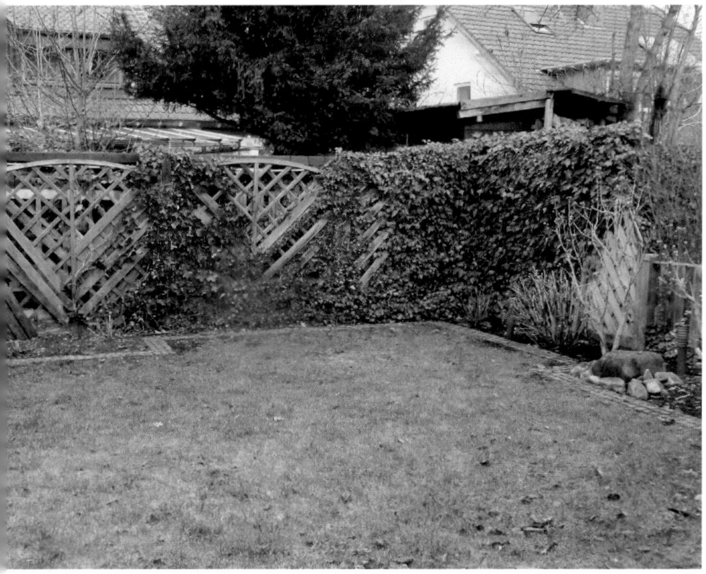

Vorher

Vor der Umgestaltung bot sich dem Auge in diesem Garten kein schöner Anblick – nirgends. Alles wirkte vernachlässigt und zusammengewürfelt.

Vom Sehen und Nicht-Sehen

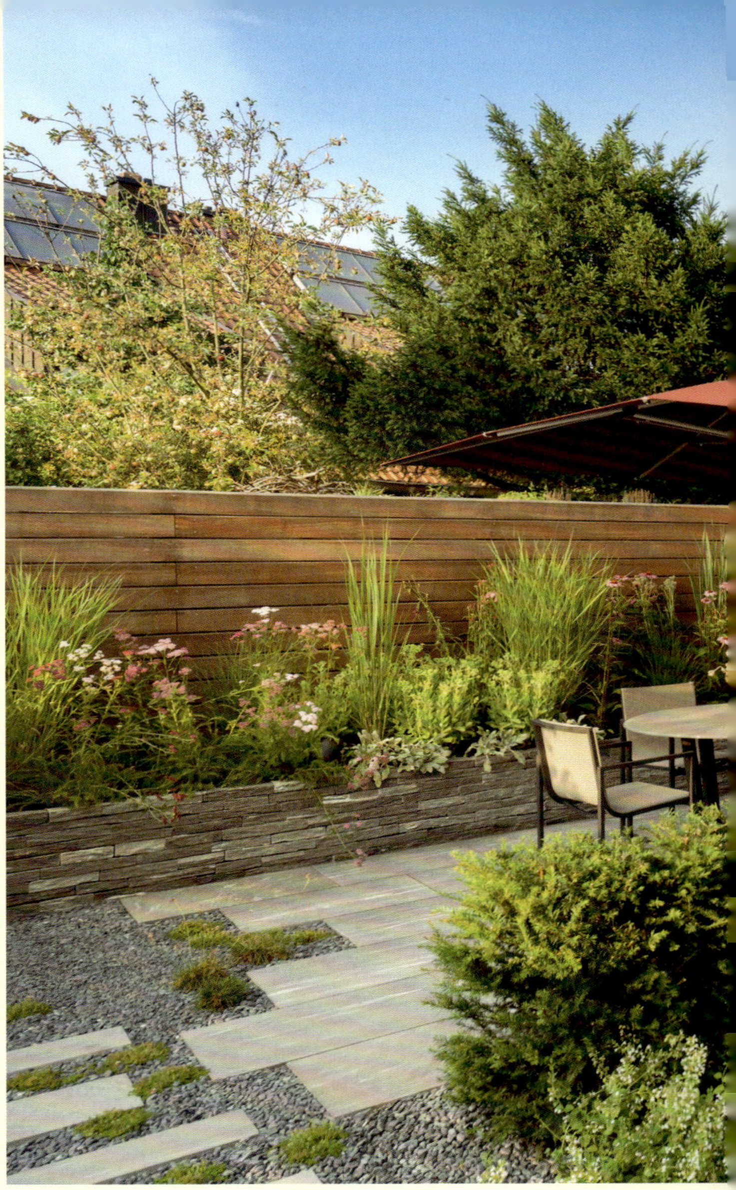

Gerade in kleinen Gärten immer ein Riesenthema: Sichtschutz. In diesem Garten wird deutlich, dass Sichtschutz viel mehr leistet als das pragmatische Aussperren von Blicken. Vielmehr kann er charakterbildend für den ganzen Garten sein und maßgeblich zum ästhetischen Gesamteindruck beitragen – positiv. An die Stelle einer in die Jahre gekommenen Ansammlung unterschiedlicher Fertigzaunelemente trat ein maßgeschneiderter Sichtschutz aus hochwertigem Bangkirai. Der horizontale Verlauf der Bretter sorgt dafür, dass sich die Längsachse des Grundstücks optisch streckt. Gleichzeitig setzt diese ungewöhnliche Lattung ein ästhetisches Ausrufezeichen. Durch den Wechsel mit Heckenelementen aus Eibe wird der Sichtschutz aufgelockert.

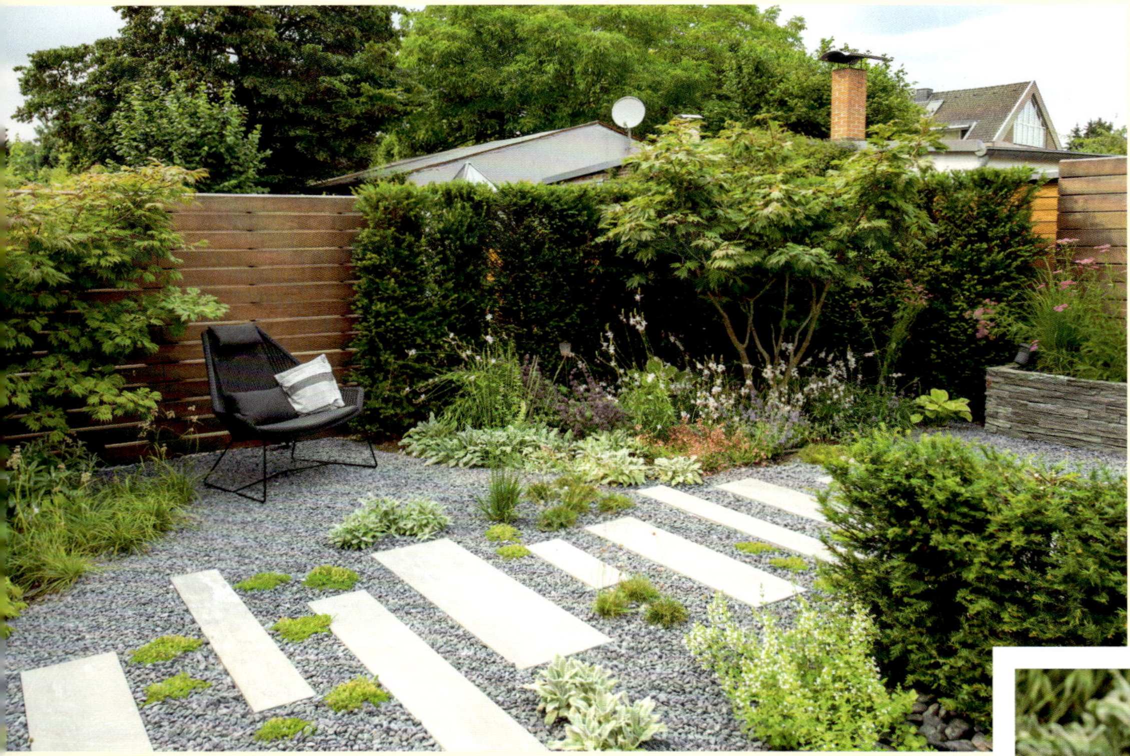

↑ **Auflösungserscheinungen** Die Pflanzungen außerhalb der eigentlichen Beete sind nur ein Kniff, um eines der grundlegenden Gestaltungsprinzipien dieses Gartens umzusetzen: die konsequente Auflösung von Flächen. Die Terrassen haben keine gerade Begrenzung, der Gartenweg löst sich in Einzelplatten auf.

Material

← **Schöner Stein** Der graue Kalksteinkies bildet mit seiner Kleinteiligkeit den Gegenpol zu den großformatigen Platten von Weg und Terrassen. Für diese kam Walser Quarzit zum Einsatz. Aus dem gleichen Stein entstand auch die niedrige Mauer vor dem Hochbeet. Die Verwendung des gleichen Materials für Bodenbeläge und Hochbeetmauer sorgt für den optischen Zusammenhalt der Gesamtanlage. Der Stein trägt dazu bei, den Garten gleichzeitig naturnah und modern wirken zu lassen.

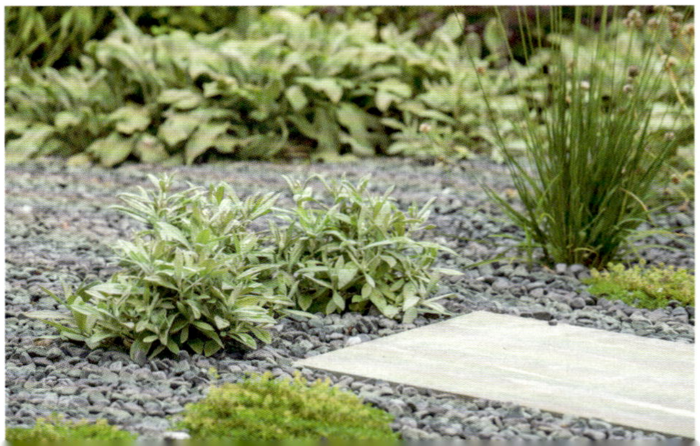

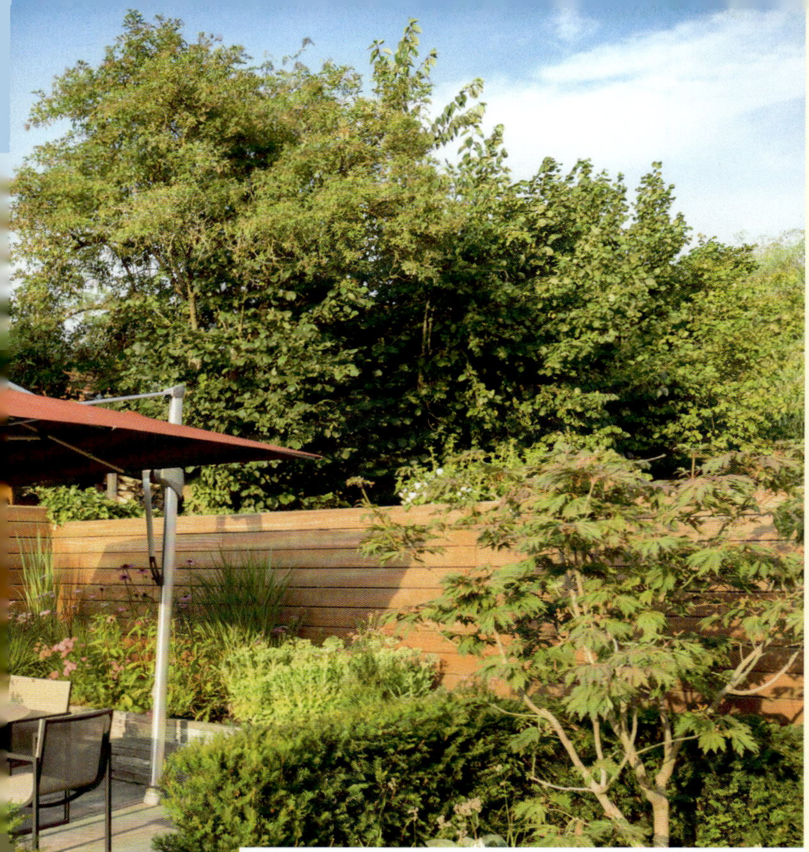

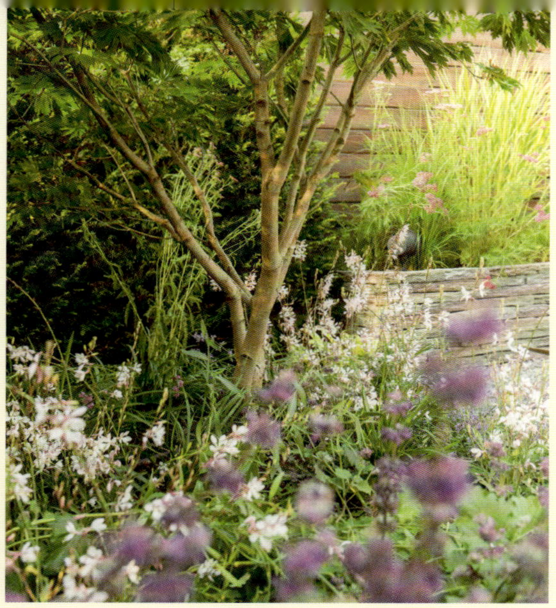

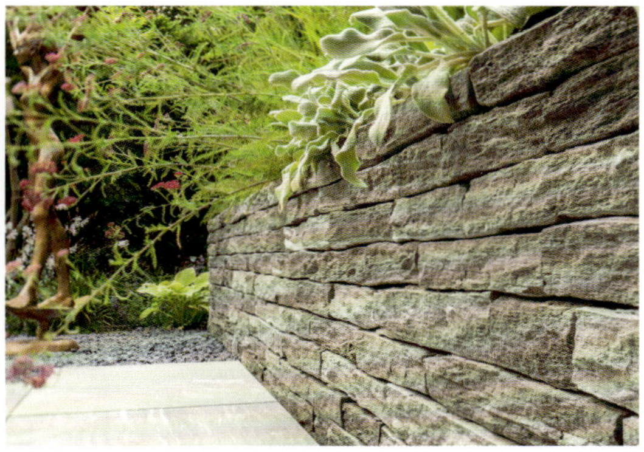

↑ **Die dritte Dimension** Das Hochbeet übernimmt wie vieles in diesem Garten gleich mehrere Aufgaben. Zum einen hebt es die Bepflanzung für diejenigen, die auf der Sonnenterrasse sitzen, auf Augen- und Nasenhöhe, sodass sie sich dort regelrecht von der Natur eingehüllt fühlen können. Zum anderen hebt es einen Teil des Gartens aus der Grundstücksfläche empor und baut so Spannung auf.

Vielfalt pflanzen

Trotz der großen Aufmerksamkeit, die der Planer den hochwertigen Baumaterialien schenkte, sind die eigentlichen Hauptdarsteller dieses Gartens Blätter, Borken und Blüten. Hier kamen auf kleinstem Raum und in den unterschiedlichsten Funktionen zahlreiche Pflanzenarten zum Einsatz. Als Unterstützung für den hölzernen Sichtschutz zogen drei Japanische Fächerahorne in den Garten ein. Doch sind sie nicht nur Blickblocker, sondern auch Blickfänger: Im Herbst ziehen sie das Auge magisch an mit ihrer fantastischen Laubfärbung, und das ganze Jahr über kann sich der Pflanzenfreund an ihrem knorrigen Wuchs erfreuen. Neben einer Vielzahl an blühenden Stauden, die dank zartem Wuchs und Pastellblüten filigrane Leichtigkeit in den Garten bringen, lag bei der Pflanzenauswahl besonderes Augenmerk auf attraktiven Details wie unterschiedlichen Blattformen, -farben und -texturen. So kann das Auge hier immer wieder auf Entdeckungsreise gehen, und der Garten präsentiert sich ganzjährig als optischer Abenteuerspielplatz.

Grün im Abgang

→ Ein Lichtschacht für den Keller, der unter der alten Terrasse verschwunden war, wurde freigelegt und als ungewöhnliches Beet in den Garten einbezogen. Nun blickt man aus dem einstmals stockfinsteren Kellerraum in eine Kaskade unterschiedlicher Grüntöne, die sich über die gestufte Pflanzfläche ergießt. So bekam die begrünbare Fläche des Gartens dank einer ungewöhnlichen Idee wertvollen Zuwachs. Sehr durchdacht ist auch die Materialwahl rund um das Lichtschachtbeet: Modern-architektonisch und dennoch natürlich anmutender Cortenstahl fängt die Beetstufen ab, und den Fallschutz zwischen Terrasse und Tiefbeet führte der Planer in klarem Glas aus. Das wirkt ebenfalls modern, sorgt aber auch dafür, dass die Gartengenießer sich auf der Terrasse nicht beengt fühlen und der Blick von dort frei auf die Pflanzenvielfalt im Beet schweift.

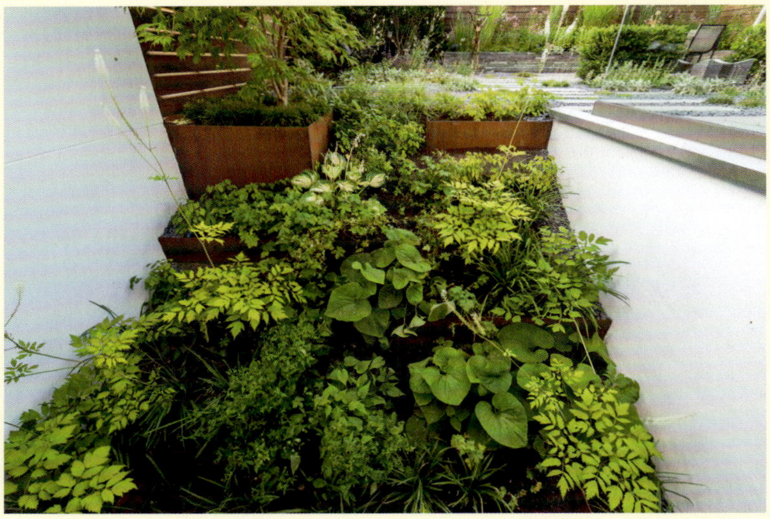

Die Besitzerin wünschte sich einen Garten, üppig und voller Leben. Die große Herausforderung war: ein Konzept finden, dass zu ihrem charakterstarken Architektenhaus aus den sechziger Jahren passt.

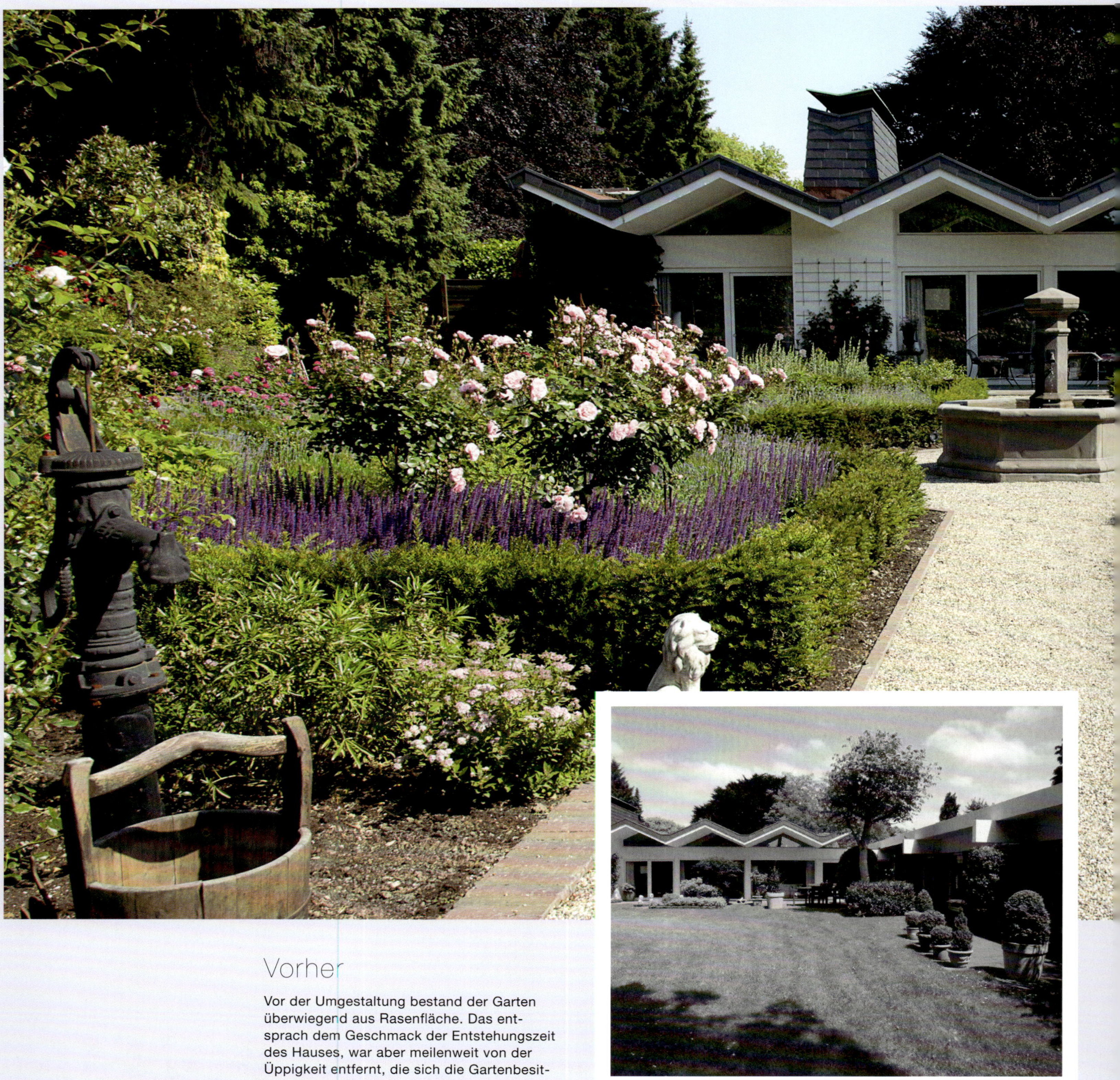

Vorher

Vor der Umgestaltung bestand der Garten überwiegend aus Rasenfläche. Das entsprach dem Geschmack der Entstehungszeit des Hauses, war aber meilenweit von der Üppigkeit entfernt, die sich die Gartenbesitzer wünschten.

Im Überblick – Garten 21

GARTENGESTALTER
Planung und Ausführung: Kappe – Gärtner von Eden, Bergisch Gladbach

GRÖSSE
ca. 450 qm

IDEE
Pflanzenfülle geometrisch angeordnet

MATERIALIEN (Auswahl)
- Holländischer Klinker
- Japankies

PFLANZEN (Auswahl)
- Eibe *Taxus baccata*
- Rispenhortensie *Hydrangea paniculata 'Limelight'*
- Ziersalbei *Salvia nemorosa 'Ostfriesland'*
- Lavendel *Lavandula 'Hidcote Blue'*
- Fünffingerkraut *Potentilla fruticosa 'Abbotswood'*
- Rosmarin *Rosmarinus officinalis*
- Rosen *Rosa 'Medusa', Rosa 'Sorrento', Rosa 'Comte de Chambord', Rosa 'Mary Rose'*
- Traubenlilie *Liriope muscari*
- Mexikonessel *Agastache 'Blue Fortune'*
- Blauraute *Perovskia 'Blue Spire'*

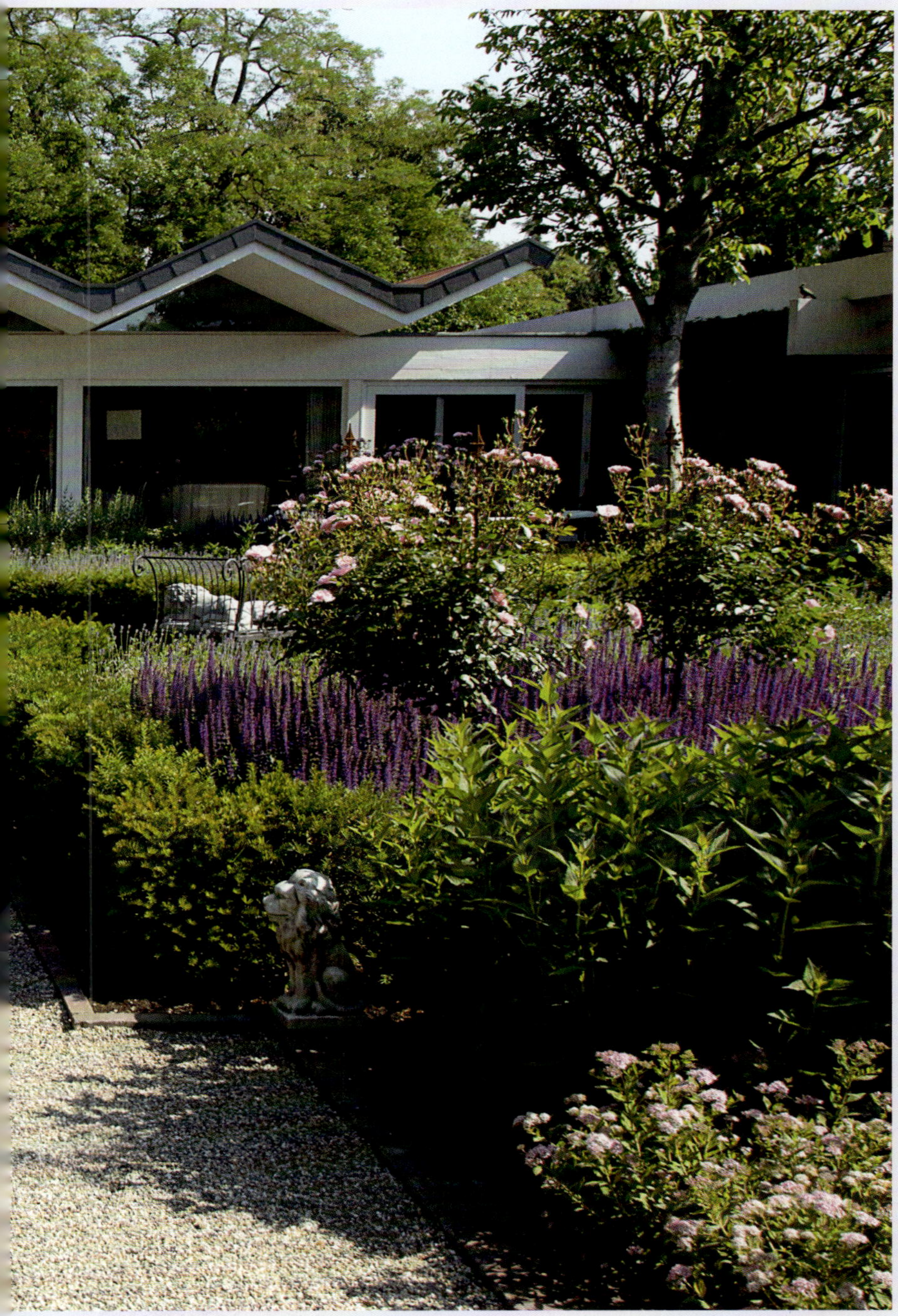

Nachher

Heute bildet der Garten den maximalen Kontrast zu seinem früheren Erscheinungsbild: Wo vorher das ruhige Grün des Rasens das Bild bestimmte, wächst heute eine überbordende Pflanzenfülle.

___Den Winkelbungalow mit seinen wie bei einer Fabrik aneinandergereihten Spitzdächern hatte 1966 ein namhafter Architekt geplant. Heute steht das Haus unter Denkmalschutz. Der Garten dazu: ebenfalls ganz sechziger Jahre – eine große Rasenfläche, ein paar Koniferen, offene Strukturen, keine Überraschungen. Das sollte sich 2014 ändern. Da wurde ein Teil des großen Grundstücks in Bauland umgewandelt. Damit geriet der Garten aus dem Gleichgewicht – ein willkommener Anlass, über seine Neugestaltung nachzudenken.
Die Wünsche der Bauherrin bereiteten dem Gartengestalter zunächst ein wenig Kopfzerbrechen: Ein üppiges Blütenmeer schwebte ihr vor, ein Gartenerlebnis für alle Sinne mit großer Artenvielfalt.

Renaissance trifft Moderne

Bezug zum Haus

Schnell stand fest: Ein Naturgarten kam hier nicht in Frage. Er hätte sich nie und nimmer mit der Architektur des Hauses in Einklang bringen lassen. Stattdessen machte der Gestalter für seinem Entwurf Anleihen bei Gartenanlagen aus der Renaissance. Der Grund für diese Reise in die Vergangenheit: Wie die Architektur des Hauses waren die Gärten damals ganz der Geometrie verpflichtet.

Der Garten bekam eine klassische Aufteilung mit Mittelkreuz, das heißt, zwei Wege durchziehen den Garten so, dass sie sich in seiner Mitte rechtwinklig kreuzen und dadurch vier mehr oder weniger gleich große Segmente entstehen. Diese Kreuzung weitet sich zu einem kleinen Platz, mit einem auf die Spitze gestellten Quadrat als Grundriss. Dort fand ein Brunnenbecken seinen Platz, das die Gartenbesitzer schon vor der Umgestaltung erworben hatten. Es markiert heute den Mittelpunkt des Gartens, bildet einen wichtigen optischen Bezugspunkt und sorgt für Spannung, weil es die geraden Achsen unterbricht.

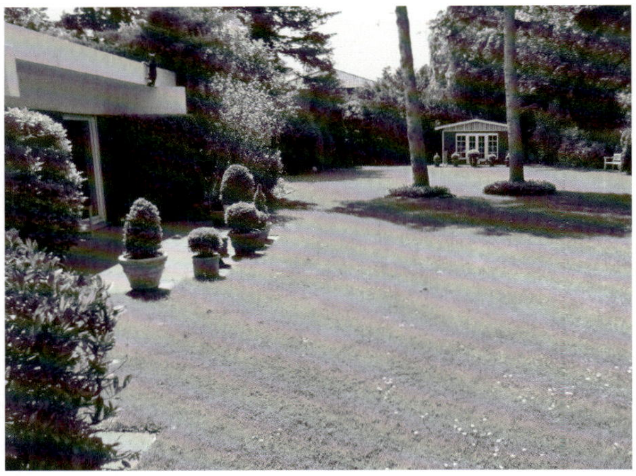

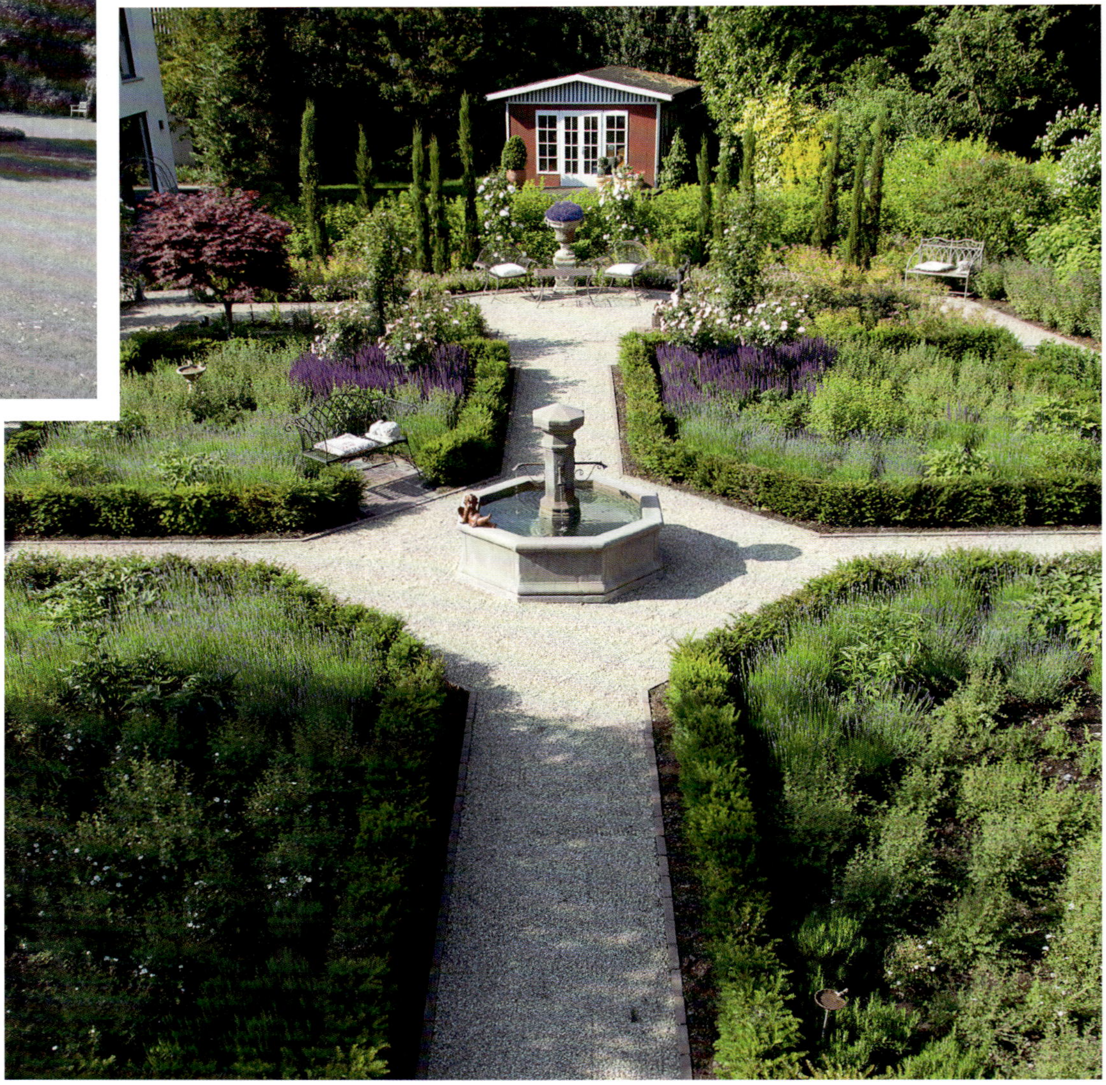

→
Aus Rasen wird Beet Die Anlage war zuvor von dem großen Rasen geprägt und sah so gut wie keine Blühpflanzen vor. Um der Pflanzenfülle ausreichend Raum geben zu können, wurde die Rasenfläche komplett durch Beete ersetzt, die dicht mit Stauden bestückt sind. Allerdings hielt sich der Gartengestalter bei der Sortenauswahl bewusst zurück. Im Wesentlichen sind es Lavendel, Salbei und Fünffingerkraut, großflächig gepflanzt, die in den Beeten gedeihen. So wirkt der Garten eher durch die Großzügigkeit der Beetflächen als durch eine Vielfalt unterschiedlicher Pflanzen üppig. Diese Reduktion war wichtig, um den Einklang mit dem Haus nicht zu gefährden.

„Auf seinem Weg durch die Anlage kann man jederzeit Platz nehmen, verweilen und den Garten aus immer neuer Perspektive ganz in Ruhe betrachten."

Ralf Kappe, Gartengestalter

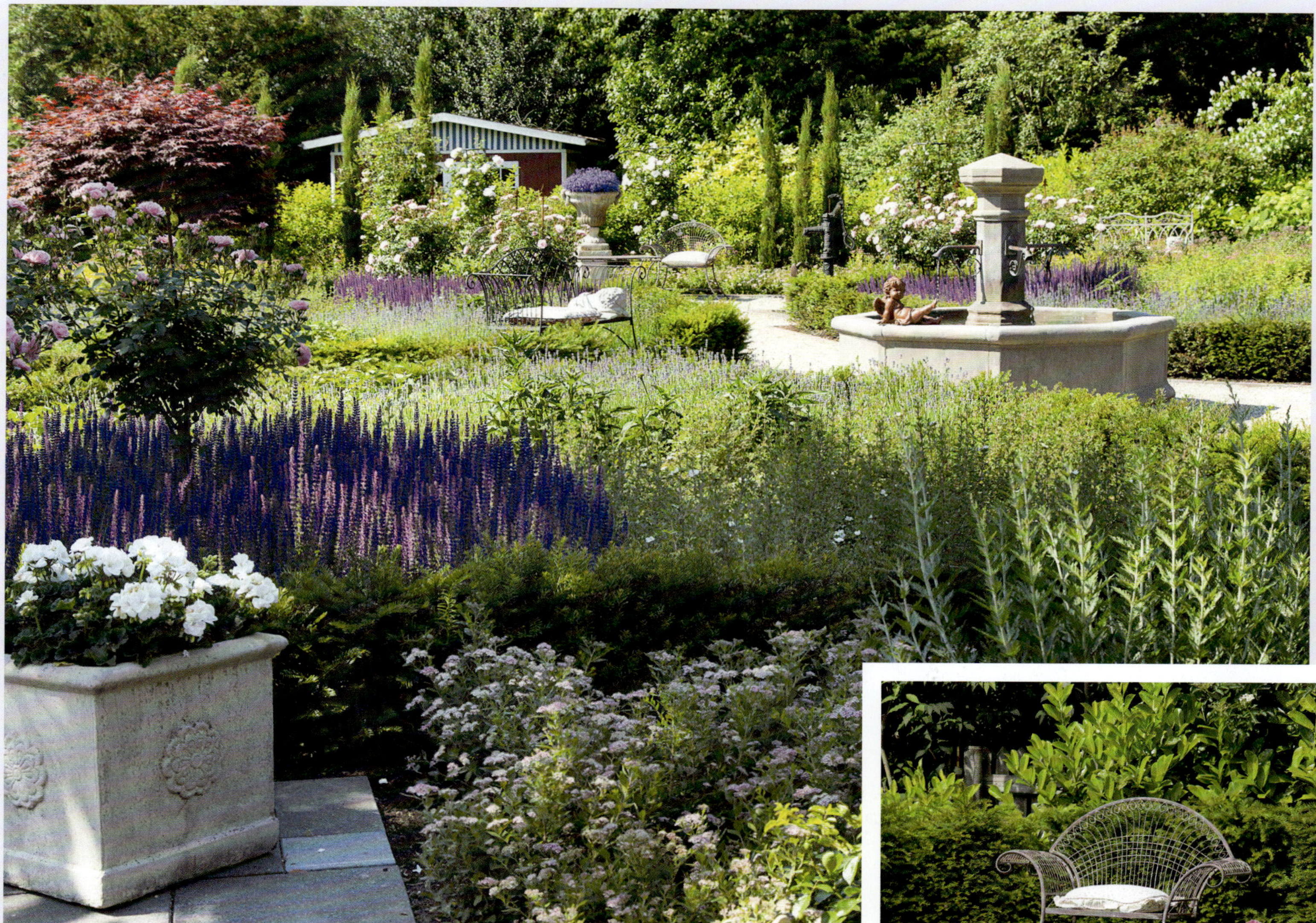

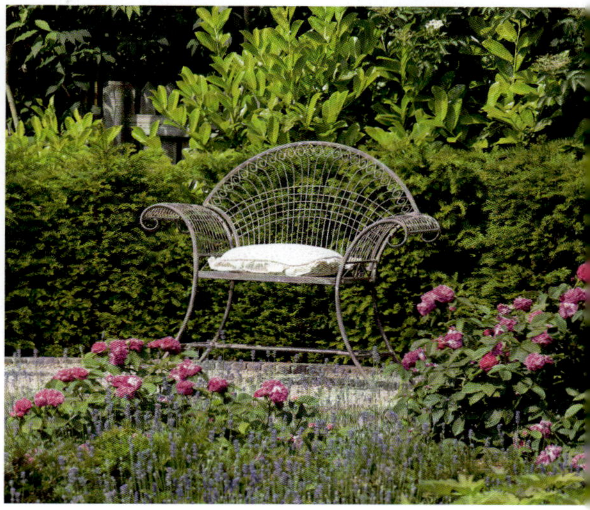

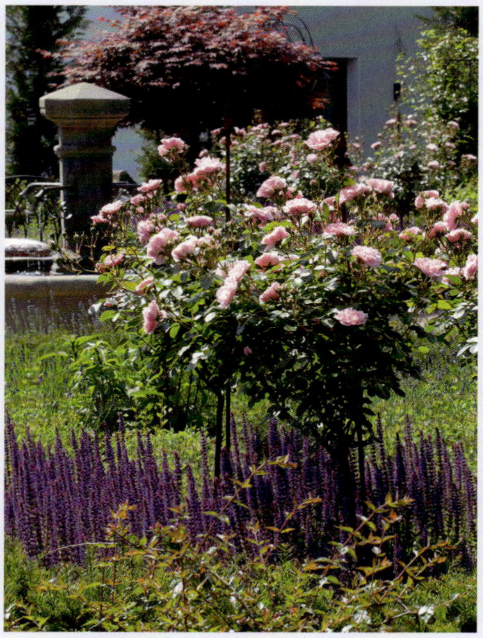

↑ **Rosenvielfalt** Als roter Faden zieht sich die Verwendung von Rosen durch das Pflanzkonzept für alle Beete; gleich ein rundes Dutzend Sorten von der Duft- bis zur Bodendeckerrose findet sich im Garten.

Lustwandeln und schauen

Neben dem Mittelkreuz gibt es noch einen um die vier großen Beetsegmente herumführenden Weg. Auf der Außenseite flankieren den Weg weitere Pflanzungen, in die mehrere Nischen eingeschnitten sind. Einige sind leicht erhöht und groß genug, um auf diesen Podesten zierliche Sitzmöbel zu platzieren, andere bieten Raum für Dekoration. Die Besitzerin nutzt ihren Garten intensiv als Präsentationsfläche, stellt immer wieder andere Stücke in den Nischen auf. Außerdem ist er auch ein viel genutzter Aufenthaltsraum.

Die Wege laden ein zum Spazierengehen, ihr Kiesbelag verstärkt den Eindruck, sich in der historischen Gartenanlage eines Herrenhauses zu befinden. Überall im Garten sind einladende Sitzgelegenheiten verteilt.

Nicht nur die vier großen Beete in der Mitte des Gartens, auch die Pflanzflächen an seinem Rand haben reichlich Anregung zu bieten: ihre Bepflanzung ist vielfältiger als die der zentralen Beete, abgestimmt auf die jeweiligen Standortbedingungen.

Im Überblick – Garten 22

GARTENGESTALTER
Planung und Ausführung:
Klute – Gärtner von Eden, Sundern

IDEE
Der Garten als geometrische Landschaftsskulptur

GRÖSSE
ca. 580 qm

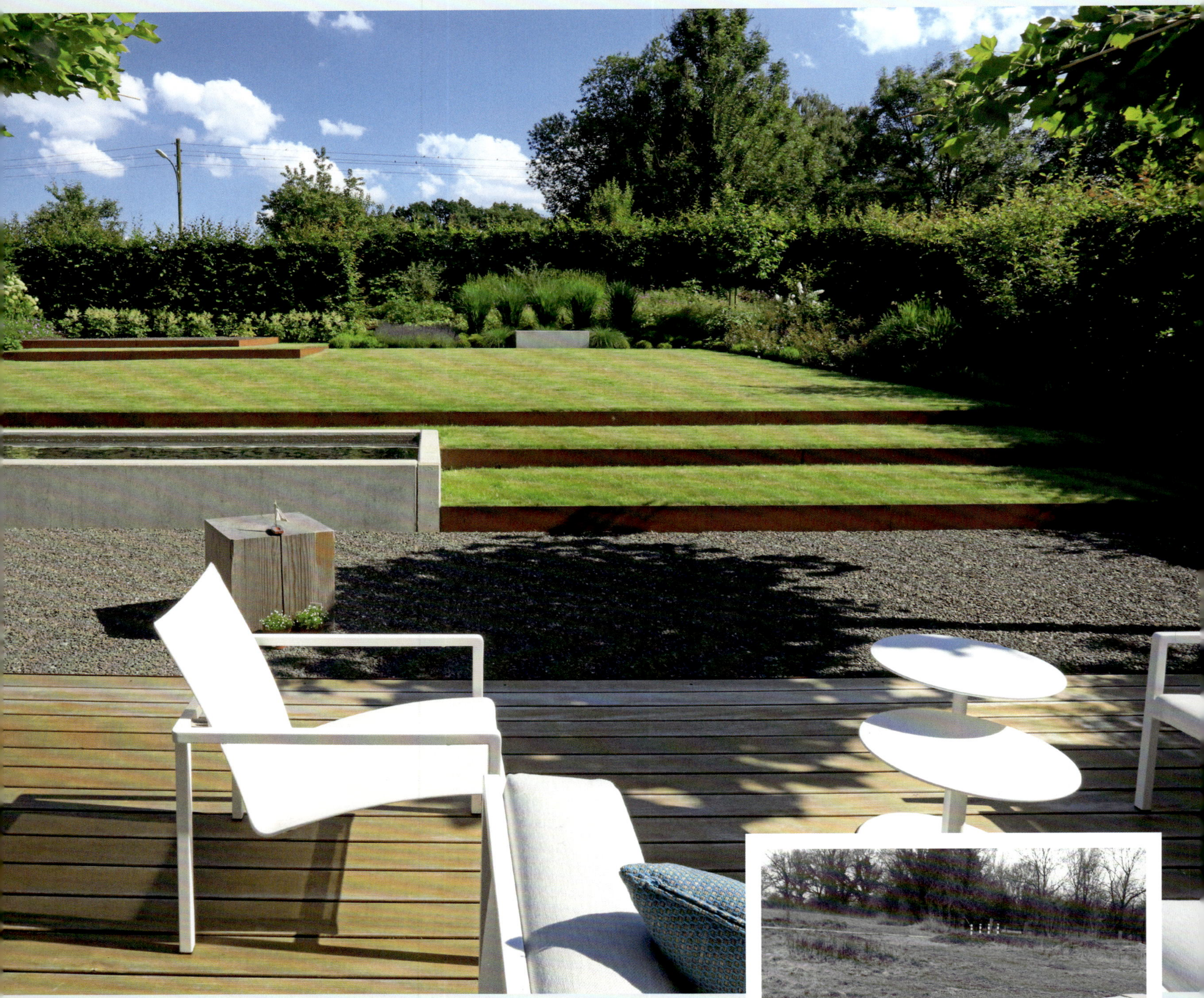

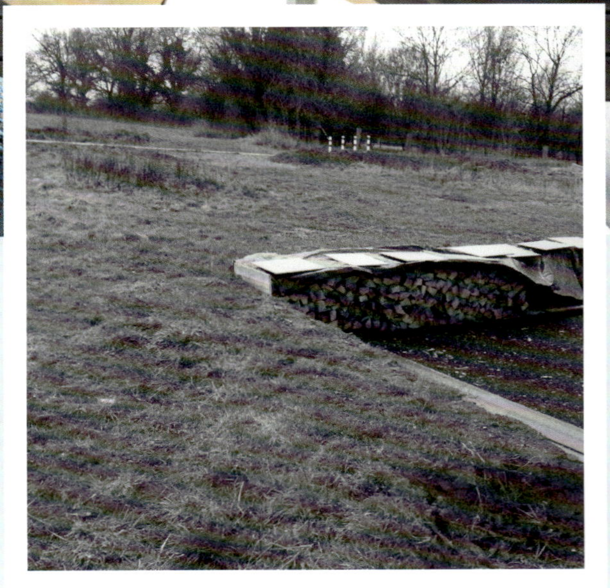

Nachher

Die Topografie des Grundstücks wurde geschickt in das Gestaltungskonzept integriert, sodass man heute von der Terrasse aus nicht einfach auf eine leicht ansteigende Wiese sondern eine Art Landschaftsskulptur blickt.

Vorher

Das Haus ist noch im Bau, das Grundstück nur eine ansteigende Wiese, als es an die Planung des Gartens geht.

Die Schönheit des Schlichten

Ein geradlinig-puristischer Neubau verlangte nach dem passenden Garten und bekam einen Außenbereich voll ruhiger Eleganz.

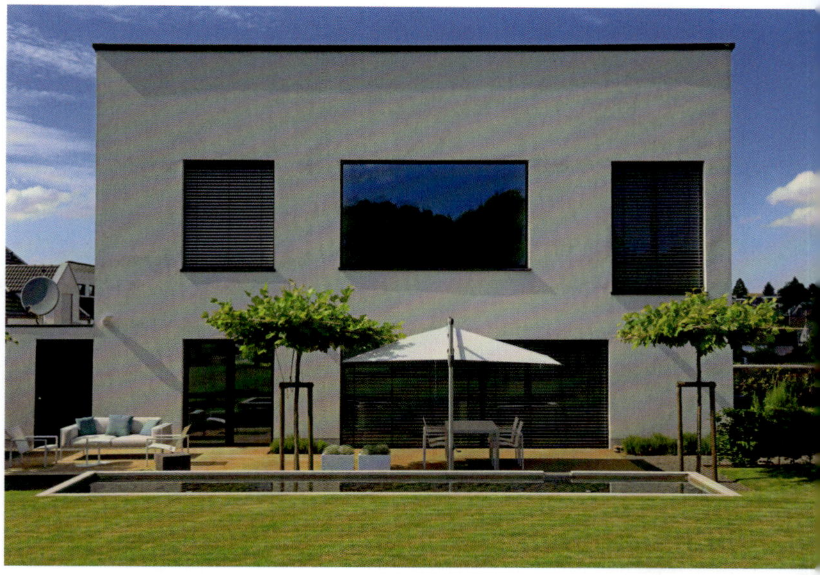

↑ **Geradlinige Einheit** An der Terrasse sind die Pflanzungen ganz auf die Architektur des Hauses bezogen: An der Fassade entstanden dort, wo keine Fensterflächen sind, Bodenbeete. So schließt das Holzdeck nicht unmittelbar an die Fassade an, sie scheint vielmehr aus dem Grün zu erwachsen, was sie weniger nüchtern und wuchtig wirken lässt.

___Wer von der hinteren Grundstücksgrenze zum Haus blickt, sieht nicht viel mehr als eine Rasenfläche. Das soll Gartengestaltung sein? Und wie! Dieser Garten in einem Neubaugebiet mit freistehenden Häusern offenbart seine Finessen vor allem, wenn man ihn vom Haus aus betrachtet. Doch auch die umgekehrte Perspektive hat die Gartengestalterin sehr genau berücksichtigt.

Frühe Weichenstellung

Das Wohngebäude, ein puristischer Kubus, ist noch im Rohbau, als die Gartengestalterin es kennenlernt. Das Grundstück zeigt eine leicht ansteigende Wiese am Ende einer neuen Siedlung, an zwei Seiten der offenen Landschaft zugewandt. Auf der Wunschliste der Besitzer: ein Wasserelement und Holz als Baustoff, mehr nicht. Dieser frühe Einstieg in die Gartengestaltung ermöglichte es, Innen- und Außenbereich optimal miteinander zu verknüpfen – gerade bei einem Haus wie diesem mit sehr großen Fensterflächen, die den Innenraum prägen, eine wichtige Maßnahme. Denn das Bild, das sich vor den Fenstern präsentiert, ist unweigerlich Teil des Innenraums, und zwar das ganze Jahr über. Ziel der Gestaltung sollte es also sein, einen Ausblick zu entwickeln, der ganzjährig attraktiv ist und sich harmonisch mit der Innenarchitektur verbindet.

Die kreative Arbeit beginnt also im Haus. Hier ist alles auf puristische Geradlinigkeit ausgerichtet, und so verlangt auch der Garten nach Ruhe und Schlichtheit. Der Holzboden des Innenraums setzt sich fast nahtlos auf der Terrasse fort, einzig unterbrochen vom schmalen Profil der bodentiefen Fenster. Wie innen wurden die Terrassenbohlen parallel zur Fassade verlegt. Überhaupt prägen horizontale Linien das Gartenbild. Sie relativieren die erhebliche Tiefe, die das Grundstück hat, rücken es optisch näher ans Haus heran. Drei Dachplatanen nehmen die Deckenhöhe des Innenraums auf und setzen diesen nach außen fort, sodass auch hier eine Raumwirkung entsteht. Außerdem sind sie natürliche Schattenspender auf der Terrasse.

Landschaftsstufen

Prägende Eigenschaft des Grundstücks ist sein leichtes Gefälle: Das Haus steht an der tiefsten Stelle, bis zur hinteren Grenze steigt das Grundstück etwa einen Meter sechzig an. Um aus einer solchen schiefen Ebene nutzbare Flächen zu machen, bietet es sich an, das Gelände zu terrassieren. Das ist auch hier geschehen, allerdings in einer eher ungewöhnlichen Form. Die Terrassen sind bewusst niedrig gehalten und ziehen sich über die gesamte Hausbreite, ihre Stirnseiten fangen Bänder aus Cortenstahl ab, die vom Haus aus betrachtet eine deutliche horizontale Gliederung des Grundstücks erkennen lassen. So ist eine Art Landschaftstreppe entstanden, deren einzelne Stufen schlicht mit Rasen begrünt sind. Die Terrassen selbst bedürfen keiner weiteren Gestaltung, um zu wirken, formen vielmehr die Landschaft selbst zum Kunstwerk.

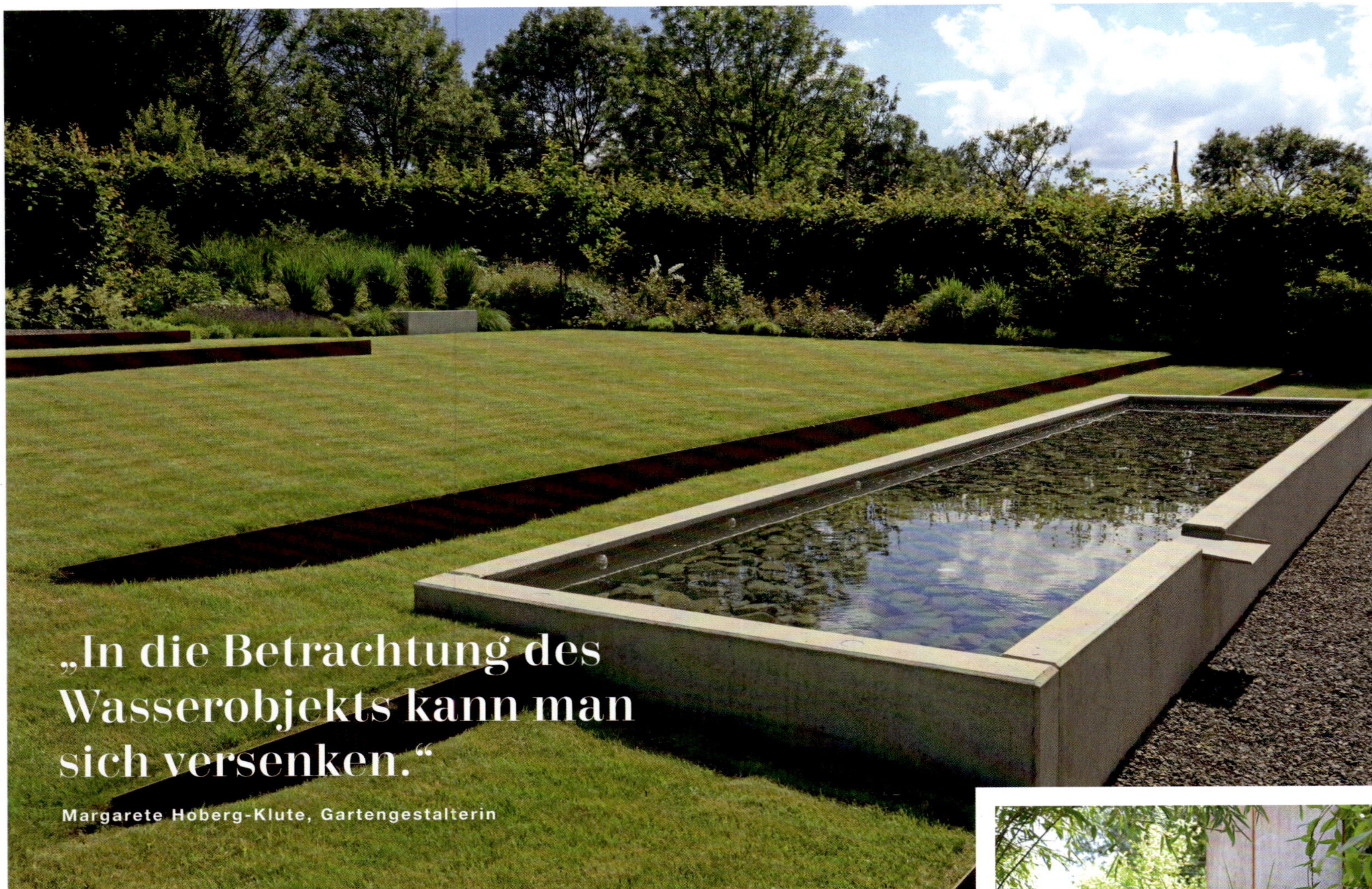

„In die Betrachtung des Wasserobjekts kann man sich versenken."

Margarete Hoberg-Klute, Gartengestalterin

↑ **Himmelsspiegel auf Augenhöhe** Angrenzend an die Terrasse am Haus platzierte die Gartengestalterin das von den Besitzern gewünschte Wasserelement, ein 45 Zentimeter hohes, kubisches Betonbecken, das mittig vor der Hausfassade steht. Es bildet die erste Stufe der Landschaftstreppe und wurde quasi in den Hang hineingeschoben. Seine Höhe ist wohlkalkuliert. Zum einen entspricht sie ungefähr dem Gefälle von zwei Rasenstufen; zum anderen befindet sich der Betrachter, der im Wohnzimmer oder auf der Terrasse sitzt, mit der Wasserfläche fast auf Augenhöhe und kann alle Veränderungen, die der sich spiegelnde Himmel, Wind oder Regentropfen auf der Wasserfläche verursachen, unmittelbar erleben. Ohnehin ist das Wasser immer in Bewegung. Über einen seitlich platzierten Überlauf rinnt es kontinuierlich in die Splittfläche vor dem Becken, versickert dort, um im Untergrund aufgefangen und über eine Pumpe dem Becken wieder zugeführt zu werden.

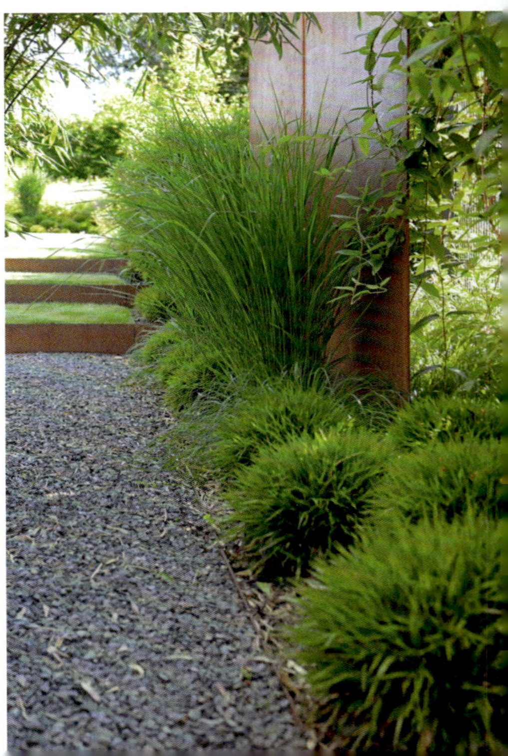

↓ **Pflanzen mit Funktion** Die Pflanzflächen wurden sehr bedacht platziert und bestückt. An der hinteren Grundstücksgrenze entstand eine durchgehende Rotbuchenhecke, die das Grundstück von dem dahinter verlaufenden Spazierweg abgrenzt. Rotbuchen kamen auch an der Grenze zu einer benachbarten Wiese zum Einsatz, allerdings nur als Heckensegmente, die den allmählichen Übergang zwischen gestalteter und freier Natur bilden.

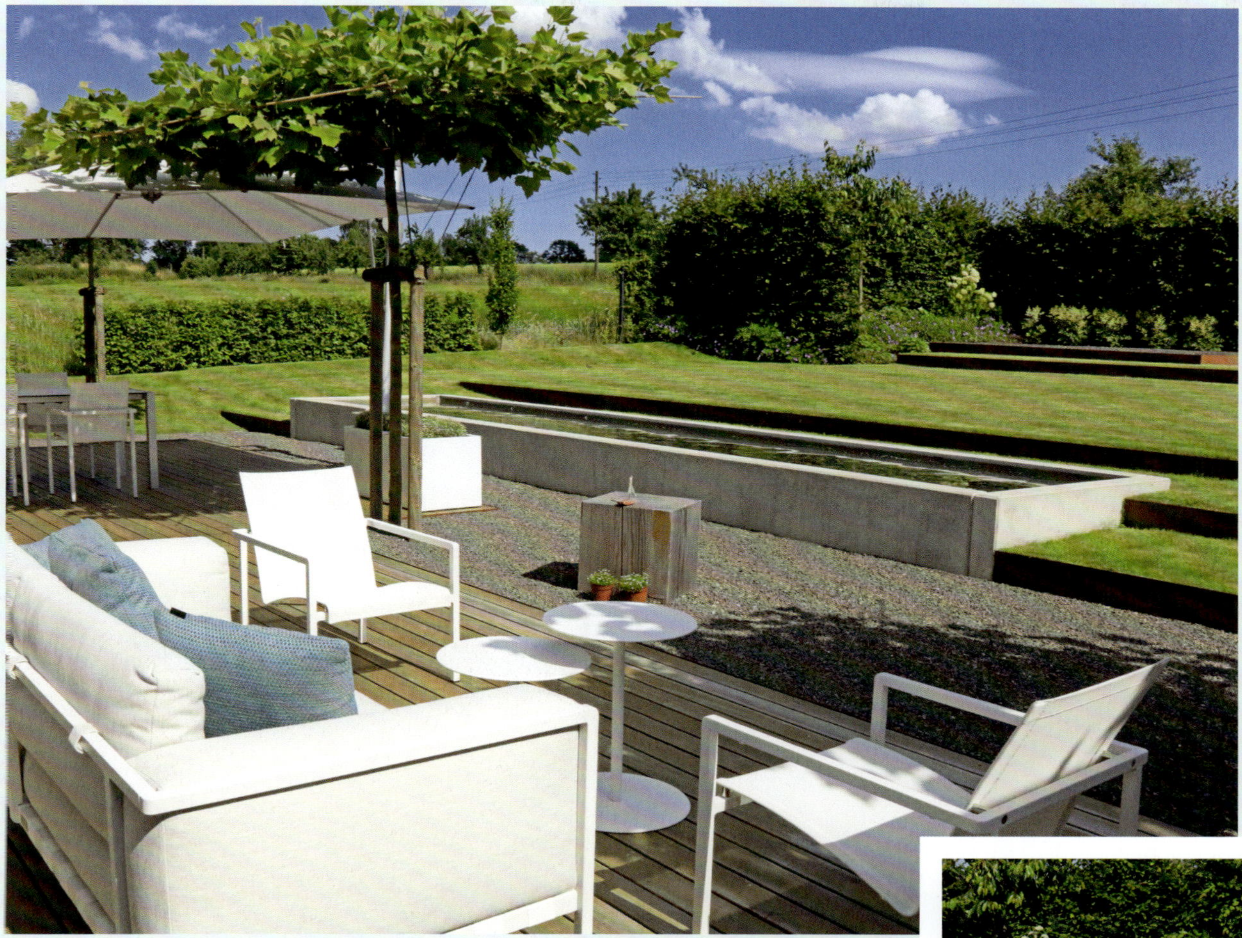

← Vor der hinteren Hecke entstand ein breiter Pflanzstreifen mit klarem Konzept: Er gibt dem zweiten Sitzplatz einen grünen Rahmen und entfaltet gleichzeitig eine intensive Fernwirkung, um bis zum Haus auszustrahlen. Alpen-Knöterich und Rutenhirse dürfen hier ihre Wirkung entfalten. Um den Rostton des Cortenstahls intensiv in Szene zu setzen, wählte die Gestalterin außerdem lilablühende Stauden wie Storchschnabel und Lavendel.

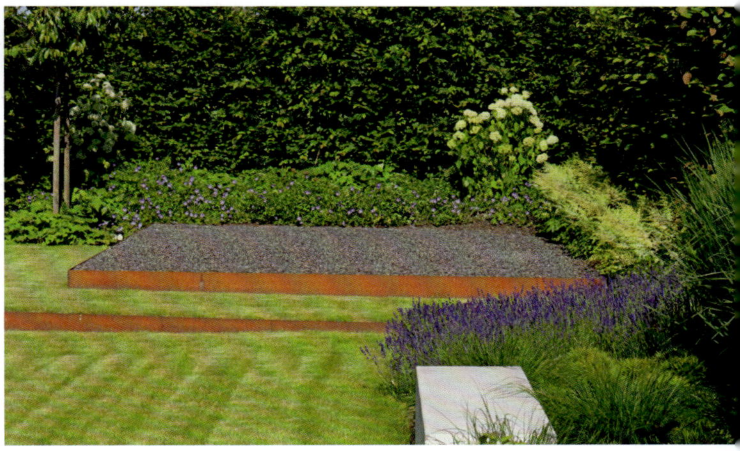

↑ **Rückzugsort** Wie alles in diesem Garten ist auch der zweite Sitzplatz, der an der hinteren Grundstücksgrenze platziert wurde, von puristischer Schlichtheit geprägt. Zwei durch ihre Cortenstahl-Stirnseiten deutlich erkennbare Stufen heben ihn über die oberste Rasenterrasse und verdeutlichen seinen quadratischen Grundriss. Diabas-Splitt bildet den Belag des Sitzplatzes und unterstreicht das Reduzierte.

Puristische Schönheit

Die Terrasse verlängert den Wohnbereich nach draußen. Wie die Innenräume ist sie großzügig dimensioniert und offen gestaltet. Dabei achtete die Gartengestalterin aber darauf, sie nicht zu weitläufig zu machen. Der Gartenliebhaber soll sich auf ihr nicht verloren fühlen. Deshalb, und um sie subtil ihrer Nutzung entsprechend in zwei Bereiche zu teilen, springt die Terrasse an der einen Seite deutlich zurück. So hat der Essplatz eine größere Tiefe, der Esstisch findet hier, im Neunzig-Grad-Winkel zum Haus aufgestellt, bequem Platz. Der Lounge-Bereich wirkt durch die geringere Tiefe intimer. Ihm gegenüber reicht der terrassierte Rasen bis an die der Terrasse vorgelagerte Kiesfläche heran, sodass hier eine direkte Blickbeziehung zum Rasen entsteht.

Im Überblick – Garten 22

BESONDERHEIT
Intensive Verzahnung von Innen- und Außenraum

MATERIALIEN (Auswahl)
- Bangkirai
- Sichtbeton
- Diabas
- Cortenstahl

PFLANZEN (Auswahl)
- Hortensie *Hydrangea arborescens 'Annabelle'*
- Lavendel *Lavandula angustifolia 'Munstead'*
- Purpursonnenhut *Echinacea purpurea 'Magnus'*
- Storchschnabel *Geranium pratense 'Rozanne', Geranium 'Terre Franche'*
- Prachtspiere *Astilbe arendsii 'Brautschleier'*
- Rotbuche *Fagus sylvatica*

Auf dem ehemaligen Firmengelände des Familienunternehmens entstand dieser Wellnessgarten, den seine Besitzer das ganze Jahr über nutzen.

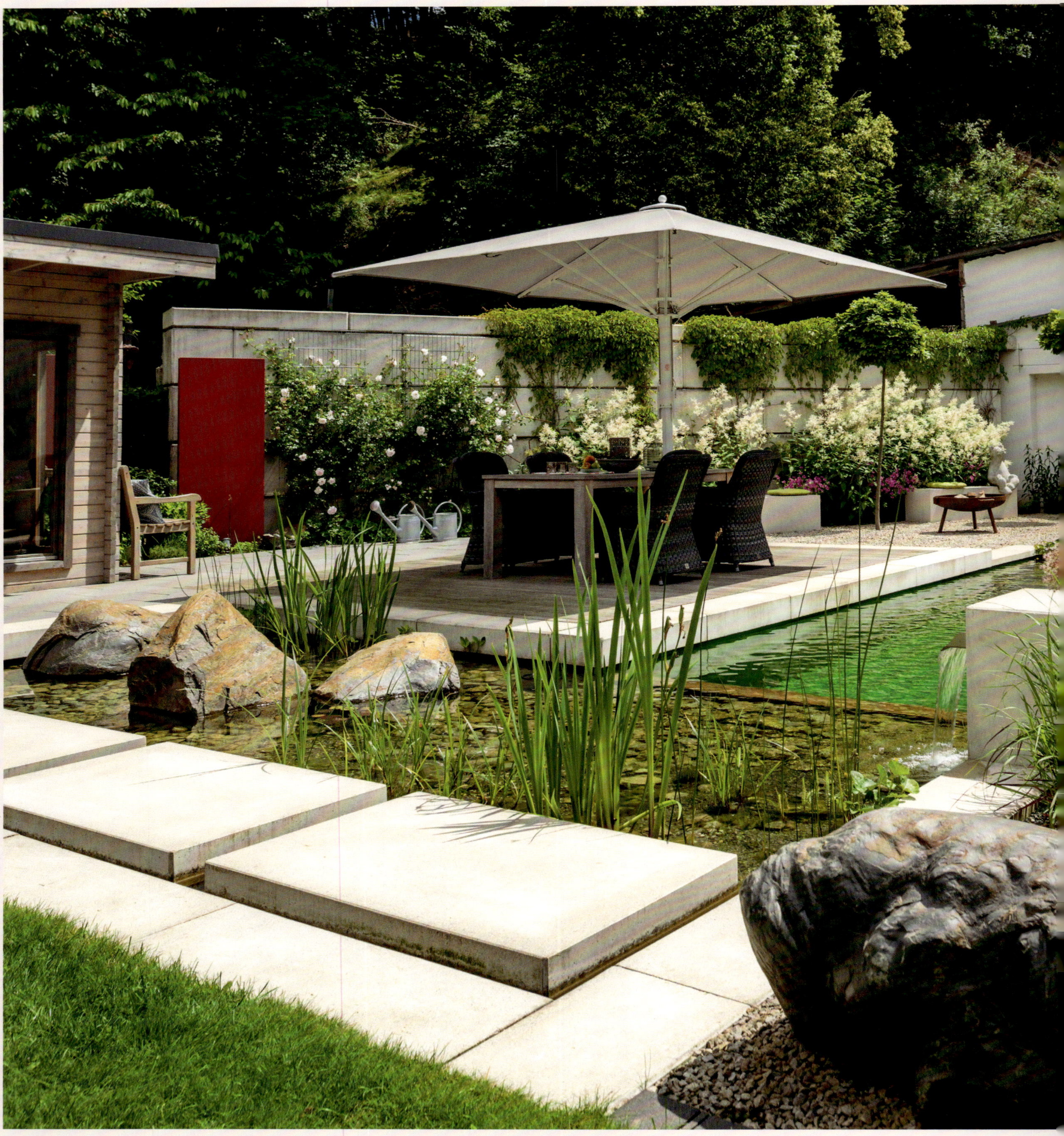

Im Überblick – Garten 23

GARTENGESTALTER
Planung und Ausführung:
Klute – Gärtner von Eden, Sundern

IDEE
Verschwiegene Oase für alle Tages- und Jahreszeiten

BESONDERHEIT
Der Garten hat keine optische oder räumliche Verbindung zu den Wohnräumen seiner Besitzer.

GRÖSSE
ca. 320 qm

Kleiner Urlaub zwischendurch

___Schuppen, Hallen, Anbauten – und vor allem viel Waschbeton: Das Grundstück sah alles andere als gartentauglich aus. Hier hatte der Vater des heutigen Besitzers vor Jahrzehnten sein Betonwerk gegründet und nach Bedarf auf dem Areal hinter dem eigenen Wohnhaus mitten im Dorf immer wieder angebaut. Das Werk hat seinen Standort längst ins benachbarte Gewerbegebiet verlagert, geblieben war aber die bunt zusammengewürfelte Ansammlung von Gebäuden und versiegelten Flächen, bis irgendwann die Idee entstand, das Potenzial des Grundstücks zu heben und aus der brachliegenden ehemaligen Gewerbefläche einen interessanten Garten zu machen.

Vorher

Auf dem Grundstück gab es zwar ein bisschen Grün, es war aber nie als Garten genutzt worden. Stattdessen war es großflächig versiegelt und von mehreren uneinheitlichen Gebäuden gesäumt.

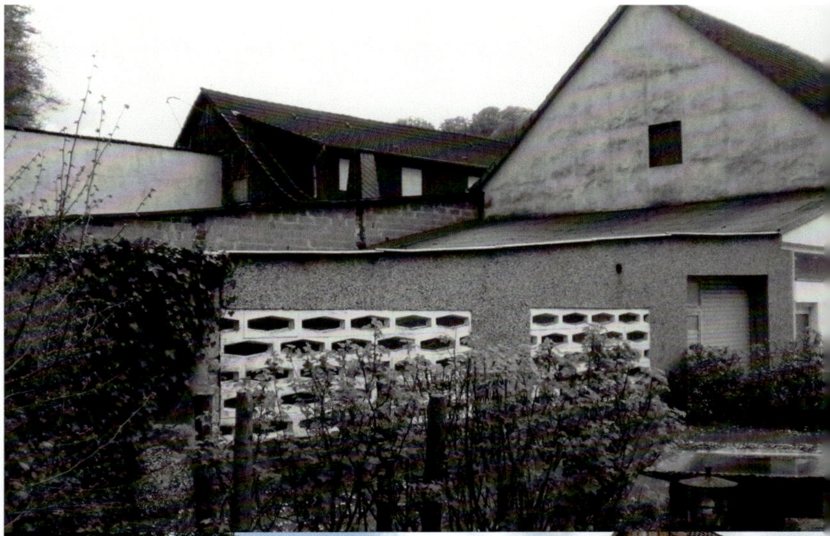

Garten ohne Anschluss

Eher ungewöhnlich: Der Garten liegt zwar unmittelbar hinter dem Wohnhaus der Familie, sie hat aber keinen Ausblick auf das Grün. Für die Gartenplanung ist das von Bedeutung, denn Gestalter versuchen normalerweise, Blickbeziehungen zwischen Haus und Garten herzustellen. Zum Beispiel choreografieren sie die Ausblicke, die sich aus den Fenstern des Hauses in den Garten ergeben, möglichst so, dass sich das ganze Jahr ansprechende Bilder zeigen. Oder es geht darum, Innen- und Außenraum über Proportionen, Farben, Materialien und Sichtachsen miteinander zu verzahnen. All das entfiel hier, und so konnte der Garten als autonomer und in sich geschlossener Raum geplant werden.

Nachher

Mehrere der alten Gewerbebauten wurden abgerissen, der Giebel der Fassade erhielt eine Holzverkleidung. Schon allein durch diese Maßnahmen veränderte sich der Charakter des Grundstücks grundlegend.

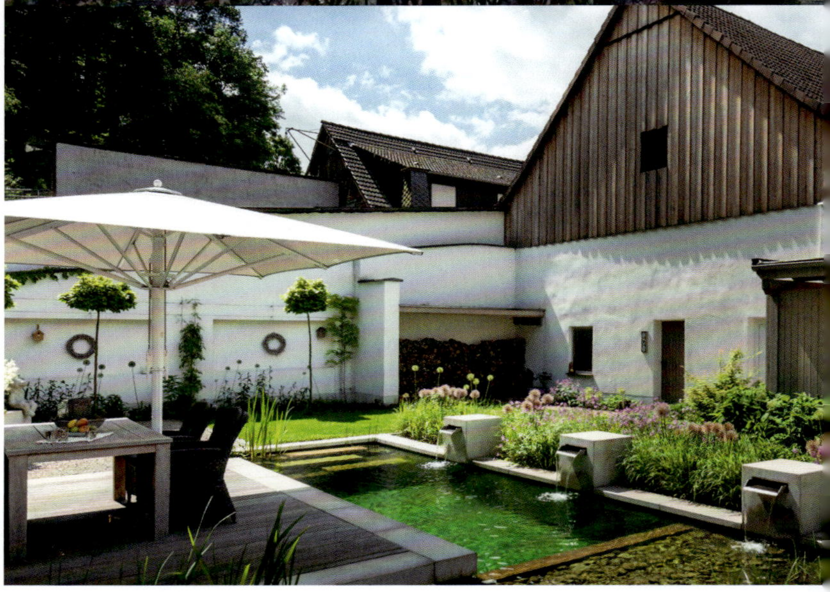

Herzenswunsch Schwimmteich

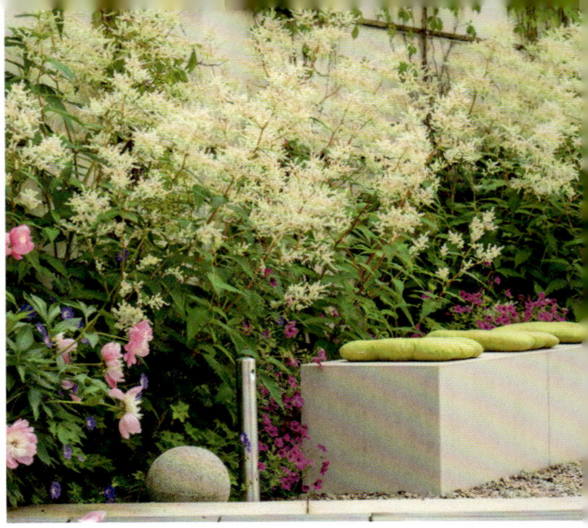

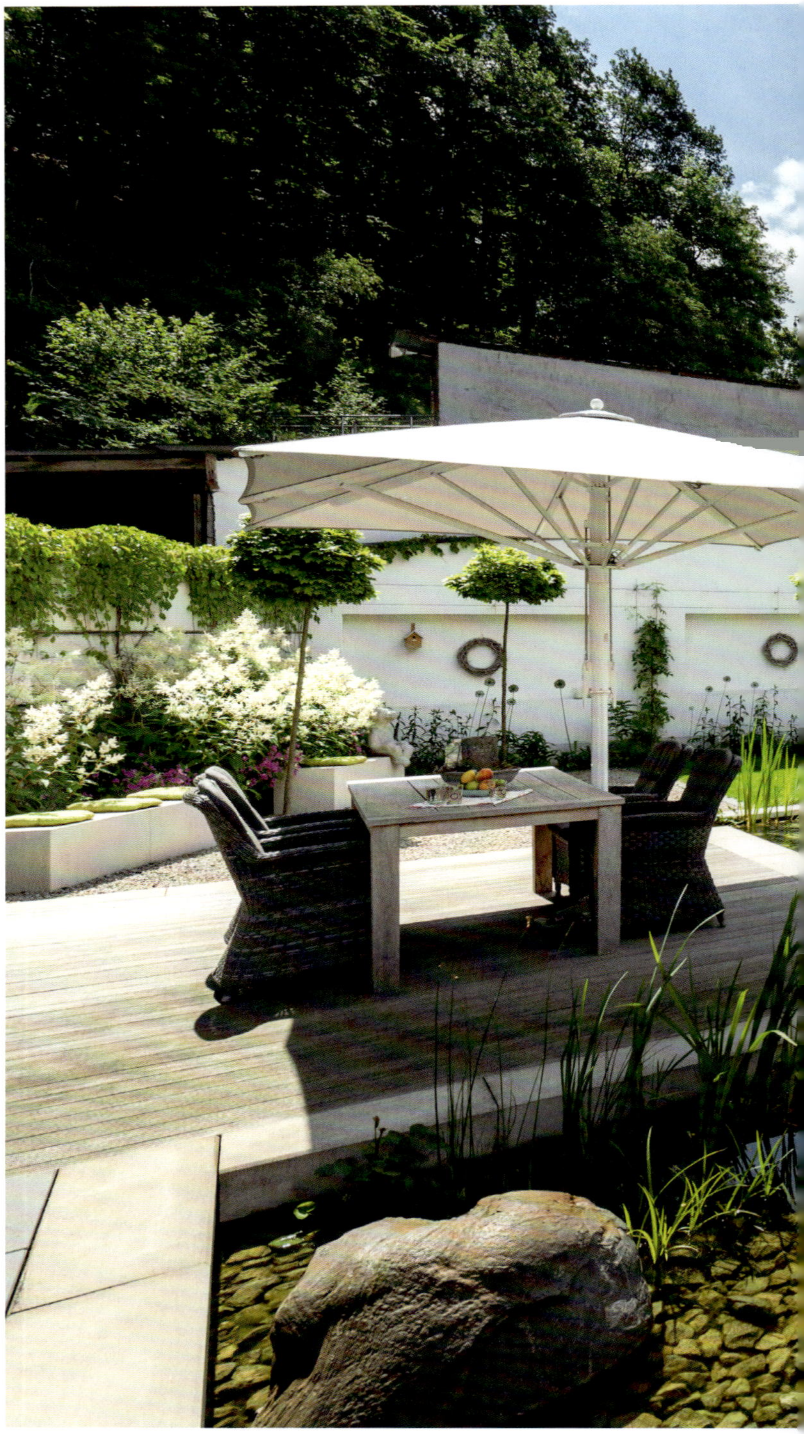

Die Geburt des Gartens begann mit umfangreichen Abriss- und Entsiegelungsarbeiten. Mehrere ungenutzte Gebäude verschwanden, und erst dadurch war überhaupt ausreichend Fläche vorhanden, um den Garten anlegen zu können. Größter Wunsch der Besitzer war ein Schwimmteich, nicht unbedingt zur sportlichen Ertüchtigung, eher zur Abkühlung und Erholung. Der bildet heute den Mittelpunkt des Gartens – und tatsächlich auch des Gartenlebens. Mit seinem nur rund 15 Quadratmeter großen Badebereich ist er mehr Tauch- als Schwimmbecken, was perfekt zu den Bedürfnissen seiner Besitzer passt. Der ganze restliche Garten entwickelt sich um den Schwimmteich herum. Dank des Kniffs, den Regenerationsbereich im rechten Winkel zum Badebereich anzuordnen, bekommt er den Status eines eigenständigen Gestaltungselements. Gleichzeitig sorgt dieses Element dafür, dass der Schwimmteich nicht überproportional groß wirkt.

Ein bisschen Visitenkarte

Die Herstellung von Betonelementen – auch für den Garten – ist immer noch das Geschäft der Familie. Auch wenn die Produktion schon lange nicht mehr auf diesem Grundstück stattfindet, durfte doch das eine oder andere Gestaltungselement aus Beton in diesem Garten nicht fehlen. Doch bei aller Liebe zum Beton war klar: Ein Garten verträgt diesen sehr charakterstarken Werkstoff nur in wohldosierten Maßen, und da es sich hier auch nicht um einen Muster- sondern den privaten Wohngarten der Familie handelt, reduzierte die Gartengestalterin die Betonelemente auf ein gestalterisch sinnvolles Maß. Auf der anderen Seite zeigt der Garten die vielfältigen Talente des Materials und wie gut es sich in eine ansonsten naturnah gestaltete Umgebung integrieren lässt. Bodenbeläge, Weg- und Beeteinfassungen, Sitzquader, Wasserausläufe am Schwimmteich, Sichtschutzelemente, Mauer: Alles wurde aus Beton gefertigt und gibt dem Garten einen individuellen Charakter, ohne ihn zu überfrachten.

↑ **Attraktive Gegensätze** Für die Wegflächen entschied sich die Gartengestalterin bewusst, mit Grevenbrücker Splitt ein gänzlich anderes Material einzusetzen: Sein warmer Braunton bildet wie die feinkörnige Struktur einen schönen Kontrast zum Beton. Die damit belegten Flächen sind unversiegelt – im Kontrast zu den Betonelementen. Die Poolterrasse ist in warmem Bangkirai-Holz ausgeführt, was zur Materialvielfalt beiträgt und den Beton stimmig in das Konzept einbindet.

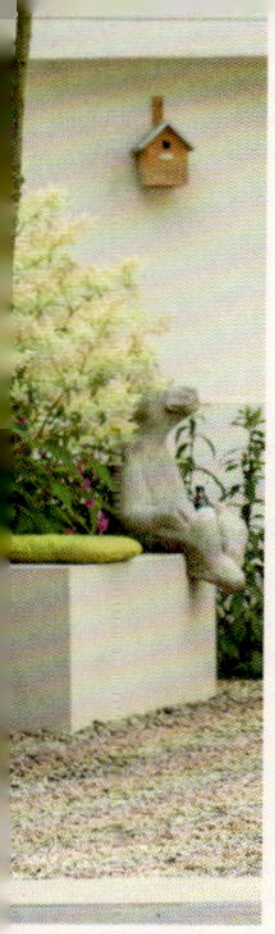

→ **Beton in bunt** Die rot gestrichenen Betonstelen sind Sichtschutz und setzen gleichzeitig Farbakzente.

← **Klar und bequem** Die Sitzquader bringen trotz der Schroffheit des Materials zusätzlich Gemütlichkeit in den Garten, weil sie zum spontanen Verweilen einladen.

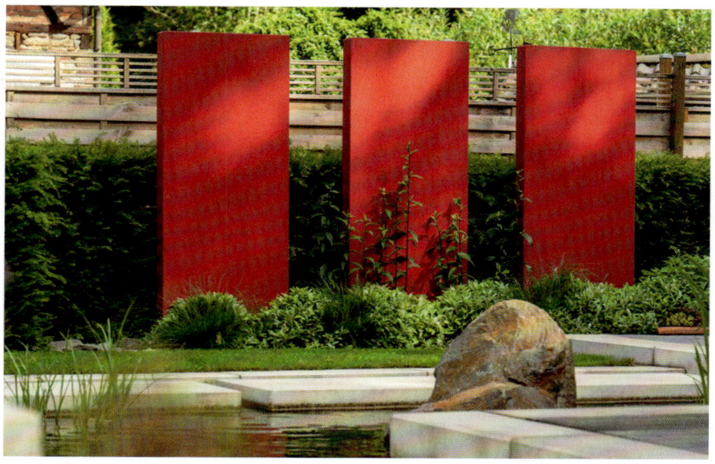

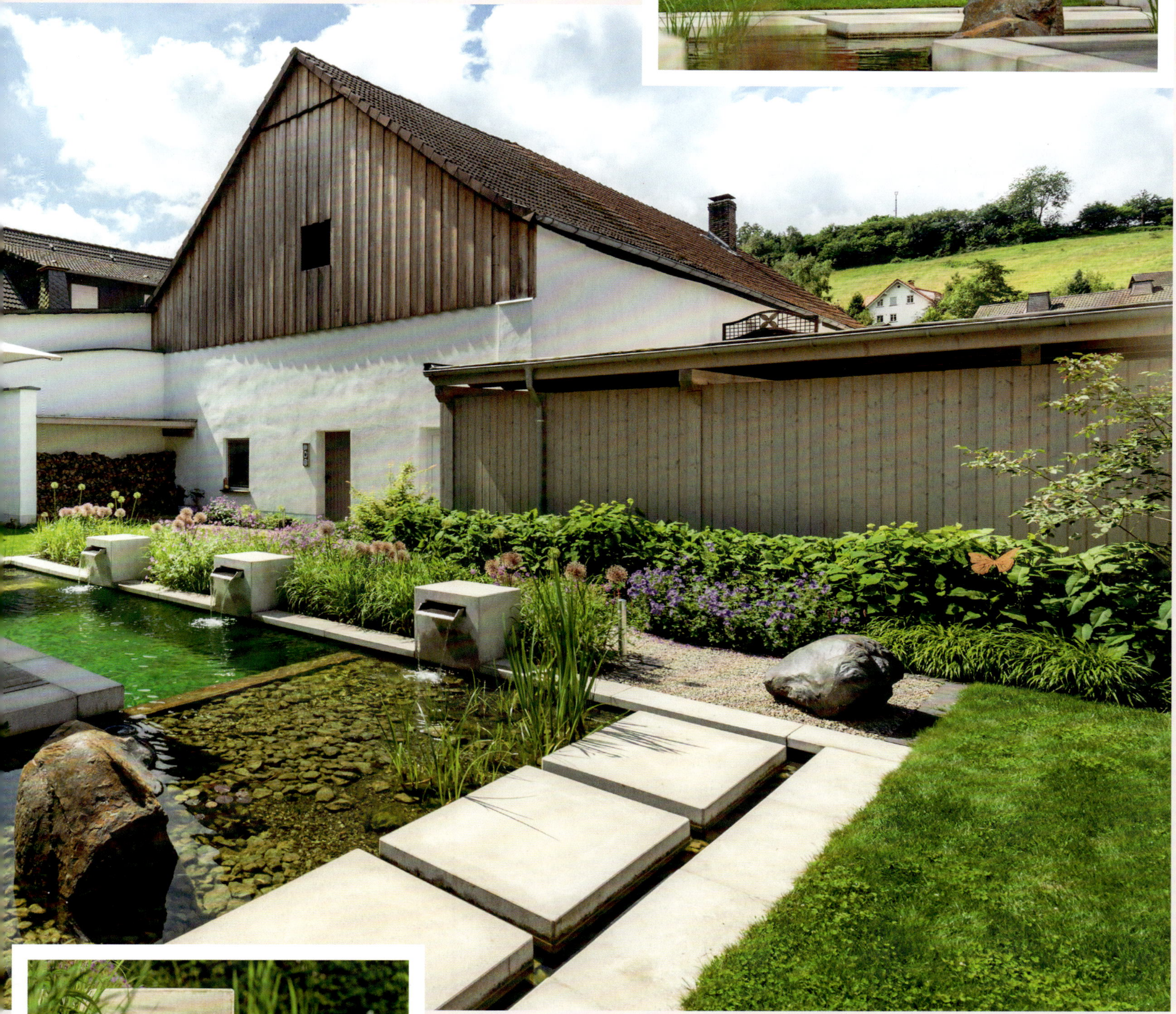

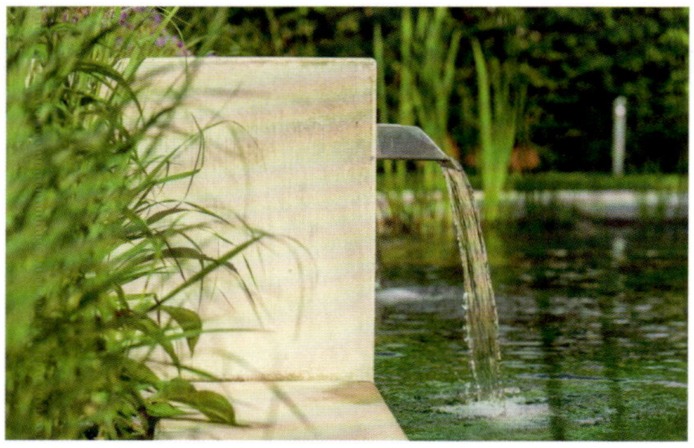

Im Überblick – Garten 23

MATERIALIEN (Auswahl)
- Beton
- Bangkirai-Holz
- Grevenbrücker Splitt
- Edelstahl

PFLANZEN (Auswahl)
- Felsenbirne *Amelanchier lamarckii*
- Fächerahorn *Acer palmatum 'Katsura'*
- Kuchenbaum *Cercidiphyllum japonicum*
- Hortensie *Hydrangea arborescens 'Annabelle'*
- Storchschnabel *Geranium gracile 'Sirak'*
- Duftnessel *Agastache 'Blue Fortune'*
- Purpursonnenhut *Echinacea purpurea 'Rubinstern'*
- Japan-Berggras *Hakonechloa macra*
- Rutenhirse *Panicum virgatum 'Shenandoah'*

Versteckte Oase

Nicht nur der Familie selbst bleibt diese Oase hinter ihrem Haus verborgen. Auch von der Straße aus ist der Garten nicht zu sehen. Ein Carport und ein blickdichtes Tor versperren die Zufahrt zu dem ehemaligen Gewerbegrundstück. Gegen Einblicke von den Nachbargrundstücken schützen eine Hecke, die rot gestrichenen Betonstelen und die Mauer im rückwärtigen Teil des Gartens. Die Eibenhecke bleibt das ganze Jahr über blickdicht und sorgt nicht nur dafür, dass die Erholungssuchenden sich in ihrem Garten nicht beobachtet fühlen, sondern versperrt auch den Blick auf die teils wenig ansehnlichen angrenzenden Grundstücke. So ist hier eine fast uneinsehbare Oase mit einem Maximum an Privatsphäre entstanden. Kaschieren sollen auch die drei Amberbäume mit ihren Kugelkronen, die auf der vom Haus aus gesehen rechten Seite des Gartens ihren Platz bekamen. Hinter ihren Kronen soll im Lauf der Jahre die eintönige Mauer, die das Grundstück hier begrenzt, verschwinden. Ähnliches ist mit der rückwärtigen Betonmauer geplant. Vor ihr steht Alpenknöterich im Beet, der bis zu zwei Meter hoch wird und mit seiner üppigen weißen Blüte die Mauer belebt. Gesellschaft bekommt er unter anderem von Gräsern und Hortensien, einer Kletterrose und Storchschnabel. So kommen Farbe und eine gehörige Portion Naturnähe in die Beete.

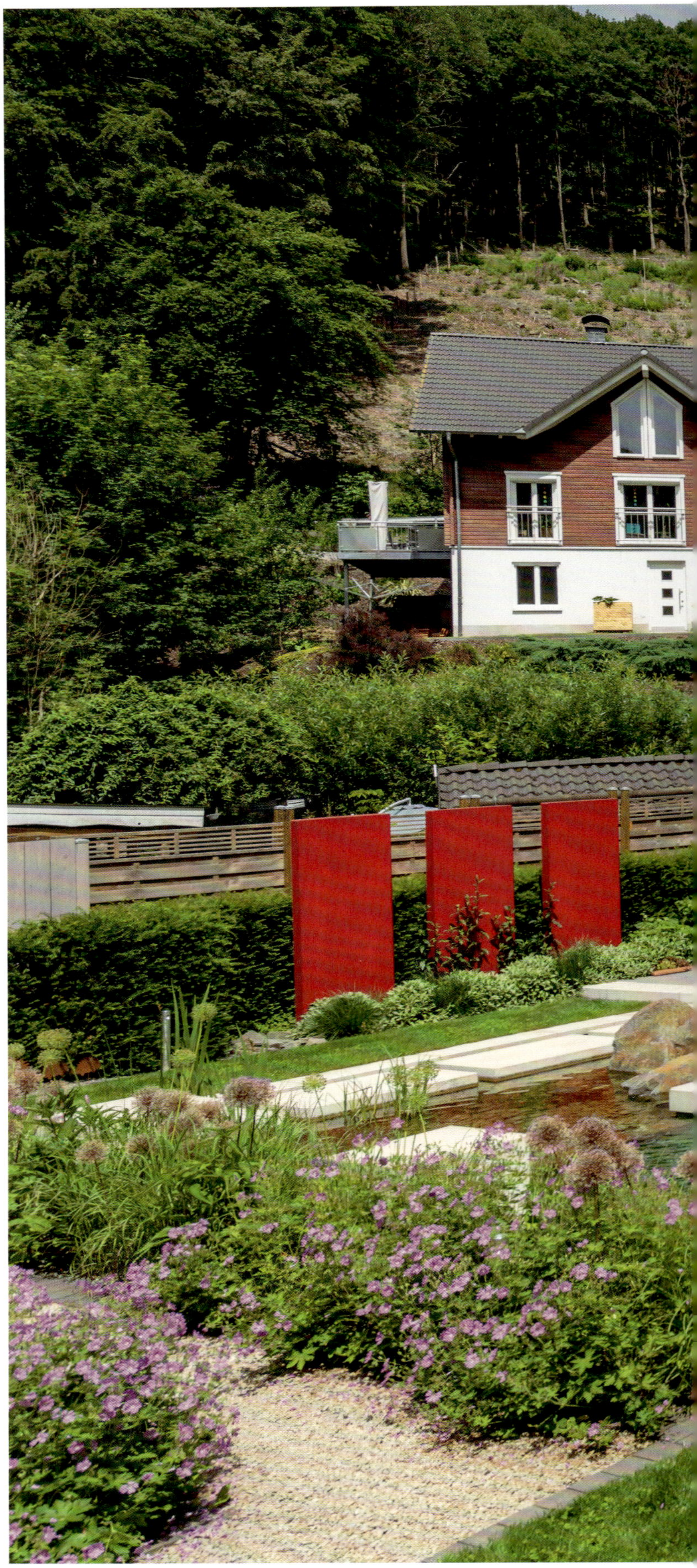

Grünes Wohnzimmer

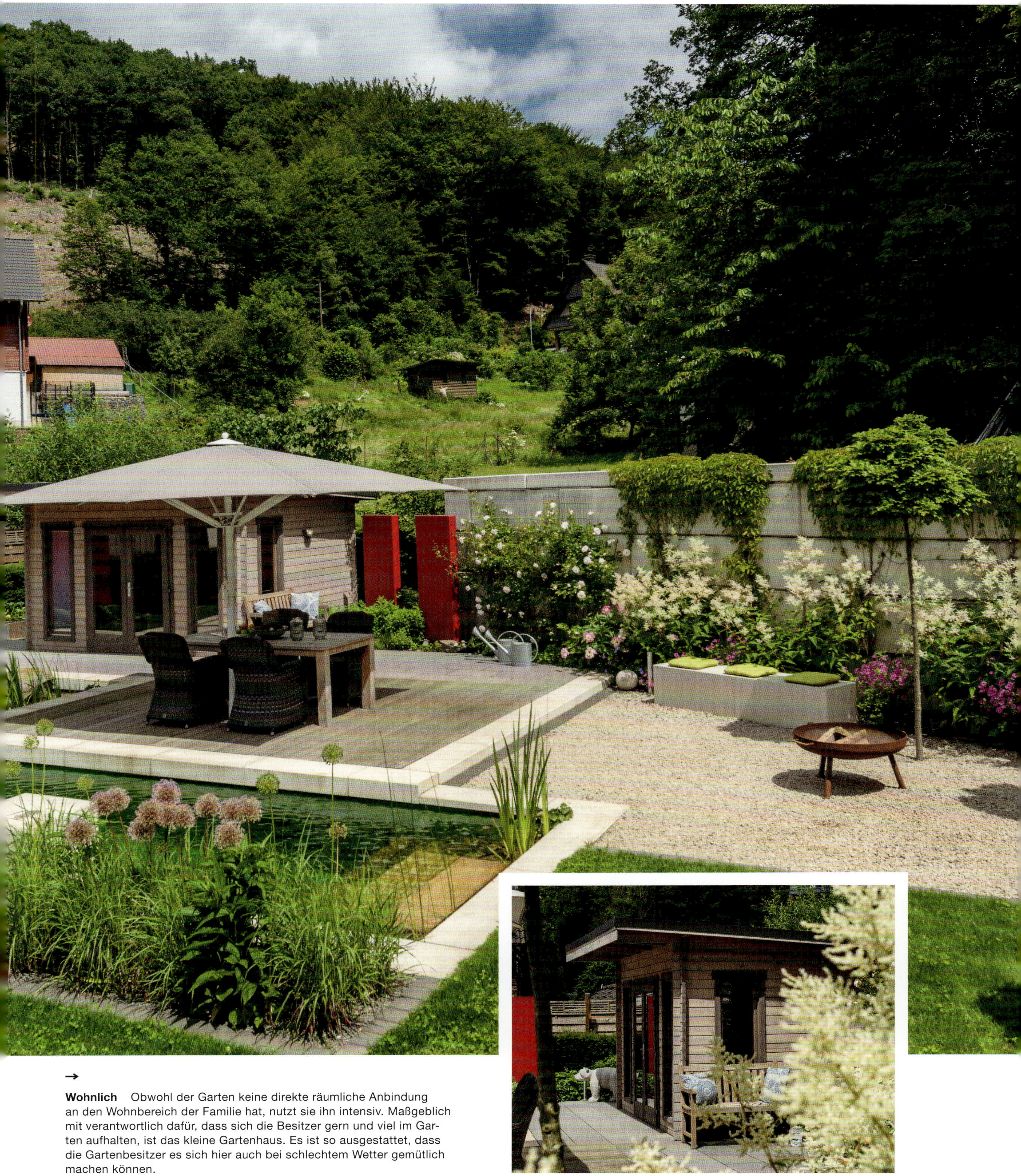

→

Wohnlich Obwohl der Garten keine direkte räumliche Anbindung an den Wohnbereich der Familie hat, nutzt sie ihn intensiv. Maßgeblich mit verantwortlich dafür, dass sich die Besitzer gern und viel im Garten aufhalten, ist das kleine Gartenhaus. Es ist so ausgestattet, dass die Gartenbesitzer es sich hier auch bei schlechtem Wetter gemütlich machen können.

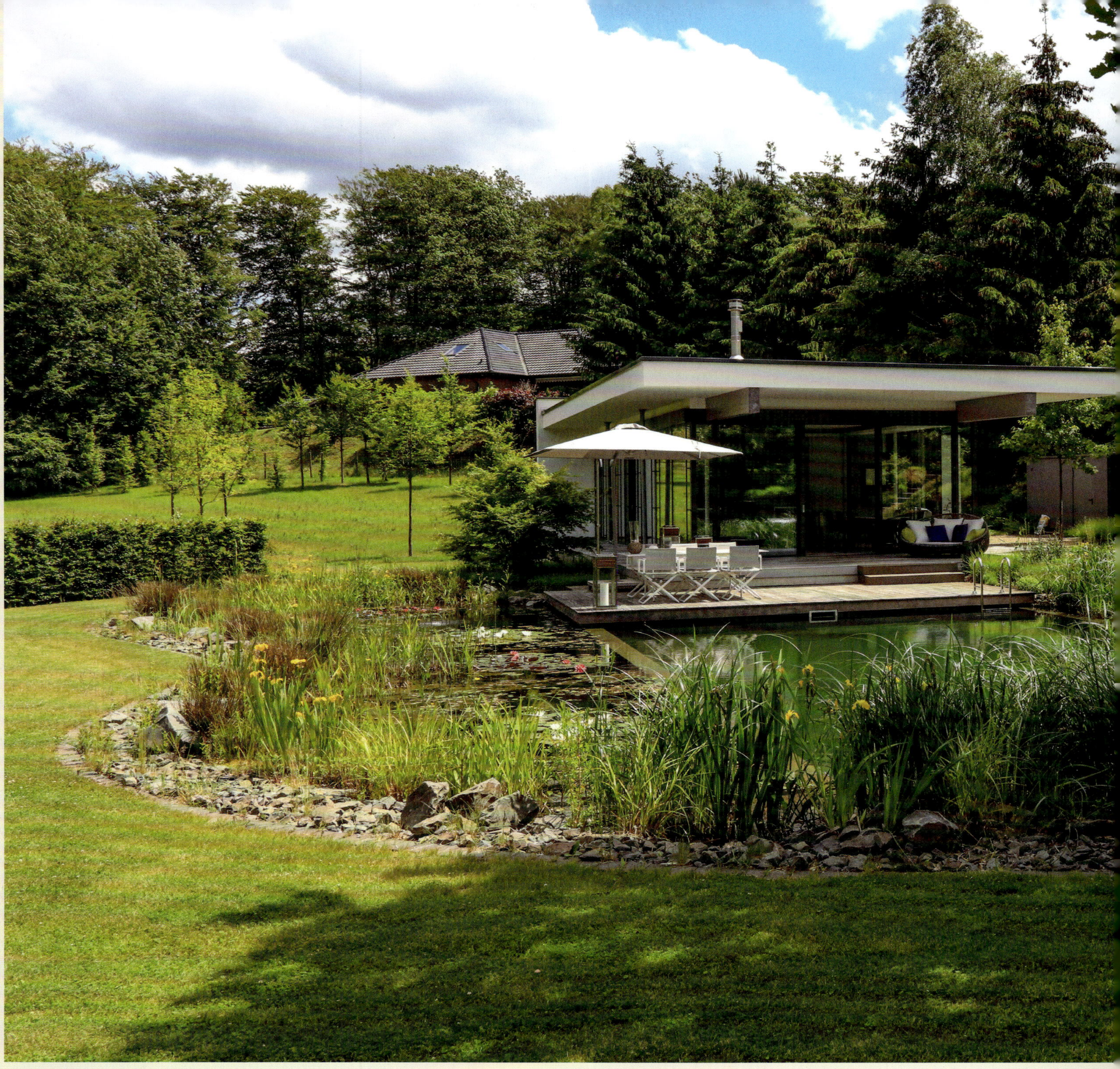

Haus am See

Im Überblick – Garten 24

GARTENGESTALTER	IDEE	BESONDERHEIT	GRÖSSE
Planung und Ausführung: Klute – Gärtner von Eden, Sundern	Weltentrückte Wassercase	Das Grundstück liegt etwas abseits vom Wohnhaus der Besitzer und ihrem Wohngarten.	ca. 2.300 qm

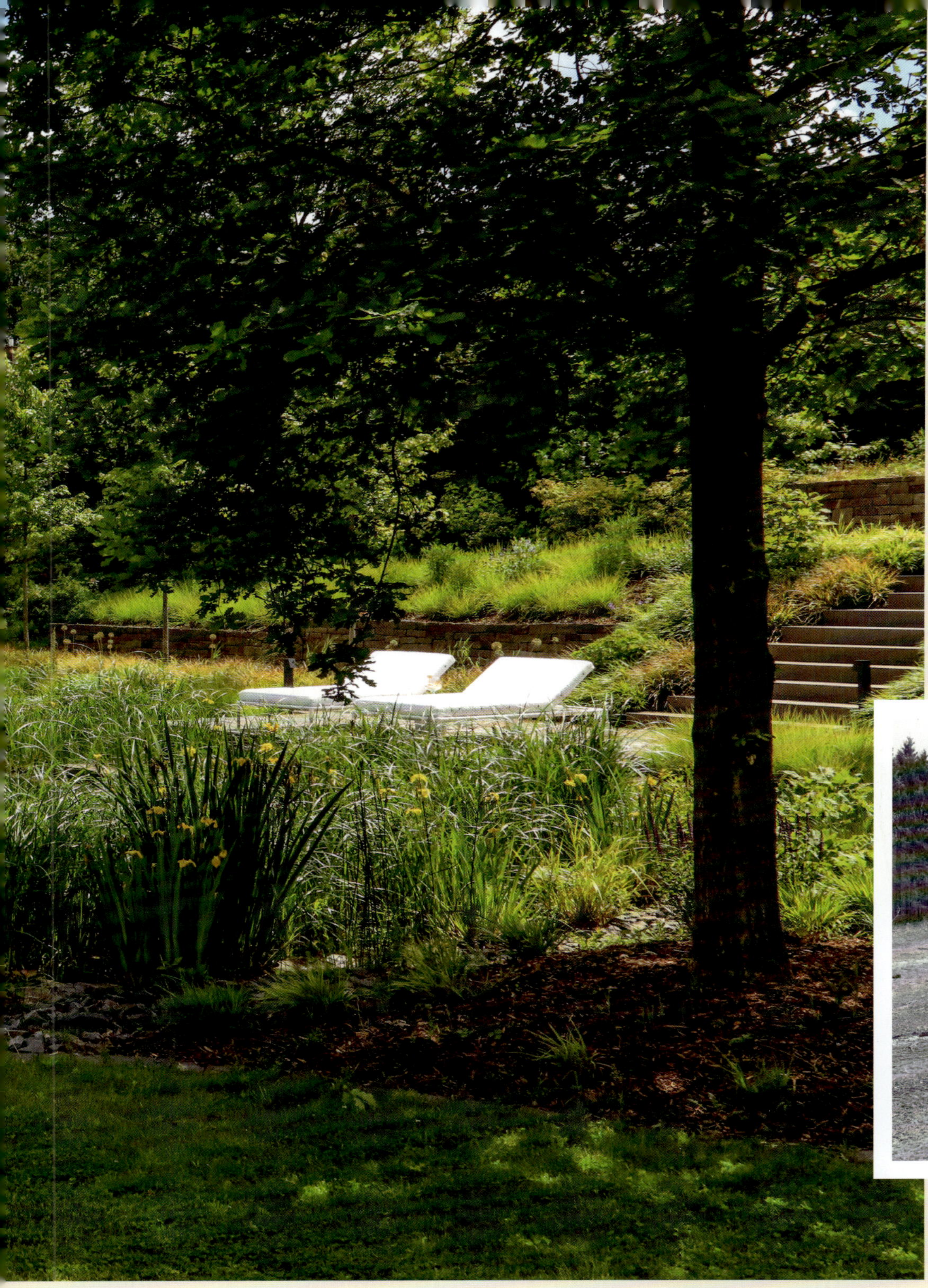

Nachher

Auf dem Brachgelände ist eine weitläufige grüne Oase entstanden. Der vorhandene alte Baumbestand gibt ihr einen soliden Rahmen. In ein paar Jahren, wenn die jetzt noch jungen Bäume größer sind, werden Garten und Umgebung vollends zu einer Einheit verschmolzen sein.

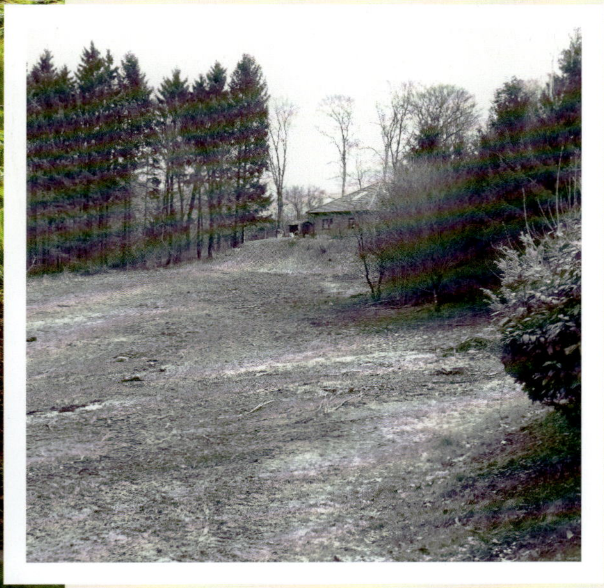

Vorher

Als dieses Foto entstand, war die Forstfläche bereits gerodet worden, mehr als Brachland gab es nicht.

Es hat etwas von einer Fata Morgana: Vor der Kulisse eines Buchenwalds liegt ein ausgedehnter Teich, an seinem Ufer ein ultramodernes, fast vollständig verglastes Poolhaus. Kein Wohnhaus zu sehen, keine Straße. Ein wahr gewordener Gartentraum.

___Die Gartengestalterin und die Gartenbesitzer kannten sich gut. Vor über zehn Jahren hatte die Gestalterin bereits den Garten des Wohnhauses umgestaltet. Nun engagierten sie sie, um ihren Traum vom Haus am See zu realisieren – auf einem Grundstück, wo es weder Haus noch See gab, dafür reichlich überalterte Bäume. Das Besondere: Zwischen dem Wohnhaus und dem zukünftigen Seegrundstück liegen einige Meter Weg mit beträchtlichem Höhenunterschied.

„Genau so hatten es sich die Besitzer gewünscht: eine Oase, abgekoppelt von der Welt.“

Margarete Hoberg-Klute, Gartengestalterin

Schon länger träumte das Ehepaar von einem eigenen Schwimmteich, hatte allerdings in seinem Garten dafür keinen Platz. Als sich die Möglichkeit ergab, hinter dem eigenen Haus und unmittelbar an einen Wald angrenzend, ein Grundstück zu erwerben, griff das Paar zu. Das Grundstück liegt zwar in der Nähe des Wohnhauses, hat aber keine direkte Verbindung – weder räumlich noch optisch. Ein Weg dorthin musste erst geschaffen werden. Heute gibt es zwei Pfade, um vom Wohnhaus zum Schwimmteich zu gelangen. Der kürzere führt über eine Treppe mit elf Stufen direkt zu einem heimeligen Holzdeck, das über die Wasserfläche ragt. Der längere ist barrierefrei und windet sich mit sanftem Gefälle den Hang hinunter.

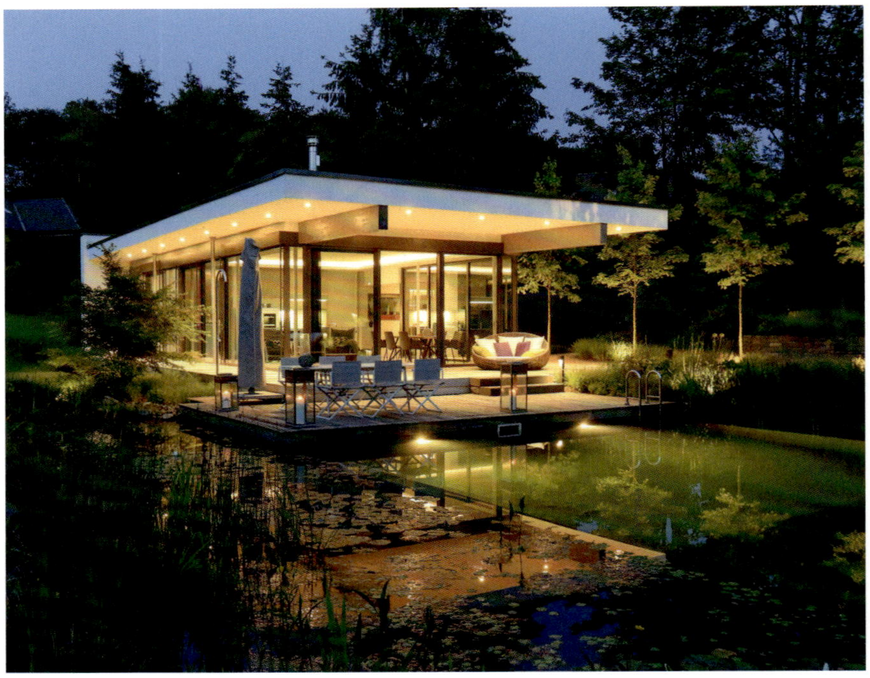

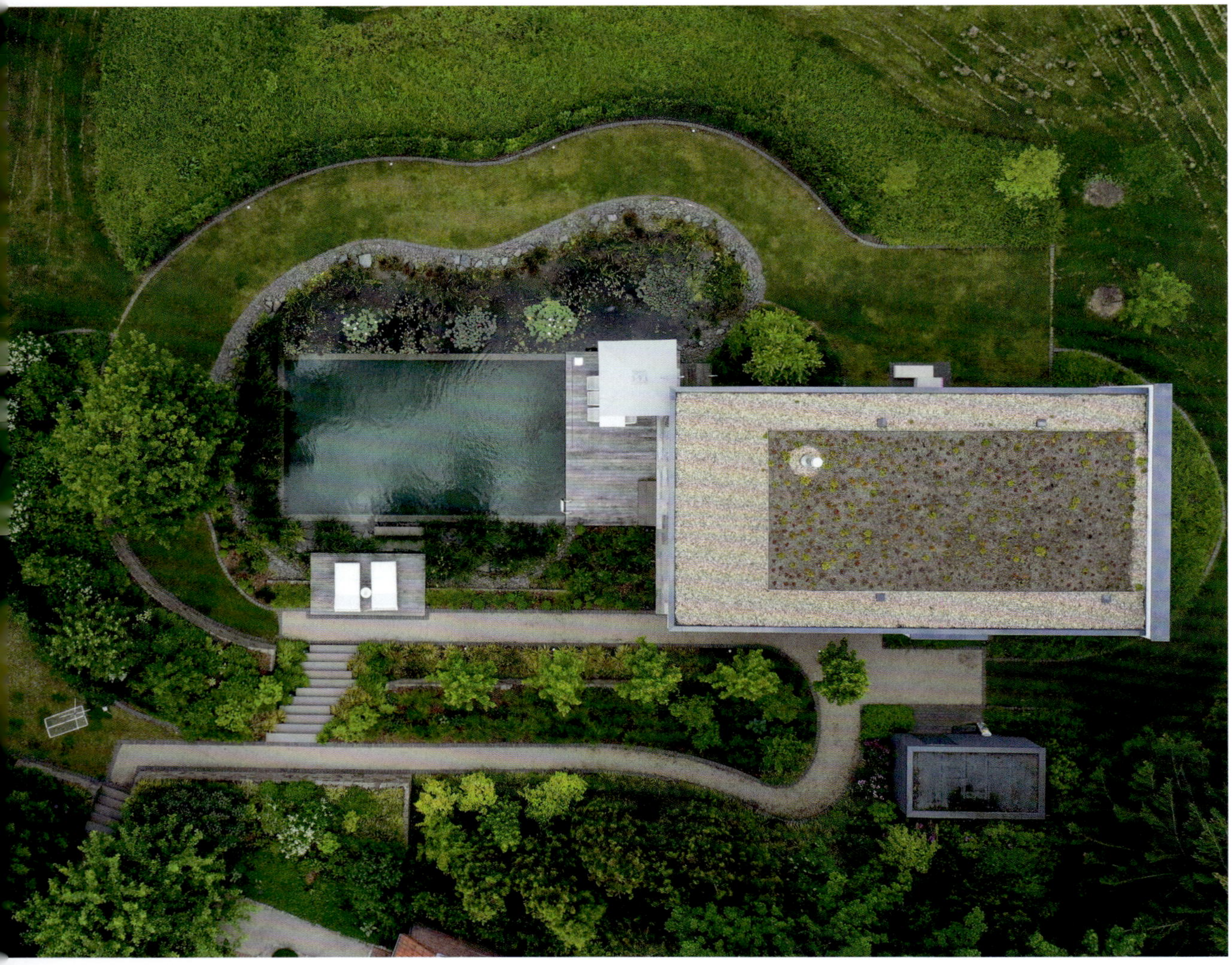

↑

In die Landschaft komponiert
Wie ein natürliches Gewässer liegt der Schwimmteich eingebettet in die Landschaft. In fast dramatischem Kontrast zu der Naturidylle des Teichs und der dörflichen Architektur, ein paar Meter weiter hangaufwärts, steht das ultramoderne Poolhaus mit seinem Flachdach und den fast komplett verglasten Wänden. Da es keine Blickbeziehung zu anderen Gebäuden gibt, ließ es sich als vollkommen eigenständiger Bau realisieren.

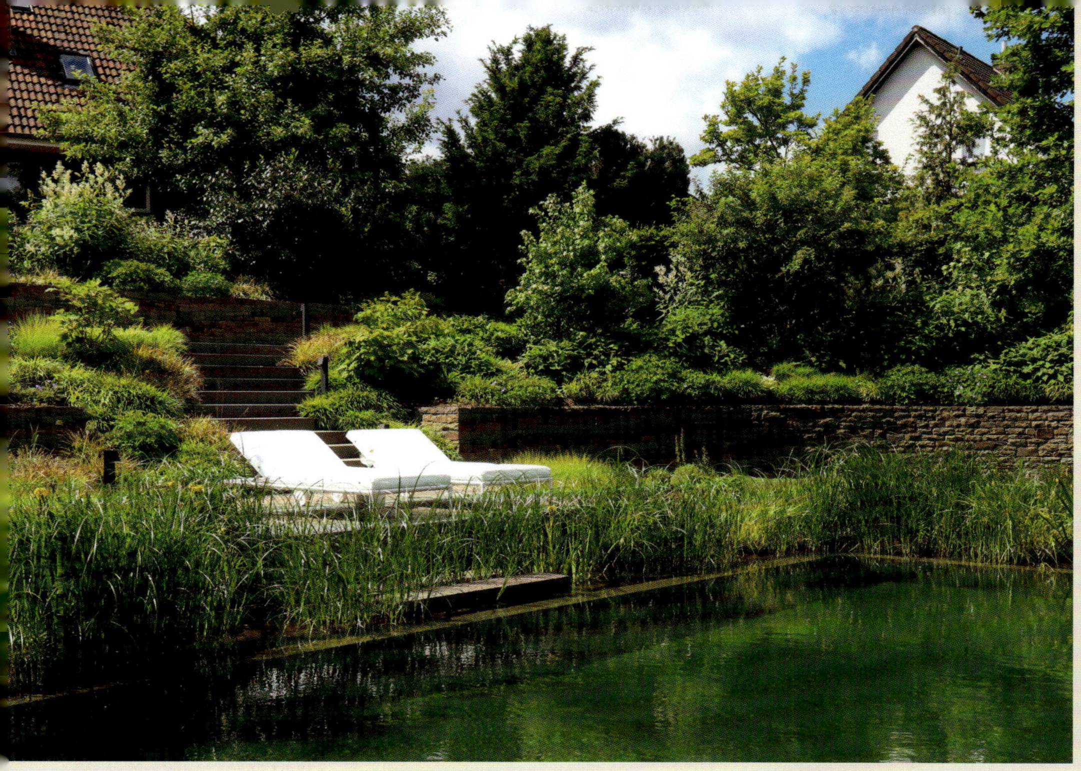

← **Grün eingebettet** Das Zusammenspiel aus baulichen und gepflanzten Elementen ist hier wohlkalkuliert. So variieren die Stufen der Treppe in ihrer Breite, damit ihre Seiten keine gerade Kante bilden. Gräser begleiten die Stufen und wirken so, als erobere sich die Natur die Anlage selbstbewusst zurück.

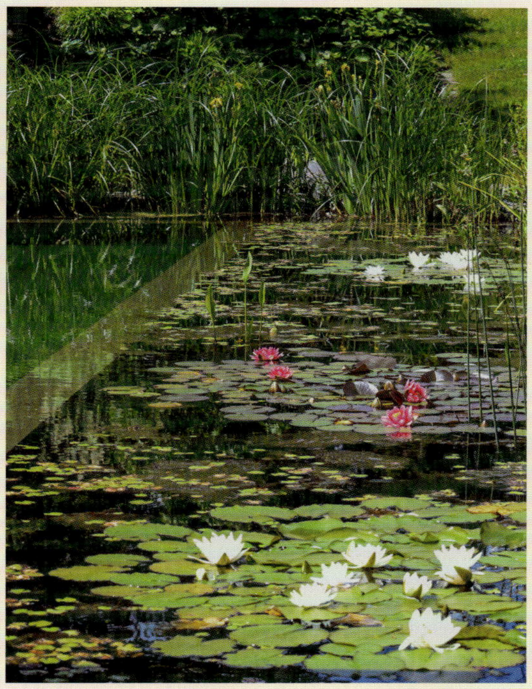

Material

Die Trockenmauern aus Lindlarer Grauwacke strahlen verlässliche Solidität aus und verleihen dem Badegast den Eindruck vollkommener Geborgenheit.

Auf dem Seeweg

Das Gelände, auf dem der Schwimmteich entstanden ist, liegt tiefer als das Wohnhaus und weist selbst ein deutliches Gefälle auf. Den Höhenunterschied zwischen Weg und Teich fangen an den meisten Stellen Trockenmauern aus Lindlarer Grauwacke ab. Sie zeigen deutlich, dass hier die Natur von Menschenhand geformt wurde, sind aber gleichzeitig in ihren satten Graubrauntönen und mit ihren rustikalen Oberflächen Anwälte einer naturnahen Gestaltung. Die Böschungen zwischen und auf den Mauern bieten reichlich Raum für eine naturnahe Bepflanzung mit Gräsern, Stauden und Gehölzen, die so üppig gedeihen, dass sie den Mauern trotz ihrer teils beträchtlichen Höhe und Länge die Wuchtigkeit nehmen.

↓ **Schöner Ausblick** Hinter dem Poolhaus geht das Grundstück über eine sanft gewellte Wiese allmählich in die Landschaft über. Zu seiner Rechten schafft eine Buchenhecke eine klare Abgrenzung. Hinter ihr fällt das Gelände noch einmal deutlich ab und verschwindet aus dem Blickfeld. Das kaschiert die Hecke und hält den Garten optisch zusammen.

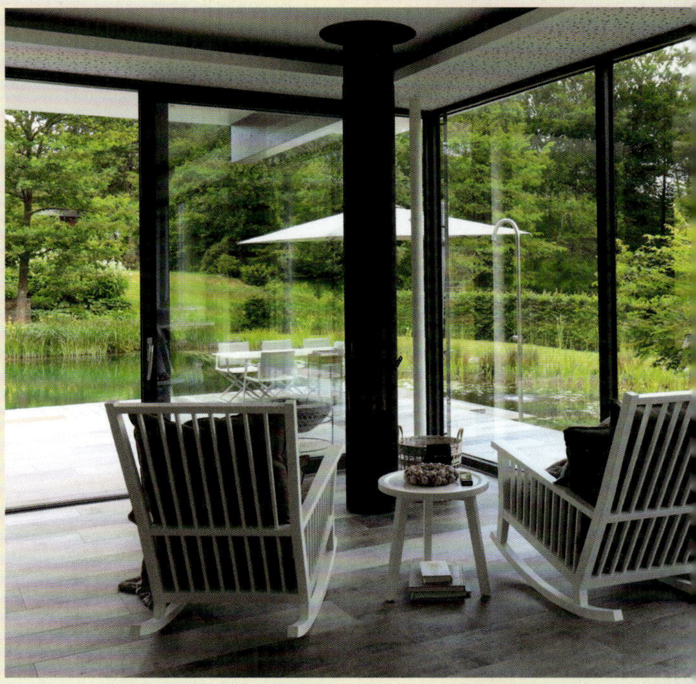

Im Überblick – Garten 24

MATERIALIEN (Auswahl)
- Lindlarer Grauwacke
- Grevenbrücker Splitt
- Kumaru-Holz

PFLANZEN (Auswahl)
- Amberbaum *Liquidamber styraciflua*
- Bergknöterich *Aconogonon 'Johanniswolke'*
- Kerzenknöterich *Bistorta amplexicaulis*
- Etagenschneeball *Viburnum plicatum*
- Chinaschilf *Miscanthus sinensis 'Gracillimus'*
- Japan-Berggras *Haconechloa macra*
- Blaugras *Sesleria autumnalis*
- Frauenmantel *Alchemilla mollis*
- Funkie *Hosta crispula*
- Storchschnabel *Geranium pratense 'Rozanne'*
- Iris in Sorten: *Iris germanica 'Cyanea'*, *Iris sulphurea*, *Iris 'Winter Olympics'*
- Bergenie *Bergenia 'Morgenröte'*
- Rotbuche *Fagus sylvatica*

See-
genuss

Das Poolhaus entstand nach Entwürfen eines lokalen Architekturbüros und ist ein Ort vollkommener Entspannung. Hier lässt sich auch bei schlechtem Wetter die Nähe zum Wasser genießen. Ein einheitlicher Bodenbelag innen und außen aus Keramikfliesen im Holzlook löst im Zusammenspiel mit den raumhohen Fenstern die Grenze zwischen Drinnen und Draußen auf, die großzügige Holzterrasse liegt etwas tiefer und scheint über dem Wasser zu schweben.

Aus dem gleichen Holz – Kumaru – ist auch das zweite Holzdeck am Fuß der Treppe. Es bildet den informelleren Platz am Teich, zwei im Gras versteckte Schrittplatten bieten auch hier direkten Zugang zum Wasser.

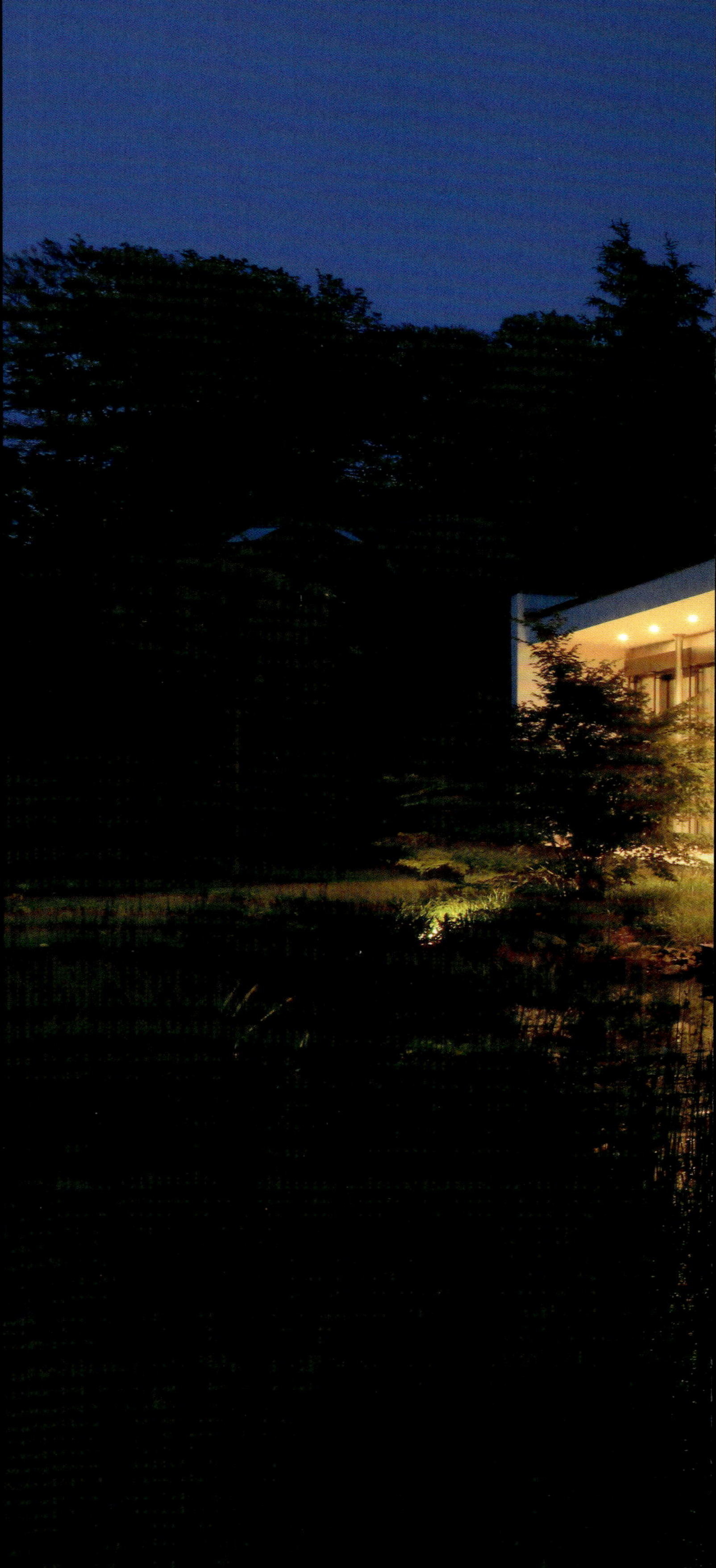

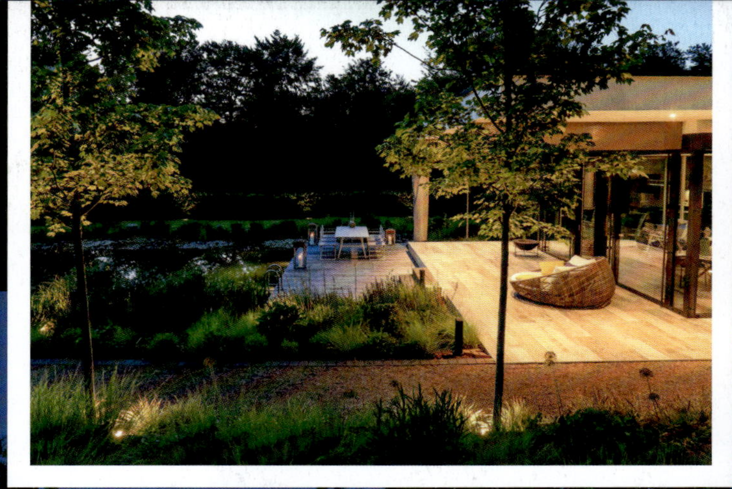

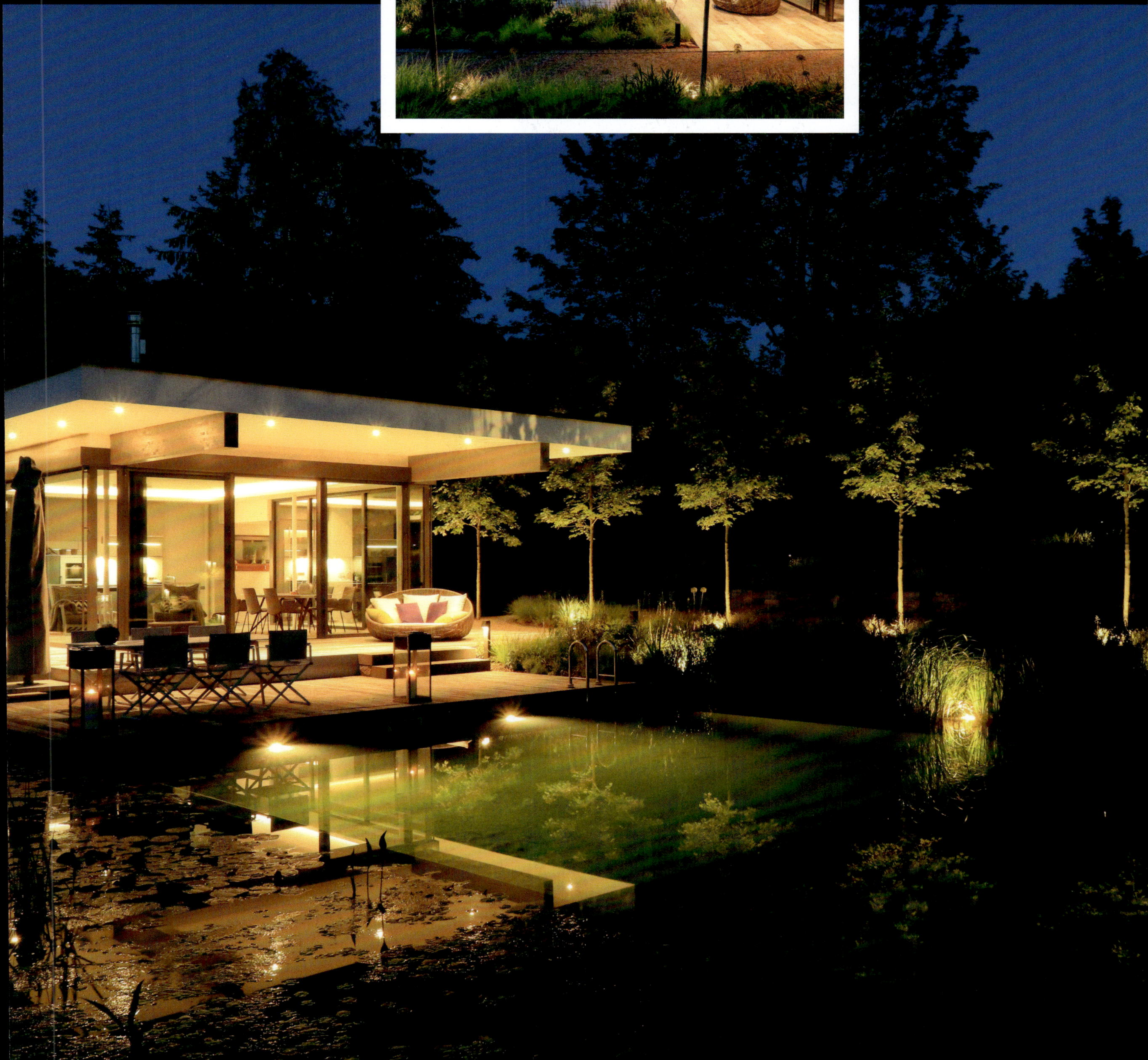

Es ist nie zu spät, den Garten für sich zu entdecken, denn wer diese „Reise“ durchdacht und mit einem guten Plan angeht, wird mit einem zusätzlichen Wohnraum und ganz viel Lebensqualität belohnt.

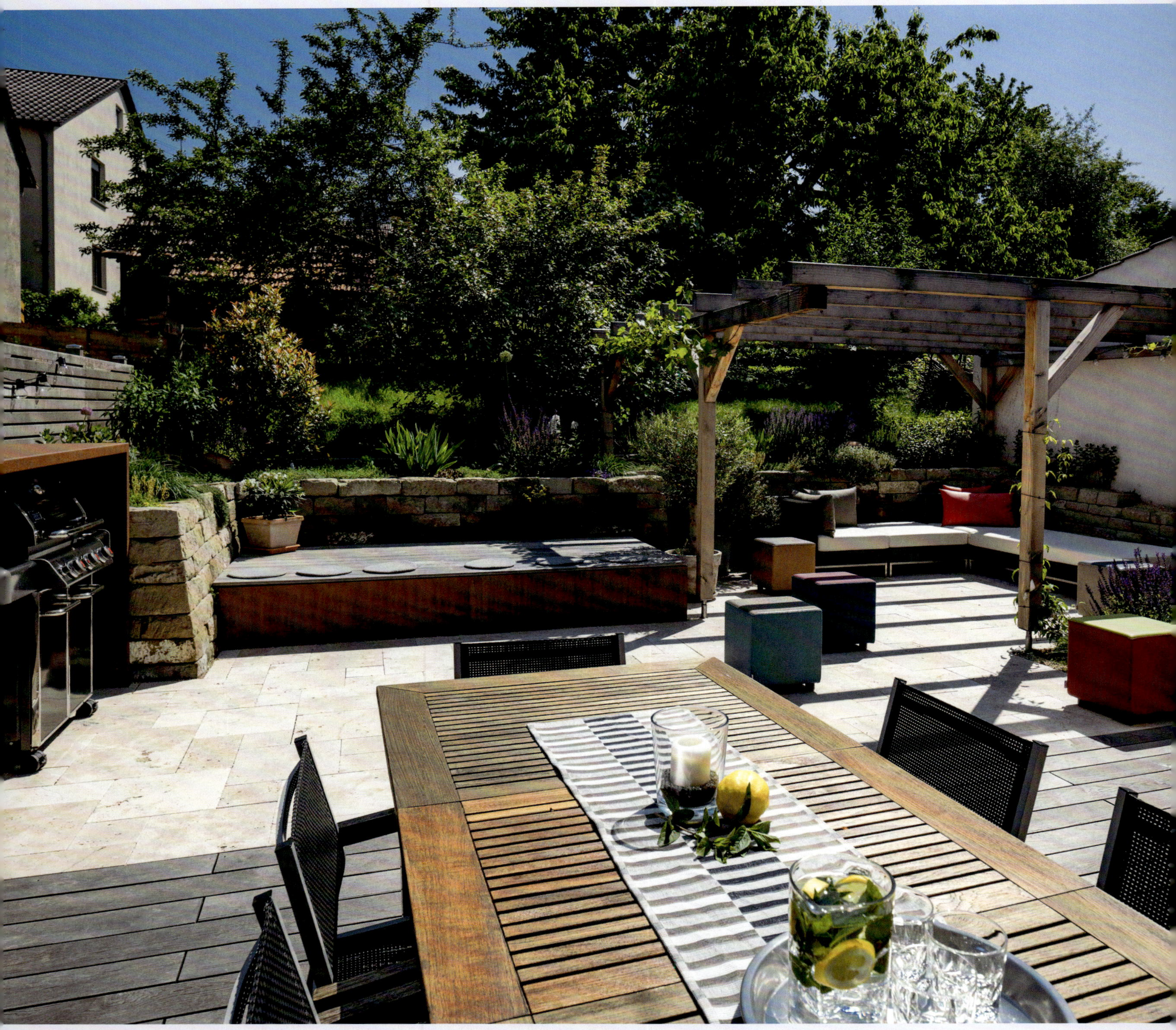

Im Überblick – Garten 25

GARTENGESTALTER
Planung und Ausführung: lebendige gärten, Eberdingen

GRÖSSE
60 qm

BESONDERHEIT
Der Garten ist von der Straße aus nicht zugänglich, sodass sämtliche Materialien, Pflanzen und Abraum mit einem Autokran über das Haus gehoben werden mussten. Wegen des sehr begrenzten Platzes war eine besonders sorgfältige Baustellenorganisation nötig.

IDEE
Mediterraner Genussraum

MATERIALIEN (Auswahl)
- Antiker Travertin
- Antiker Sandstein
- Thermisch behandeltes Eschenholz

PFLANZEN (Auswahl)
- Mandarinen-Salbei *Salvia elegans Scarlet 'Tangerine'*
- Ananas-Salbei *Salvia officinalis 'Berggarten'*
- Gewürz-Salbei *Salvia elegans Scarlet 'Pineapple'*
- Zitronen-Thymian *Thymus x citriodorus 'Typ Lammefjord' und 'Golden King'*
- Nana-Minze *Mentha spicata 'Nane'*
- Schokoladen-Minze *Mentha x piperita 'Chocolate'*
- Rosmarin *Rosmarinus officinalis 'Blue Winter', 'Barbecue', 'Blue Rain'*
- Reitgras *Calamagrostis 'Karl Förster'*
- Wein *Vitis 'Phönix'*
- Minikiwi *Vitis Actinidia arguta 'Issai'*
- Steppensalbei *Salvia nemorosa 'Marcus'*

Besser spät als nie

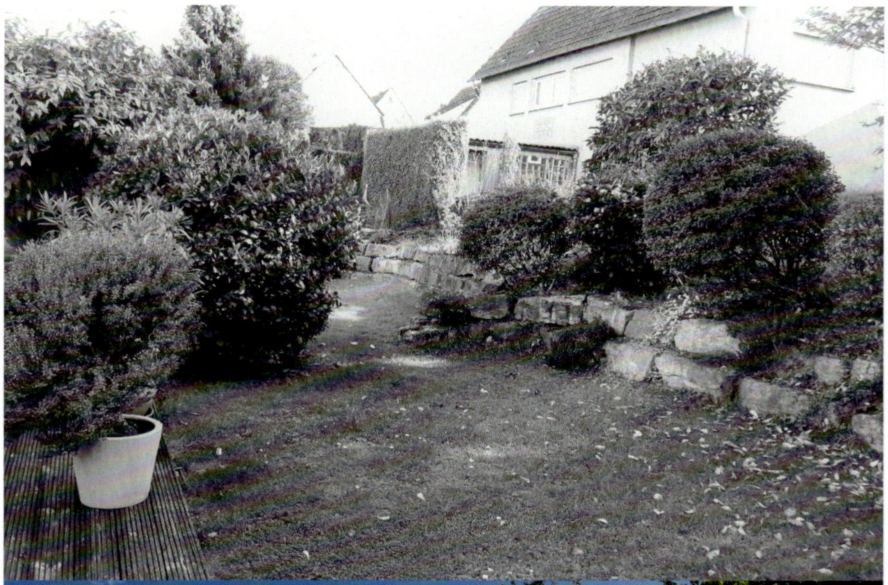

Vorher

Blick quer durch den Garten: Holzterrasse und Wiese lagen auf einer Ebene, die Gehölze waren ebenso wie die Steinquader zum Abfangen der Böschung zu groß für die kleine Gartenfläche.

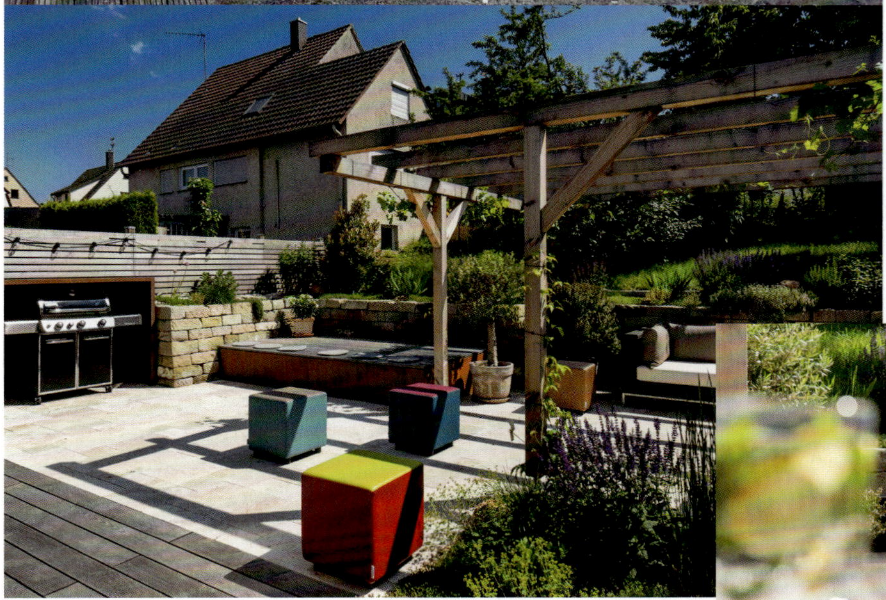

Nachher

Heute präsentiert sich das Grundstück als wohnliches Gartenzimmer mit sensibel abgestimmten Proportionen, hochwertigen Materialien und mehreren Sitzplätzen.

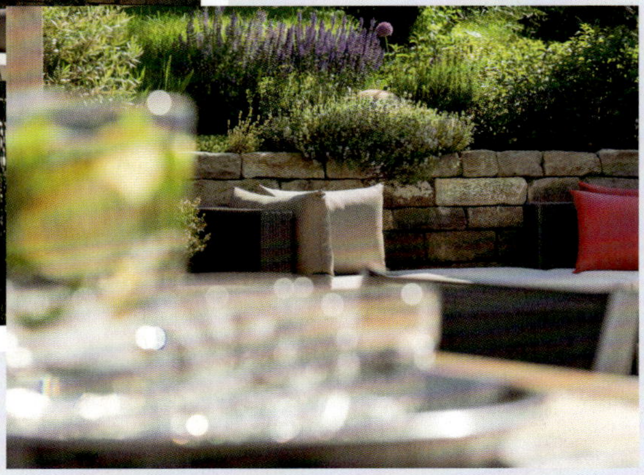

___Zwanzig Jahre bewohnte die Familie bereits ihr Haus, in denen sie ihre Terrasse zwar nutzte, aber nie so recht Freude am Garten aufkam. Und wer sich die Bilder seines Zustands vor der Umgestaltung anschaut, wundert sich auch nicht: Die gerade einmal 60 Quadratmeter waren mit dem Bau des Hauses „angelegt", aber nie weiterentwickelt worden. So schloss sich an die kleine Terrasse eine winzige, längst vom Klee übernommene Rasenfläche an, bevor der Blick jäh von groben Findlingen abgeblockt wurde, die zum Abfangen eines Höhenunterschieds eingesetzt worden waren. Auf der Böschung darüber gab es noch ein paar aus der Form geratene Sträucher. Dieses triste Stückchen Grund sollte mit Hilfe eines Gartengestalters in einen erweiterten Wohnraum verwandelt werden, damit die Gartenbesitzer die Gastlichkeit, die sie im Haus schon immer pflegten, auch endlich unter freiem Himmel ausleben konnten.

Wer braucht schon Rasen?

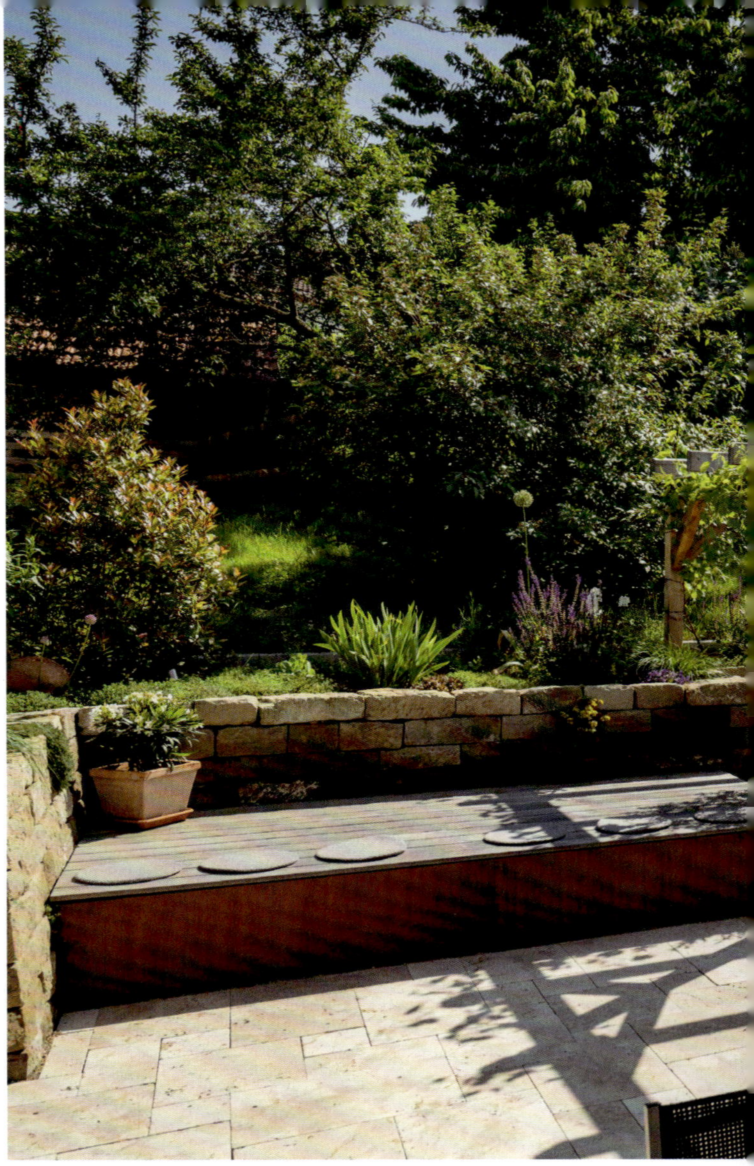

Es war schnell klar, dass es in diesem Garten nach der Umgestaltung keinen Rasen mehr geben würde. Stattdessen wurde fast der ganze Garten zur Terrasse. Die ist aber mit unterschiedlichen Bodenbelägen und einer Höhenstaffelung so gestaltet, dass sie nicht wie eine einheitliche – und damit langweilige – Fläche wirkt, sondern das winzige Grundstück behutsam gliedert und den Gartenbesitzern ganz unterschiedliche Verweiloptionen bietet.

Spiel mit Flächen

Angrenzend an die Fassade des Hauses entstand ein klassisch rechteckiges Holzdeck aus Thermoeschendielen. Zum Nachbargrundstück hin begrenzt es ein schmaler Pflanzstreifen, an den beiden anderen freien Seiten schließen sich Flächen aus antikem Travertin an. Der helle Stein mit seiner angenehmen Oberfläche für Barfußgänger tut dem Garten sehr gut: Er lässt ihn großzügiger erscheinen und verhindert, dass sich die Flächen in dem

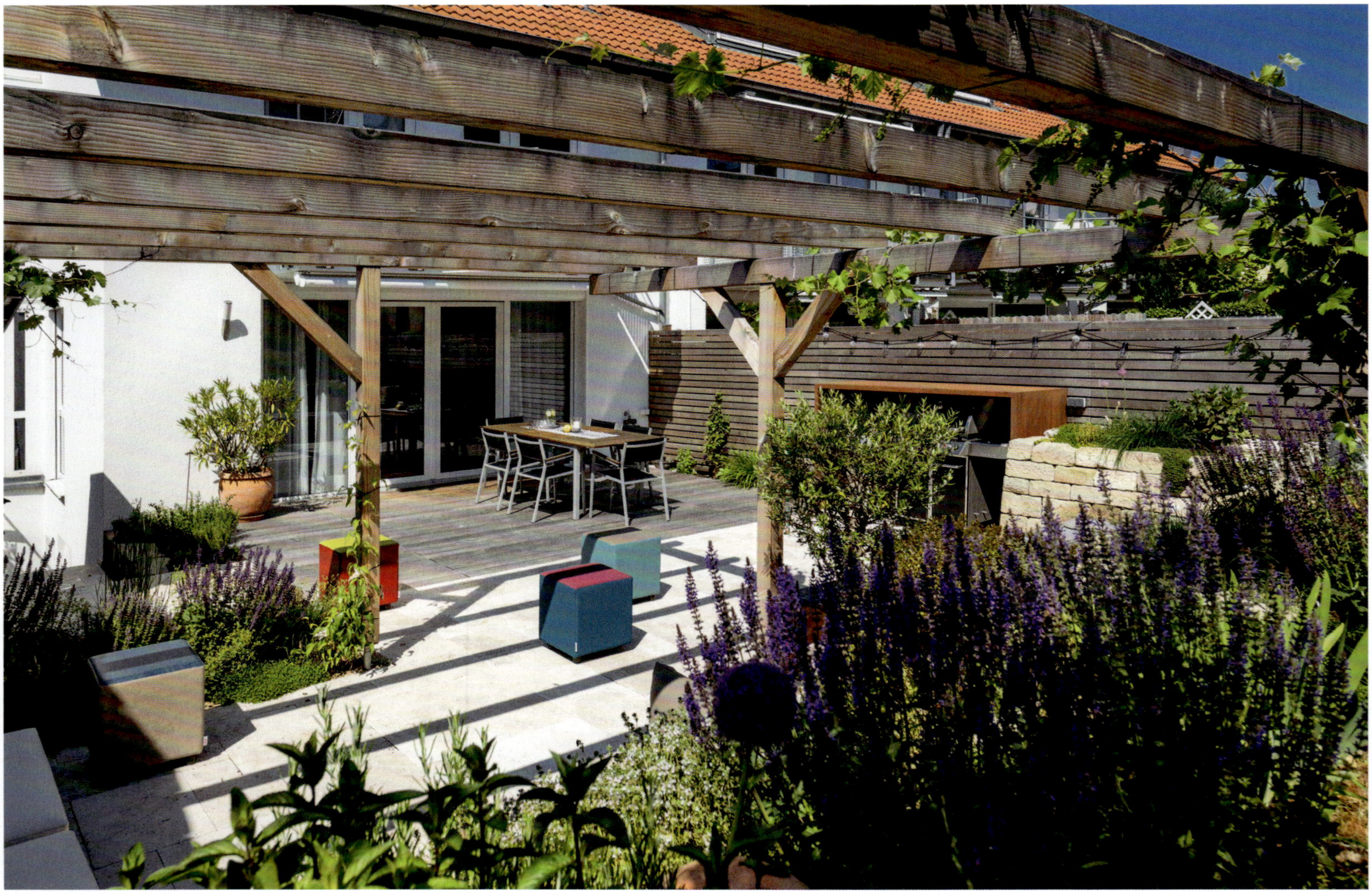

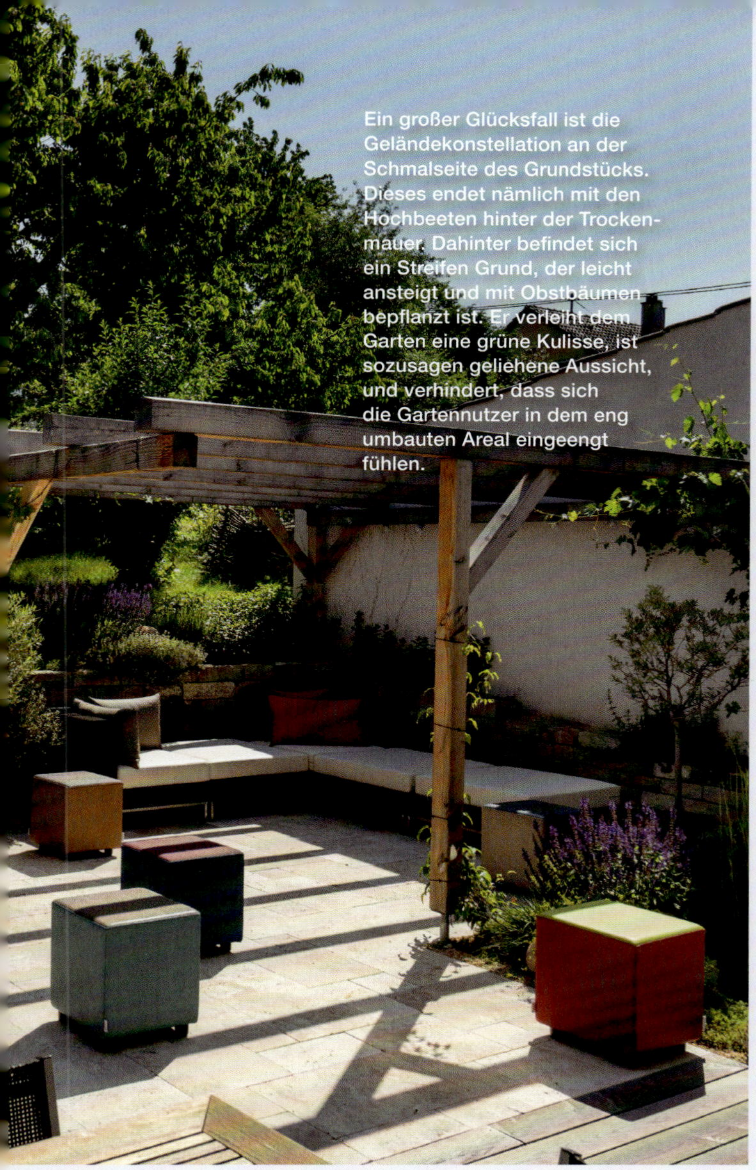

Ein großer Glücksfall ist die Geländekonstellation an der Schmalseite des Grundstücks. Dieses endet nämlich mit den Hochbeeten hinter der Trockenmauer. Dahinter befindet sich ein Streifen Grund, der leicht ansteigt und mit Obstbäumen bepflanzt ist. Er verleiht dem Garten eine grüne Kulisse, ist sozusagen geliehene Aussicht, und verhindert, dass sich die Gartennutzer in dem eng umbauten Areal eingeengt fühlen.

← **Einsichten** Zum Nachbargrundstück linkerhand entstand ein blickdichter Sichtschutz aus Thermoesche, aus dem auch die Beläge von Terrasse und Podest gefertigt wurden.

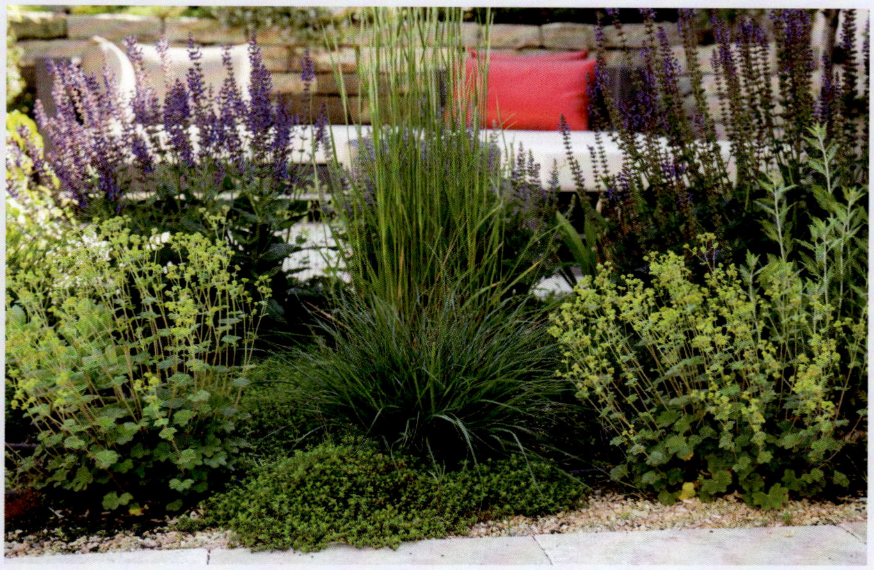

← **Aussichten** An den Giebel des benachbarten Gartenhauses wurde eine Pergola angebaut. Sie erfüllt gleich mehrere Aufgaben: Zum einen ist sie in dem vollsonnigen Garten ein willkommener Schattenspender, zum anderen kaschiert sie mit ihrem Bewuchs aus Wein den wenig ansehnlichen Giebel und schirmt das Lounge-Sofa gegen Blicke von oben ab.

Südgarten allzu stark aufwärmen. Die Spuren der Zeit auf der Oberfläche des gebrauchten Materials geben dem Garten zusätzlich Charakter. Das gilt auch für die Steine der Trockenmauer, die den Höhenunterschied zum Nachbargrundstück abfängt: Auch diese Steine waren andernorts im Einsatz, bevor sie in diesen Garten kamen.

Materialien im Blick

Davor erhebt sich aus der Terrassenfläche ein Podest. Seine Oberfläche ist mit dem gleichen Material belegt wie das Terrassenfeld am Haus. Das schafft optischen Zusammenhalt. Gleichzeitig bringt die zusätzliche Ebene Abwechslung in den Garten, und funktional ist sie obendrein: Groß genug, um sich hier auf einem Handtuch oder Polster auszustrecken, kann sie auch Sitzgelegenheiten für gleich mehrere Personen bieten. Der Cortenstahl der Seitenteile des Podests setzt einen modernen Kontrapunkt zu den antiken Steinen und passt mit seinem Edelrost dennoch bestens zu deren natürlicher, leicht unebener Oberfläche.

Genussgarten

↓ In Relation zur Gesamtfläche beansprucht die Grillgarage links von der Terrasse reichlich Raum, sie war aber ein dringender Wunsch der Bauherren, da der bereits vorhandene große Grill sowie ein Feuerkorb einen Unterstand bekommen sollten. Die Gestalter entwickelten daraus ein Leitmotiv für den Garten: Er steht ganz im Zeichen kulinarischer Genüsse. Die Bepflanzung besteht zu einem Gutteil aus aromatischen Kräutern, an der Pergola rankt reich tragender Wein empor.

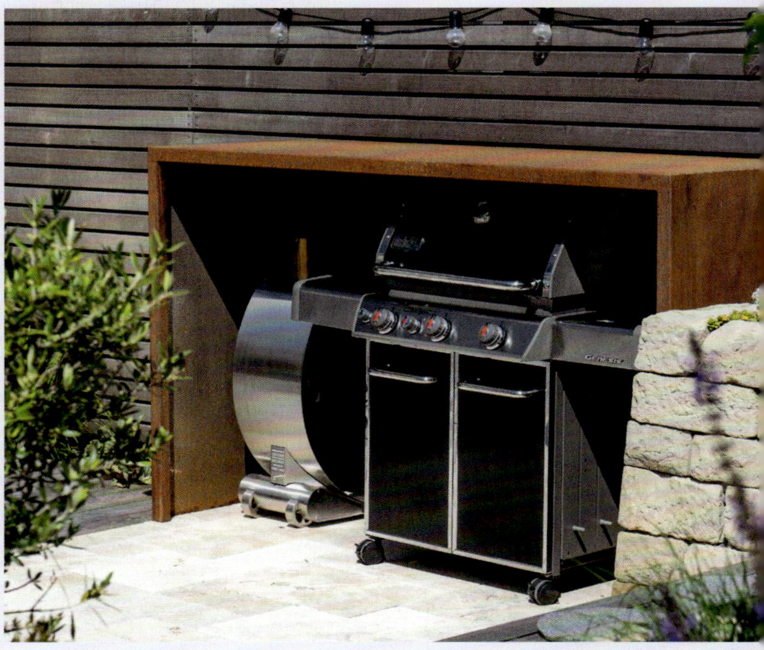

Vorher

Eine große Rasenfläche bestimmte den Garten. Die Kinder des Hauses kamen hier voll auf ihre Kosten, der Garten präsentierte sich aber wenig abwechslungsreich und für die Eltern nicht besonders attraktiv.

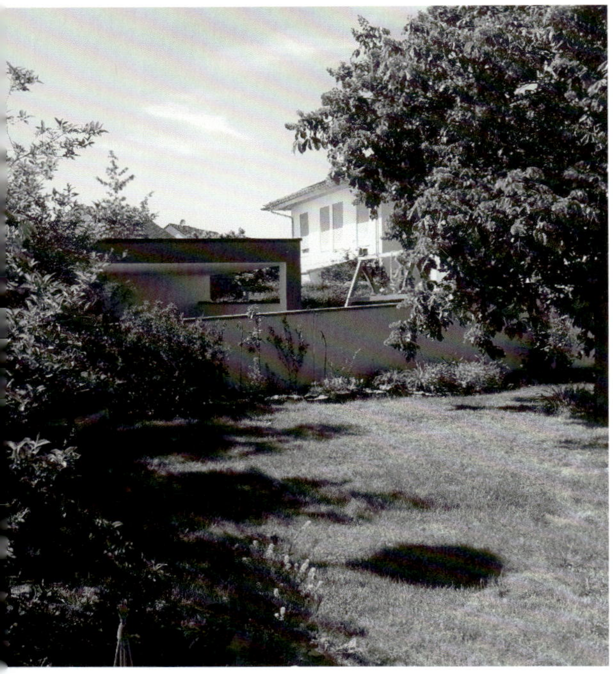

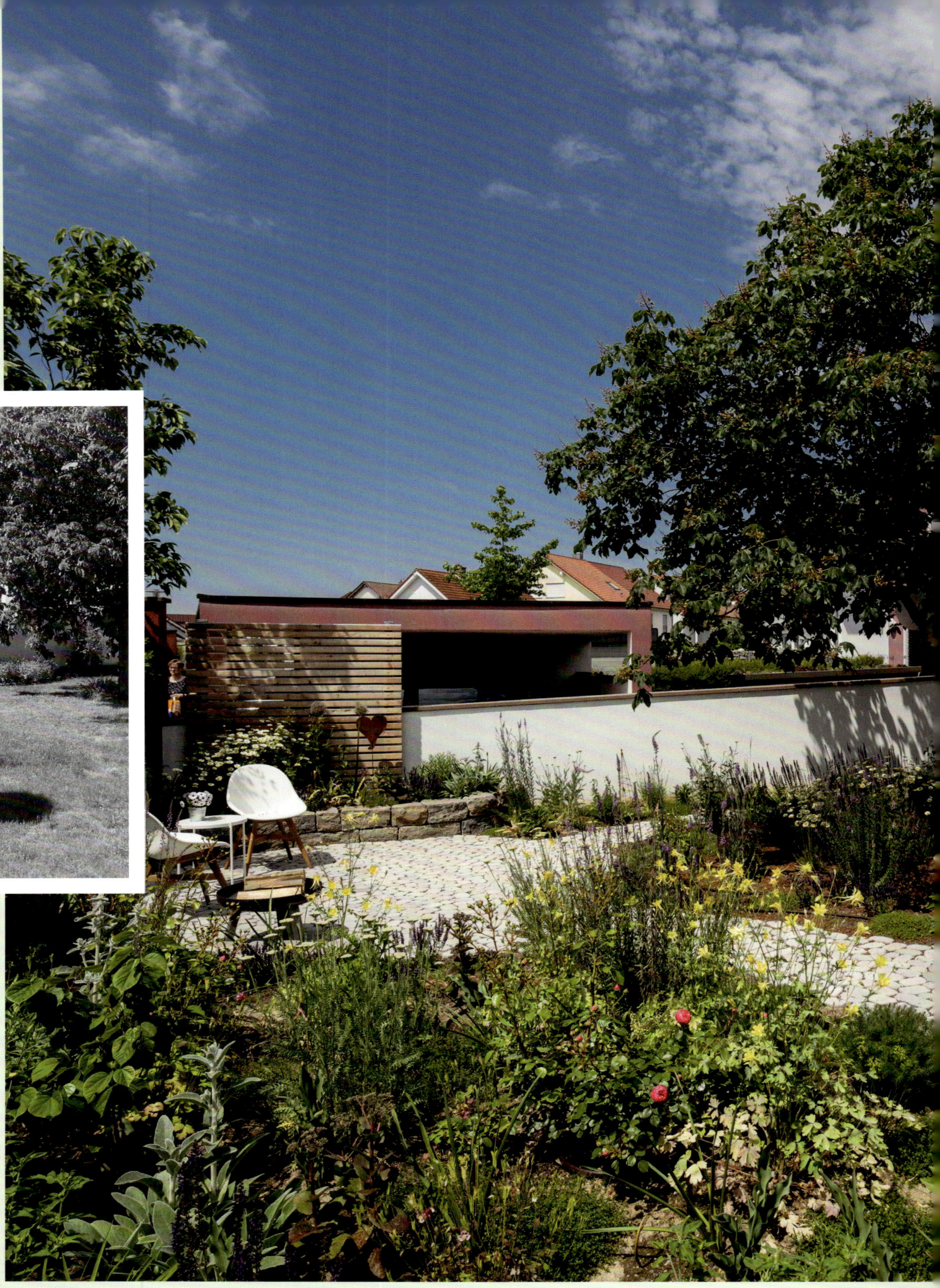

Nachher

Heute ist der Garten ein Erlebnisraum für Genießer. Der Rasen ist verschwunden, stattdessen gibt es jetzt große Beete mit abwechslungsreicher Bepflanzung. Die Wege führen so durch den Garten, dass man die Beetflächen wie Inseln umrunden und dabei entdecken kann.

Gestatten,

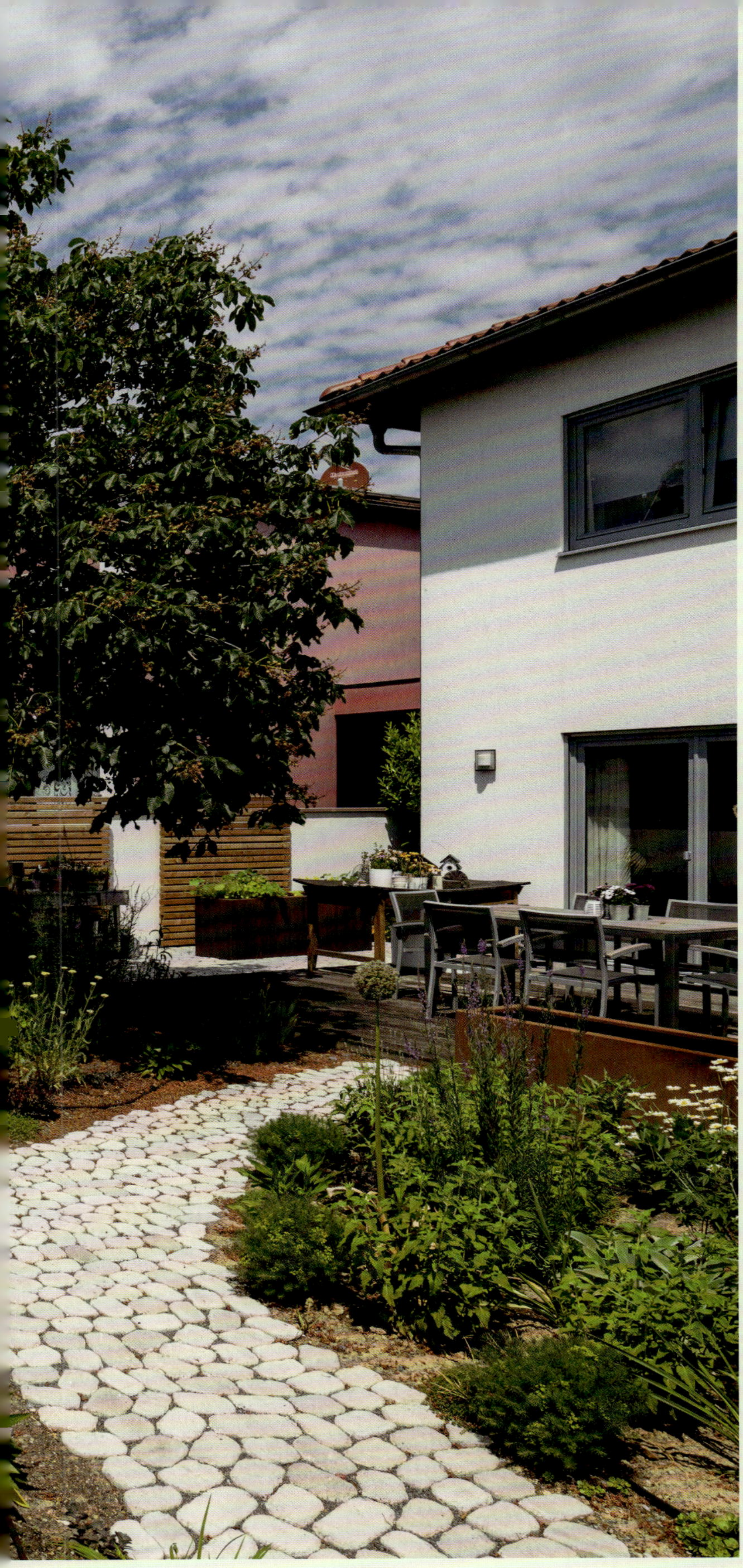

Dieser direkt an der Straße gelegene Garten zieht regelmäßig die bewundernden Blicke der Passanten auf sich. Das war allerdings nicht immer so, denn vor seiner Neugestaltung bot sich den Vorbeigehenden ein eher trübes Bild.

Biotop

___ Auch dies ist eine ganz typische Gartengeschichte: Wenn die Kinder den Garten nicht mehr zum Buddeln, Kicken, Schaukeln und Rutschen beanspruchen, wächst der Wunsch der Eltern, ihren Garten passend zu ihren eigenen Vorlieben und Bedürfnissen zu verändern. In diesem Fall hieß das: keine Lust mehr auf Rasenmähen, stattdessen eine bunte Blütenvielfalt, ein zweiter Sitzplatz und viel Raum für wechselnde Dekoration.

Nie mehr mähen

Was einmal ein Rasen war, hatte sich im Lauf der Jahre zu einer eher trockenen Fläche mit Gras entwickelt und war nur noch mit recht viel Aufwand grün zu erhalten. Da der Wohngarten vor dem Haus liegt und von der Straße gut einsehbar war, wirkte das Zuhause der Familie nicht besonders einladend. Das sollte sich grundlegend ändern, Garten und Haus einen vollkommen neuen Charakter erhalten. Der Rasen musste zugunsten großzügiger Beetflächen weichen, und diese rückten von den Rändern ins Zentrum des Grundstücks.

Im Überblick – Garten 26

GARTENGESTALTER	IDEE	GRÖSSE
Planung und Ausführung: lebendige gärten, Eberdingen	Der Garten als dicht bewachsenes und vielfältiges Biotop, in dem sich Mensch und Tier wohlfühlen	120 qm

Ein Blütenmeer für Mensch und Tier

Blühpflanzen gab es hier vor der Neuanlage so gut wie keine. Vielleicht war deshalb der Farbhunger der Besitzer auch besonders ausgeprägt, denn ihre Wünsche in Sachen Pflanzenauswahl waren eindeutig: Das ganze Jahr über sollte es in den Beeten blühen – und das bitte möglichst bunt. Genau so wurde es realisiert. Eine Vielzahl von Stauden überzieht den Garten nun Monat für Monat mit einem Blütenmeer in immer wieder wechselnden Farben. Diese Vielfalt und Üppigkeit erfreut dabei nicht nur die Gartenbesitzer, die sich regelmäßig auf Entdeckungsreise durch ihren Garten begeben, sondern auch zahlreiche Insekten.
Ziel ist es, die Pflanzung in wenigen Jahren so dicht gedeihen zu lassen, dass sich kein Unkraut mehr etablieren kann. Das erspart eine Menge Arbeit, in den Beeten muss dann nicht mehr gehackt und gegraben werden, und die im Boden und zwischen den Pflanzen lebenden Insekten können sich ungestört entfalten.

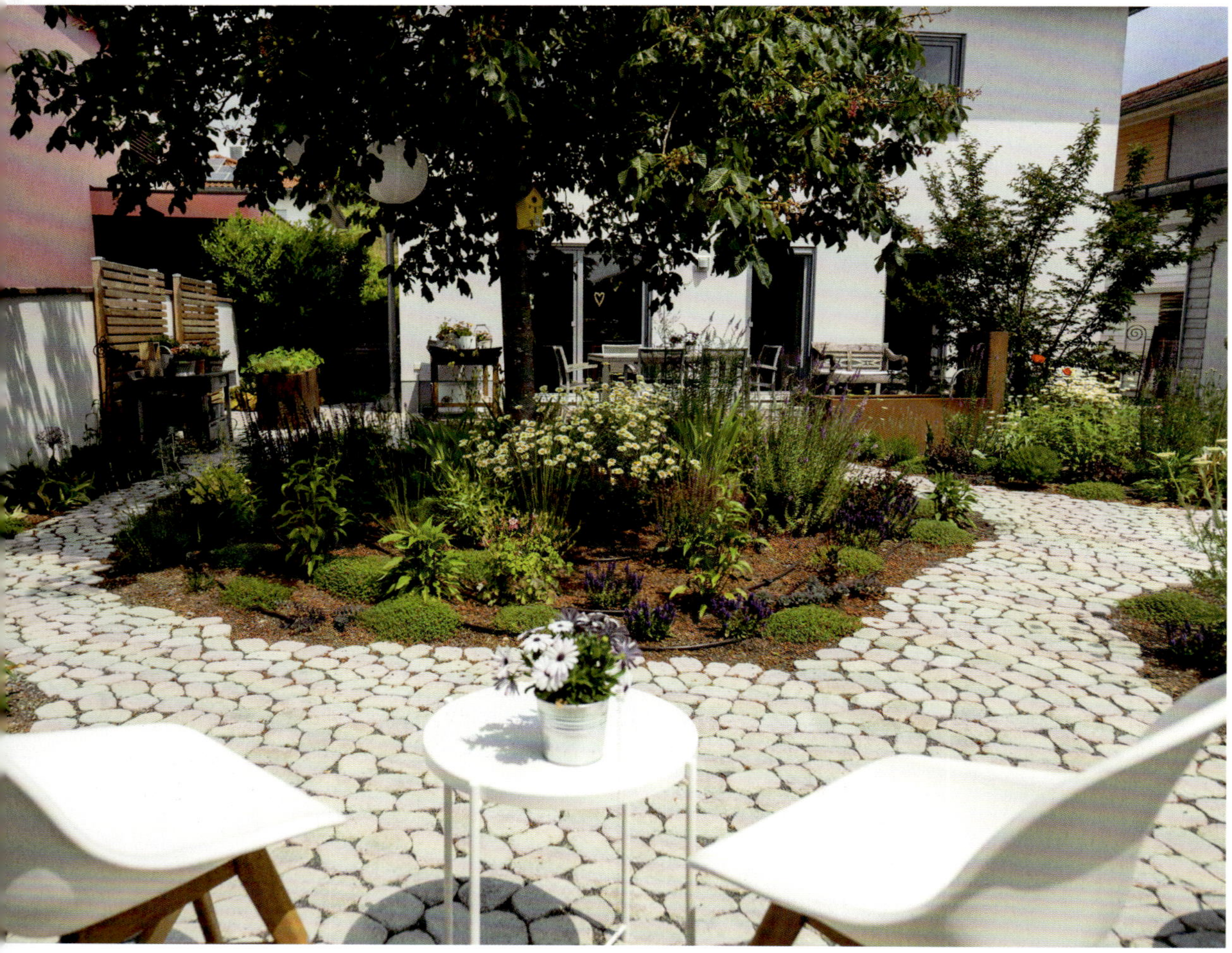

←

Sitzen hier und da Der zweite Sitzplatz – der erste befindet sich klassisch direkt am Haus und stammt noch aus dem alten Garten – stand ausdrücklich auf der Wunschliste der Gartenbesitzer. Ein solcher ist für nahezu jeden Garten eine Bereicherung und insbesondere bei einer Anlage, in der es so viel zu entdecken und zu beobachten gibt wie in diesem Blüten- und Insektenparadies. Für seine Position im Garten fiel die Wahl auf eine Stelle, die sonnenverwöhnt ist und gleichzeitig eine schöne Perspektive auf den Garten und seine Beete eröffnet.

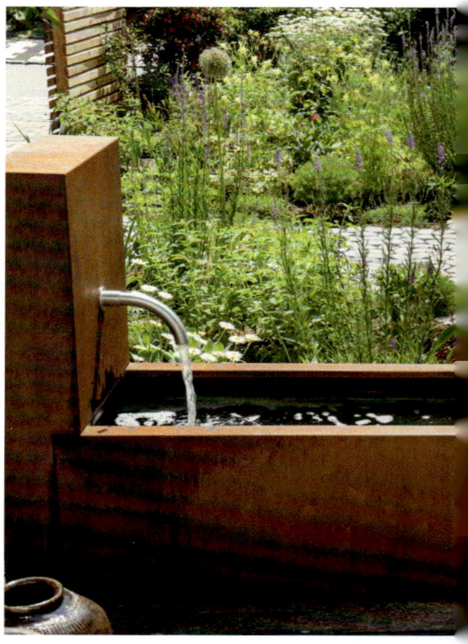

Im Überblick – Garten 26

BESONDERHEIT
Die Pflanzung ist so angelegt, dass sich innerhalb kürzester Zeit keine Unkräuter mehr etablieren sollen.

MATERIALIEN (Auswahl)
- Cortenstahl
- Arenapflaster
- Muschelkalk

PFLANZEN (Auswahl)
- Wintergrüne Ölweide *Elaeagnus ebbingei*
- Judasbaum *Cercis siliquastrum*
- Reitgras *Calamagrostis 'Karl Förster'*
- Staudenmischpflanzung *'Silbersommer' in leichter Abwandlung mit zusätzlichen Stauden kombiniert*
- Kräuter *in unterschiedlichsten Sorten*

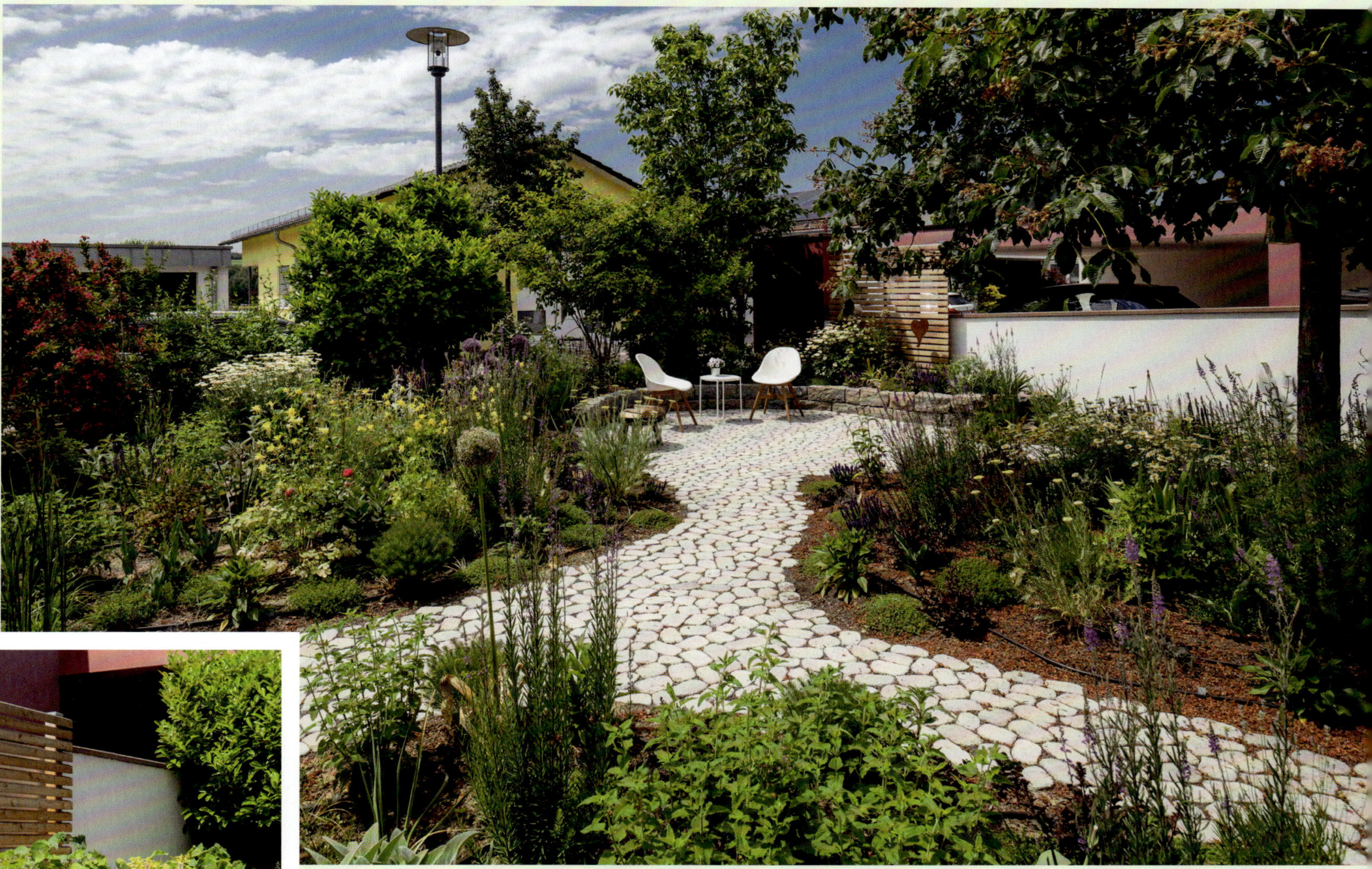

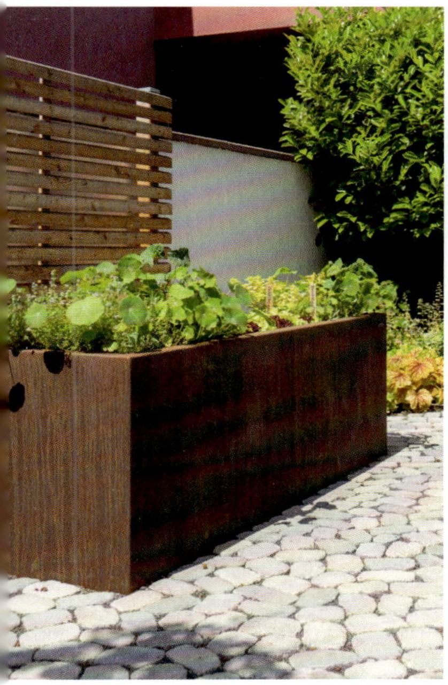

Unterwegs im eigenen Garten

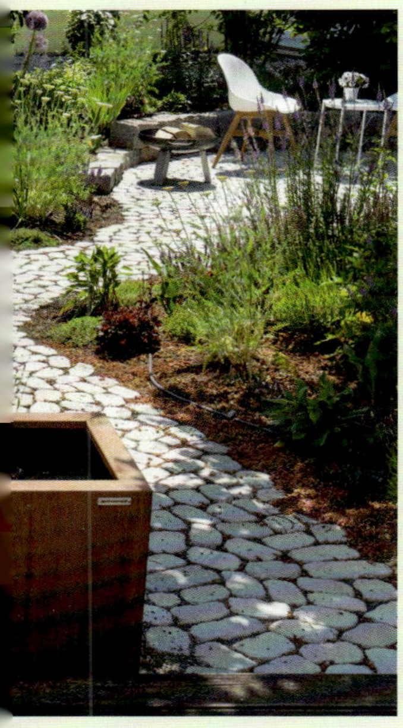

Material

Dieser Garten ist ein Hort der Natürlichkeit in Formen, Farben und Fülle. Für zwei Gestaltungselemente, die sofort ins Auge stechen, fiel die Wahl dennoch – oder vielleicht gerade deswegen – auf vollkommen Geradliniges: Das Hochbeet, in dem ein kleiner Nutzgarten sein Zuhause hat, und das Wasserelement, das als Raumteiler vor der hausnahen Terrasse fungiert, sind kubisch und aus Cortenstahl. Die Edelrostoberfläche passt sich mit ihren warmen Schattierungen wunderbar jedem Gartenstil an.

Ungewöhnlich ist die Idee, den rund 120 Quadratmeter kleinen Garten durch ein recht auffälliges, geschwungenes Wegenetz komplett zu erschließen. Einzig das Halbrund für den zweiten Sitzplatz ist etwas großzügiger angelegt, fügt sich aber durch seine Form und das verwendete Material – ein sehr natürlich aussehendes Betonsteinpflaster – nahtlos in dieses Wegenetz ein. Dieses umrundet die Kastanie, die mit ihrer kleinen Krone gut zu den Maßen des Grundstücks passt und in dem Garten schon vor dessen Umgestaltung zu Hause war. Durch den umlaufenden Weg und das Beet unter dem Baum ergibt sich hier eine Art Dorfplatzcharakter. Im weiteren Verlauf kurven die Wege wie zufällig durch den Garten und bilden mit ihren Verläufen schön geschwungene Pflanzinseln, deren Rundumbetrachtung sie ermöglichen. An einer Stelle laufen sie zusammen und verbreitern sich so weit, dass man hier ohne Weiteres noch einen Liegestuhl platzieren kann.
Das Pflaster der Wege ist ungebunden verlegt, Niederschläge können hier problemlos versickern.

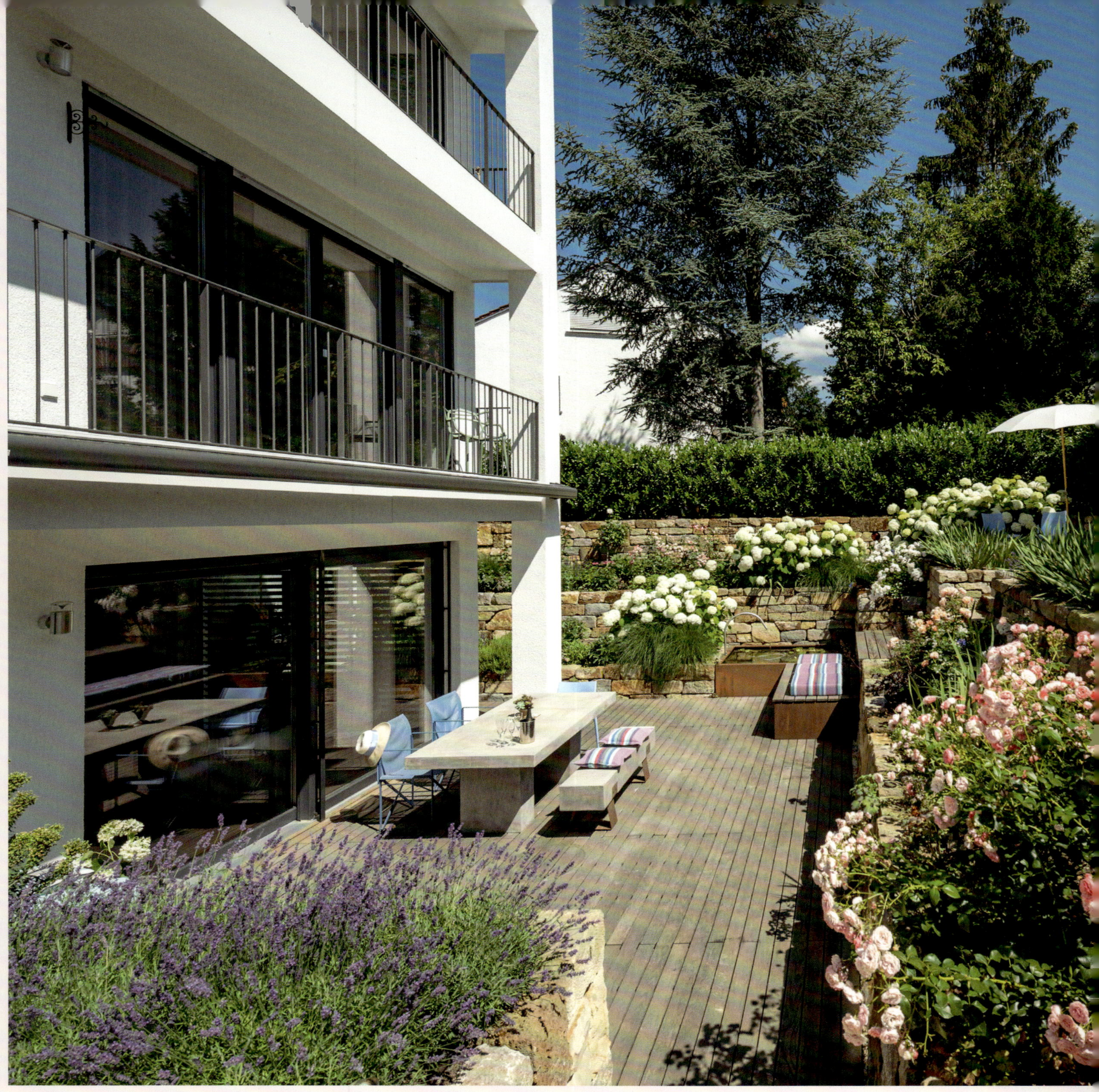

Gartenglück auf allen Ebenen

Im Überblick – Garten 27

GARTENGESTALTER
Planung und Ausführung: lebendige gärten, Eberdingen

IDEE
Senkgarten mit mediterranem Kleinklima und möglichst vielen Pflanzflächen

GRÖSSE
ca. 750 cm, davon ca. 210 cm Senkgarten

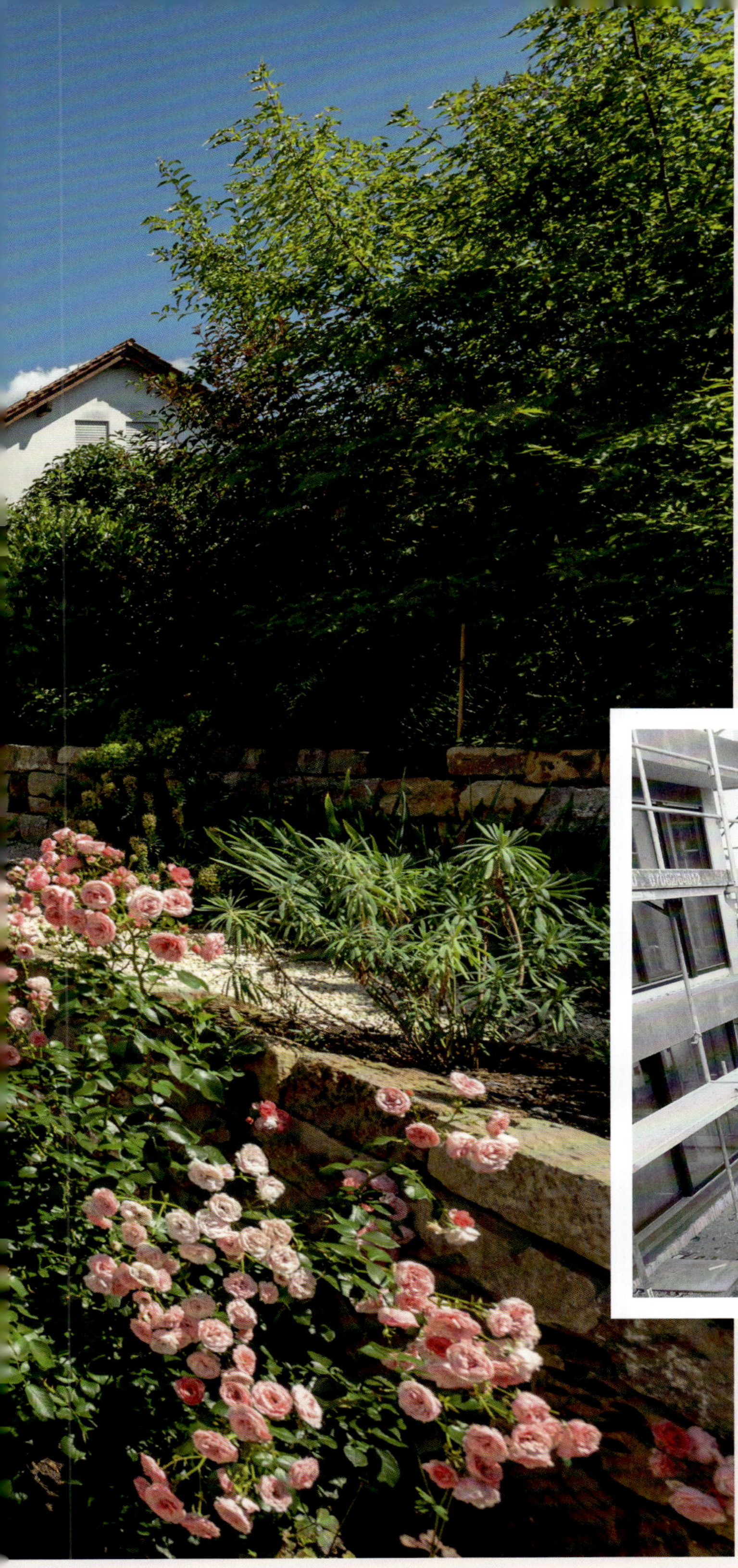

Das, was sich in der Architektensprache wenig attraktiv Tiefhof nennt, hat das Zeug zum perfekten Wohlfühlort, wie dieses Projekt zeigt.

Vorher

Laut ursprünglicher Planung sollte die Böschung vor dem Tiefparterre mit mächtigen Betonprofilen abgefangen werden. Damit wäre der Blick aus den großen Fenstern wohl recht trostlos geworden.

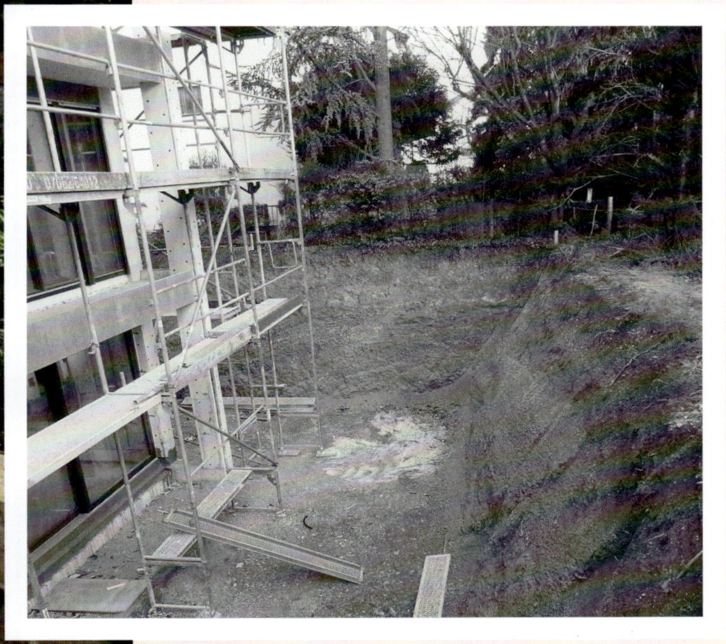

Nachher

Heute präsentiert sich die Böschung als terrassiertes Pflanzenparadies. Die Natursteine der Trockenmauer versprühen mediterranes Flair, durch die Fenster schaut man auf ein Blütenmeer.

___Dies ist ein Garten, in dem sich vieles verbindet: Kindheitserinnerungen und die Wünsche einer Erwachsenen, die Bedürfnisse der Eigentümerin und die Rücksicht auf ihre Mieter. An die Stelle ihres Elternhauses ließ die Bauherrin einen modernen Neubau setzen, groß genug für sich und mehrere Mietparteien. Die Pläne des Bauträgers sahen für den privaten Bereich der Bauherrin eine Haus-im-Haus-Lösung vor, angesiedelt im Tiefparterre und im Erdgeschoss – eigentlich ein schöner Plan. Doch erst als der Rohbau stand, realisierte die Bauherrin, dass mit dem Tiefparterre auch ein Tiefhof entstanden war und sich im Abstand von nur ein paar Metern vor ihren bodentiefen Fenstern eine mehrere Meter hohe senkrechte Wand erheben würde. Das sollte ein erfahrener Gartengestalter unbedingt verhindern.

Naturstein statt Beton

L-Profile aus Beton sind eine praktische Sache. Mit ihnen kann man senkrechte Wände in unterschiedlicher Höhe abstützen, sie sind sicher und vergleichsweise kostengünstig – aber beileibe keine Schönheiten. Sie wären eine Möglichkeit gewesen, den durch die Anlage des Tiefhofs entstandenen Höhensprung von drei Metern zu verkleiden. Ein Alptraum für die Bauherrin, die sich auf ihrer zukünftigen Terrasse schon in einem Betonschacht gefangen sah. Der hinzugezogene Gartengestalter empfahl eine vollkommen andere Bauweise und dazu auch ein ganz anderes Material: Trockenmauern aus Naturstein. Damit schickte er ein Konzept ins Rennen, das das genaue Gegenteil der glatten, industriell gefertigten und großflächigen Beton-Profile verkörpert: die Verwendung eines natürlichen Materials mit hohem ästhetischem Wert, kleinteilig und im Detail vielgestaltig. Außerdem sorgte er mit der für die Region so typischen Bauweise der Trockenmauer für die Integration des Neubaus in seine Umgebung.

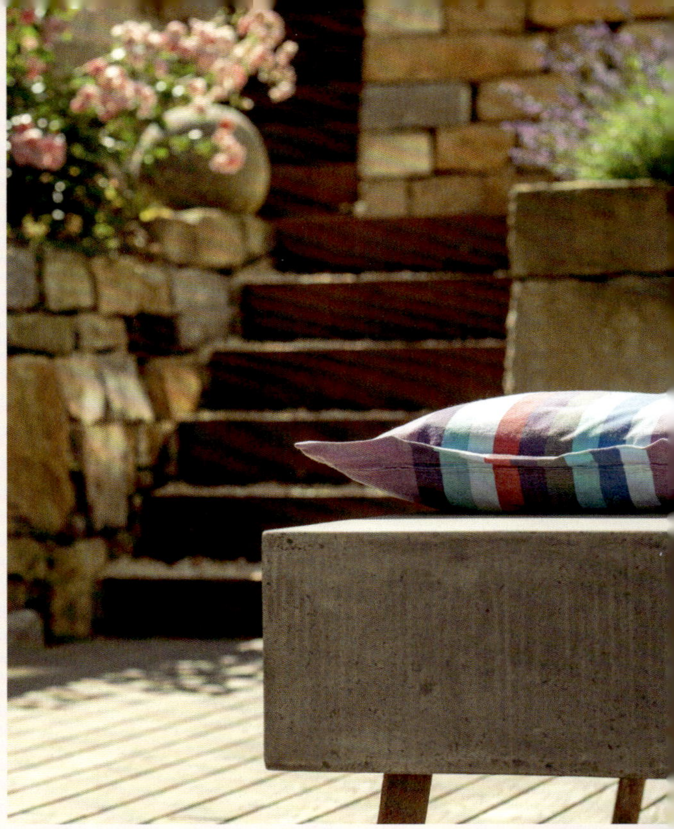

↓ **Pflanzenvielfalt** Auf den sonnigen Terrassenstufen gedeihen Schneeballhortensien, Pfingst- und Beetrosen, Lavendel und Salbei. In den Fugen der Mauersteine wachsen Kissenstauden; Rittersporn, Iris und Storchschnabel blühen in kräftigen Farben. Bei den Gehölzen fiel die Wahl auf Arten und Sorten, die nicht zu hoch werden.

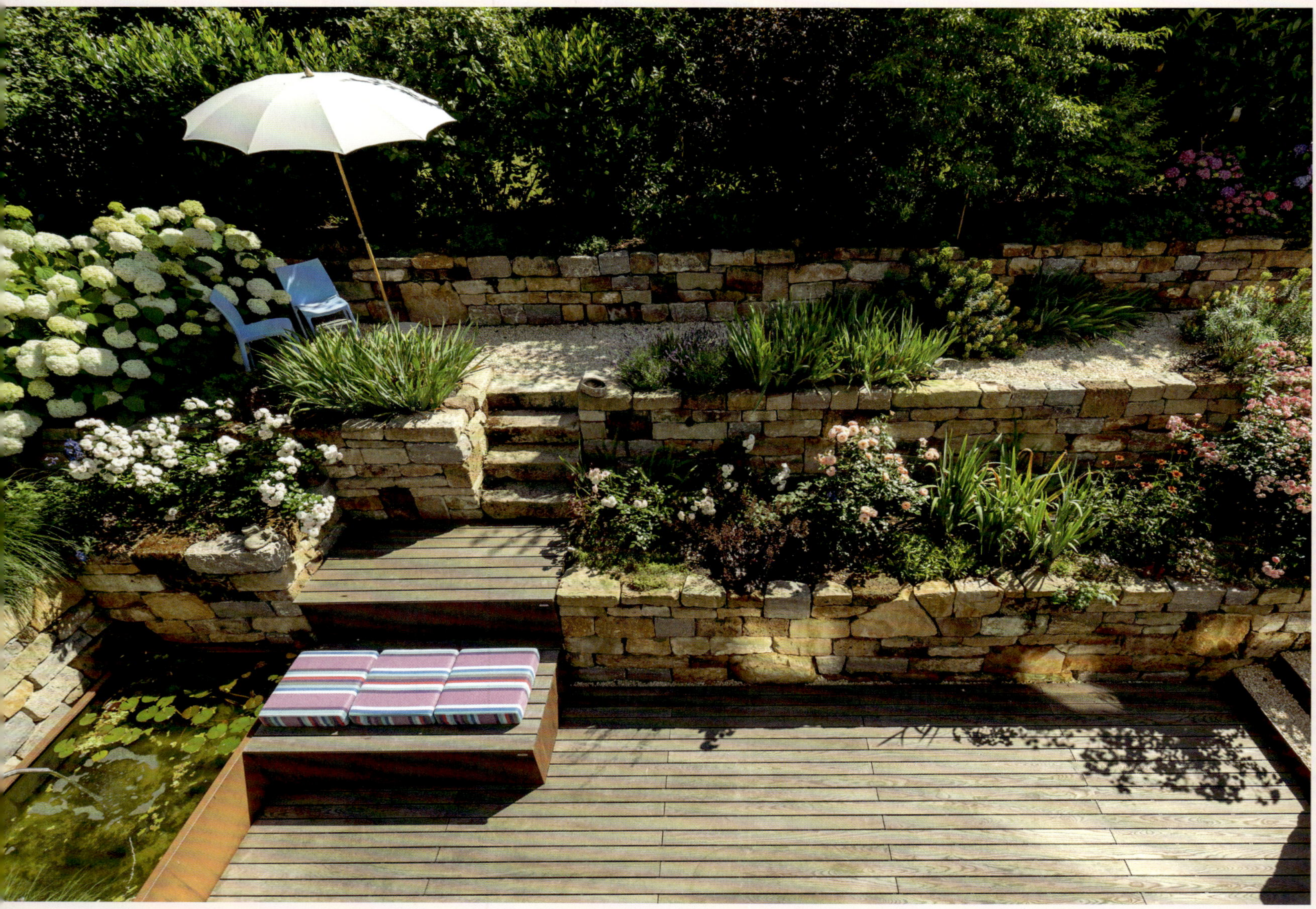

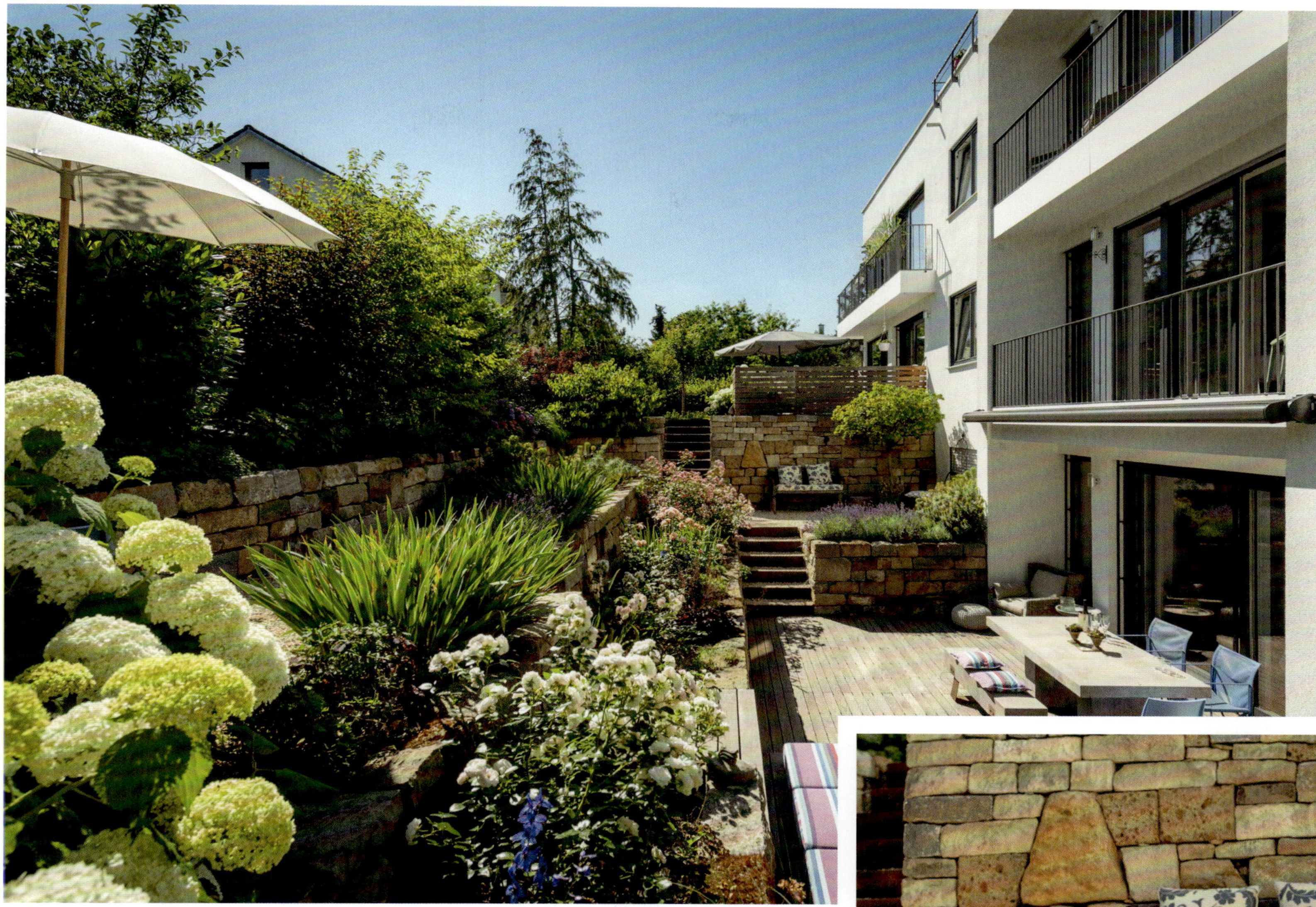

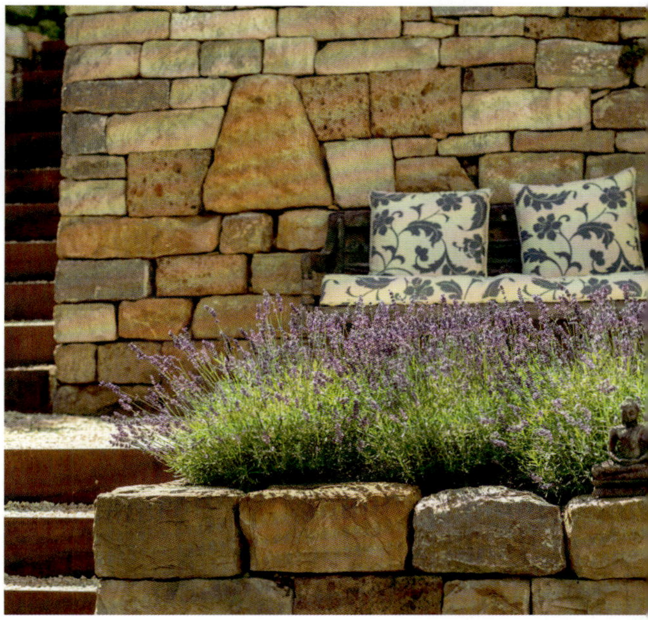

Großflächig kleinteilig

Nun ist Naturstein der Hauptdarsteller in diesem Garten, und er füllt diese Rolle gleich aus mehreren Gründen bravourös aus: Zum einen setzt das natürliche Material mit seinen unregelmäßigen Oberflächen und Kanten einen spannenden Akzent gegen die Geradlinigkeit des modernen Architektenhauses. Dessen Linienführung findet sich aber in den verbauten Natursteinquadern wieder. Zum anderen bricht das aus vielen einzelnen, ja einzigartigen Elementen zusammengesetzte Mauerwerk die große Fläche, die es bedeckt, auf.

Zur optischen Belebung trägt auch ein einfacher, aber gekonnter Kniff bei: Vier unterschiedliche Natursteinarten kamen für die Trockenmauern zum Einsatz, und zwar Antiker Buntsandstein, Vulkantuff, Muschelkalk und Stubensandstein. Sie passen wunderbar zusammen, bilden eine immer noch homogene Fläche, vermeiden aber in ihrer zufälligen Anordnung optische Langeweile.

„Die Natursteine verführen das Auge, immer wieder neue Details zu entdecken.“

Dirk Teske,
Gartengestalter

→

Technisch anspruchsvoll Logistisch war die Baustelle durchaus eine Herausforderung: Über 55 Tonnen Mauersteine wurden hier verbaut, die allesamt mit dem Baukran in den Garten befördert werden mussten.
Unerlässlich ist bei diesem Garten eine solide Drainage, um zu verhindern, dass der Tiefhof bei Starkregen voll Wasser läuft. In den Terrassen wurden über hundert Meter Drainagerohre verlegt, und hinter den Trockenmauern befindet sich eine starke Drainageschicht. Natürlich ist für den Gartennutzer davon nichts sichtbar. Die üppige Bepflanzung und der Verzicht auf versiegelte Flächen sorgen außerdem für eine verzögerte Versickerung, was die Kanalisation entlastet.

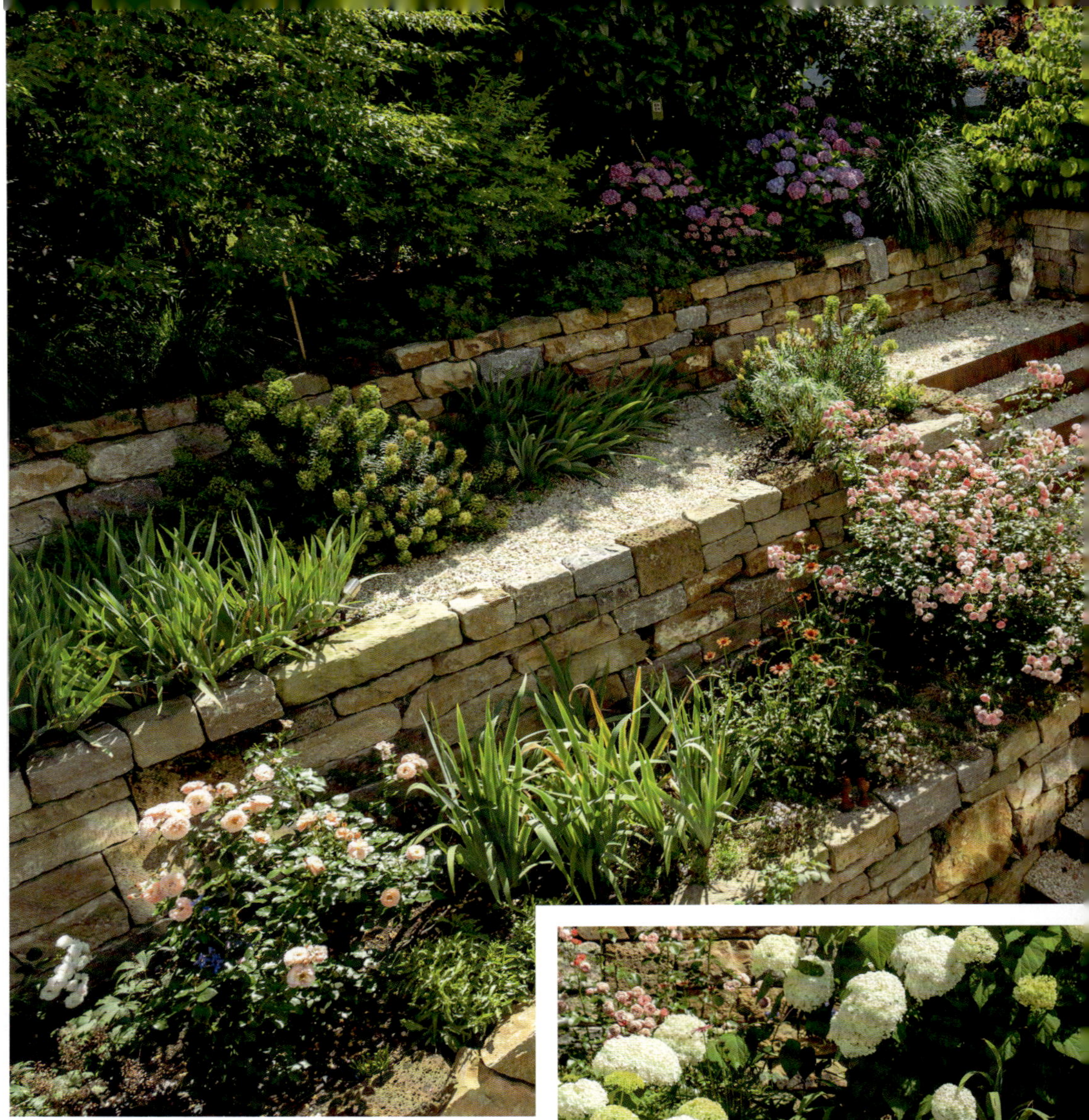

Terrassen statt Steilwand

Laut Bauplan sollten die Wände des Tiefhofs drei Meter in die Höhe ragen. Der Gartengestalter brach diese monumentalen Dimensionen dadurch auf, dass er das Gelände rund um den Tiefhof terrassierte: Aus drei Metern wurden drei, jeweils einen Meter hohe Terrassen. Auch das ein Kunstgriff mit mehreren Effekten: Die Maße sind „menschlich“, niemand, der auf der Terrasse steht, wird von einer steinernen Wand überragt. Das schafft Leichtigkeit. Die Höhe der untersten Trockenmauer halbierte der Gartengestalter an einigen Stellen noch einmal durch den Einbau großzügiger Liegestufen. Außerdem entstanden erst durch die Terrassierung begeh-, besitz- und vor allem bepflanzbare Flächen. Sie rahmen die Terrasse nun mit duftig-leichten Blütenkaskaden, springen aber so weit zurück, dass dort neben Platz für Beete auch Raum zum Verweilen bleibt und Luft und Sonnenlicht ungehindert bis hinunter zur Holzterrasse vordringen können. Die jeweils von einer zur nächsten Terrasse führende Treppe hat ebenfalls eine öffnende Wirkung.

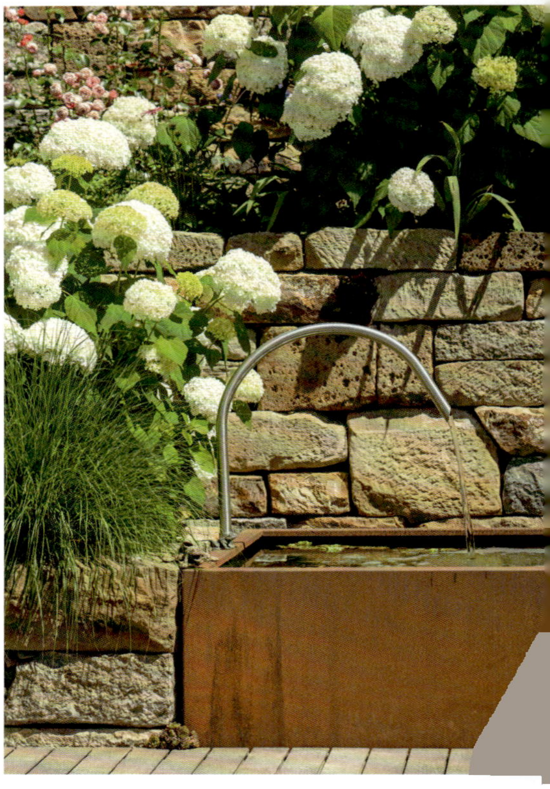

Material

Neben den Trockenmauern ist es Cortenstahl, der für die besondere Atmosphäre des Gartens sorgt. Das Metall mit der Edelrostoberfläche zeigt sich als idealer Gefährte für den Naturstein. Farblich harmonieren die beiden scheinbar so gegensätzlichen Materialien – der Stein steht für Naturnähe, der Stahl für Design – perfekt. Die glatten Oberflächen und rechten Winkel von Cortenstahl-Stufenelementen und -Wasserbecken übertragen die Geometrie des Hauses in den Garten.

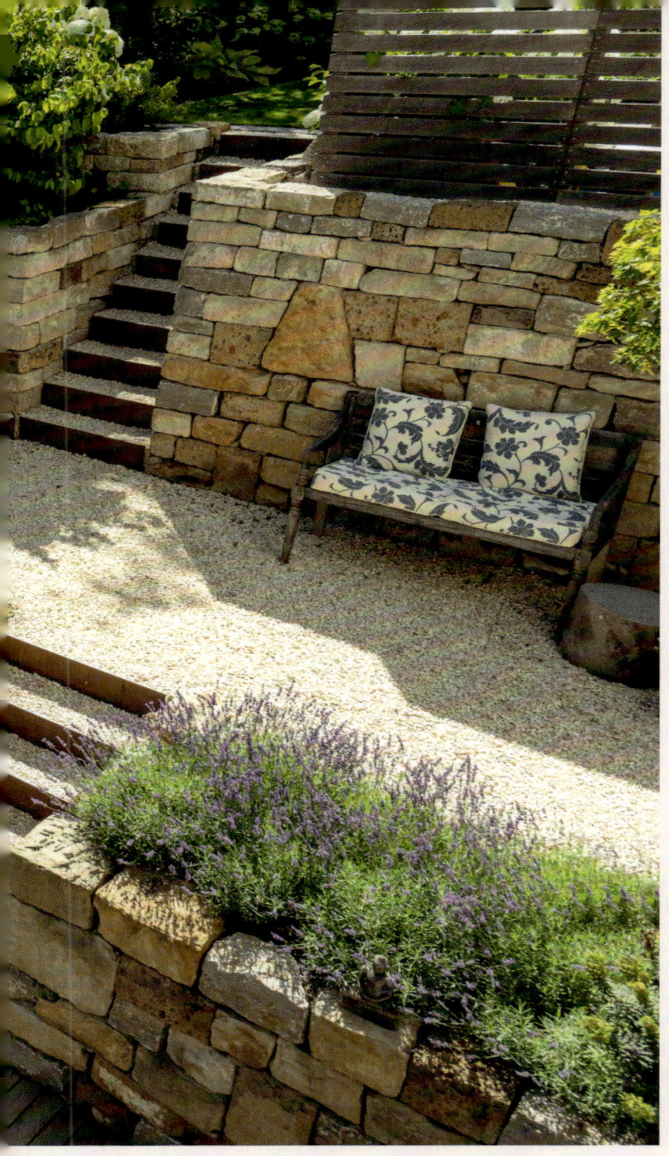

Eigene Klimazone

Der Garten hat sein eigenes Mikroklima. Die tiefe Lage der Terrasse führt dazu, dass man hier wunderbar windgeschützt sitzen kann, die Trockenmauern speichern die Sonnenwärme und geben sie über Stunden ganz allmählich wieder ab, sodass es hier bis weit in den Abend hinein spürbar wärmer ist als ein paar Meter weiter oben. Das haben zahlreiche Eidechsen schon sehr früh erkannt und den Garten bereits vor seiner Fertigstellung bevölkert. Aufgrund seiner besonderen Bauweise haben allerdings die Pflanzen des Gartens auch einen erhöhten Wasserbedarf. Deshalb, und zur Entlastung der Besitzerin, gehört zu den technischen Einbauten auch eine Bewässerungsanlage.

↓ **Blüten aus der Kindheit** Einige Pflanzen aus dem Bestand überstanden den Abriss und fanden im neuen Garten ihren Platz neben zahlreichen Neuerwerbungen, die in ihrer Fülle und Üppigkeit dafür sorgen, dass dieser Garten trotz der enormen Menge hier verbauten Steins beileibe nicht wie eine Steinwüste wirkt.

„Der Bauherrin war wichtig, den Geist des Gartens ihrer Kindheit in ihren neuen Garten herüberzuretten."

Andrea Lüdemann, Gartengestalterin

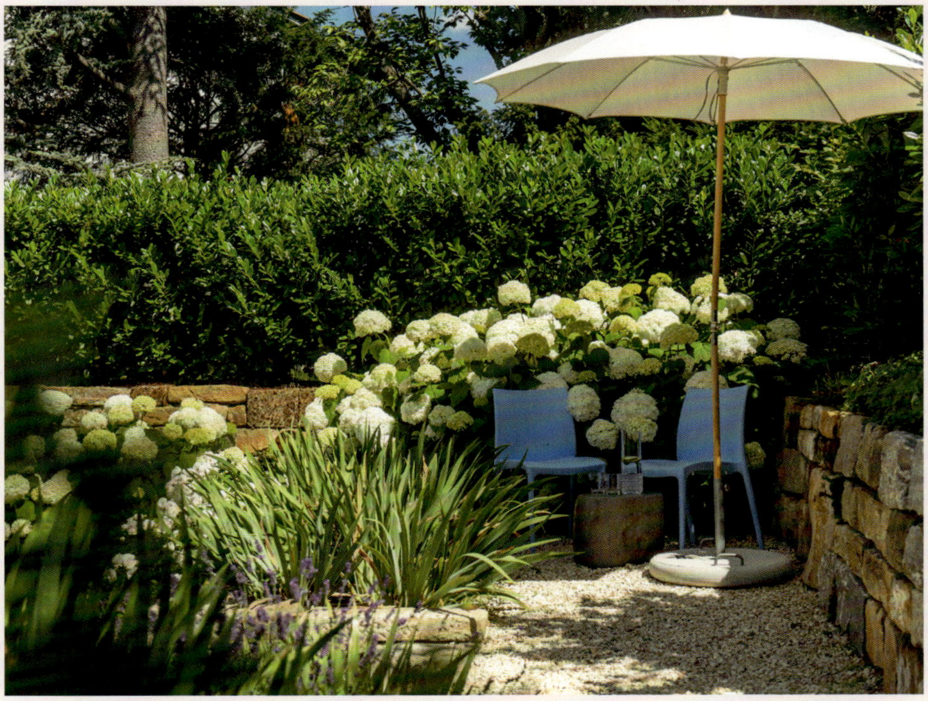

Im Überblick – Garten 27

BESONDERHEIT
Komplexes Drainagesystem und offene Belagsflächen zur Vermeidung von Überflutungen bei Starkregen

MATERIALIEN (Auswahl)
- Antiker Buntsandstein
- Vulkantuff
- Muschelkalk
- Stubensandstein
- Cortenstahl
- Jurasplitt

PFLANZEN (Auswahl)
- Beetrosen *Rosa 'Pomponella'*, *Rosa 'Marie Curie'*
- Mittelmeer-Wolfsmilch *Euphorbia 'Black Pearl'*
- Sonnenhut *Echinacea purpurea 'Sundown'*
- Lavendel *Lavandula angustifolia 'Hidcote Blue'*
- Iris *Iris barbata-elatior 'Black Hills'*, *Iris barbata-elatior 'Harbour Blue'*
- Purpurglöckchen *Heuchera 'Obsidian'*
- Hortensie *Hydrangea macrophylla 'Masja'*
- Schneeball *Viburnum*
- Felsenbirne *Amelanchier lamarckii*

Vorher: Reste einer Wiese, ein schnurgerader Plattenweg, ungebremster Wildwuchs. Nachher: ein abwechslungsreich bepflanzter moderner Wassergarten mit hoher Aufenthaltsqualität. Wie aus einem „gebrauchten" Grundstück ein Wohlfühl-Familien-Garten wurde.

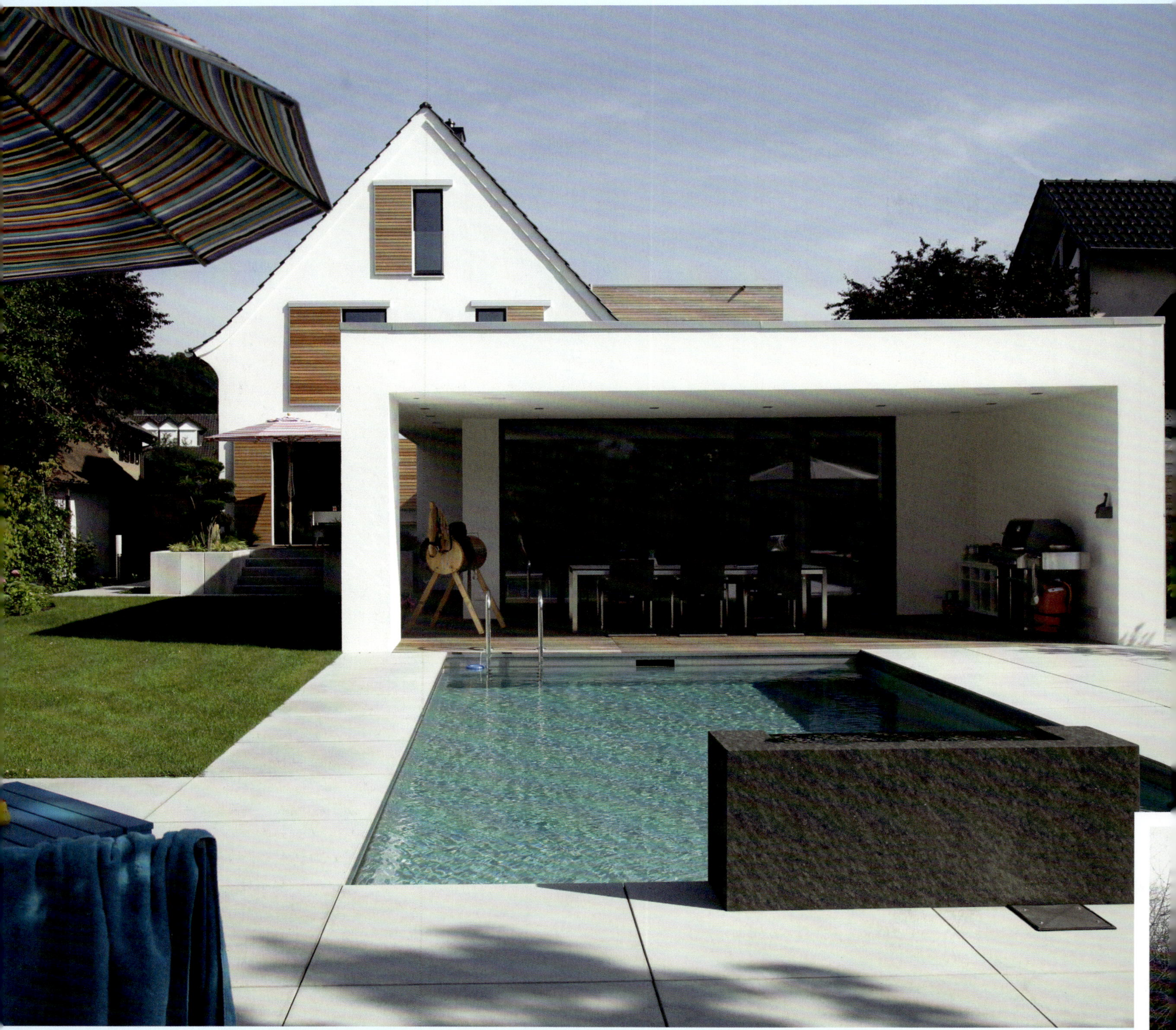

Im Überblick – Garten 28

GARTENGESTALTER
Planung und Ausführung: Lütkemeyer – Gärtner von Eden, Gütersloh

IDEE
Wandelbarer Familiengarten mit höchstem Erholungswert

GRÖSSE
500 qm

MATERIALIEN (Auswahl)
- Beton-Bodenplatten
- Bangkirai-Holz
- Lärche
- Kambala-Holz

PFLANZEN (Auswahl)
- Amberbaum *Liquidamber styraciflua*
- Bauern-Hortensien *Hydrangea macrophylla in Sorten*
- Bambus *Fargesia 'Standing Stone'*
- Rotblättriger japanischer Ahorn *Acer palmatum 'Fireglow'*
- Japanische Azalee *Azalea japonica in Sorten*
- Portugiesischer Kirschlorbeer *Prunus lusitanica 'Angustifolia'*

Kleine Zeitreise

___Zurück in die Stadt! Das war der Plan einer dreiköpfigen Familie, als die Tochter in die Schule kommen sollte. Das passende Wohnobjekt war bald gefunden: ein freistehendes Einfamilienhaus aus den fünfziger Jahren – eigentlich zu klein, aber mit einem großzügigen Anbau zum Garten hin ließ sich der gewünschte zusätzliche Wohnraum schaffen. Nicht nur wegen des Anbaus, der den Wohnbereich weit in den Garten vorschob, war von Anfang an klar: Im Garten würde, genau wie in dem in die Jahre gekommenen Haus, umfangreich Hand angelegt werden müssen. Deshalb bezog der Bauherr schon vor dem Start der Umbauarbeiten am Haus einen Gartengestalter in die Planungen mit ein. Der konnte so seine Ideen und Arbeiten optimal auf die Umbauarbeiten am Haus abstimmen. Sein Auftrag: Planung und Realisierung eines ebenso familiengerechten wie modern-repräsentativen Gartens.

Blau statt grün

Herzstück des Gestaltungskonzepts für den Garten ist der Living Pool, der ganz oben auf der Wunschliste der Besitzer stand. Mit seiner Grundfläche von vier mal acht Metern bietet er reichlich Platz zum Schwimmen in natürlich aufbereitetem Wasser, ist aber optisch nicht von einem konventionellen Pool zu unterscheiden und fügt sich mit dieser schlichten Geradlinigkeit ideal in einen modernen Garten ein. Wo sich vorher Wiese erstreckte und ein schnurgerader Klinkerweg das ohnehin lange und eher schmale Grundstück optisch zusätzlich in die Länge zog, bildet der Living Pool heute den Mittelpunkt des Gartens. Auf ihn ist die gesamte Gestaltung ausgerichtet.

Nachher

Kaum wiederzuerkennen: Durch Anbau und Holzfensterläden wirkt das Fünfziger-Jahre-Haus heute ganz modern, dazu passend präsentiert sich der Badegarten geradlinig-aufgeräumt, aber dennoch gemütlich.

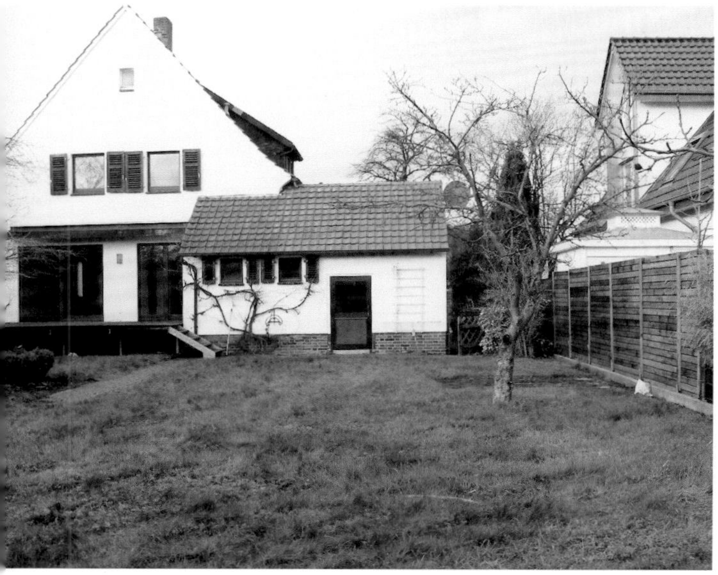

Vorher

Von einem Garten konnte kaum die Rede sein. Lediglich eine Wiese, ein paar wahllos platzierte Gehölze und ein schlichter Weg fanden sich hier. Die Garage, rechts im Bild, machte später Platz für den neuen Anbau.

Wohnen im Garten

Ja, es ist definitiv voller geworden in dem Garten: Der moderne Anbau, den der beauftragte Architekt an Stelle der alten Garage versetzt zum Haupthaus plante, nimmt deutlich mehr Grundfläche ein als sein Vorgänger. Dennoch wirkt der Garten heute alles andere als zugebaut. Das liegt vor allem an der modernen Formensprache, die der Anbau vorgibt. Die Gartengestaltung nimmt sie konsequent auf, sodass Baukörper und Außenanlage zu einer wohlproportionierten Einheit verschmelzen. Auch funktional sind Innen- und Außenbereich eng verzahnt: Der Anbau beherbergt den großzügigen Wohnbereich, die überdachte Terrasse führt diesen draußen fort.

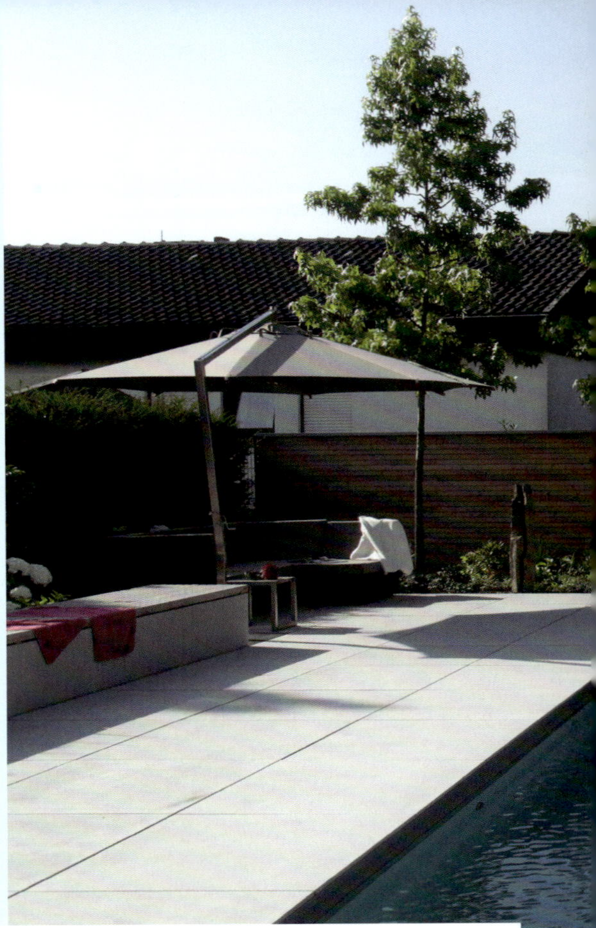

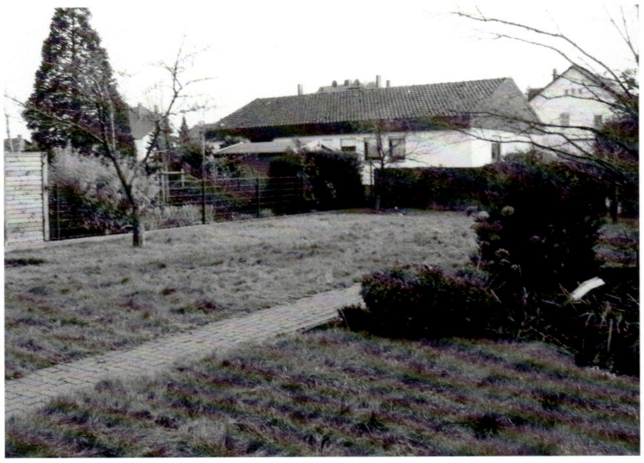

„Die Lounge-Ecke wurde so platziert, dass man hier auch in den Abendstunden noch die Sonne genießen kann."

Roland Lütkemeyer, Gartengestalter

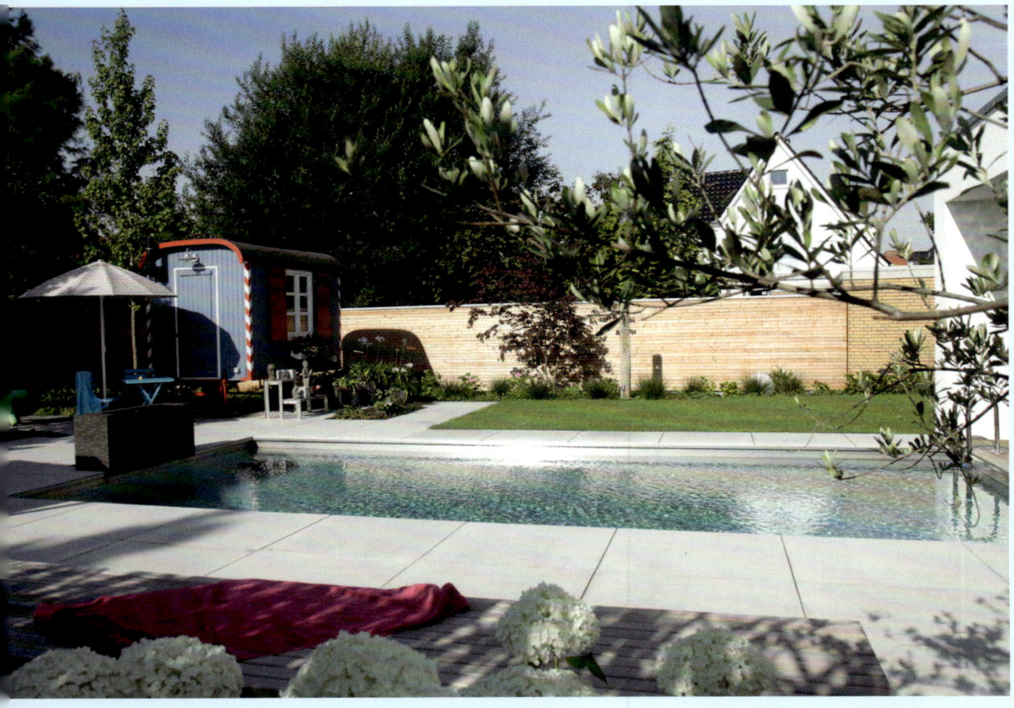

↑ Als Sichtschutz diente früher eine von Efeu überwucherte Backsteinmauer im Mix mit einem Drahtzaun.

← Umgeben sind Haus und Grundstück von einer gewachsenen Einfamilienhausstruktur. Um gerade beim Baden ein Höchstmaß an Privatsphäre in dem ansonsten offen gestalteten Garten zu gewährleisten, gehörte zum Planungskonzept ein umlaufender Sichtschutz aus blickdichten Holzelementen. Der Gartengestalter setzte die Lattung bewusst horizontal ein, um die Elemente ihrer beachtlichen Höhe wegen nicht zu wuchtig wirken zu lassen.

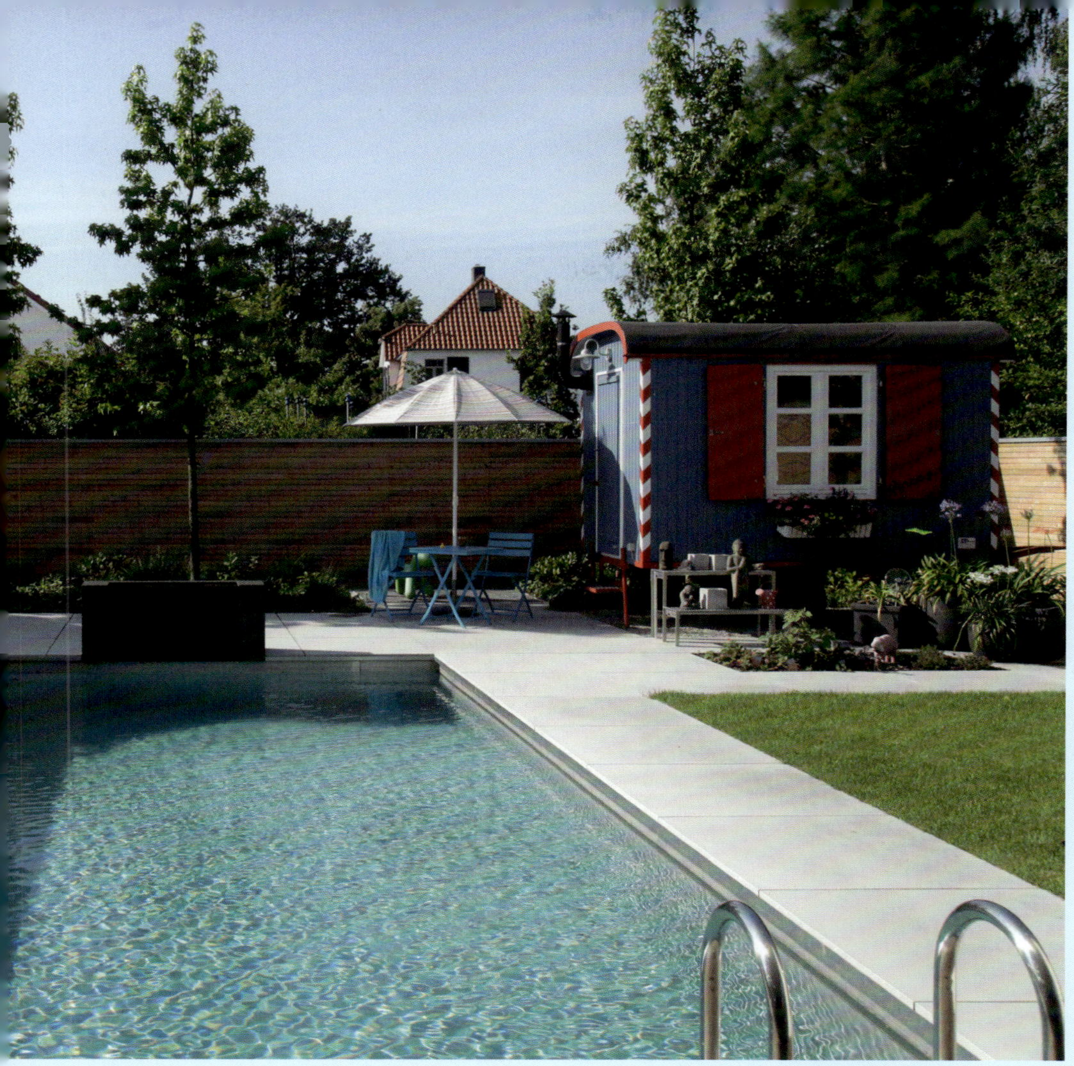

← **Kinderparadies** Rund um den Bauwagen entstand ein eigener kleiner Garten für das jüngste Familienmitglied mit Terrasse, Sitzplatz und mit einem Nutzbeet.

↑ **Hingucker** Parallel zur Längsachse des Living Pools entstand ein großzügiges Sitz- und Liegeelement. Die Bangkirai-Auflage passt zum Material der hausnahen Terrasse, die Seitenteile wurden aus den Platten errichtet, die den gesamten Poolbereich säumen: ein Quadratmeter große, hochwertige Betonteinplatten, die mit ihrem Farbton gut zum neuen Anstrich der Fassade passen und eine kühle Leichtigkeit in den Garten bringen.

Schön kindgerecht

Auf der Wunschliste der Besitzer stand, dass der Bauwagen ihrer kleinen Tochter unbedingt im neuen Garten Platz finden sollte. „Lenchen" stand schon im alten Familiengarten und bietet im Inneren ein echtes Kinderparadies. Ausgestattet mit Sofa und Blumentapete ist „Lenchen" ein reizendes Refugium für das jüngste Familienmitglied. Der Wagen bekam einen Platz an der hinteren Grundstücksgrenze. Hier haben einerseits die Eltern von der Hauptterrasse und vom Pool aus alles im Blick, andererseits ist der Abstand zum Erwachsenensitzplatz so groß, dass der Bauwagen auch für einen Teenager noch eine attraktive Rückzugsmöglichkeit sein wird.

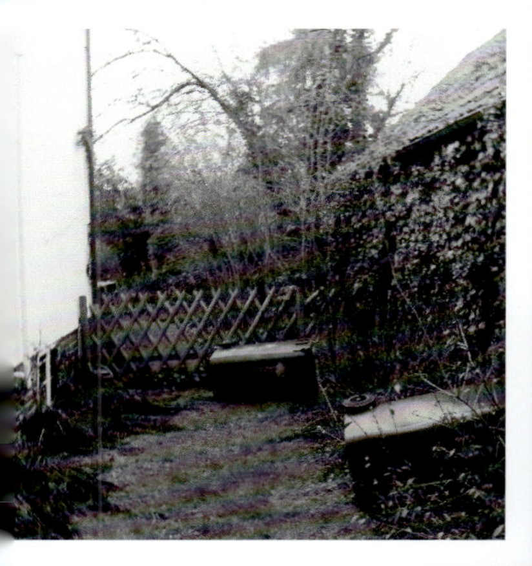

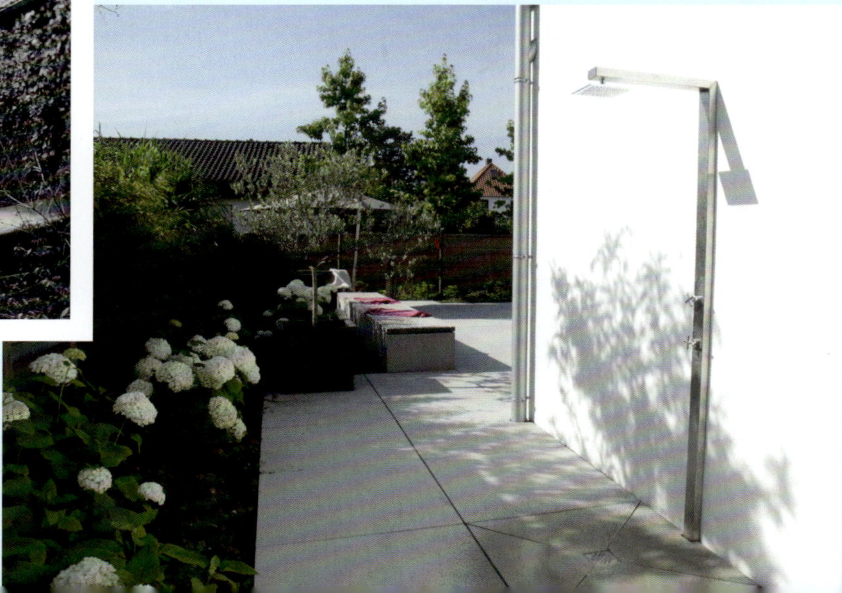

Extras

Vor der Umgestaltung fristeten die schmalen Grundstücksstreifen rechts und links neben dem Haus ein trübes Dasein. Heute sind sie ganz selbstverständlich Teil des großen Ganzen und haben auch noch zu ihren Abmessungen passende Funktionen zugewiesen bekommen. Auf einer Seite des Hauses entstand durch den Anbau ein langer schmaler Geländestreifen. Er ist wie geschaffen für die zum Pool gehörige Gartendusche. Wer duschen möchte, kann sich mit ein paar Schritten hierhin zurückziehen und ist vollkommen vor neugierigen Blicken geschützt.

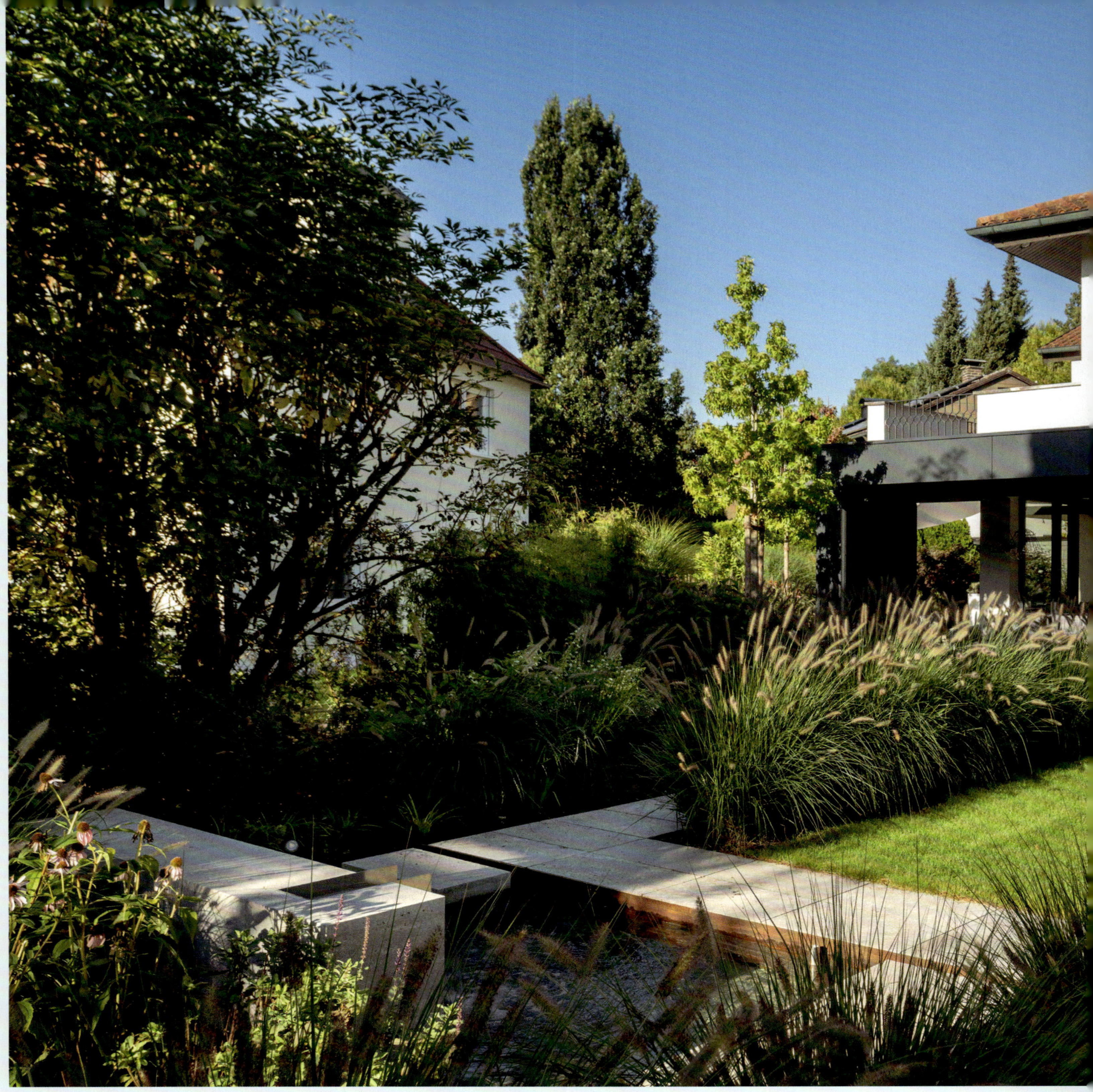

Ungestört genießen

Im Überblick – Garten 29

GARTENGESTALTER
Planung und Ausführung: Majuntke GmbH – Gärtner von Eden, Mainburg

IDEE
Ein Garten mit Rückgrat, an das sich die Gartenelemente lagern

GRÖSSE
ca. 500 qm

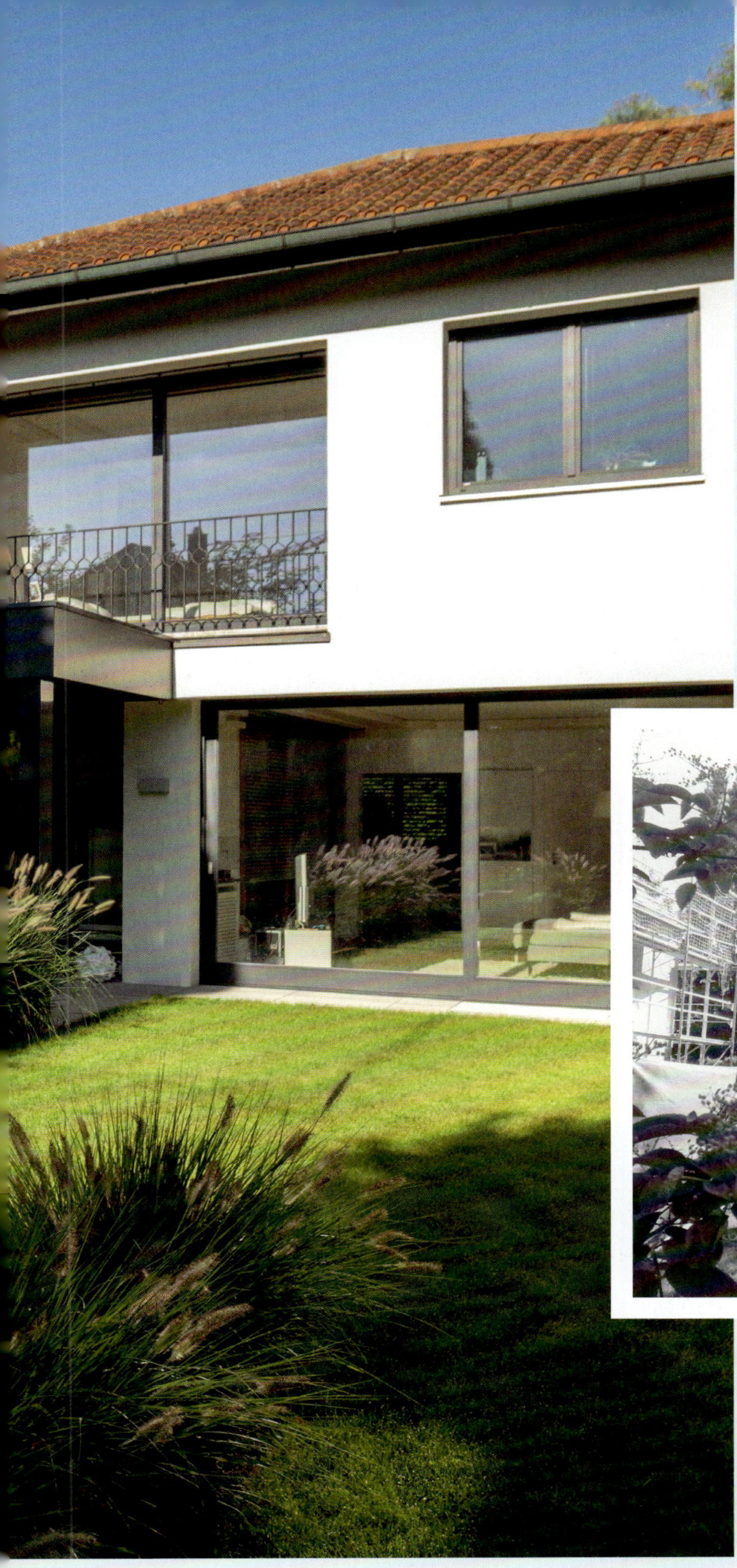

Ein halb offener Lounge-Anbau an die Terrasse war geplant, und die Besitzer wollten passend dazu auch ihren Garten weiterentwickeln.

Vorher

Die Terrasse war klein und lag zu großen Teilen unter dem Balkon. Direkt gegenüber entstand ein mehrgeschossiger Neubau, sodass die Bewohner der oberen Etagen trotz einer hohen Hecke zwischen den Grundstücken direkt auf die Terrasse schauen konnten, wodurch diese ihre Privatsphäre komplett einbüßte.

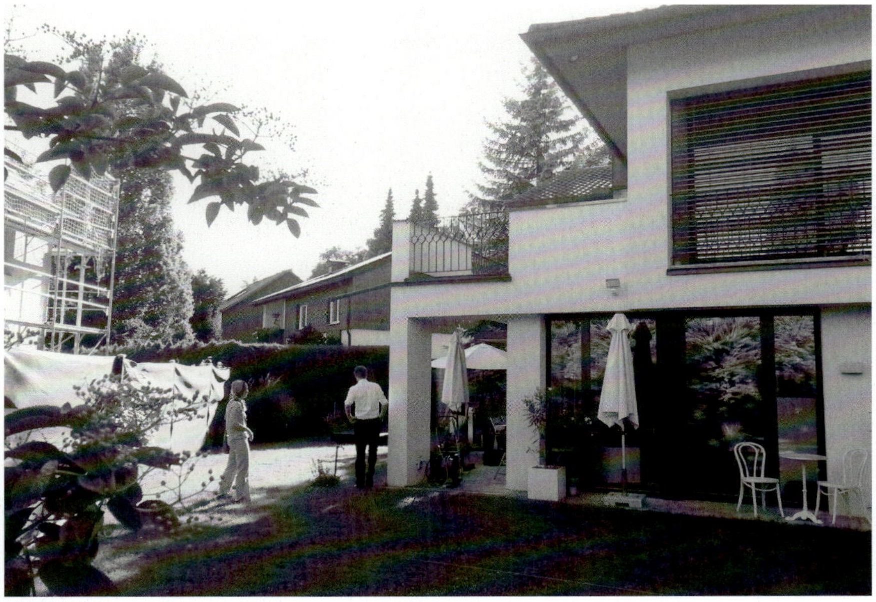

Nachher

In dem neu errichteten Anbau ist ein überdachter, aber seitlich offener Loungebereich entstanden, eine reduzierte, aber dennoch üppige Bepflanzung, ein ausdrucksstarkes Wasserbecken und gezielt gesetzter Sichtschutz sind weitere Elemente der Gartenumgestaltung.

___Ein Garten bedeutet ständige Veränderung. Dafür sorgt schon die Natur. Auch die Besitzer verharren nicht an einem Punkt, sondern mit den Jahren wechseln Vorlieben und Bedürfnisse, Ideen werden geboren, Kinder älter, Erfahrungen wachsen. Manchmal ist es auch das Umfeld, das sich wandelt und es nötig macht, zu handeln. So war es bei diesem Garten.
Die Familie lebte hier schon länger, hatte das ursprünglich aus den sechziger Jahren stammende Wohnhaus umfangreich modernisiert und auch das eine oder andere im Garten umgestaltet. Neuestes Projekt: ein halb offener Anbau an die Terrasse mit Lounge-Charakter. Hier sollte ein weiterer Sitzplatz entstehen, vor Wind und Wetter geschützt, aber doch mit dem Gefühl, draußen zu sein. Deutlich getrübt wurde der Gartengenuss, als auf dem Nachbargrundstück ein neues Haus emporwuchs, von dem aus der Garten gut einsehbar war. Das Gefühl von Geborgenheit und Privatsphäre war dahin. Deshalb ging es bei der Gartengestaltung rund um den Lounge-Anbau auch darum, uneinsehbare Verweilorte zu schaffen und den Sichtschutz neu zu konzipieren.

Neu-
ausrichtung

Die Liegenschaft hat einen unregelmäßigen Grundriss, das Haus wurde leicht aus der Achse gedreht darauf platziert. So entstand an der Südseite des Hauses eine fast dreieckige Fläche, die an die Hauptterrasse grenzt – eigentlich der perfekte Verweilort mit ganz viel Sonne und einem intimen grünen Rahmen. Mit dem Bau eines zweigeschossigen Hauses genau gegenüber änderte sich das schlagartig: Die Terrasse war plötzlich voll einsehbar, die Aufenthaltsqualität verloren.
Der neue Lounge-Anbau entstand an der südöstlichen Ecke des Hauses. Zum Neubau-Nachbarhaus hin ist er blickdicht, öffnet sich stattdessen zur Hauptgartenfläche. Diese Orientierung nach Osten verspricht zwar weniger Sonne, dafür mehr Privatsphäre, als sie die Hauptterrasse nun zu bieten hat.

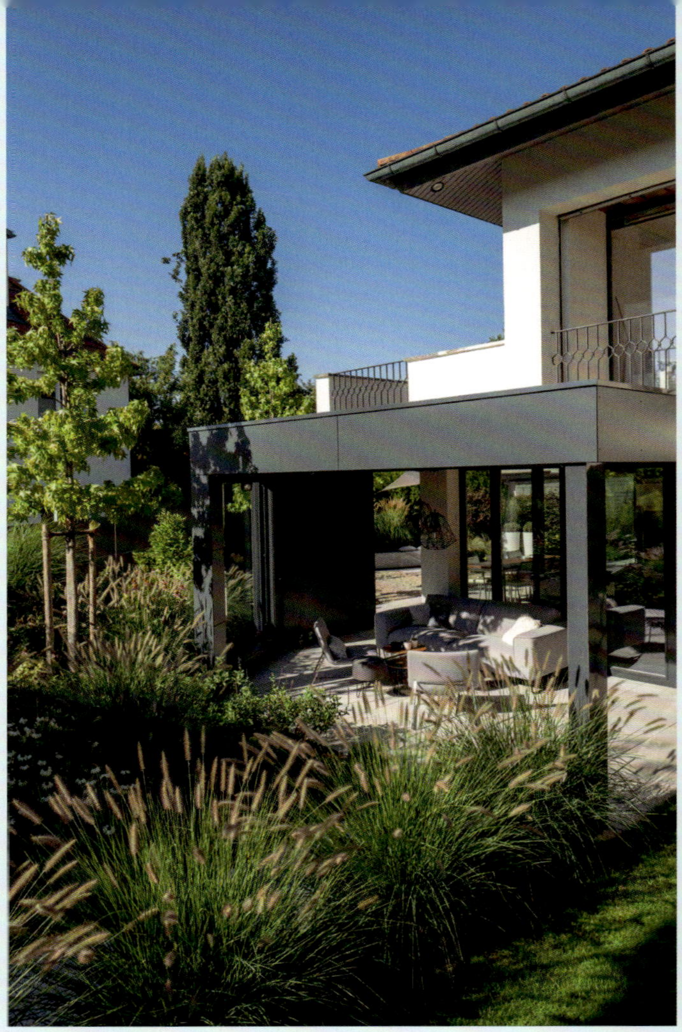

Die Gartenplanung

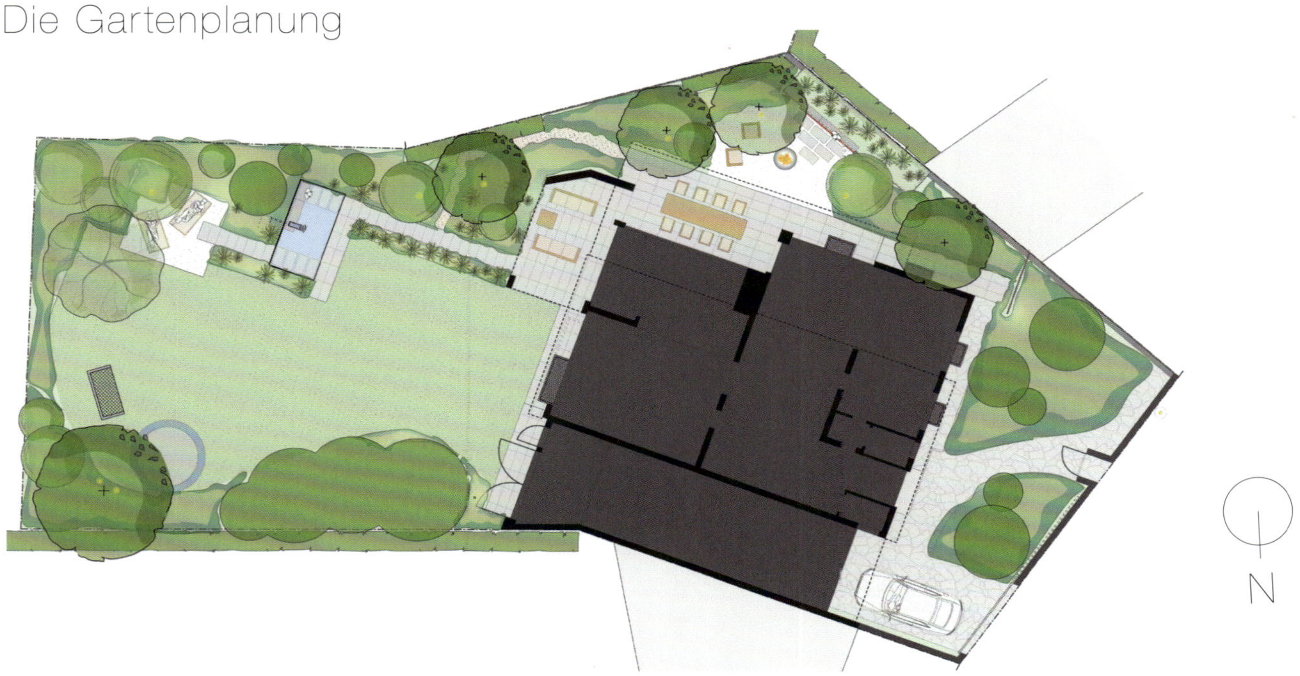

Im Überblick – Garten 29

BESONDERHEIT
Wasserbecken mit Sitzmöglichkeit

MATERIALIEN (Auswahl)
- Muschelkalk
- Riesel
- Corten- und Rohstahl

PFLANZEN (Auswahl)
- Kupfer-Felsenbirne
  Amelanchier lamarckii
- Amberbaum
  Liquidambar styraciflua
- Fächerahorn
  Acer palmatum 'Bloodgood'
- Federgras
  Stipa tenuissima
- Magnolien
  Magnolia stellata, Magnolia soulangiana, Magnolia 'Susan'
- Bambus
  Fargesia 'Red Dragon', Fargesia 'Vulcano', Fargesia 'Viking'
- Prachtscharte
  Liatris spicata
- Lampenputzergras
  Pennisetum 'Goldstrich'
- Zwerg-Chinaschilf
  Miscanthus sinensis 'Adagio'
- Grüner Sonnenhut
  Echinacea purpurea 'Green Juwel'
- Argentinisches Eisenkraut
  Verbena bonariensis

Keine Einblicke, aber neue Ausblicke

Die Hauptterrasse bekam mit einem Sonnensegel einen leichten Sichtschutz von oben, die Fläche vor ihr ein neues Gesicht: Statt des kleinen Rasens befindet sich hier jetzt ein Kiesplatz, an dessen Seite pyramidenförmig angeordnete Schrittplatten die Fläche auflockern und dazu einladen, auf dem Sitzquader aus Muschelkalk Platz zu nehmen, der nun der Terrasse gegenüberliegt. So ist zusätzlich ein eher informeller und vor allem nicht einsehbarer Sitzplatz entstanden.
Durch den Zuschnitt des Grundstücks und die ungewöhnliche Platzierung des Hauses hat dieser Garten keine sich natürlich ergebende Sichtachse. Deshalb suchte der Gartengestalter nach anderen Möglichkeiten, mit Blickbeziehungen arbeiten zu können.
Auf der Wunschliste der Gartenbesitzer stand ein Wasserbecken als Gestaltungselement. Dieses platzierte der Gestalter parallel zur rückwärtigen Hausfassade, aber mit deutlichem Abstand zu ihr. Vom neu entstandenen Lounge-Sitzplatz führt ein Plattenweg nicht einfach bis zum Rand des Beckens, sondern in das Becken hinein.

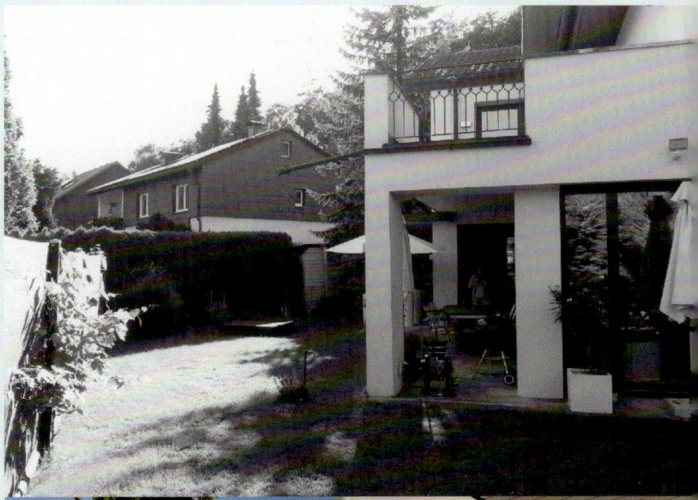

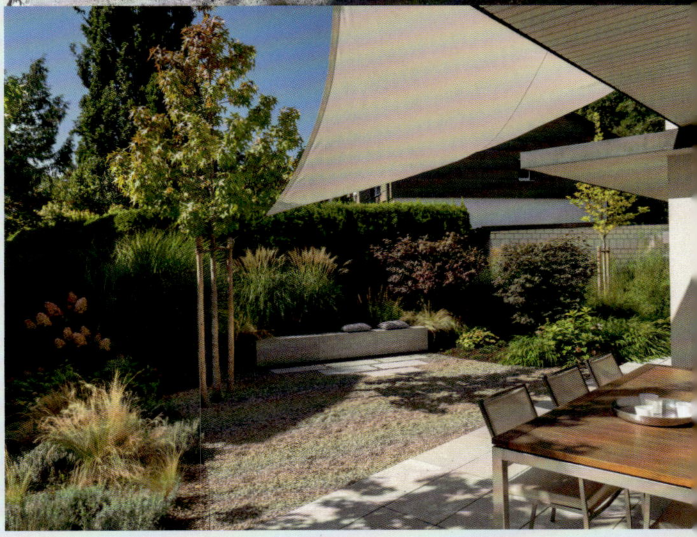

„Die Platten scheinen über der Wasseroberfläche zu schweben."

Simon Thiel, Gartengestalter

↑ **Privatsphäre** Zwei üppig mit Gräsern und Gehölzen bepflanzte Beete rechts und links machen diesen kleinen Gartenraum zu einem ebenso lebendigen wie eleganten Aufenthaltsort. Eine kleinkronige Magnolie und mehrere Amberbäume sorgen für noch mehr Sichtschutz.

← **Wasserweg** Zusammenhalt bekommen die Wegabschnitte, die versetzt durch den Garten führen, einerseits durch die Bodenplatten aus Muschelkalk, andererseits durch die begleitenden Pflanzungen aus Lampenputzergras.

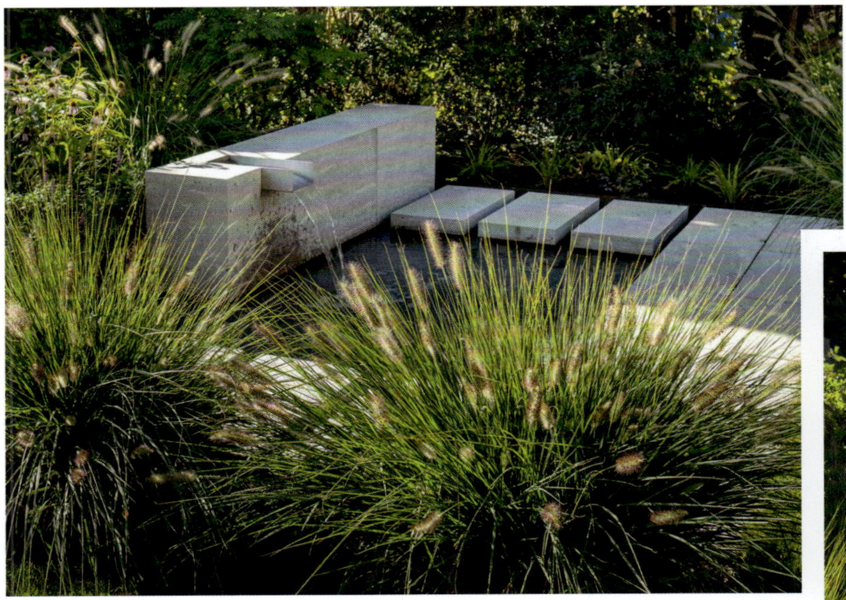

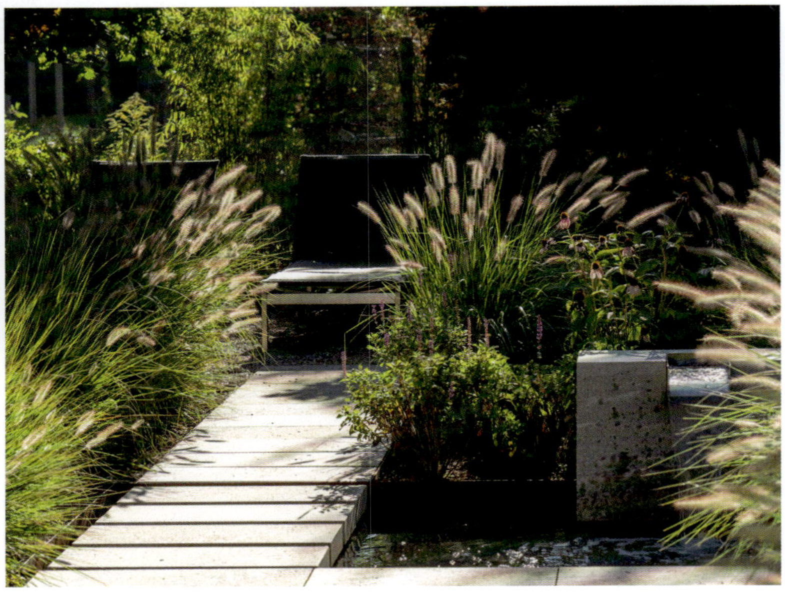

→ **Landweg** Ein zweiter, kürzerer Weg genau in der Flucht des Wohnzimmerfensters beginnt am Becken und führt durch es hindurch zu einer weiteren kleinen Terrasse. Sie liegt versteckt im hinteren Teil des Gartens. Der Weg dorthin stellt eine Achse und Beziehung zum Lounge-Bereich her, ist aber durch das Wasserbecken in zwei Teile unterschieden.

Klare Kante

Muschelkalkplatten bilden die große Klammer dieses Gartens. Sie prägen den Bereich rund um das Haus mit Terrasse und Lounge und ziehen sich in Gestalt des Weges, der das Wasserbecken rahmt, bis in den hinteren Gartenteil. Einzig die hier liegende kleine, versteckte Terrasse ist mit Riesel belegt, was ihr einen charmant-informellen Charakter verleiht und zu ihrer Idee vom intimen Rückzugsort perfekt passt.
Der helle Muschelkalk mit sandgestrahlter Oberfläche im Großformat ist modernes Gestaltungselement und gleichermaßen Reminiszenz an die Geschichte des Gartens.

„Der helle Muschelkalk bildet eine schöne Hintergrundfläche für die vielfältigen Grüntöne der Pflanzen."

Simon Thiel, Gartengestalter

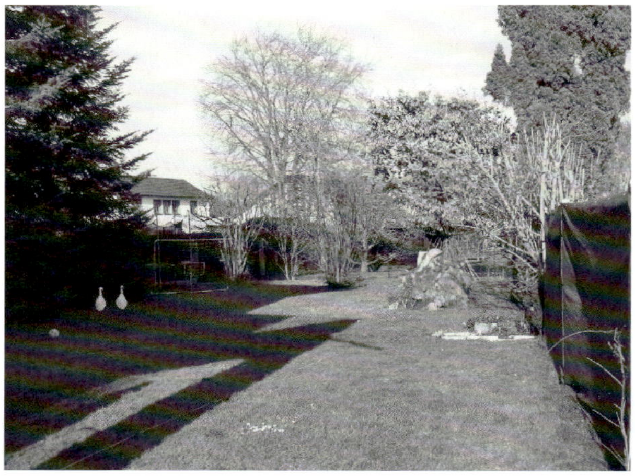

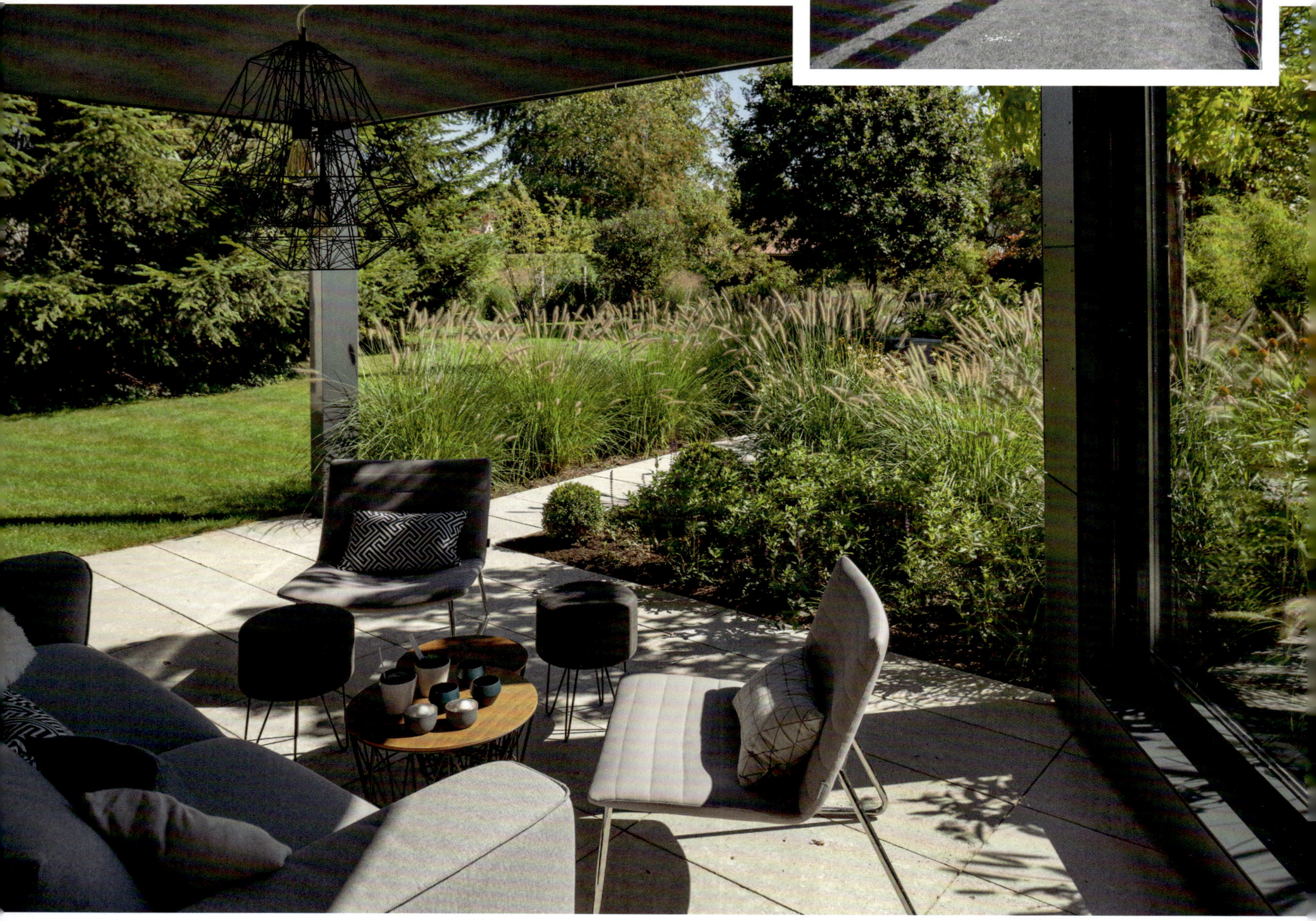

„Die Bepflanzung spielt eine wichtige Rolle dabei, die verschiedenen Aufenthaltsräume herauszubilden."

Simon Thiel, Gartengestalter

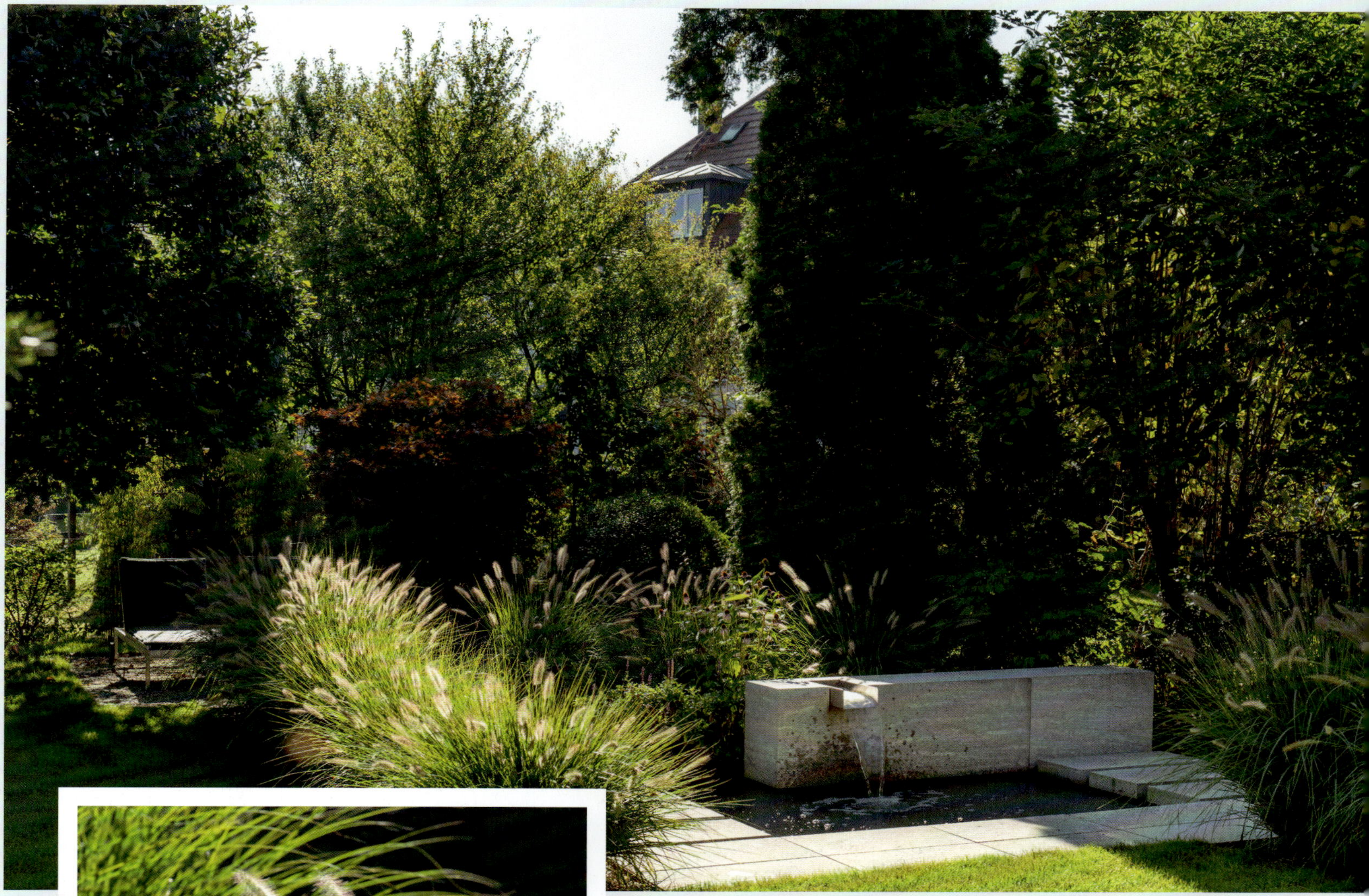

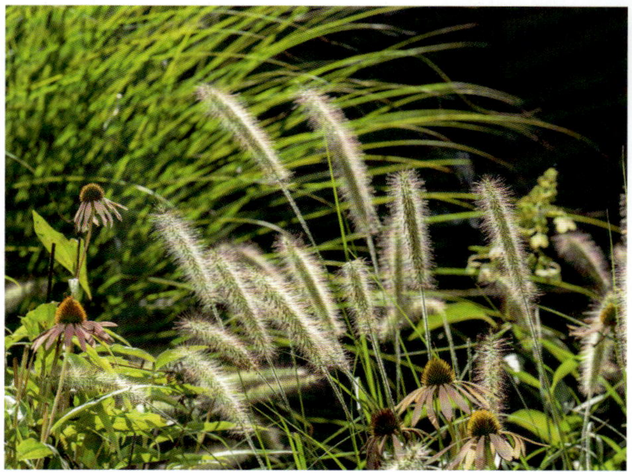

Eingetaucht ins Grün

Vor der Umgestaltung bestand der Garten neben dem Essplatz aus nicht viel mehr als einer großen Wiese. Die gibt es zwar heute auch noch zum Toben und Fußballspielen, doch ist das jetzige Gestaltungskonzept deutlich vielfältiger. Jeder der umgestalteten oder neu geschaffenen Sitzplätze hat seinen eigenen Charakter und bietet sich damit für unterschiedliche Nutzungen und Bedürfnisse an. Dabei sind sie so geschickt platziert, dass die Verweilorte sich nicht optisch stören. Der eigenwillige Zuschnitt des Grundstücks leistet dabei gute Dienste, denn es ergeben sich Bereiche, die sich durch geschickt gesetzte Pflanzungen zu eigenständigen Gartenräumen abtrennen lassen.

←
Drinnen draußen sitzen Der neu gebaute Lounge-Bereich ist an zwei Seiten zum Garten hin offen. Das schafft, zusammen mit dem Bodenbelag, einen fließenden Übergang zwischen Innen- und Außenraum.

↑
Stilvoll Sonnenhut und Gräser bilden die charakterstarke, an eine Steppenlandschaft erinnernde Bepflanzung. Großzügige Gräserhorste leiten über den zweigeteilten Weg und das Wasserbecken und Wasserspiel zu der hinteren Terrasse über. Sie schirmen sie mit ihren dichten, aber luftigen Wedeln vor neugierigen Blicken ab, ohne dass die kleine Fläche allzu eng umgrenzt wirkt.

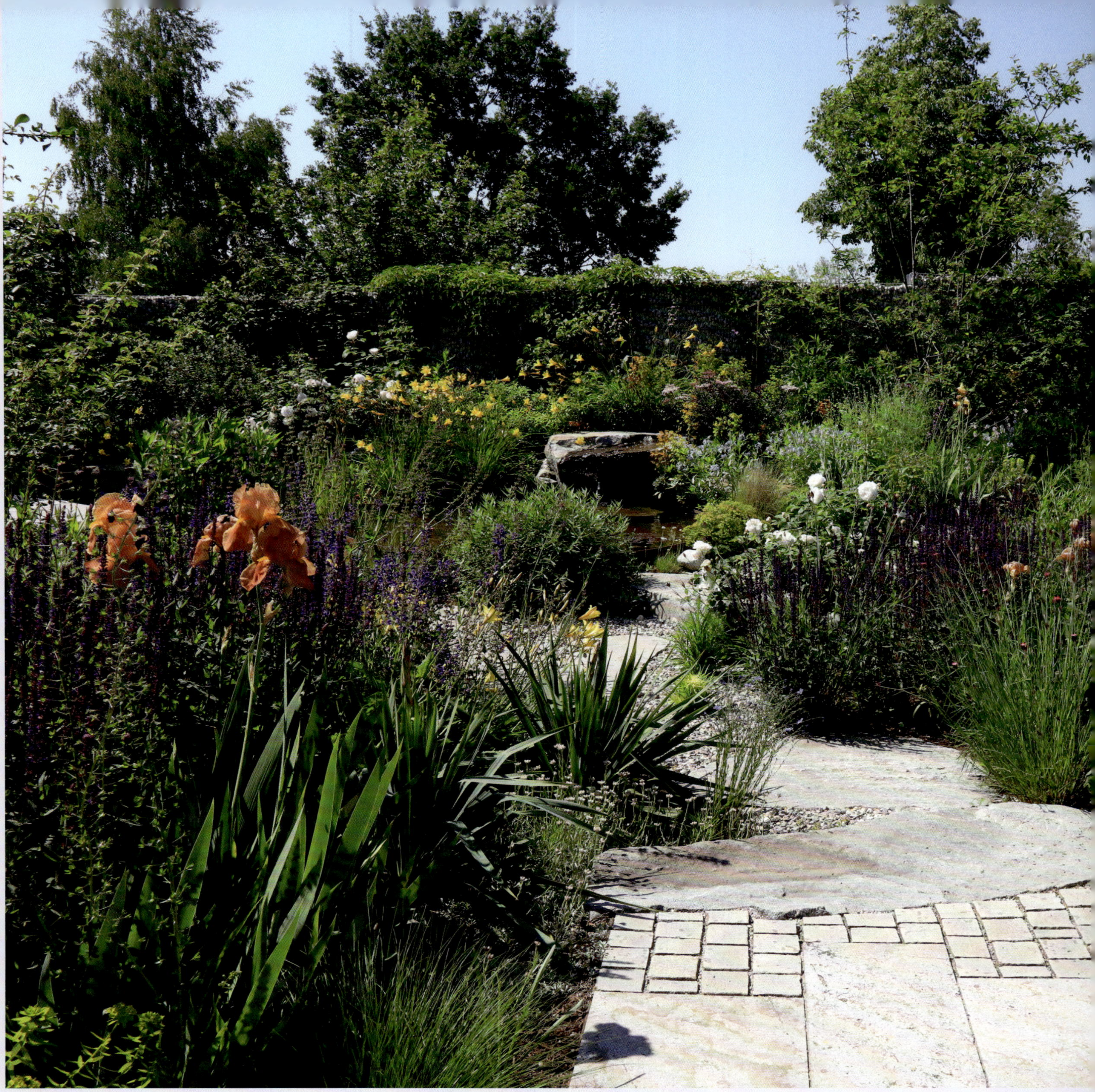

Von null auf hundert in einem Jahr

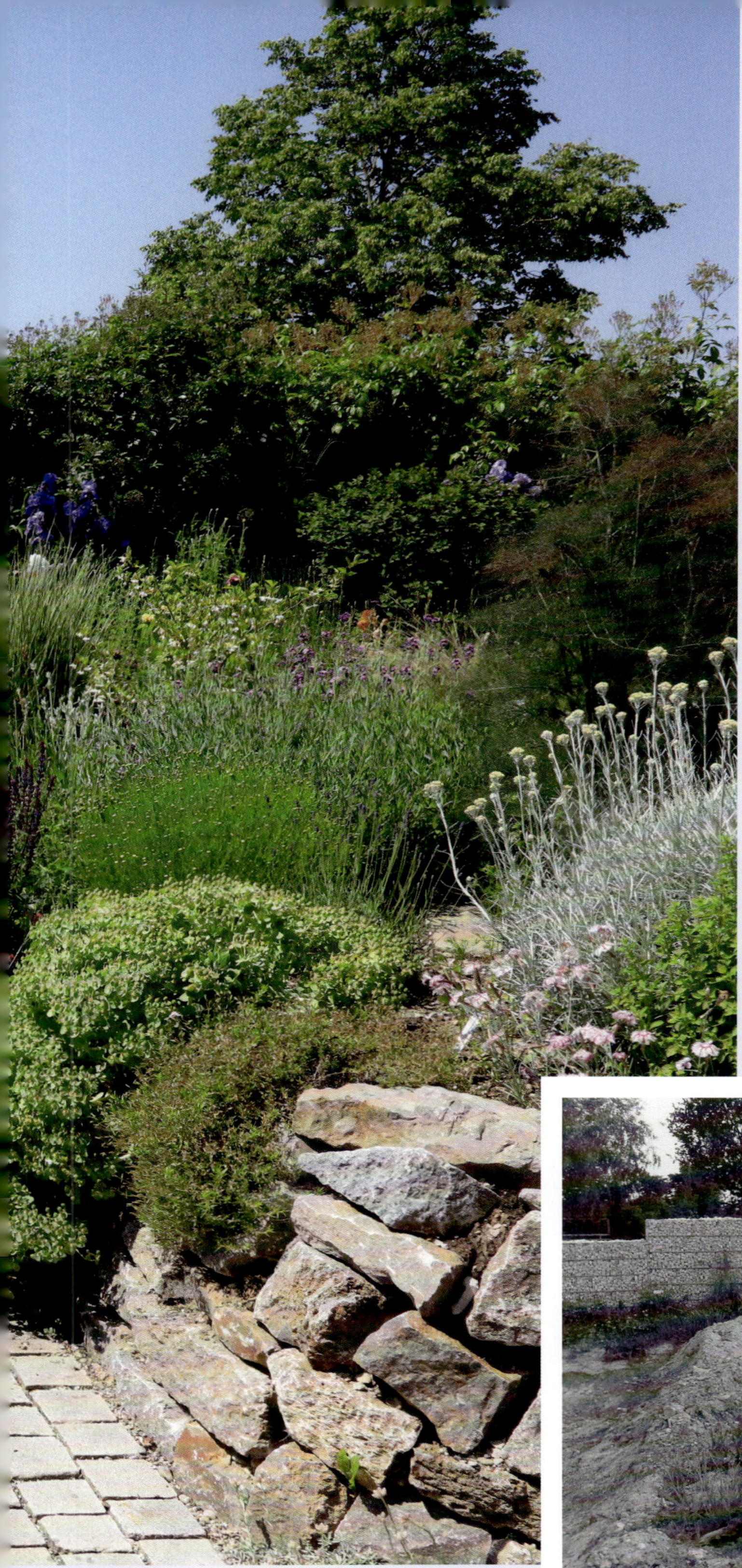

Das sprichwörtliche weiße Blatt Papier, das dem Kreativen alle Freiheiten zur Entfaltung seiner Ideen gewährt, bestand in diesem Fall aus rund 700 Quadratmetern umgepflügtem Baugrund – nach zwei Seiten abfallend und oberhalb einer Bundesstraße gelegen. Wie man ein solch trostlos anmutendes Stück Erde in ein blühendes Paradies verwandelt, zeigt dieses Gartenporträt.

Vorher

So sehen viele Neubaugrundstücke aus, wenn das Haus fertig ist: der Boden aufgewühlt, teils verdichtet. Hier kam als zusätzliche Herausforderung für die Gartengestalter eine mächtige Sicht- und Lärmschutzwand aus Gabionen hinzu.

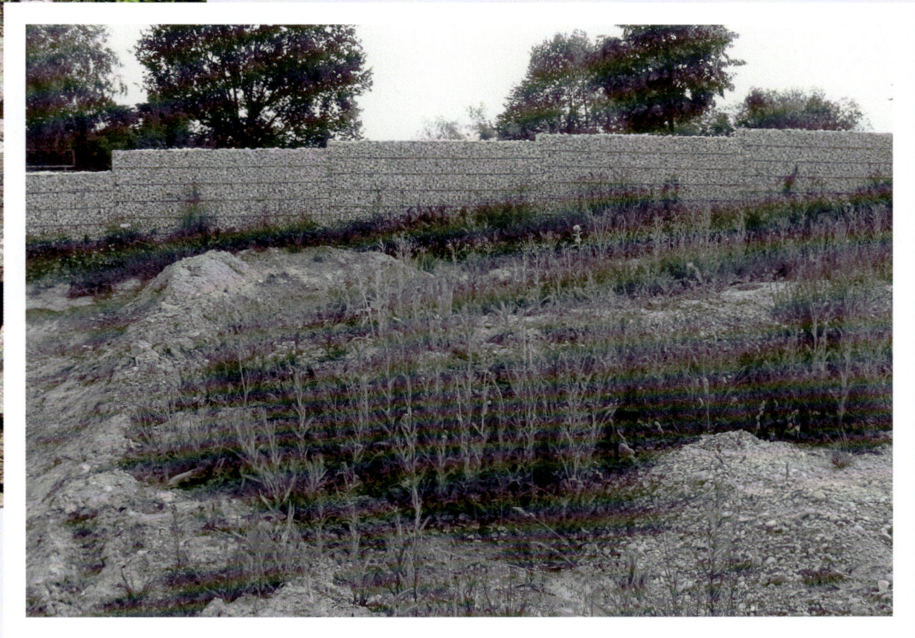

Nachher

Die Gabionenwand ist immer noch da, aber jetzt so über und über bewachsen und von einem üppigen Pflanzenmeer eingerahmt, dass man sie nur noch sieht, wenn man weiß, dass sie da ist. Überhaupt präsentiert sich der Garten als Pflanzenparadies mit über hundert Staudensorten – und ganz ohne Rasen.

Im Überblick – Garten 30

GARTENGESTALTER
Planung und Ausführung: Majuntke GmbH – Gärtner von Eden, Mainburg

IDEE
Genügsames Blütenmeer

GRÖSSE
ca. 700 qm

„Dieser Garten vereint in sich die scheinbaren Gegensätze Modernität und Naturnähe. Das Ergebnis: Sie passen wunderbar zusammen!“

Simon Thiel, Gartengestalter

___Für viele Häuslebauer heißt es: Nach dem Hausbau ist vor dem Gartenbau, denn meist wird bis zum Einzug kein Gedanke an die Gartengestaltung verschwendet. Das gilt auch für die Besitzer dieses Gartens – ein Ehepaar mit erwachsenen Kindern –, die zwar auch in ein fertiges Haus ohne erkennbaren Garten einzogen, aber sich gleich danach mit viel Liebe zur Natur und professioneller Unterstützung an die Gartengestaltung machten. Ein Gartengestalter und sein Team verwandelten das trostlose Grundstück binnen eines Jahres in eine blühende Oase, die allen Baustress vergessen macht.

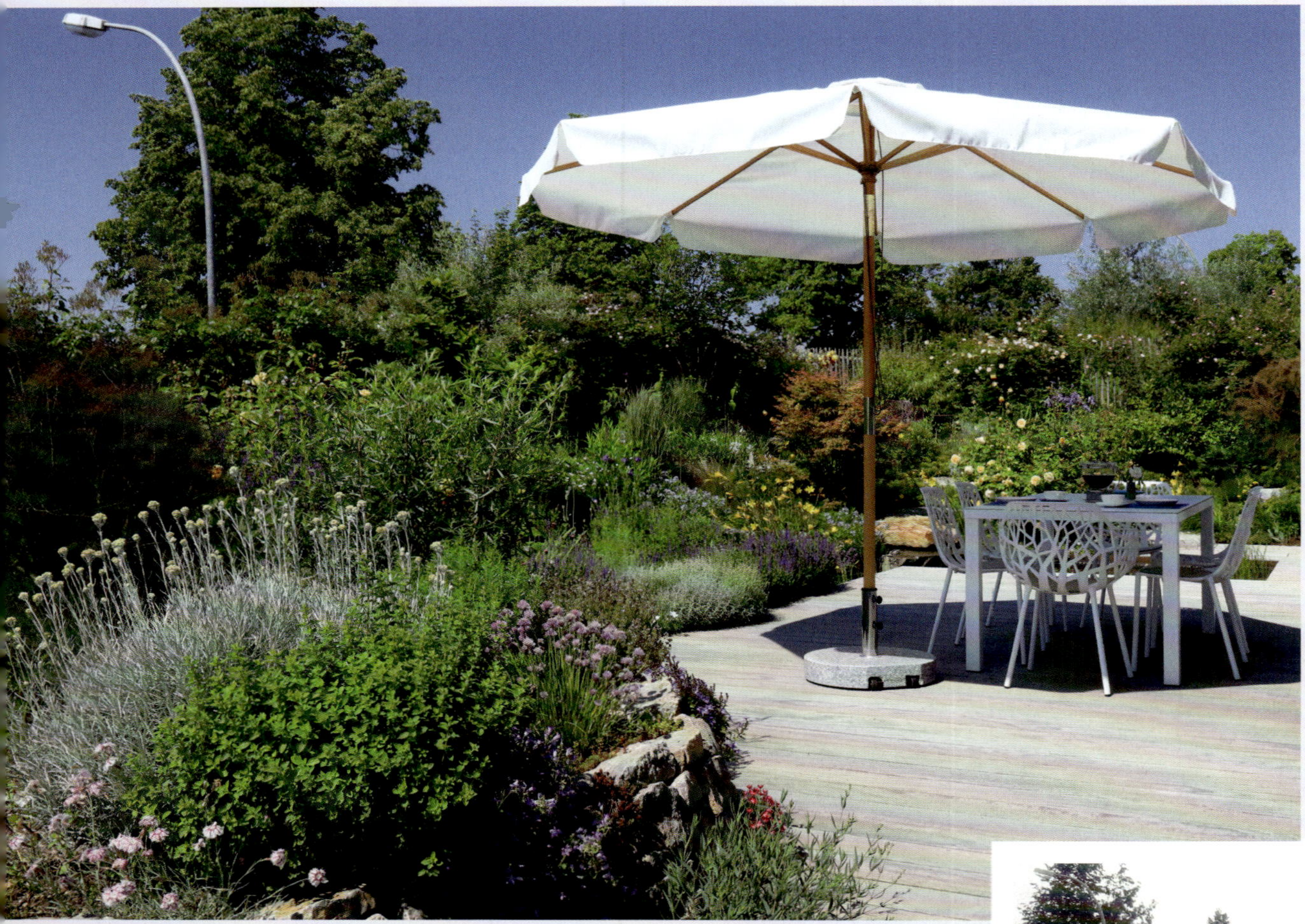

←
Eingebettet Schon als von einer Terrasse noch weit und breit nichts zu sehen war, zeigte sich, wo es sich in diesem Garten schön sitzen lässt. Heute stehen die Gartenmöbel an gleicher Stelle wie vor der Anlage des Gartens, aber auf einem Deck aus Cumaru-Holz, das sich wunderbar in die naturnahe Kulisse einfügt. Auch die Möbel selbst sind nicht mehr die alten. An die Stelle der langweiligen Baumarktware sind Designstücke getreten, die trotz aller Modernität perfekt in diesen pflanzenverliebten Garten passen.

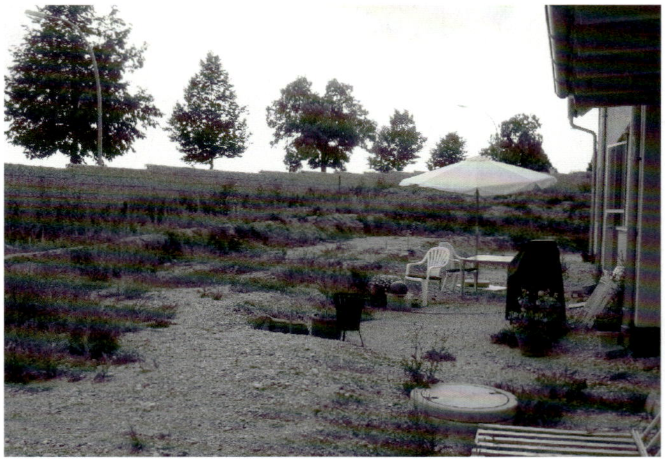

Mitten im Grünen

Gut, dass die Straßenlaterne auf der Bundesstraße steht, die an das Grundstück angrenzt. Sonst käme ein Betrachter wohl kaum auf die Idee, dass es sich um die gleiche Perspektive handelt: Auf der Vorher-Ansicht noch gut zu erkennen: Das Grundstück fällt nach links und zum Haus hin ab – eine Herausforderung für die Gestaltung des Gartens. Die Besitzer legten keinen Wert auf eine Rasenfläche, und für die stattdessen angelegte üppige Bepflanzung erwies sich der Höhenunterschied sogar als Gewinn: Die grüne Kulisse ließ sich wunderbar staffeln.

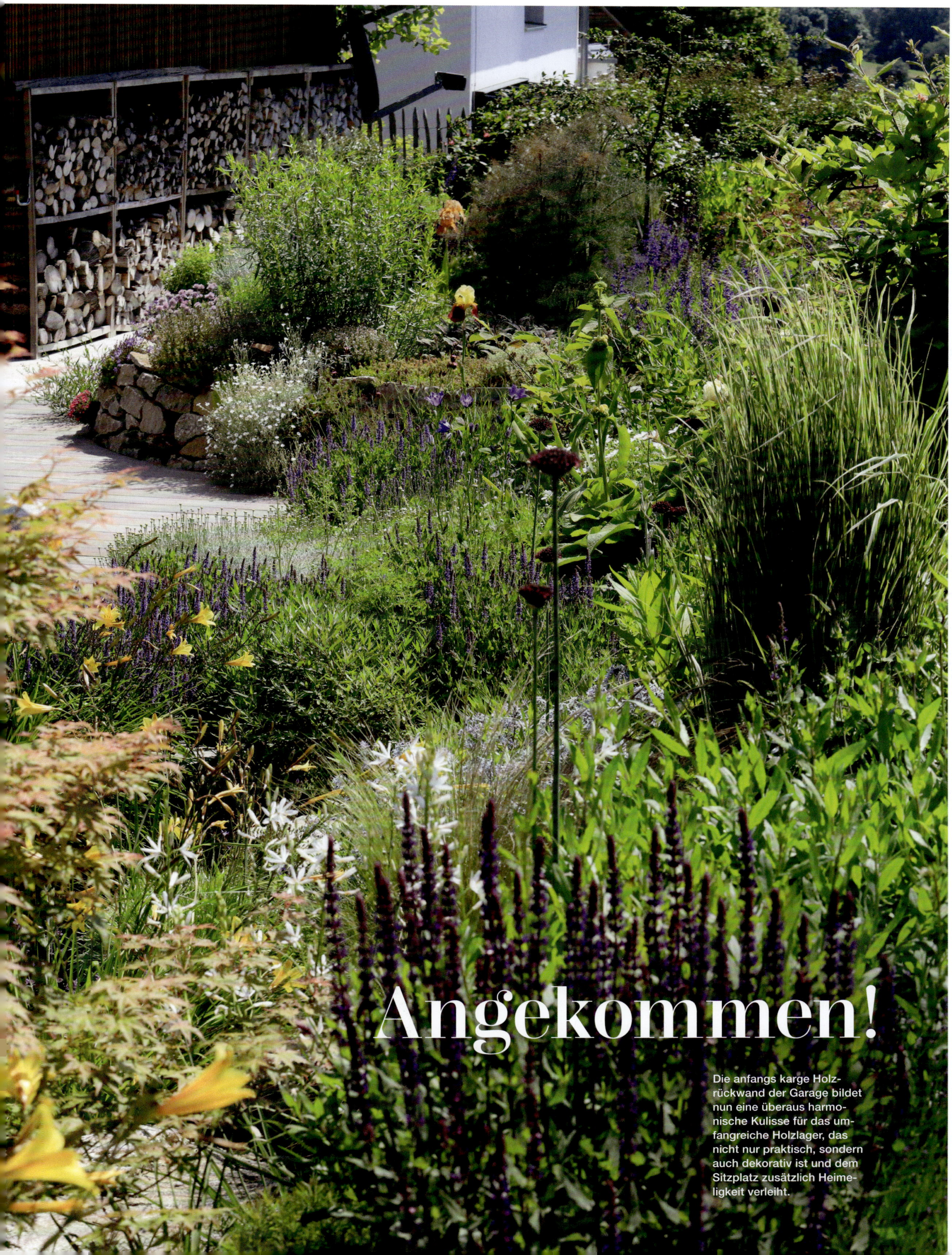

Angekommen!

Die anfangs karge Holzrückwand der Garage bildet nun eine überaus harmonische Kulisse für das umfangreiche Holzlager, das nicht nur praktisch, sondern auch dekorativ ist und dem Sitzplatz zusätzlich Heimeligkeit verleiht.

Wasserwelten

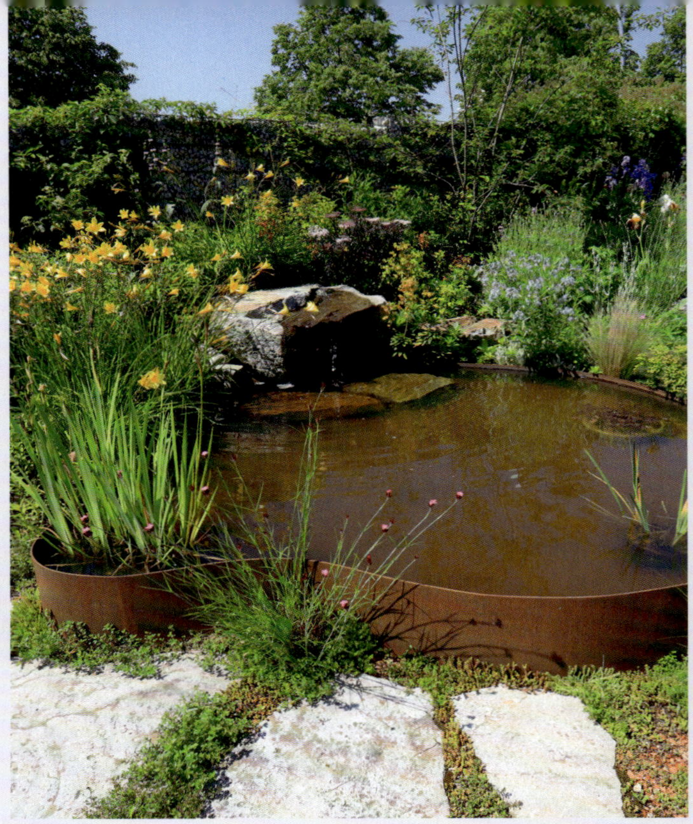

Es gibt gleich zwei Wasserbecken in diesem grünen Paradies, unterschiedlich gestaltet und dennoch den beiden Charakterzügen des Gartens verpflichtet: modern und naturnah. Das eine ist ganz aus Cortenstahl, einem Material, das Betrachter eher mit designorientierten Gärten und Industrial Chic verbinden. Doch dieses Becken schwingt sich elegant in den Garten, die runden Formen nehmen dem Stahl ganz und gar seine Schärfe, überall züngeln Pflanzen an ihm hoch. Gespeist wird das Becken von Wasser aus einem als Quellstein eingesetzten Findling. Becken Nummer zwei wurde aus Teichfolie geformt und mit Findlingen bestückt, wird aber ganz von geraden Linien begrenzt – auch das eine charakterstark-ungewöhnliche Kombination, um moderne Naturnähe zu erzielen.

Die Gartenplanung

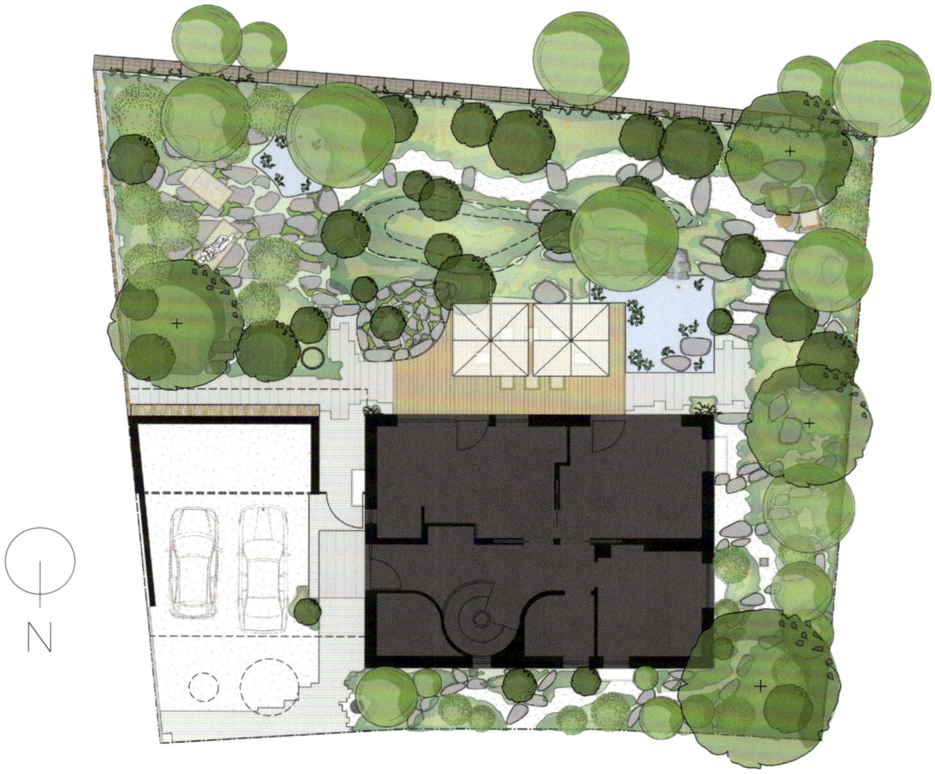

Im Überblick – Garten 30

BESONDERHEIT
Ein Rundweg durch den Garten bildet ein eigenständiges Gestaltungselement. Er ermöglicht, den Garten aus unterschiedlichen Perspektiven zu erleben und erleichtert die Pflege.

MATERIALIEN (Auswahl)
- Cumaru-Holz
- Cortenstahl
- Muschelkalk
- Bayerwald-Granit

PFLANZEN (Auswahl)
- Kupferfelsenbirne *Amelanchier lamarckii*
- Osterschneeball *Viburnum burkwoodii 'Anne Russel'*
- Lichtmess-Zaubernuss *Hamamelis mollis*
- Frühlingstamariske *Tamarix tetrandra*
- Bartblume *Caryopteris claudonensis 'Heavenly Blue'*
- Gartenbambus *Argesia murielae 'Standing Stone'*
- Scheinquitte *Chaenomeles 'Cido'*
- Silberstrauch *Perovskia abrotanoides*
- Kletterhortensie *Hydrangea petiolaris*
- Winterjasmin *Jasminum nudiflorium*
- Präriegras *Sporobolus heterolepis 'Cloud'*
- Rasen-Schmiele *Deschampsia cespitosa 'Goldtau'*
- Bleicher Sonnenhut *Echinacea pallida*
- Bunte Königskerze *Verbascum phoeniceum*
- Orientalischer Mohn *Papaver orientale 'Perry's White'*
- Zwergtaglilie *Hemerocallis minor*
- Syrisches Brandkraut *Phlomis russeliana*
- Sommer-Garten-Salbei *Salvia nemorosa 'Blauhügel'*
- Große Sterndolde *Astrantia major*
- Mittelmeer-Junker-Lilie *Asphodeline lutea*
- Storchschnabel *Geranium sanguineum 'Elsbeth', 'Album'*

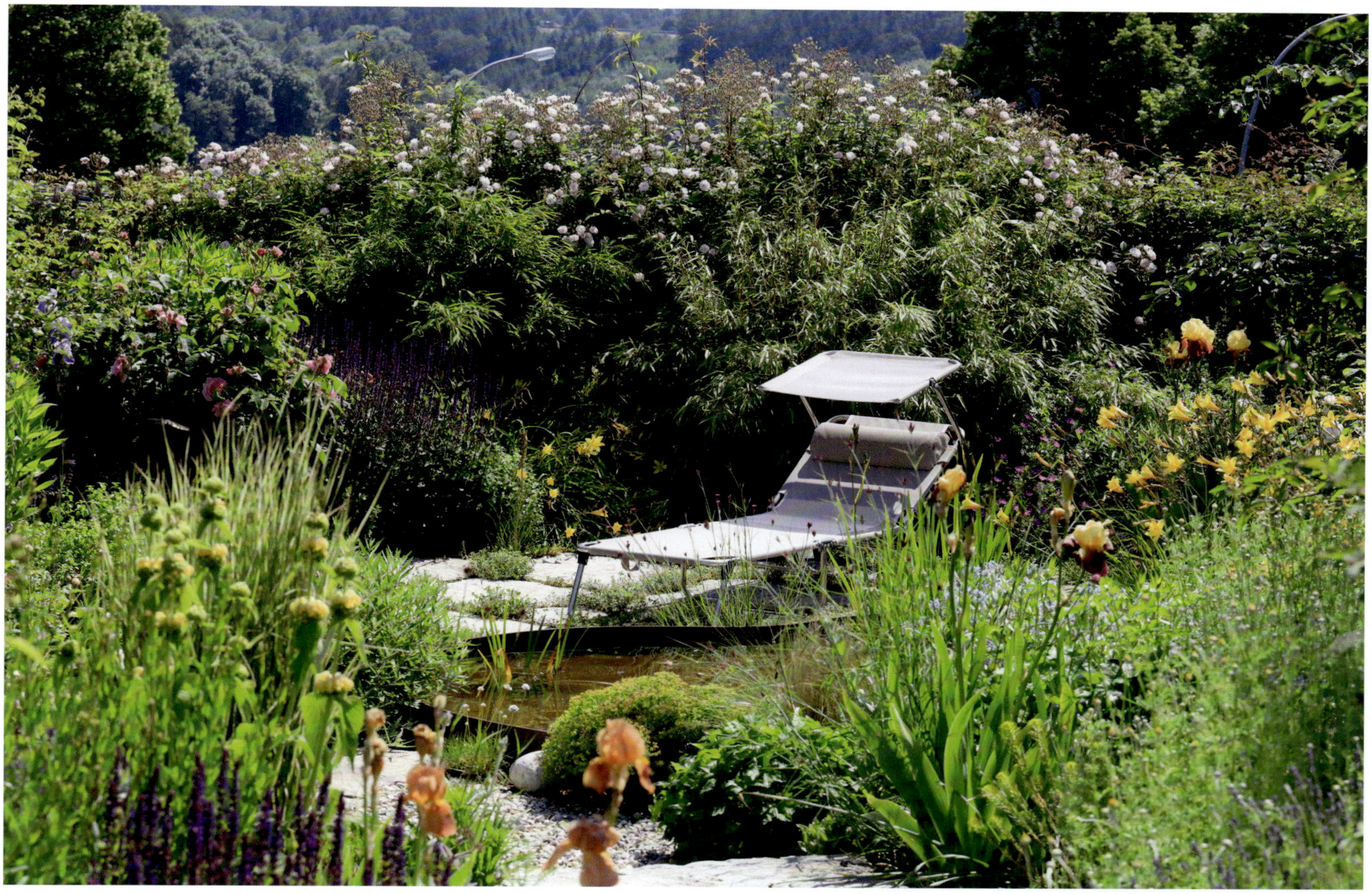

Pflanzenfülle

Die Hausherrin ist Pflanzenliebhaberin, ließ dem Gartengestalter aber bei der Pflanzenauswahl vollkommen freie Hand. Üppig sollte der Garten sein und vielfältig, das ganze Jahr über variierende Ansichten bieten. Und das ist gelungen. Zwölf Monate im Jahr wechseln sich immer neue Blüten und Blätter von Stauden und Gehölzen ab und buhlen um die Aufmerksamkeit der Betrachter. Zu der Pflanzenvielfalt gehören Obstbaum-Halbstämme, Felsenbirne, Strauch- und Ramblerrosen, Tamarisken, Katzenminze, Witwenblume, Kissen-Astern, Steppensalbei, Eisenkraut, Prachtkerze, Blut-Storchschnabel und Gräser wie Reitgras, Präriegras, Dünnblättriges Federgras und Schnee-Marbel. Ihnen allen gemeinsam ist, dass sie bestens mit den Standortbedingungen – eher magerer Boden, volle Sonne, keine Bewässerungsanlage – zurechtkommen, sodass sich die Hausherrin gut selbst um die Pflege kümmern kann.

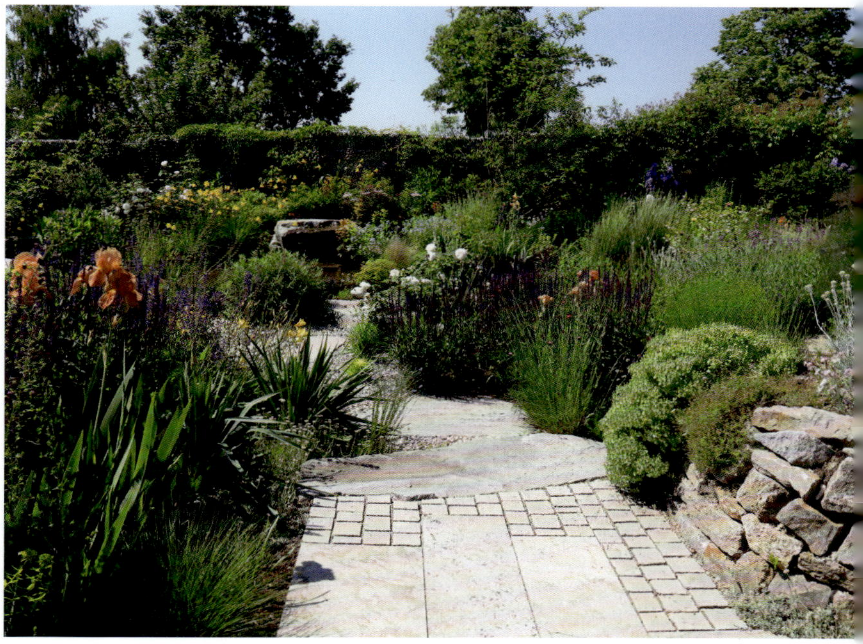

Material

↑ **Schöner Stein** Auch beim Material Stein spielt das Konzept des Gartens mit den beiden Polen modern und natürlich eine wichtige Rolle, hier verkörpert durch rechtwinklige und polygonale Platten. Letztere wurden aus größeren Rechteck-Formaten vor Ort gebrochen. Sie sind, wie die Bahnenplatten der Wege, aus Muschelkalk. Die kleineren Formate stehen direkt in Bezug zur Umgebung und sorgen für Nachhaltigkeit dank kurzer Transportwege: Das Kleinpflaster aus gesandetem Granit stammt aus dem Bayerischen Wald, die Wege tragen Münchner Kies. Der unterstreicht aber auch den mediterranen Zug der Anlage, erinnert er mit seinem hellen Grau doch an die Villengärten Italiens.

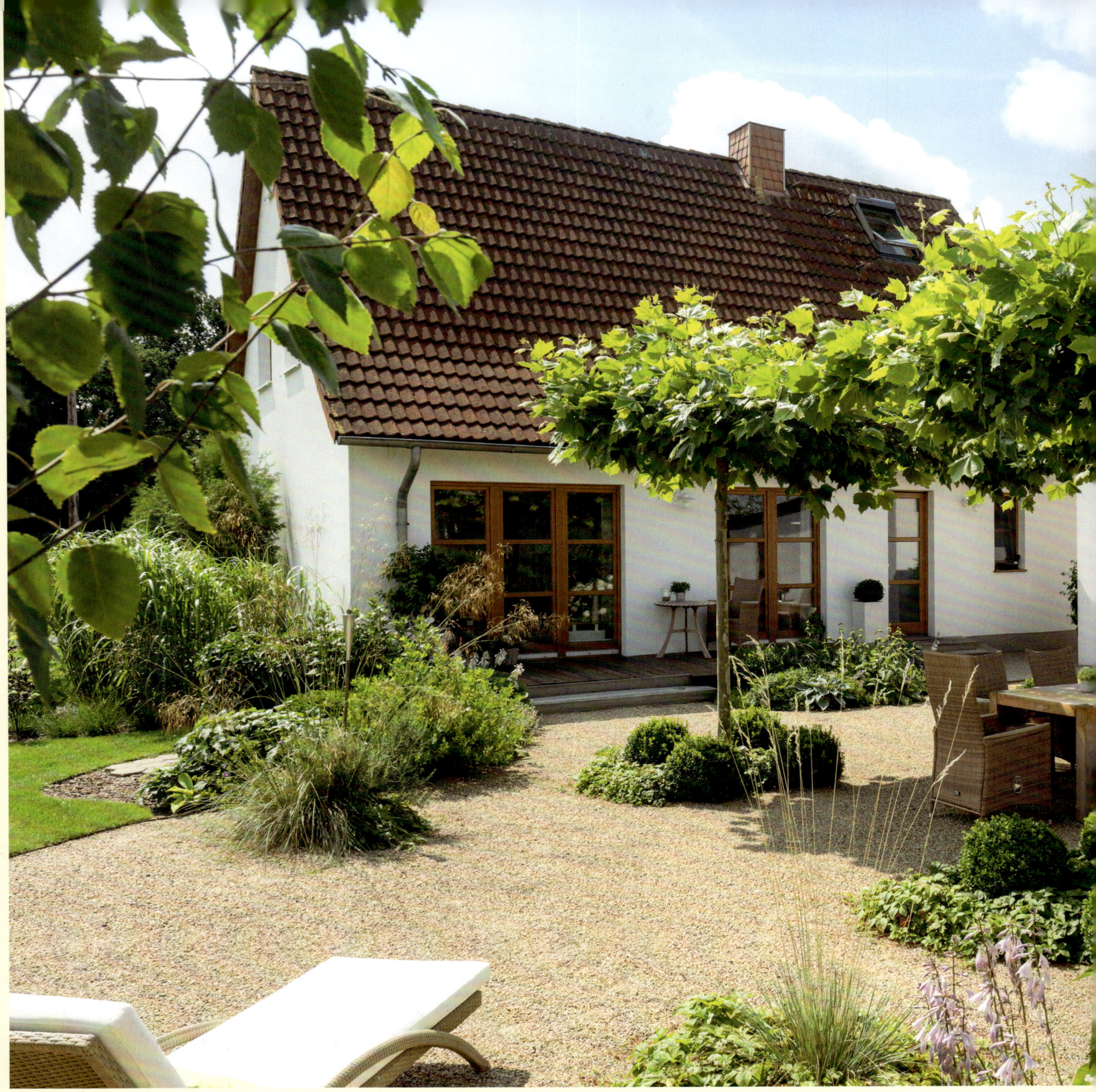

Gut beschirmt inmitten der Natur

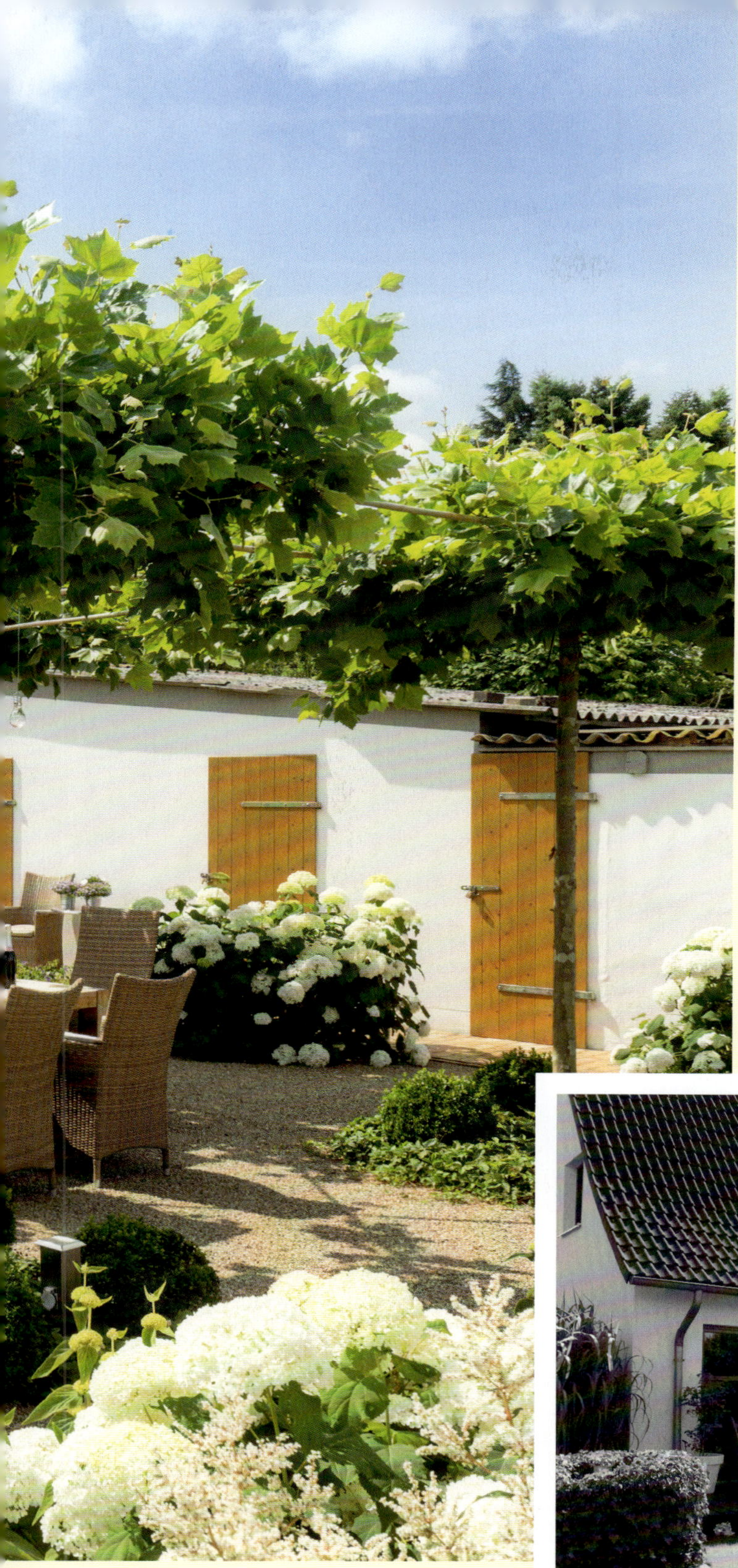

Eigentlich waren die Gartenbesitzer „nur“ auf der Suche nach einer Idee für die Einfriedung ihres Grundstücks, weil sie ihre alte Fichtenhecke ersetzen mussten. Aus den Gesprächen mit der Gartengestalterin entwickelte sich dann aber der Auftrag für eine Gesamtplanung.

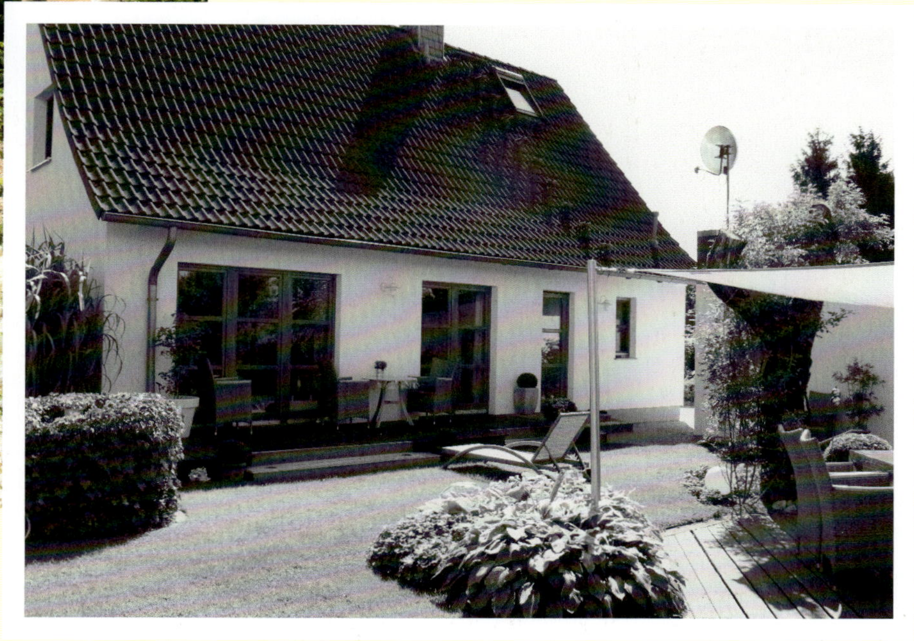

Nachher

Umgeben von üppigen Pflanzinseln sitzt man heute im lichten Schatten der Schirmplatanen und kann den Rundumblick in einen durch und durch harmonischen Garten genießen.

Vorher

Die Gartenbesitzer hatten ihren Garten liebevoll gestaltet und sorgfältig gepflegt, trotzdem fehlte ihnen ein Gesamtkonzept und damit die letzte Überzeugungskraft.

Im Überblick – Garten 31

GARTENGESTALTER	IDEE	BESONDERHEIT	GRÖSSE
Pflanzung und Ausführung: Meißner Gartengestaltung, Garbsen	Landschaftsnaher Wohngarten	Umgestaltung eines Gartenteils	450 qm

Die Landschaft als Hecke

___Die Besitzer dieses Gartens sind Menschen, die gern mit den Händen arbeiten und viel selbst machen. Sie liebten ihren Garten schon immer, pflegten ihn mit viel Hingabe und haben ihn in Eigenregie über die Jahre immer wieder ergänzt und umgestaltet. Zusammenarbeit mit einem professionellen Gartengestalter? Völlig unvorstellbar. Erst als einige der Fichten aus der Hecke, die den Garten umgab, abstarben, erfolgte die Kontaktaufnahme mit einem Gartenprofi. Ideen für die Neugestaltung der Grundstückseinfassung waren gefragt. Die Gartenbesitzer wollten sie selbst umsetzen. In intensiven Gesprächen zeigte sich, dass der Garten trotz der vielen Zuwendung, die er bekam, einige Schwächen hatte, und so wurde aus der Ideenfindung für eine Grundstückseinfassung schließlich eine Gesamtplanung, die dann auch professionell realisiert wurde.

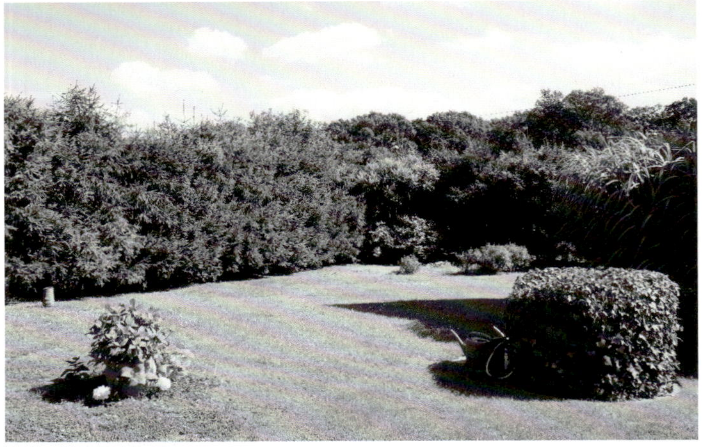

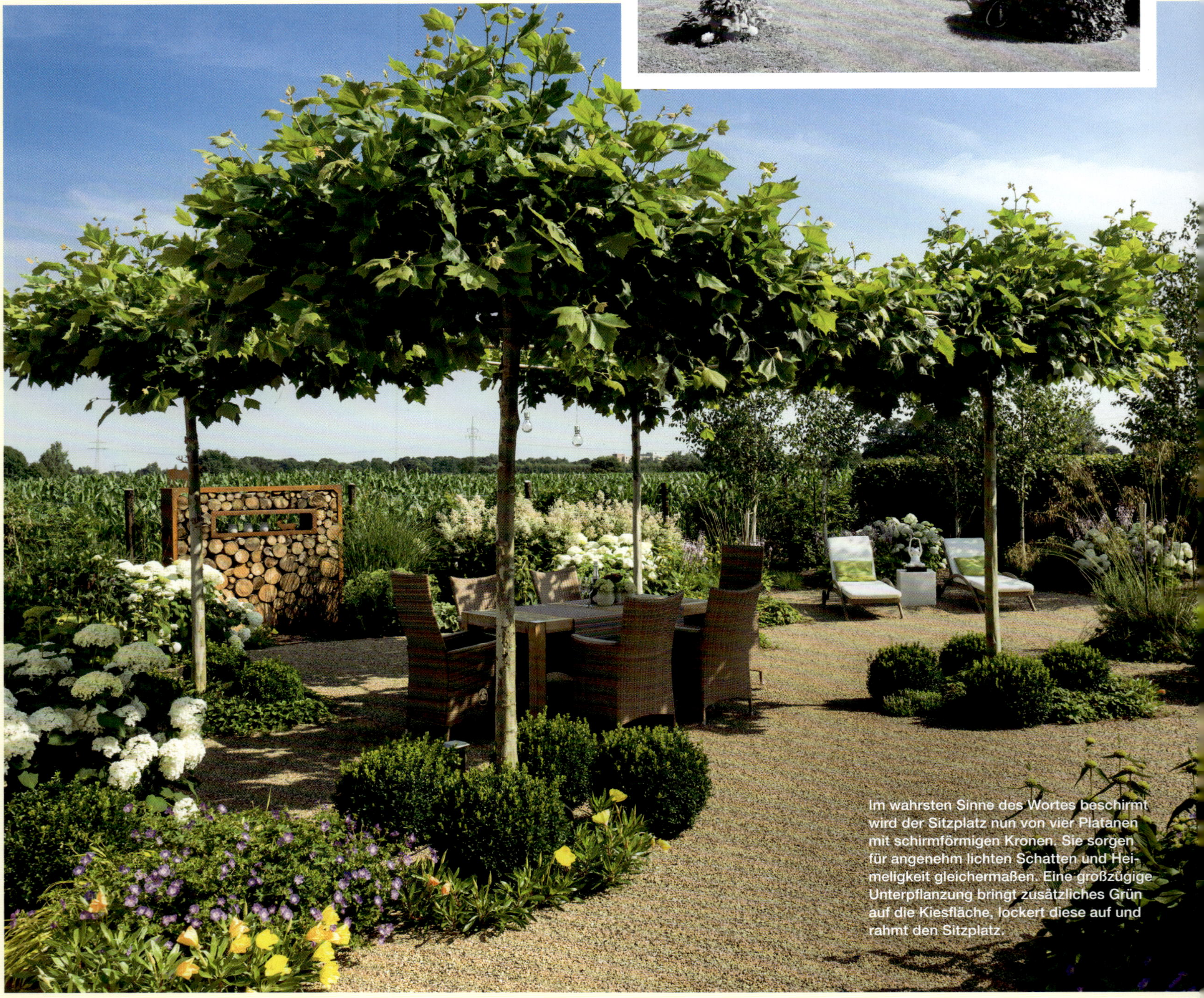

Im wahrsten Sinne des Wortes beschirmt wird der Sitzplatz nun von vier Platanen mit schirmförmigen Kronen. Sie sorgen für angenehm lichten Schatten und Heimeligkeit gleichermaßen. Eine großzügige Unterpflanzung bringt zusätzliches Grün auf die Kiesfläche, lockert diese auf und rahmt den Sitzplatz.

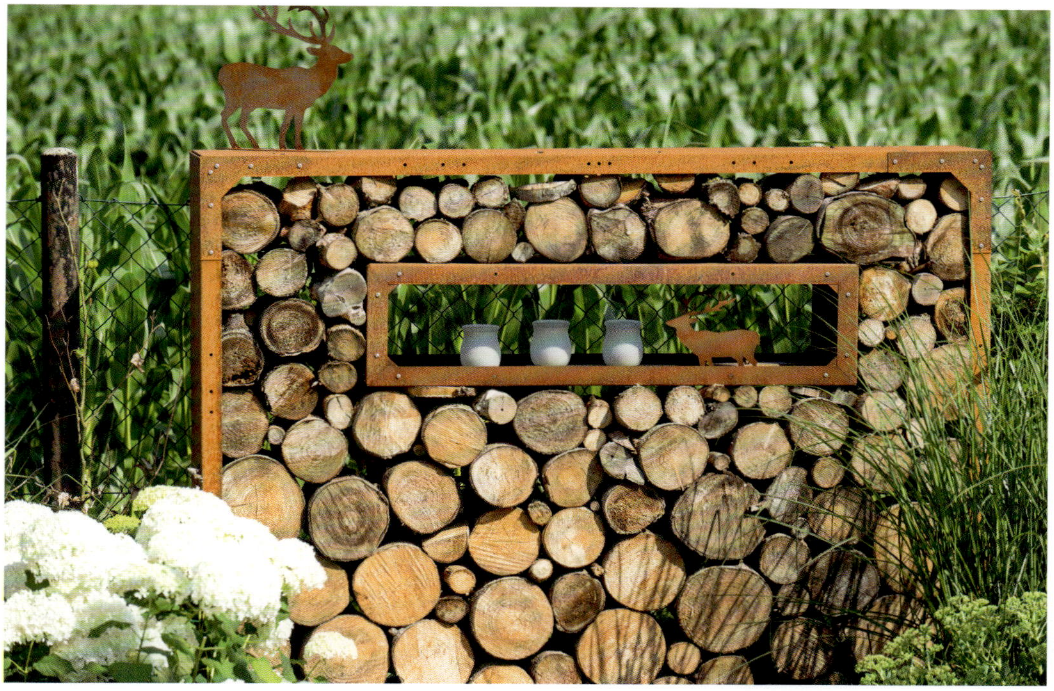

← **Hingucker** Die alte Kiefernhecke musste weg – das war ja der Ausgangspunkt der Gartenumgestaltung. Hinter den unförmig ausladenden Nadelgehölzen kam am hinteren Grundstücksrand freies Feld zum Vorschein. Diese Aussicht ist heute in den Garten einbezogen, denn da das Grundstück von dieser Seite aus quasi uneinsehbar ist, war ein Sichtschutz hier nicht nötig. Ein locker bepflanztes Beet markiert die Grundstücksgrenze, und ein Holzlager aus Cortenstahl wirkt wie ein Fenster, die Sicht auf das benachbarte Maisfeld bleibt frei. Damit ließ sich das Grundstück optisch vergrößern, der Garten noch intensiver in die Natur einbinden.

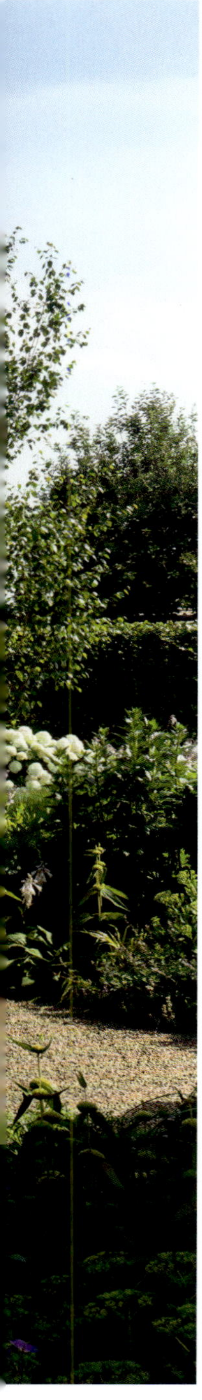

Sonne satt

Bei ihren eigenen grünen Projekten hatten die Gartenbesitzer eine Menge richtig gemacht. So hatten sie den Hauptsitzplatz nicht klassisch direkt am Haus angelegt, weil er dort kaum Sonne abbekommen hätte. Lediglich in den Morgenstunden ist es hier sonnig, und so reichte ein schmales Holzdeck am Haus, das Platz für einen kleinen Tisch und zwei Stühle bot und als Frühstücksterrasse genutzt wurde. Den Hauptsitzplatz in Gestalt eines Holzdecks hatten die Besitzer mitten auf die Rasenfläche in einiger Entfernung zum Haus angelegt – ein guter Platz mit vielen Sonnenstunden. Allerdings thronte das Holzdeck wie ein Fremdkörper auf dem Rasen, nahm sich dort recht verloren aus und war trotz Sonnensegel der Witterung ausgesetzt.
Dieser wichtigste Sitzplatz befindet sich nach der Umgestaltung an der gleichen Stelle, bekam aber einen vollkommen anderen Charakter. Das rechtwinklige Holzdeck ist verschwunden. Stattdessen schwingt sich eine hell gekieste Fläche vom Haus sanft und großzügig in den Rasen hinein.

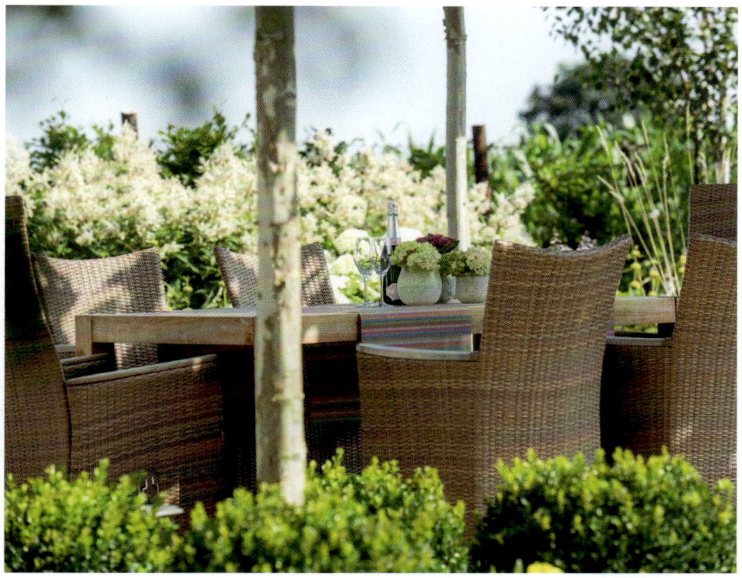

„Der Sitzplatz ist ganz selbstverständlich optisch ans Haus angebunden, und die organische Linienführung sorgt für eine perfekte Einbettung in die Natur.“

Cornelia König,
Gartengestalterin

Liege-platz …

Will man so liegen? An das alte Holzdeck für den Hauptsitzplatz war ein weiteres Geviert aus Holzbohlen angehängt worden, gerade so groß, dass zwei Gartenliegen darauf Platz fanden – ohne Sonnenschutz und mit wenig attraktivem Ausblick. Und heute?
Nun erholen sich die Gartenbesitzer auf Liegen in einem angedeuteten Birkenhain. Neun Himalaja-Birken stehen in einer lockeren Gruppe zusammen, spenden Schatten und bringen mit ihren hellen Stämmen Luftigkeit in diesen Gartenbereich.

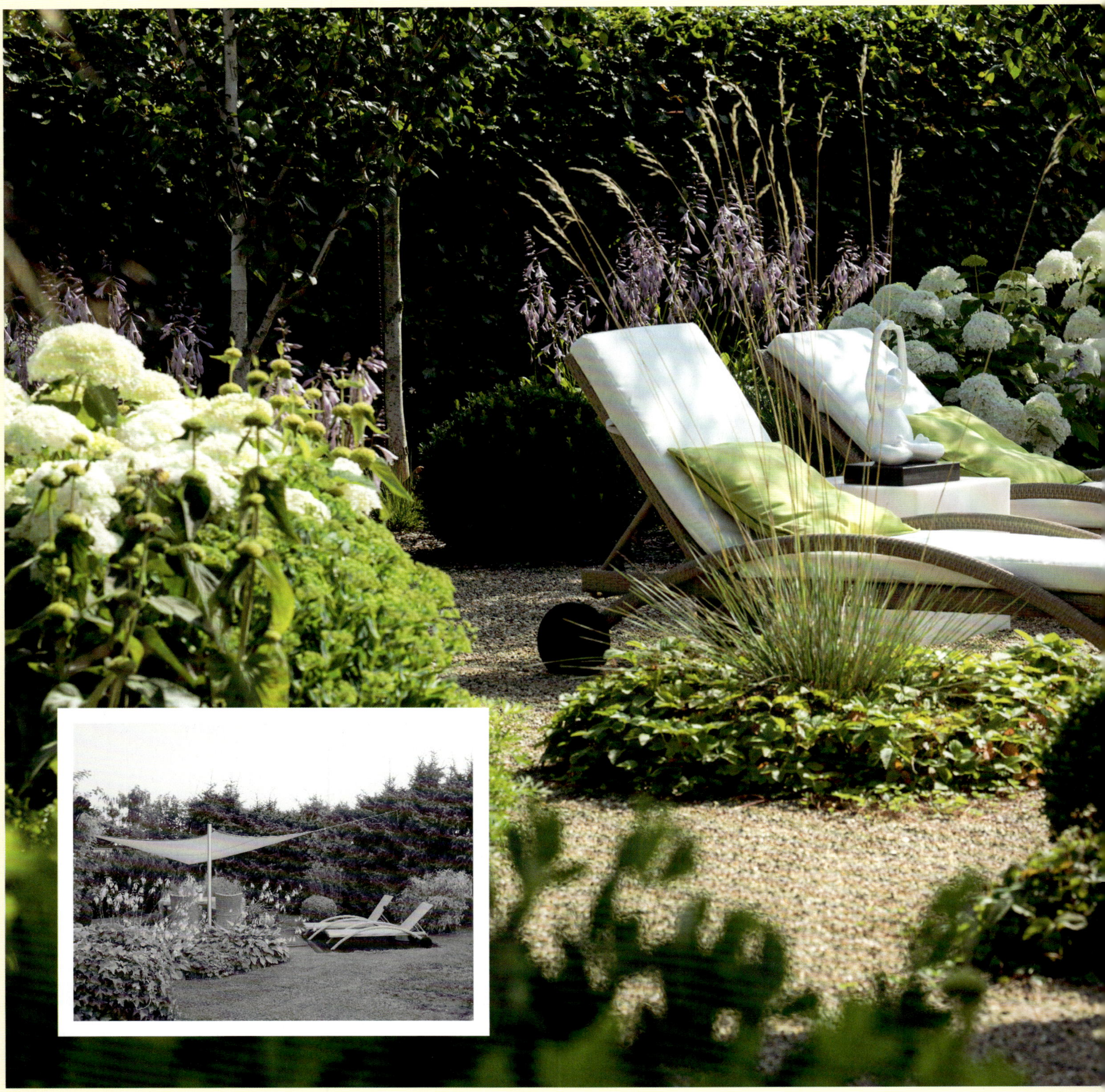

→ **Pflanzenfülle** Hortensien der Sorte Annabelle prägen bis in den Herbst hinein das Gartenbild mit ihren großen, weißen Blütendolden, in den Beetinseln gedeihen zahlreiche Blütenstauden in zartem Weiß und kräftigem Gelb, aber auch Rot- und Lilatöne sind vertreten, Buchskugeln kontrastieren mit frei wachsenden, zarten Gräsern und Stauden.

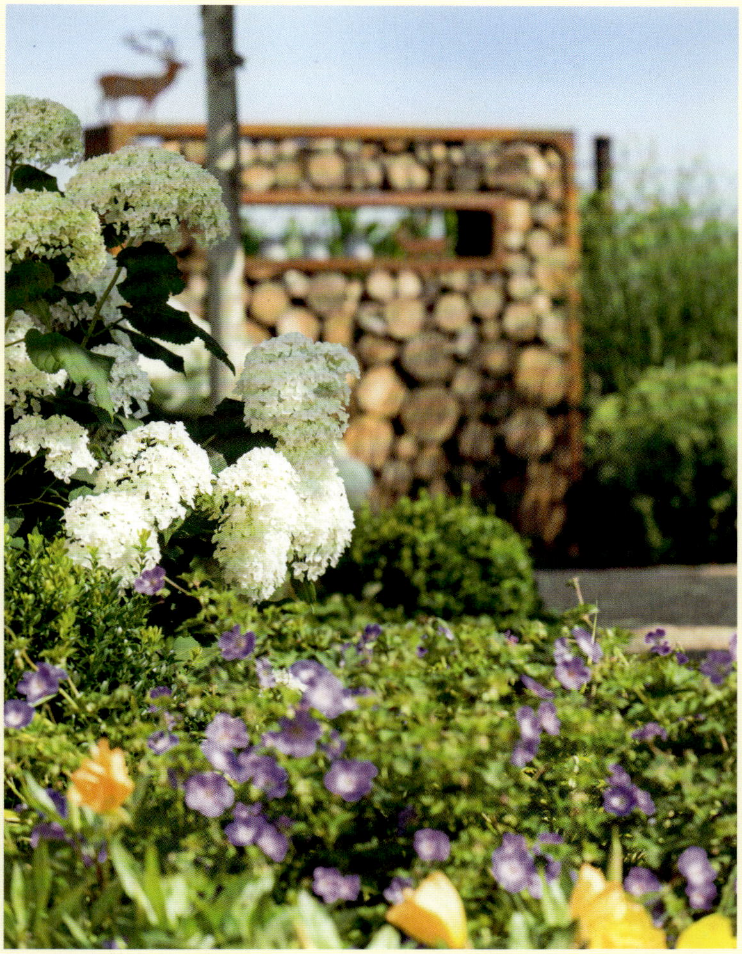

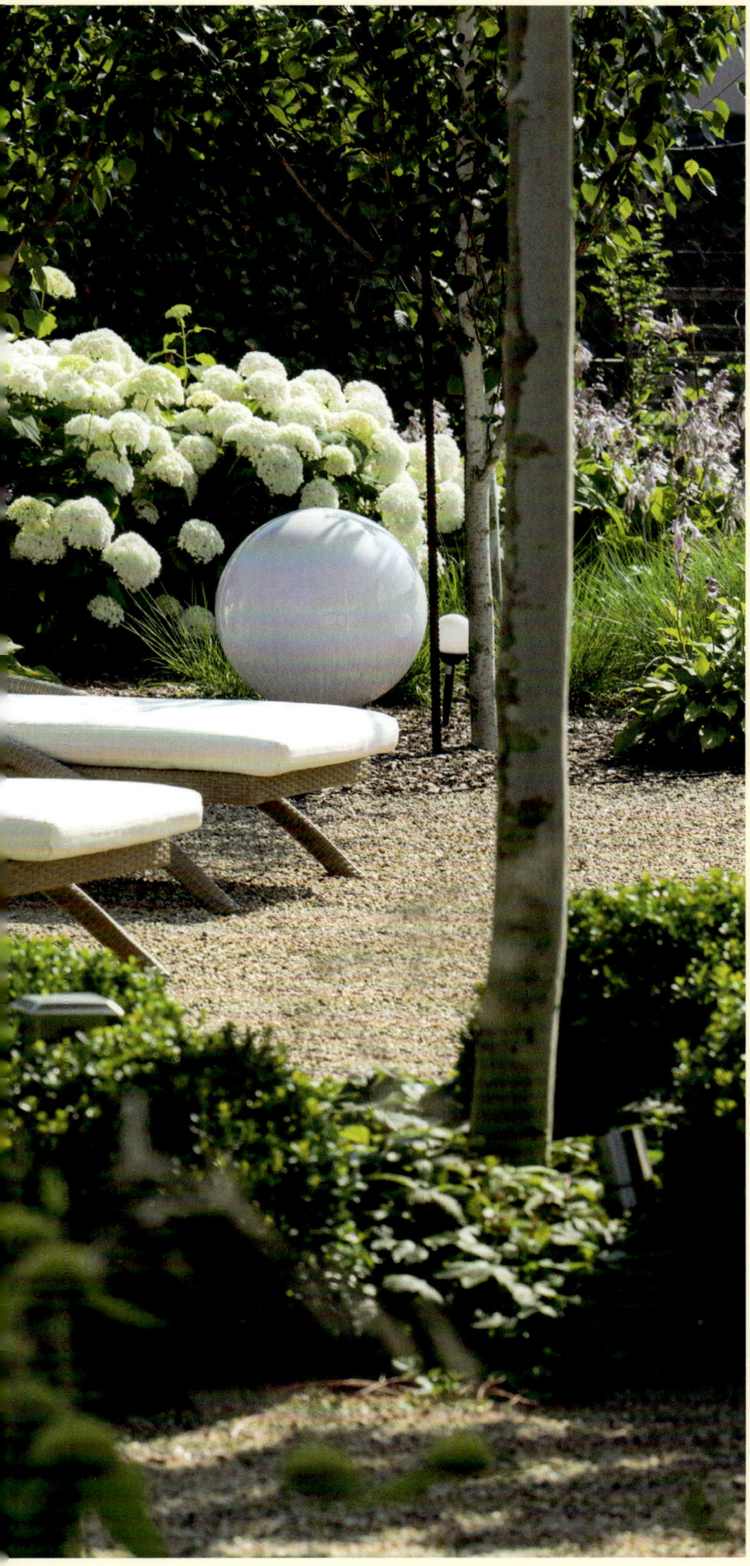

... in Blütenfülle

Vor der Umgestaltung prägten Grüntöne den Garten. Heute ist er nahezu ganzjährig ein Blütenmeer. Die Beete sind so platziert und geformt, dass sie wie natürliche Inseln im Garten liegen und reichen teils bis an das schmale Holzdeck am Haus heran. Sie halten auf diese Weise den ganzen Garten zusammen, unterstreichen seinen naturnahen Charakter und laden den Betrachter ein, sie von allen Seiten und aus den unterschiedlichsten Perspektiven zu erkunden.

Im Überblick – Garten 31

PFLANZEN (Auswahl)
- Schirmplatanen *Platanus acerifolia*
- Weißrindige Himalaja-Birke *Betula utilis 'Doorenbos'*
- Riesenfedergras *Stipa gigantea*
- Hortensien *Hydrangea arborescens 'Annabelle'*
- Chinaschilf *Miscanthus sinensis 'Kleine Fontäne'*
- Syrisches Brandkraut *Phlomis russeliana*
- Witwenblume *Knautia macedonica*
- Fetthenne *Sedum telephium 'Herbstfreude'*

Hier wurde dank professioneller Gartengestaltung mit viel Gespür für Ästhetik und Pflanzenvielfalt aus einem lieb- und leblosen Garten ein attraktives Atrium mit Wellnessfaktor und enormer Aufenthaltsqualität.

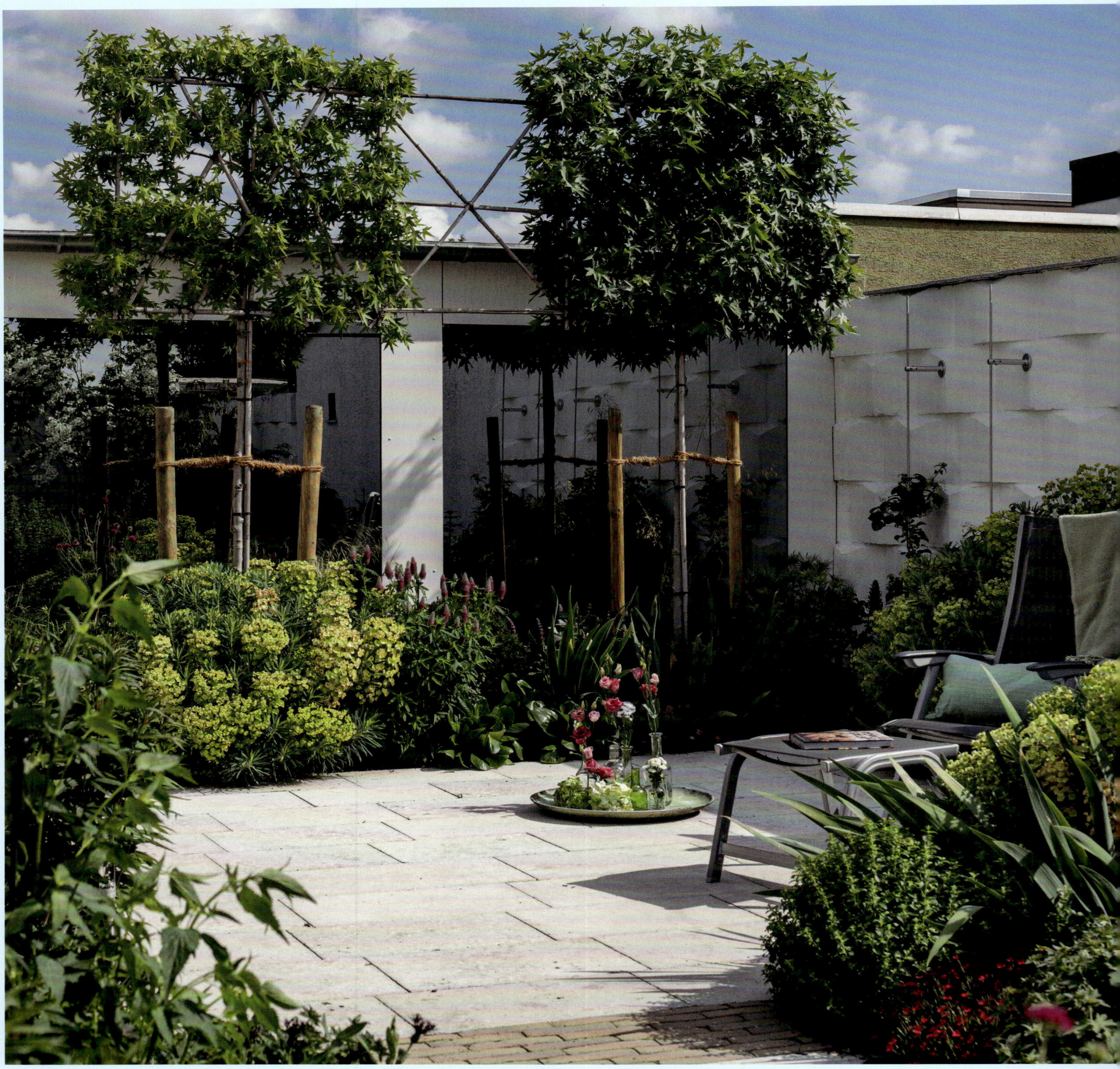

Im Überblick – Garten 32

GARTENGESTALTER
Planung und Ausführung: Meißner Gartengestaltung, Garbsen

GRÖSSE
ca. 155 qm

IDEE
Wohlfühlinnenhof für Pflanzengenießer

BESONDERHEIT
Geschickt integrierte Gartensauna

PFLANZEN (Auswahl)
- Amberbäume *Liquidambar styraciflua*
- Chinesischer Blumenhartriegel *Cornus Kousa 'Schmetterling'*
- Eibenkugeln *Taxus baccata*
- Elfenbeindistel *Eryngium giganteum*
- Bärenklau *Acanthus mollis*
- Hortensien *Hydrangea petiolaris, Hydrangea sagrentiana*
- Mexikonessel *Agastache rugosa 'Black Adder'*
- Kerzen-Knöterich *Bistorta amplexicaulis 'Blackfield'*
- Riesenfedergras *Stipa gigantea*
- Federborstengras *Pennisetum viridescens*
- Rutenhirse *Panicum virgartum 'Northwind'*

Wohnliches Atrium

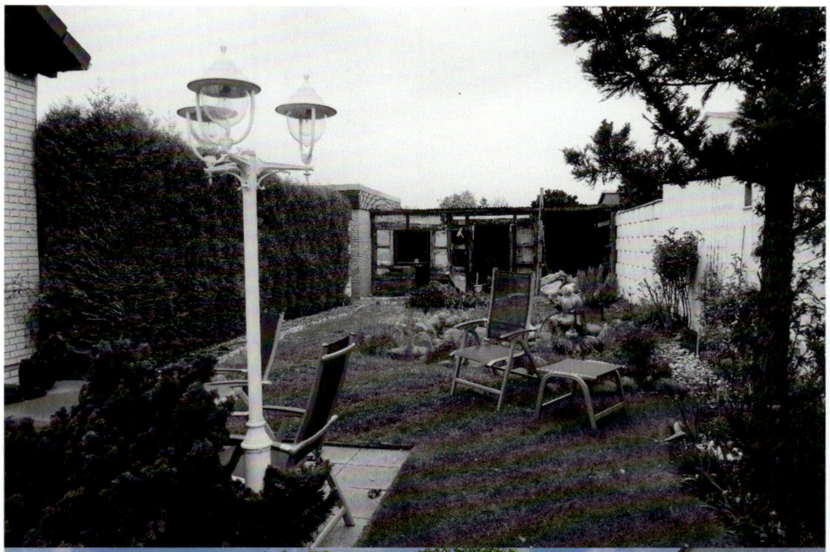

Vorher

In dem Garten herrschte ein großes Durcheinander aus Beeten, Wiese, Teich, Möbeln. Die hohe Mauer auf der einen und die dichte dunkle Hecke auf der anderen Seite wirkten erdrückend.

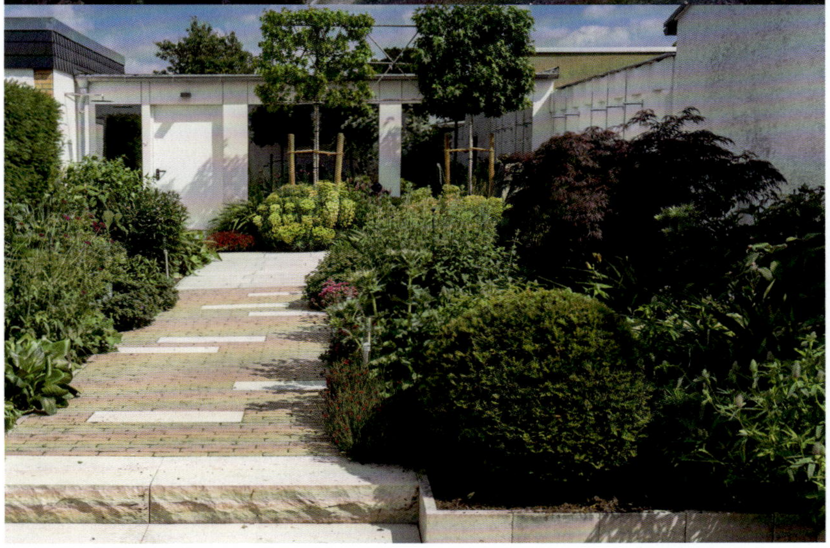

Nachher

Der Verzicht auf Rasen ist einer der Schlüssel zum Erfolg. Er machte Platz für großzügige Beete, Wege und Terrassen. Und sogar ein Saunahaus fand in dem kleinen Garten Platz.

___Nach zwanzig Jahren Gartengestaltung in Eigenregie mit nie wirklich überzeugendem Ergebnis sollte endlich ein professionell geplanter und angelegter, wohnlicher und gleichzeitig altersgerecht-pflegeleichter Garten her. Der Vorgarten bildete so etwas wie das Pilotprojekt: Als aus der trostlosen Fläche – klein und verwinkelt – ein üppig bepflanztes Kleinod entstanden war, an dem Passanten bewundernd stehen blieben, gab es für die Gartenbesitzer kein Halten mehr. Noch im gleichen Jahr bekam auch der Wohngarten ein vollkommen neues Gesicht.

Mit gerade einmal 155 Quadratmetern litt der Wohngarten unter Konzeptlosigkeit und Vernachlässigung: Er erstreckt sich – eher ungewöhnlich – neben dem Haus. Die Terrasse war klein, ihre Fliesen in die Jahre gekommen, die wenigen, nicht zusammenpassenden Pflanzen wuchsen einfach vor sich hin. In der ohnehin kleinen Rasenfläche beanspruchte ein nicht mehr benutztes Fertigteichbecken einige Quadratmeter. An der Stirnseite bildete ein in Relation zur Gartengröße überdimensioniertes Gartenhaus den Endpunkt des Grundstücks, das umlaufend von hohen, teils dunklen Mauern umgeben, eher den Charakter eines Atriums hat.

„Es ist ein abwechslungsreicher Gartenraum mit mehreren Verweilorten und hoher Aufenthaltsqualität entstanden, der auch noch deutlich größer wirkt als vorher.“

Cornelia König,
Gartengestalterin

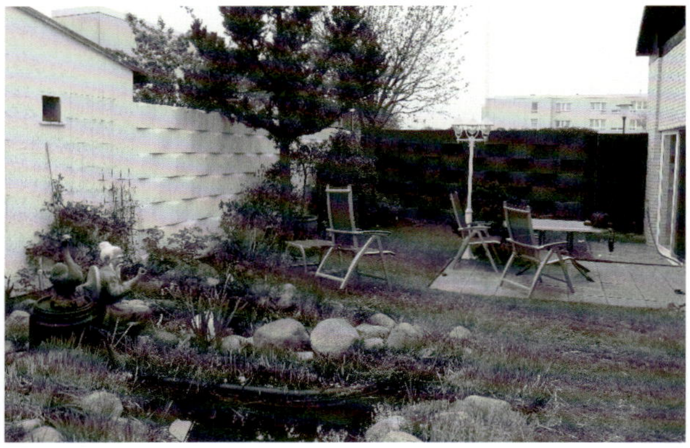

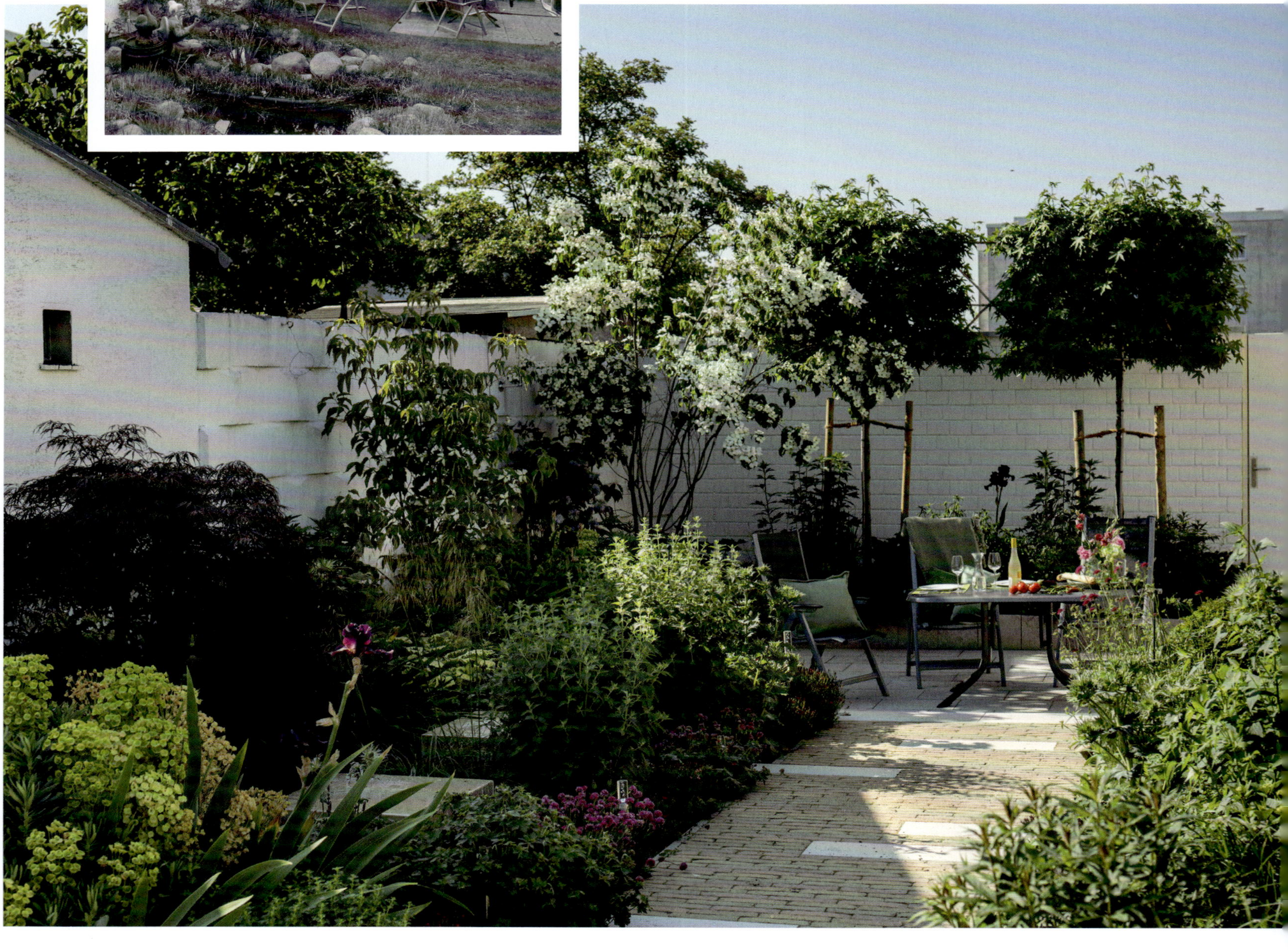

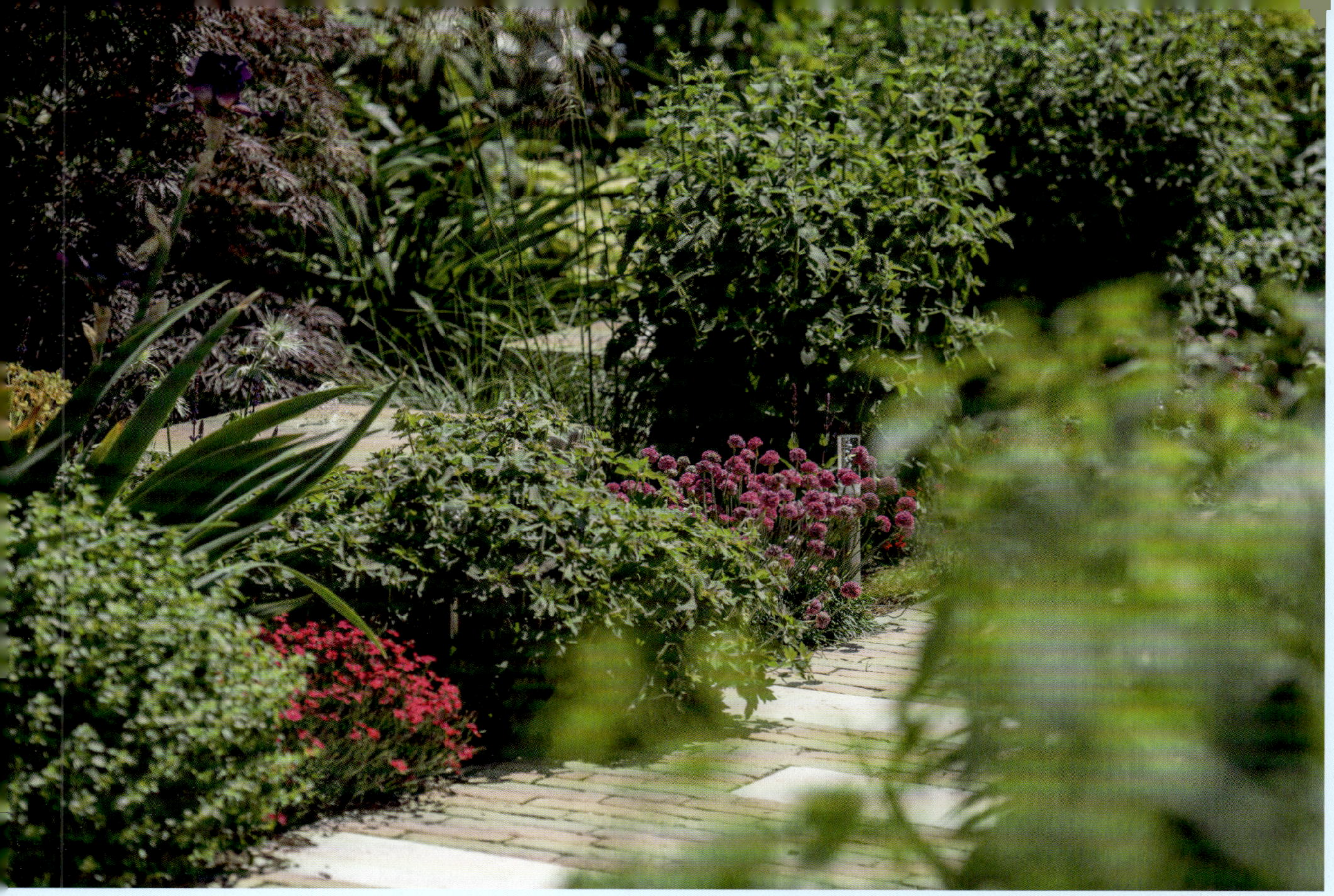

Material

Interessant für das Auge sind die verwendeten Bodenbeläge: Der fast weiße Kalkstein und der hellgelbe Klinker harmonieren farblich bestens, sorgen aber dank ihrer unterschiedlichen Formate für optische Abwechslung.Mit der Pflanzenfülle der Beete harmonieren beide gleichermaßen.

Der Charakter des Gartens hat sich mit der Umgestaltung vollkommen verändert. Vorher war er ein Garten im Kleinformat, auf dessen beschränkter Fläche all das Platz finden sollte, was man gemeinhin aus einem Garten kennt. Nun ist er mehr Atrium als Garten und dennoch viel grüner und lebendiger als zuvor. Die umlaufenden Mauern wurden teils durch neue, ruhigere ersetzt und alle einheitlich weiß gestrichen. Der helle Bodenbelag aus Kalkstein und belgischem Klinker sorgt ebenfalls für lichte Freundlichkeit.

Gut gegliedert

Die kleine Fläche wurde vollkommen neu gegliedert. Das Grundstück erhielt eine sinnvolle Terrassierung, sodass die – nun deutlich größere – Hauptterrasse etwas tiefer liegt als der Rest des Gartens. Zu den weiteren Gartenteilen führen ein paar Stufen. Hier verbreitern sich die umlaufenden Beete, sodass die Treppenanlage zwar immer noch großzügig breit, aber deutlich schmaler als die Terrasse ist. Das erzeugt gleich mehrere attraktive Effekte: Zum einen gibt es hier besonders viel Platz für üppige Pflanzungen, zum anderen erhalten die befestigten Flächen so ganz von selbst eine Hierarchie, denn der durch die vorspringenden Beete entstehende Weg leitet zum zweiten großzügigen Aufenthaltsort in diesem Garten über: zu einer weiteren Terrasse im hinteren Bereich.

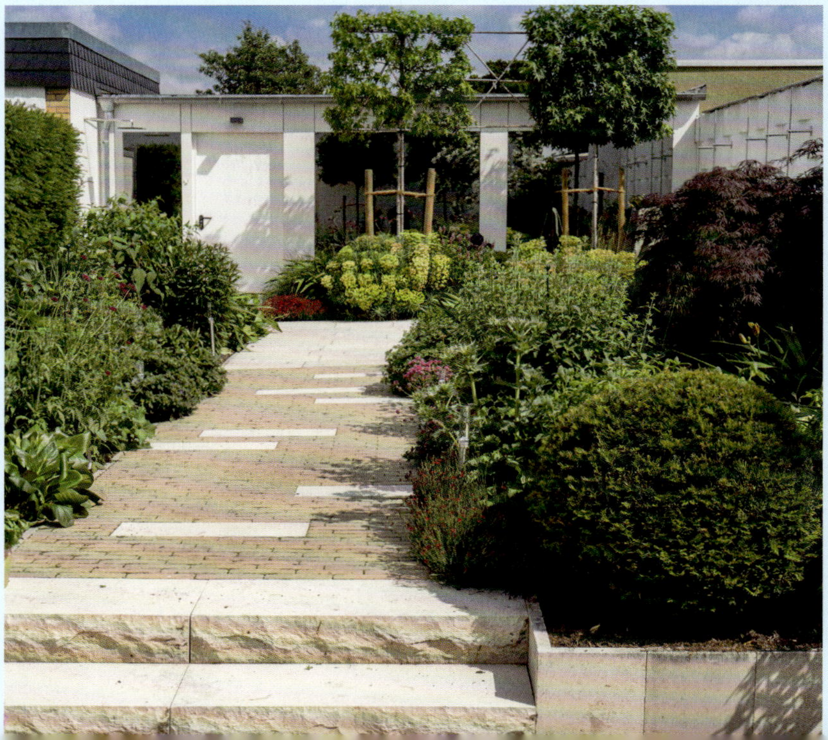

← **Gut versteckt** Dank des Höhenunterschieds und der breiten Beete ist die Terrasse im hinteren Bereich von der Hauptterrasse aus nicht ohne Weiteres einsehbar; sie will entdeckt werden. So bringt dieser gestalterische Kniff zusätzlich Spannung in den Garten.

Die zweite Terrasse bietet nicht einfach nur eine zusätzliche Verweiloption. Dort, wo sich vor der Umgestaltung das wenig ansehnliche Gartenhaus befand, steht nun ein Saunahaus. Es wurde maßgeschneidert in den Raum zwischen den beiden Mauern eingepasst und beherbergt neben der Schwitzkabine auch noch einen Ruhe- und sogar einen kleinen Abstellraum für Gartengeräte. Der Clou von Sauna und Ruheraum sind ihre riesigen Fenster zum Garten hin. Von außen sind sie verspiegelt, sodass – eigentlich durch die hohen Mauern ohnehin unmöglich – keine neugierigen Blicke beim Saunieren stören.

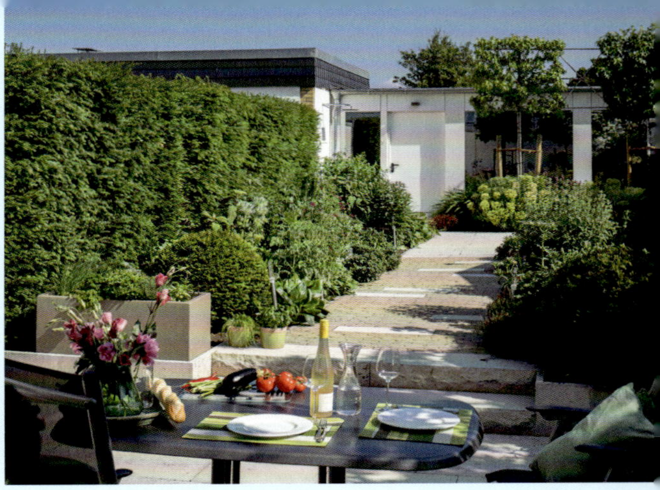

↑ **Optischer Kniff** Ein netter Nebeneffekt: Die Spiegelscheiben reflektieren die Längsachse des Gartens, sodass sich die Grünfläche dem Betrachter auf der Hauptterrasse in doppelter Länge präsentiert. Die Saunaterrasse ist groß genug für zwei Gartenliegen, und auch eine Außendusche hat hier problemlos Platz gefunden.

Wellnessparadies

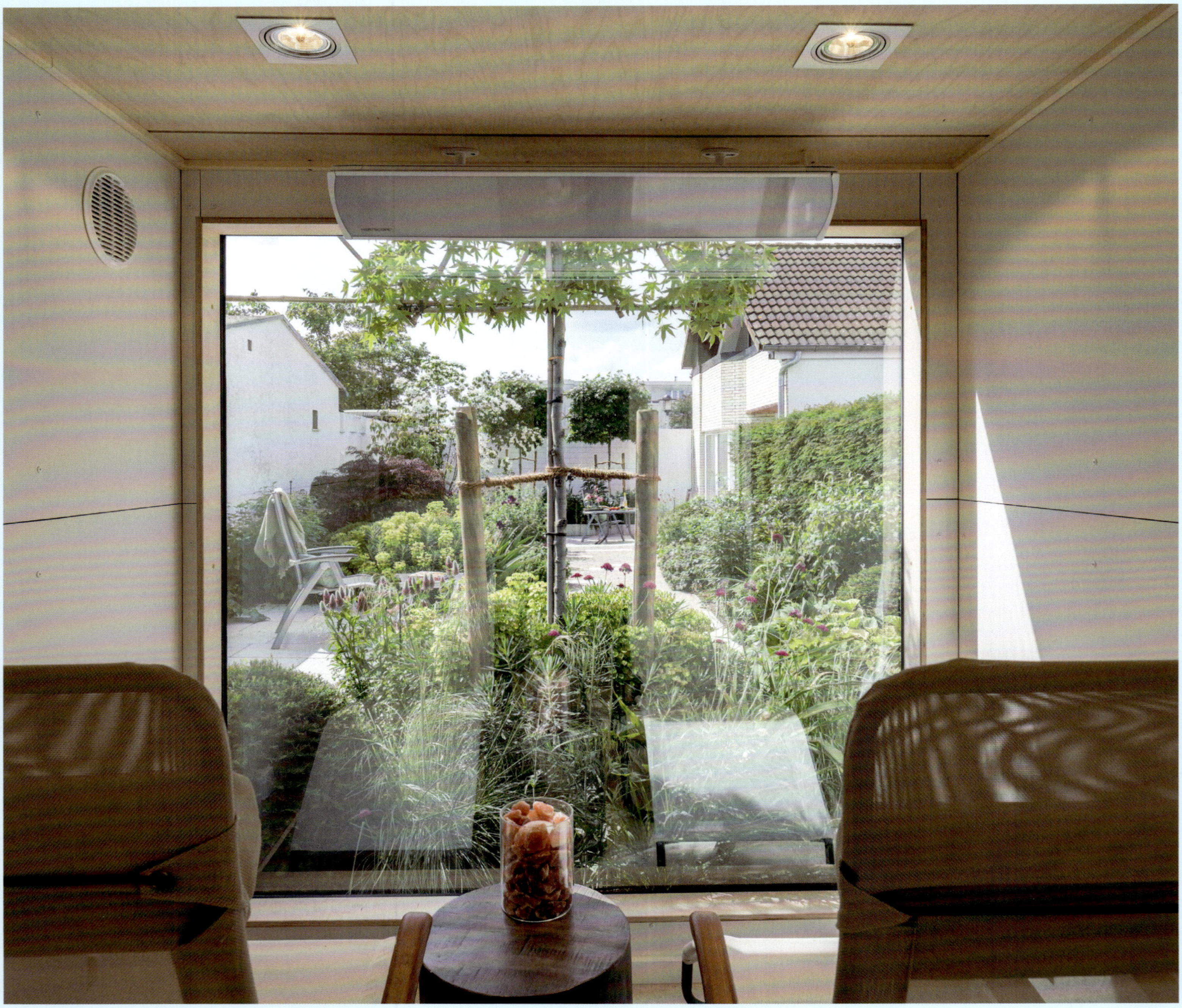

→ **Für Entdecker** Nicht nur die Blüten ziehen die Blicke von Pflanzenfreunden an: Blattschmuckstauden mit teils ungewöhnlichem Laub laden zum Betrachten und Befühlen ein.

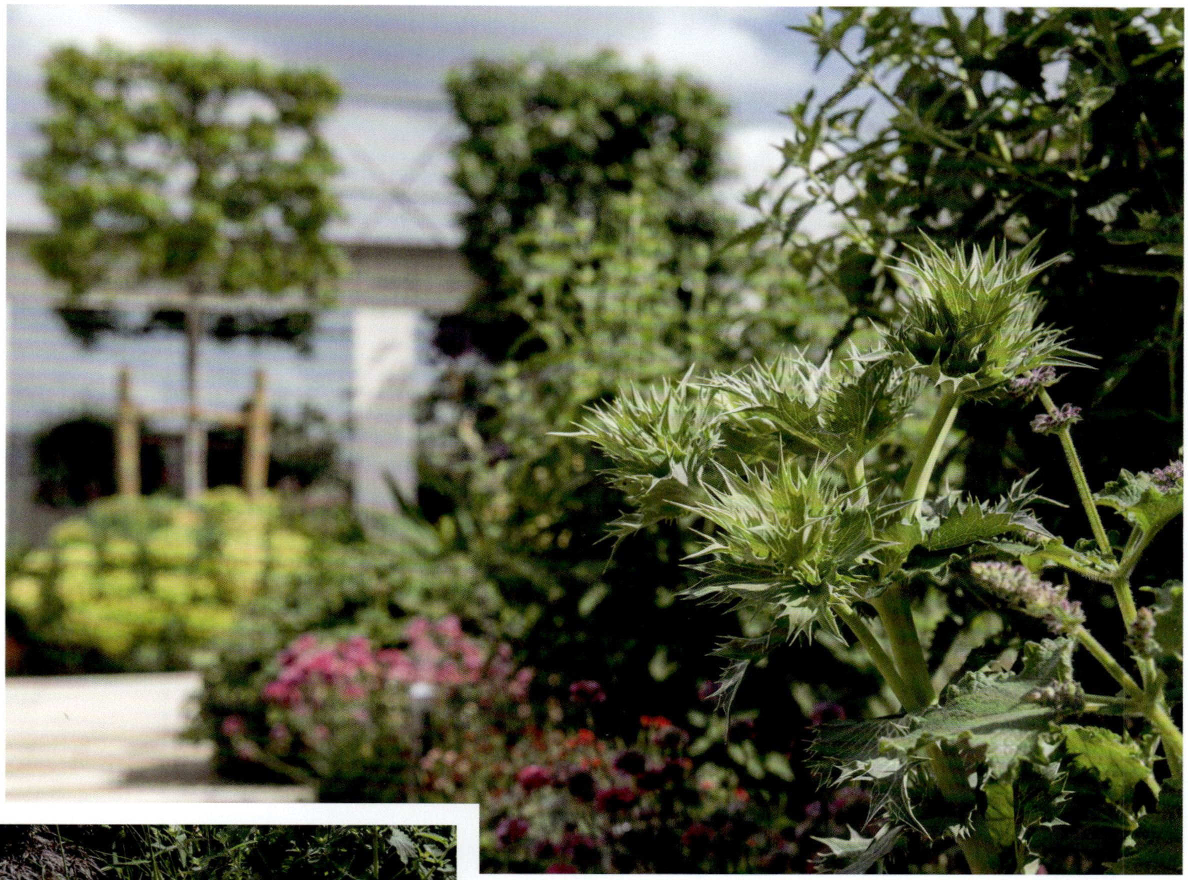

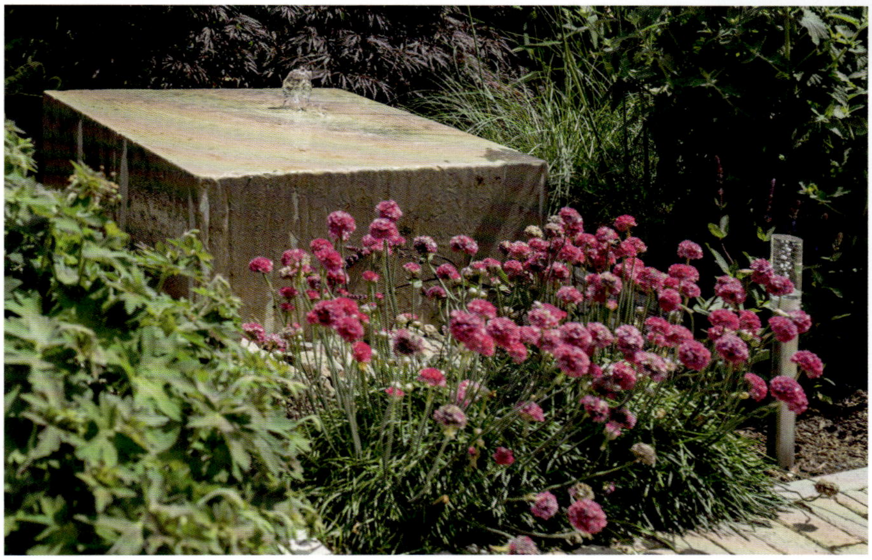

Extras

← **Kubische Akzente** Selbst ein Wasserelement fand noch Platz – ein großer Wunsch der Gartenbesitzerin. Aus dem Kalkstein der Bodenplatten wurden zwei kubische Elemente gefertigt, über deren glatte Oberflächen das Wasser herabrinnt – sehr zur Freude von Familienhund Molly. Sie fanden ihren Platz in einem der beiden breiten Beete, die den Weg zwischen den Terrassen säumen, und setzen hier inmitten von ganz viel Grün einen ruhigen Akzent.

„Uns hat sich mit diesem Gartenzimmer ein Stück ganz neuer Lebensraum erschlossen, den wir jeden Tag bestaunen und genießen."

Gartenbesitzer

Pflanzenfülle

Wo vorher wahllos ein paar Gehölze und Stauden in schmalen Beetstreifen standen, empfängt den Besucher heute ein üppiges Pflanzenparadies mit durchkomponierten, aber dennoch vollkommen natürlich anmutenden Pflanzungen. Auf Wunsch der Gartenbesitzer hielten zahlreiche, auch ungewöhnliche Arten Einzug in die Beete, darunter allein fast vierzig Staudenarten. Es sollte zu jeder Jahreszeit immer wieder Neues in den Beeten zu entdecken geben. Farblich setzt die Bepflanzung kräftige Akzente in Rot und Pink, Hauptrollen übernehmen Gehölze wie Blumenhartriegel und Hortensien, Eibenkugeln bringen geometrische Aspekte ins Bild, Amberbäume bereichern das Gartenbild mit ihrem im Herbst tief rot gefärbten Laub.

GARTENGESTALTER
Planung und Ausführung: Meißner Gartengestaltung, Garbsen

BESONDERHEIT
Geschickte Integration einer Gartensauna auf kleinem Raum

GRÖSSE
ca. 200 qm

Endlich angekommen

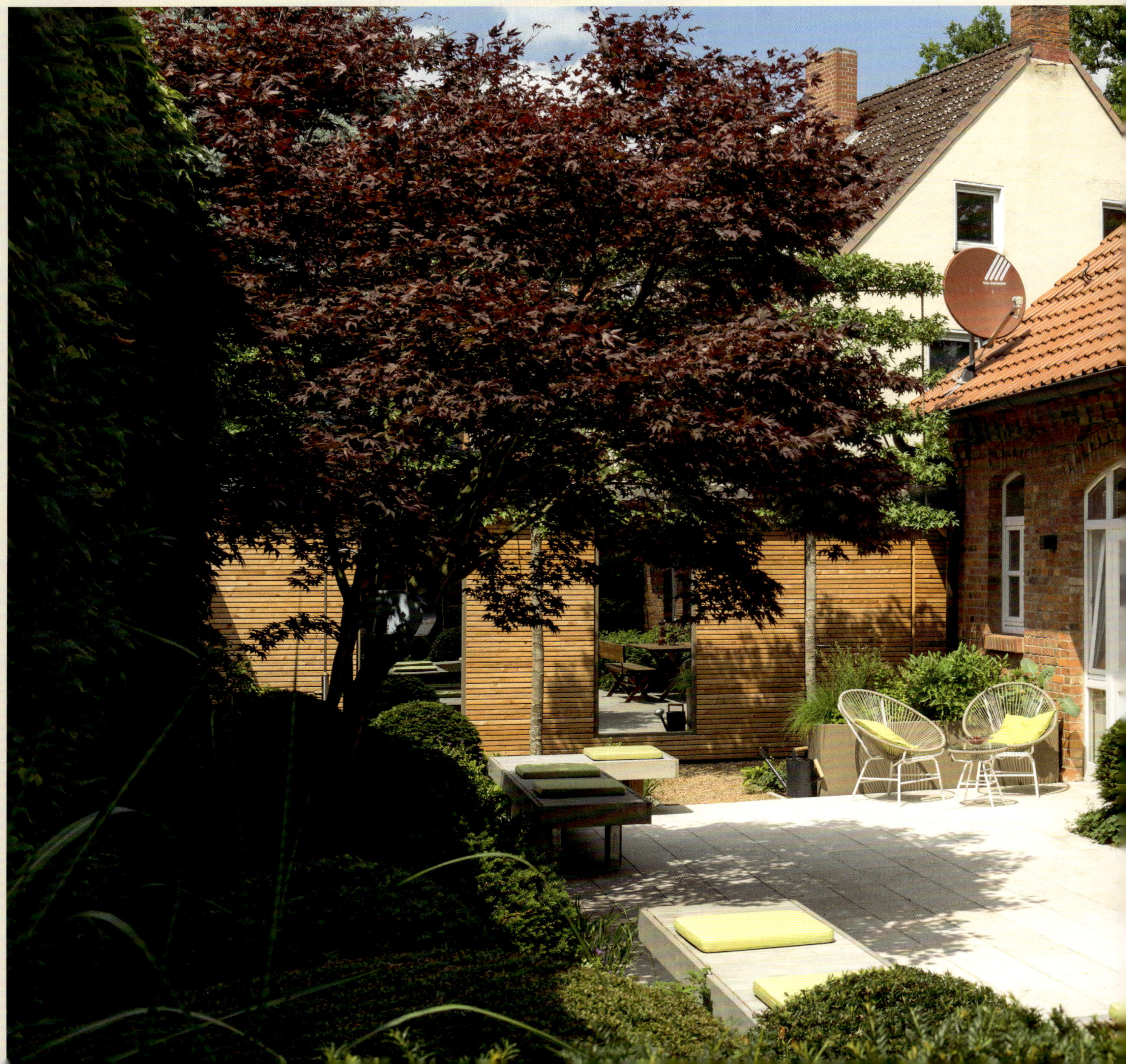

Wie aus einem Provisorium ein Wohlfühlgarten für die ganze Familie wurde – pflegeleicht, gemütlich, ästhetisch anspruchsvoll und auch noch kindgerecht.

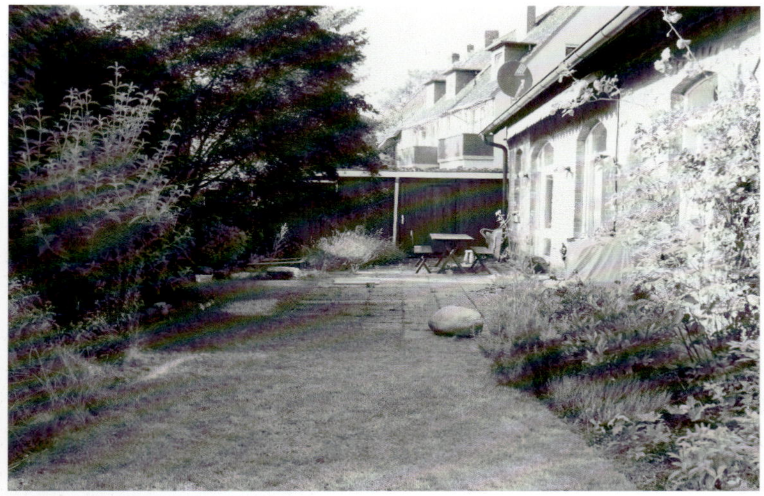

Vorher

Der Garten hatte kein Konzept. Zwischen den einfachen Betonterrassenplatten wucherte das Unkraut, und auch die Pflanzen in den Beeten wuchsen einfach vor sich hin.

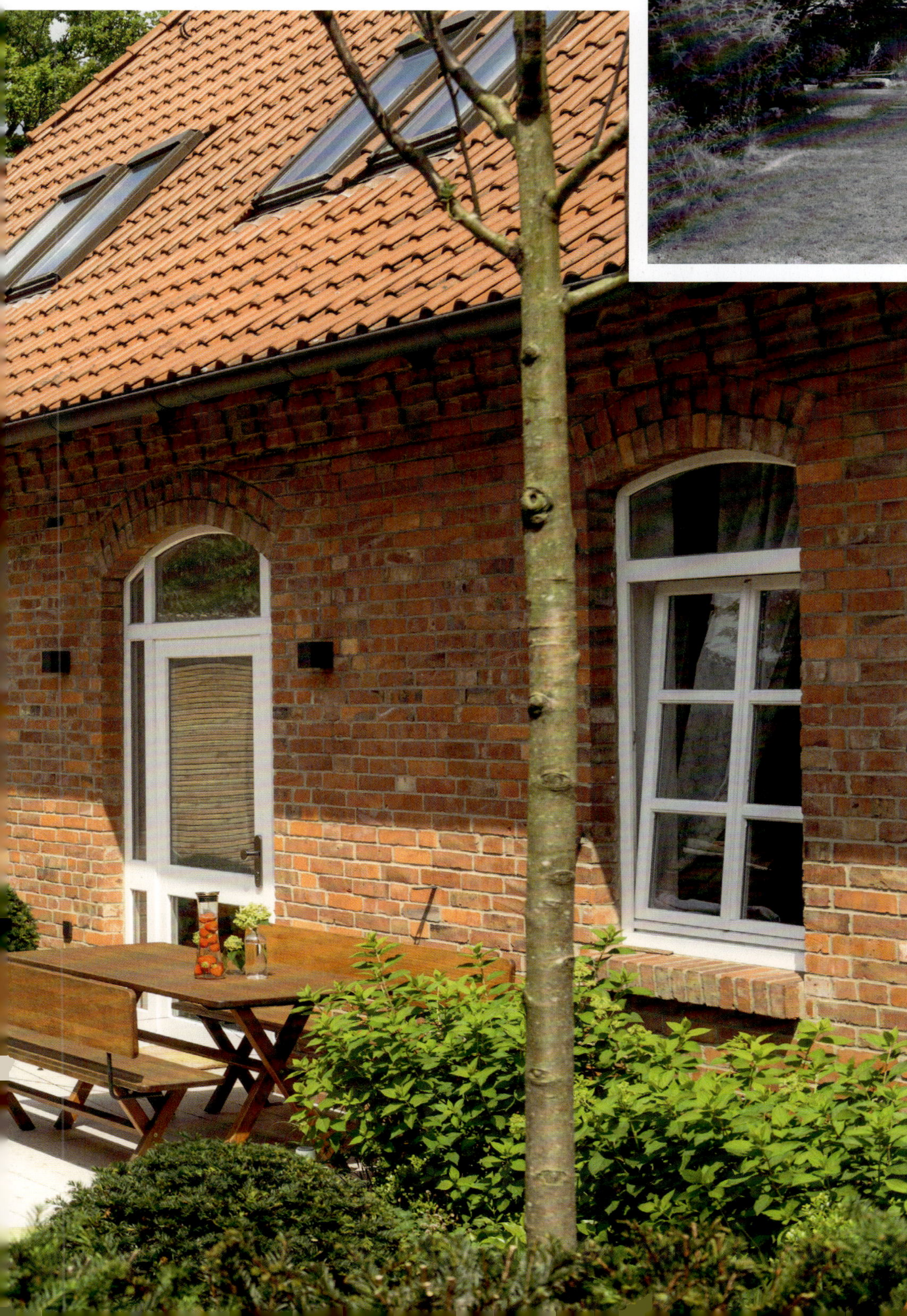

Nachher

Heute zeigt sich der Garten als stilvolles Freiluftwohnzimmer mit viel Grün und mehreren Sitzmöglichkeiten.

„Die klare Maßgabe lautete: Einen absolut pflegeleichten, gleichwohl gemütlichen und ästhetisch ansprechenden Garten kreieren."

Cornelia König, Gartengestalterin

↓ **Kindgerecht** Zu den wenigen Vorgaben an die Planerin gehörte, dass der heißgeliebte Spielturm des Sohnes der Familie auch im neuen Garten einen Platz haben sollte. Durchaus eine Herausforderung, da das Spielgerät allein schon durch seine Höhe ordentlich Präsenz zeigt. Seinen angestammten Platz zur Straße hin behielt der Turm zwar, doch für eine optische Abgrenzung vom Wohngarten sorgt nun ein hüfthoher Querriegel aus Eiben. So können die Eltern von einem der Sitzplätze nach wie vor den kletternden Nachwuchs im Auge behalten, müssen aber nicht mehr das Gefühl haben, das Spielgerät stehe mitten im Garten. Als Sichtschutz zur Straße hin haben ebenfalls Eiben als Hecke einen dunkelbraunen Bretterzaun abgelöst. So ist der Spielturm nun rundherum von Grün umgeben.

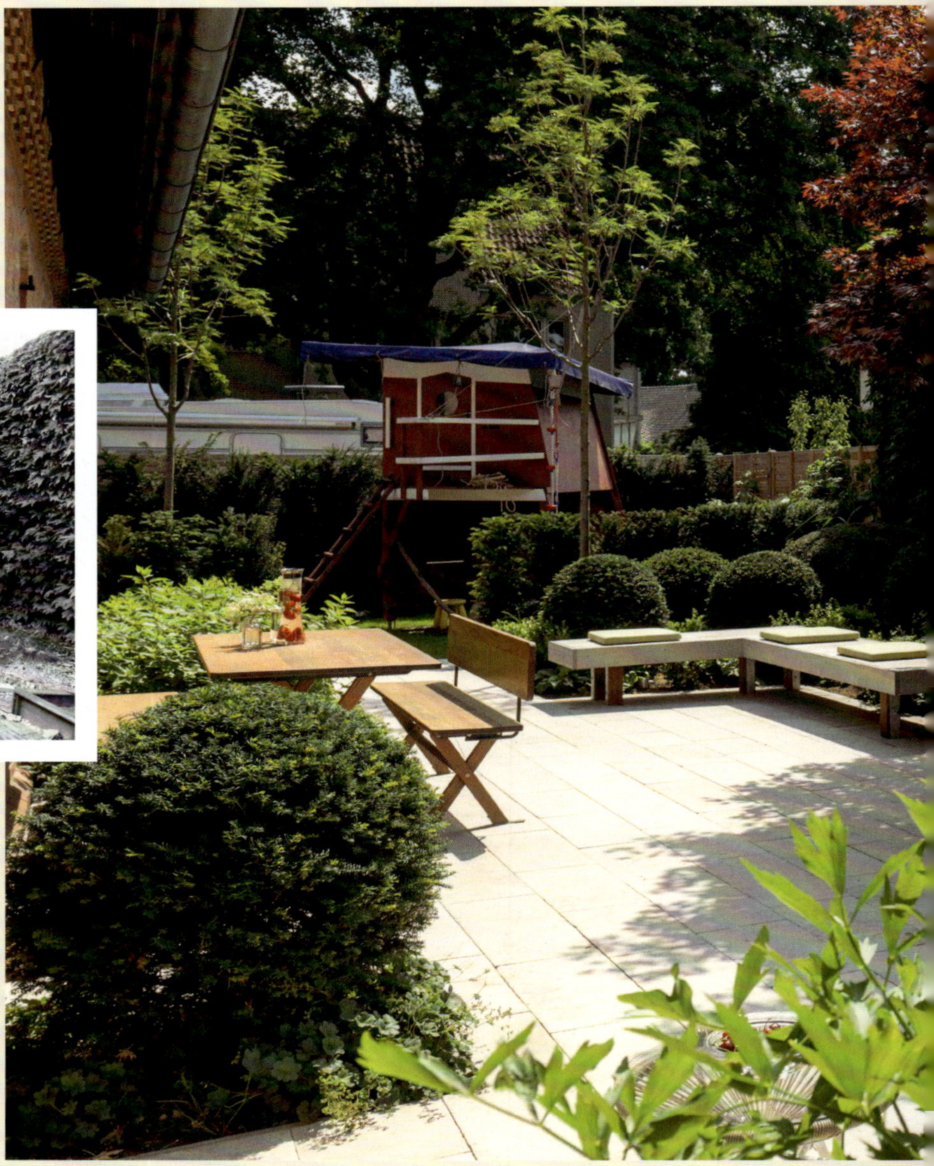

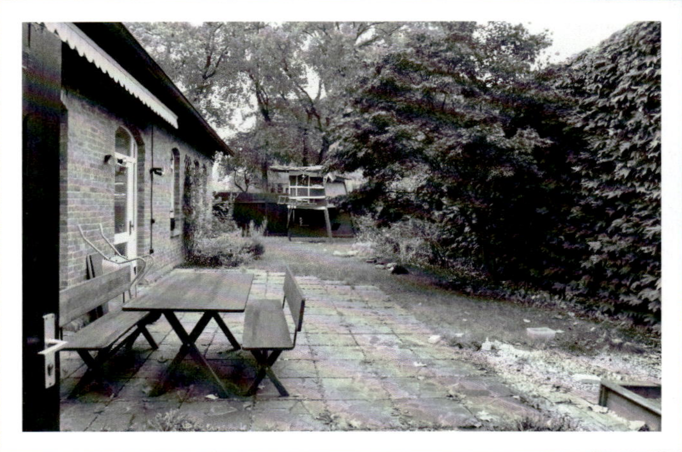

___Karriere machen bedeutet oft: zeitlich und örtlich flexibel bleiben. Ein eigenes Haus und damit das Sesshaftwerden und Ankommen stehen dann jahrelang hintan. So war es auch bei den Besitzern dieses Gartens. Zwar hatten sie sich zum Hauskauf entschlossen, doch da lange ungewiss war, wohin die berufliche Reise geht, blieb vieles – vor allem im Außenbereich – ein Provisorium. Doch als schließlich klar war, dass die Hausbesitzer dauerhaft am Ort bleiben konnten, nahmen die Eltern eines kleinen Sohnes die Verwandlung des Gartens rund um das freistehende Haus mit der Unterstützung einer Gartengestalterin in Angriff, von der sie sich von Anfang an verstanden fühlten.

Neue Dimensionen

Der Wohngarten liegt an der Längsseite des Hauses, ist recht schmal und wird von der hohen, fensterlosen Mauer des Nachbargebäudes begrenzt. Knapp 200 Quadratmeter stehen hier zur Verfügung. Wegen des beschränkten Platzes, aber auch, weil die wichtigste Vorgabe der Bauherren lautete, der Garten solle absolut pflegeleicht sein, verzichtete die Planerin komplett auf Rasen. An die Stelle dieser früheren Grünfläche trat eine großzügige Terrasse mit einem Belag aus hellem fränkischem Kalkstein. Die Reduzierung sorgt optisch für Großzügigkeit und macht den Wohngarten zu einem harmonischen Gartenzimmer.

Gut gegliedert

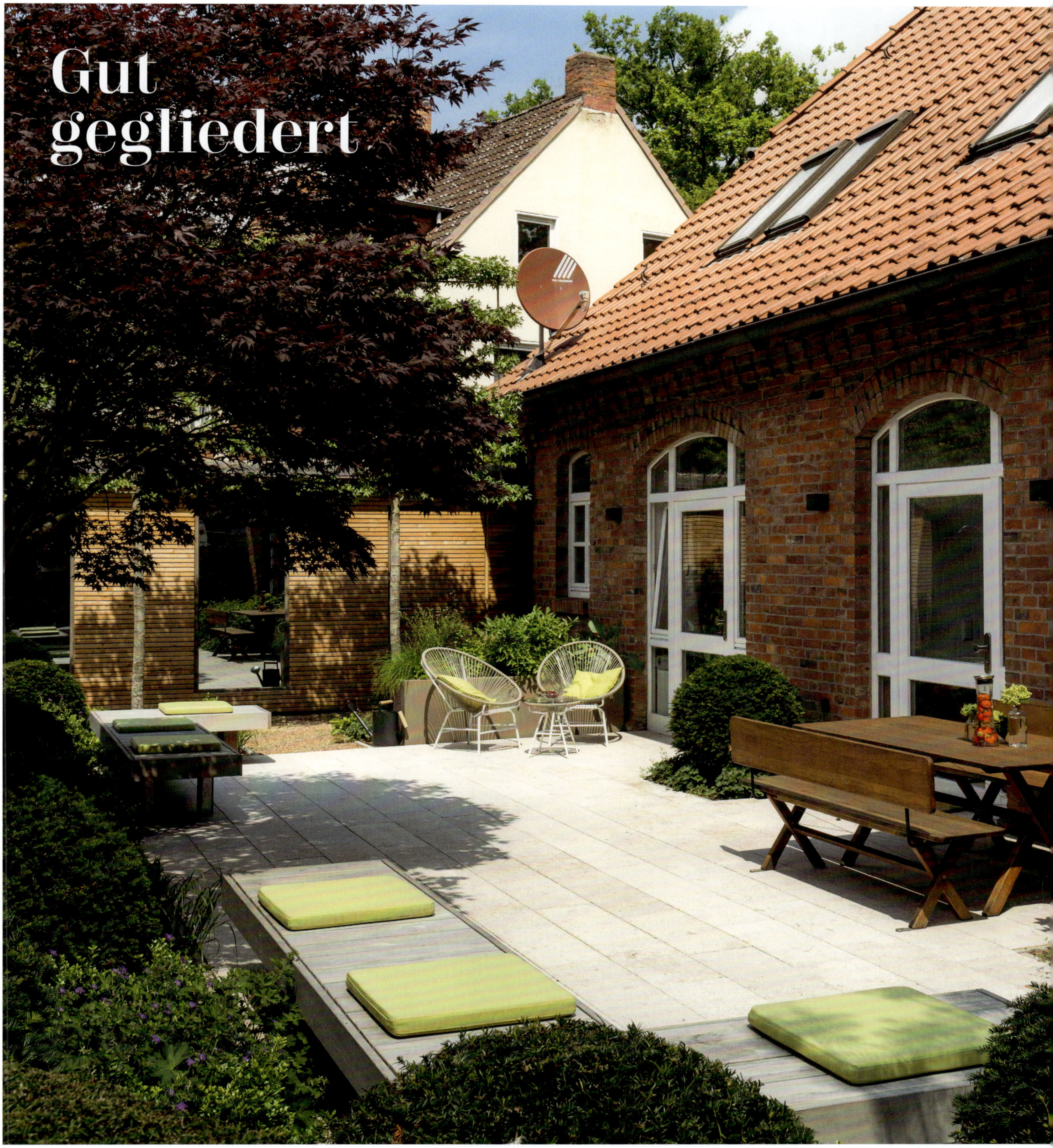

↑ **Strukturiert** Gärten brauchen Struktur. Diese Regel wurde hier mustergültig umgesetzt. Vorher gingen Terrasse, Wiese und Beete mehr oder weniger ineinander über, rechte Winkel wechselten sich willkürlich mit geschwungenen Linien ab. Heute prägen gerade Linien den gesamten Garten. Das wirkt keineswegs hart, sondern schafft wohltuend Ordnung. Aufgebrochen wird die Geradlinigkeit von den Eibenkugeln, welche die Hauptrolle in den Beeten übernommen haben. Durch die fest installierten Eckbänke bekam der Garten eine zusätzliche Ebene und gleichzeitig eine klare Abgrenzung der Terrasse vom Beet. An den Schmalseiten geben die halbhohe Eibenhecke sowie ein querstehendes, ebenfalls halbhohes Pflanzgefäß der Terrasse optisch Halt. Der einheitliche Bodenbelag für Terrasse und Weg zum Vorgarten bindet die Flächen zusammen und lässt den Garten großzügiger wirken.

Schön geschützt

Kleiner Garten – das heißt meist auch: Die Nachbarschaft ist nah. Um möglichst viel Privatsphäre zu haben, tut Sichtschutz also not. Vor der Gartenrenovierung schützte vor allem ein unansehnlicher Bretterzaun vor fremden Blicken. Heute besteht der Sichtschutz rundum aus lebendigem Grün und reicht, wo es notwendig ist, sogar bis in die erste Etage. Spaliere aus Amberbäumen verhindern Einblicke von oben, sodass der Garten heute trotz unmittelbar angrenzender Nachbarhäuser vollkommen blickgeschützt ist.

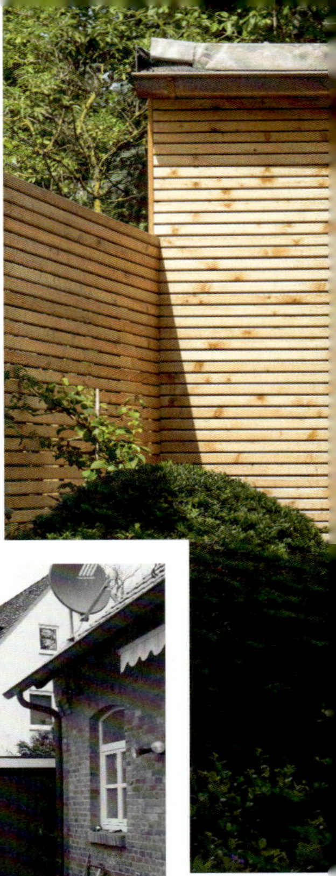

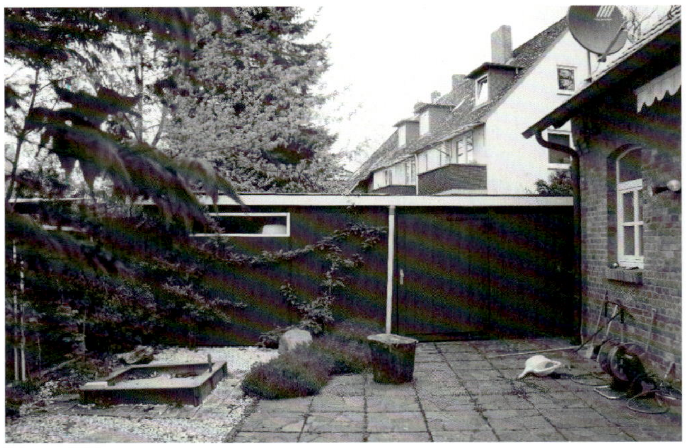

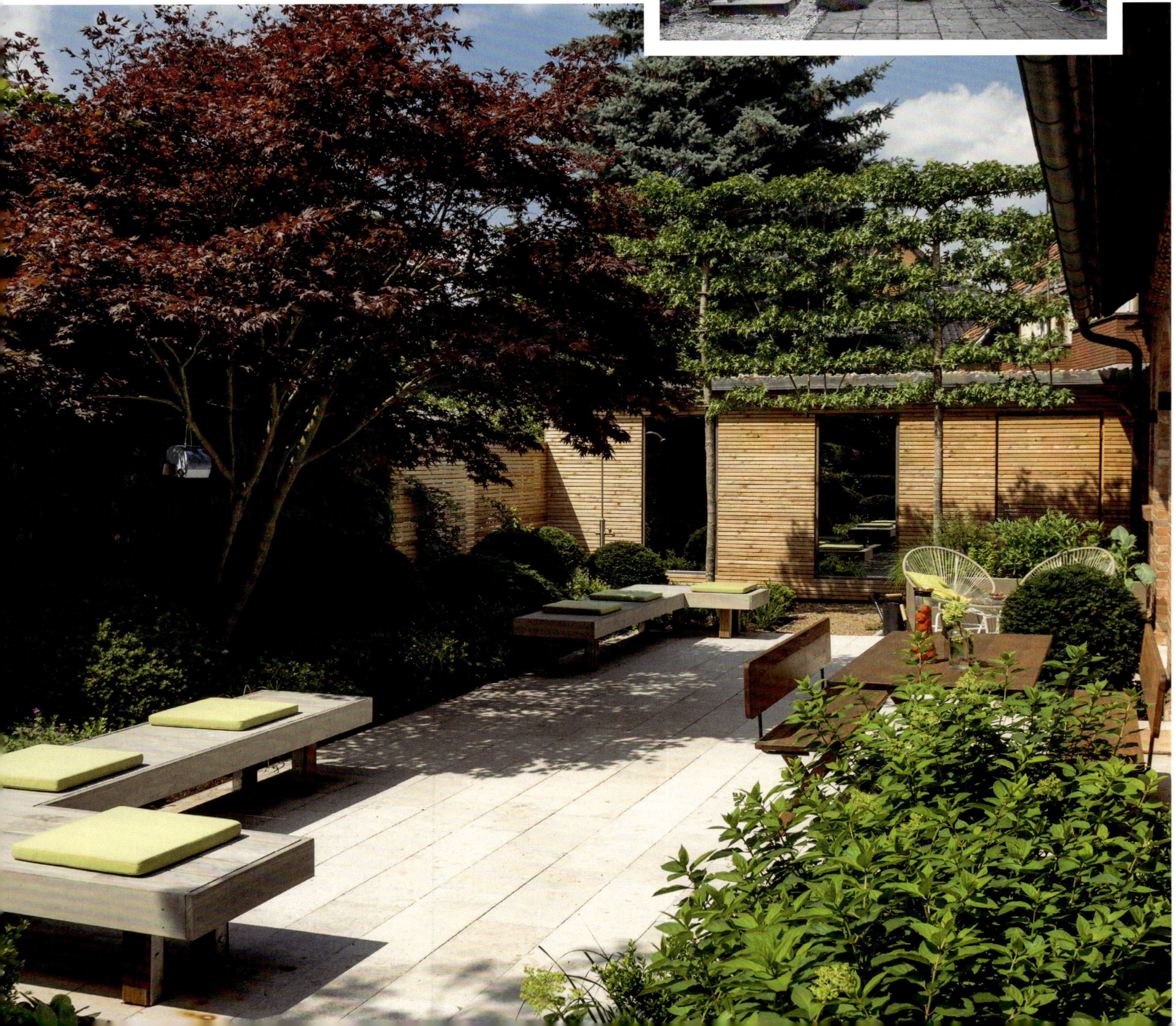

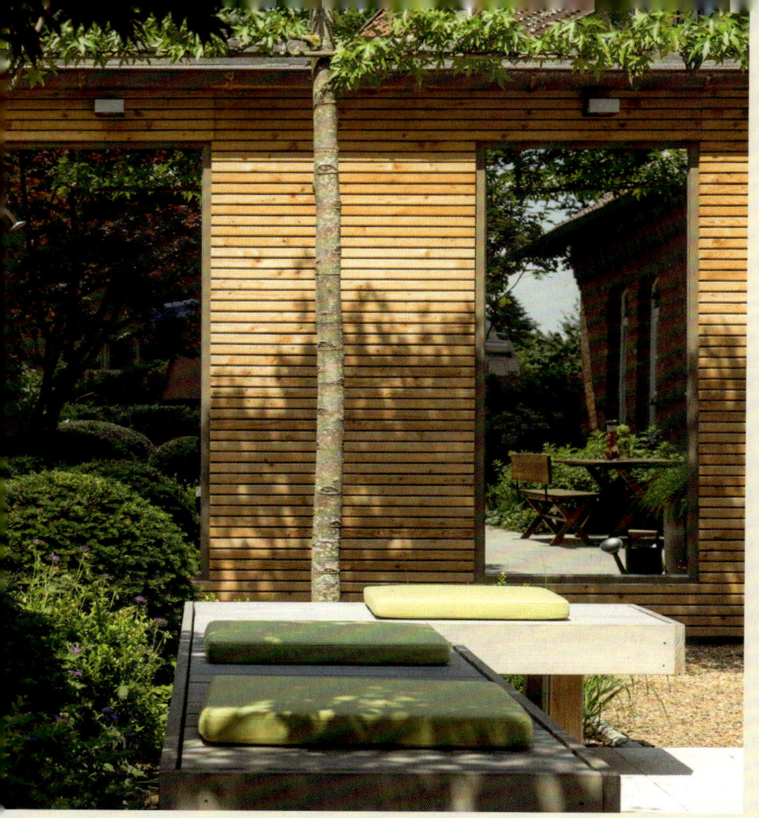

↑ **Tiefenwirkung** Von außen sind die Scheiben verspiegelt. Das schützt zum einen vor unerwünschten Blicken, zum anderen beschert es dem Garten zusätzlich optische Großzügigkeit. Außendusche, die Fassade aus Lärchenholz und das begrünte Dach gewährleisten, dass sich das Saunahaus ganz selbstverständlich in den Garten einfügt.

Wellnesstempel

Nicht nur der Garten selbst sollte vollkommen umgestaltet werden. Es galt auch, ein Gebäude, das sich seitlich am Grundstück befand, neu zu erfinden. Was ursprünglich Carport und Abstellraum war, sollte zum privaten Spa werden. Im Schulterschluss mit einem Tischler und weiteren Gewerken übernahm die Gartengestalterin auch diese Aufgabe. Der alte Baukörper wurde abgerissen und durch einen neuen ersetzt. Im Inneren entstand eine geräumige Sauna inklusive Ruheraum. Große Fenster zum Garten geben beim Saunieren den Blick ins Grüne frei.

Immer grün

In Sachen Bepflanzung erlebte der Garten ebenfalls eine Radikalkur. Lediglich der rotlaubige Ahorn hatte hier auch vor der Überarbeitung seinen Platz. An die Stelle einer willkürlichen und wenig gepflegten Bepflanzung in provisorisch mit Kieseln eingefassten Beeten traten durchdacht bestückte Pflanzflächen. Sie sind so dimensioniert, dass sie gut zu den Proportionen des Gartens passen. Gerade Linien sorgen für Klarheit und Modernität, die überwiegend immergrüne Bepflanzung signalisiert Ästhetik und Wertigkeit. Das Dunkelgrün von Eiben und Japanischer Stechpalme schafft optische Tiefe und Ruhe.

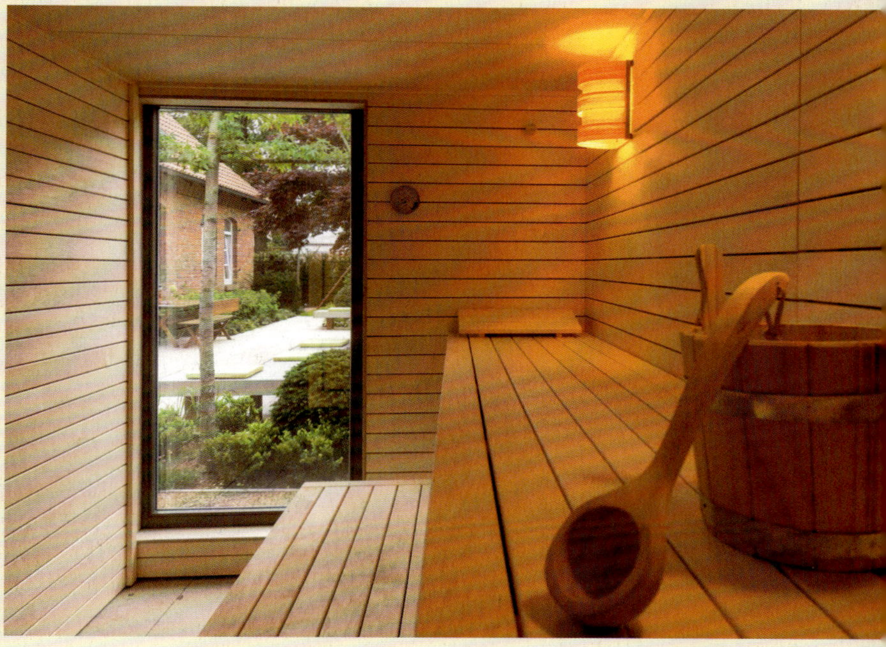

„Die Reduzierung auf einige wenige Arten passt zum Kundenwunsch nach Schlichtheit und wenig Pflegeaufwand."

Cornelia König, Gartengestalterin

Im Überblick – Garten 33

MATERIALIEN (Auswahl)
- Fränkischer Kalkstein
- Accoya-Holz

PFLANZEN (Auswahl)
- Japanische Stechpalme *Ilex crenata*
- Goldbeere/Waldsteinie *Waldsteinia ternata*
- Zwergfrauenmantel *Alchemilla erythropoda*
- Frühlingsanemone *Anemone blanda 'White Splendour'*
- Grasnelke *Armeria maritima 'Splendens'*
- Gänsekresse *Arabis caucasica 'Schneehaube'*
- Bergenie *Bergenia 'Eroica'*
- Kaukasusvergissmeinnicht *Brunnera macrophylla 'Mr. Morse'*
- Alpenveilchen *Cyclamen coum*
- Eiben *Taxus baccata*

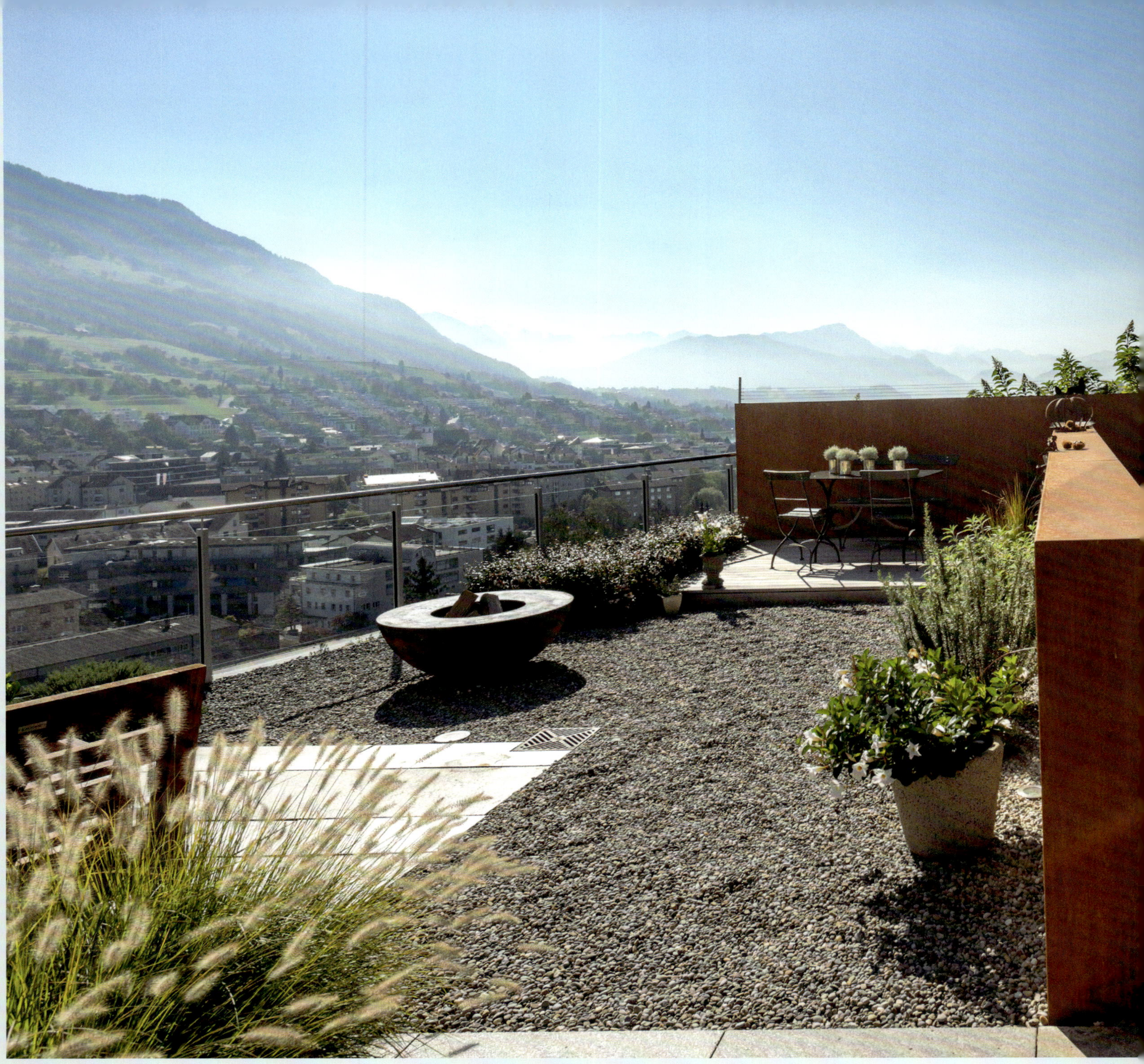

Steilwand-gärtnern

Im Überblick – Garten 34

GARTENGESTALTER
Planung und Ausführung: Müller Gärtner von Eden AG, Udligenswil

IDEE
Eingangsbereich und Garten als Einheit

BESONDERHEIT
Extreme Hanglage

MATERIALIEN
- Maggia-Gneis
- Rundkies
- Sipo-Holz
- Glas

PFLANZEN (Auswahl)
- Abelie *Abelia x grandiflora*
- Lilientraube *Liriope muscari*
- Duftblüte *Osmanthus burkwoodii*
- Japanischer Goldahorn *Acer shirasawanum 'Aureum'*
- Lampenputzergras *Pennisetum alopecuroides*

GRÖSSE
ca. 120 qm, davon ca. 65 qm Weg und Eingangsbereich

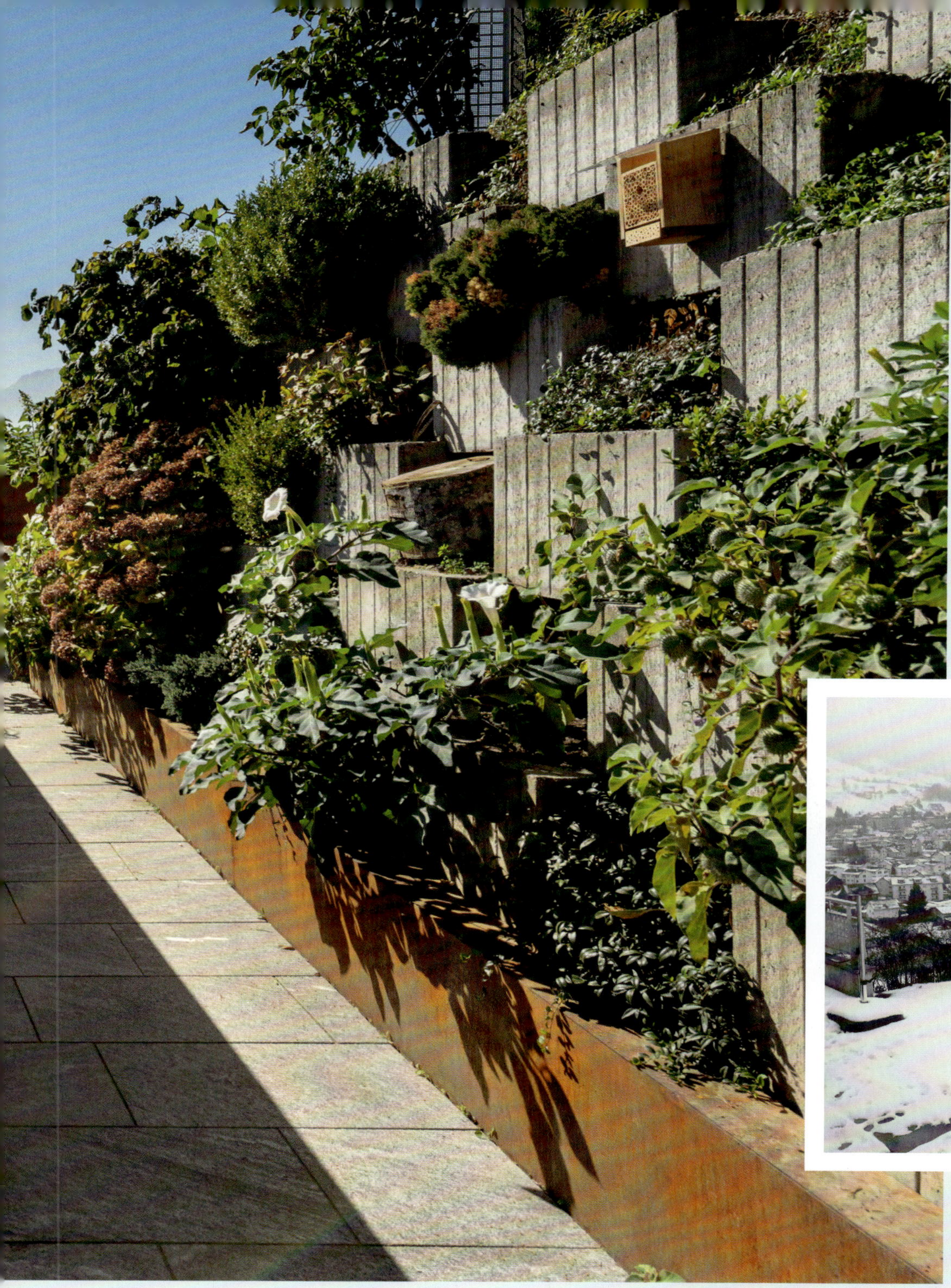

Nachher

Heute gibt es zwei Sitzplätze und reichlich Grün auf dem Plateau. Rohstahlelemente sorgen für optische Einheitlichkeit.

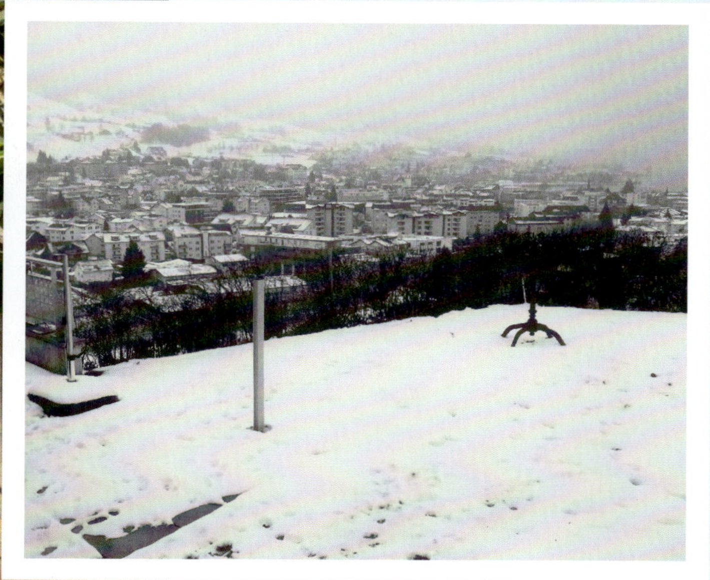

Vorher

Mit toller Aussicht, aber ohne Aufenthaltsqualität präsentierte sich der Garten vorher. Eigentlich war er nicht mehr als ein kleines Wiesenplateau am Hang.

Ein Haus am Hang garantiert eine wunderbare Fernsicht – und einige Herausforderungen bei der Gartengestaltung, wie dieses Beispiel zeigt.

___Regelrecht in den Berg gebaut ist dieses Haus. Man betritt es im Dachgeschoss, und auf dieser Ebene befindet sich auch der Teil des Grundstücks, der als Garten nutzbar ist. Lange führte der allerdings ein Schattendasein. Die Terrasse profitierte vor allem von ihrem freien Blick ins Tal, der Garten selbst – eigentlich nur eine 25 Quadratmeter große Wiese – bot keinerlei optische Reize. Den größten Teil des Grundstücks nimmt der Weg von der Straße zur Haustür ein. Zwischen Haus und Hang gibt es einen schlauchförmigen Durchgang zum Garten hin, der seinen höhlenartigen Charakter dem extrem steilen Grundstück verdankt. Die Gartenbesitzer wünschten sich, dass dieser Durchgang freundlicher wird und die kleine Fläche hinter dem Haus endlich wie ein schöner Garten aussehen und auch so nutzbar sein sollte.

Aus Schlauch wird Raum

Der schnurgerade Weg, der von der Straße zur Haustür und weiter in den Garten führt, wirkte wenig einladend. Einfaches Beton-Kleinpflaster ließ ihn sehr funktional erscheinen, die Sichtbetontröge, die zur Stützung des steilen Hangs eingesetzt worden waren, wirkten mit ihrer spärlichen Bepflanzung fast bedrohlich. Gleichzeitig hatten Passanten und Besucher freie Sicht auf den hinteren Grundstücksteil, eine optische Trennung von Weg und Garten gab es nicht.

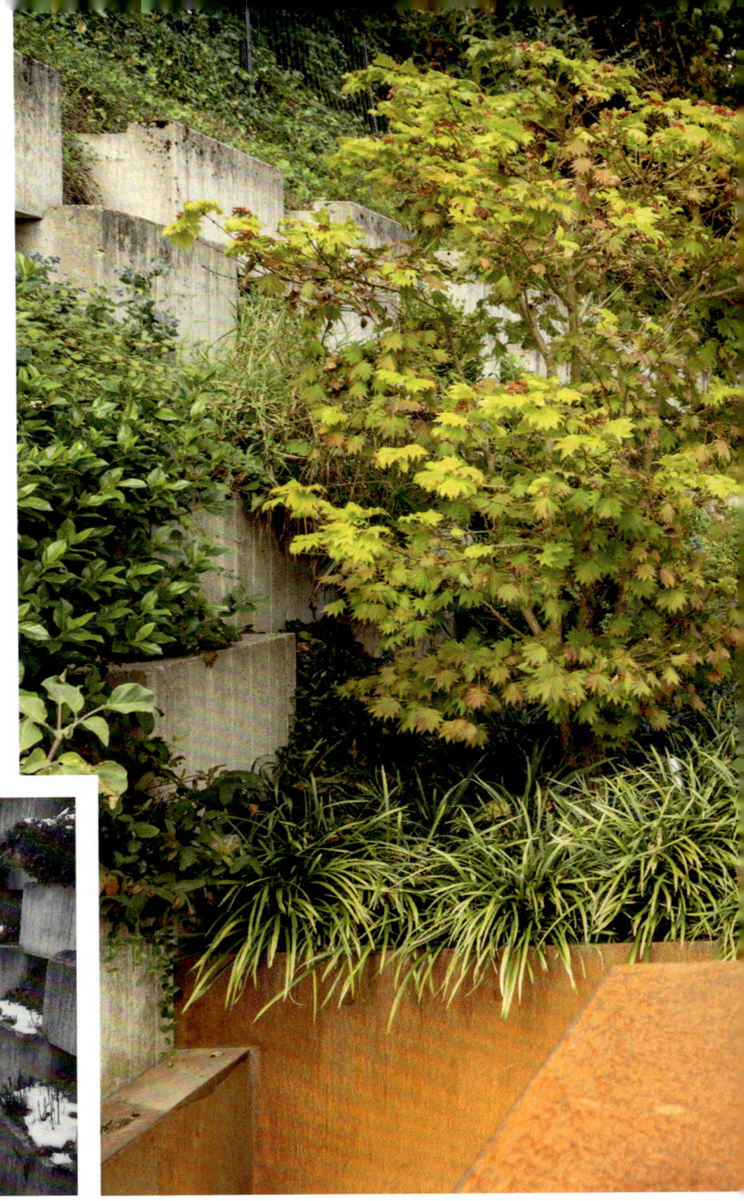

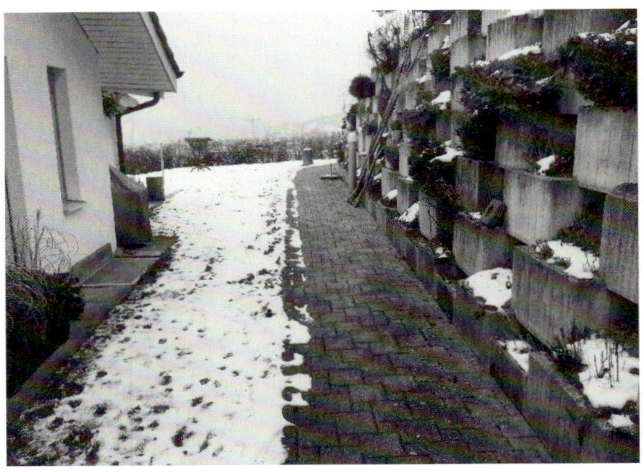

↑ **Die Wand** Früher war die Konstruktion, die den aufragenden Hang abstützt, das alles beherrschende Element dieses Gartens. Bei der Umgestaltung wurde darauf geachtet, sie in den Hintergrund treten zu lassen. Als optimale Gestaltungselemente dafür erwiesen sich schlicht und einfach Pflanzen.

Obwohl der Abstand zwischen Haus und Hang natürlich nicht größer wurde, wirkt dieser Bereich heute elegant und großzügig. Verantwortlich dafür sind mehrere Elemente: Eine enorm große Bereicherung stellen die hochwertigen hellen Natursteinplatten dar, die nun den Bodenbelag bilden. Quer zur Längsachse des Weges verlegt, sorgen sie optisch für mehr Breite. Ihr Farbton bringt Leichtigkeit und schafft die visuelle Verbindung zum Ton der Fassade und sogar zu den Betontrögen der Stützwand. Die dezente Maserung des Steins lässt die Platten – trotz der großen Fläche, die sie bedecken – nicht eintönig wirken. Das gesamte Raumgefüge des Weges scheint sich geändert zu haben. Obwohl rechts und links von zwei massigen, geradlinigen Baukörpern begrenzt, wirkt hier nun alles leicht und beweglich.

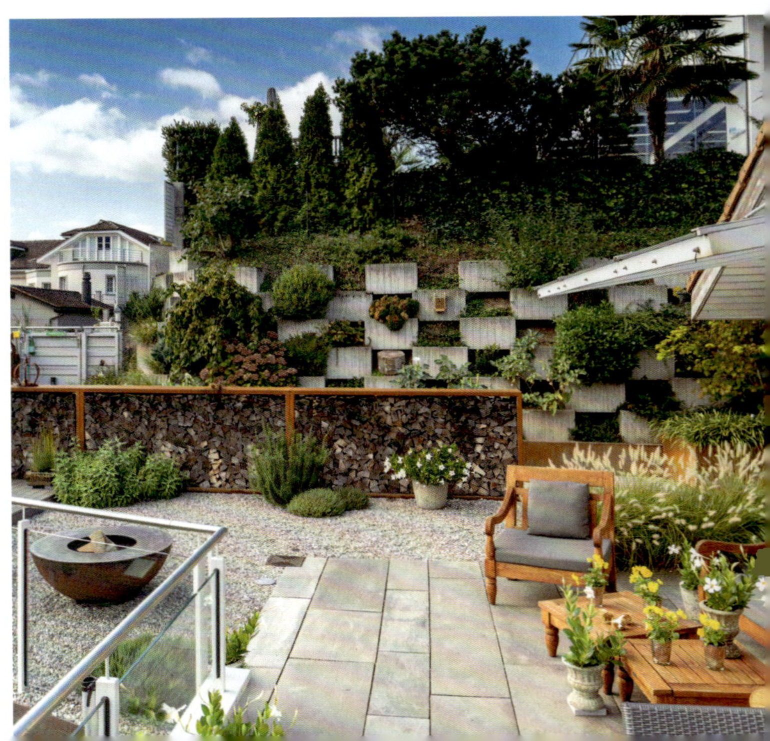

→

Blick ins Tal Die Hauptterrasse liegt vom Zugangsweg aus gesehen links hinter dem Haus. Sie ist groß genug, um einem kleinen Esstisch und einer Sitzgruppe Platz zu bieten. Ihre Abgrenzung von den übrigen Gartenräumen erfolgt subtil und gleichzeitig wirkungsvoll über den Bodenbelag. Hier wurden schon vorhandene Bodenplatten aus Oppdal Quarzit wiederverwendet, die nun als Rechteck in den Kiesplatz hineinragen.

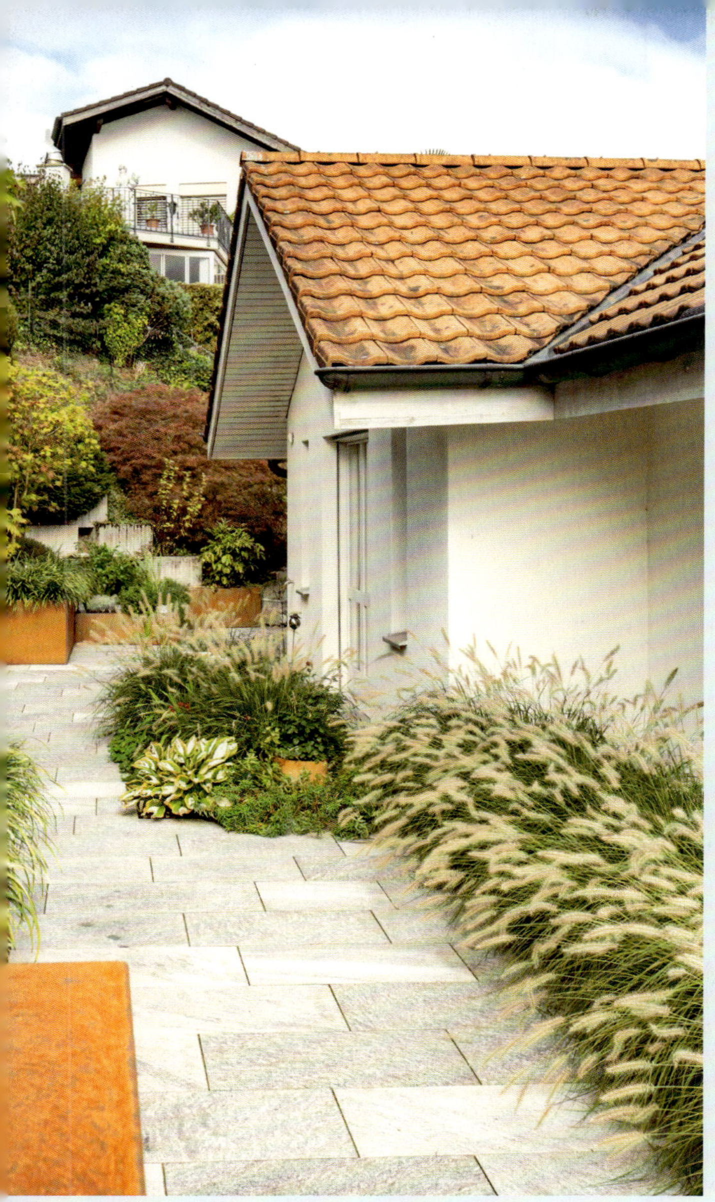

Getrennt vereint

Um einen Blick in den Garten werfen zu können, muss man sich jetzt auch dort hinbegeben, denn anders als vor der Umgestaltung kann man nun nicht mehr vom Hauszugangsweg aus ungehindert in den Garten schauen. Folgt der Besucher dieser Einladung, enthüllt sich auch das eigentliche Wesen der Sichtbarriere: Es handelt sich um ein ausgedehntes Holzlager, das mit seiner Schmalseite zum Hauszugang aufgestellt ist und als Raumteiler frei auf der Fläche steht, die früher schlicht mit Rasen bedeckt war. Ein Materialwechsel des Bodenbelags kennzeichnet die unterschiedlichen Gartenbereiche. Während alle Wege mit den gleichen hellen Bodenplatten bestückt sind, wurde der Grillplatz mit Rundkies belegt. Und auf einem Holzdeck an der Rückwand des Gartens findet auch noch der passende Essplatz Raum. Der rostende Rohstahl, mit dem auch die abschließende Gartenmauer verkleidet ist, umfängt wie ein schützender Rahmen diesen Gartenteil, verbindet ihn aber auch visuell mit dem Eingangsbereich.

Dieser Eindruck ergibt sich aus dem gekonnten Zusammenspiel von Blumentrögen und Bepflanzung. Der Stützwand lagerte der Gestalter einen großzügigen Pflanzstreifen vor. Er verläuft nicht gerade im immer gleichen Abstand zur Wand, sondern springt mal vor, mal zurück. So wird die lange Gerade des Weges aufgebrochen, und außerdem entstand damit reichlich Fläche für die Bepflanzung. Heute verschwindet der untere Teil des Hangs hier fast vollkommen hinter neu gesetzten Gehölzen und Gräsern. Wer jetzt aus der Haustür tritt, schaut nicht mehr auf eine Betonwand, sondern mitten ins Grüne. Auch die Haustür selbst erhielt eine lebendig-grüne Rahmung. Ein zweiter Beetstreifen verläuft jetzt parallel zur Fassade, großzügig mit Lampenputzergras geschmückt. Dessen filigrane Blätter und fast schwerelosen Blüten bilden den maximal denkbaren Kontrast zur Massivität des Hangs.

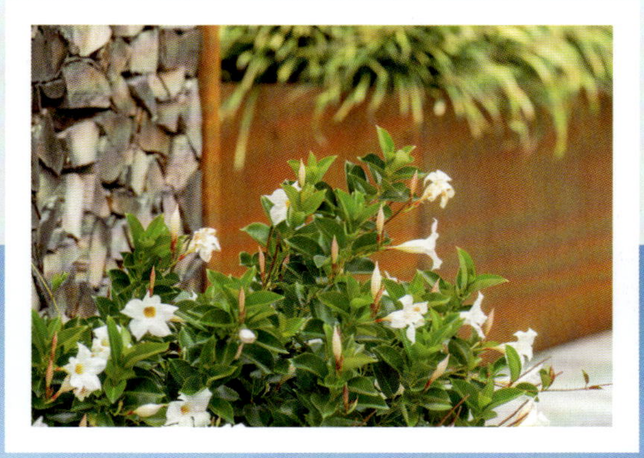

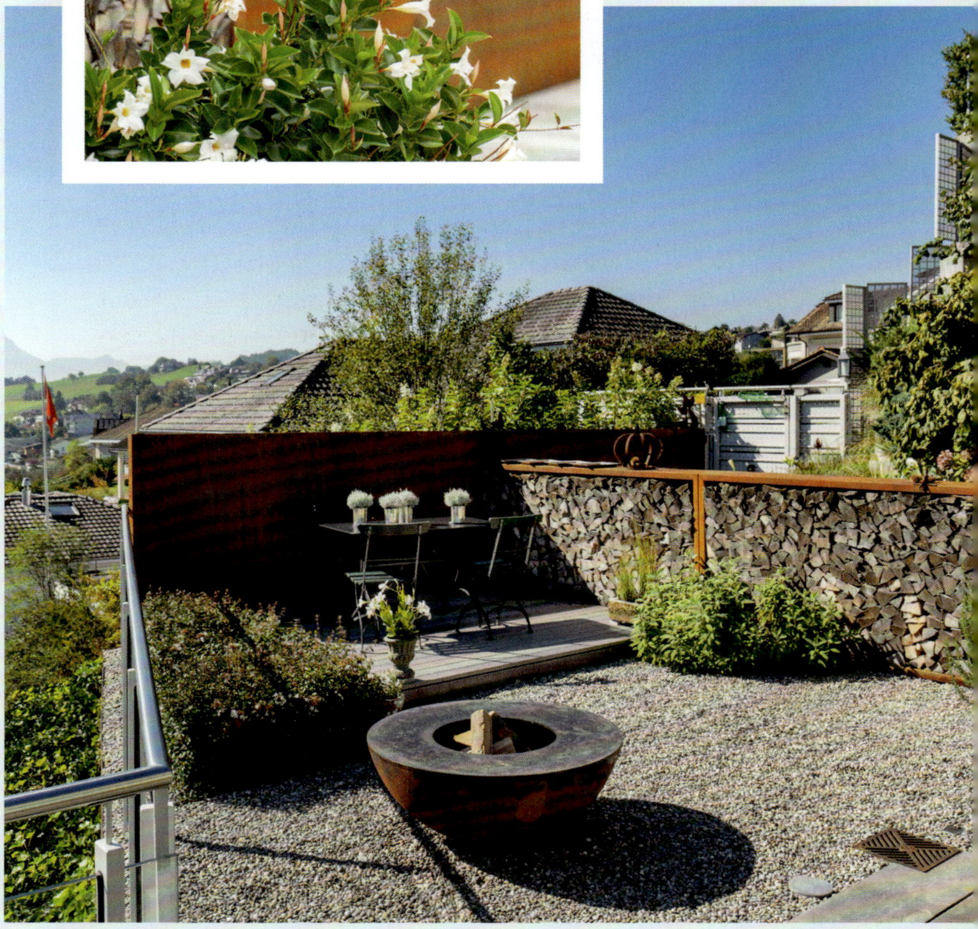

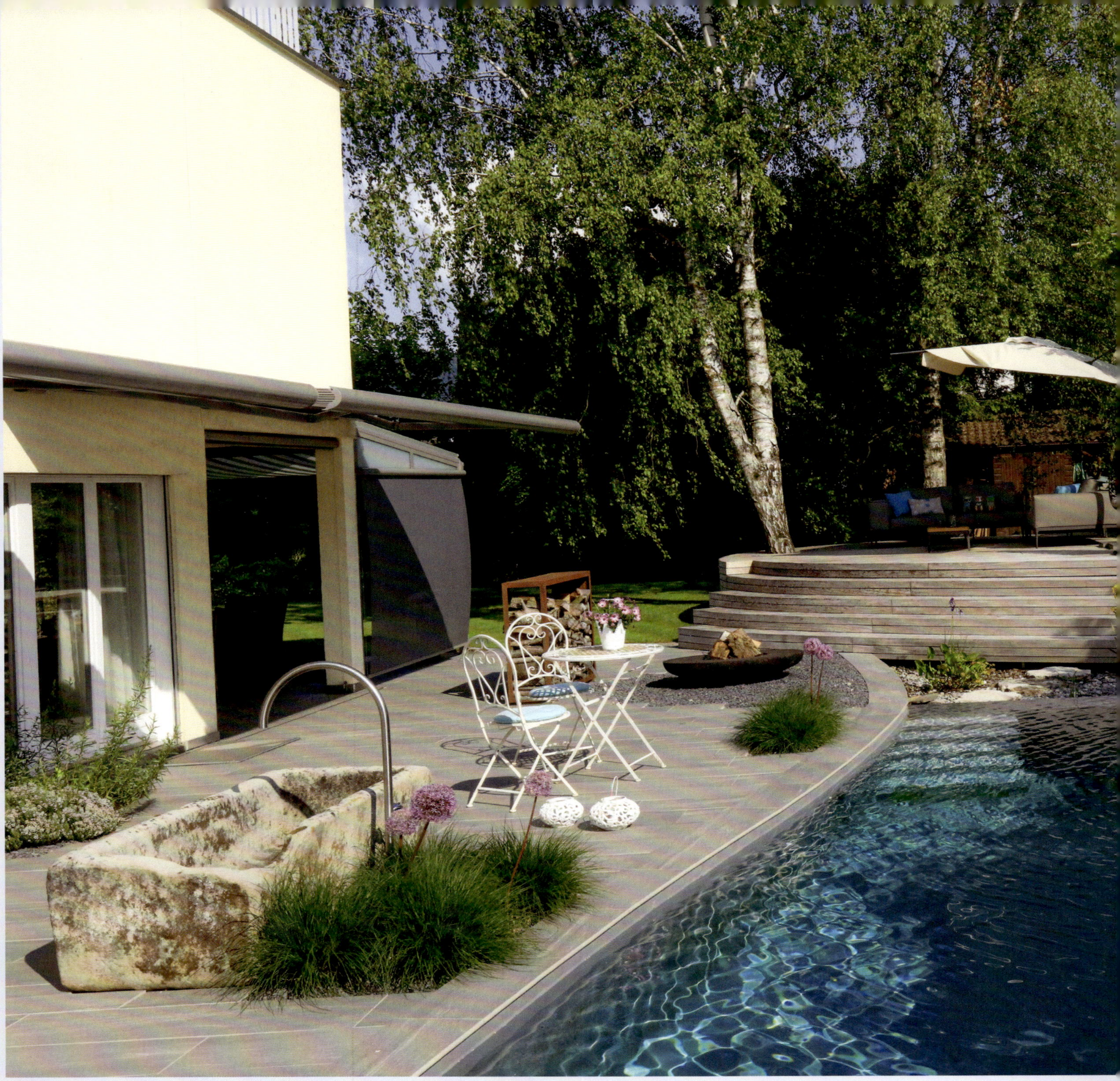

Eine runde Sache

Im Überblick – Garten 35

GARTENGESTALTER	IDEE	GRÖSSE
Planung und Ausführung: Müller Gärtner von Eden AG, Udligenswil	Design trifft auf organische Formen	ca. 300 qm

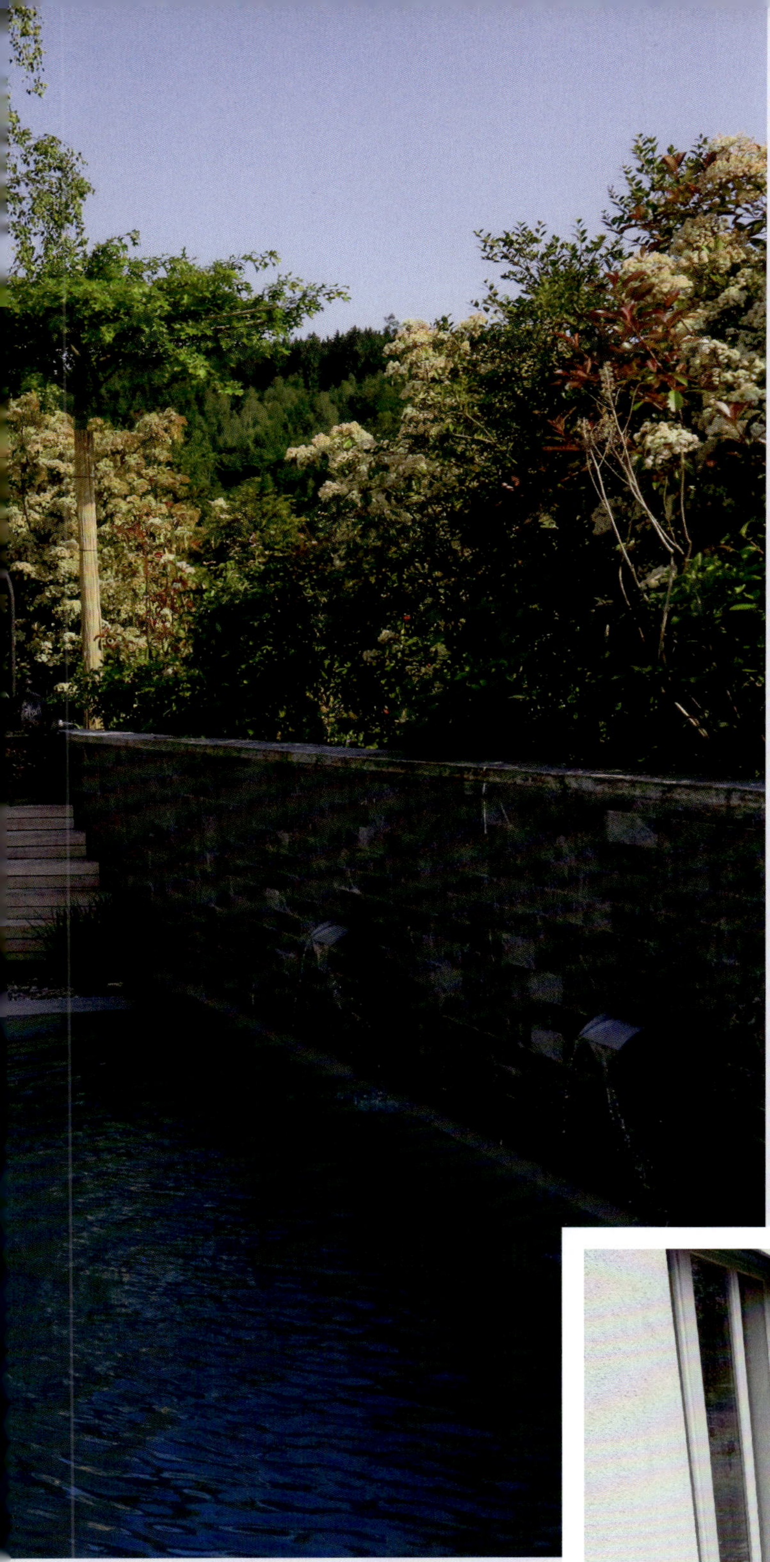

Designorientierte Gartengestaltung und ein Schwimmteich passen hervorragend zusammen. Das illustriert dieser Garten aufs Schönste.

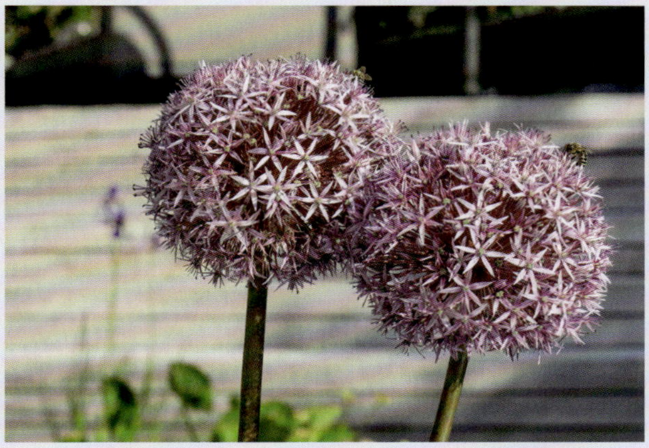

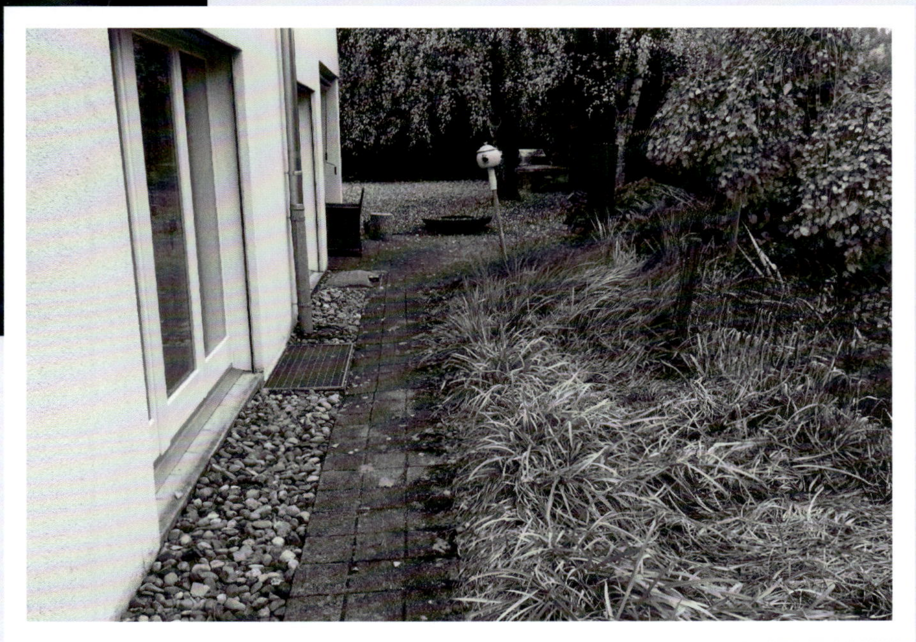

Nachher

Kaum zu glauben, dass es sich um den gleichen Gartenbereich handelt wie auf dem Vorher-Bild. Der Streifen neben dem Haus wirkt nun deutlich breiter. Denn hier ist tatsächlich so viel Platz, dass eine großzügige Terrasse und der sich anschließende Schwimmteich entstehen konnten.

Vorher

Ein typischer Seitenstreifen neben einem freistehenden Haus: ungestaltet und damit unansehnlich und nicht nutzbar. Der hier einmal angelegte Teich war längst unter Wildwuchs verschwunden.

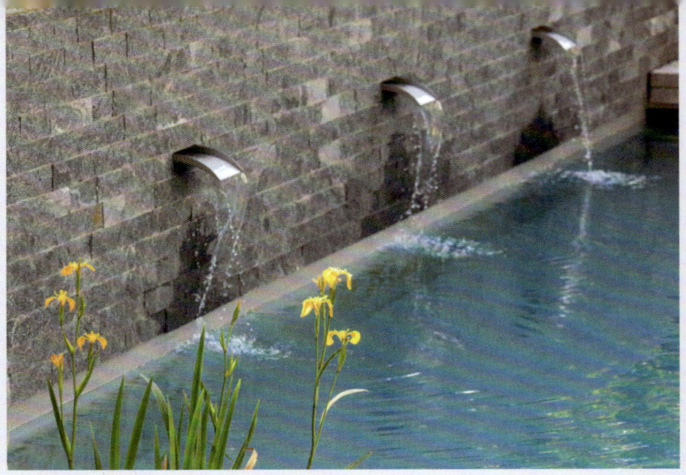

___Die Umgestaltung eines Gartens hat immer zwei Seiten – eine technische und eine ästhetische. Manchmal geht beides Hand in Hand. Oft bleibt die Technik, obwohl besonders wichtig, vollkommen unsichtbar. In diesem Fall kam der Gartengestalter nur deshalb ins Spiel, weil es ein grundsätzliches bautechnisches Problem zu lösen gab. Bei einem Unwetter waren von der benachbarten Landwirtschaftsfläche große Mengen Wasser in den etwas tiefer liegenden Garten gelaufen und hatten ihn überflutet. Das sollte nicht noch einmal passieren, dafür sollte der Gartenprofi sorgen.
Recht schnell kamen Besitzer und Gestalter dann allerdings auch auf die ästhetische Seite des Gartens zu sprechen, und so erweiterte sich der Auftrag für den Fachmann schließlich über die Sicherung des Grundstücks hinaus zur Anlage eines Badegartens.
Ansatzpunkte für eine Verschönerung gab es reichlich. Die große Fläche, von deren rund 1.700 Quadratmetern etwa 300 komplett verändert wurden, hatte durchaus Potenzial, dieses wurde bis dahin allerdings kein bisschen genutzt. Viel mehr als eine große Rasenfläche und alten Baumbestand gab es nicht, der vorhandene Seeblick wurde nicht in Szene gesetzt, und ein irgendwann einmal angelegter Teich war mittlerweile derart zugewachsen, dass die Wasserfläche kaum noch zu sehen war.

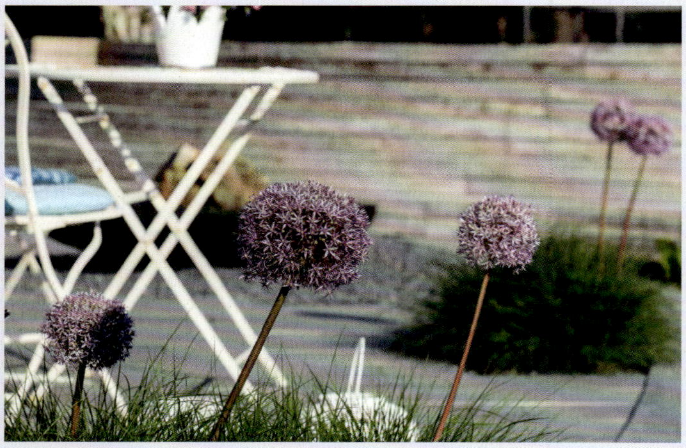

Teich mit Ecken und Kanten

Die Gartenbesitzer, eine Familie mit noch recht kleinen Kindern, hatte die vage Idee, gern ein Wasserelement im Garten zu haben. Und in den Gesprächen mit dem Gestalter kristallisierte sich der Wunsch vom eigenen Schwimmteich heraus. Er fand seinen Platz in einem Teil des Gartens, der seitlich vom Haus liegt – ungefähr dort, wo sich auch schon vorher der Teich befunden hatte. Ein Schwimmteich sollte es wegen seiner natürlichen Wasseraufbereitung sein. Das Becken ist rechtwinklig, lediglich eine Längsseite zeigt sich leicht geschwungen. Auch die für Schwimmteiche typische Regenerationszone, die mit ihrer Bepflanzung die naturnahe Anmutung einer solchen Anlage noch verstärkt, gibt es hier nicht. Die Wasseraufbereitung erfolgt über einen Kiesfilter. Mit dieser Geradlinigkeit harmoniert der Schwimmteich bestens mit der modern-zurückhaltenden Formensprache des Wohnhauses.

„In ihrer Formensprache ist die neue Badegelegenheit keineswegs naturnah, sondern eher designorientiert."

Martin Müller, Gartengestalter

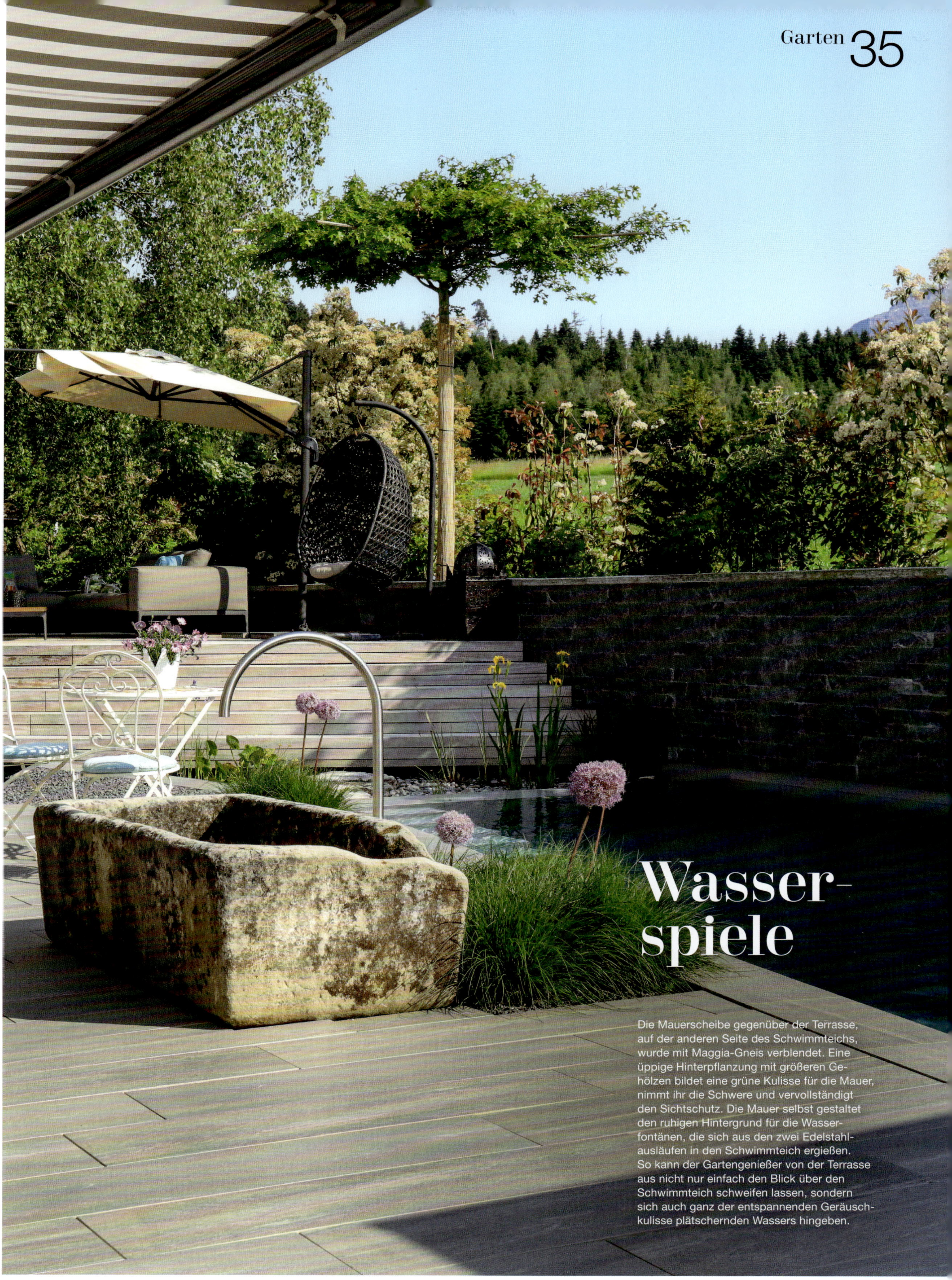

Wasser-spiele

Die Mauerscheibe gegenüber der Terrasse, auf der anderen Seite des Schwimmteichs, wurde mit Maggia-Gneis verblendet. Eine üppige Hinterpflanzung mit größeren Gehölzen bildet eine grüne Kulisse für die Mauer, nimmt ihr die Schwere und vervollständigt den Sichtschutz. Die Mauer selbst gestaltet den ruhigen Hintergrund für die Wasserfontänen, die sich aus den zwei Edelstahlausläufen in den Schwimmteich ergießen. So kann der Gartengenießer von der Terrasse aus nicht nur einfach den Blick über den Schwimmteich schweifen lassen, sondern sich auch ganz der entspannenden Geräuschkulisse plätschernden Wassers hingeben.

Sitzen mit Seeblick

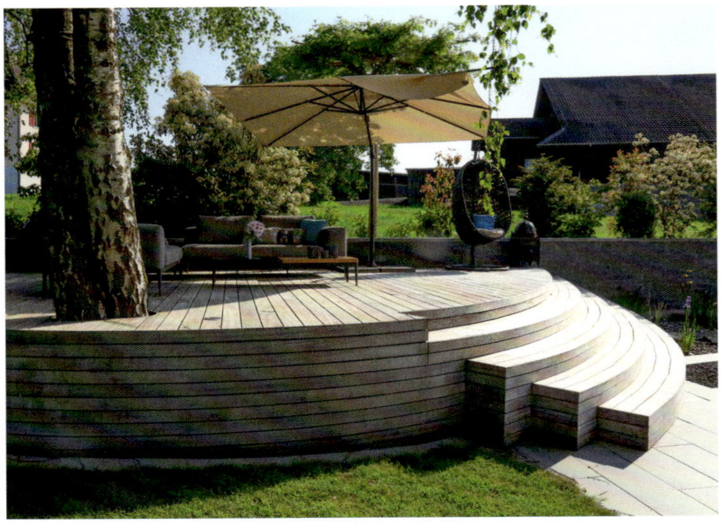

Die Gartenbesitzer waren sich durchaus des Potenzials ihres Grundstücks bewusst. Um die schöne Aussicht ins Tal und über den See endlich genießen zu können, kamen sie auf die Idee, ein erhöhtes Holzdeck im Garten zu errichten. Der Gartengestalter platzierte es an der Stirnseite des Schwimmteichs und baute es um die zwei großen alten Birken herum, die hier standen. Allein das ist schon ungewöhnlich, regelrecht spektakulär wird das Holzpodest aber durch seine Form: es ist nicht wie üblich rechteckig, sondern rund ausgeführt. Über vier ebenfalls runde Stufen gelangt der Gartenfreund aufs Deck, das groß genug ist, um einer Lounge-Ecke bequem Platz zu bieten.

„Hier kann die Familie unter den rauschenden Birken im Schatten sitzen und die Aussicht über den See genießen."

Martin Müller, Gartengestalter

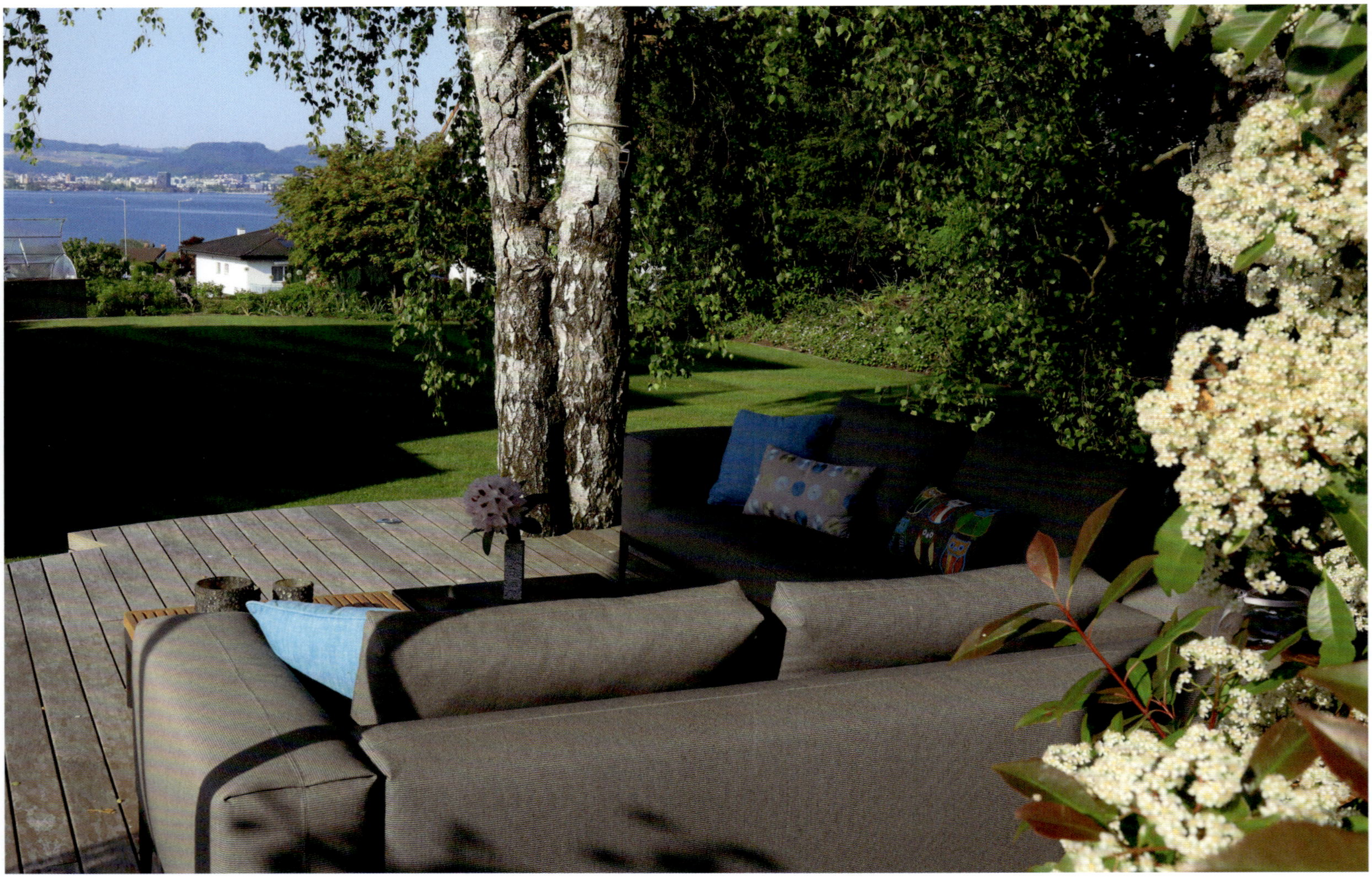

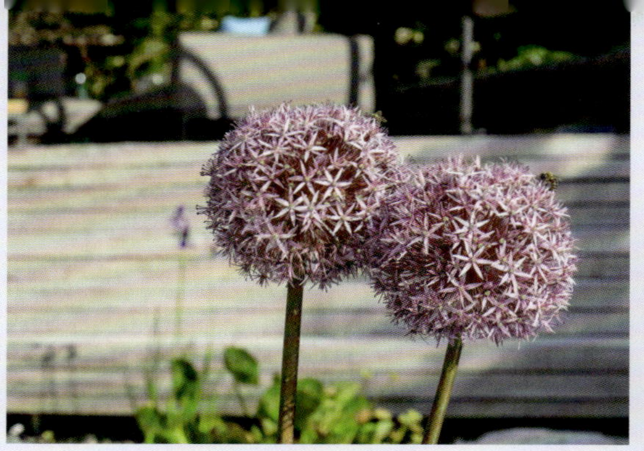

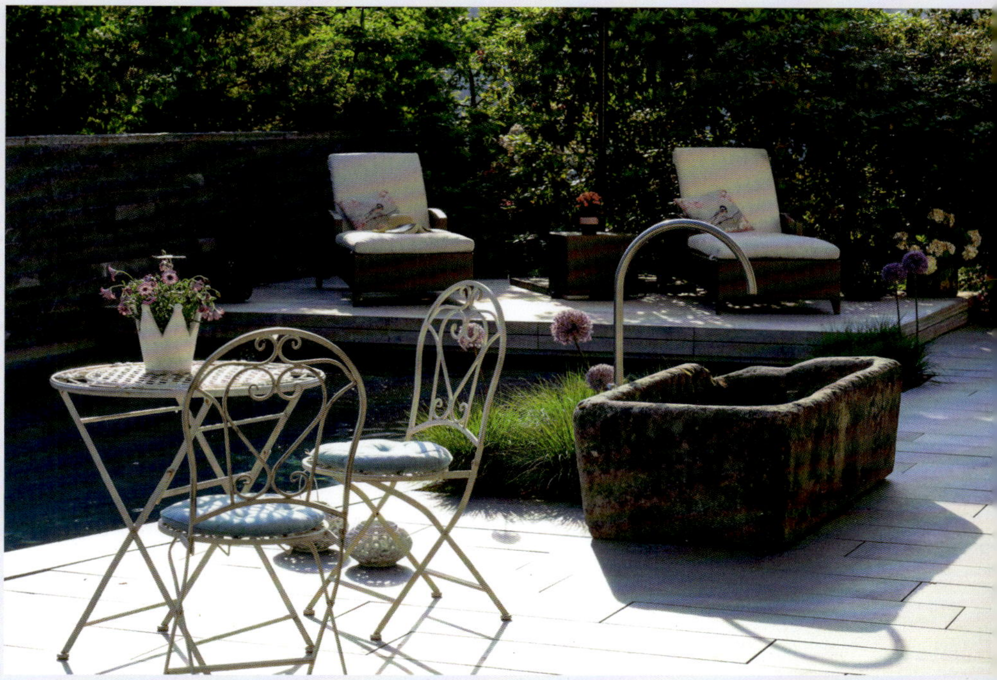

↓ **Zusätzliche Terrasse** Ursprünglich befand sich an der Seite des Hauses, an der sich heute der Schwimmteich erstreckt, ein verwildertes Gelände. Vor den bodentiefen Fenstern zog sich ein gekiester Drainagestreifen entlang. Wegen des Wildwuchses und eines Zauns, mit dem der fast vergessene Teich gesichert worden war, wirkte dieser Gartenteil sehr schmal. Doch hier war nicht nur Platz für einen vollwertigen Schwimmteich, sondern auch für eine großzügige Terrasse. Sie erstreckt sich heute zwischen Haus und Schwimmteich. Ihr Belag aus dunkelgrauen Keramikplatten wirkt sehr edel und harmoniert gut mit dem für das runde Holzdeck verwendeten Sipo-Holz.

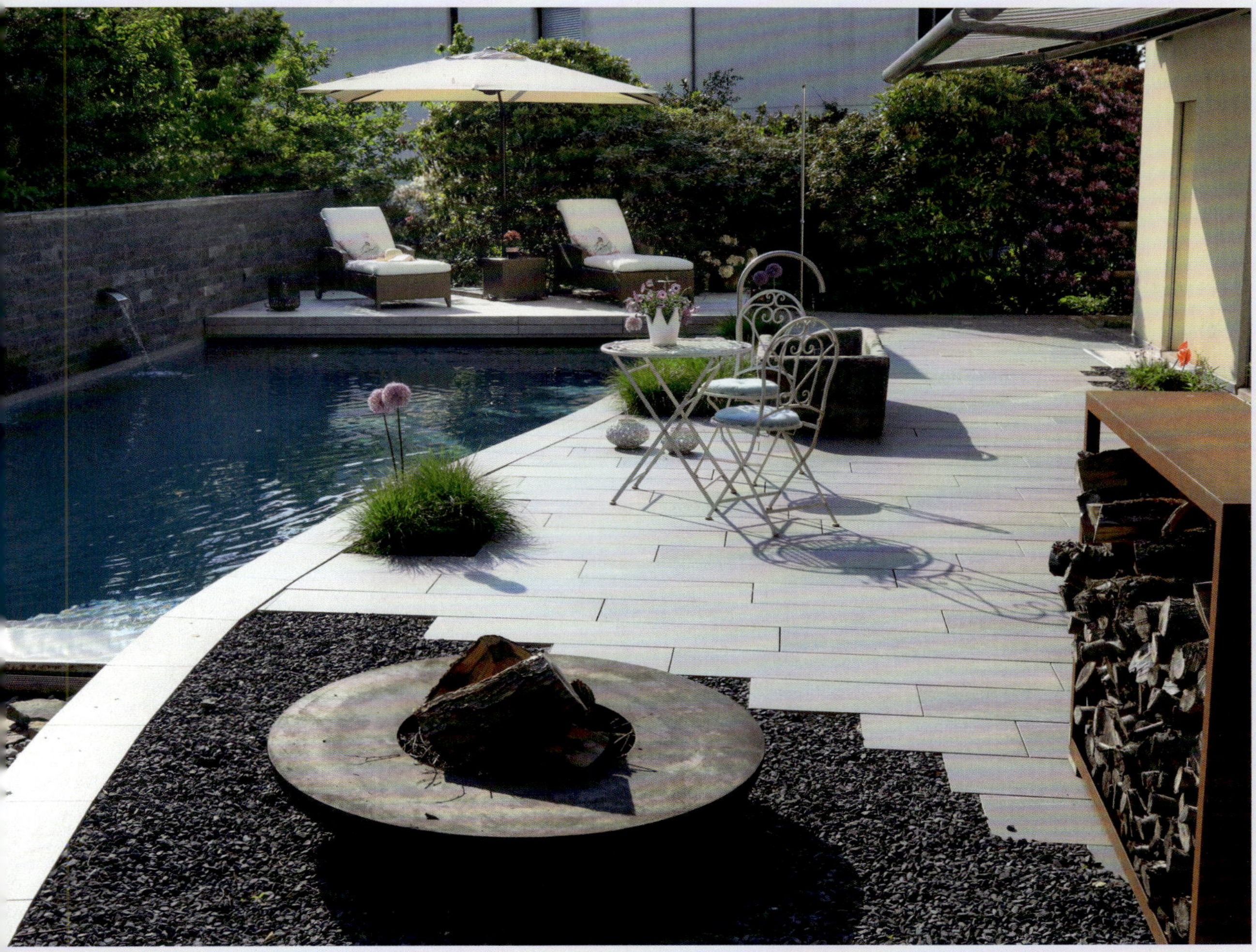

Extras

← **Romantisch** Sinnlich wird es auch, wenn in der Feuerschale, der mit einer gekiesten Aussparung im Terrassenbelag einen eigens für sie konzipierten Platz erhielt, einige Holzscheite brennen. Dann tauchen deren Flammen die Kronen der Birken über dem runden Holzdeck in ein fast magisches Licht, und die Spiegelungen des Feuers im Wasser färben den Schwimmteich in Rot- und Goldtönen.

Im Überblick – Garten 35

BESONDERHEIT
Der neu angelegte Badegarten ist Teil eines weitaus größeren Grundstücks. Das runde Holzdeck ruht auf einer ausgeklügelten Unterkonstruktion aus Metall. Diese sorgt zum einen für eine gute Durchlüftung des Decks, damit das Holz an dieser schattigen Stelle gut abtrocknen kann, zum anderen entlastet sie die Bäume vom Gewicht der Holzkonstruktion.

MATERIALIEN (Auswahl)
- Keramikplatten in Granitoptik
- Maggia-Gneis (Kies und Wandverblendung)

PFLANZEN (Auswahl)
- Eibe *Taxus baccata*
- Stachelblättrige Duftblüte *Osmanthus heterophyllus*
- Glanzmispel *Photinia 'Red Robin'*
- Goldbeere/Waldsteinie *Waldsteinia ternata*
- Japanischer Blumen-Hartriegel *Cornus 'Satomi'*
- Hortensie *Hydrangea paniculata 'Pinky Winky'*
- Storchschnabel *Geranium wallichianum 'Rozanne'*
- Silberkerze *Cimicifuga simplex*
- Lampenputzergras *Pennisetum alopecuroides 'Hameln'*

GARTENGESTALTER
Planung und Ausführung: Gärtner von Eden Rhein-Main-Taunus, Kronberg

IDEE
Hochwertige Wohnlichkeit mit Blick in die Natur

GRÖSSE
ca. 700 qm

Wach-gekü sst

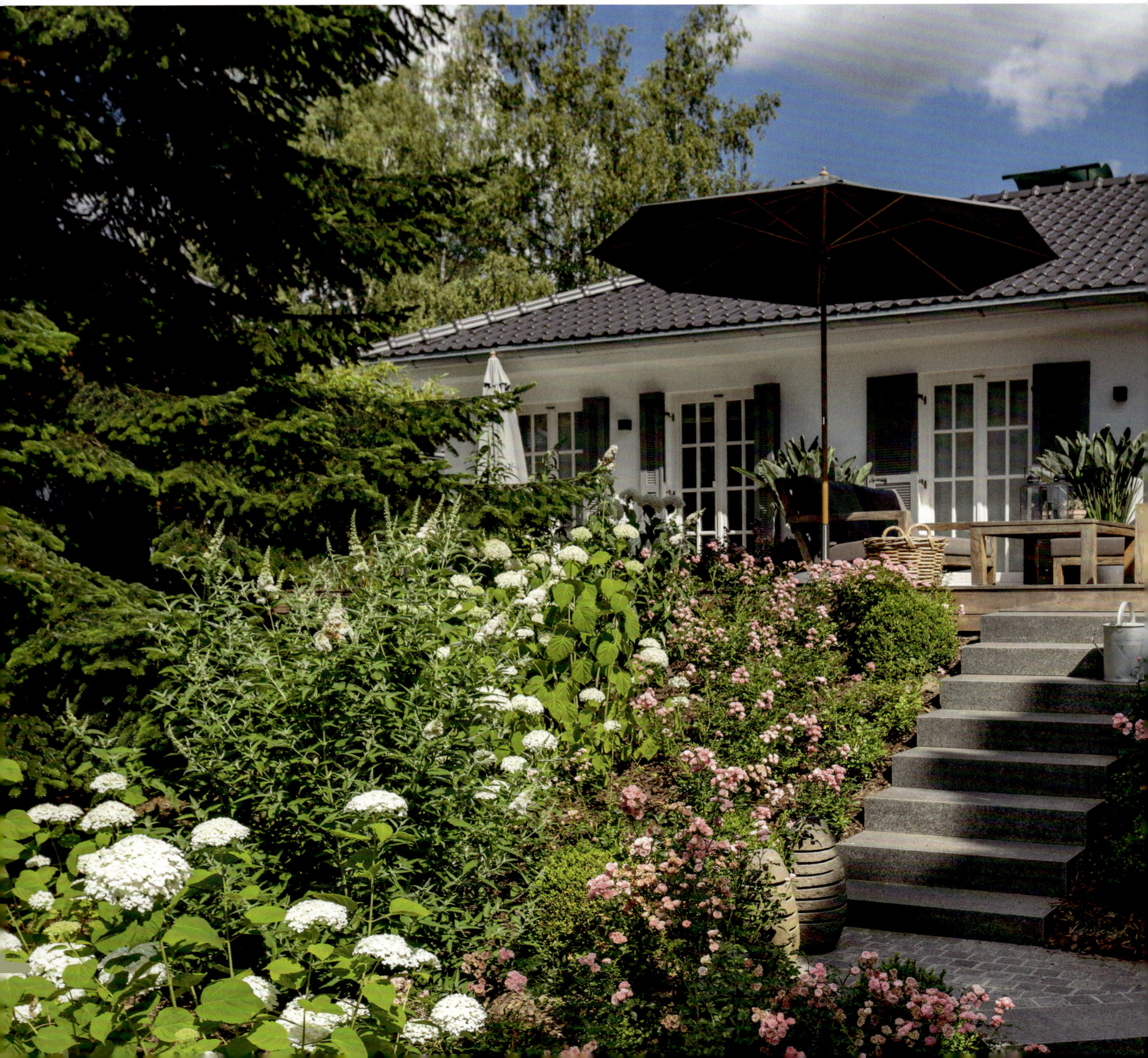

Das Haus im Long-Island-Stil hatte Potenzial, das dazugehörige große Gartengrundstück auch. Beide mussten allerdings erst einmal aus einem Dornröschenschlaf geholt werden. Das taten die Neubesitzer und bekamen zu ihrer eleganten Immobilie einen ebensolchen Garten.

Vorher

Stilvoll, aber in die Jahre gekommen präsentierten sich Haus und Garten vor der Renovierung. Attraktiv aber auch herausfordernd war die Anbindung des Gartens an die obere Etage des Hauses.

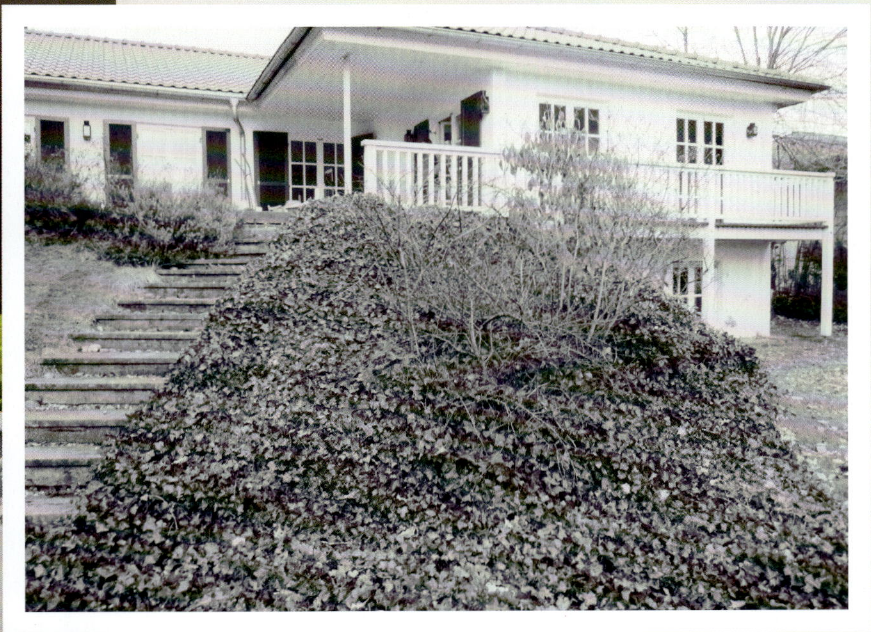

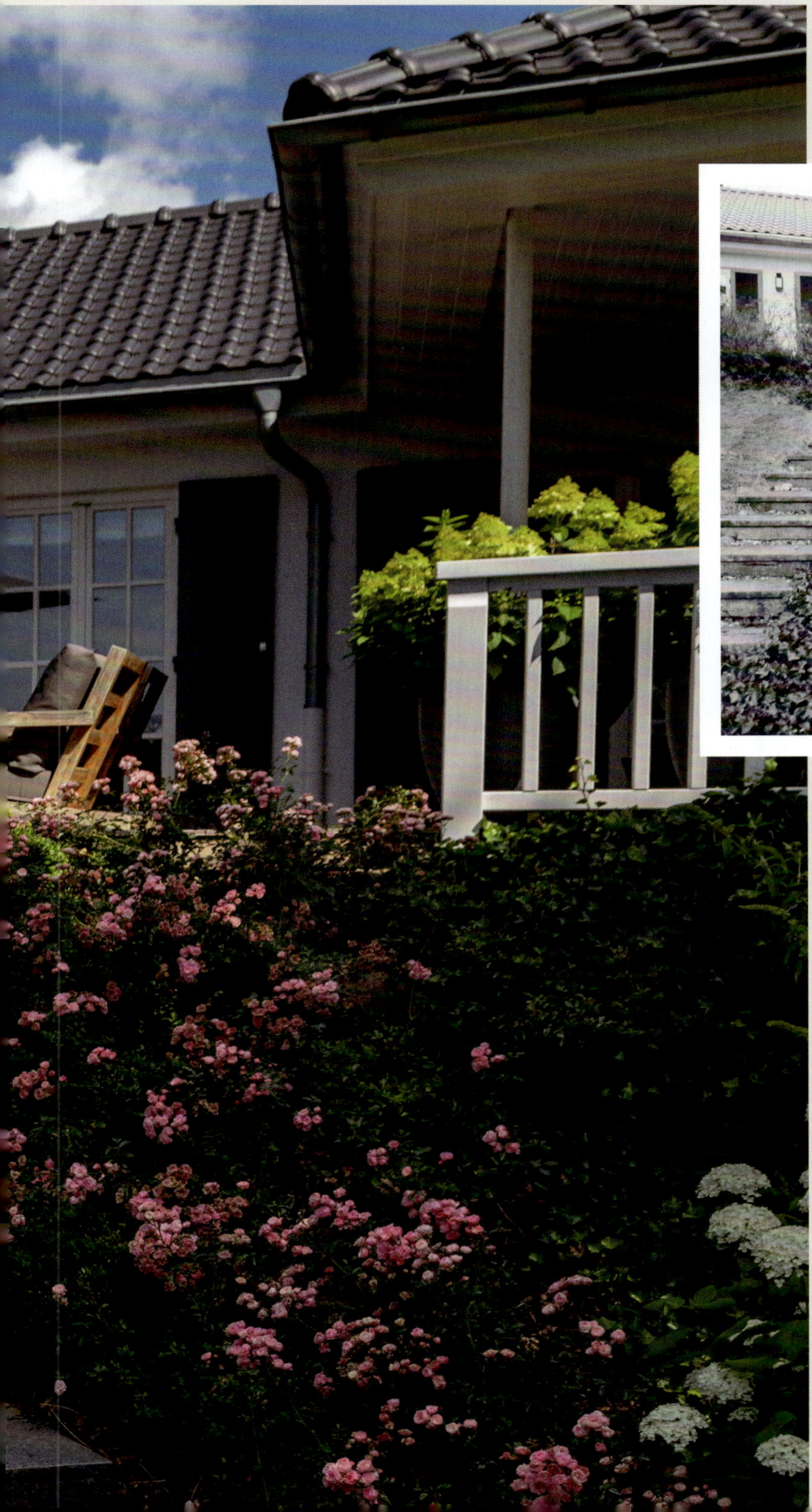

Nachher

Im Sommer umgibt die elegant neu in Szene gesetzte Terrasse ein Blütenmeer, über das der Blick zum Rasen schweift, der eine Ebene tiefer liegt.

___Eine kleine Zeitreise bot dieser Garten vor seiner Umgestaltung. Große Nadelgehölze, Efeu, Rasen. Dazu Terrassenflächen aus Kleinpflaster und Holz. Alles irgendwann einmal von Profihand angelegt, aber nicht mehr weiterentwickelt und in den letzten Jahren auch ein wenig vernachlässigt. Der Garten bedurfte dringend einer Frischzellenkur, zumal das Haus nach seinem Verkauf im Inneren ein vollkommen neues Gesicht erhalten hatte. Die zeitlose Fassade und die interessante Topografie des Grundstücks boten beste Voraussetzungen, um den dazu passenden Garten für das 21. Jahrhundert zu kreieren.

Vorher

Solide, aber nicht wirklich kreativ präsentierte sich der schmale Teil der Terrasse als einfacher, schmaler Holzsteg.

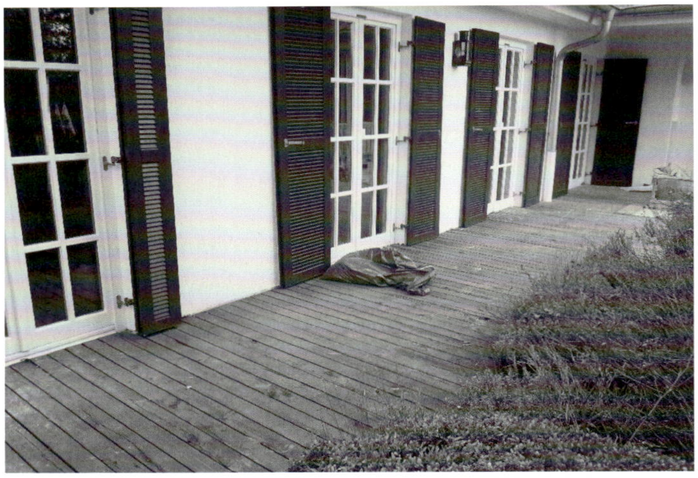

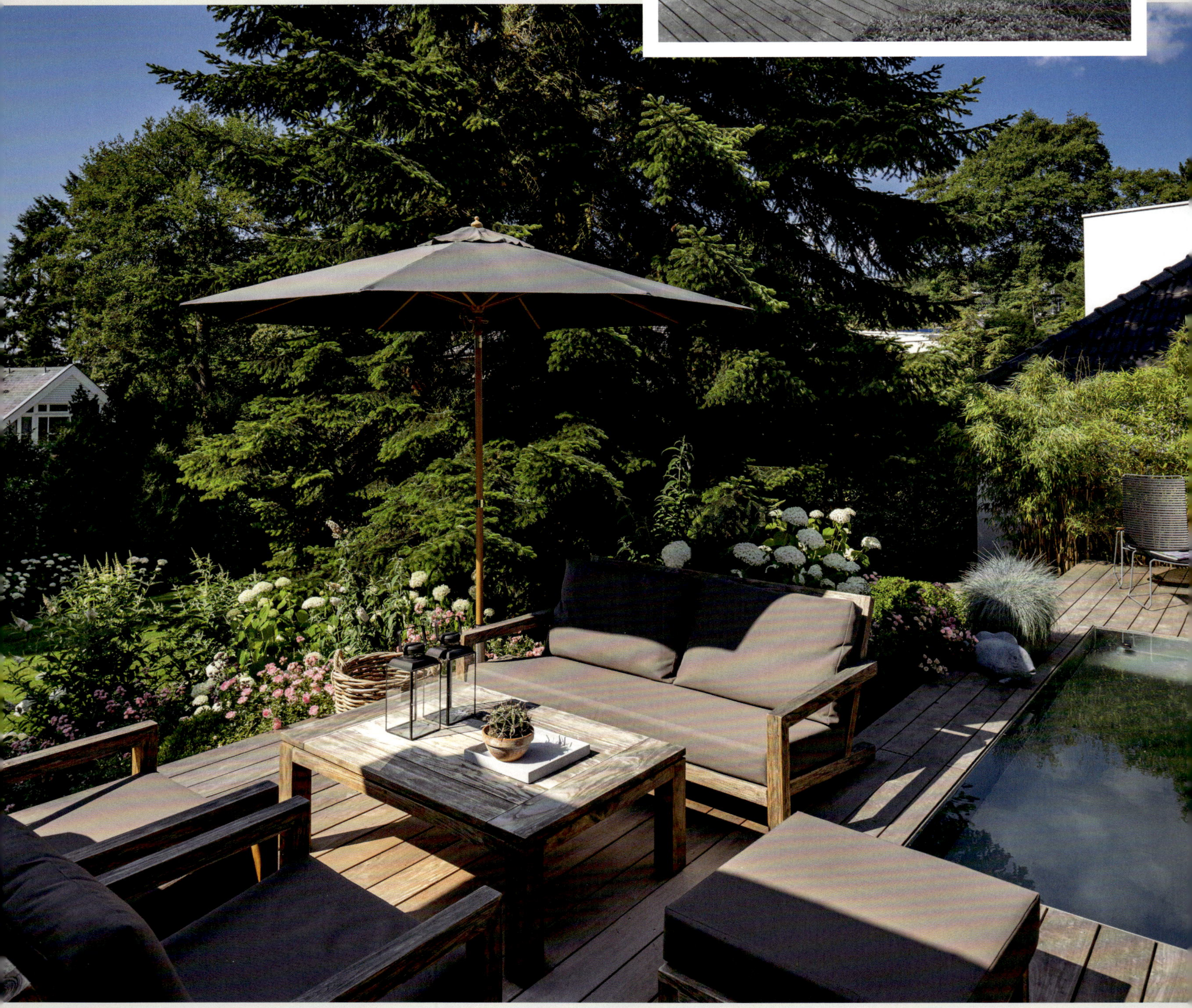

Die Essenz des Gartens

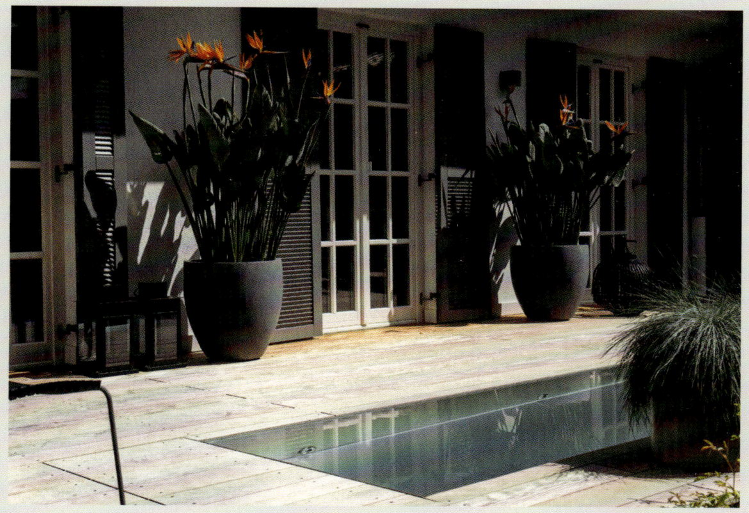

Die Terrasse bildet das unangefochtene Herzstück dieses Gartens. In vielen Fällen ist sie eine Art Übergangszone zwischen Haus und Garten, leitet von den geschlossenen Wohnräumen in die freie Natur über. Das ist bei diesem Haus ganz anders; hier bildet die Terrasse ein eigenständiges Gartenzimmer, vollkommen losgelöst vom eigentlichen Garten. Das liegt an der besonderen Topografie des Grundstücks: Das Haus thront deutlich über dem Garten, wurde aber so gebaut, dass auf der gesamten Front zum Garten hin Glastüren den Schritt nach draußen ermöglichen. Wie ein Wandelgang erstreckt sich hier ein Weg, der sich im Winkel des L-förmigen Hauses zu einer Terrasse erweitert. Für die Umgestaltung von Haus und Garten war damit das außerordentlich große Potenzial vorhanden, alle zum Garten ausgerichteten Räume mit einem attraktiven grünen Außenbereich zu versehen. Allerdings waren Gang und Terrasse – passend zur Entstehungszeit eher rustikal und einfach – in die Jahre gekommen und verglichen mit der Großzügigkeit von Haus und Grundstück recht klein dimensioniert.
Die erste Maßnahme der Umgestaltung bestand also darin, die gesamte Terrassenkonstruktion um rund einen Meter zu verbreitern. Das bescherte der Fläche eine neue Großzügigkeit.

Extras

↑ **Hingucker** Besonderer Hingucker ist ein bodeneben eingelassenes Wasserbecken aus Edelstahl. Es unterstreicht den Charakter der Terrasse als vollwertigen Gartenraum und ist so platziert, dass es sowohl vom Schlafzimmer als auch vom Wohn-Essbereich des Hauses aus gut sichtbar ist. Es macht den Blick auf die Terrasse interessant und schränkt die Fläche für die Sitzgruppe nicht ein.

Die Gartenplanung

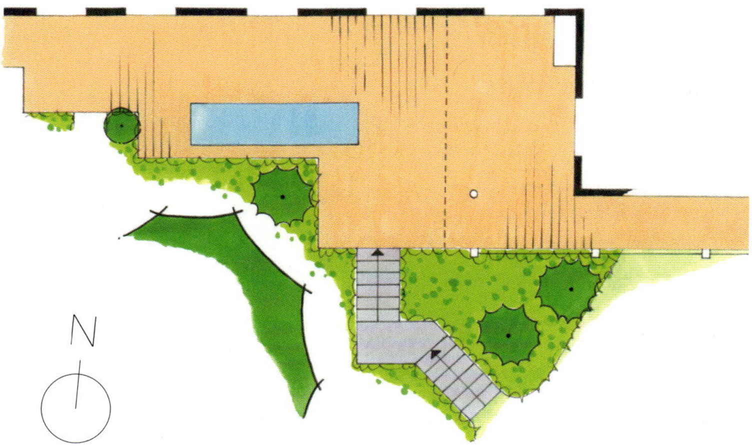

Im Überblick – Garten 36

MATERIALIEN (Auswahl)
- Ipe-Holz
- Basalt
- Edelstahl

PFLANZEN (Auswahl)
- Sommerflieder
  Buddleja 'White Profusion', Buddleja davidii 'Empire Blue'
- Schneeball-Hortensie
  Hydrangea arborescens 'Annabelle', Hydrangea arborescens 'Strong Annabelle'
- Beetrose
  Rosa 'The Fairy'
- Japanische Stechpalme
  Ilex crenata 'Dark Green'

Material

← **Elegant** Mit den neuen Ausmaßen einher ging auch ein neuer Bodenbelag der Terrasse aus Ipe-Holz. Die Holzbohlen sind gehobelt, ohne weitere Struktur, was zusammen mit der grauen Patina, die das tropische Hartholz nach einiger Zeit ganz von selbst bildet, dem Holzpodest schlichte Eleganz verleiht. Besonderer optischer Kniff: Anders als ursprünglich sind die Holzbohlen hier nicht im Neunzig-Grad-Winkel zur Fassade, sondern parallel zu ihr verlegt. Das öffnet die Fläche zum Garten zu Füßen der Terrasse und lässt sie großzügig erscheinen.

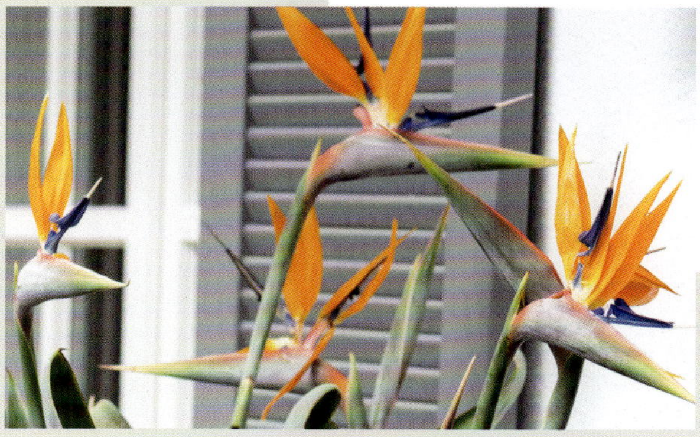

Gestalteter Übergang

Zwischen Sitzplatz und eigentlichem Garten gibt es einen Höhenunterschied von rund zweieinhalb Metern. Diesen überbrückt ein recht steiler Hang, der vor der Umgestaltung vor allem mit Efeu und Rasen bewachsen war. Eine schnurgerade, ebenso schmale wie steile Betontreppe verband die beiden Ebenen. Heute ist der Hang das größte Beet des Gartens. Der Rasen ist zugunsten großzügiger Pflanzungen aus Sommerflieder, Rosen, Ilexkugeln und Hortensien verschwunden.

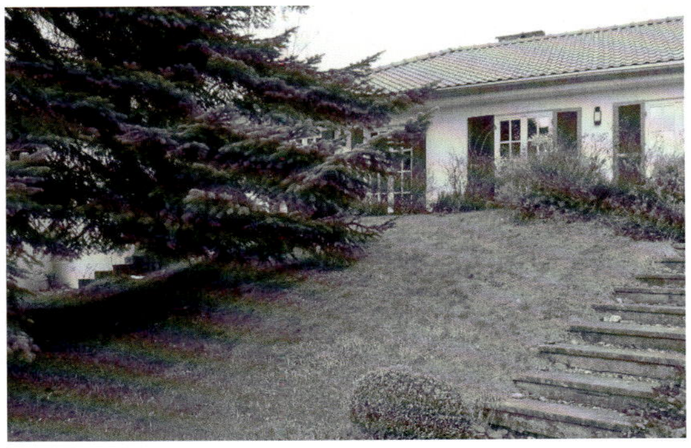

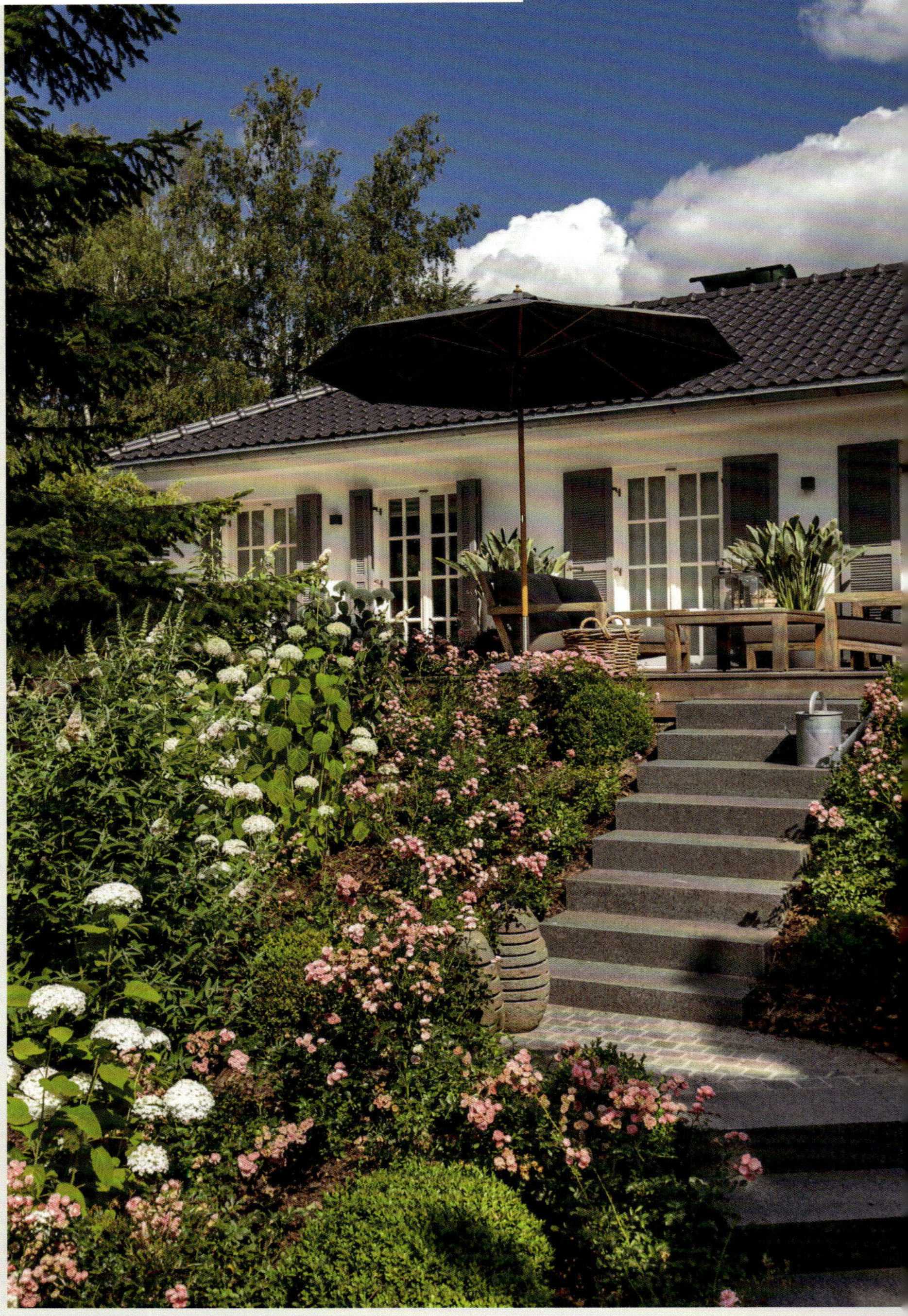

„Die Efeufläche auf der schattigen Seite des Hangs erhielt durch Blühpflanzen eine farbliche Auflockerung."

Michael Schmahl, Gartengestalter

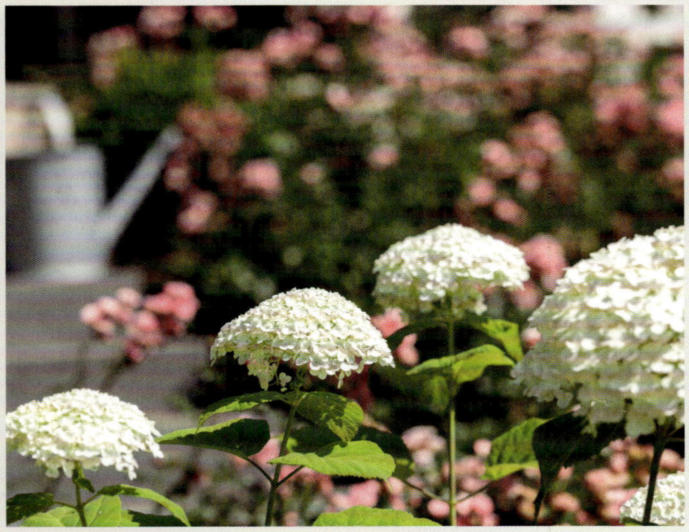

↑ **Richtungswechsel** Die Treppe wurde deutlich verbreitert und knickt nun an einem Podest auf halber Höhe fast im Neunzig-Grad-Winkel ab. So hat der Benutzer nicht mehr das Gefühl, sich in den Garten zu stürzen, sondern kann die Stufen entspannt hinunterschreiten, auf dem großzügigen Podest verweilen, die Blütenfülle genießen und durch den Richtungswechsel der Treppe unterschiedliche Gartensegmente betrachten.

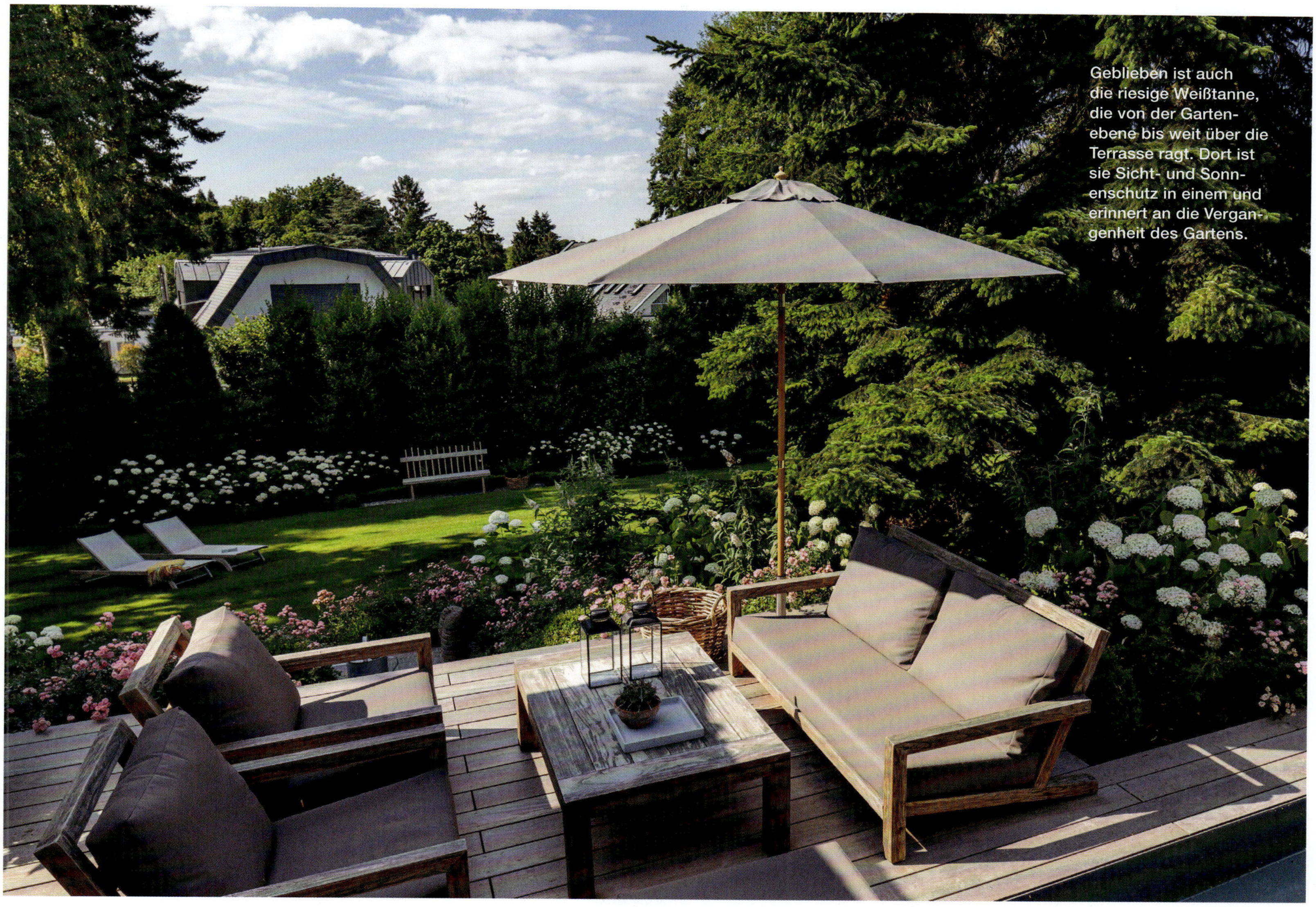

Geblieben ist auch die riesige Weißtanne, die von der Gartenebene bis weit über die Terrasse ragt. Dort ist sie Sicht- und Sonnenschutz in einem und erinnert an die Vergangenheit des Gartens.

Der größte Teil des Gartens liegt deutlich unterhalb des Hauses. Die Terrasse mit ihrer eher formalen und auf hochwertige Materialien setzenden Gestaltung ist ganz dem Wohnbereich des Hauses verpflichtet, der eigentliche Garten hingegen deutlich natürlicher: Hier gibt es abgesehen von einem Sitzplatz in der Rasenfläche aus kleinteiligem Natursteinpflaster, der so auch schon im alten Garten war, keine befestigten Flächen. Überhaupt sind die Veränderungen hier nicht so augenfällig wie bei Hang und Terrasse, was ganz dem Wunsch der Gartenbesitzer entspricht. Die jahrzehntealte Pflanzung aus Gehölzen, welche die große Rasenfläche säumt, wurde lediglich behutsam ausgedünnt und ergänzt, an einigen Stellen optimierte der Gestalter den pflanzlichen Sichtschutz.

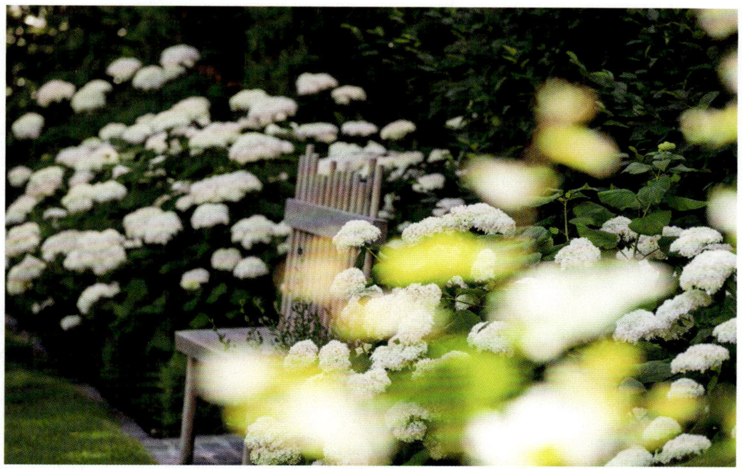

↑ **Dekorativ** Gegenüber der Terrasse und durch deren erhöhte Position von dort aus gut sichtbar gibt es ein breites Beet, das ganz mit Hortensien der Sorte Annabelle bepflanzt ist. Ihre weißen Blütendolden kommen vor dem dunklen Hintergrund der Eiben besonders gut zur Geltung. Die Sitzbank ist Verweilort und Dekoration zugleich.

Ausgedünnt und aufgewertet

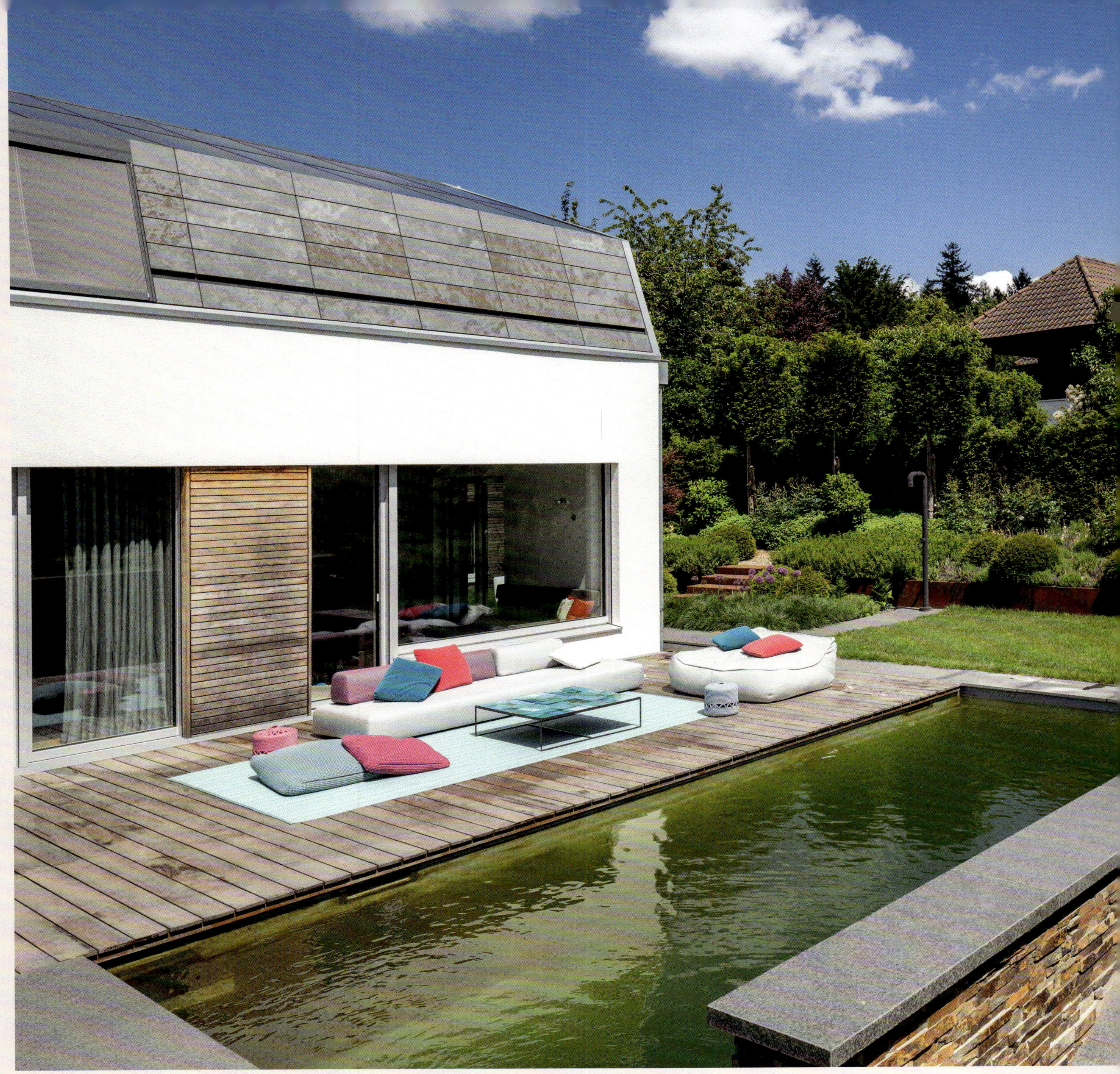

Neu und nachhaltig

Im Überblick – Garten 37

GARTENGESTALTER
Planung: Gempp Gartendesign, Hamburg
Ausführung: Gärtner von Eden Rhein-Main-Taunus, Kronberg

IDEE
Design trifft Naturnähe

GRÖSSE
ca. 800 qm

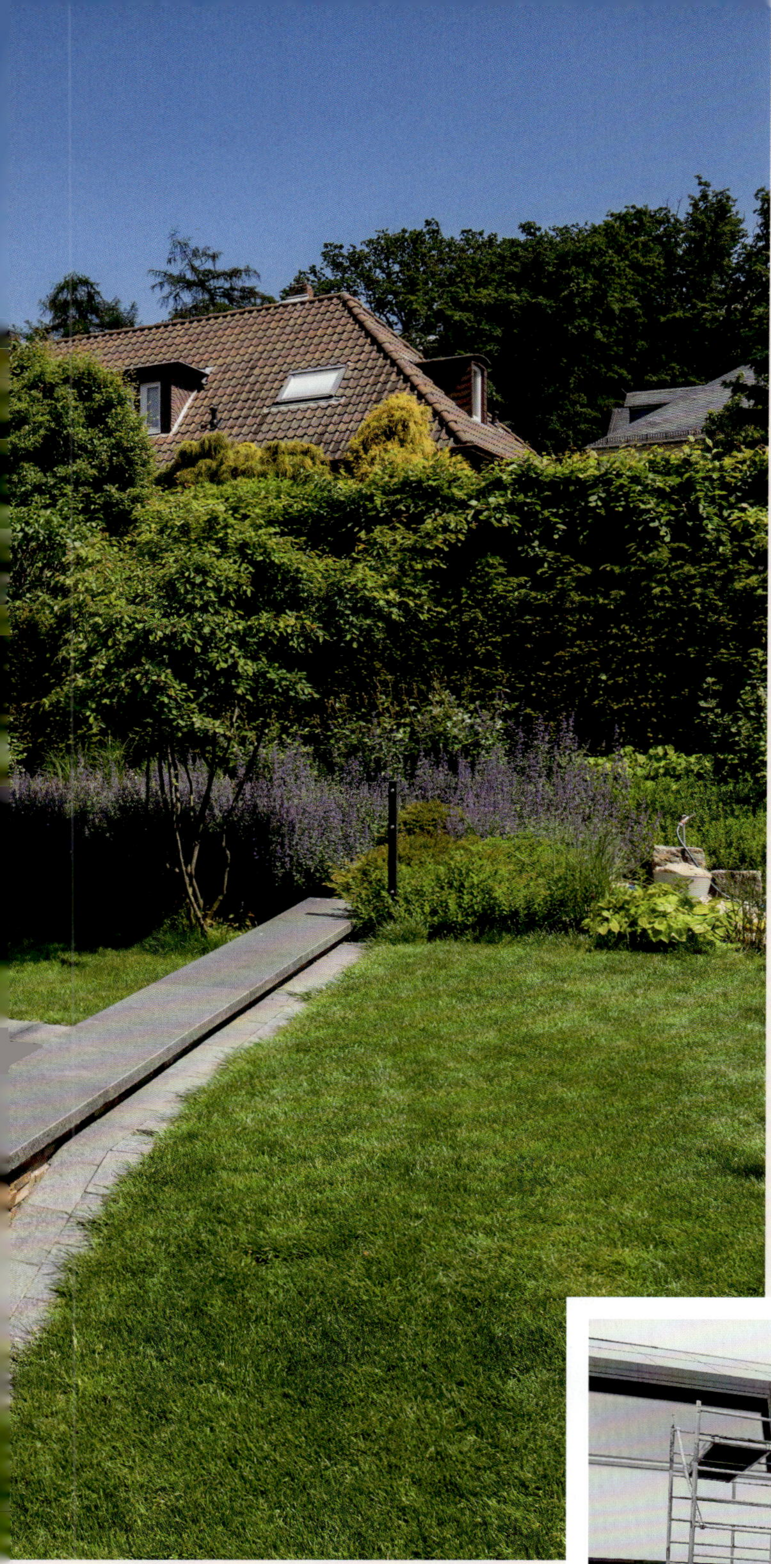

In diesem Neubaugarten verbinden sich Nachhaltigkeit und Naturnähe mit modernem Design zu einem abwechslungsreichen Familiengarten.

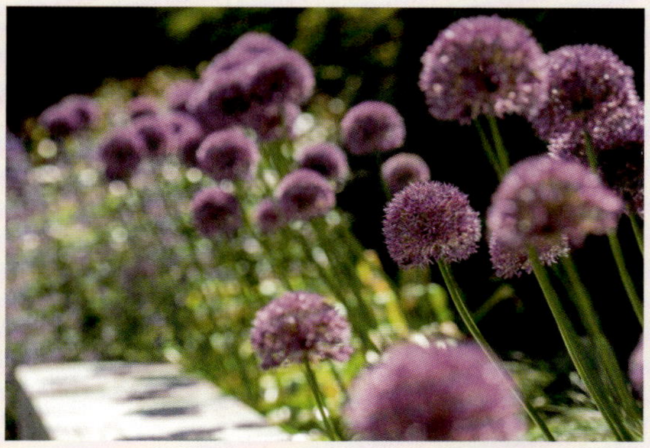

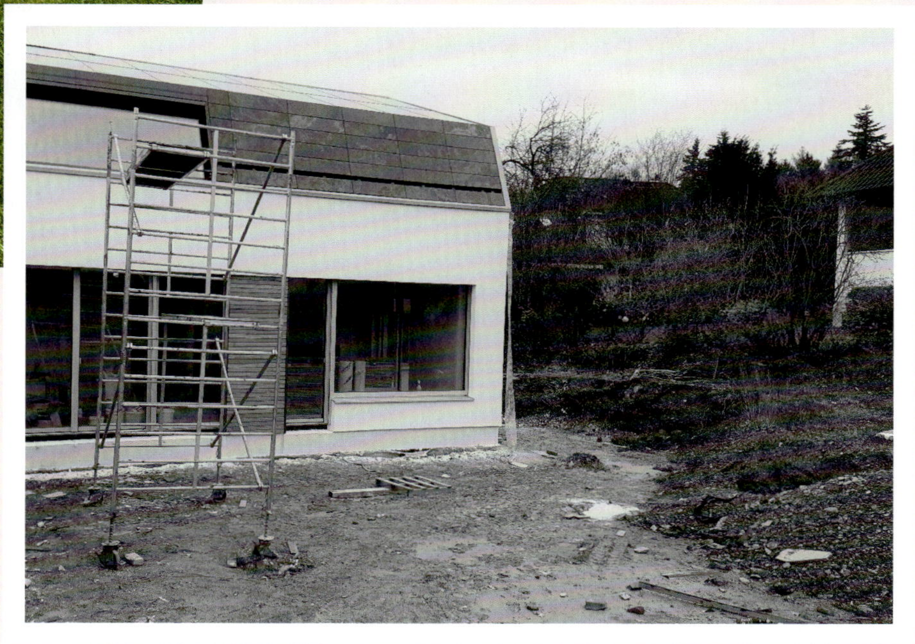

Nachher

Auf der einladenden Terrasse am Pool können die Gartenbesitzer bestens entspannen, auch weil der pflanzliche Sichtschutz zum Nachbarhaus klug platziert wurde.

Vorher

Hier hatte vor dem Neubau schon ein Haus gestanden, von dem dazugehörigen Garten war allerdings nichts mehr zu sehen, sodass die Gartengestaltung ganz auf die Architektur des neuen Hauses ausgerichtet werden konnte.

___Wenn Gartengestalter sich etwas wünschen dürften, würden sie bei einem Neubau am liebsten hinzugerufen werden, noch bevor die Pläne für das Haus gezeichnet werden, weil sie dann im Schulterschluss mit dem Hochbauarchitekten Haus- und Gartenplanung optimal miteinander verzahnen könnten. Das passiert allerdings nur äußerst selten. Auch in diesem Fall stand das Haus schon, als die Gartenplanung in Angriff genommen wurde, und damit war eine ganze Menge bereits vorgegeben, auch wenn das vollkommen abgeräumte Grundstück das nicht unbedingt vermuten lässt.

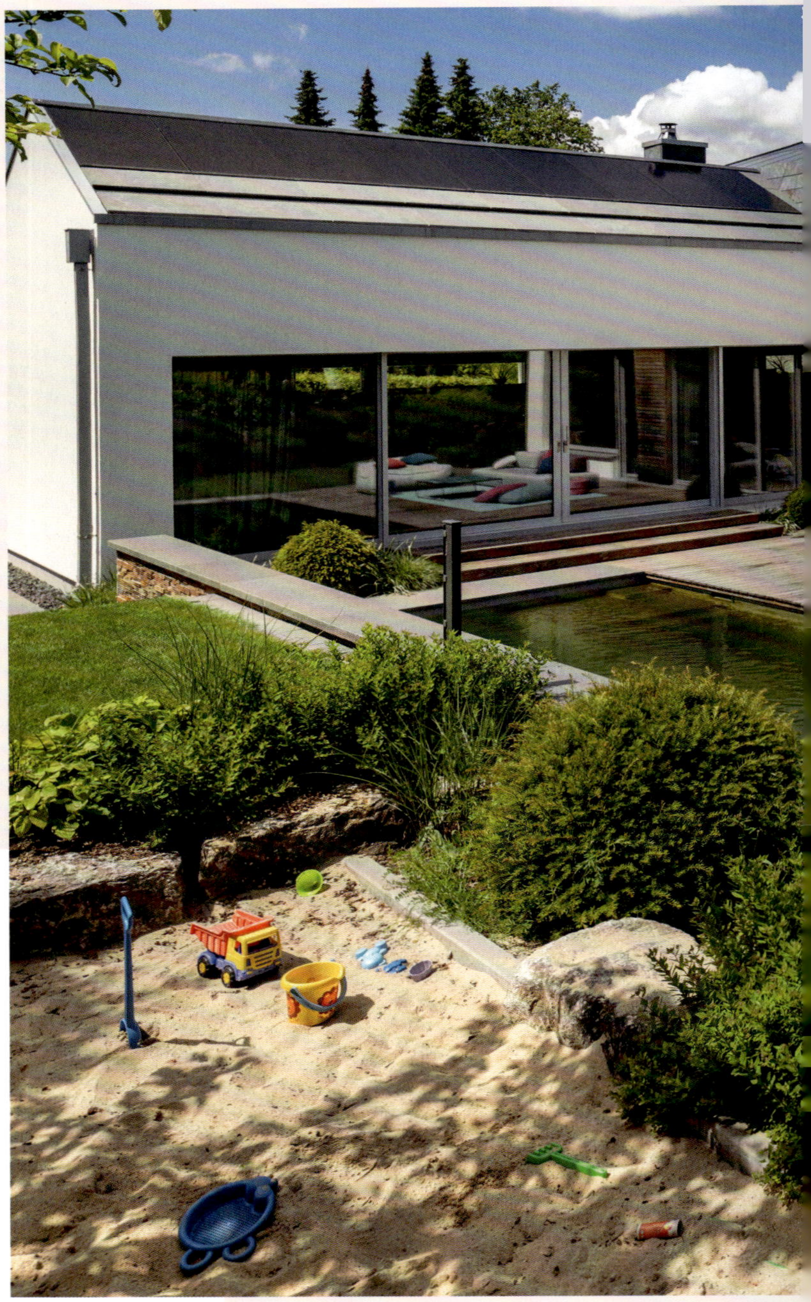

Die Gartenplanung

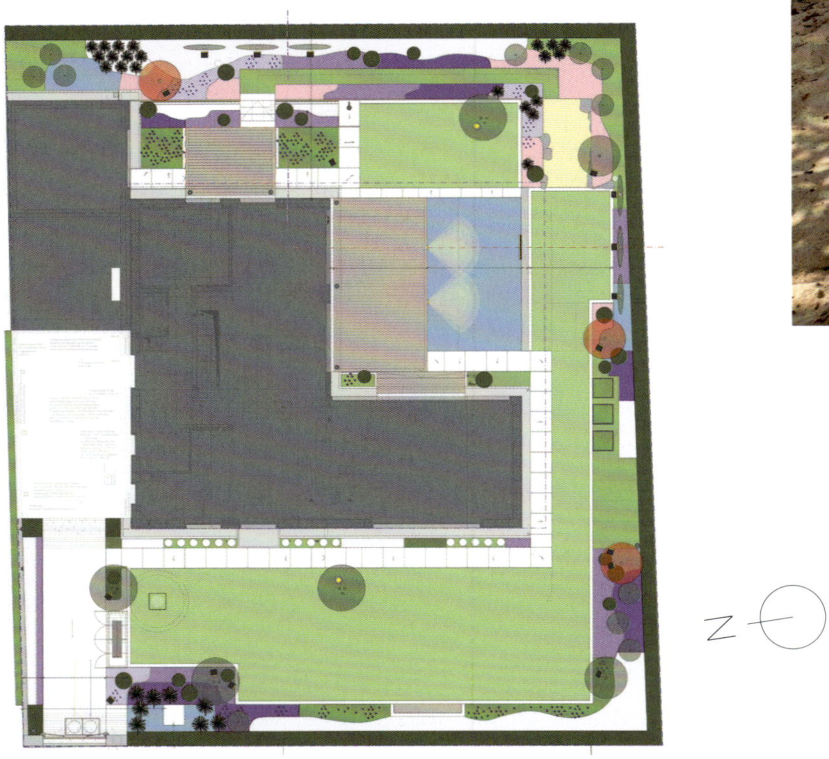

„Wer sich hier in den Garten setzt, befindet sich am Pool."

Michael Schmahl, Gartengestalter

Im Überblick – Garten 37

BESONDERHEIT
Der Biopool wird mit selbst erzeugter Energie beheizt

MATERIALIEN (Auswahl)
- Basalt
- Ipe-Holz
- Cortenstahl

PFLANZEN (Auswahl)
- Ahorn *Acer Palmatum 'Atropurpureum'*
- Eibe *Taxus baccata*
- Lavendel *Lavandula angustifolia 'Dwarf Blue'*
- Katzenminze *Calamintha nepeta ssp. Nepeta*
- Storchschnabel *Geranium pratense 'Johnson's Blue'*
- Lampenputzergras *Pennisetum alopecuroides 'Hameln'*
- Zierlauch *Allium 'Purple Sensation', Allium caeruleum, Allium 'Metallic Shine', Allium 'Pinball Wizard'*

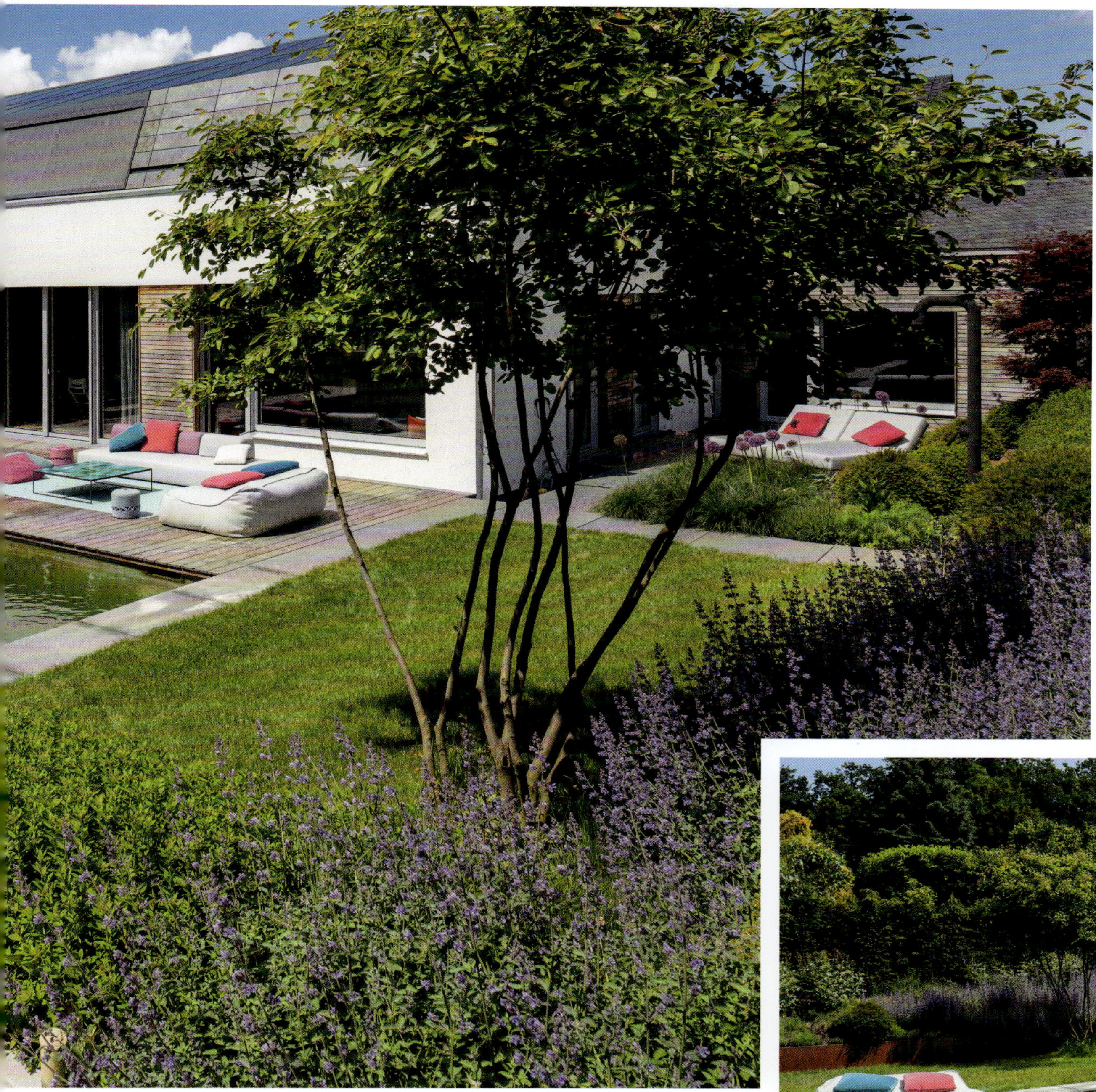

←

Im Mittelpunkt Wie groß der Stellenwert des Pools für die Familie war, lässt sich an seiner Platzierung ablesen: Er bildet das Herzstück des Gartens, ist, durch seine Lage im Winkel des L-förmigen Hauses, beim Blick nach draußen immer präsent und übernimmt mit seinem Holzdeck auch die Funktion der Hauptterrasse.

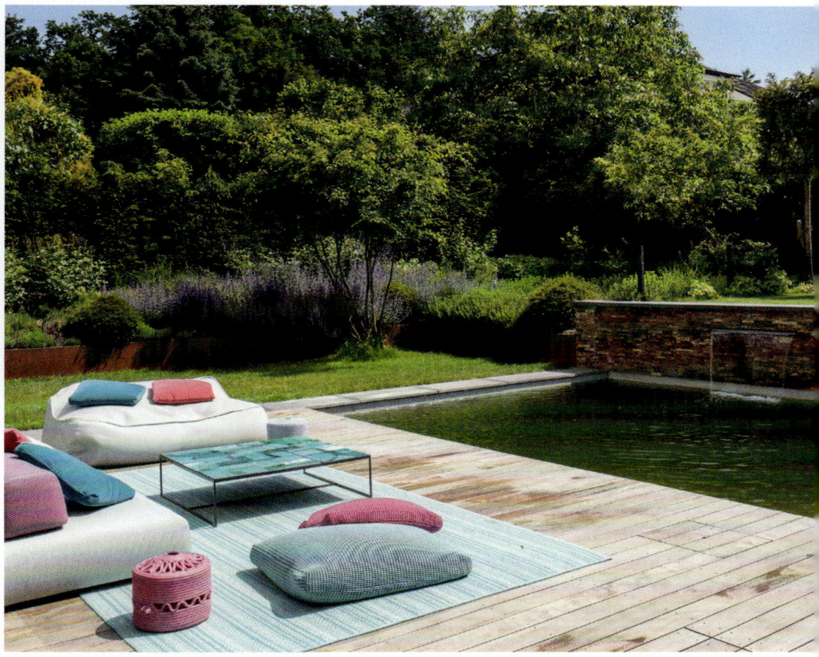

Geborgen plantschen

In puncto Energieversorgung ist das Haus quasi autark, und auch der Garten präsentiert sich heute als Selbstversorgersystem für die Freizeitgestaltung. Die Kinder tummeln sich auf der großen Rasenfläche, auf dem Trampolin, im Pool oder im Sandspielbereich. Die Erwachsenen können sonnenbaden, schwimmen oder in die Sauna gehen.

Nachhaltigkeit und Design spielten schon beim Hausbau eine wichtige Rolle. Als es dann an die Konzeption der auf jeden Fall gewünschten Schwimmgelegenheit für den Garten ging, war schnell klar, dass hier ein Biopool Einzug halten sollte. Optisch von einem konventionellen Pool nicht zu unterscheiden, verfügt der Biopool über ein Filtersystem, das Wasser ohne chemische Zusätze aufbereitet und damit ein Schwimmvergnügen in vollkommen natürlichem Wasser ermöglicht. Apropos Nachhaltigkeit: Beheizt wird der Biopool über die hauseigene Wärmepumpe.

Material-dreiklang

Der Garten bezieht einen großen Teil seiner harmonischen Wirkung aus kluger Reduktion. Bei den Materialien konzentrierten sich die Gartengestalter auf den Dreiklang aus Ipe-Holz, geflammtem Basalt und Cortenstahl. Jedes einzelne dieser Materialien ist ausdrucksvoll und hochwertig, aber nie so charakterstark, dass es die anderen überstrahlt oder gar den ganzen Garten dominiert. Das Ipe-Holz mit seiner glatt gehobelten und deshalb besonders schön schlichten Oberfläche rahmt den Pool an zwei Seiten. Die nur ganz reduziert vorhandenen Gartenwege sind mit dem elegant anthrazitfarbenen Basalt in rechteckigen Großformaten belegt, der Cortenstahl ist überwiegend senkrechten Flächen vorbehalten, und zwar als Hochbeeteinfassung oder Stufenstirnseite. Da alle Materialien in den unterschiedlichen Gartenteilen konsequent Verwendung finden, sorgen sie gemeinsam vollkommen unaufdringlich für größtmöglichen Zusammenhalt.

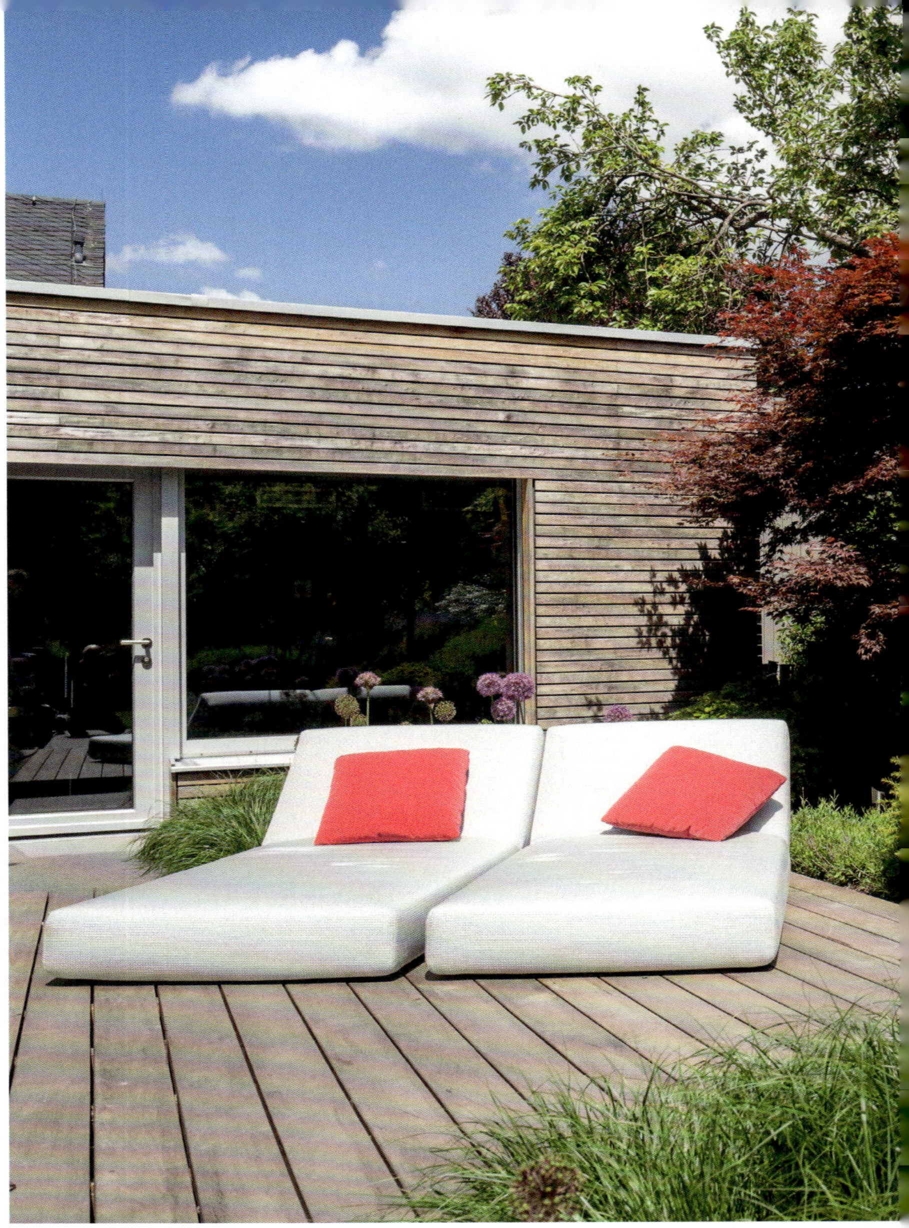

Material

↑ **Barfußtauglich** Das Ipe-Holz begegnet auch als fußschmeichelnder Belag auf der zweiten, dem Saunaanbau vorgelagerten Terrasse.

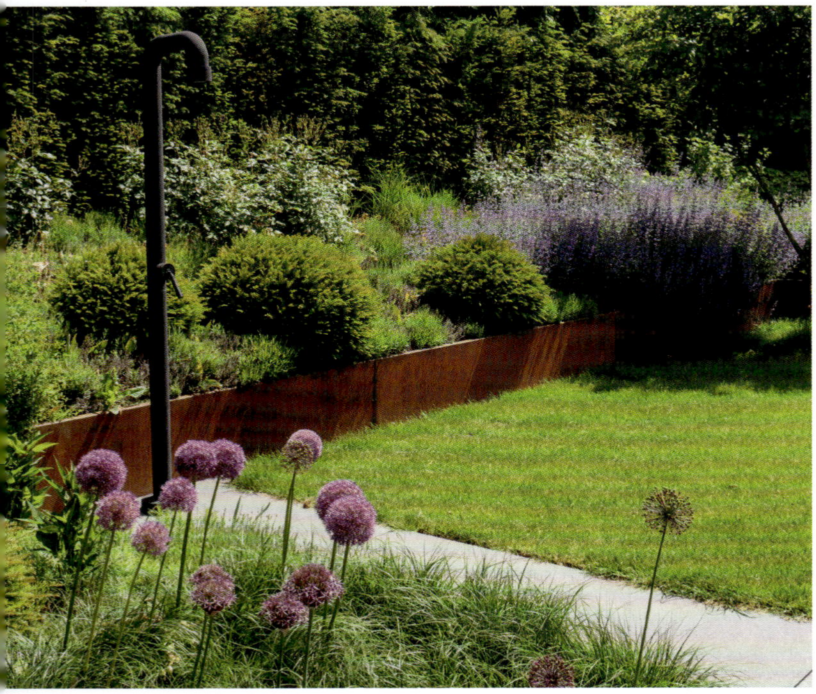

Großzügig gepflanzt

Der Wohngarten rund um Pool und Sauna überlässt den Pflanzen ganz bewusst ein Gutteil der Bühne. Auch bei den Pflanzungen ist Reduktion das Leitmotiv: Sie sind üppig, aber nicht überladen, die dominierenden Farben sind das Grün des Laubes und unterschiedliche Violett- und Lila-Töne, etwa von Katzenminze und Allium, sowie Weiß. Eiben in Kugelform und als Hecke verleihen dem Garten ein immergrünes Rückgrat und bieten den Blüten gleichzeitig einen ruhigen, dunklen Hintergrund, vor dem sie besonders leuchtend strahlen können. Blickfänger in den Beetflächen, die teils durch ihre Höhenstaffelung eine besondere Tiefe bekommen, sind drei rotlaubige Ahorne, die in dem ansonsten konsequent auf Grün, Violett und Weiß setzenden Farbkonzept sehr gut zur Geltung kommen.

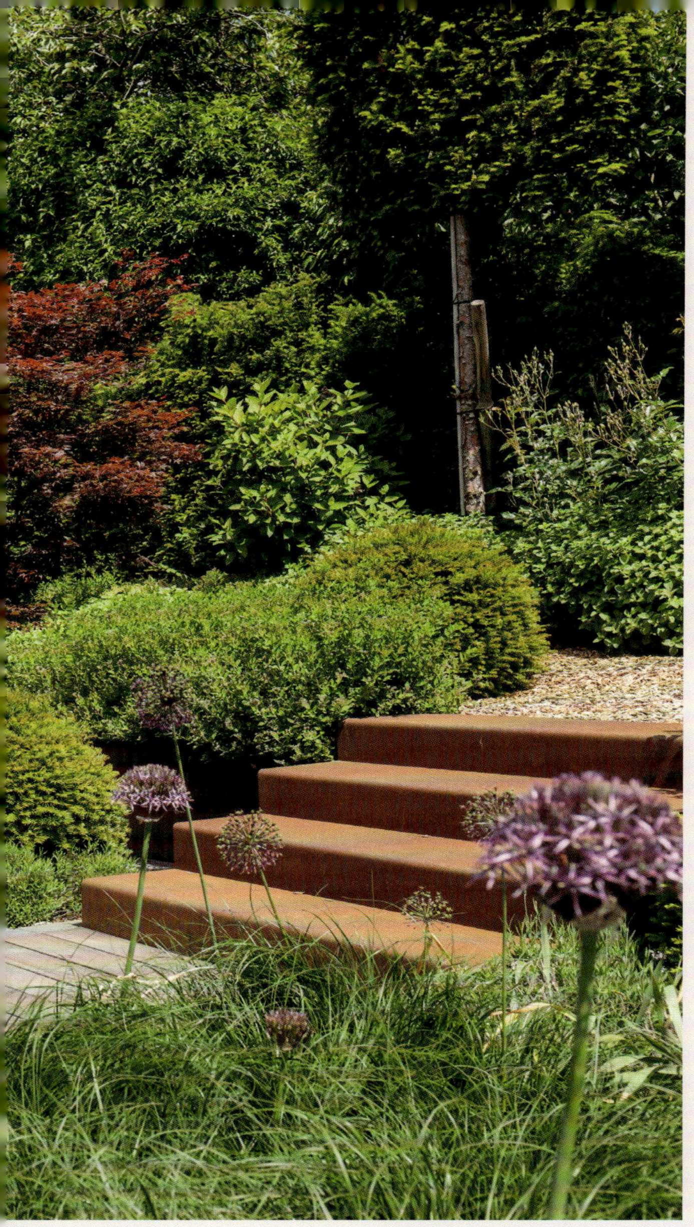

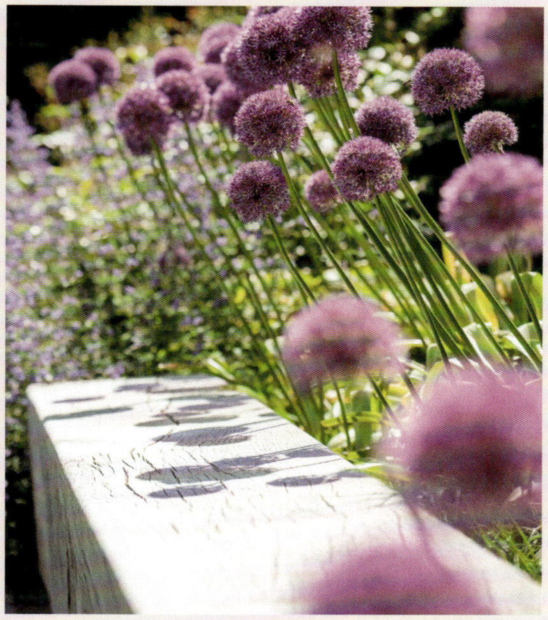

„Befestigte Flächen sind auf das Notwendige reduziert, alles andere ist grün."

Michael Schmahl, Gartengestalter

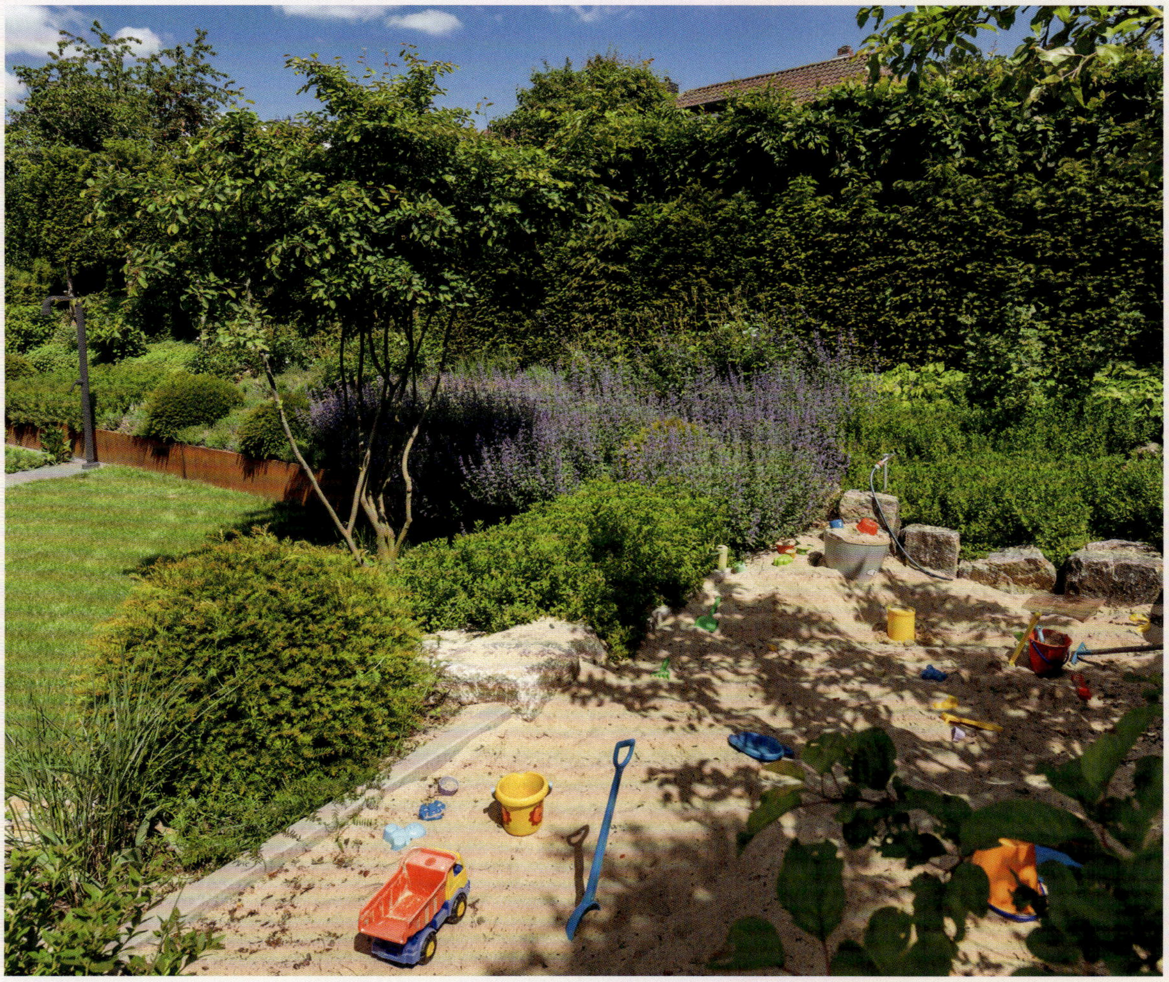

←

Kinder willkommen Gut einsehbar und harmonisch ins Gartenbild eingebunden ist der Sandspielplatz. Er befindet sich hinter dem Pool im erhöhten Gartenabschnitt. So ist er von der Poolterrasse aus gut sichtbar, bietet aber auch den Kleinsten schon ein gewisses Maß an Rückzugsmöglichkeit. Die umgebende Bepflanzung sorgt für ausreichend Schatten, und die für seine Gestaltung ausschließlich verwendeten Naturmaterialien tragen dazu bei, dass er sich vollkommen harmonisch in die Gesamtszenerie des grünen Paradieses einfügt.

Rundum gut geschützt

Das für einen Badegarten so wichtige Thema Sichtschutz erledigt sich – zumindest am Pool – fast von selbst: Von zwei Seiten schirmt das Haus die Badenden ab, von der dritten Seite aus schützt der Pool sich quasi selbst, denn das Gelände steigt hier an, die Stützwand für den höher liegenden Bereich grenzt an den Pool und wurde mit einer Wasserschütte und einer Natursteinverblendung zu einem Teil des Pools. So ist das Schwimmbecken mit seiner Terrasse fast ein Atrium, und die Gartenbesitzer können sich hier vollkommen unbeobachtet fühlen. Drei geschickt platzierte Spalier-Eiben an der Grundstücksgrenze verhindern, dass Nachbarn aus ihrem ohnehin recht weit entfernt liegenden Haus von oben auf den Pool schauen können.

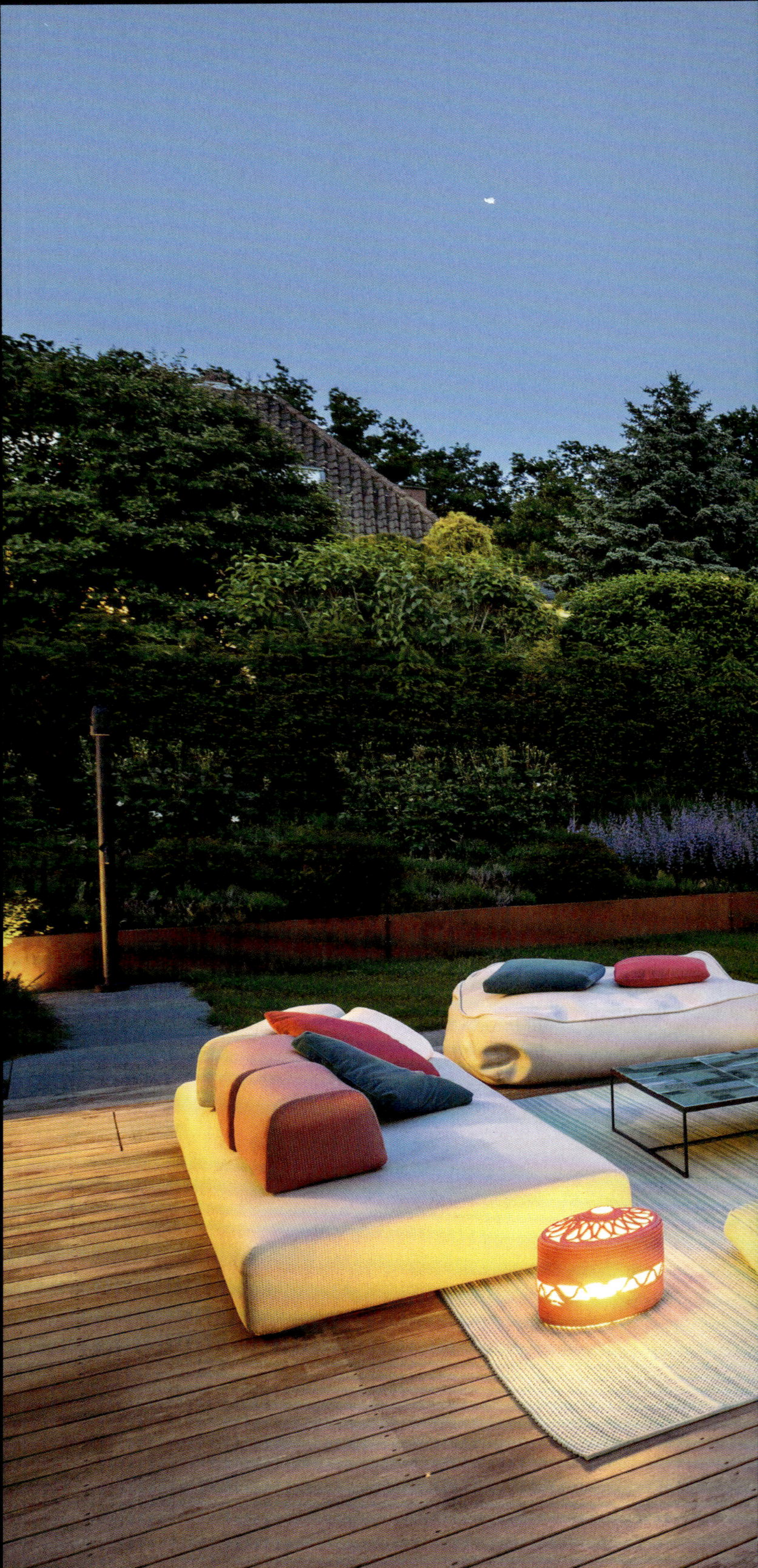

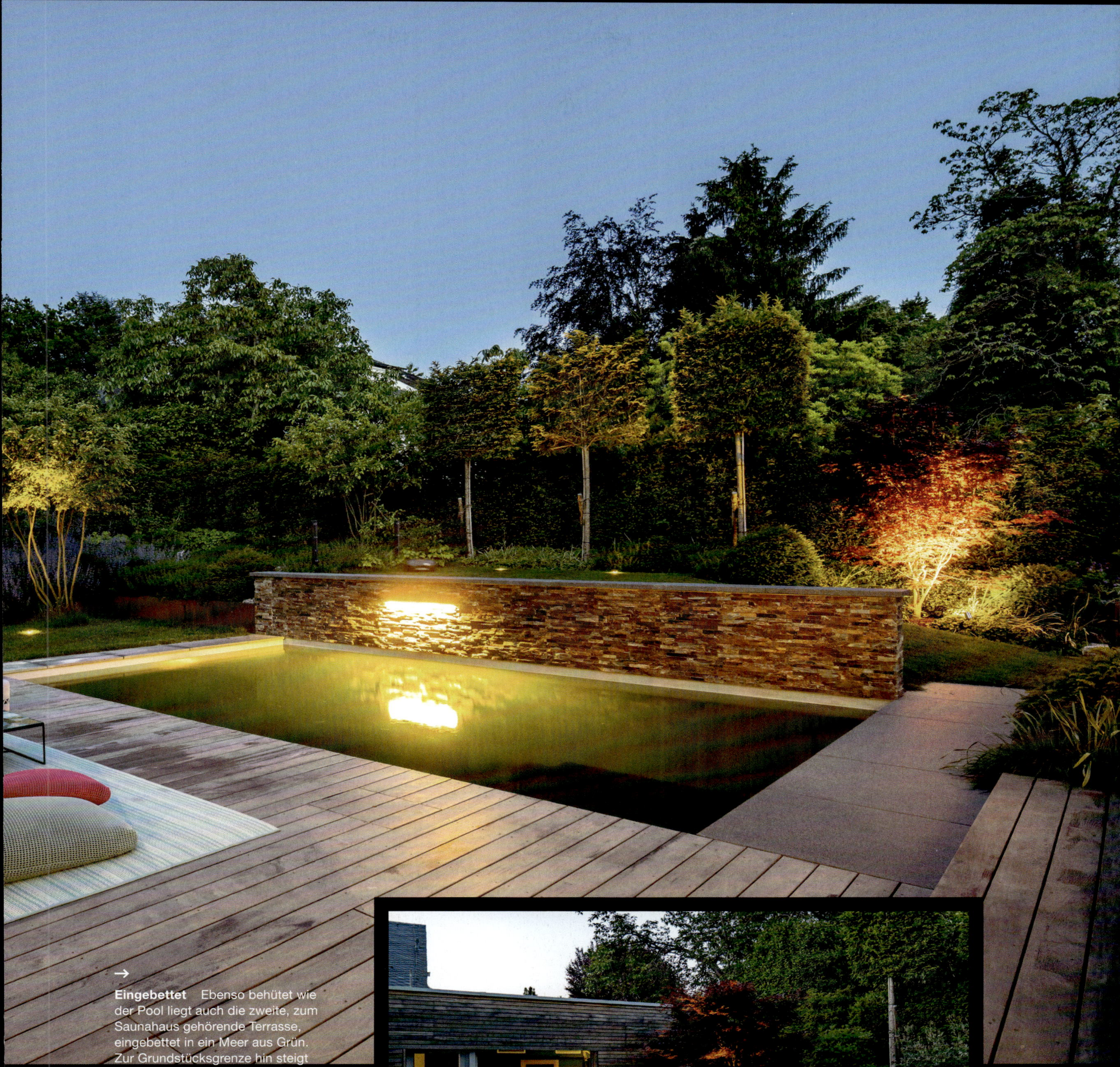

→
Eingebettet Ebenso behütet wie der Pool liegt auch die zweite, zum Saunahaus gehörende Terrasse, eingebettet in ein Meer aus Grün. Zur Grundstücksgrenze hin steigt das Gelände wiederum an, sodass sich hier der Sichtschutz schon aus der Topografie ergibt, mit einer üppigen, in der Höhe gestaffelten Pflanzung aber noch verdichtet wurde. Die gegenüber dem Pool platzierten Spalier-Eiben schirmen die Saunaterrasse auch in diese Richtung bestens ab, sodass Saunagänger sich hier entspannt auf den Liegen erholen und dabei einen freien Blick in den Garten genießen können, ohne selbst gesehen zu werden.

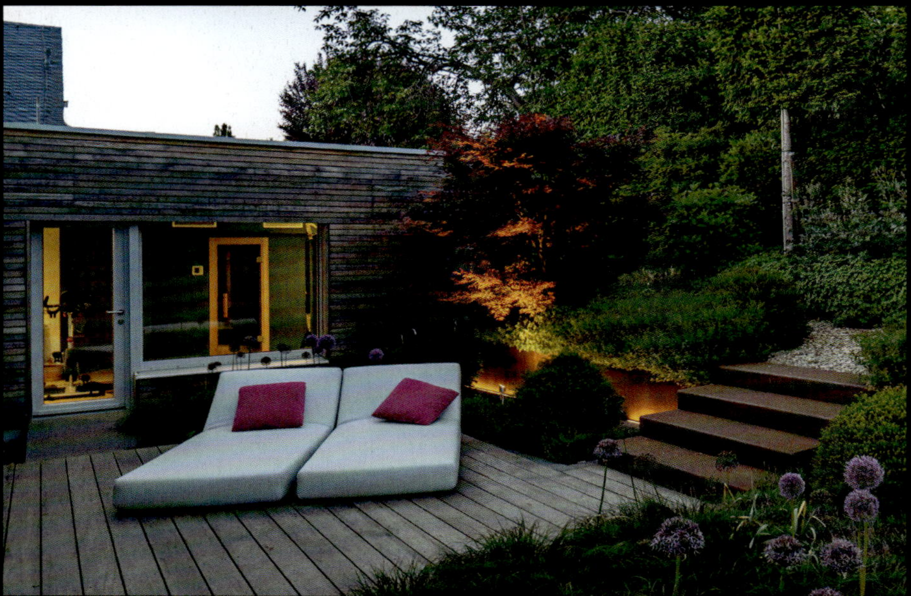

In einem Neubaugebiet entstand auf kleinstem Raum ein ebenso stilsicherer wie vielfältiger Garten. Die große Herausforderung war der Sichtschutz.

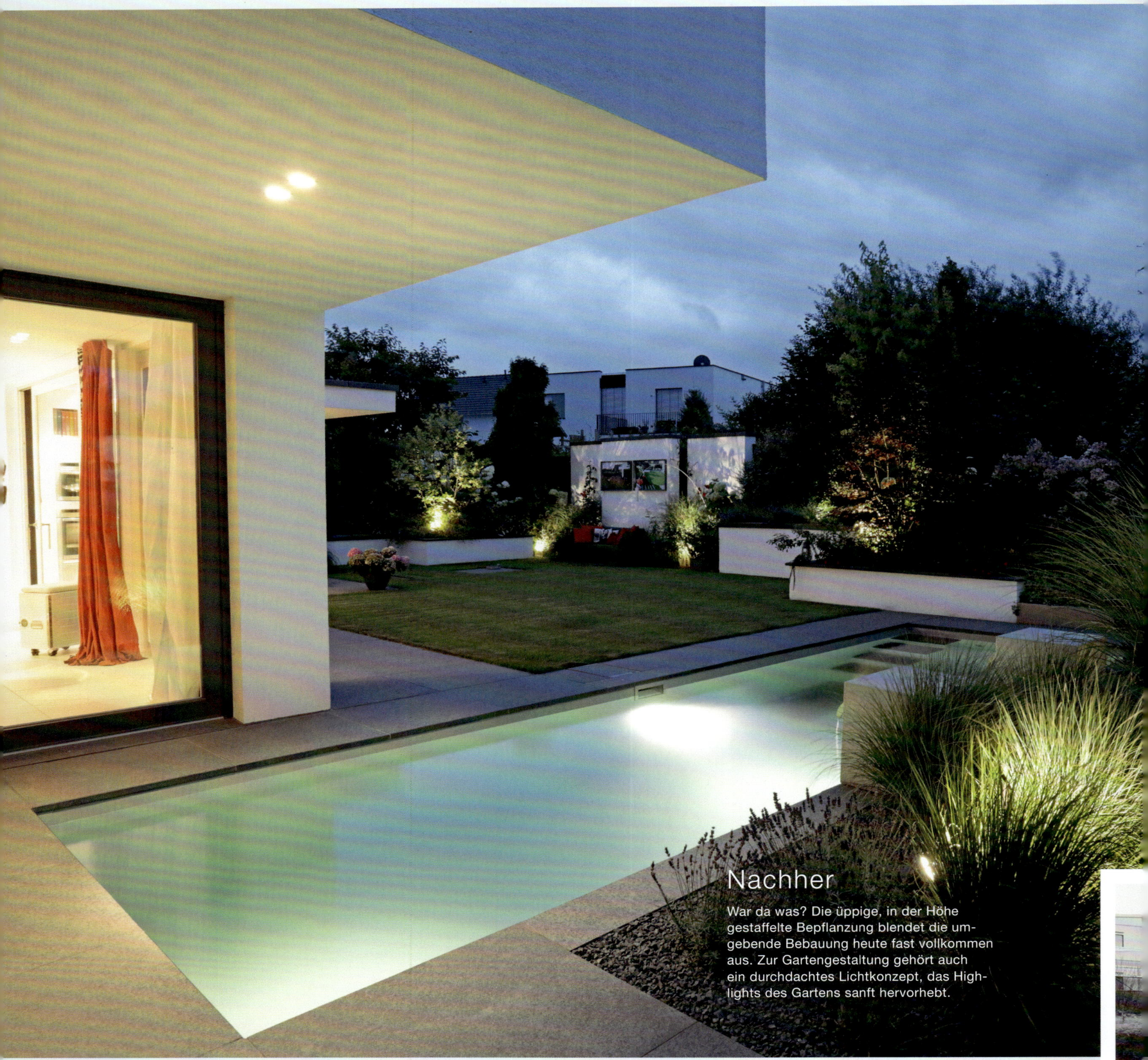

Nachher

War da was? Die üppige, in der Höhe gestaffelte Bepflanzung blendet die umgebende Bebauung heute fast vollkommen aus. Zur Gartengestaltung gehört auch ein durchdachtes Lichtkonzept, das Highlights des Gartens sanft hervorhebt.

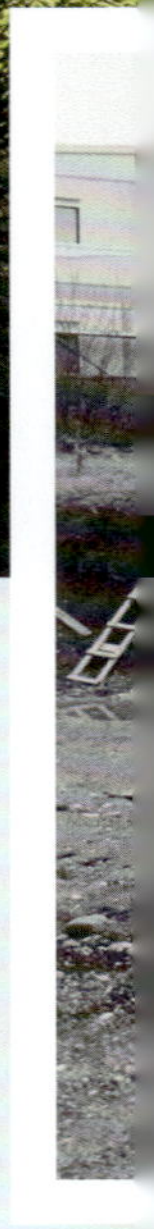

Im Überblick – Garten 38

GARTENGESTALTER
Planung und Ausführung: Gärten Peter Sturm, Euskirchen

GRÖSSE
ca. 200 qm

IDEE
Der Garten als uneinsehbarer Rückzugsort in exponierter Lage

MATERIALIEN (Auswahl)
- Beton
- Pulverbeschichtetes Metall
- Basalt

PFLANZEN (Auswahl)
- Chinesischer Blumen-Hartriegel *Cornus kousa*
- Eibe *Taxus baccata*
- Fächerahorn *Acer palmatum*
- Amberbaum *Liquidambar styraciflua*
- Säulen-Sumpfeiche *Quercus palustris 'Green Pillar'*
- Magnolien *Magnolia grandiflora 'Gallissonière'*, *Magnolia loebneri 'Merrill'*
- Fächerblattbaum *Ginkgo Biloba*
- Hainbuche *Carpinus betulus*
- Glanzmispel *Photinia fraseri*
- Gleditschie *Gleditsia triacanthos 'Sunburst'*
- Rispenhortensie *Hydrangea paniculata 'Pinky Winky'*
- Schneeball *Viburnum opulus 'Roseum'*
- Federgras *Stipa tenuissima*
- Lampenputzergras *Pennisetum alopecuroides 'Hameln'*
- Chinaschilf *Miscanthus sinensis 'Kleine Fontäne'*

Die Essenz des Gartengenusses

___„Genauso wie dieses Haus sind wir“, stellte die Besitzerin dieses Gartens sich und ihre Familie dem Gartengestalter vor, als dieser sie erstmals im Rohbau ihres Hauses besuchte. Das Gebäude stand inmitten eines Neubaugebiets und sprach eine deutliche Sprache: geradlinig, reduziert, aufgeräumt – ein Kubus mit Flachdach im Bauhausstil. Zu diesem war nun die passende Gartengestaltung erwünscht. Das Grundstück präsentierte sich als Baubrache und dazu als topografisch nicht ganz einfach: Die rechts und links angrenzenden Flächen liegen um rund anderthalb Meter höher, und an der rückwärtigen Grundstücksgrenze verläuft ebenfalls leicht erhöht ein viel genutzter Spazierweg. Dadurch hatte das zu gestaltende Grundstück – zumal nur rund 200 Quadratmeter groß – den Charakter eines Atriums, und Sichtschutz wurde zu einer wichtigen Planungsaufgabe. Eine weitere bestand darin, den von der Familie gewünschten Pool in den eher kleinen Garten zu integrieren und einen ruhigen Rückzugsort für die Großeltern zu schaffen, die zumindest zeitweise Haus und Garten mitbewohnen sollten.

Aus dem Haus heraus entwickelt

Die Hausfassade bildet, obwohl geradlinig-puristisch, keine einheitliche Front, sondern springt an einer Seite deutlich zurück – ein Glück für die Gartengestaltung, denn hier hat das Grundstück eine um den Rücksprung vergrößerte Tiefe. Diese Tiefendifferenz macht das ansonsten schlicht rechteckige Grundstück *per se* schon einmal spannungsreich und ermöglichte vor allem, den gewünschten Pool im Neunzig-Grad-Winkel zur Fassade in dem tieferen Gartenbereich unterzubringen.

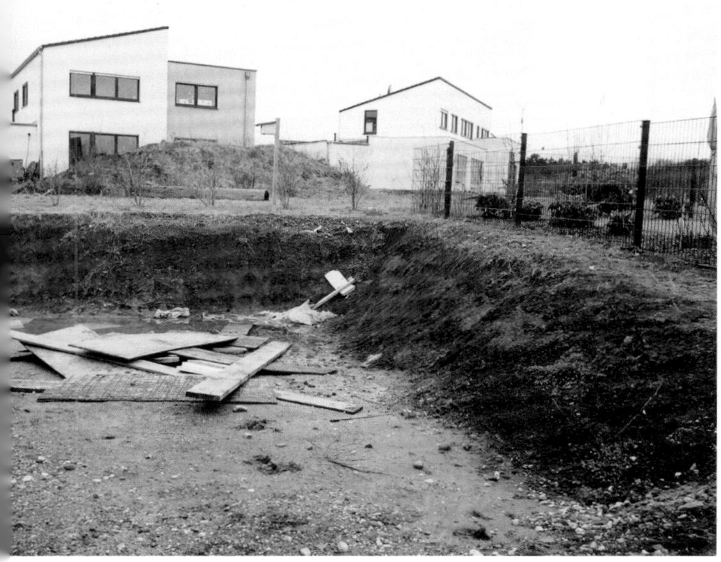

Vorher

Als der Gartengestalter das Grundstück kennenlernte, bot sich ihm dieser Anblick: Rund um das noch im Rohbau befindliche Haus standen ebenfalls Neubauten, allerdings deutlich höher, sodass man von überall aus auf das Grundstück hinuntersehen konnte.

Diese Platzierung hat einige Vorteile: Zum einen liegt das Becken nun mit seiner Schmalseite genau vor den bodentiefen Fenstern des Wohnbereichs und präsentiert sich als attraktiver Blickfang. Da von hier aus die Sicht an der Längsachse des Pools entlanggeführt wird, streckt er sich für den Betrachter. Das Wasserbecken und mit ihm der zugehörige Gartenteil erscheinen größer, als sie eigentlich sind. Die Fläche vor den anderen bodentiefen Fenstern des Erdgeschosses, die zur Wohnküche und zum Essbereich gehören, konnte frei bleiben für andere Gestaltungselemente. Hier, an dem schmaleren Gartenstück, fällt der Blick nun über eine kleine Rasenfläche in tief gestaffeltes, üppiges Grün. Der dahinterliegende Spazierweg ist nicht einmal mehr im Ansatz zu erahnen.
Seine großzügige Wirkung hat dieser Gartenbereich auch dem Umstand zu verdanken, dass sich vor den bodentiefen Fenstern nicht wie meist die Hauptterrasse samt Esstisch erstreckt, sondern lediglich ein schmaler, mit edlen dunkelgrauen Natursteinplatten belegter Weg. So bleibt mehr Freifläche vor den Fenstern. Die Terrasse schließt sich nach links versetzt vor einem Teil der Fassade ohne Fenster an. Wie der Pool ragt sie mit ihrer Längsachse in den Garten, sodass Terrasse und Wasserbecken dem Rasen einen Rahmen verleihen.

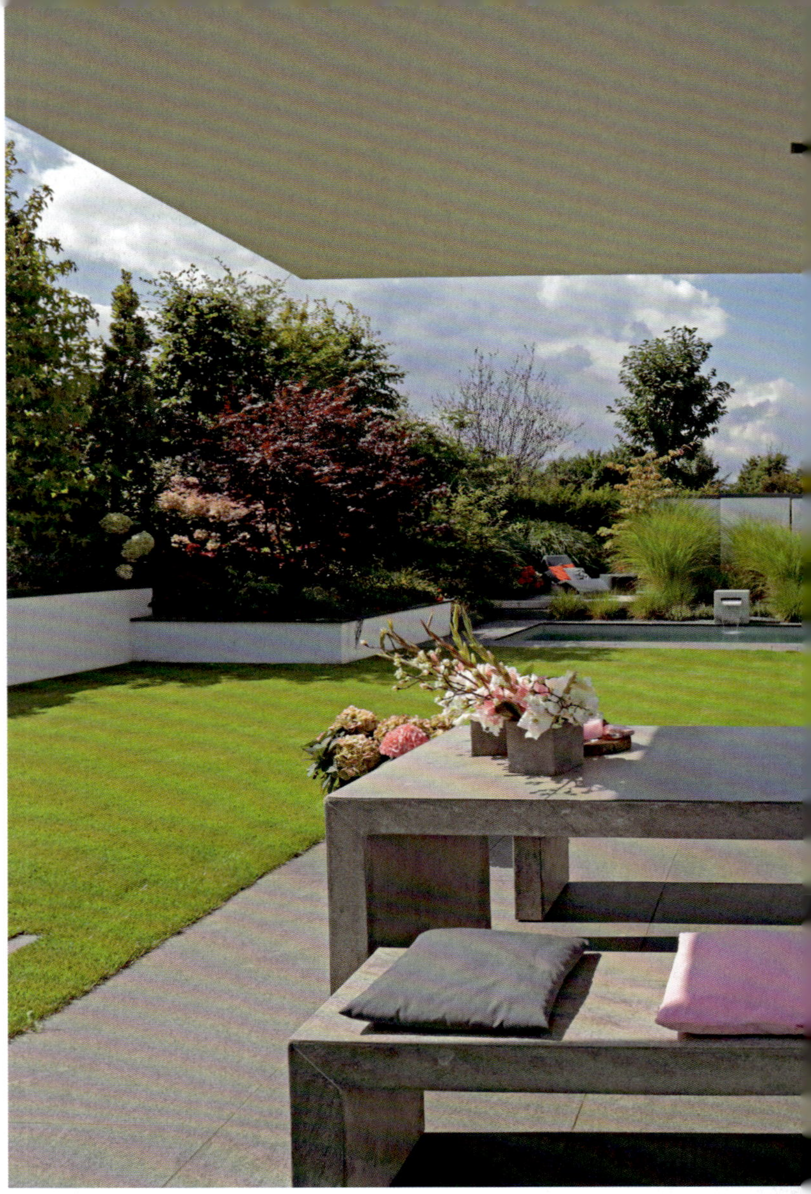

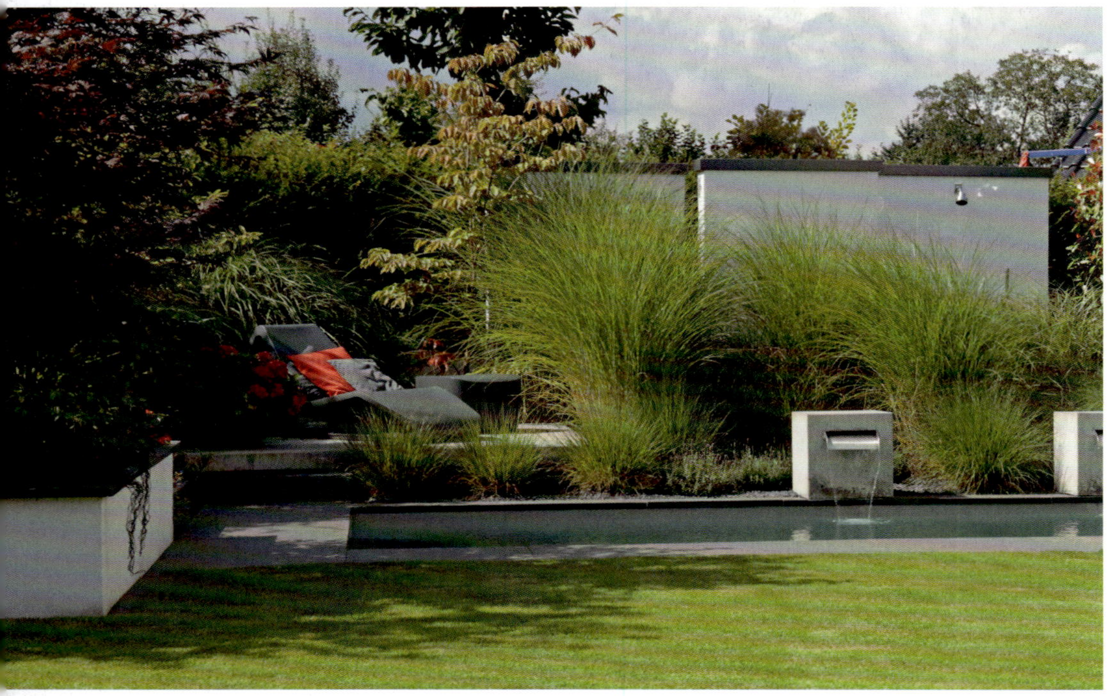

↑ **Gut versteckt** Mit einer seiner Längsseiten grenzt der Pool an den Rasen. Die andere Längsseite zur Grundstücksgrenze hin säumen in einer Reihe gepflanzte, straff aufrecht stehende Gräser. Sie scheinen schon fast das Ende des Grundstücks zu markieren, doch hinter ihnen verbirgt sich Erstaunliches: zum einen die in den Sichtschutz integrierte Gartendusche und zum anderen ein intimer Sitzplatz – der für die Großeltern gewünschte Rückzugsort.

Offensichtlich uneinsehbar

← Die exponierte Lage des Gartens ist heute nicht einmal mehr zu erahnen, denn der Sichtschutz ist perfekt. Er besteht aus einer Mischung baulicher und gepflanzter Elemente, die einander ohne eindeutig erkennbaren Rhythmus abwechseln. Die baulichen Elemente orientieren sich in ihrer Gestaltung an der Fassade des Hauses. Wichtig war, diese Elemente dreidimensional wirken zu lassen, indem sie versetzt aufgestellt wurden.

Der gepflanzte Sichtschutz entwickelt sich aus den rund um den Garten laufenden Beeten, die teils mit halbhohen, weiß verputzten Mauern eingefasst wurden. Sie verleihen gepflanztem und gebautem Sichtschutz optischen Zusammenhalt.

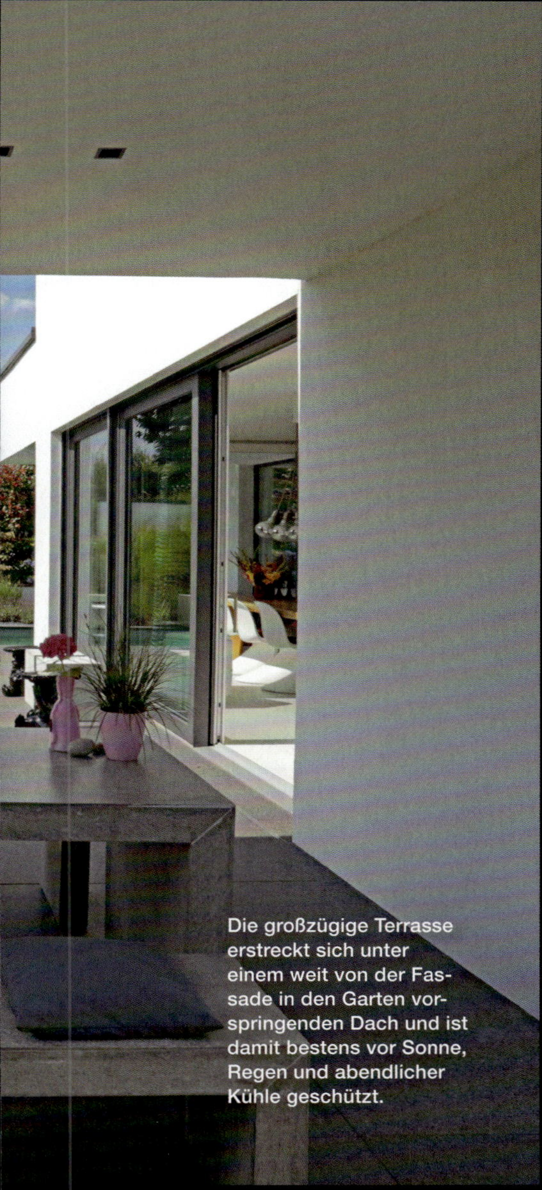

Die großzügige Terrasse erstreckt sich unter einem weit von der Fassade in den Garten vorspringenden Dach und ist damit bestens vor Sonne, Regen und abendlicher Kühle geschützt.

Beleuchtung mit Tiefenwirkung

Dieser Garten ist ein Paradebeispiel dafür, welche Wirkung eine durchdachte Gartenbeleuchtung erzielen kann. Im Pool und in den Beeten platziert, verleihen Leuchten dem Garten eine enorme Tiefe und eine heimelige Aura.

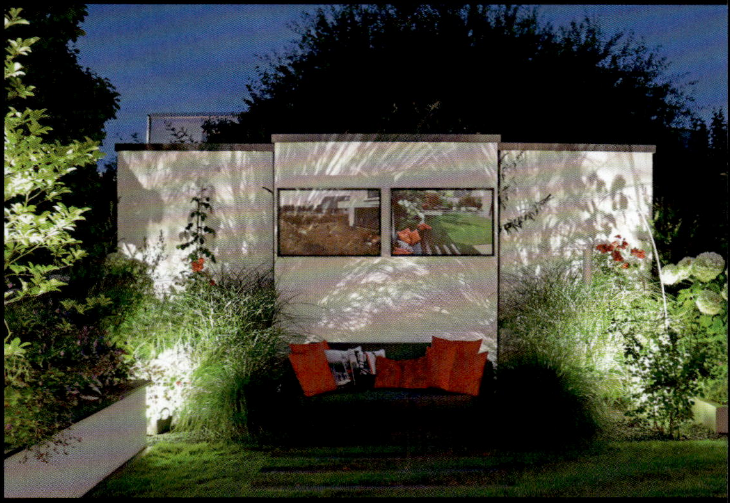

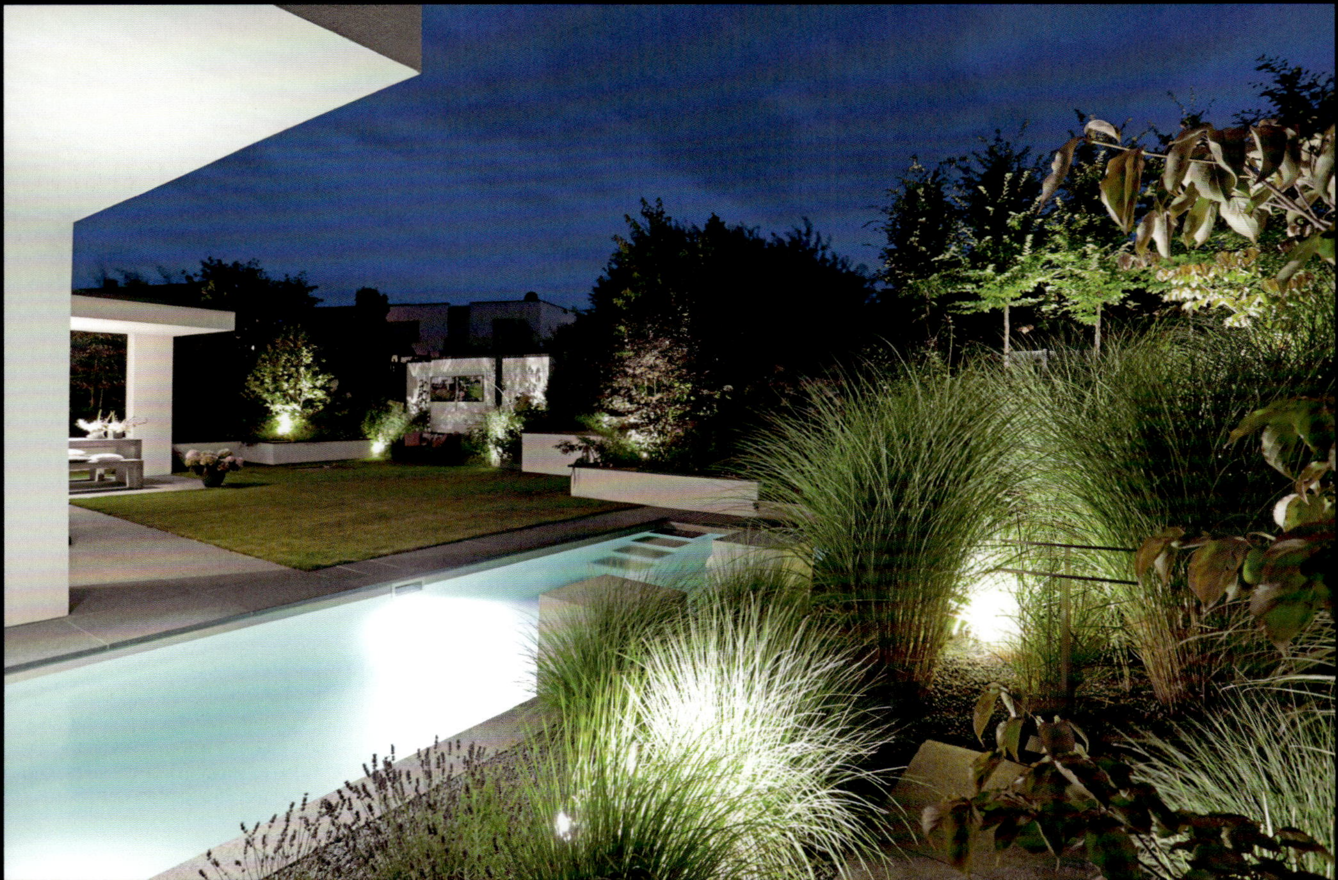

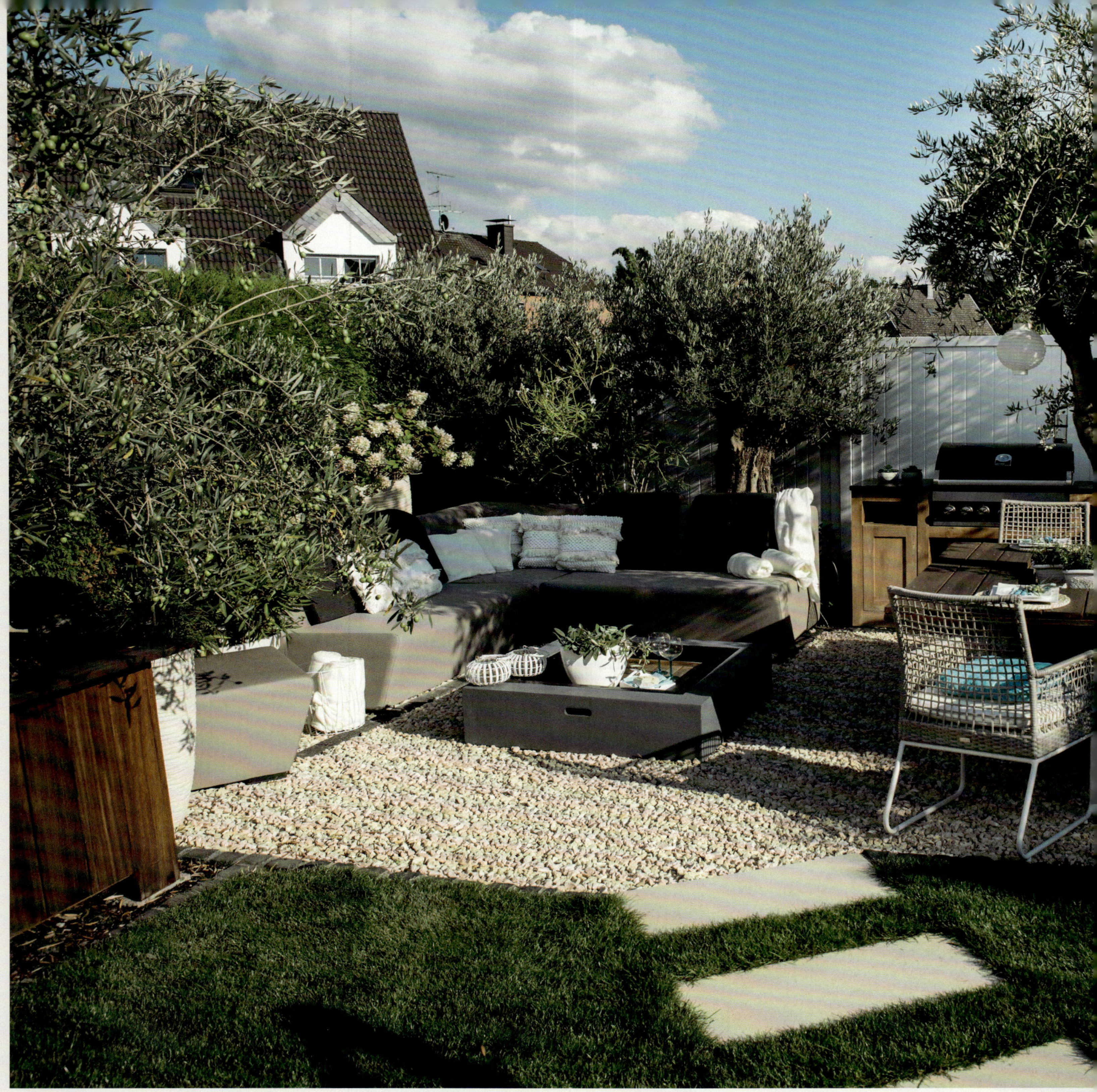

Traum vom ewigen Urlaub im Süden

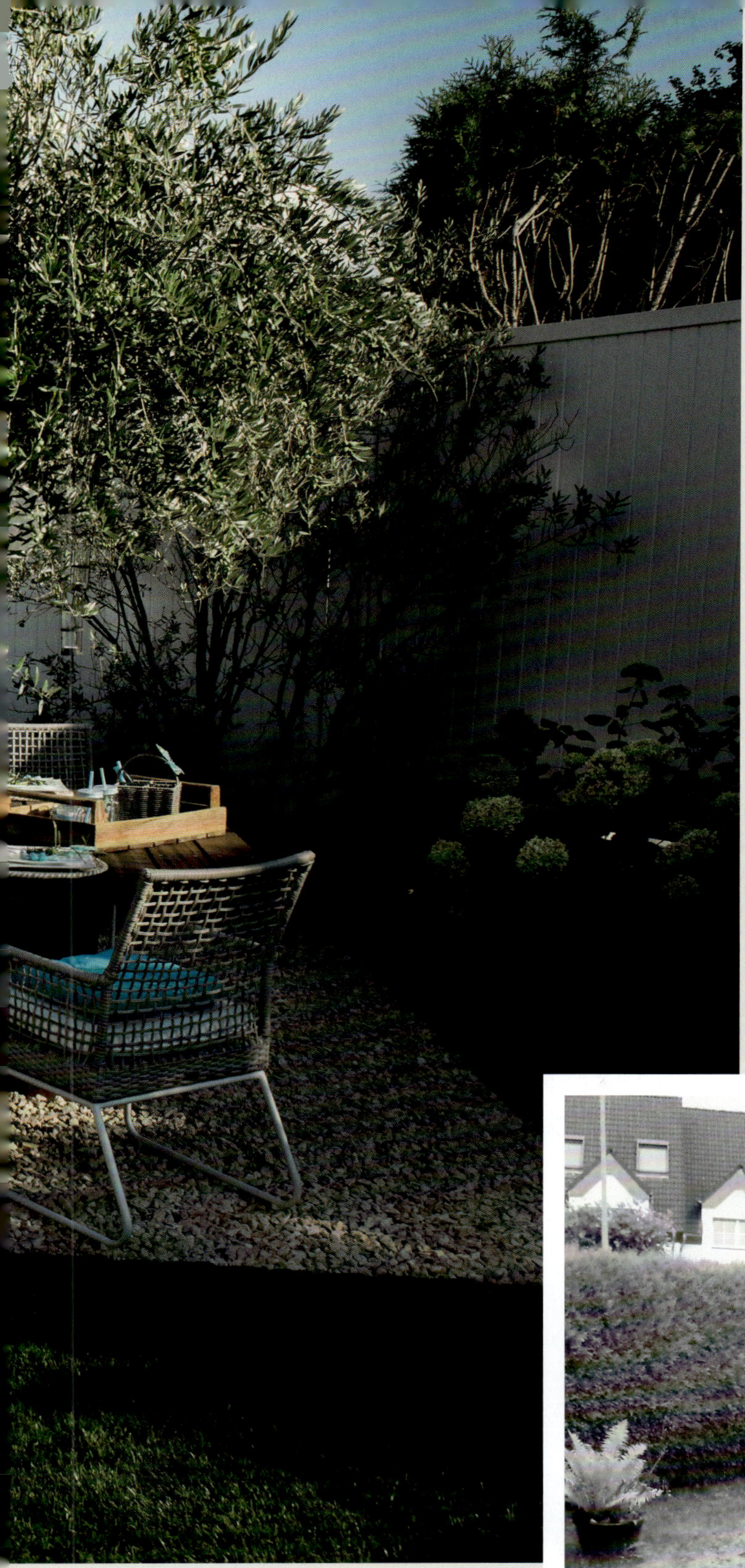

Als begeisterte Mittelmeerreisende und fasziniert von gepflegten südlichen Hotelgärten, reifte in den Gartenbesitzern der Plan, sich eine mediterrane Wohlfühloase für zu Hause einrichten zu lassen.

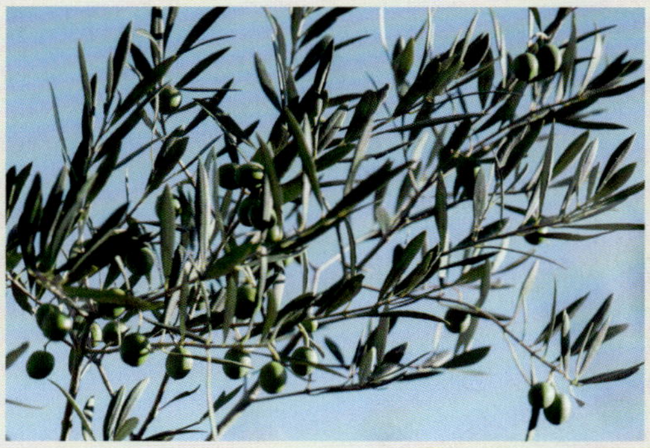

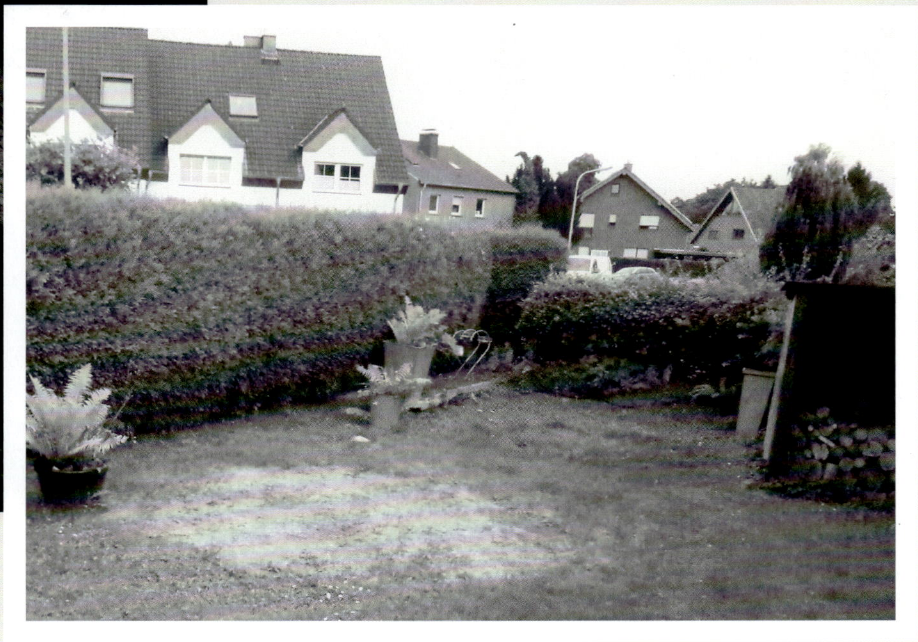

Nachher

Auf kleinstem Raum sind mehrere Sitzplätze entstanden – alle mit unterschiedlichem Charakter, aber alle dem mediterranen Stil des Gartens verpflichtet.

Vorher

Wiese, Hecke, Pflanzgefäße: Vor seiner Umgestaltung gab es in dem kleinen Garten nichts Außergewöhnliches. Das machte nicht eben Lust, sich hier länger aufzuhalten.

Im Überblick – Garten 39

GARTENGESTALTER	IDEE	GRÖSSE
Planung und Ausführung: Terra baut Gärten, Viersen	Den Traum vom sonnigen Süden ins eigene Zuhause holen	220 qm

___Die Besitzer liebten ihren Garten schon immer und investierten regelmäßig in Pflanzen und Dekoration. Von beidem gab es allerdings irgendwann zu viel auf den wenigen Quadratmetern des typischen Einfamilienhausgartens. Die Pflanzen, ohne Konzept und Wissen um ihre Größenentwicklung zusammengetragen, passten nicht mehr zu den Dimensionen des Gartens. Die Besitzer beschlich immer mehr das Gefühl, ihres Gartens trotz intensiver Pflege nicht mehr Herr zu werden, sodass sie ihn kaum noch nutzten.
Mit starken Bildern ihrer Mittelmeerreisen im Kopf und den damit verbundenen positiven Emotionen entwickelten sie sehr konkrete Vorstellungen davon, wie ihr neuer Garten aussehen sollte: Ein Wellnessparadies sollte er werden – mit mehreren Verweilmöglichkeiten für die unterschiedlichen Tageszeiten und Gelegenheiten, eingebettet in eine südländische Pflanzenwelt, sodass sich mit jedem Gang in den Garten sofort Urlaubsgefühle einstellen.
Das war eine Herausforderung für den Gartengestalter. Denn auf dem kleinen Grundstück all das zu realisieren, was die Gartenbesitzer sich wünschten, ohne dass sich die einzelnen Elemente in die Quere kommen, war schwierig.

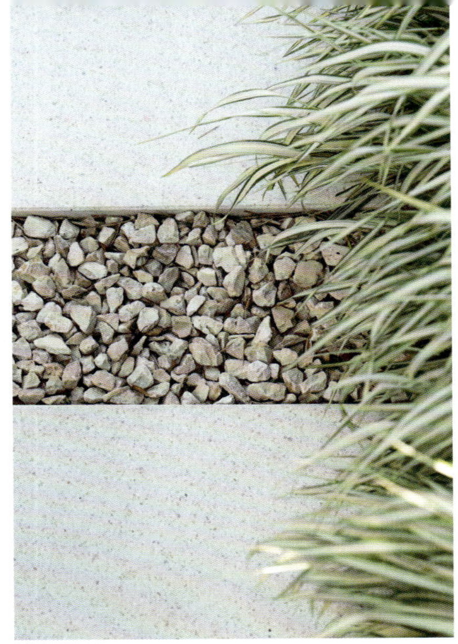

← Material

Es kommt nicht oft vor, dass sich Gartenbesitzer durchweg für helle Materialien entscheiden. Zu groß ist die Angst davor, diese irgendwann nicht mehr sauber zu bekommen. Dank schmutzabweisender Oberflächen ist das jedoch bei modernen Betonsteinen wie den hier eingesetzten gar kein Problem.

Wellness unter freiem Himmel

Ganz oben auf der Wunschliste der Auftraggeber stand ein Whirlpool. Er ist zwar für kleine Gärten eine gute Möglichkeit, eine Badegelegenheit zu integrieren, zeichnet sich aber nicht durch Schönheit aus. In diesem Fall fand der Whirlpool seinen Platz im schmalen Teil des Gartens unmittelbar neben dem Wintergarten, wo vorher nur ein bisschen Rasen war. Hier ist das Sprudelbecken von Grün umgeben, das es harmonisch mit dem Garten verschmelzen lässt und den Gartenbesitzern vollkommen privates Baden ermöglicht. Damit wurde eine Ecke des Gartens, die vormals keinerlei Nutzen hatte, zu einem Wellnessrefugium aufgewertet. Der Minipool sorgt auch dafür, dass die Besitzer ihren Garten nun tatsächlich ganzjährig intensiv nutzen.

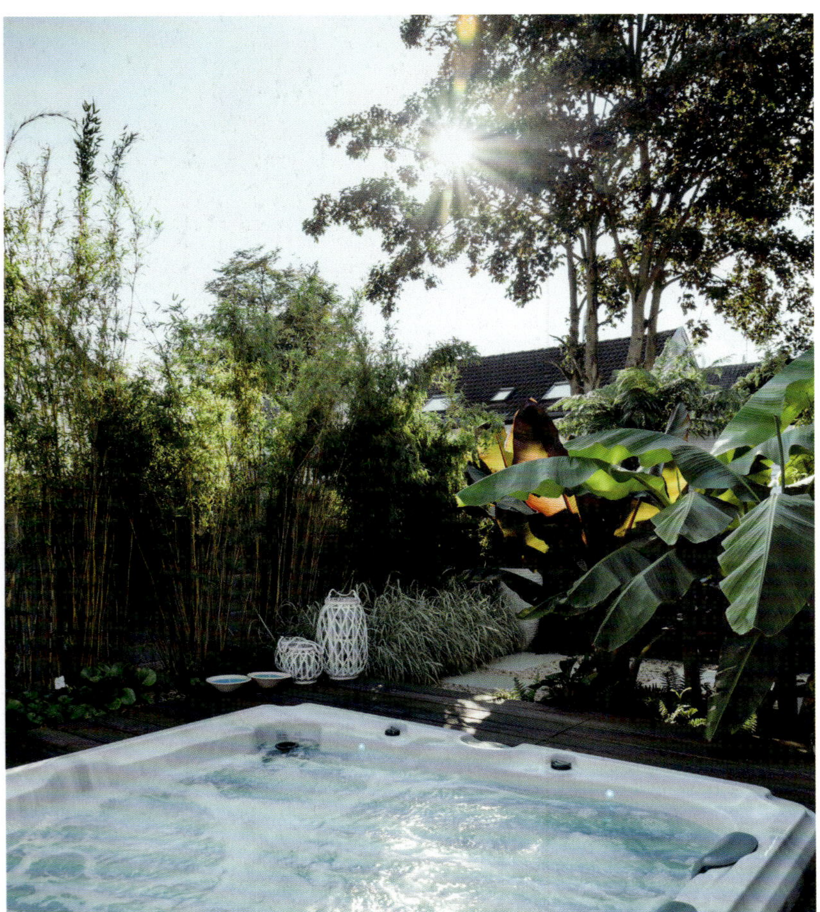

← **Versenkt** Der Wunsch der Gartenbesitzer, das Becken bodeneben einzubauen, war zwar technisch aufwendig, ermöglichte aber, einen vorhandenen Geländesprung auszugleichen und den Pool noch besser ins Gelände einzubetten.

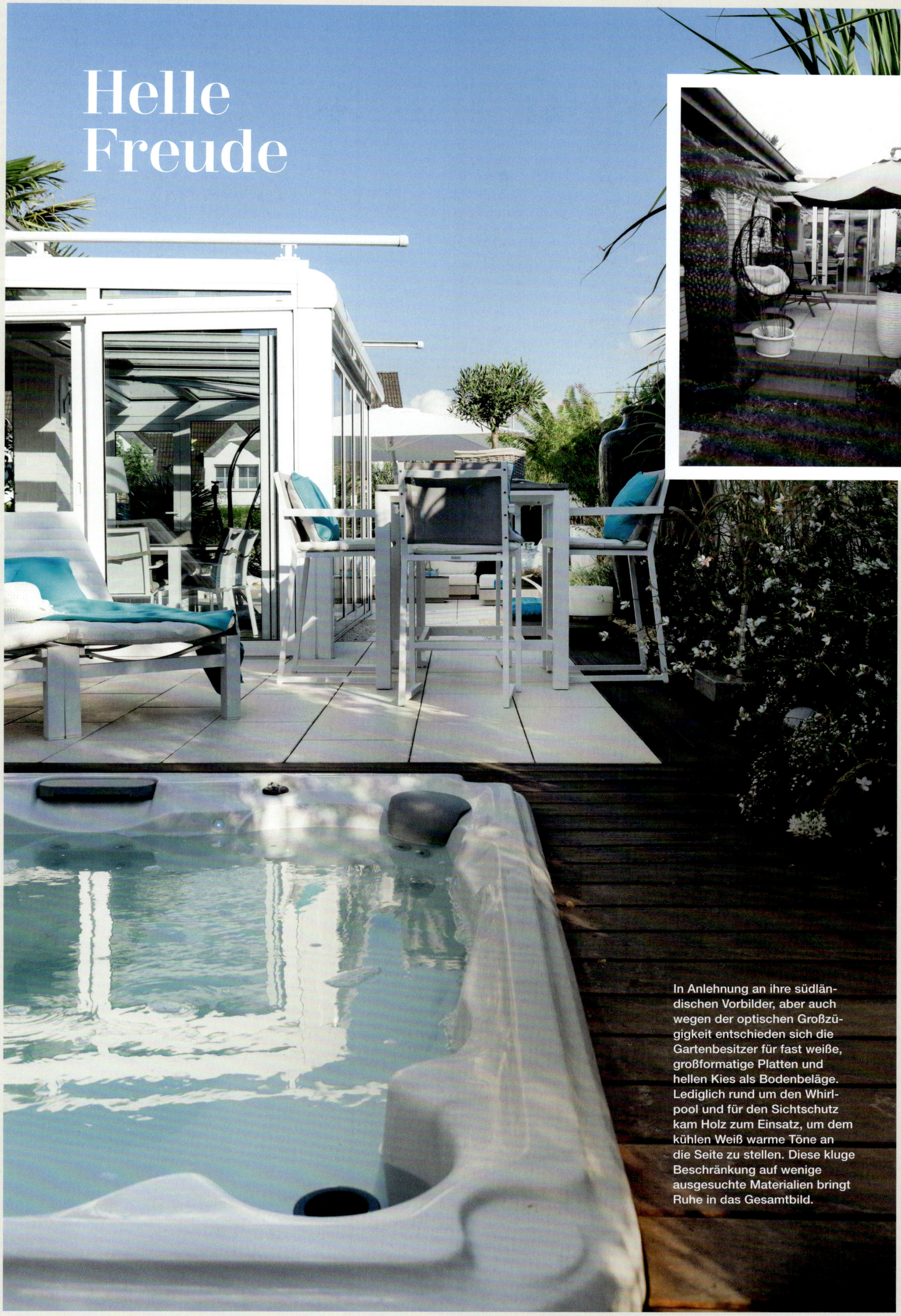

Helle Freude

In Anlehnung an ihre südländischen Vorbilder, aber auch wegen der optischen Großzügigkeit entschieden sich die Gartenbesitzer für fast weiße, großformatige Platten und hellen Kies als Bodenbeläge. Lediglich rund um den Whirlpool und für den Sichtschutz kam Holz zum Einsatz, um dem kühlen Weiß warme Töne an die Seite zu stellen. Diese kluge Beschränkung auf wenige ausgesuchte Materialien bringt Ruhe in das Gesamtbild.

Alle Möglichkeiten für die Sinne

Heute verfügt der Garten über zwei räumlich getrennte, aber optisch verbundene Terrassen mit jeweils gleich mehreren Sitzgelegenheiten. Rund um den Wintergarten und in der Nachbarschaft des Whirlpools befindet sich die etwas formellere der beiden Terrassen. Sie ist mit den hellen, rechteckigen Betonsteinplatten belegt. Deren Längsseite verläuft parallel zur Fassade, was der Terrasse den Anschein von mehr Länge verleiht. Sie läuft aus in Schrittplatten aus dem gleichen Material, die über den Rasen und ein kleines Gefälle mit lässigem Schwung die Überleitung zur zweiten Terrasse schaffen, die sich etwas abseits vom Haus an der Grundstücksgrenze erstreckt.

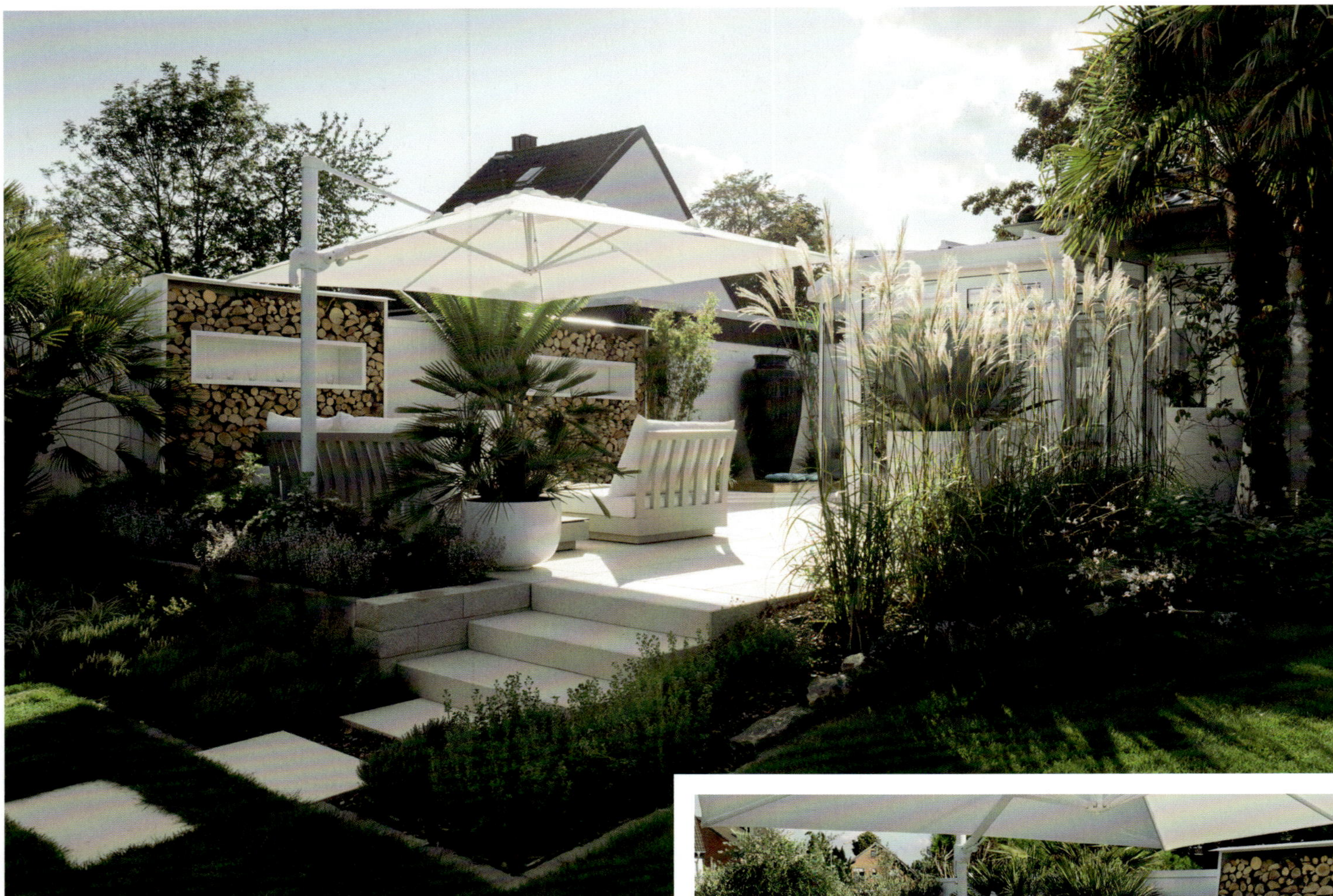

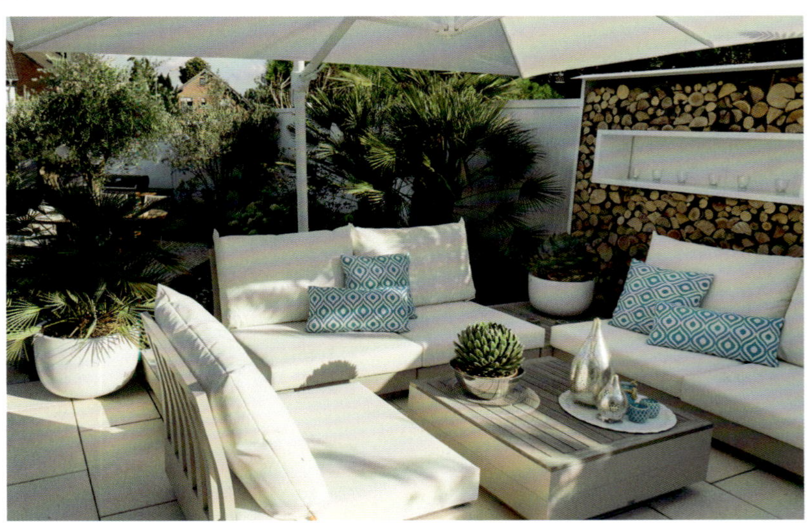

↑ **Reduziert** Bei der Bepflanzung galt es, ein gutes Maß zu finden: Ein Zuviel an Wachstum und Arten wie im alten Garten sollte es nicht mehr geben. Dennoch war es wichtig, den Garten vielfältig auszustatten, Zurückhaltung gab es nur bei der Blütenfarbe: Gewünscht waren ausschließlich weißblühende Pflanzen. Ergänzt werden diese von Duftkräutern, die sich vor allem rund um die Lounge-Ecke auf der Wintergartenterrasse gruppieren.

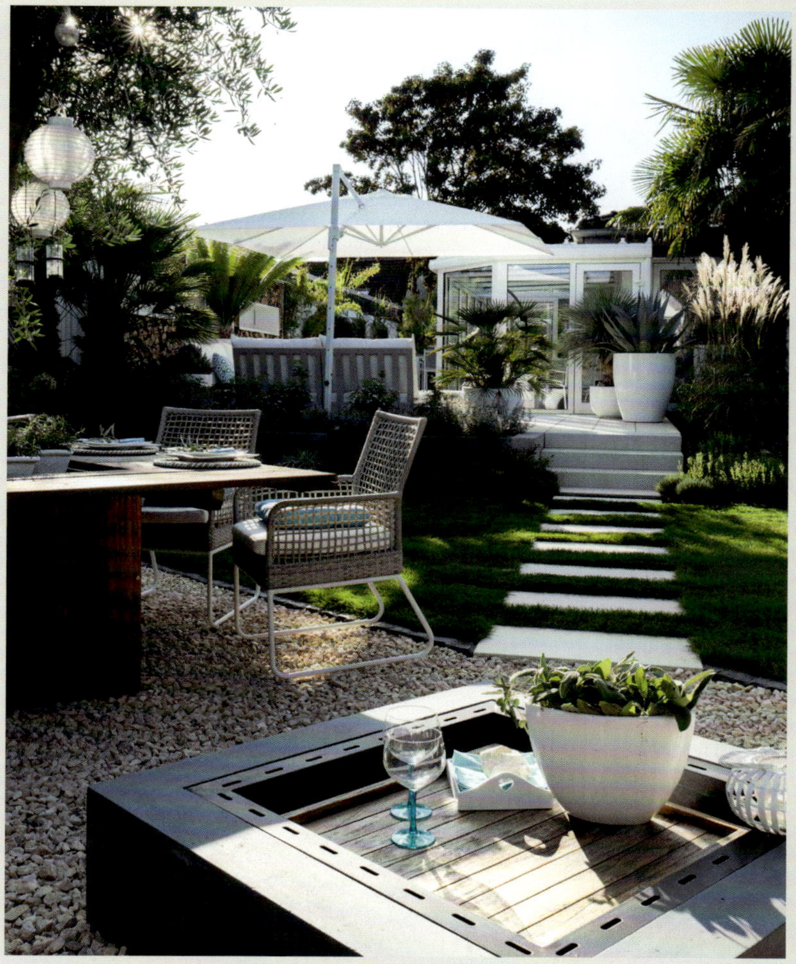

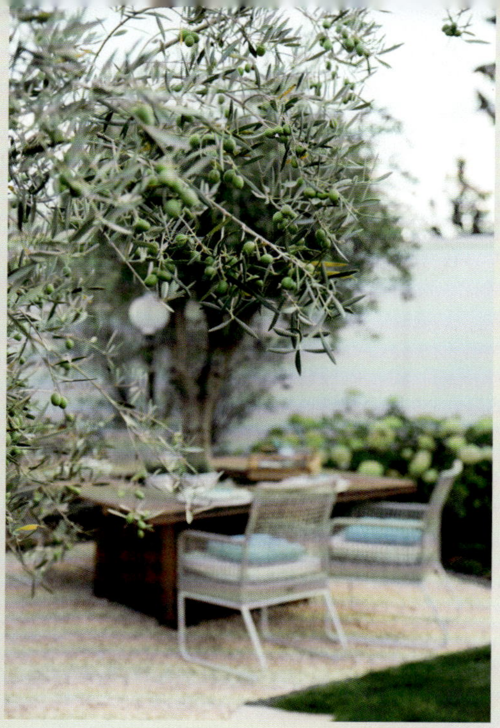

„Eine Palme aus dem Bestand kündet nun gemeinsam mit Olivenbäumen, einem Reispapierbaum und Bananenstauden vom Leben unter südlicher Sonne."

Michael Busemann, Gartengestalter

Die zweite Terrasse ist mit hellem Kies belegt, was ihr den Charme eines Dorfplatzes im sonnigen Süden verleiht. Hier können die Gartenbesitzer herrlich den Feierabend zelebrieren, denn die Abendsonne hält dieses Fleckchen Erde lange warm. Holzelemente schirmen es gegen Einblicke von außen ab. Bleibt nur noch die Entscheidung, ob die Erholungssuchenden lieber in der gemütlichen Sitzgruppe oder auf der Bank rund um den Olivenbaum Platz nehmen möchten. Egal wie sie ausfällt: Die gewählte Verbindung von Materialien und Pflanzen dürfte zu sofortiger Entspannung wie im Urlaub führen.

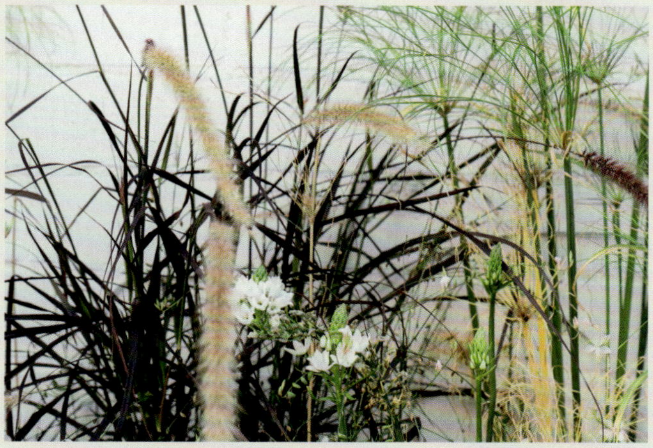

Im Überblick – Garten 39

BESONDERHEIT
Als Vorbild dienten die Gärten von Hotelanlagen rund ums Mittelmeer

MATERIALIEN (Auswahl)
- Betonsteinplatten
- Kalkstein-Splitt Yellow Sun Extra
- Bangkirai-Holz

PFLANZEN (Auswahl)
- Orangenblume *Choisya ternata 'White Dazzler'*
- Japanische Faserbanane in grün *Musa basjoo*
- Rote Zierbanane *Ensete ventricosum 'Maurelii'*
- Reispapierbaum *Tetrapanax papyrifera*
- Kleiner Schlangenbart *Ophiopogon japonicus 'Minor'*
- Berg-Ilex *Ilex crenata 'Green Hedge'*
- Steinquendel *Calamintha nepeta 'Triumphator'*
- Chinaschilf *Miscanthus sinensis 'Kleine Silberspinne'*
- Mediterrane Kräuter wie Thymian, Rosmarin und Salbei

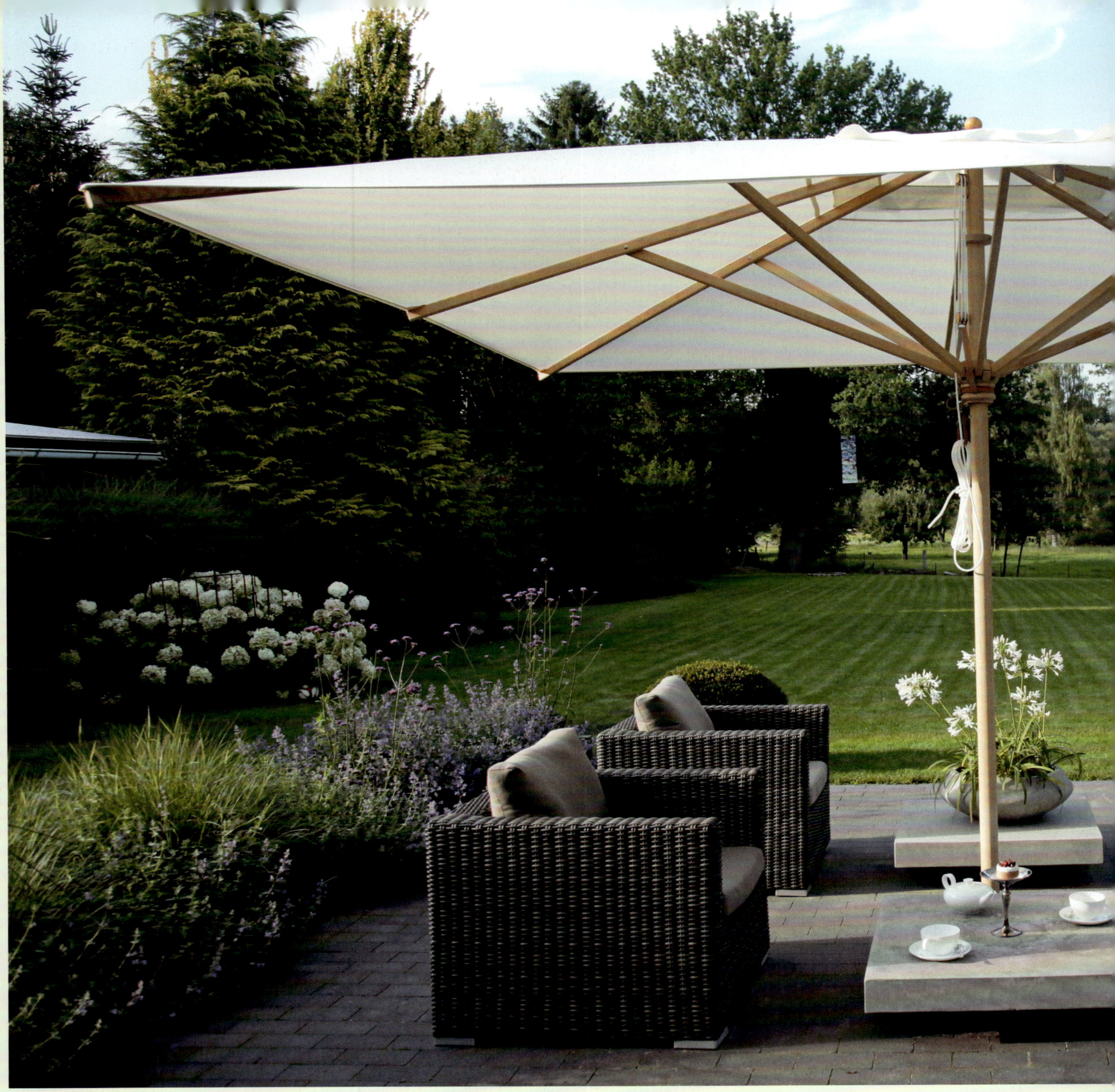

Garten mit Aussicht

Im Überblick – Garten 40

GARTENGESTALTER
Planung und Anlage:
Wahlers – Gärtner von Eden, Scheeßel

IDEE
Sanfter Übergang in
die offene Landschaft

GRÖSSE
1.800 qm (inkl. Vorgarten)

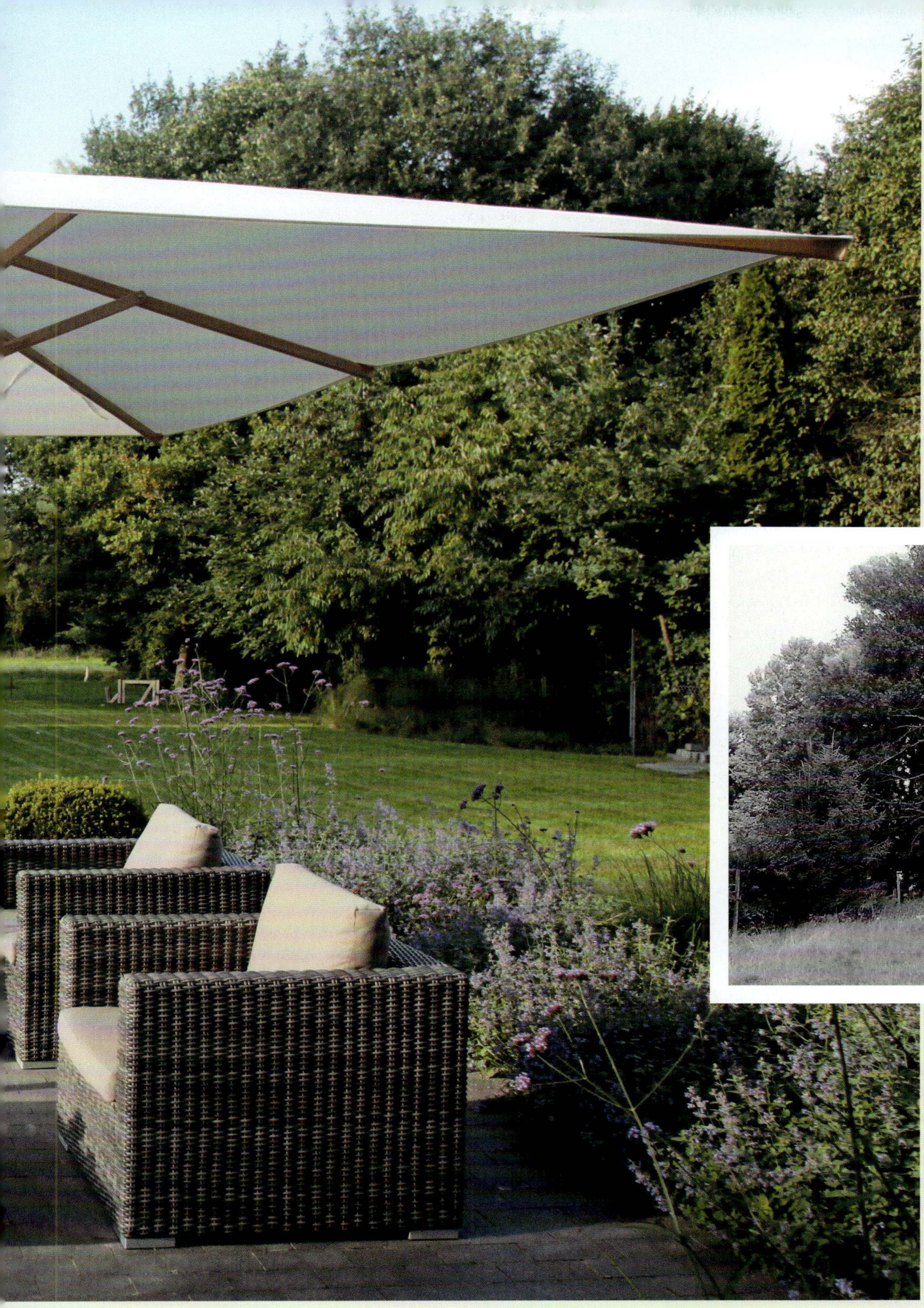

Nachher

Die Wiese nimmt weiterhin den größten Teil des Grundstücks ein, Baumbestand und Ausblick ins Landschaftsschutzgebiet wurden in die Gartengestaltung einbezogen. Lediglich der hausnahe Bereich wurde sichtbar gestaltet.

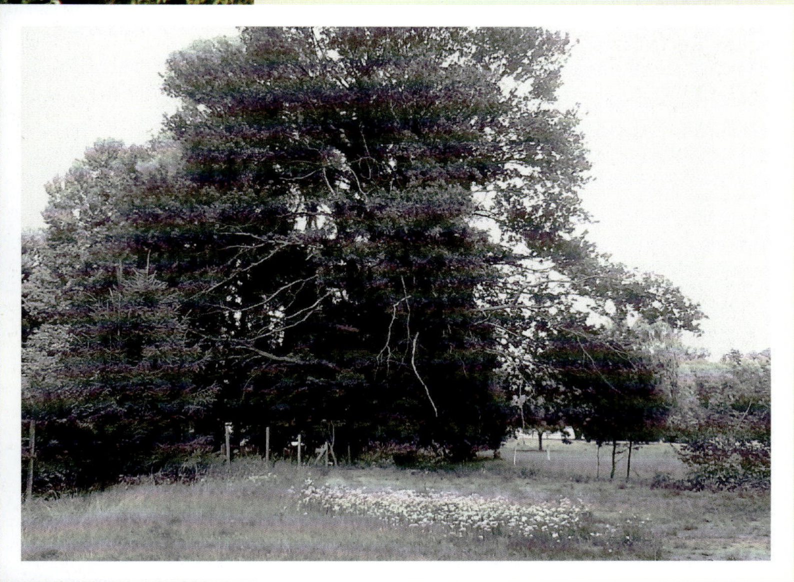

Vorher

Das Baugrundstück war eine große Wiese, die sich nach hinten zu einem Landschaftsschutzgebiet öffnet und von altem Baumbestand gerahmt ist.

Hier schlägt die sensible Gartengestaltung eine Brücke zwischen Grundstück und umliegendem Landschaftsschutzgebiet.

___Die Geschichte dieses Gartens beginnt in einem anderen Garten. Diesen hatten die Auftraggeber im Vorbeifahren entdeckt, als er gerade im Bau war. Die üppige Kombination von Stauden und Gräsern, die dort gepflanzt wurde, gefiel ihnen derart gut, dass sie sich den Namen des verantwortlichen Gartengestalters notierten und ihn kontaktierten. Rund um ihr neu erbautes Haus auf einem ausgedehnten Grundstück neben einem Landschaftsschutzgebiet wünschten sie sich genau so einen Garten, wie sie ihn zufällig entdeckt hatten. Natürlich bekamen sie einen individuellen Entwurf, passgenau zugeschnitten auf ihr eigenes Grundstück – aber tatsächlich in Anlehnung an das von ihnen bewunderte Vorbild.

Von Nähe und Weite

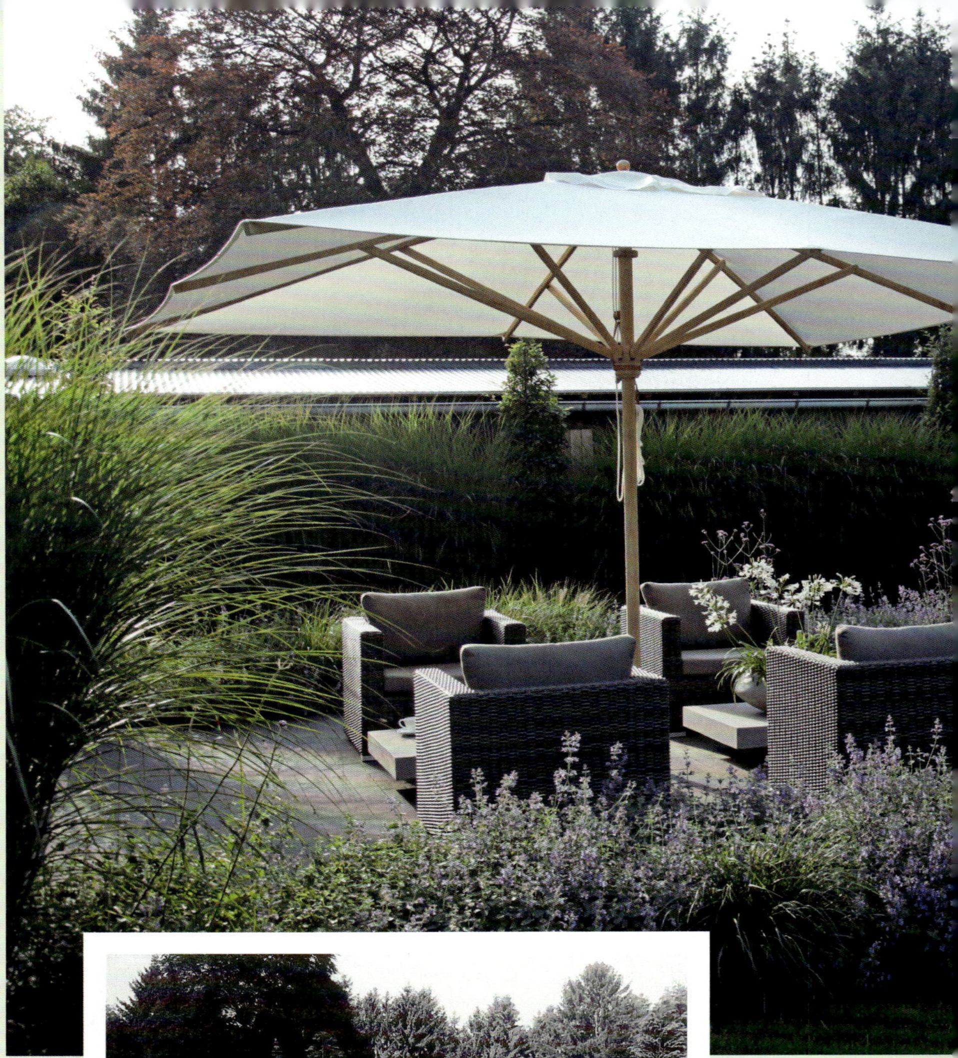

Die Gartenplanung für dieses Neubaugrundstück spielt mit der Weite der Landschaft und der Größe des Areals. Von Anfang an stand fest, dass nicht das gesamte, rund 1.800 Quadratmeter große Grundstück komplett durchgestaltet werden sollte. Vielmehr galt es, den Garten so in die Landschaft einzubetten, dass die Übergänge zwischen beiden fließend wären. Nur der Bereich in unmittelbarer Nähe des Hauses sollte intensiv, aber gleichermaßen passend zu dem modern-geradlinigen Haus und zur offenen Landschaft gestaltet werden.

Damit eine große Wiese auf dem Gelände nicht langweilig wirkt, entstanden ungefähr auf halber Strecke zwischen Haus und Grundstücksende auf beiden Seiten sichelförmige Pflanzflächen, in denen hauptsächlich Gräser für einen naturnahen Eindruck sorgen. Vom Haus aus betrachtet wirken sie ungemein tief, gleichzeitig aber wie ganz natürlich, ja fast zufällig gewachsen.

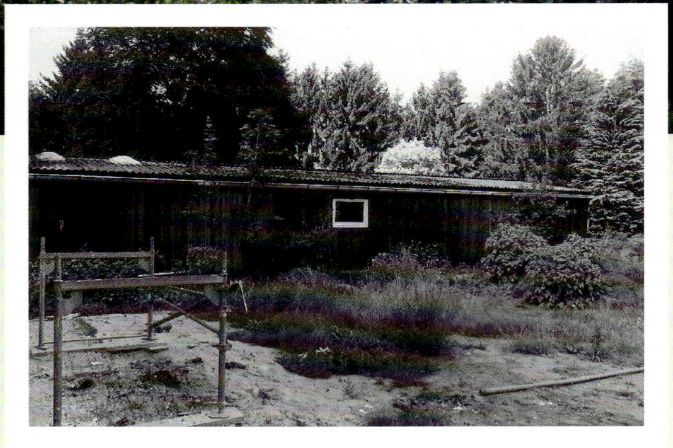

Die Gartenplanung

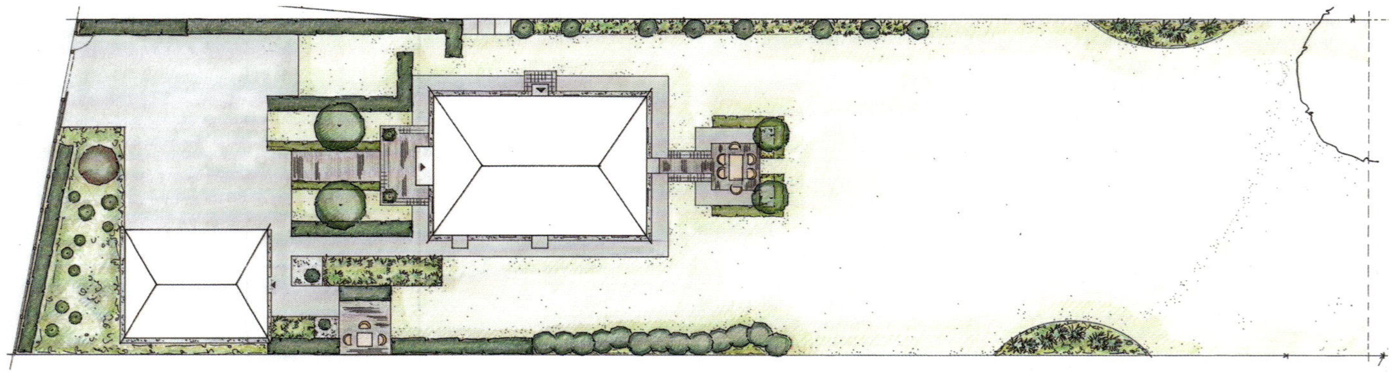

Im Überblick – Garten 40

BESONDERHEIT
Schaffung einer Verbindung zwischen moderner Architektur und unberührter Landschaft

MATERIALIEN (Auswahl)
- Betonpflaster

PFLANZEN (Auswahl)
- Rotbuche *Fagus sylvatica*
- Buchsbaum *Buxus sempervirens arborescens*
- Ysander *Pachysandra terminalis*
- China-Schilf *Miscanthus sinensis 'Kleine Silberspinne'*, *Miscanthus sinensis 'Gracillimus'*
- Balkan-Storchschnabel *Geranium macrorrhizum 'Spessart'*
- Rutenhirse *Panicum virgatum 'Shenandoa'*
- Japan-Berggras *Hakonechloa macra*
- Präriegras *Sporobolus heterolepis*

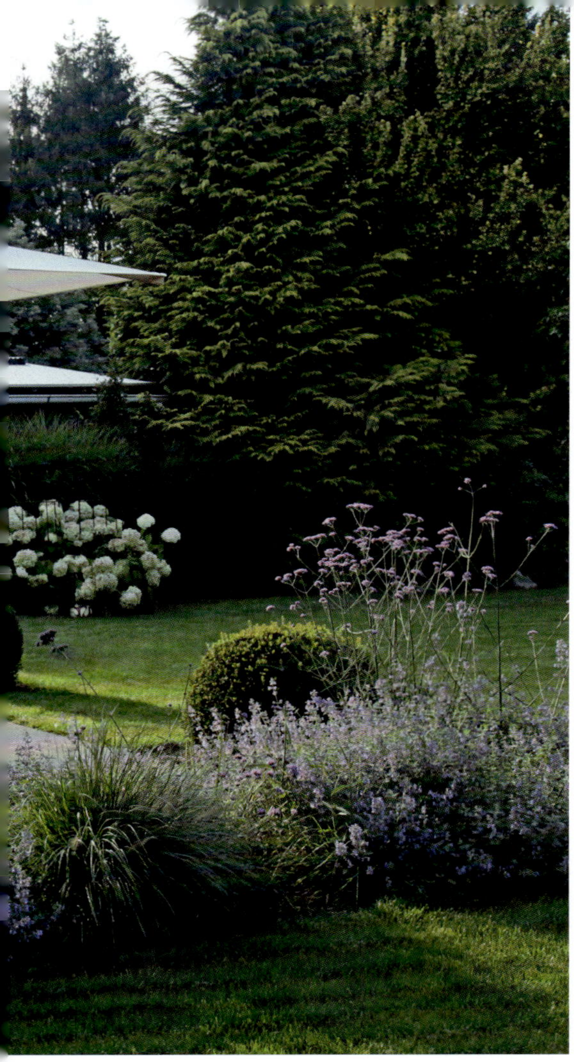

↓ **Fenster auf für die Landschaft** Trotz der vielen eigenen Reize liegt das eigentliche Highlight dieses Grundstücks außerhalb seiner Grenzen. Dort wächst ein mächtiger alter Apfelbaum. Davor, noch auf dem Gartengrundstück, steht eine mehrere Jahrhunderte alte Eiche. Diese wurde behutsam so geschnitten, dass sie jetzt wie ein Fenster den Blick auf den wunderschönen alten Apfelbaum im Landschaftsschutzgebiet freigibt. Dieser Obstbaum wurde auf diese Weise perfekt in Szene gesetzt und in die Grundstücksgestaltung einbezogen.

„Der Apfelbaum – wie zufällig und vollkommen natürlich in Szene gesetzt."

Reinhard Wahlers, Gartengestalter

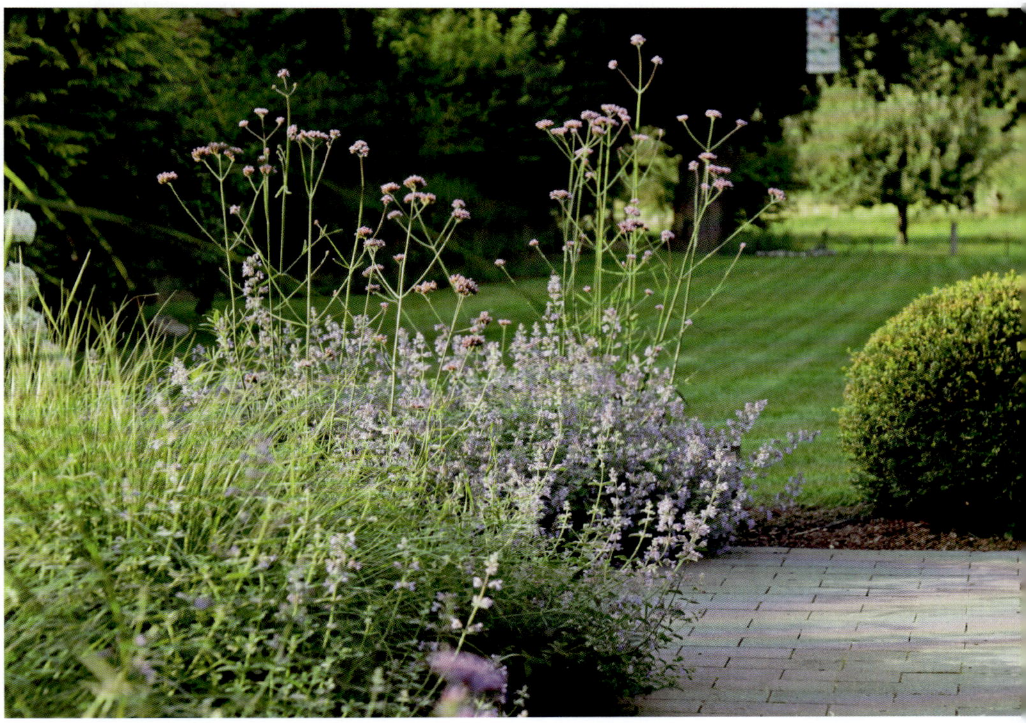

↑ **Insel im Grünen** Dank der behutsamen grünen Einfassung fühlen sich die Gartennutzer auf dem unmittelbar an die große Wiese grenzenden Sitzplatz immer bestens behütet. In den Abendstunden sorgt eine warme indirekte Beleuchtung für das Zuhause-Gefühl.

Bitte Platz nehmen

Die rückwärtige Fassade des Hauses ist fast quadratisch. Passend zu dieser geometrischen Schlichtheit erhielt die Hauptterrasse ähnliche Dimensionen. Um sie aus der Ferne ein wenig größer erscheinen zu lassen, als sie eigentlich ist, und sie damit auch den Dimensionen des Grundstücks anzunähern, grenzt die Terrassenfläche nicht unmittelbar ans Haus. Vielmehr verläuft rund um das Gebäude ein etwa ein Meter breiter Weg, der im hinteren Teil Fassade und Terrasse voneinander trennt. Gleichzeitig sorgte der Gartengestalter aber auch für eine intensive optische Anbindung von Terrasse und Grundstück ans Haus: Die Bepflanzung um den Sitzplatz herum konzipierte er so, dass eine Sichtachse entstanden ist, die vom Wohnzimmer bis zur hinteren Grundstücksgrenze reicht.

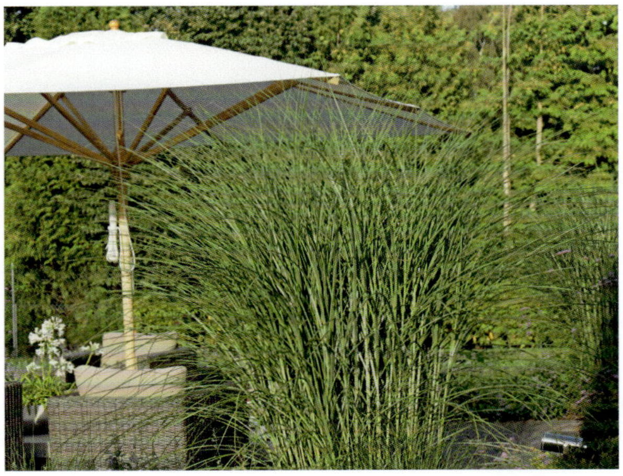

↑ **Wilde Ordnung** Die Pflanzen sind, wie die Fassade, ganz auf Symmetrie ausgerichtet. In ansprechendem Gegensatz dazu steht die Pflanzenauswahl rund um den Hauptsitzplatz. Hier dominieren Gräser in unterschiedlichen Varianten. Sie wirken scheinbar ungeordnet und doch klar.

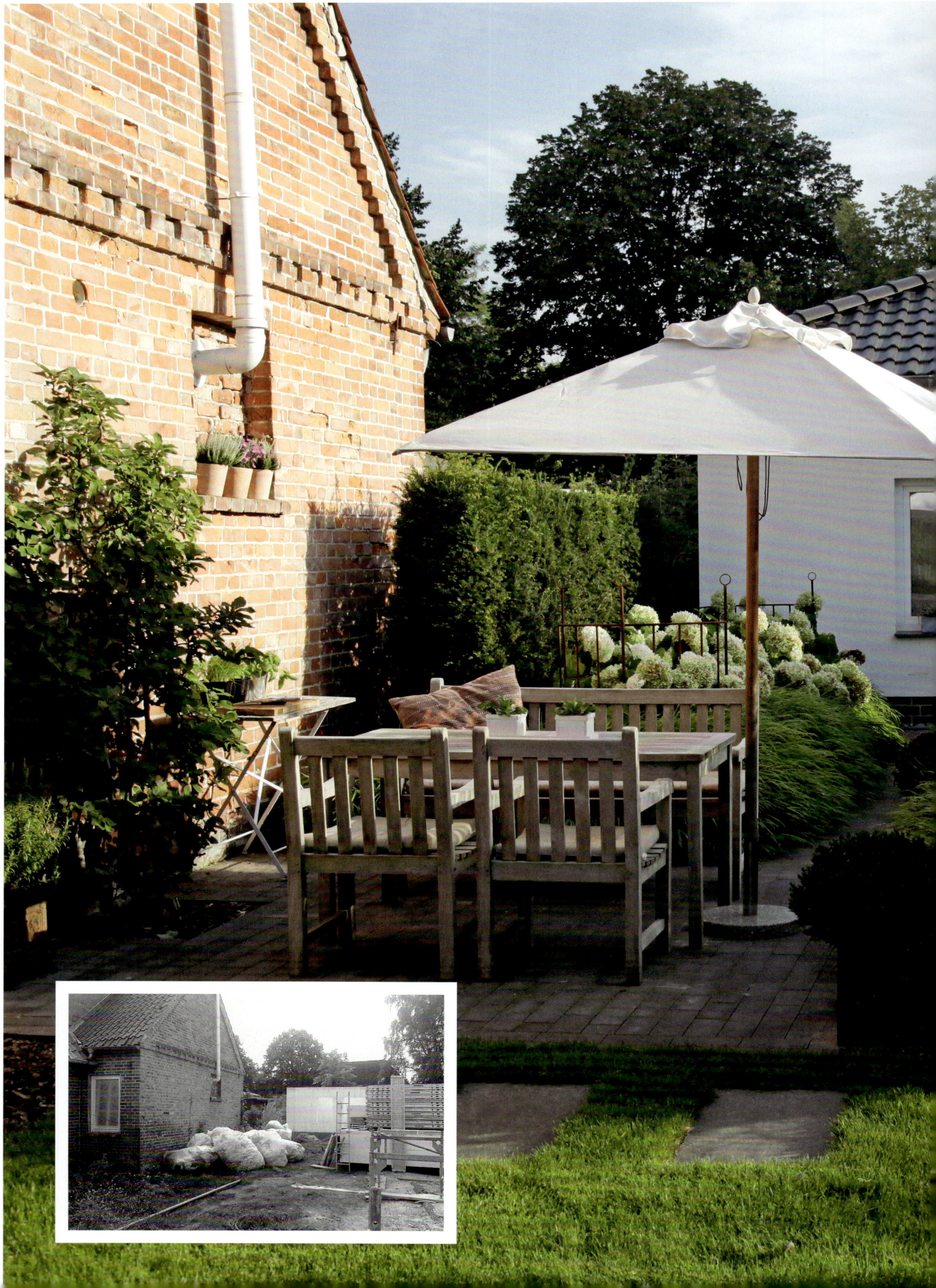

Um die Ecke gedacht …

Die Bauherrin ist Architektin und hatte ihr Haus sehr durchdacht entworfen. So gibt es neben den Terrassentüren zum Hauptgarten hin auch an der Seite des Hauses von der Küche aus einen Ausgang – und zwar genau in den Teil des Gartens, der morgens sonnenbeschienen ist. Der perfekte Ort für die Frühstücksterrasse. Wegen der Grundstücksgröße ist der seitliche Streifen neben dem Haus vergleichsweise breit, sodass hier ein Sitzplatz und ansehnliche Pflanzstreifen bequem Platz fanden.
Der Zufall wollte es, dass auf dem Nachbargrundstück genau an der Grundstücksgrenze ein altes Nebengebäude aus Backstein seine mit reichlich Patina gesegnete Giebelwand in die Höhe reckt. Diese bezog die Gestalterin in das Konzept für die Frühstücksterrasse ein. Die Wand gibt der Terrasse seitlich Halt und macht sie heimelig.

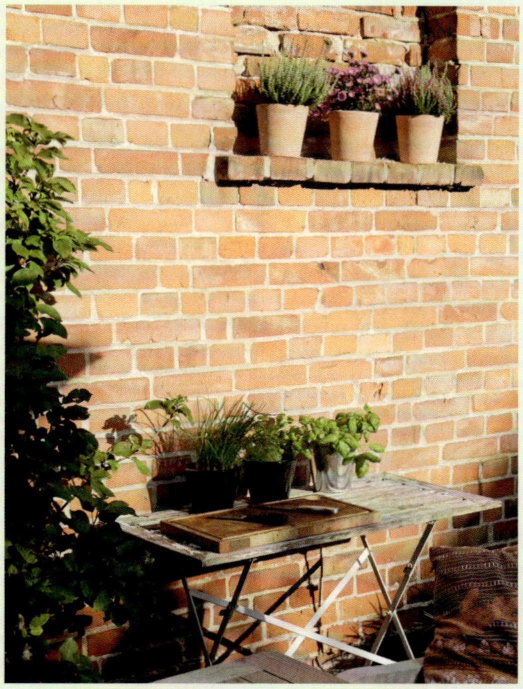

„Der perfekte Ort für die Frühstücksterrasse."

Reinhard Wahlers, Gartengestalter

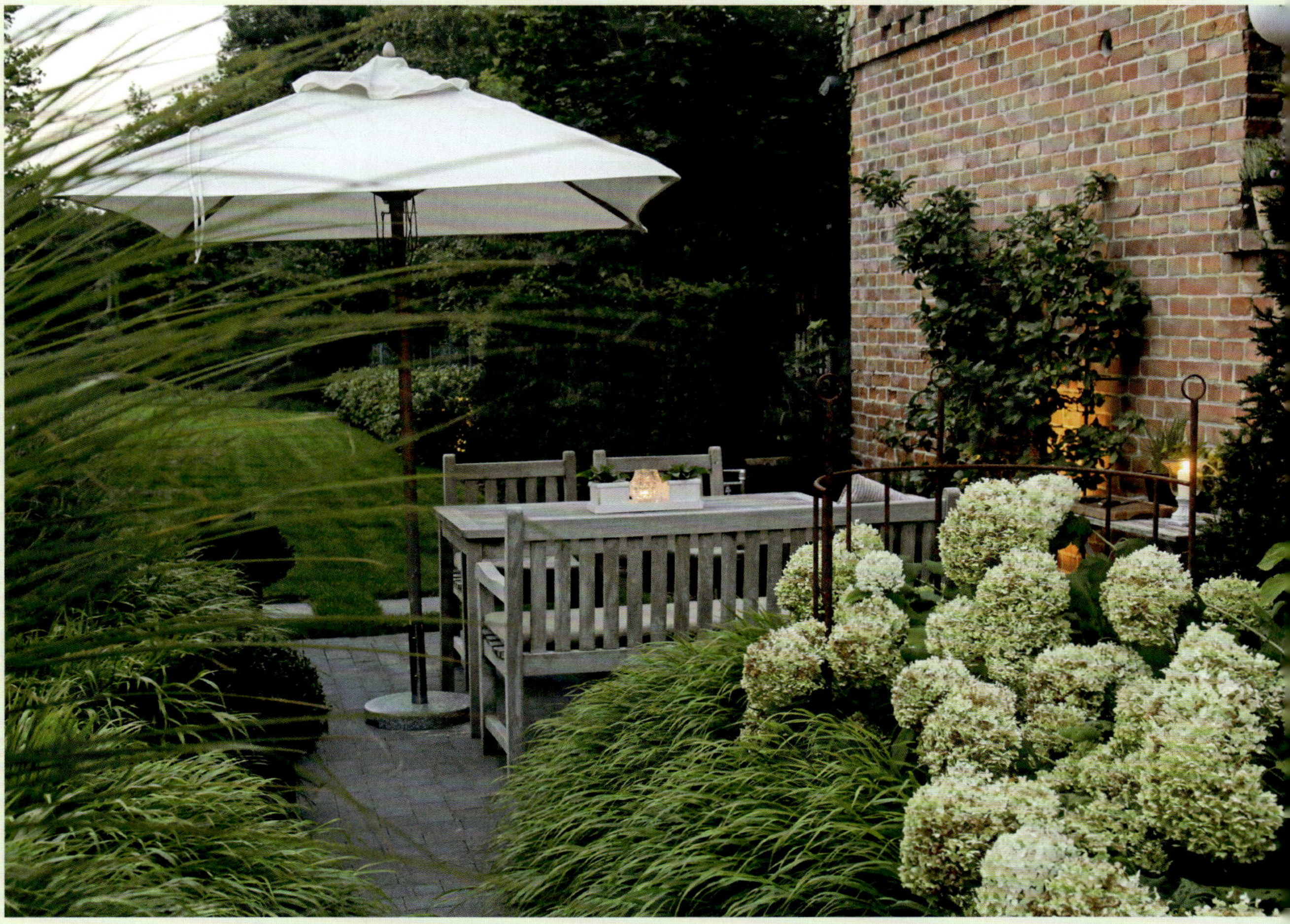

→ **Harmonisch** Die begleitende Bepflanzung – wie überall im Garten vor allem Gräser, ergänzt um Hortensien der Sorte 'Annabelle' mit ihren wuchtigen, grünlichweißen Blütendolden – passt bei aller Modernität perfekt zu diesem Stückchen historischer Architektur.

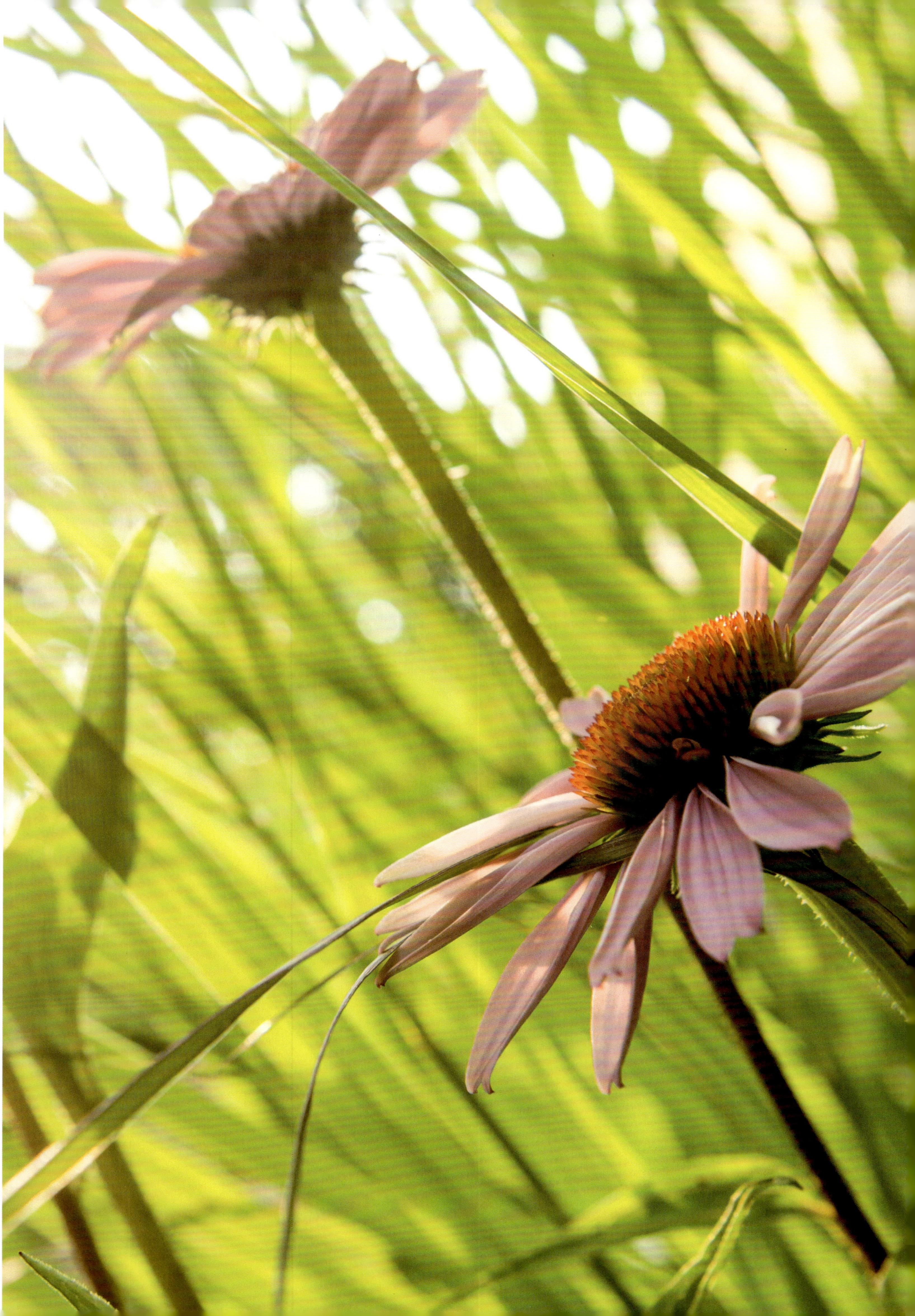

Impressum

Projektleitung Verlag:
Constanze Holler
Lektorat:
Maria Koettnitz
Text:
Christiane Stoltenhoff, Pronomen GmbH & Co. KG
Konzeption und Gestaltung:
cyclos design GmbH
Herstellung:
Andrea Cobré
Lithografie:
Schnieber Graphik, München
Druck und Bindung:
Graphisches Centrum Cuno GmbH & Co.KG, Calbe
Schrift:
Neue Helvetica
Trivia Serif
Papier:
150g Profimatt

FSC
www.fsc.org
MIX
Papier aus verantwortungsvollen Quellen
FSC® C043106

Penguin Random House Verlagsgruppe FSC® N001967

Printed in Germany

ISBN 978-3-7913-8577-8

www.prestel.de

Klimaneutral
Druckprodukt
ClimatePartner.com/14044-1912-1001

Informationen zu Planung, Ausführung und Bildquellen

Gärten 1–40

Garten 1
PLANUNG UND AUSFÜHRUNG:
Arndt – Gärtner von Eden, Rohrbach
FOTOGRAFIE „Vorher“: Stefan Arndt
FOTOGRAFIE „Nachher“: Stefanie Grindinger
PLAN: Arndt – Gärtner von Eden

Garten 2
ENTWURF: Gempp Gartendesign, Hamburg
PFLANZ- UND AUSFÜHRUNGSPLANUNG, AUSFÜHRUNG:
Bahl – Gärtner von Eden, Kiebitzreihe
FOTOGRAFIE „Vorher“: Bahl – Gärtner von Eden
FOTOGRAFIE „Nachher“: Thorsten Scherz

Garten 3 + 4
PLANUNG: Claudia Schaaf,
Beran Gärten GmbH & Co. KG, Neu Wulmstorf
AUSFÜHRUNG:
Beran Gärten GmbH & Co. KG, Neu Wulmstorf
FOTOGRAFIE „Vorher“:
Beran Gärten GmbH & Co. KG
FOTOGRAFIE „Nachher“: Thorsten Scherz
PLAN: Beran Gärten GmbH & Co. KG (Garten 3)

Garten 5
PLANUNG: Jensen Gartenarchitekten, Hamburg
AUSFÜHRUNG:
Borgmann – Gärtner von Eden, Rellingen
FOTOGRAFIE „Vorher“: Jonni Borgmann
FOTOGRAFIE „Nachher“: Miquel Tres
PLAN: Jensen Gartenarchitekten

Garten 6 + 7
PLANUNG: Michael Daldrup,
Daldrup – Gärtner von Eden, Havixbeck
AUSFÜHRUNG:
Daldrup – Gärtner von Eden, Havixbeck
FOTOGRAFIE „Vorher“: Michael Daldrup
FOTOGRAFIE „Nachher“: Miquel Tres

Garten 8
PLANUNG: Jörg Esken,
Gartenplan Esken und Hindrichs, Leichlingen,
Anne Münstermann, Willebadessen
AUSFÜHRUNG:
Gartenplan Esken und Hindrichs, Leichlingen
FOTOGRAFIE „Vorher“:
Gartenplan Esken und Hindrichs
FOTOGRAFIE „Nachher“: Thorsten Scherz
PLAN: Anne Münstermann

Garten 9 + 10
PLANUNG UND AUSFÜHRUNG:
Forster Gartenbau AG, Titterten, Schweiz
FOTOGRAFIE „Vorher“: Forster Gartenbau AG
FOTOGRAFIE „Nachher“: Elena Monti
PLAN: Forster Gartenbau AG

Garten 11 + 12
PLANUNG: Fritz Goroncy,
Goroncy – Gärtner von Eden, Drensteinfurt
AUSFÜHRUNG:
Goroncy – Gärtner von Eden, Drensteinfurt
FOTOGRAFIE „Vorher“: Fritz Goroncy
FOTOGRAFIE „Nachher“: Miquel Tres (Garten 11),
Thorsten Scherz (Garten 12)

Garten 13
PLANUNG: Brigitte Zednicek, Klaus Gröning,
Gröning Gartengestaltung, Göppingen
AUSFÜHRUNG:
Gröning Gartengestaltung, Göppingen
FOTOGRAFIE „Vorher“: Klaus Gröning
FOTOGRAFIE „Nachher“: Thorsten Scherz

Garten 14 + 15
PLANUNG UND AUSFÜHRUNG:
Grothe – Gärtner von Eden, Schwetzingen
FOTOGRAFIE „Vorher“:
Grothe – Gärtner von Eden
FOTOGRAFIE „Nachher“: Thorsten Scherz
PLÄNE: Grothe – Gärtner von Eden

Garten 16 – 18
PLANUNG: Elisabeth Verstegen, Gitta Jagusch,
Grütters – Gärtner von Eden, Sonsbeck
AUSFÜHRUNG:
Grütters – Gärtner von Eden, Sonsbeck
FOTOGRAFIE „Vorher“:
Grütters – Gärtner von Eden
FOTOGRAFIE „Nachher“: Thorsten Scherz

Garten 19
PLANUNG: Jörg Singer,
Herrhammer – Gärtner von Eden, Heimenkirch
AUSFÜHRUNG:
Herrhammer – Gärtner von Eden, Heimenkirch
FOTOGRAFIE „Vorher“:
Herrhammer – Gärtner von Eden
FOTOGRAFIE „Nachher“: Thorsten Scherz

Garten 20 + 21
PLANUNG: Ralf Kappe,
Kappe – Gärtner von Eden, Bergisch Gladbach
AUSFÜHRUNG:
Kappe – Gärtner von Eden, Bergisch Gladbach
FOTOGRAFIE „Vorher“: Ralf Kappe
FOTOGRAFIE „Nachher“: Thorsten Scherz
(Garten 20), Miquel Tres (Garten 21)

Garten 22 – 24
PLANUNG UND AUSFÜHRUNG:
Klute – Gärtner von Eden, Sundern
FOTOGRAFIE „Vorher“:
Klute – Gärtner von Eden, Sundern
FOTOGRAFIE „Nachher“: Miquel Tres (Gärten 22
und 24), Thorsten Scherz (Garten 23)

Garten 25 – 27
PLANUNG: Ina Klaski (Gärten 25 und 26),
Andrea Lüdemann (Garten 27), lebendige gärten,
Eberdingen
AUSFÜHRUNG: lebendige gärten, Eberdingen
FOTOGRAFIE „Vorher“: lebendige gärten
FOTOGRAFIE „Nachher“: Thorsten Scherz

Garten 28
PLANUNG: Roland Lütkemeyer,
Lütkemeyer Gärtner von Eden, Gütersloh
AUSFÜHRUNG:
Lütkemeyer Gärtner von Eden, Gütersloh
FOTOGRAFIE „Vorher“: Roland Lütkemeyer
FOTOGRAFIE „Nachher“: Daniela Toman

Garten 29 + 30
PLANUNG: Christoph Rabl,
Majuntke GmbH – Gärtner von Eden, Mainburg
AUSFÜHRUNG:
Majuntke GmbH – Gärtner von Eden, Mainburg
FOTOGRAFIE „Vorher“: Christoph Rabl
FOTOGRAFIE „Nachher“: Thorsten Scherz
(Garten 29), Miquel Tres (Garten 30)
PLÄNE: Majuntke GmbH – Gärtner von Eden

Garten 31 – 33
PLANUNG: Cornelia König,
Meißner Gartengestaltung, Garbsen
AUSFÜHRUNG:
Meißner Gartengestaltung, Garbsen
FOTOGRAFIE „Vorher“: Cornelia König
FOTOGRAFIE „Nachher“: Thorsten Scherz

Garten 34 + 35
PLANUNG: Urs Bühler (Garten 34),
Martin Müller (Garten 35), Müller Gärtner von
Eden AG, Udligenswil, Schweiz
AUSFÜHRUNG:
Müller Gärtner von Eden AG, Udligenswil, Schweiz
FOTOGRAFIE „Vorher“: Müller Gärtner von Eden AG
FOTOGRAFIE „Nachher“: Thorsten Scherz
(Garten 34), Miquel Tres (Garten 35)

Garten 36 + 37
PLANUNG: Gärtner von Eden Rhein-Main-Taunus,
Kronberg (Garten 36), Gempp Gartendesign,
Hamburg (Garten 37)
AUSFÜHRUNG:
Gärtner von Eden Rhein-Main-Taunus, Kronberg
FOTOGRAFIE „Vorher“: Gärtner von Eden Rhein-Main-Taunus (Garten 36), Gempp Gartendesign
(Garten 37)
FOTOGRAFIE „Nachher“: Thorsten Scherz
PLAN: Gempp Gartendesign (Garten 37)

Garten 38
PLANUNG: Karsten Pieper,
Gärten Peter Sturm, Euskirchen
AUSFÜHRUNG: Gärten Peter Sturm, Euskirchen
FOTOGRAFIE „Vorher“: Gärten Peter Sturm
FOTOGRAFIE „Nachher“: Miquel Tres

Garten 39
PLANUNG: Ellen Braun, Mönchengladbach
AUSFÜHRUNG: Terra baut Gärten, Viersen
FOTOGRAFIE „Vorher“: Terra baut Gärten
FOTOGRAFIE „Nachher“: Andreas Kühlken

Garten 40
PLANUNG UND AUSFÜHRUNG:
Wahlers – Gärtner von Eden, Scheeßel
FOTOGRAFIE „Vorher“:
Wahlers – Gärtner von Eden
FOTOGRAFIE „Nachher“: Miquel Tres
PLAN: Wahlers – Gärtner von Eden

Weitere Bilder

Stefan Arndt (Seite 6)
Forster Gartenbau AG (Seite 7)
Stefanie Grindinger (Seite 6)
Elena Monti Photographie, Forster Gartenbau AG
(Cover, Seiten 1, 4)
Torsten Scherz (Seiten 4/5, 7, 11, 12, 234, 238, 239)
Miquel Tres (Seite 240)

Kompetente Ansprechpartner für Ihren Traumgarten

www.gaertner-von-eden.com

Gärtner **von Eden**®

Deutschland

Ländervorwahl +49

04741 ROSSWEIN
Heft – Gärtner von Eden
Tel. 034322-42948
www.galabau-heft.de

08396 OBERWIERA
Team Petrik – Gärtner von Eden
Tel. 037608-22943
www.galabau-petrik.de

21629 NEU WULMSTORF
Beran Gärten – Gärtner von Eden
Tel. 040-70013840
www.beran-gaerten.de

22869 SCHENEFELD
Krukenberg GmbH & Co KG – Gärtner von Eden
Tel. 040-8316456
www.krukenberg.net

24576 BAD BRAMSTEDT/ BISSENMOOR
Wandrey – Gärtner von Eden
Tel. 04192-2118
www.wandrey.de

25368 KIEBITZREIHE
Bahl – Gärtner von Eden
Tel. 04121-5900
www.bahl-gaerten.de

25462 RELLINGEN
Borgmann – Gärtner von Eden
Tel. 04101-78780
www.borgmann-garten.de

27383 SCHEESSEL
Wahlers – Gärtner von Eden
Tel. 04263-8899
www.wahlers-gaerten.de

28816 STUHR
Leucht – Gärtner von Eden
Tel. 0421-808968
www.leucht-gaerten.de

30826 GARBSEN
Meißner Gartengestaltung – Gärtner von Eden
Tel. 05131-53042
www.meissner-garten.de

31832 SPRINGE
GrünForm Achtermann – Gärtner von Eden
Tel. 05045-974660
www.gruenform-achtermann.de

33334 GÜTERSLOH
Lütkemeyer – Gärtner von Eden
Tel. 05241-965010
www.luetkemeyer.de

41751 VIERSEN
TERRA baut Gärten – Gärtner von Eden
Tel. 02162-9183086
www.terra-baut-gaerten.de

42799 LEICHLINGEN
Gartenplan Esken & Hindrichs – Gärtner von Eden
Tel. 02175-88979-0
www.gartenplan.de

45549 SPROCKHÖVEL
Wildwuchs Gastager GmbH – Gärtner von Eden
Tel. 02339-912671
www.gartenbau-wildwuchs.de

45770 MARL
Kulmann-Rohkemper – Gärtner von Eden
Tel. 02365-42216
www.kulmann.com

46499 HAMMINKELN
Garten Bitters – Gärtner von Eden
Tel. 02852-72618
www.garten-bitters.de

47665 SONSBECK
Grütters – Gärtner von Eden
Tel. 02838-91621
www.gruetters-gruen.de

48317 DRENSTEINFURT
Goroncy – Gärtner von Eden
Tel. 02508-8258
www.goroncy.com

48329 HAVIXBECK
Daldrup – Gärtner von Eden
Tel. 02534-64670
www.daldrup.de

48599 GRONAU-EPE
Josef Pötter – Gärtner von Eden
Tel. 02565-402980
www.poetter-gve.de

49124 GEORGSMARIENHÜTTE-HOLZHAUSEN
Otten – Gärtner von Eden
Tel. 05401-32699
www.otten-gartengestaltung.de

51469 BERGISCH GLADBACH
Kappe – Gärtner von Eden
Tel. 02202-22089
www.kappe-gaerten.de

53879 EUSKIRCHEN
Gärten Peter Sturm – Gärtner von Eden
Tel. 02251-129390
www.gaerten-petersturm.de

58579 SCHALKSMÜHLE
Oliver Ochsenfarth – Gärtner von Eden
Tel. 02355-903180
www.garten-ochsenfarth.de

59846 SUNDERN-STOCKUM
Klute – Gärtner von Eden
Tel. 02933-983830
www.klute-garten.de

61476 KRONBERG
Gärtner von Eden Rhein-Main-Taunus
Tel. 06173-2860
www.gaertner-von-eden-rmt.de

66663 MERZIG-SCHWEMLINGEN
Bohr – Gärtner von Eden
Tel. 06861-75167
www.eden-bohr.de

68723 SCHWETZINGEN
Grothe Neue Gärten – Gärtner von Eden
Tel. 06202-26175
www.gartengestaltung-grothe.de

71735 EBERDINGEN-HOCHDORF
lebendige gärten – Gärtner von Eden
Tel. 07042-792012
Büro Stuttgart: 0711-6200032
www.lebendige-gaerten.eu

73035 GÖPPINGEN-BARTENBACH
Gröning – Gärtner von Eden
Tel. 07161-9659000
www.gaertnergroening.de

80999 MÜNCHEN-ALLACH
Schleitzer – Gärtner von Eden
Tel. 089-8928650
www.schleitzer.de

83661 LENGGRIES
Fuchs baut Gärten – Gärtner von Eden
Tel. 08042-914540
www.fuchs-baut-gaerten.de

84048 MAINBURG
Majuntke – Gärtner von Eden
Tel. 08751-864740
www.majuntke-gaerten.de

84186 MÜNCHSDORF
Högl – Gärtner von Eden
Tel. 08705-938190
www.hoegl-garten.de

85296 ROHRBACH
Arndt – Gärtner von Eden
Tel. 08442-964270
www.arndt-gartenbau.de

85368 MOOSBURG
Schweiger – Gärtner von Eden
Tel. 08761-723199
www.schweiger-galabau.de

86424 DINKELSCHERBEN
Ferber – Gärtner von Eden
Tel. 08292-3589
www.ferber-galabau.de

88167 STIEFENHOFEN
Hübner – Gärtner von Eden
Tel. 08383-921660
www.huebner-traumgaerten.de

88178 HEIMENKIRCH
Herrhammer GbR – Gärtner von Eden
Tel. 08381-940650
www.herrhammer-gaerten.de

94081 FÜRSTENZELL
Roth – Gärtner von Eden
Tel. 08502-922300
www.landschaftsbau-roth.de

95448 BAYREUTH
Feustel – Gärtner von Eden
Tel. 0921-1512750
www.feustel.de

96173 OBERHAID-UNTERHAID
Albrecht – Gärtner von Eden
Tel. 09503-5046880
www.galabau-albrecht.de

96253 UNTERSIEMAU
Anne baut Gärten – Gärtner von Eden
Tel. 09565-94900
www.anne-baut-gaerten.de

Schweiz

Ländervorwahl +41

4425 TITTERTEN
Forster – Gärtner von Eden
Tel. 061-9411014
www.forster-gartenbau.ch

6044 UDLIGENSWIL
Müller – Gärtner von Eden
Tel. 041-3758050
www.mueller-gartenbau.ch

8942 OBERRIEDEN/ZÜRICH
Leuthold – Gärtner von Eden
Tel. 043-4442288
www.gartenliebhaber.ch

9000 ST. GALLEN
Frick – Gärtner von Eden
Tel. 071-2775959
www.frickgartenbau.ch

9245 OBERBÜREN
Frick – Gärtner von Eden
Tel. 071-9527675
www.frickgartenbau.ch

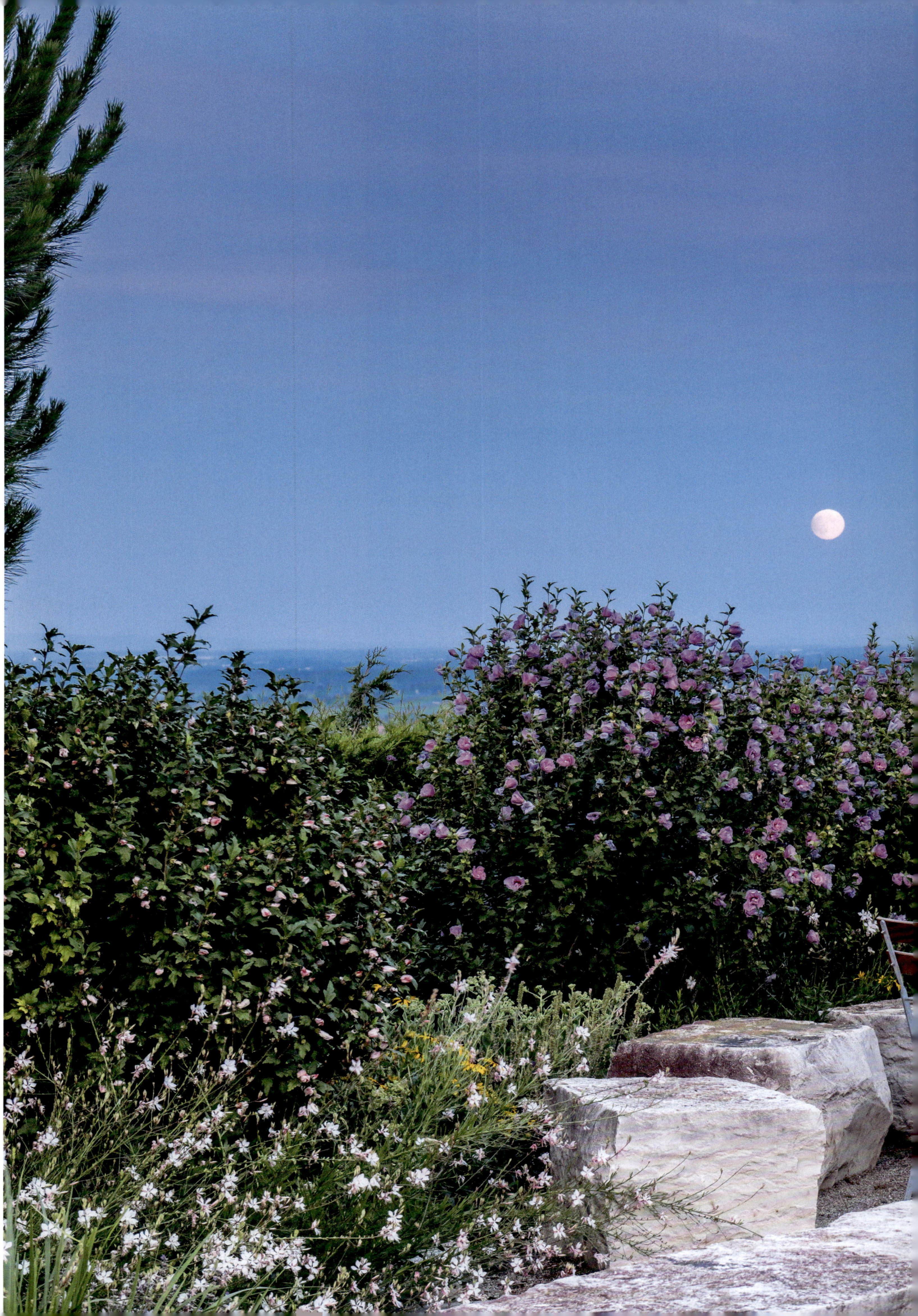

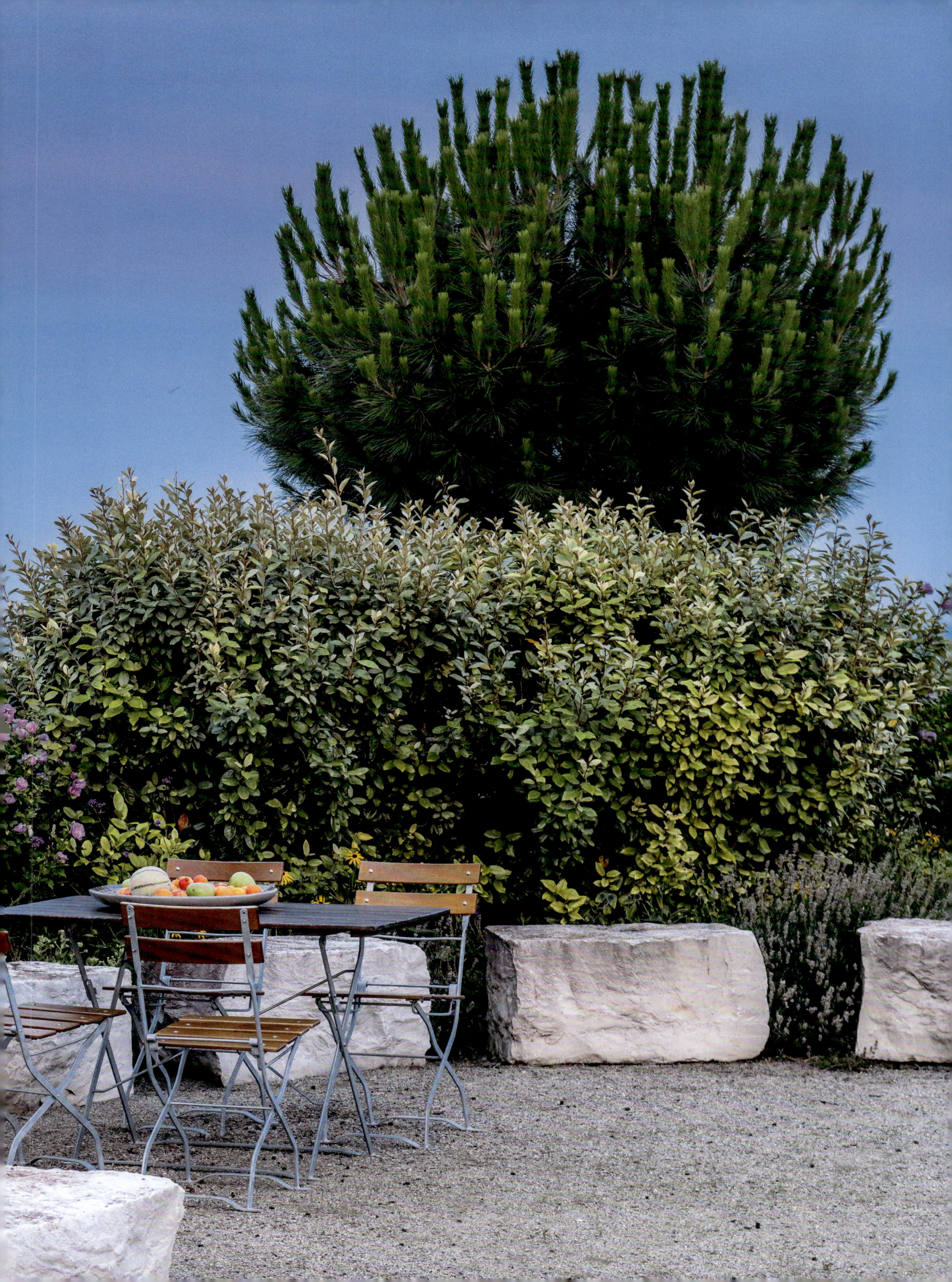

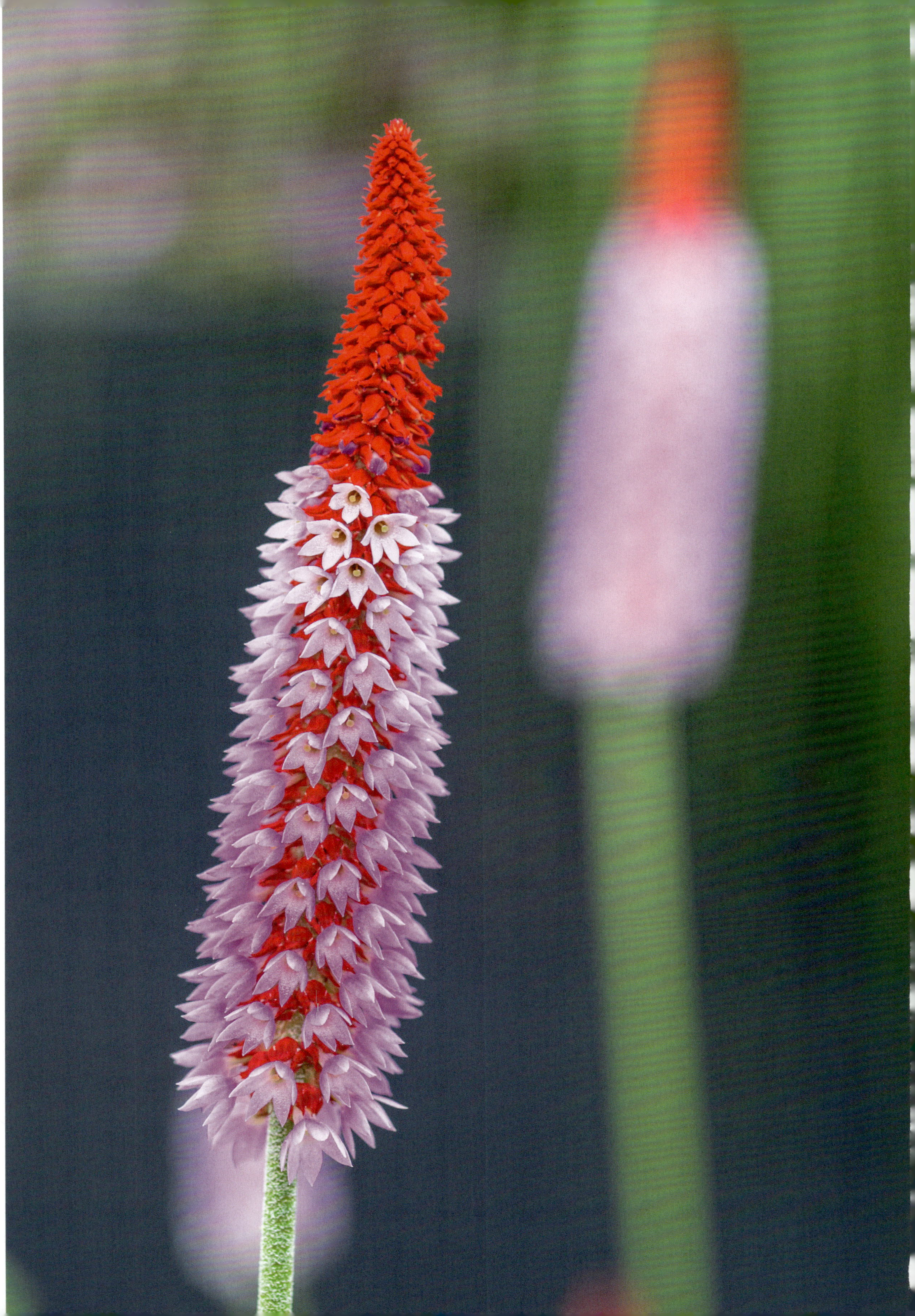